普通高等教育“十一五”国家级规划教材
普通高等教育电子通信类特色专业系列教材

数字信号处理

（第二版）

门爱东　苏　菲
王　雷　王海婴　李江军　编著

科学出版社
北　京

内 容 简 介

本书为普通高等教育"十一五"国家级规划教材，也是北京邮电大学校级精品课程主干教材，在第一版教材的基础上，增加了新内容，重新整理而成。全书共分 7 章，主要涉及数字信号处理的三个基本内容：一是对离散信号和离散系统进行表示和分析所必需的基础知识；二是离散傅里叶变换和快速算法及其典型应用；三是数字滤波器的设计和实现（包括结构和字长效应）等。为便于理解，本书将每章涉及的Matlab内容单独成节，列于每章之后。为帮助学生理解所学内容，每章都配备了难易适中的习题，并在书后提供了部分习题答案，另外，本书还配有电子课件供任课教师参考。

本书可作为高等院校工科通信工程、电子信息工程、自动化、电子科学与技术、测控技术与仪器以及理科电子信息科学与技术等专业的本科生教材，也可供相关专业的技术人员参考。

图书在版编目(CIP)数据

数字信号处理/门爱东等编著. —2 版 . —北京：科学出版社，2009.9

（普通高等教育"十一五"国家级规划教材 · 普通高等教育电子通信类特色专业系列教材）

ISBN 978-7-03-025415-3

Ⅰ. 数… Ⅱ. 门… Ⅲ. 数字信号-信号处理-高等学校-教材 Ⅳ. TN911.72

中国版本图书馆 CIP 数据核字(2009)第 151771 号

责任编辑：匡 敏 潘斯斯/责任校对：刘小梅

责任印制：吴兆东/封面设计：陈 敬

科学出版社 出版

北京东黄城根北街 16 号

邮政编码：100717

http://www.sciencep.com

北京凌奇印刷有限责任公司印刷

科学出版社发行 各地新华书店经销

*

2005 年 8 月第 一 版 开本：787×1092 1/16

2009 年 9 月第 二 版 印张：26 1/2

2024 年 7 月第十七次印刷 字数：606 000

定价：79.80 元

（如有印装质量问题，我社负责调换）

第二版前言

本书是2005年8月科学出版社出版的《数字信号处理》的第二版，是在第一版的基础上，根据曾经使用过本书的教师和学生的意见，以及近年来技术发展和课程改革的情况，经过一定的增删和修改而成。与第一版相比，本书有以下几方面的改进：

1. 在第1章“绪论”中增加了1.1.4节“数字信号处理的应用”，简要地介绍了数字信号处理的研究范围和应用领域，因为在教学过程中，学生们经常有这方面的疑问。

2. 在第3章“离散傅里叶变换及其快速计算方法”中增加了3.6节“DFT相关变换”，阐述了有限长实数序列的离散余弦变换和离散正弦变换，本节拓展了离散信号变换的内容，使学生对离散信号变换有更深入系统的理解。

3. 对第4章“IIR数字滤波器设计和实现”做了较大增删和修改，其中在4.2.1节中增加了“3. $H(s)$零极点的选择”；完全重写了4.2.2节“巴特沃思滤波器”；删除了原4.6节“数字滤波器的频率变换”，编写了新的4.6节“高通、带通和带阻IIR数字滤波器的设计”；增加了4.9节“IIR数字滤波器的应用”。

4. 在第5章“FIR数字滤波器设计和实现”中修改了5.3.4节“窗函数法的具体实现”和5.4.2节“线性相位的约束条件”，增加了5.6.4节“格型结构”，在5.7节“本章涉及的Matlab函数”中增加了Matlab函数的例题。

5. 在第6章“数字信号处理中的有限字长效应”中增加了6.3.3节“系数量化对FIR滤波器的影响”，改写了6.4.2节“极限环振荡”，增加了6.5节“本章涉及的Matlab函数”。

6. 新增了第7章“多抽样率数字信号处理”，因为在数字信号处理的实际应用中，越来越多地面临着需要改变系统抽样频率，使系统工作在多抽样率状态下的问题，这也就是本章所要讲述的内容。

7. 针对每章的重要知识点，增加了相应的例题，以便学生更好地理解所学的内容，并和每章后面所附习题有更好的呼应。

8. 本书配有电子课件，可供任课教师参考，方便教学。

希望通过上述的增删和修改，使得本书的内容更为系统完整、条理清晰、推导严谨、简繁适当，更好地适应大学本科“数字信号处理”课程的教学。

本书除了新增的第7章由王海婴老师执笔外，其他章节仍由本书第一版的作者执笔修订。

除了本书第一版的致谢外，我们感谢为本书第二版做出贡献的每一个人，他们以不同的方式为本书的修订提供了帮助，特别要感谢对本书第一版提出宝贵意见和建议的老师们和同学们。同时,在本书修订过程中,北京邮电大学多媒体中心的研究生给予了大力协助,在此表示真诚的感谢!

作　者

2009 年 8 月

于北京邮电大学

第一版前言

数字信号处理是从 20 世纪六七十年代以来，随着计算机学科和集成电路技术的发展而迅速发展起来的一门新兴学科。数字信号处理在各个方面得到了广泛应用，其重要性在各个领域中日益体现。因此，"数字信号处理"这门课程得到了高度的重视，几乎所有的工科院校都开设了此门课程，国内外出版了众多的教材。由于数字信号处理已经深入到信息处理技术的各个方面，因此，这些教材有的注重基础，有的讲述深奥，有的内容广泛，有的本科生和研究生共用等。而本书作为工科通信类本科二、三年级的教材，着重基本原理的阐述，力求基本概念与工程技术的联系，保持经典性和先进性之间的协调。

本书的先修课程是高等数学、复变函数和连续时间的信号和系统等课程。本书内容主要涉及本科生学习数字信号处理所必须掌握的基本知识：

一是第 2 章所阐述的离散信号和离散系统的基础知识。首先讨论了连续时间信号的取样和内插，这是数字信号处理的开始和结束；介绍了常用的离散时间信号序列和它们的基本运算；阐述了离散时间系统的线性、非移变、稳定和因果等基本特性；然后重点讲述了从时域和频域两个角度定性分析离散时间信号和离散时间系统的方法，包括 Z 变换和离散时间傅里叶变换(DTFT)、单位冲激响应和系统函数，以及频率响应等。

二是第 3 章所阐述的离散傅里叶变换及其快速算法。在 DTFT 变换的基础上，为了便于数字处理，有必要把连续的频率 Ω 也进行离散化，这就需要引入新的变换方法。本章将首先定义周期离散信号的傅里叶级数(DFS)并讨论其性质，之后引出离散傅里叶变换(DFT)并分析其特性，然后将介绍各类快速傅里叶变换(FFT)算法，包括时间抽选和频率抽选的基 2 FFT 和基 4 FFT 算法，最后给出 FFT 的典型应用。

三是第 4～6 章所阐述的数字滤波器设计、实现结构和字长效应等。第 4 章重点描述了借助模拟滤波器的模拟原型法设计无限冲激响应(IIR)数字滤波器，为此首先介绍了巴特沃思和切比雪夫两种模拟低通滤波器的设计方法，包括公式计算和查表法，其他类型的模拟滤波器设计方法类似，而且也非常成熟，因此在本书中没有介绍。然后介绍了两种把设计的模拟低通滤波器转换为所需的数字低通滤波器的方法，即冲激响应不变法和双线性变换法，两种方法各有其特点。根据设计所得到的理论上的系统函数 $H(z)$，可以得到不同的实现结构，因此第 4 章最后描述了 IIR 数字滤波器实现的一些常用结构，包括直接型、级联型和并联型。第 5 章所述内容与第 4 章类似，只是针对线性相位的有限冲激响应(FIR)数字滤波器的设计和实现问题进行讨论，重点阐述了采用窗函数法设计线性相位 FIR 数字滤波器的步骤过程，其次介绍了频率取样法，同样地，在第 5 章的最后描述了 FIR 数字滤波器的实现结构，包括直接型、级联型和频率取样型，以及利用线性相位对称性的实现结构。在第 4、5 章中还介绍了数字高通、带通和带阻 IIR 和 FIR 滤波器的设计方法，以及借助于计算机的最优化设计方法。第 6 章主要讲述了数字信号处理中的字长效应问题，分析了不同来源的量化误差，包括数的表示、模数变换、系数量化和运算过程等环节引入的量化误差效应。

另外,借助于计算机 Matlab 数字工具所具有的强大功能,来演示数字信号处理的原理和概念已成为大家的普遍做法。在我们以前编写的教材中,把 Matlab 函数和例题穿插在正文内容中,基本理论、算法与 Matlab 程序混合在一起,容易引起混乱,感觉内容不连贯,学生不易掌握各个方面的内容。鉴于此,在本书中,我们把每一章内容所涉及的 Matlab 函数集中放置在每一章的最后部分,学生可以通过这些函数增强对数字信号处理基本理论和工程实践的理解。

Matlab 语言简单易学,入门非常容易,我们假定读者已经掌握了 Matlab 的基本知识。因此,本书没有描述 Matlab 语言的语法、语义和命令等,这方面的内容请读者参考相关的教科书、Matlab 手册或在线帮助命令。

本书主要内容基于全子一编著的《数字信号处理》(人民邮电出版社,1988),以及全子一和周利清等编著的《数字信号处理基础》(北京邮电大学出版社,2002),并总结我们多年来的大学本科讲课经验;同时参考近年来国内外出版的众多中英文相关教材和论文,编著而成本书。在此向上述所有的编著者表示衷心的感谢!

本书的第 1、4 章由门爱东执笔,第 2 章由苏菲执笔,第 3 章由王雷执笔,第 5 章由王海婴执笔,第 6 章由李江军执笔。在本书编写过程中,我们的研究生也协助做了许多工作,在此表示深深的谢意!

由于作者水平有限,书中错误和不当之处难免,敬请读者批评指正。

作　者
2005 年 4 月
于北京邮电大学

目　　录

第1章　绪　　论

本章简要概述了信号的分类和数字信号的定义、特点和处理方法，以及本书所涉及的一些常用的模拟信号。

1.1　数字信号处理的定义、特点和方法

1.1.1　数字信号定义

信号可定义为传递信息的函数，或者信息的物理表现形式，而信息则是信号的具体内容，这种信息通常是有关一个物理系统的状态或特性的。各种信号在数学上可表示为一个或者几个独立变量的函数。有时表示信号的函数关系是未知的或非常复杂的。信号处理的方法很大程度上依赖于信号的属性，不同类型的信号对应有不同类型的处理系统。

从不同的角度出发，可以把信号分成不同的类型。根据时间和幅度是否离散，分为模拟信号和数字信号；根据物理量的不同特性，可把信号分为声信号、光信号、电信号等；根据信号维数的不同，可以有单维和多维信号，如彩色电视信号为三维信号；根据信号的确知性，可以把信号表示为能用明确的数学式、数据表或明确的规则来描述的确知信号和信号随变量的变化不可准确预测的随机信号。

例如，我们在日常生活或科学研究中经常处理的语音信号在数学上可以表示为时间的函数，而图像可以表示为一个二元空间变量的亮度函数。尽管有时独立变量不一定是时间，但通常我们习惯于把信号的数学表达式的独立变量设定为时间。如果我们以信号的时间为独立变量，可以把信号分类如下：

$$\text{信号}\begin{cases}\text{模拟信号}\\ \text{离散信号}\begin{cases}\text{取样数据信号}\\ \text{数字信号}\end{cases}\end{cases}$$

信号的时间变量既可以是连续的，也可以是离散的。模拟信号是时间的连续函数，在规定的时间内的任意时刻，信号都有一定的数值（幅值），且此值是在一定的范围内随时间连续变化的，理论上可以无限精确，当然在实际中受测试仪器精度的限制。从中可以看出模拟信号的特点是时间连续的，幅度也是连续的。如图 1.1 所示的脉冲信号、正弦信号、斜波信号、语音信号和二维的图像信号等都是模拟信号。

离散信号是在离散的时间上定义的信号，只在一组特定的时间内有数值，在其他时间数值为零或未知，即其时间变量仅取离散值，离散时间可以是等间隔的，也可以是不等间隔的，通常为了处理方便采取等间隔的方式。因此，离散信号又叫离散时间信号。若离散信号的幅值在一定范围内可连续取值，则为取样数据信号，即时间离散化了，但幅度还是连续的，和模拟信号一样，幅度上具有无限精度。

除了时间变量既可连续又可离散外，信号的幅度也可分为连续的和离散的。若将取

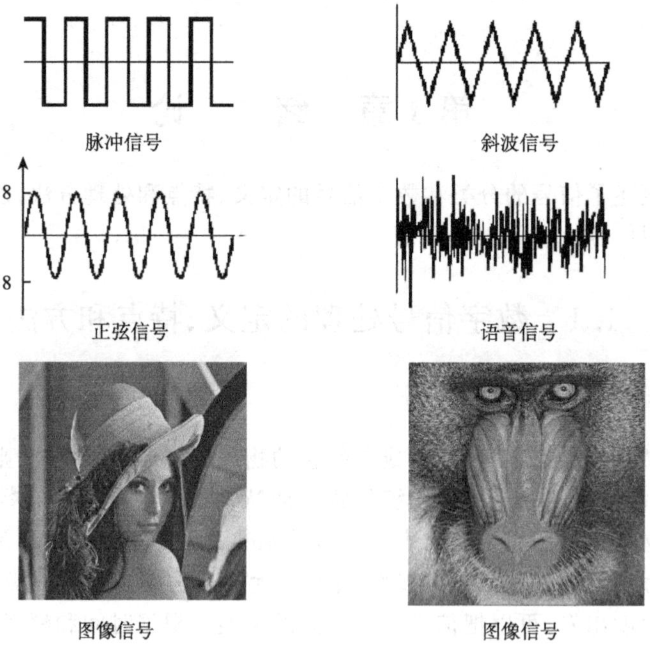

图 1.1　模拟信号

样信号的幅值量化(离散)并编码为二进制数码序列,则为数字信号,其特点是时间和幅度都是离散的。所谓量化就是用一些不连续的幅值逼近信号精确值的过程,是一段输入值对应一个输出值的处理过程,是个不可逆的过程,这个过程会产生量化误差或量化噪声。量化噪声是数字小信号主要的噪声来源,是影响信号质量的主要因素之一。数字信号是离散信号的特例,是离散信号最重要的子集。

但需要指出的是,在本书后面的内容中,除非特别强调是离散信号还是数字信号,一般所说的离散信号也指数字信号。

下面通过图 1.2 中所示的过程来说明三者之间的关系。图中所示的模拟信号不仅是时间的连续函数,而且其幅值的大小也是在一定的范围(0～5 之间)内连续变化的。如果对此信号进行取样,即每隔一定的时间间隔取一数值,则得到一个数据序列,此时的信号在时间上是离散的,但其幅值大小仍可以在 0～5 之间精确取值,这就是取样数据信号。取样数据信号又叫做抽样信号或采样信号。如果对取样信号进行量化编码,例如我们采用 3bit 线性编码来处理上述取样信号,则每个样值的大小用 3 位二进制码表示,其取值只能为 7,6,…,1,0,这就是数字信号,也就是说,数字信号在时间上和数值上都是离散的,并且产生了量化误差,例如第 1 个取样的幅度精确值为 2.5,但采用四舍五入方式的量化后,其量化后的幅度数值为 3,3bit 线性编码后的二进制码表示为 011。如果把这些二进制码串行输出,就得到了一个二进制数字码流 01110100001010000 1011…。

综上所述,模拟信号、取样数据信号和数字信号三者有如下关系:

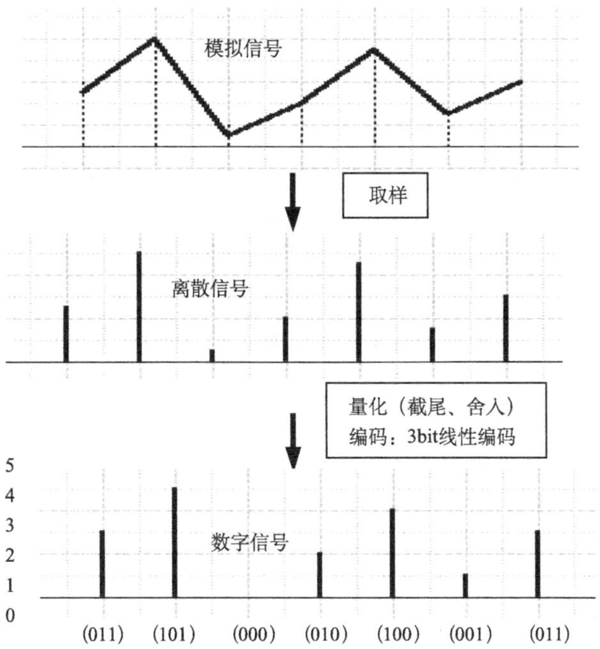

图 1.2 模拟信号数字化过程

$$\text{模拟信号} \xrightarrow{\text{取样}} \text{取样数据信号} \xrightarrow{\text{量化编码}} \text{数字信号}$$

1.1.2 数字信号处理的特点

信号处理是对信号进行某些变换(处理)，例如滤波、变换、分析、估计、检测、压缩、识别等，从而更容易获得人们所需要的信息。信号处理系统可以从所处理信号的种类来进行分类，模拟系统就是输入和输出信号都是模拟信号的系统，离散时间系统是输入和输出都是离散时间信号的系统，而数字系统则是输入和输出都是数字信号的系统。

1965 年，在继承了前人思想的基础上，James W. Cooley 和 John W. Tukey 在《计算数学》(Mathematics of Computation)上发表了论文“一种用机器计算复序列傅里叶级数的算法(An algorithm for the machine calculation of complex Fourier series)”之后，“数字信号处理”学科高速发展，逐渐形成了一整套较为完整的理论和工程体系。

数字信号处理技术之所以快速发展和广泛应用，是与它的突出优点分不开的。与模拟信号处理相比，数字信号处理具有如下一些明显的优势。

1. 精度高

数字信号处理技术可以解决那些模拟信号处理中根本无法实现的高精度问题。对模拟信号的处理，是用由电感、电容、电阻等元件所组成的模拟系统来实现的，而模拟元件精度要达到 10^{-3} 以上已经很不容易了。若将模拟信号数字化以后进行处理，在数字系统中 16 位字长可达到 10^{-5} 精度，而目前在计算机和微处理器中，采用 32 位的存储器已经很普遍了,再配合适当编程或采用浮点算法,达到相当高的精度是不成问题的。因此,在一些要求高精密度的系统中,甚至只能采用数字处理技术。

2. 可靠性高

模拟系统中各种参数受温度、环境影响较大,因而易出现感应、杂散效应,甚至震荡等,而数字系统受温度、环境影响较小。模拟信号受到干扰即产生失真,而数字信号由于只有 0、1 两种信号电平,因此,所受的干扰只要在一定范围以内,就不会产生影响,这就是说,数字信号抗干扰能力强。另外,如果用数字信号进行传输,在中继站还可以再生,而且可以进行纠错编码,纠正和检出传输误码。总的说来,信号的数字处理可靠性高。

3. 灵活性强

模拟系统的参数一旦确定后就不易改变,而数字系统则不然,它的参数可以是可编程的,具有自适应能力。例如,数字系统中乘法器的系数可以存放于系数存储器中,只需对这些存储器输入不同的数据,就可以改变系统参数,从而得到不同性能的系统,这比模拟系统要方便得多。

4. 便于大规模集成化

数字部件具有高度的规范性,易于大规模集成电路实现,保证了系统的一致性,降低了调试的复杂度,产品成品率高,便于大规模生产,降低成本。如果采用大规模集成电路,数字系统的可靠性会更高。

5. 数字信号便于加密处理

模拟信号的加密处理非常困难,而且极易被破解。但对于数字加密来讲,在目前的计算机运算能力下,要想破解数字加密是不太可能的,而且数字加密系统可以随时更改密钥。

6. 对于低频信号尤其优越

对于低频信号,如地震波分析需要过滤几赫兹到几十赫兹的低频信号,而处理低频信号的模拟元件如电感、电容等一般都体积较大、制作不易、使用不便,性能不容易达到要求。如果转换成数字信号来进行处理,由于频率低,对数字部件的速度要求不高,因而容易处理。

总之,信号数字化后,会带来许多显著的优点,当然也有自己的缺点。例如,虽然目前数字化的频率越来越高,但数字系统的速度还不能达到处理很高频率信号(如射频信号)的要求。但是,随着大规模集成电路、高速数字计算机的发展尤其是微处理器的发展,这些问题已经越来越不重要,数字信号处理越来越显示出其优越性,数字技术正在取代传统的模拟技术,得到日益广泛的应用。

1.1.3 数字信号处理的方法

数字信号处理是研究如何用数字或符号序列来表示信号以及如何对这些序列进行处理的一门学科。数字信号既然是数据序列，其处理实际上就是进行各种数学函数运算，如加、减、乘以及各种逻辑运算等。自从1965年库利(Cooley)和图基(Tukey)提出了离散傅里叶变换的快速算法后，许多数字信号处理算法都是在时域和频域两个域中进行，实现的方法有软件、硬件和软硬件结合。

所谓软件处理，就是对所需要的算法进行编程(软件)，然后在通用计算机上执行。软件处理灵活、方便和可靠，并能做到一机多用。缺点是计算需要时间，对于复杂的算法，一般不能做到实时处理，因为通用计算机的体系结构与大多数数字信号处理的算法不匹配，不能充分利用计算机复杂的运算系统，造成浪费，成本较高。

所谓硬件处理，就是用加法器、乘法器、延时器、逻辑器件等基本数字器件以及它们的各种组合来构成专用的逻辑电路或专用的数字信号处理芯片，以实现所需要的运算。硬件处理显然不如软件处理方便灵活，但能对数字信号进行实时处理。随着现场可编程逻辑器件(FPGA/EPLD)的处理速度和集成度的快速提高，硬件处理也可以现场下载或自动调用不同的功能模块，从而得到不同的系统功能。因此，硬件处理得到了更广泛的应用，特别是对于高速实时数字信号处理更是如此。

第三种处理方法就是近年来日益广泛采用的各种通用和专用的数字信号处理器芯片(如TI TMS320通用系列、Philips Trimedia通用系列、Austek A41102 FFT专用DSP芯片以及移动电话中的专用DSP处理器等)，这些处理器是专为数字信号处理设计的芯片。它们有专门执行信号处理算法的硬件，如乘法累加器、并行流水处理结构、位翻转等；而且有专门的数字信号处理指令，所需要的算法靠特定的编程(如汇编语言、C语言等)来实现，可以认为是软硬件处理方式的结合。因此，采用数字信号处理器既方便灵活，一般又能做到实时处理。

总的说来，无论采用哪种方式来进行数字信号处理，都是用一些典型的数字电路的组合来对数字信号序列进行所需要的各种运算。

1.1.4 数字信号处理的应用

由于数字信号本身的特点以及高速数字计算机、大规模可编程逻辑器件的应用，使得一些数字信号处理算法应运而生，其中最突出的是信号滤波和信号分析。

数字滤波是对输入数字信号进行一系列数字相加、乘以常数和时延等运算，结果得到满足一定要求的输出数字信号。这里所谓的滤波和模拟信号的滤波有相同的意义，即在输出信号中保留了所需要的频率成分，而滤除了其他不需要的频率成分。数字滤波器的特征是信号的输入和输出通常是在时域运算。

信号分析涉及信号特性的测量，它通常是频率运算。因此，信号分析一般会用到傅里叶变换，完成信号时域和频域之间的相互转换，而快速傅里叶变换是实现离散傅里叶变换的快速算法，可以用来进行频谱分析和信号滤波，它通常是频域运算。事实上，利用快速傅里叶正、反变换来进行信号滤波目前已得到广泛应用，这得益于1965年Cooley和

Tukey 所提出的快速算法。

当然,信号滤波和信号分析不是对立的和割裂的,在有些情况下,需要把信号滤波和信号分析结合在一起使用,例如语音信号的合成、数字通信、图像识别和雷达等应用。

总之,随着数字信号理论和技术的不断快速发展,它日益广泛地应用于以下领域,使得我们进入了一个数字生活和数字工作的时代。

滤波和变换领域,包括数字滤波/卷积、相关运算、快速傅里叶变换(FFT)、希尔伯特变换、自适应滤波等。

数字通信领域,包括自适应脉冲编码调制、自适应差分脉冲编码调制(ADPCM)、增量调制、自适应均衡、纠错编码、数字交换、信道复用、移动电话、调制解调、数字加密、扩频、卫星通信、TDMA/FDMA/CDMA/OFDMA、回波抵消、IP 电话、软件无线电等。

语音/音乐领域,包括语音声码器、语音压缩、数字录音系统、语音识别、语音合成、语音增强、文本语音转换、MP3 等。

图像图形领域,包括图像压缩、图像增强、图像复原、图像重建、图像变换、图像分割、模式识别、计算机视觉、电子地图、电子出版、动画、虚拟现实等。

消费电子领域,包括数字音频、数字电视、数字机顶盒、数字音响、音乐综合器、电子玩具和游戏、CD/VCD/DVD/HD－DVD、数字留言/应答机、汽车电子装置等。

仪器仪表领域,包括频谱分析仪、函数发生器、地震信号处理器、瞬态分析仪、时钟发生器等。

工业控制和自动化领域,包括机器人控制、激光打印机控制、伺服系统、自动机、电力检测、计算机辅助制造、引擎控制、自适应驾驶控制等。

医疗领域,包括健康助理、病人监视、超声仪器、诊断工具、CT 扫描、核磁共振、助听器、数字血压仪等。

军事领域,包括雷达处理、声呐处理、导航、全球定位系统 GPS、侦察卫星、航空航天测试、阵列天线信号处理等。

随着科学技术的发展,数字信号处理研究范围和应用领域还在不断地发展和扩大。

1.2　数学预备知识

下面简略介绍本书将要用到的有关数学知识,只介绍其常用结论,不作证明。本节所涉及的信号(函数)都是模拟信号。

1.2.1　傅里叶变换的几种形式

傅里叶变换就是完成信号从时域到频域的变换,从而便于某些信号处理,例如对信号进行频谱分析。若信号 $h(t)$ 满足绝对可积的条件,即 $\int_{-\infty}^{\infty} |h(t)| \mathrm{d}t < \infty$,则其傅里叶变换存在。此条件意指信号 $h(t)$ 在区间 $(-\infty, \infty)$ 包含有限能量,这是傅里叶变换存在的充分条件,并非必要条件。若信号 $h(t)$ 具有无限能量,但具有有限功率,即极限 $\lim_{T\to\infty} \frac{1}{T}\int_{-T/2}^{T/2} h(t)^2 \mathrm{d}t < \infty$ 存在,则此信号仍可以进行傅里叶变换。

傅里叶变换对有3种不同的形式。

第1种形式：

$$H_1(f)=\int_{-\infty}^{\infty}h_1(t)\mathrm{e}^{-\mathrm{j}2\pi ft}\mathrm{d}t$$
$$h_1(t)=\int_{-\infty}^{\infty}H_1(f)\mathrm{e}^{\mathrm{j}2\pi ft}\mathrm{d}f \tag{1.1}$$

第2种形式：

$$H_2(\Omega)=\int_{-\infty}^{\infty}h_2(t)\mathrm{e}^{-\mathrm{j}\Omega t}\mathrm{d}t$$
$$h_2(t)=\frac{1}{2\pi}\int_{-\infty}^{\infty}H_2(\Omega)\mathrm{e}^{\mathrm{j}\Omega t}\mathrm{d}\Omega \tag{1.2}$$

第3种形式：

$$H_3(\omega)=\frac{1}{\sqrt{2\pi}}\int_{-\infty}^{\infty}h_3(\tau)\mathrm{e}^{-\mathrm{j}\omega\tau}\mathrm{d}\tau$$
$$h_3(\tau)=\frac{1}{\sqrt{2\pi}}\int_{-\infty}^{\infty}H_3(\omega)\mathrm{e}^{\mathrm{j}\omega\tau}\mathrm{d}\omega \tag{1.3}$$

第1种形式的核函数($\mathrm{e}^{\pm\mathrm{j}2\pi ft}$)的指数中带有$2\pi$,第2、3种形式的前面带$1/2\pi$,因为它们的核函数不带$2\pi$。第3种形式把$1/2\pi$拆分在正反变换的两边,便于系统信号处理动态范围的控制,并且保持了反变换后的恢复值与变换前原始值一致。

这3种形式中的时间变量和频率变量以及信号函数与频率函数之间具有一定的关系,并可以相互转换。形式2中的Ω叫角频率,也叫圆频率,它与形式1中的频率f之间满足关系:$\Omega=2\pi f$,这样,形式1、2的函数之间有如下关系：

$$h_2(t)=h_1(t)$$
$$H_2(\Omega)=H_2(2\pi f)=H_1(f)$$

第3种形式中的频率变量和时间变量满足关系：$\omega=\sqrt{2\pi}f$,$\tau=\sqrt{2\pi}t$。这样,形式1、3的函数之间有如下关系：

$$h_3(\tau)=h_1(t)$$
$$H_3(\omega)=H_1(f)$$

本书将主要采用第2种形式。

1.2.2　常用的模拟信号

1. 单位阶跃函数

单位阶跃函数定义为

$$u\left(\frac{t-t_0}{a}\right)=\begin{cases}0 & \dfrac{t}{a}<\dfrac{t_0}{a}\\ 1/2 & \dfrac{t}{a}=\dfrac{t_0}{a}\\ 1 & \dfrac{t}{a}>\dfrac{t_0}{a}\end{cases} \tag{1.4}$$

式中,a 为标尺因子,$a\neq 0$。由此定义可知,此函数只与 a 的正负有关,与 a 的大小无关。t_0 是时间移位。图 1.3 是 $a>0$ 时的图形。

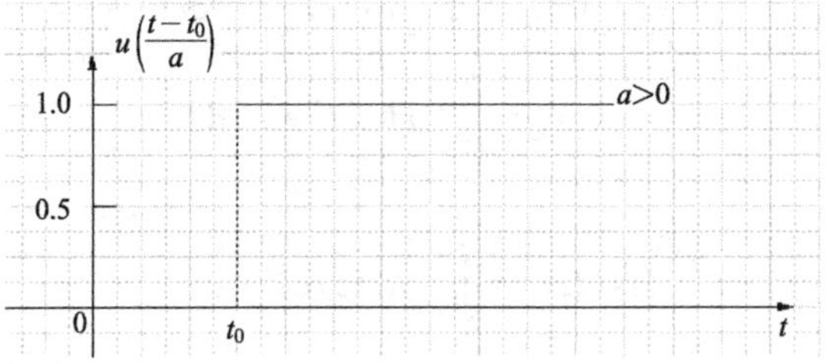

图 1.3　单位阶跃函数

当 $t_0=0,a=1$ 时,为阶跃函数的常见形式 $u(t)$,其傅里叶变换为

$$\pi\delta(\Omega)+\frac{1}{\mathrm{j}\Omega} \tag{1.5}$$

2. 矩形函数

矩形函数定义为

$$\operatorname{rect}\left(\frac{t-t_0}{a}\right)=\begin{cases}0 & |t-t_0|>\dfrac{|a|}{2}\\ 1/2 & |t-t_0|=\dfrac{|a|}{2}\\ 1 & |t-t_0|<\dfrac{|a|}{2}\end{cases} \tag{1.6}$$

式中,$a\neq 0$,如图 1.4 所示。图中矩形函数的高度为 1,中心点在 $t=t_0$ 处,宽度和面积均为$|a|$。此函数只与$|a|$的大小有关,与 a 的正负无关。

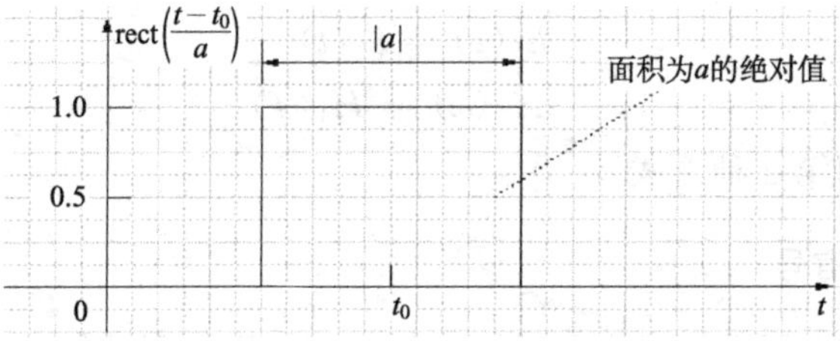

图 1.4　矩形函数

当 $t_0=0,a=1$ 时,矩形函数变为 $\operatorname{rect}(t)$,其傅里叶变换为

$$\operatorname{sinc}\frac{\Omega}{2\pi}=\frac{\sin\Omega/2}{\Omega/2} \tag{1.7}$$

3. sinc 函数

sinc 函数定义为

$$\operatorname{sinc}\left(\frac{t-t_0}{a}\right)=\frac{\sin\pi(t-t_0)/a}{\pi(t-t_0)/a} \tag{1.8}$$

显然有 $\operatorname{sinc}\left(\frac{t-t_0}{a}\right)=\operatorname{sinc}\left(\frac{t-t_0}{-a}\right)$，sinc 函数是偶对称的。因此，当 $a>0$ 时，其图形如图 1.5 所示。

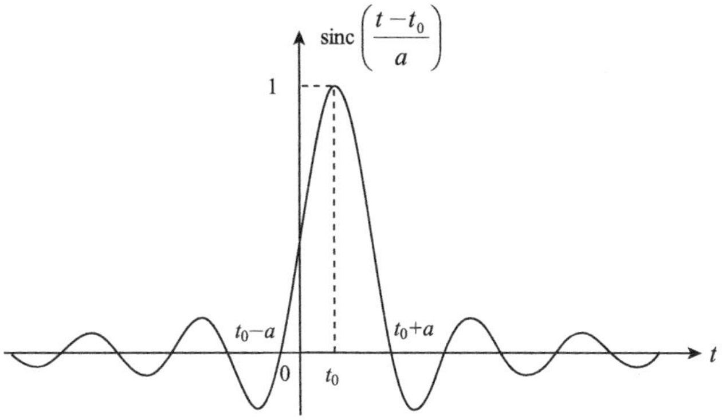

图 1.5 sinc 函数

此曲线对 t 轴形成的面积为 a，即

$$\int_{-\infty}^{\infty}\operatorname{sinc}((t-t_0)/a)\mathrm{d}t=a$$

sinc 函数的傅里叶变换为

$$\operatorname{sinc}\left(\frac{t\sigma}{2\pi}\right)\leftrightarrow\frac{2\pi}{\sigma}\operatorname{rect}\left(\frac{\Omega}{\sigma}\right) \tag{1.9}$$

式中，σ 为一确定的角频率。

可以看出，矩形函数与 sinc 函数互为傅里叶变换。

4. δ 函数(冲激函数)

δ 函数定义为

$$\delta(t-t_0)=\begin{cases}0 & t\neq t_0\\ \infty & t=t_0\end{cases} \tag{1.10}$$

其图形如图 1.6 所示。

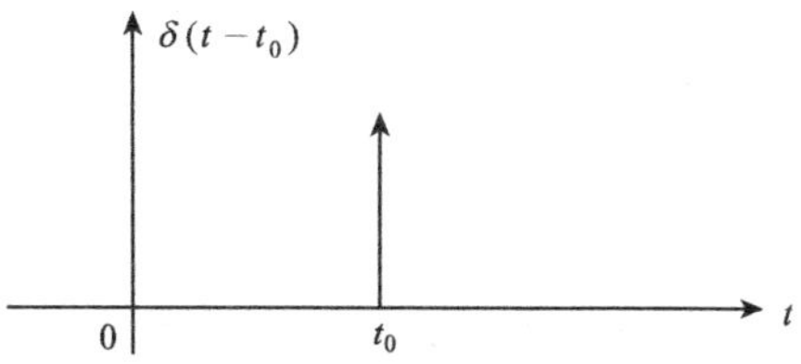

图 1.6 δ 函数

1) δ 函数的基本特性

设 a、t_0 为实常数。

(1) 偶函数。

$$\delta(-t)=\delta(t) \tag{1.11}$$

(2) 积分。

$$\int_{-\infty}^{t}\delta(\tau)\mathrm{d}\tau = u(t) \tag{1.12}$$

(3) 时间尺度变换。

$$\delta\left(\frac{t-t_0}{a}\right)=|a|\delta(t-t_0) \tag{1.13}$$

$$\delta(at-t_0)=\frac{1}{|a|}\delta(t-t_0/a) \tag{1.14}$$

(4) 相乘特性(筛选特性)。

$$f(t)\delta(t-t_0)=f(t_0)\delta(t-t_0) \tag{1.15}$$

2) δ 函数的导数

δ 函数的 k 阶导数记为 $\delta^{(k)}(t)$,$\delta^{(k)}(t)=\frac{\mathrm{d}^k\delta(t)}{\mathrm{d}t^k}$。设函数 $f(t)$在 $t=t_0$ 处有 k 阶导数,则 δ 函数的导数由下述特性定义为

$$\begin{cases}\delta^{(k)}(t-t_0)=0 & t\neq t_0\\ \int_{t_1}^{t_2}f(t)\delta^{(k)}(t-t_0)\mathrm{d}t=(-1)^k f^{(k)}(t_0) & t_1<t_0<t_2\end{cases} \tag{1.16}$$

式中

$$f^{(k)}(t_0)=\left.\frac{\mathrm{d}^k(f)}{\mathrm{d}t^k}\right|_{t=t_0}$$

δ 函数是单位阶跃函数的导数,即

$$\delta(t-t_0)=\frac{\mathrm{d}}{\mathrm{d}t}u(t-t_0) \tag{1.17}$$

3) δ 函数的傅里叶变换

$$\begin{aligned}&\delta(t-t_0)\leftrightarrow \mathrm{e}^{-\mathrm{j}\Omega t_0}\\ &\mathrm{e}^{-\mathrm{j}\Omega_0 t}\leftrightarrow 2\pi\delta(\Omega+\Omega_0)\end{aligned} \tag{1.18}$$

即 δ 函数和指数函数互为傅里叶变换。

4) δ 函数的卷积特性

$$f(t)*\delta(t)=f(t) \tag{1.19}$$

$$f(t)*\delta(t-t_0)=f(t-t_0) \tag{1.20}$$

5. 梳状函数

梳状函数定义为

$$\mathrm{comb}(t)=\sum_{n=-\infty}^{\infty}\delta(t-n) \tag{1.21}$$

即由 δ 函数周期延拓而成。它更一般的形式为

$$\mathrm{comb}\left(\frac{t-t_0}{T}\right)=\sum_{n=-\infty}^{\infty}\delta\left(\frac{t-t_0}{T}-n\right)=T\sum_{n=-\infty}^{\infty}\delta(t-t_0-nT) \tag{1.22}$$

其图形如图 1.7 所示。

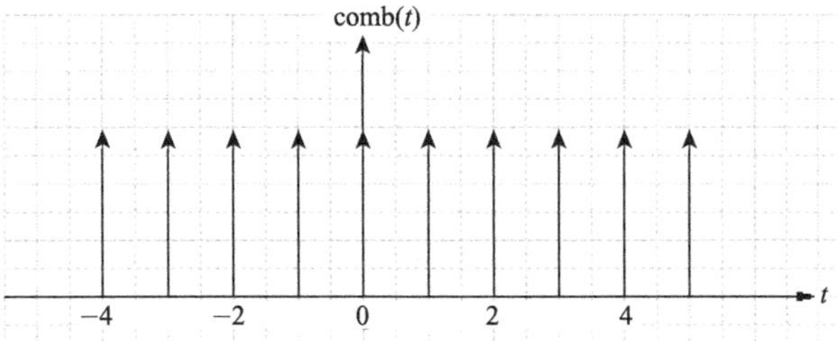

图 1.7 梳状函数

由上述函数引出一个重要的函数,即取样函数

$$p(t)=\frac{1}{T}\mathrm{comb}\left(\frac{t}{T}\right)=\sum_{n=-\infty}^{\infty}\delta(t-nT) \tag{1.23}$$

由 δ 函数的傅里叶变换,可得梳状函数和取样函数的傅里叶变换分别为

$$\mathrm{comb}(t)=\sum_{n=-\infty}^{\infty}\delta(t-n)\leftrightarrow\sum_{n=-\infty}^{\infty}\mathrm{e}^{-\mathrm{j}n\Omega} \tag{1.24}$$

$$p(t)=\sum_{n=-\infty}^{\infty}\delta(t-nT)\leftrightarrow\sum_{n=-\infty}^{\infty}\mathrm{e}^{-\mathrm{j}nT\Omega} \tag{1.25}$$

以上简要介绍了连续时间信号的傅里叶变换,以及一些常用的模拟信号(函数),为后续章节提供一些必要的数学预备知识。

习 题

1.1 给定 $f(t)=\mathrm{rect}(t+2)+\mathrm{rect}(t-2)$,画出下列函数的图形:

(1) $f(t)$;(2) $g(t)=f(t-1)$;(3) $h(t)=f(t)u(t)$;(4) $f(t/2)$。

1.2 设 $f(t)$是某一函数,a、t_0、T 为实常数,证明:

(1) $f(t)\delta\left(\frac{t-t_0}{a}\right)=|a|f(t_0)\delta(t-t_0)$;

(2) $f(t)\delta(at-t_0)=\frac{1}{|a|}f\left(\frac{t_0}{a}\right)\delta\left(t-\frac{t_0}{a}\right)$;

(3) $f(t)\mathrm{comb}\left(\frac{t-t_0}{T}\right)=|T|\sum_{n=-\infty}^{\infty}f(t_0+nT)\delta(t-t_0-nT)$。

1.3 证明:

(1) 如 $f(t)\leftrightarrow F(\Omega)$,则 $F(\Omega)*\mathrm{e}^{-\mathrm{j}\Omega t}=\int_{-\infty}^{\infty}F(y)\mathrm{e}^{-\mathrm{j}(\Omega-y)t}\mathrm{d}y=2\pi f(t)\mathrm{e}^{-\mathrm{j}\Omega t}$

(2) 用(1)的结果,证明频域卷积定理:$f_1(t)f_2(t)\leftrightarrow\frac{1}{2\pi}F_1(\Omega)*F_2(\Omega)$

1.4 求图 1.8 中 $f(t)$脉冲的傅里叶变换。

1.5 证明:

(1) $H(\Omega)*\delta(\Omega-\alpha)=H(\Omega-\alpha)$;

(2) $H(\Omega)*\sum_{n=-\infty}^{\infty}\delta(\Omega+n\Omega_0)=\sum_{n=-\infty}^{\infty}H(\Omega+n\Omega_0)$。

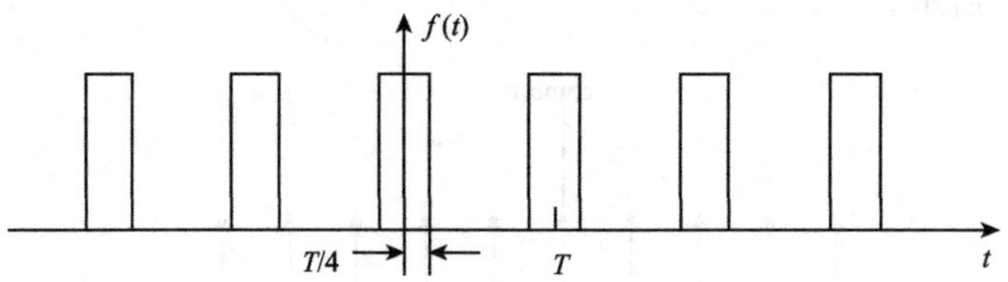

图 1.8

1.6 设 $f(t)=e^{-a|t|}$,证明脉冲序列 $\sum_{n=-\infty}^{\infty} f(nT)\delta(t-nT)$ 的傅里叶变换等于 $\frac{1-e^{-2aT}}{1-2e^{-aT}\cos\Omega T+e^{-2aT}}$。

1.7 证明:

(1) $\frac{1}{\Omega_0}\sum_{n=-\infty}^{\infty} e^{-jnT\Omega} = \sum_{n=-\infty}^{\infty}\delta(\Omega+n\Omega_0)$, $\Omega_0=\frac{2\pi}{T}$;

(2) 若 $f(t)\leftrightarrow F(\Omega)$,则 $T\sum_{n=-\infty}^{\infty} f(nT)e^{-jnT\Omega}=\sum_{n=-\infty}^{\infty} F(\Omega+n\Omega_0)$。

第 2 章　离散时间信号与离散时间系统

我们知道，信号与系统的分析方法有两种，即时域分析方法和变换域分析方法。在连续时间信号与系统中，信号一般用连续变量时间 t 的函数表示，系统用微分方程描述，变换域的分析方法则采用拉普拉斯变换或傅里叶变换。而在时域离散信号和系统中，信号用序列表示，系统则用差分方程描述，变换域分析则采用 Z 变换或傅里叶变换。Z 变换是表示和处理序列的一种很有用的运算函数，它可以把描述系统的差分方程变换为代数方程，使差分方程的求解大大简化。

本章介绍离散信号与连续信号的关系、离散信号及离散系统的基本理论、离散信号的傅里叶变换、序列的 Z 变换以及离散系统的频域分析方法等。

2.1　取样和内插

对连续信号进行数字化处理，首先要将其离散化（取样），其次是对取样结果进行量化和编码将其数字化，然后送入计算机或数字滤波器进行处理，最后把数字处理的结果恢复成连续信号（内插）。这里我们只讨论取样与内插两个问题。

2.1.1　取样

将连续信号变成离散信号有各种取样方法，其中最常用的是等间隔周期取样，如图 2.1 所示，即每隔固定时间 T 取一个信号值，表示为

$$x(n) = x_a(t)\big|_{t=nT} = x_a(nT) \tag{2.1}$$

式中，T 称为取样周期，T 的倒数 $f_s = 1/T$ 称为取样频率或取样率。

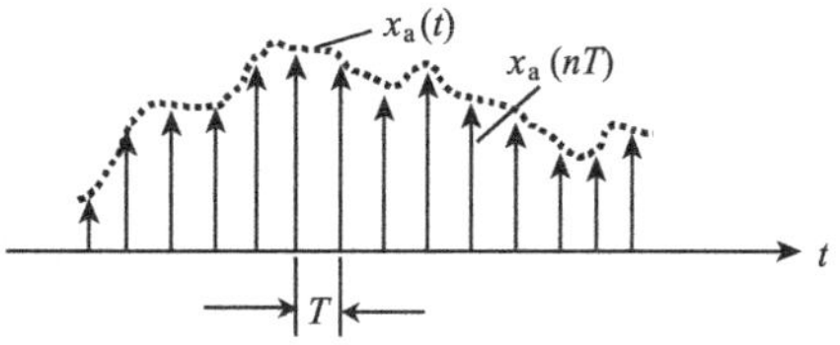

图 2.1　连续信号的取样

由于连接两个相邻的取样点之间的曲线非常多，这里我们关心的是能否由 $x_a(nT)$ 准确地恢复出 $x_a(t)$ 呢？取样定理阐明了在什么条件下可以由离散信号 $x_a(nT)$ 恢复出 $x_a(t)$ 来。

1. 取样定理

任一连续信号 $x_a(t)$，假设其频谱的最高频率分量为 f_m，则当对 $x_a(t)$ 进行取样时，只要取样频率等于或大于 $2f_m$，就可以由这个离散序列 $x_a(nT)$ 准确地恢复 $x_a(t)$。这就是奈奎斯特**取样定理**。

只要满足取样定理的条件，所得到的取样序列就能唯一确定出原来的连续信号，并由此可以得出恢复原来信号的基本方法。下面将从时域和频域两个方面来分析取样过程。

2. 时域分析

假设有一限带信号 $x_a(t)$，其最高频率为 Ω_{max}，傅里叶变换为 $X_a(\Omega)$。容易看出，将 $x_a(t)$ 取样实际上就是将 $x_a(t)$ 与取样函数 $p(t)$ 相乘，如图 2.2 所示。相乘结果(取样信号)用 $\hat{x}_a(t)$ 表示。

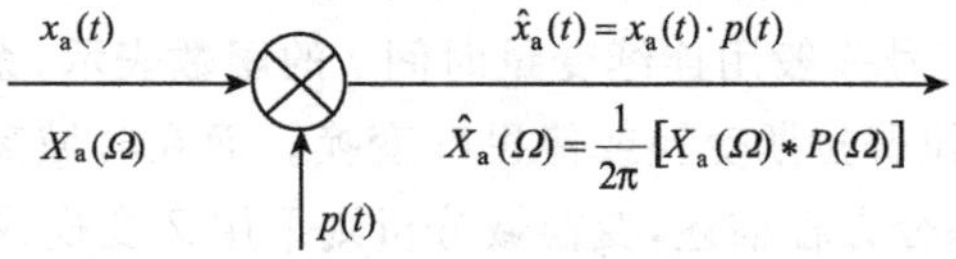

图 2.2　连续信号取样的数学模型

取样函数 $p(t)$ 定义为

$$p(t) = \frac{1}{T}\text{comb}\left(\frac{t}{T}\right) = \sum_{n=-\infty}^{\infty}\delta(t-nT) \tag{2.2}$$

则

$$\hat{x}_a(t) = x_a(t)p(t) = \sum_{n=-\infty}^{\infty}x_a(t)\delta(t-nT) = \sum_{n=-\infty}^{\infty}x_a(nT)\delta(t-nT) \tag{2.3}$$

式(2.3)表示，取样信号 $\hat{x}_a(t)$ 是无穷多个 δ 函数的加权组合，权值是 $x_a(t)$ 的各个取样值。

3. 频域分析

在连续时间信号与系统中，两个信号若在时域是相乘的关系，映射到频域则为卷积的关系。所以 $\hat{x}_a(t)$ 的频谱为

$$F[\hat{x}_a(t)] = \hat{X}_a(\Omega) = \frac{1}{2\pi}X_a(\Omega) * P(\Omega) \tag{2.4}$$

由于 $p(t)$ 是周期函数，可表示成傅里叶级数，即

$$p(t) = \sum_{n=-\infty}^{\infty}\delta(t-nT) = \sum_{n=-\infty}^{\infty}a_n e^{jn\Omega_s t} \tag{2.5}$$

式中

$$\Omega_s = \frac{2\pi}{T}$$

$$a_n = \frac{1}{T}\int_{-T/2}^{T/2}p(t)e^{-jnt\Omega_s}dt = \frac{1}{T}\int_{-T/2}^{T/2}\left[\sum_{n=-\infty}^{\infty}\delta(t-nT)\right]e^{-jnt\Omega_s}dt$$

由于在 $|t|\leqslant\frac{T}{2}$ 的积分区间内只有一个单位脉冲 $\delta(t)$，其他单位脉冲 $\delta(t-nT)(n\neq0)$ 都在积分区间之外，因此

$$a_n = \frac{1}{T}\int_{-T/2}^{T/2}\delta(t)e^{-jnt\Omega_s}dt = \frac{1}{T}$$

所以

$$p(t)=\frac{1}{T}\sum_{n=-\infty}^{\infty}\mathrm{e}^{\mathrm{j}nt\Omega_s} \tag{2.6}$$

$$P(\Omega)=F\left[\frac{1}{T}\sum_{n=-\infty}^{\infty}\mathrm{e}^{\mathrm{j}nt\Omega_s}\right]=\frac{2\pi}{T}\sum_{n=-\infty}^{\infty}\delta(\Omega-n\,\Omega_s) \tag{2.7}$$

如图 2.3 所示。

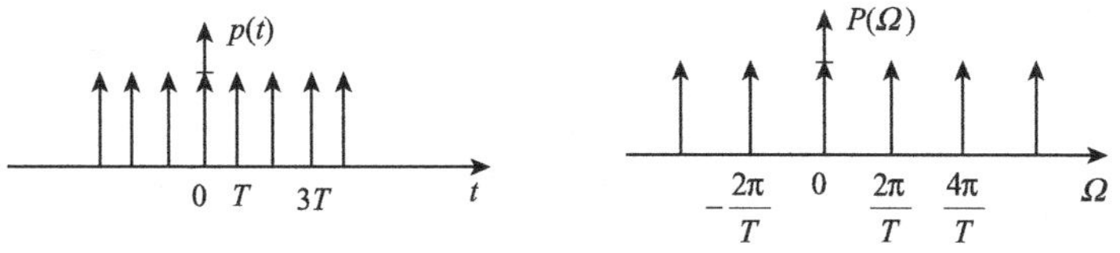

图 2.3　取样函数和它的频谱

因此

$$\hat{X}_a(\Omega)=\frac{1}{2\pi}X_a(\Omega)*P(\Omega)=\frac{1}{T}\sum_{n=-\infty}^{\infty}X_a(\Omega-n\Omega_s) \tag{2.8}$$

$X_a(\Omega)$与$\hat{X}_a(\Omega)$的波形如图 2.4 所示。由图中可以清楚地看出，$\hat{X}_a(\Omega)$的频谱包含着原信号$x_a(t)$的频谱以及无限个经过平移的原信号基带频谱，频谱的幅度均乘以$1/T$，平移的角频率等于$\Omega_s=\frac{2\pi}{T}$，以及它的倍频$n\Omega_s=\frac{2\pi n}{T}$。因此，一个连续时间信号经过取样后，其频谱将以取样频率为间隔重复，即频谱产生周期延拓。

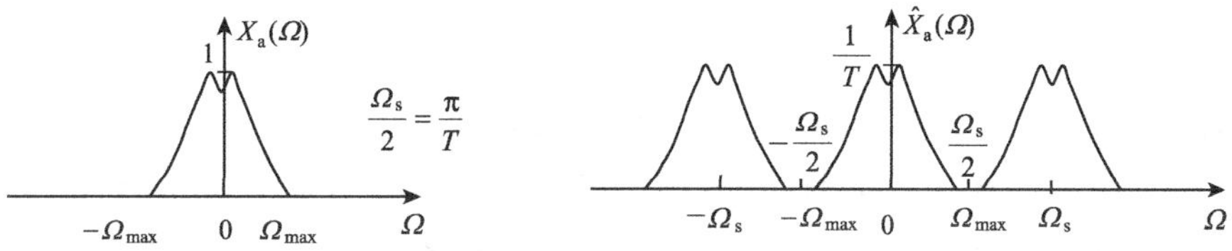

图 2.4　连续信号的频谱$X_a(\Omega)$和取样信号的频谱$\hat{X}_a(\Omega)$

因此，若$x_a(t)$是一限带信号，假设其频谱为

$$X_a(\Omega)=\begin{cases}X_a(\Omega) & |\Omega|<\dfrac{\Omega_s}{2}=\dfrac{\pi}{T}\\ 0 & |\Omega|>\dfrac{\Omega_s}{2}=\dfrac{\pi}{T}\end{cases} \tag{2.9}$$

则只要取样频率足够高，且满足条件

$$|\Omega_{\max}|\leqslant\frac{\Omega_s}{2}=\frac{\pi}{T}\quad 或\quad \Omega_s\geqslant 2|\Omega_{\max}| \tag{2.10}$$

即取样频率$f_s=\frac{\Omega_s}{2\pi}$至少是信号最高频率$f_{\max}=\frac{\Omega_{\max}}{2\pi}$的两倍，则$\hat{X}_a(\Omega)$的频谱不发生混叠。当式(2.10)取等号时，称$f_s=\frac{\Omega_s}{2\pi}$为奈奎斯特取样频率。取样过程的时域与频域关系如

图 2.5 所示。

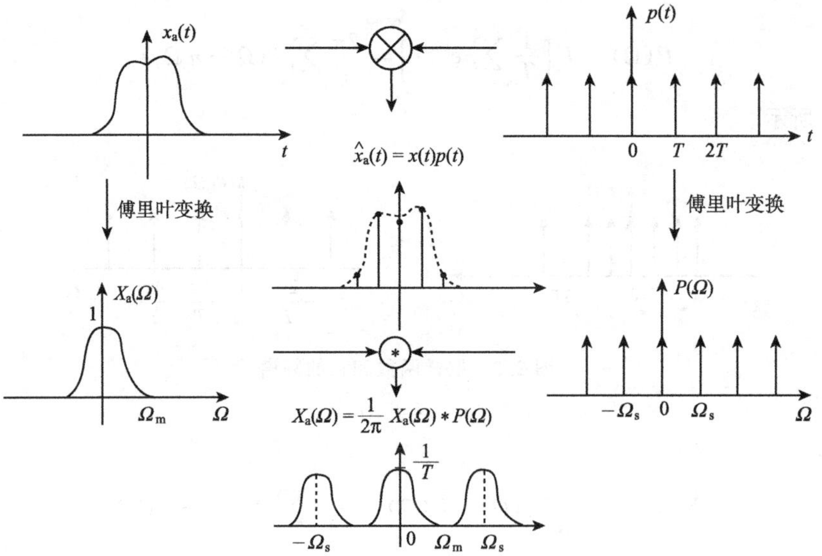

图 2.5 取样过程的时域与频域关系

由以上分析可以得出一个重要结论:时域连续信号的单位脉冲取样,在频域中产生周期函数,它的周期等于取样频率 f_s。

最后需要说明一点,上述取样定理是理想取样,关于其他取样函数,请参看相关资料。

2.1.2 内插

下面讨论如何由所得到的取样信号 $\hat{x}_a(t)$恢复出原来的信号 $x_a(t)$。

用大于奈奎斯特取样频率的频率对限带信号 $x_a(t)$进行取样,将得到的取样信号 $\hat{x}_a(t)$通过截止频率为 Ω_c 的理想低通滤波器,其中截止频率 Ω_c 满足

$$\Omega_{max}\leqslant\Omega_c\leqslant(\Omega_s-\Omega_{max}) \tag{2.11}$$

时,就可以恢复出原始信号 $x_a(t)$,如图 2.6 所示。

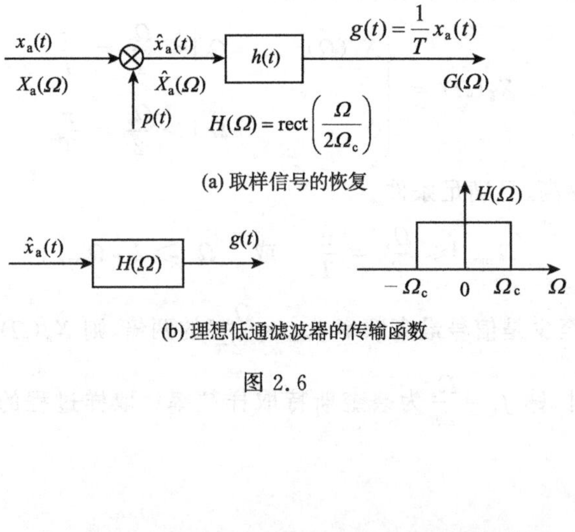

图 2.6

具体分析如下：

$$G(\Omega)=\hat{X}_a(\Omega)\cdot H(\Omega)$$
$$=\left[\frac{1}{T}\sum_{n=-\infty}^{\infty}X_a(\Omega-n\Omega_s)\right]\mathrm{rect}\left(\frac{\Omega}{2\Omega_c}\right)$$
$$=\frac{1}{T}X_a(\Omega) \tag{2.12}$$

$$g(t)=\hat{x}_a(t)*h(t) \tag{2.13}$$

因为

$$h(t)=F^{-1}\left[\mathrm{rect}\left(\frac{\Omega}{2\Omega_c}\right)\right]=\frac{1}{2\pi}\int_{-\Omega_c}^{\Omega_c}\mathrm{e}^{\mathrm{j}\Omega t}\mathrm{d}\Omega$$
$$=\frac{1}{2\pi \mathrm{j}t}(\mathrm{e}^{\mathrm{j}\Omega_c t}-\mathrm{e}^{-\mathrm{j}\Omega_c t})=2f_c\frac{\sin\Omega_c t}{\Omega_c t}=2f_c\mathrm{sinc}(2f_c t) \tag{2.14}$$

将式(2.3)与式(2.14)代入式(2.13)得

$$g(t)=\left[\sum_{n=-\infty}^{\infty}x_a(nT)\delta(t-nT)\right]*2f_c\mathrm{sinc}(2f_c t)$$
$$=2f_c\sum_{n=-\infty}^{\infty}x_a(nT)\mathrm{sinc}[2f_c(t-nT)]=\frac{1}{T}x_a(t) \tag{2.15}$$

如果取 $\Omega_c=\Omega_{\max}=\frac{1}{2}\Omega_s$，则 $2f_c=f_s$，所以得到内插公式为

$$x_a(t)=\sum_{n=-\infty}^{\infty}x_a(nT)\mathrm{sinc}\left[\frac{1}{T}(t-nT)\right] \tag{2.16}$$

其中，内插函数为

$$\phi_n(t)=\phi(t-nT)=\mathrm{sinc}\left[\frac{1}{T}(t-nT)\right] \tag{2.17}$$

不难看出，上式是具有离散时延的 sinc 函数，它在 $t=nT$ 的取样点上的函数值是 1，其余取样点上的值是零，如图2.7(a)所示。$x_a(t)$等于各点乘上对应的内插函数的总和。在每一个取样点上，只有该点所对应的内插函数不为零。因此，被恢复的信号 $x_a(t)$在取样点的值就等于 $x_a(nT)$。这个 $x_a(nT)$称为原始连续信号 $x_a(t)$在相应取样时刻 $t=nT$ 的样本值。取样点(样本)之间的信号则是由各取样函数波形的延伸叠加而组成。如图2.7(b)所示。

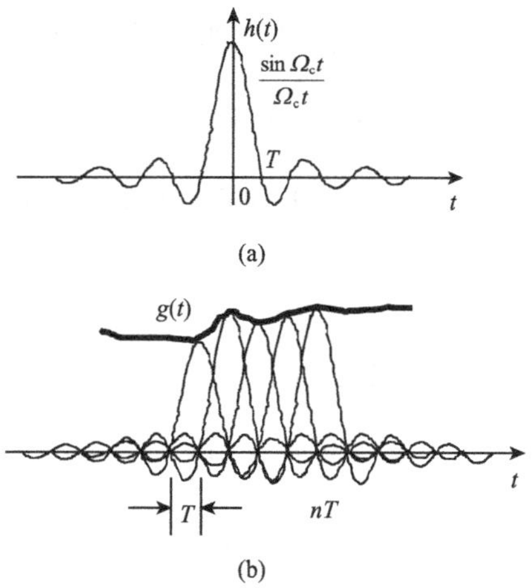

图 2.7　连续信号的内插表示

由图 2.7 可见，由理想低通滤波器的冲激响应过程来逼近原始信号就不至于损失任何信息，即可以完全还原为原始的样本信号。需要指出，

内插函数 $\phi_n(t)$的内容可以扩展,不同的低通滤波特性就有不同的内插函数。以上讨论的是理想低通特性,其内插函数为 sinc 函数。

例 2.1 有一理想取样系统,取样角频率为 $\Omega_s=6\pi$,取样后经理想低通滤波器 $H_a(j\Omega)$还原,其中

$$H_a(j\Omega)=\begin{cases}\frac{1}{2} & |\Omega|<3\pi\\ 0 & |\Omega|\geqslant 3\pi\end{cases}$$

今有两个输入 $x_{a_1}(t)=\cos2\pi t$,$x_{a_2}(t)=\cos5\pi t$,输出信号 $y_{a_1}(t)$、$y_{a_2}(t)$有无失真?

解 根据奈奎斯特定理可知,因为 $x_{a_1}(t)=\cos2\pi t$,频谱中最高频率 $\Omega_{\max_1}=2\pi<\frac{6\pi}{2}=3\pi$,所以 $y_{a_1}(t)$无失真。

又因为 $x_{a_2}(t)=\cos5\pi t$,频谱中最高频率 $\Omega_{\max_2}=5\pi>\frac{6\pi}{2}=3\pi$,所以 $y_{a_2}(t)$有失真。

2.2 离散时间信号

2.1 节讨论了离散时间信号与连续信号的关系。在本节我们将着重讨论离散时间信号。

所谓离散时间信号,即是在离散的时间上取值,在两个取样间隔内数值为零或未知的信号,即取样 $x_a(t)\to x_a(nT_s)$,当我们对此离散时间信号进行处理时,常常对离散时间的周期值 T 不感兴趣,而只对每个离散时间上的数值感兴趣,即主要关心的是这个随 n 变化的离散序列。因此,我们在考虑离散时间信号序列时,常常将 $x_a(nT_s)$ 写成 $x(n)$,它表示一个随 n 变化的数据序列,n 是一个取值只能为整数的离散变量。

2.2.1 常用序列

基本离散序列在研究和分析离散时间信号和系统中起着非常重要的作用,下面我们给出一些常用的离散时间信号序列。

1. 单位取样序列 $\delta(n)$

单位取样序列(通常也称为单位冲激或单位脉冲序列)的定义为

$$\delta(n)=\begin{cases}1 & n=0\\ 0 & n\neq 0\end{cases}\tag{2.18}$$

其图形如图 2.8 所示。

2. 单位阶跃序列 $u(n)$

单位阶跃序列的定义为

$$u(n)=\begin{cases}1 & n\geqslant 0\\ 0 & n<0\end{cases}\tag{2.19}$$

其图形如图 2.9 所示。

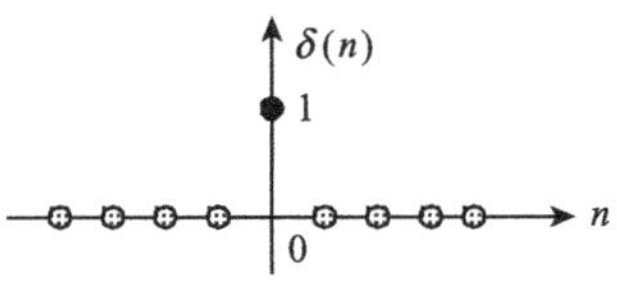

图 2.8　单位取样序列

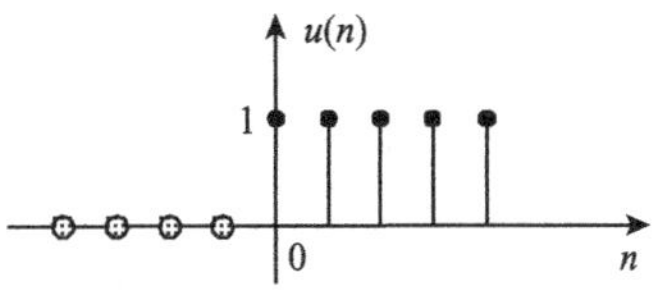

图 2.9　单位阶跃序列

单位取样序列与单位阶跃序列之间的关系为

$$\delta(n) = u(n) - u(n-1) \tag{2.20}$$

$$u(n) = \sum_{k=0}^{\infty} \delta(n-k) \tag{2.21}$$

3. 矩形序列

矩形序列的定义为

$$R_N(n) = \begin{cases} 1 & 0 \leqslant n \leqslant N-1 \\ 0 & n < 0,\ n \geqslant N \end{cases} \tag{2.22}$$

其图形如图 2.10 所示。

4. 实指数序列

实指数序列的定义为

$$x(n) = a^n u(n) \tag{2.23}$$

其中，a 为不等于零的任意实数。当 $|a|<1$ 时，序列是收敛的；$|a|>1$ 时，序列是发散的。

图 2.11 是 $0<a<1$ 的一个实指数序列的图形。

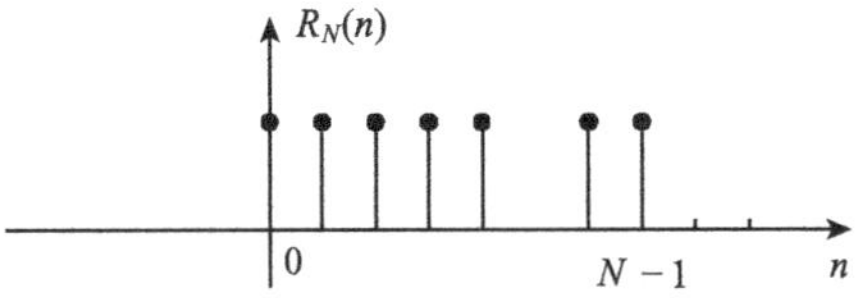

图 2.10　矩形序列

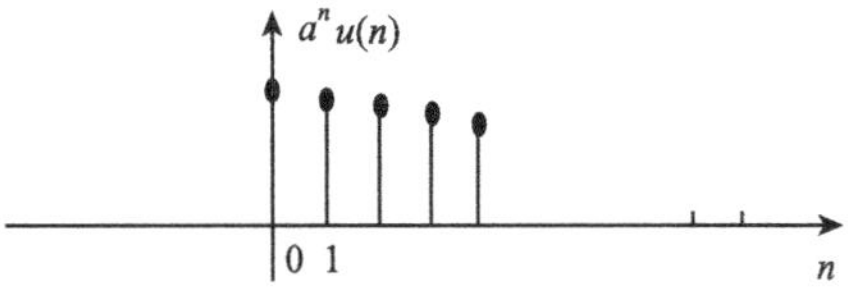

图 2.11　实指数序列

5. 正弦序列

正弦序列的定义为

$$x(n) = \sin(n\,\omega) \tag{2.24}$$

式中，ω 称为正弦序列的数字域角频率，单位是弧度，它表示序列变化的速率，或者说表示两个相邻序列值之间变化的弧度数。

正弦序列可由对连续信号 $x_a(t)=\sin\Omega t$ 取样得到

$$x_a(nT) = \sin(\Omega\, nT) = \sin(n\,\omega) = x(n)$$

其中，$\omega=\Omega T$，Ω 是模拟域角频率，单位是弧度/秒。数字角频率与模拟角频率之间成正比的关系，比例常数就是取样周期 T。其图形如图 2.12 所示。

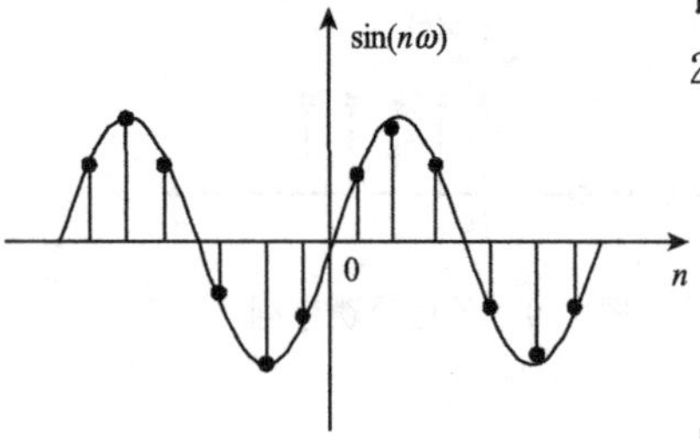

图 2.12　正弦序列

6. 周期序列

如果序列 $x(n)$ 满足下式：

$$x(n)=x(n+N)\qquad -\infty<n<\infty \tag{2.25}$$

且 N 是满足式(2.25)的最小正整数，则称是以 N 为周期的周期序列。

对于一般的正弦序列 $x(n)=\sin(n\omega)$ 满足式 $x(n)=\sin(n\omega)=\sin\left[\omega\left(n+\frac{2\pi}{\omega}\right)\right]$，其中如果 $\frac{2\pi}{\omega}$ 是实整数，则是周期序列；如果 $\frac{2\pi}{\omega}$ 是有理数，设 $\frac{2\pi}{\omega}=\frac{M}{P}$，其中 M 与 P 互为素数，可写成 $x(n)=\sin(n\omega)=\sin\left[\omega\left(n+\frac{2\pi}{\omega}P\right)\right]$，则仍为周期序列，例如 $\sin\left(\frac{4\pi n}{11}\right)$ 的周期为 11。如果 $\frac{2\pi}{\omega}$ 为无理数，则是非周期序列，例如 $\sin(0.4n)$ 就是非周期序列。

7. 用单位取样序列来表示任意序列

任一序列都可以表示成各延时单位取样序列的幅度加权和，即

$$x(n)=\sum_{k=-\infty}^{\infty}x(k)\delta(n-k) \tag{2.26}$$

2.2.2　序列的基本运算

离散时间序列的基本运算包括移位、和、积、标量乘法、翻褶、累加、卷积和等。下面分别叙述。

1. 序列的移位

离散信号的移位是指将信号 $x(n)$ 变换为 $x(n-m)$ 的运算。如果 $m>0$ 时，称序列延迟(右移)了 m 个样本；当 $m<0$ 时，称序列超前(左移)了 m 个样本。实现延时一个样本的器件称为单位延时器，其运算功能的框图如图 2.13(a)所示。

2. 加运算

离散序列的相加是指将两个离散序列同序号的序列值逐项相加而构成一个新的序列，表示为

$$y(n)=x_1(n)+x_2(n) \tag{2.27}$$

实现加序列的器件称为加法器，其运算功能的框图如图 2.13(b)所示。

3. 积运算

两个序列的积运算是指将两个序列同序号的序列值逐项对应相乘，从而得到一个新序列，表示为

$$y(n) = x_1(n) \cdot x_2(n) \tag{2.28}$$

在一些应用中，积运算也称为调制。实现积运算的器件称为调制器，其运算功能框图如图 2.13(c)所示。

4. 标量乘法

标量乘法是指将序列 $x(n)$ 的每个样本乘以一个标量 a 产生一个新的序列，表示为

$$y(n) = ax(n) \tag{2.29}$$

实现乘法的器件称为乘法器，其对应的运算功能框图如图 2.13(d)所示。

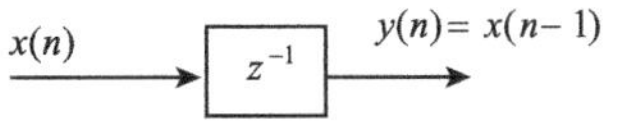

(a) 单位延时器

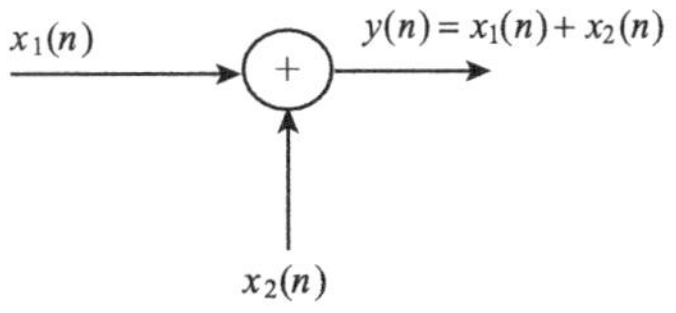

(b) 加法器

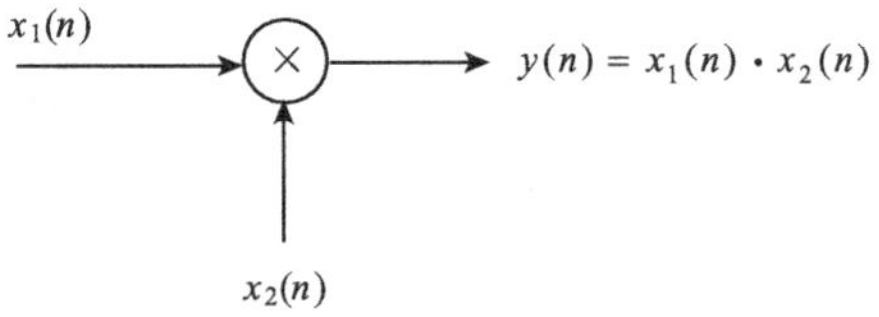

(c) 调制器

(d) 乘法器

图 2.13　序列的基本运算单元

5. 序列的翻褶

序列的翻褶是指将信号 $x(n)$ 变化为 $x(-n)$ 的运算，即将 $x(n)$ 以纵轴为对称轴加以翻褶。

6. 序列累加

设某序列为 $x(n)$，序列的累加定义为

$$y(m) = \sum_{n=-\infty}^{m} x(n) \tag{2.30}$$

它表示在某一个 m 上的值等于这一个 m 上的值 $x(m)$ 以及 m 以前的所有 n 值上的值 $x(n)$ 之和。

7. 序列的卷积和(离散线性卷积)

我们知道卷积积分是求连续线性非移变系统零状态响应的主要方法。同样离散线性卷积也是求离散线性移不变系统零状态响应的主要方法。首先我们来看序列卷积和的定义。

设 $x_1(n)$和 $x_2(n)$是两个任意的离散信号,定义

$$y(n) = x_1(n) * x_2(n) = \sum_{k=-\infty}^{\infty} x_1(k)x_2(n-k) \tag{2.31}$$

为这两个离散信号的线性卷积(卷积和)。

对每一个确定的 n 计算 $y(n)$时,由于两个数相乘只当这两个数都不为零时其乘积才不为零。所以,求和变量 k 的取值范围取决于$x_1(k)$和 $x_2(n-k)$的长度和取值范围,并且最后得到的卷积结果即序列 $y(n)$的长度和取值范围也取决于$x_1(n)$和 $x_2(n)$的长度和取值范围。

下面讨论离散线性卷积的计算方法。一般来说,有 3 种常用的计算线性卷积的方法,即解析式法、作图法和排序法。

1) 解析式法

解析式法就是直接利用卷积公式(2.31)来计算离散线性卷积。

例 2.2　已知 $h(n)=(0.9)^n u(n)$,$x(n)=u(n)-u(n-10)$,求 $y(n)=h(n)*x(n)$。

解　由离散卷积的定义得到

$$y(n) = \sum_{k=0}^{9} 1 \times (0.9)^{(n-k)} u(n-k) = (0.9)^n \sum_{k=0}^{9} (0.9)^{-k} u(n-k)$$

(1) $n<0$。此时 $u(n-k)=0,0\leqslant k\leqslant 9$。在此情况下,$x(n)$ 和 $h(n)$ 的非零值互相不覆盖,因而输出为

$$y(n) = 0$$

(2) $0\leqslant n<9$。此时 $u(n-k)=1,0\leqslant k\leqslant n$。在此情况下,$x(n)$和 $h(n)$ 的非零值部分互相覆盖,因而输出为

$$\begin{aligned} y(n) &= (0.9)^n \sum_{k=0}^{n} (0.9)^{-k} = (0.9)^n \sum_{k=0}^{n} [(0.9)^{-1}]^k \\ &= (0.9)^n \times \frac{1-(0.9)^{-(n+1)}}{1-(0.9)^{-1}} = 10 \times [1-(0.9)^{n+1}] \qquad 0 \leqslant n < 9 \end{aligned}$$

(3) $n\geqslant 9$。此时 $u(n-k)=1,0\leqslant k\leqslant 9$。在此情况下,$x(n)$和 $h(n)$ 完全互相覆盖,因而输出为

$$\begin{aligned} y(n) &= (0.9)^n \sum_{k=0}^{9} (0.9)^{-k} = (0.9)^n \times \frac{1-(0.9)^{-10}}{1-(0.9)^{-1}} \\ &= 10 \times (0.9)^{n-9} \times [1-(0.9)^{10}] \qquad n \geqslant 9 \end{aligned}$$

2) 作图法

作图法一般用于序列的长度有限,并且容易用图表示出来的情形。对于$y(n)=x(n)*h(n)$,其步骤按先后次序为

(1) 折叠：$h(-k)$是 $h(k)$围绕纵轴的翻褶镜像。

(2) 移位：$h(n-k)$即为 $h(-k)$的右移($n>0$)或左移($n<0$)n 位。

(3) 相乘：$x(k)\cdot h(n-k)$。

(4) 求和：即求各项乘积之和。

过程如图 2.14 所示。

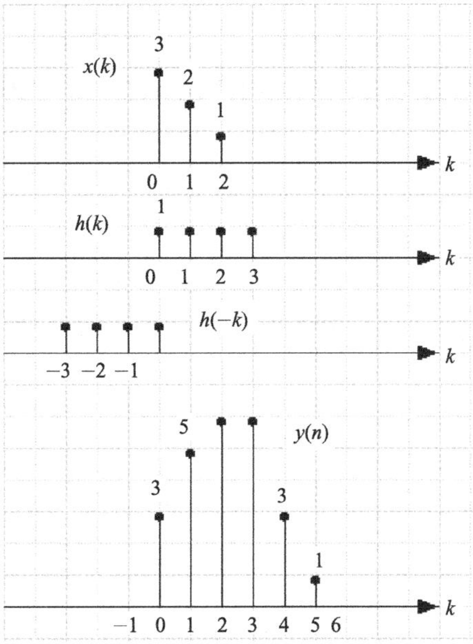

图 2.14　用作图法计算线性卷积

3) 排序法

下面举例说明如何利用排序法求出两个序列的离散线性卷积。

例 2.3　已知 $x_1(n)=\{4,3,2,1\}$，$x_2(n)=\{3,2,1\}$，求 $y(n)=x_1(n)*x_2(n)$。

解

$$
\begin{array}{lllcccccc}
 & x_1(n) & : & & & \underset{\uparrow\, n=0}{4} & 3 & 2 & 1 \\
\times & x_2(n) & : & & & & \underset{\uparrow\, n=0}{3} & 2 & 1 \\
\hline
 & & & & & 4 & 3 & 2 & 1 \\
 & & & & 8 & 6 & 4 & 2 & \\
+ & & & 12 & 9 & 6 & 3 & & \\
\hline
 & y(n) & : & \underset{\uparrow\, n=0}{12} & 17 & 16 & 10 & 4 & 1
\end{array}
$$

$$
y(n)=\left\{\underset{\uparrow\, n=0}{12}\quad 17\quad 16\quad 10\quad 4\quad 1\right\}
$$

也就是说,首先将两个序列右对齐,逐个样值对应相乘但不进位,最后将同列乘积值相加即可。

以上所讨论的 3 种方法中,当序列不存在解析式时采用第 2)、3)种方法较方便。

2.3　时域离散系统的基本概念

离散系统在数学上定义为将输入序列 $x(n)$(称为激励)映射成输出序列 $y(n)$(称为响应)的唯一性变换或运算,亦即将一个序列变换成另一个序列的系统,用算子 $T[\cdot]$描述,记为

$$y(n) = T[x(n)] \tag{2.32}$$

如图 2.15 所示。

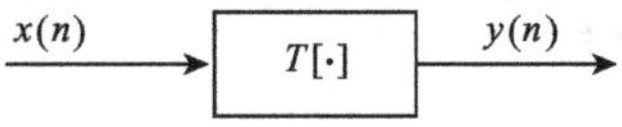

图 2.15　离散系统的模型

当输入信号是单位冲激序列 $\delta(n)$时的输出信号 $h(n)$定义为系统的单位冲激响应,即 $h(n)=T[\delta(n)]$。单位冲激响应反映了离散系统的基本特性。另外,阶跃响应是离散系统对单位阶跃函数的响应,它给出了离散系统对输入端电平变化的响应。

对算子 $T[\cdot]$加上种种约束条件,就可以定义出各类时域离散系统。由于线性非移变系统在数学上容易表征,且它们还可以实现多种有用信号处理功能,因此,本书将着重讨论这类系统。

1. 线性系统

凡是满足叠加原理的系统称为线性系统。即若对于系统的两个激励 $x_1(n)$和 $x_2(n)$有

$$T[ax_1(n) + bx_2(n)] = aT[x_1(n)] + bT[x_2(n)] \tag{2.33}$$

其中,a、b 为任意常数,则为线性系统。

判断系统为线性的方法,如图 2.16 所示。若 $y(n) = y'(n)$,则系统为线性的。它说明两个序列分别乘以一因子相加后进行变换等于分别变换后乘一因子的和。否则,若 $y(n) \neq y'(n)$,系统为非线性的。

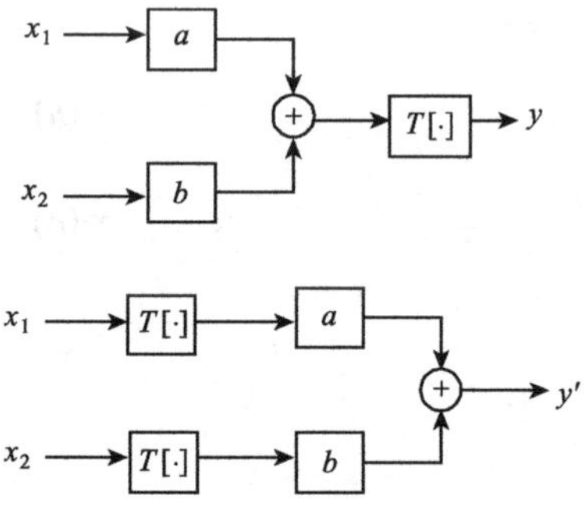

图 2.16　离散系统的线性检验

例 2.4　设系统为 $T[x(n)]=7x^2(n-1)$,判断是不是一个线性系统。

解　因

$$T[ax(n)] = 7a^2x^2(n-1)$$

而

$$aT[x(n)] = 7ax^2(n-1)$$

即

$$T[ax(n)] \neq aT[x(n)]$$

所以系统是非线性的。

例 2.5　设系统 $y(n)=Ax(n)$，判断它是不是一个线性系统。

解　因为

$$T[ax_1(n)+bx_2(n)]=A[ax_1(n)+bx_2(n)]=aAx_1(n)+bAx_2(n)$$
$$=aT[x_1(n)]+bT[x_2(n)]$$

所以系统是线性的。

2. 非移变系统

所谓非移变系统就是系统的参数不随时间而变化。用数学表示为

$$T[x(n-n_0)]=y(n-n_0) \tag{2.34}$$

即不管输入信号作用的时间先后，输出信号响应的形状均相同，仅是出现的时间不同，如图 2.17 所示。

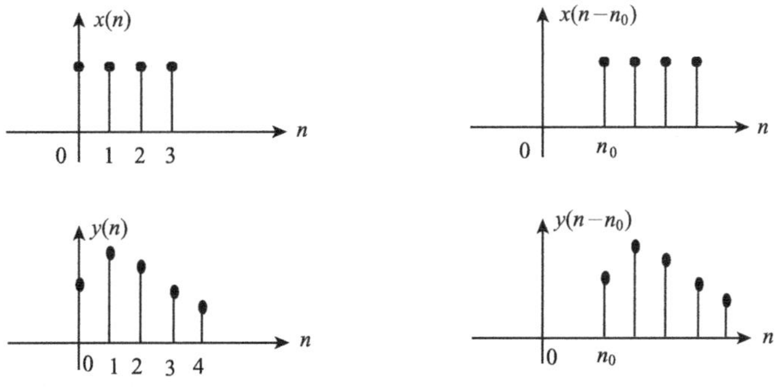

图 2.17　离散系统的非移变特性

判断系统非移变的方法如图 2.18 所示。若 $T[x(n-n_0)]=y(n-n_0)$，则系统是非移变的，否则就是移变的。这就说明序列 $x(n)$ 先移位后进行变换与它先进行变换后再移位是等效的。因此，判断一个系统是否非移变，就要检验它对任意的一个序列 $x(n)$，先移位后再进行变换与先变换后再进行移位的输出信号是否相同。

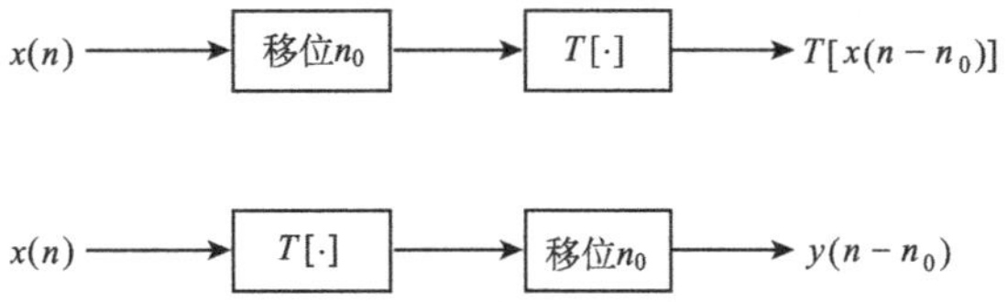

图 2.18　离散系统的非移变检验

例 2.6　判断输入输出关系为 $y(n)=T[x(n)]=2nx(n)$ 的系统是否是非移变的。

解　因

$$T[x(n-k)]=2nx(n-k)$$

而

$$y(n-k)=2(n-k)x(n-k)$$

即

$$y(n-k)\neq T[x(n-k)]$$

所以系统是移变的。

3. 线性非移变系统

线性非移变系统(linear-time-invariant,LTI)就是既满足叠加原理又具有非移变特性的系统。

设系统输入序列 $x(n)=\delta(n)$,则系统的零状态响应为该系统的单位冲激响应 $h(n)$,用公式表示为

$$h(n)=T[\delta(n)] \tag{2.35}$$

知道了线性非移变系统的单位冲激响应 $h(n)$后,就可得到线性非移变系统对于任意输入的输出。

假设有一线性非移变系统,当输入序列为 $x(n)$时,其输出序列为 $y(n)=T[x(n)]$,按照公式 (2.26),有

$$y(n)=T[\sum_{k=-\infty}^{\infty}x(k)\delta(n-k)]$$

由于系统是线性的,故有

$$T\Big[\sum_{k=-\infty}^{\infty}x(k)\delta(n-k)\Big]=\sum_{k=-\infty}^{\infty}x(k)T[\delta(n-k)]$$

根据单位冲激响应的定义 $h(n)=T[\delta(n)]$, 又由于系统是非移变的,所以有

$$T[\delta(n-k)]=h(n-k)$$

所以

$$y(n)=\sum_{k=-\infty}^{\infty}x(k)T[\delta(n-k)]=\sum_{k=-\infty}^{\infty}x(k)h(n-k)=x(n)*h(n) \tag{2.36}$$

式(2.36)说明线性非移变系统的输出序列是输入序列与该系统的单位冲激响应序列的离散线性卷积。这是线性非移变系统的一个非常重要的性质。

例 2.7 证明系统 $y(n)=3x(n)+4$ 不是线性系统,而是非移变系统。

解 (1) 线性。

$$y_1(n)=T[x_1(n)]=3x_1(n)+4$$

$$y_2(n)=T[x_2(n)]=3x_2(n)+4$$

所以

$$ay_1(n)+by_2(n)=3ax_1(n)+3bx_2(n)+4(a+b)$$

但是

$$T[ax_1(n)+bx_2(n)]=3[ax_1(n)+bx_2(n)]+4$$

因而

$$T[ax_1(n)+bx_2(n)]\neq ay_1(n)+by_2(n)$$

所以系统不是线性系统。

(2) 非移变。

$$T[x(n-m)]=3x(n-m)+4$$
$$y(n-m)=3x(n-m)+4$$

两者相等,所以是非移变系统。

4. 稳定系统

如果一个系统,对于有界的输入序列,其输出也是有界的,则称它是稳定系统。即当输入序列满足$|x(n)|<\infty$,对于一切 n,如果输出序列$|y(n)|<\infty$,则系统是稳定的。

假设 $|x(n)|\leqslant M$,因为

$$|y(n)|=\left|\sum_{k=-\infty}^{\infty}h(k)x(n-k)\right|$$
$$\leqslant\sum_{k=-\infty}^{\infty}|h(k)||x(n-k)|\leqslant M\sum_{k=-\infty}^{\infty}|h(k)|<\infty$$

所以可以推导出线性非移变系统稳定的条件为

$$\sum_{k=-\infty}^{\infty}|h(k)|<\infty \tag{2.37}$$

例 2.8　已知线性非移变系统 $h(n)=a^nu(n)$,试判断其稳定性。

解
$$\sum_{n=-\infty}^{\infty}|h(n)|=\sum_{n=0}^{\infty}|a^n|=\sum_{n=0}^{\infty}|a|^n$$

我们知道,当$|a|<1$ 时,此级数收敛,且有

$$\sum_{n=-\infty}^{\infty}|h(n)|=\sum_{n=0}^{\infty}|a^n|=\frac{1}{1-|a|}<\infty$$

因此,当$|a|<1$ 时,此线性非移变系统是稳定的。

5. 因果系统

一个系统如果其输出变化不会发生在输入变化之前,则称它是因果的。这就是说对于因果系统,如果取 n_0,当 $n<n_0$ 时,$x_1(n)=x_2(n)$,则 $n<n_0$ 时,$y_1(n)=y_2(n)$。

一个线性非移变系统是因果系统的充分必要条件是,当 $n<0$ 时,其单位冲激响应 $h(n)=0$,即

$$h(n)=0\qquad n<0 \tag{2.38}$$

这个充要条件可以从 $y(n)=x(n)*h(n)$ 的解析式中导出。由于这个原因,通常把 $n<0$ 时,$h(n)=0$ 的序列称为因果序列,以表示它可以作为一个因果系统的单位冲激响应。

现在我们来证明式(2.38)。

证明　首先证明必要性。由因果系统定义,若

$$x_1(n_1)=x_2(n_1) \qquad n_1<n_0$$

则

$$y_1(n_1)=y_2(n_1) \qquad n_1<n_0$$

而

$$y_1(n_1)=\sum_{k=-\infty}^{\infty}h(k)x_1(n_1-k)$$

$$y_2(n_1)=\sum_{k=-\infty}^{\infty}h(k)x_2(n_1-k)$$

当 $n_1<n_0$ 时,$x_1(n_1)=x_2(n_1)$,而当 $n_1\geqslant n_0$ 时,就不一定 $x_1(n_1)=x_2(n_1)$,这时 $x_1(n_1)$和 $x_2(n_1)$可以各自为任意值。由上面两式可以看出,当求和号中 $k<0$ 时,$x_1(n_1-k)=x_2(n_1-k)$不成立。要使 $y_1(n_1)=y_2(n_1)$,则必定有

$$h(k)=0 \qquad k<0$$

再证明充分性。当 $n<0$ 时,$h(n)=0$,则可以写出

$$y_1(n_1)=\sum_{n=-\infty}^{\infty}h(k)x_1(n_1-n)=\sum_{n=0}^{\infty}h(k)x_1(n_1-n)$$

$$y_2(n_1)=\sum_{n=-\infty}^{\infty}h(k)x_2(n_1-n)=\sum_{n=0}^{\infty}h(k)x_2(n_1-n)$$

对于任意的 n_i,当 $n_i<n_0$ 时,$x_1(n_i)=x_2(n_i)$,$n=0,1,2,\cdots,n_1$ 时,$x_1(n_1-n)=x_2(n_1-n)$。由上面两式可以得出,当 $n_1<n$ 时,$y_1(n_1)=y_2(n_1)$。因此,根据因果系统定义,该系统必为因果系统。

例 2.9 判断线性非移变系统 $y(n)=T[x(n)]=3x(n-2)+3x(n+2)$的因果性。

解 设当 $n\leqslant k$ 时,$x_1(n)=x_2(n)$,则

$$T[x_1(n)]=3x_1(n-2)+3x_1(n+2)$$

$$T[x_2(n)]=3x_2(n-2)+3x_2(n+2)$$

而

$$x_1(n+2)\neq x_2(n+2) \qquad (当\ n\leqslant k\ 时)$$

即当 $n\leqslant k$ 时,$T[x_1(n)]\neq T[x_2(n)]$,故系统是非因果的。

2.4 离散系统的差分方程描述及信号流图

2.4.1 离散系统的差分方程

大家知道,模拟系统通常用微分方程描述,而离散系统则是用差分方程来描述。如果按差分方程来分类,则离散系统可以分为非递归型即有限冲激响应(finite impulse response,FIR)与递归型即无限冲激响应(infinite impulse response, IIR)两大类系统。

1. 非递归型(FIR)

非递归型因果系统是当前的输出仅仅取决于输入的现在值与输入的过去值。所谓非

递归，即输出对输入无反馈。因此，假设在 n 时刻系统的输入 $x(n)$ 与输出 $y(n)$ 的关系为

$$y(n) = f\{\cdots, x(n-1), x(n), x(n+1), \cdots\}$$

若系统是线性非移变的，$y(n)$ 可表示为

$$y(n) = \sum_{i=-\infty}^{\infty} a_i x(n-i) \qquad a_i \text{ 为常系数}$$

如果它又是因果系统，则有 $a_{-1}=a_{-2}=a_{-3}=\cdots=0$，从而得到

$$y(n) = \sum_{i=0}^{\infty} a_i x(n-i)$$

若 $i>N$ 时，$a_i=0$，则

$$y(n) = \sum_{i=0}^{N} a_i x(n-i) \tag{2.39}$$

于是线性、非移变、因果系统的非递归型结构可用 N 阶线性差分方程表示，N 为系统的阶次。

若输入信号为单位冲激序列 $\delta(n)$，此时系统的输出为单位冲激响应 $h(n)$。显然，由式(2.39)可知，当 $n>N$ 时，单位冲激响应 $h(n)$ 所有取样值均为 0，即 $h(n)$ 的非零取样值具有有限个。因此，非递归型系统又称为有限冲激响应(FIR)。

2. 递归型(IIR)因果系统

递归型因果系统输出的现在值不仅取决于输入的现在值与过去值，而且还取决于输出的过去值。所谓递归，就是输出对输入有反馈。因此，可以假设在时刻 n 系统的输入 $x(n)$ 与输出 $y(n)$ 的关系为

$$y(n) = f\{\cdots, x(n-1), x(n), x(n+1), \cdots\} + g\{\cdots, y(n-1), y(n+1), \cdots\}$$

同理，当系统为线性、非移变、因果系统时，可推得

$$y(n) = \sum_{i=0}^{M} a_i x(n-i) + \sum_{i=1}^{N} b_i y(n-i) \tag{2.40}$$

式中，a_i、b_i 为常系数。

由式(2.40)可知，如果输入信号为单位冲激序列 $\delta(n)$，由于 $\delta(n)$ 只在 $n=0$ 处有值，其他地方为 0，则输出的单位冲激响应 $h(n)$ 值虽然越来越小，但一般没有降为 0，响应长度为无穷。这一特性通常为递归系统所具有，这种响应又称为无限冲激响应(IIR)。

由以上分析可以看出，当 $b_i=0$ 时递归型变成了非递归型，亦即非递归型是递归型的特例。

求解差分方程的一般方法有 3 种：①经典法；②递推法；③Z 变换法。前两种方法在先修课程里已学过，第 3 种方法将在本章的后面讨论。

离散系统差分方程表示法的一个优点是可以直接由基本运算单元得到一个可实现的结构。但具有挑战意义的是如何得到一个高效的实现，即具有最少的操作和存储器容量，并且在相同的时间内，对参数的字长效应的敏感度最低。

例 2.10　一个线性非移变系统的差分方程表示为

$$y(n)-0.8y(n-1)=2x(n)+3x(n-1)$$

试画出其结构。

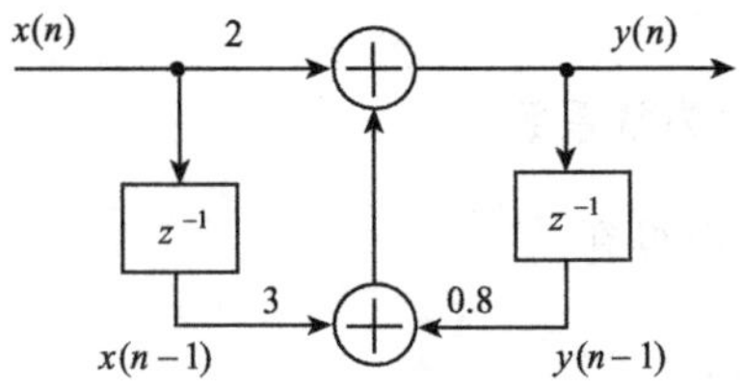

图 2.19　例 2.10 差分方程的实现结构

解　把上式做一个形式上的变化,得

$$y(n)=2x(n)+3x(n-1)+0.8y(n-1)$$

由此表达式可以看到,这个系统结构包括 3 个乘法器和 2 个加法器,以及 2 个存储器,以便存储输入和输出信号,使之时延一个取样间隔 T。其结构如图 2.19 所示。

2.4.2　信号流图表示

信号流图是表示复杂线性系统的一种有效分析方法,它可以从一个代表给定系统的方框图给出信号流通的几何图形;也可以由描述系统的线性代数方程得到信号流图,然后根据信号流图的理论,从网络的信号流图上进行一些等效的简化,找到所需要的传输函数,或进行一些有效的分析。

简单地说,信号流图是由连接节点的有向分支构成的网络。如图 2.20(a)所示的框图可以用如图 2.20(b)所示的信号流图来表示。结合图 2.20(b)我们来简要地解释一下信号流图中有关术语和规则。

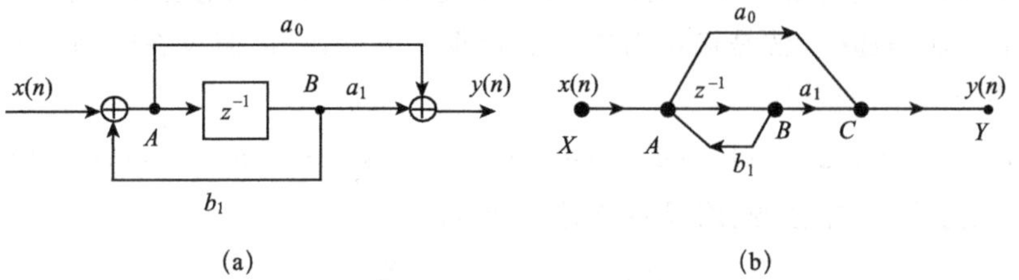

图 2.20　系统的方框图与其等效信号流图

1) 节点

信号流图中每一节点都对应着一个变量,图 2.20(b)中的 X、A、B、C、Y 都是各自对应的节点变量。

2) 支路

连接两个节点的有向线段,图 2.20(b)中有向线段 $\overrightarrow{AB}$、$\overrightarrow{AC}$ 等都称为支路。两个节点间的连接支路相当于信号的乘法器,通常将它的加权叫做支路传输,例如,支路 $\overrightarrow{AB}$ 权值是 z^{-1},在时域内则为一个单位延迟;又如支路 $\overrightarrow{AC}$ 的传输是 a_0,即节点变量 A 乘以 a_0 后输入到节点 C。

3) 源节点

对于一个节点,流入该节点的信号叫输入,流出该节点的信号叫输出。如一个节点只有输出支路与之相连接，则称它为源节点。例如，图 2.20(b)中的节点 X 就是一个源节点。

4) 汇点

如果一个节点只有输入支路与之相连接，则称它为汇点。图 2.20(b)中的节点 Y 就是一汇点。

5) 混合节点

如果一个节点既有输入支路与之相连接，又有输出支路与之相连接，则称它为混合节点。图 2.20(b)个的节点 A、B、C 都是混合节点。

6) 开路径

所谓开路径也叫通路。它是从某一节点出发，连续经过一些支路（沿支路方向）而终止到另一节点上，且每一节点只通过一次的路径。图 2.20(b)中，从节点 X 开始，沿着支路方向经过节点 A、B、C，终点在节点 Y 上，则从节点 X 到节点 Y 这一路径就叫开路径或通路。从一点到另一点的通路可以不止一条，如 $X \to A \to C \to Y$。

7) 自环

从某一节点出发，沿着支路方向，连续经过一些支路又终止在同一节点的路径叫自环。需要强调的是沿途各节点只通过一次而不是多次。图 2.20(b)中的自环流 $A \to B \to A$。

8) 节点变量的值

设连接节点 x_i 和节点 x_j 的支路传输 $t_{j,i}$，图 2.21 所示，则节点变量 x_i 的值为

$$x_i = \sum_j x_j t_{j,i}$$

即节点变量值等于流入该节点的全部信号的叠加，而从该节点流出的信号则不计。对于这一点，请读者务必注意，它与基尔霍夫的电流定律完全不同！图 2.21 中，有

$$x_i = x_j t_{j,i} + x_{j-1} t_{j-1,i}$$

而从节点 x_i 流出的支路 x_{j-2} 并不影响节点变量 x_i 的值。

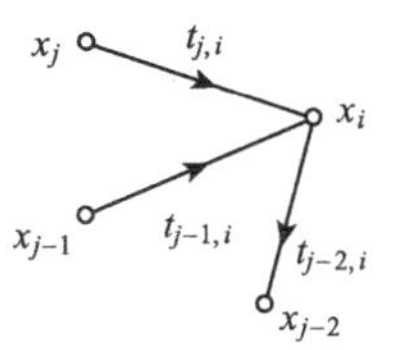

图 2.21　信号流图节点变量的计算

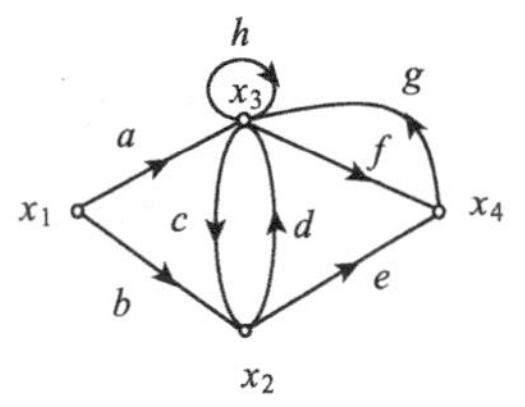

图 2.22　信号流图的例子

根据上述流图规则，可以根据一个信号流图，写出一组代数方程来。例如，根据图 2.22 所示的信号流图，可以写出方程组为

$$x_2 = bx_1 + cx_3$$

$$x_3 = ax_1 + dx_2 + hx_3 + gx_4$$

$$x_4 = fx_3 + ex_2$$

信号流图有一套直观的图形简化方法,可以用来消除一些不必要的支路和节点,从而简化信号流图。这一过程相当于解代数方程组的消去法。所以流图简化规则的正确性很容易利用相应的代数方程组的恒等关系给予证明,现在就来讨论流图的简化规则。

1) 支路的合并

(1) 相加。相加是指如果两个节点之间有几条方向相同的支路并联着,可以将支路传输相加,并将并联支路合并成单一支路,如图 2.23(a)所示。

证明从略。

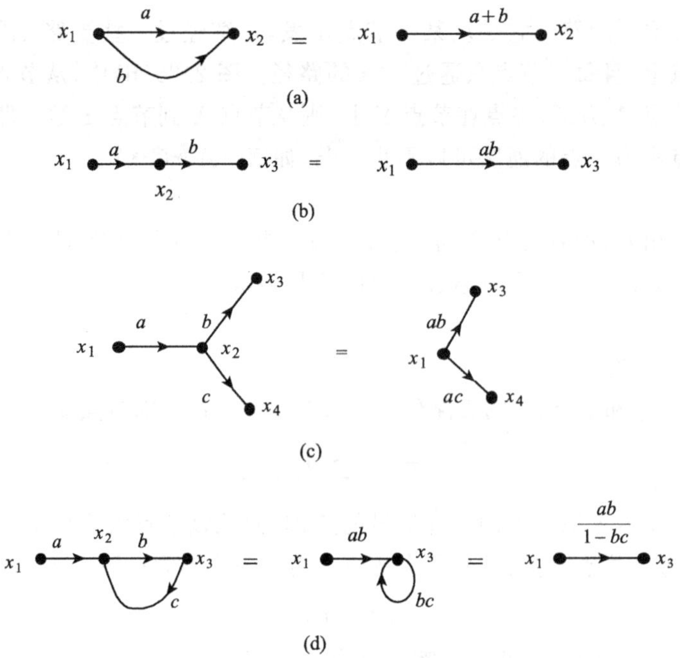

图 2.23 信号流图的简化

(2) 相乘。相乘是指在两个节点之间有几条首尾相接的串联支路,串联支路的总传输等于所有支路传输的乘积。因此,通过支路传输相乘,就可以将几条串联支路合并成单一支路,如图 2.23(b)所示。

证明从略。

2) 节点的吸收

为了消除流图中的混合节点,可先写出代数方程,图 2.23(c)的方程是 $x_3=bx_2$,$x_4=cx_2$,$x_2=ax_1$,然后进行方程合并,将 $x_2=ax_1$ 代入前两式得 $x_3=abx_1$,$x_4=acx_1$,则可将节点 x_2 吸收掉,原流图等效于图 2.23(c)中的右图。

3) 自环的消除

图 2.23(d)所示的等效变换,消除了自环,现在证明这一变换的正确性。

据图 2.23(d)中左边的流图,可以写出方程组为

$$x_2 = ax_1 + cx_3$$

$$x_3 = bx_2$$

将第一式代入第二式得到

$$x_3 = abx_1 + bcx_3$$

该式即表示 2.23(d)中间图形，消除了混合节点 x_2，再将上式移项合并，得

$$x_3 = \frac{ab}{1-bc}x_1$$

这清楚地表明系统的总传输等于 $ab/(1-bc)$。消除了自环，变成了单一支路。

例 2.11　利用上述简化规则，我们可以将图 2.24(a)中左边的图变换成图 2.24(a)中右边的图。将图 2.24(b)中左边的流图变换成图 2.24(b)中右边的流图。

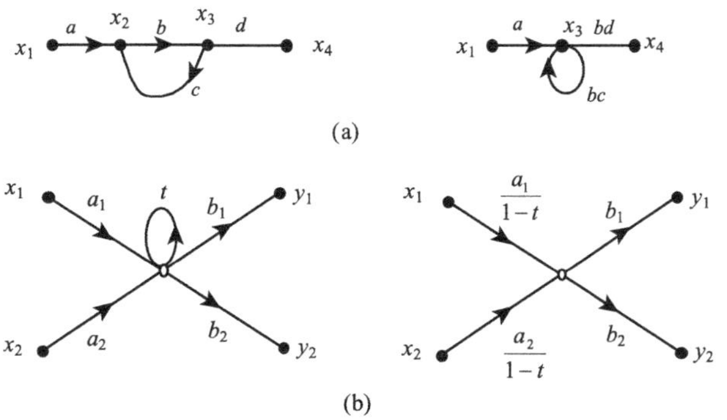

图 2.24　流图中节点的吸收与消除

2.5　离散时间信号的傅里叶变换

与连续时间信号分析类似，对于时域离散信号和系统的分析，傅里叶变换同样占有重要地位，通常称作离散时间傅里叶变换(discrete time Fourier transform, DTFT)。由于模拟信号是连续时间 t 的函数，序列则是离散时间的函数，它们的傅里叶变换形式不同，前者是求积分，后者是求和。

2.5.1　离散时间信号傅里叶变换的定义

设序列满足绝对可和条件，即

$$\sum_{n=-\infty}^{\infty} |x(n)| < \infty$$

定义离散时间信号的傅里叶变换对为

$$X(e^{j\omega}) = \sum_{n=-\infty}^{\infty} x(n)e^{-jn\omega} \tag{2.41}$$

$$x(n) = \frac{1}{2\pi}\int_{-\pi}^{\pi} X(e^{j\omega})e^{jn\omega}d\omega \tag{2.42}$$

其中,式(2.41)为序列的傅里叶变换,式(2.42)表示序列的傅里叶反变换。

2.5.2 离散信号傅里叶变换对的推导

我们知道,对连续信号在时域内进行取样,造成其频域内频谱的周期延拓。前面已推导出已取样信号 $\hat{x}_a(t)$ 的频谱可以用下式计算:

$$\hat{X}_a(\Omega)=\frac{1}{T}\sum_{n=-\infty}^{\infty}X_a\left(\Omega-\frac{2\pi n}{T}\right) \tag{2.43}$$

既然 $\hat{X}_a(\Omega)$ 是周期函数(周期为 $2\pi/T$),就可以将它写成级数形式。首先求 $\hat{x}_a(t)$ 的傅里叶变换

$$F[\hat{x}_a(t)]=F\left[\sum_{n=-\infty}^{\infty}x_a(nT)\delta(t-nT)\right]=\sum_{n=-\infty}^{\infty}x_a(nT)F[\delta(t-nT)]$$

$$=\sum_{n=-\infty}^{\infty}x_a(nT)\mathrm{e}^{-\mathrm{j}nT\Omega}$$

即

$$\hat{X}_a(\Omega)=\sum_{n=-\infty}^{\infty}x_a(nT)\mathrm{e}^{-\mathrm{j}nT\Omega} \tag{2.44}$$

式(2.44)正是 $\hat{x}_a(\Omega)$ 这个频域周期函数的傅里叶级数的指数表示形式,所以 $x_a(nT)$ 可由 $\hat{X}_a(\Omega)$ 求得

$$x_a(nT)=\frac{1}{\frac{2\pi}{T}}\int_{-\frac{\pi}{T}}^{\frac{\pi}{T}}\hat{X}_a(\Omega)\mathrm{e}^{\mathrm{j}nT\Omega}\mathrm{d}\Omega$$

因此有如下的傅里叶变换关系:

$$\hat{X}_a(\Omega)=\sum_{n=-\infty}^{\infty}x_a(nT)\mathrm{e}^{-\mathrm{j}nT\Omega}$$

$$x_a(nT)=\frac{T}{2\pi}\int_{-\frac{\pi}{T}}^{\frac{\pi}{T}}\hat{X}_a(\Omega)\mathrm{e}^{\mathrm{j}nT\Omega}\mathrm{d}\Omega \tag{2.45}$$

式(2.45)中表示的是模拟域中的关系。为概念清楚起见,有必要将它变换成数字域内的关系。为此设

$$x(n)=x_a(nT),\ \Omega T=\omega,\ X(\mathrm{e}^{\mathrm{j}\omega})=\hat{X}_a(\Omega)$$

代入式(2.45),得

$$\begin{cases}X(\mathrm{e}^{\mathrm{j}\omega})=\displaystyle\sum_{n=-\infty}^{\infty}x(n)\mathrm{e}^{-\mathrm{j}n\omega}\\[2ex] x(n)=\displaystyle\frac{1}{2\pi}\int_{-\pi}^{\pi}X(\mathrm{e}^{\mathrm{j}\omega})\mathrm{e}^{\mathrm{j}n\omega}\mathrm{d}\omega\end{cases} \tag{2.46}$$

称式(2.46)为离散时间信号的傅里叶变换对。

这里需要注意的是,离散信号的傅里叶变换与连续信号的傅里叶变换差别就在于前

者是周期的(ω 的周期函数),而后者是非周期的(Ω 的非周期函数)。

2.5.3　离散时间信号傅里叶变换的性质

离散时间信号傅里叶变换有许多重要的性质,对于序列和系统进行频域分析是很重要的。

1. 线性

$$F[ax_1(n)+bx_2(n)]=aF[x_1(n)]+bF[x_2(n)]$$

式中,a、b 为常数。

2. 时延特性

假设信号 $x(n)$的 DTFT $X(e^{j\omega})$存在,则 $x(n-n_0)$的 DTFT 为

$$\sum_{n=-\infty}^{\infty}x(n-n_0)e^{-jn\omega}=e^{-jn_0\omega}X(e^{j\omega})$$

证明　令 $m=n-n_0$,则有

$$\sum_{n=-\infty}^{\infty}x(n-n_0)e^{-jn\omega}=\sum_{m=-\infty}^{\infty}x(m)e^{-j(m+n_0)\omega}=e^{-jn_0\omega}\sum_{m=-\infty}^{\infty}x(m)e^{-jm\omega}$$

$$=e^{-jn_0\omega}X(e^{j\omega})$$

时延特性说明时域中 n_0 的延时在频域中引入一个复指数 $e^{-jn_0\omega}$。

3. 周期性

序列的离散傅里叶变换是 ω 的周期函数,周期为 2π。

证明　因为

$$X(e^{j\omega})=\sum_{n=-\infty}^{\infty}x(n)e^{-jn\omega}$$

所以

$$X[e^{j(\omega+2\pi)}]=\sum_{n=-\infty}^{\infty}x(n)e^{-jn(\omega+2\pi)}=\sum_{n=-\infty}^{\infty}x(n)e^{-jn\omega}e^{-jn\cdot 2\pi}$$

$$=\sum_{n=-\infty}^{\infty}x(n)e^{-jn\omega}=X(e^{j\omega})$$

因此,在具体分析时,只需要知道 $X(e^{j\omega})$的一个周期(即 $\omega\in[0,2\pi]$或者 $\omega\in[-\pi,\pi]$)即可,而不需要在整个$-\infty<\omega<\infty$域来分析。这一性质标志着离散信号与连续信号傅里叶变换之间的重要差别,连续信号的傅里叶变换不是 $\Omega=\frac{\omega}{T}$的周期函数。

4. 卷积特性

序列的卷积特性是时域内的卷积关系映射到频域内为相乘,即

$$x(n) * h(n) \stackrel{F}{\longleftrightarrow} X(e^{j\omega})H(e^{j\omega}) \tag{2.47}$$

证明

$$x(n) * h(n) = \sum_{k=-\infty}^{\infty} x(k)h(n-k)$$

$$\begin{aligned} F[x(n) * h(n)] &= \sum_{n=-\infty}^{\infty}\Big[\sum_{k=-\infty}^{\infty} x(k)h(n-k)\Big]e^{-jn\omega} \\ &= \sum_{k=-\infty}^{\infty} x(k)e^{-jk\omega}\sum_{n=-\infty}^{\infty} h(n-k)e^{-j(n-k)\omega} \\ &= X(e^{j\omega})H(e^{j\omega}) \end{aligned}$$

利用这一性质,可以很方便地把时域内的卷积 $y(n)=x(n) * h(n)$计算,简化成频域内的相乘计算,即 $Y(e^{j\omega})=X(e^{j\omega})H(e^{j\omega})$。

5. 对称性

在介绍对称性之前,首先定义两种序列,共轭对称序列与共轭反对称序列。

共轭对称序列$x_e(n)$定义为 $x_e(n)=x_e^*(-n)$的序列,而共轭反对称序列$x_o(n)$定义为 $x_o(n)=-x_o^*(-n)$的序列。此处*表示复共轭。

任一序列 $x(n)$总能够表示为一个共轭对称序列与一个共轭反对称序列之和,即

$$x(n) = x_e(n) + x_o(n) \tag{2.48}$$

其中

$$x_e(n) = \frac{1}{2}[x(n) + x^*(-n)]$$

$$x_o(n) = \frac{1}{2}[x(n) - x^*(-n)]$$

在此需要指出,满足 $x_e(n)=x_e(-n)$的共轭对称实序列通常称为偶序列。满足 $x_o(n)=-x_o(-n)$的共轭反对称实序列称为奇序列。

下边给出离散傅里叶变换的对称性,读者可以自己证明。

(1) $x^*(n) \stackrel{F}{\longleftrightarrow} X^*(e^{-j\omega})$。

(2) $x^*(-n) \stackrel{F}{\longleftrightarrow} X^*(e^{j\omega})$。

(3) $\mathrm{Re}[x(n)] \stackrel{F}{\longleftrightarrow} X_e(e^{j\omega})$。

其中,Re 表示实部,$X_e(e^{j\omega})$表示 $X(e^{j\omega})$的共轭对称部分。

(4) $j\mathrm{Im}[x(n)] \stackrel{F}{\longleftrightarrow} X_o(e^{j\omega})$。

其中,Im 表示虚部,$X_o(e^{j\omega})$表示 $X(e^{j\omega})$的共轭反对称部分。

(5) $x_e(n) \stackrel{F}{\longleftrightarrow} \mathrm{Re}[X(e^{j\omega})]$。

(6) $x_o(n) \stackrel{F}{\longleftrightarrow} j\mathrm{Im}[X(e^{j\omega})]$。

如果 $x(n)$为任一实序列,则有:

(1) $X(e^{j\omega})=X^*(e^{-j\omega})$,即说明傅里叶变换是共轭对称的。

(2) $\mathrm{Re}[X(e^{j\omega})]=\mathrm{Re}[X(e^{-j\omega})]$,即实部是偶函数。

(3) $\mathrm{Im}[X(\mathrm{e}^{\mathrm{j}\omega})]=-\mathrm{Im}[X(\mathrm{e}^{-\mathrm{j}\omega})]$，即虚部是奇函数。

(4) $|X(\mathrm{e}^{\mathrm{j}\omega})|=|X(\mathrm{e}^{-\mathrm{j}\omega})|$，即幅度是偶函数。

这个性质说明，对于实序列的 DTFT，要画出 $X(\mathrm{e}^{\mathrm{j}\omega})$ 的幅频特性，只需要 $X(\mathrm{e}^{\mathrm{j}\omega})$ 半个周期即可，通常在实际中是选择 $\omega\in[0,\pi]$ 的部分。

(5) $\arg[X(\mathrm{e}^{\mathrm{j}\omega})]=-\arg[X(\mathrm{e}^{-\mathrm{j}\omega})]$，即相位是奇函数。

(6) $x_{\mathrm{e}}(n)\leftrightarrow\mathrm{Re}[X(\mathrm{e}^{\mathrm{j}\omega})]$。

(7) $x_{\mathrm{o}}(n)\leftrightarrow\mathrm{j}\,\mathrm{Im}[X(\mathrm{e}^{\mathrm{j}\omega})]$。

例 2.12　求 $x(n)=R_N(n)$ 的傅里叶变换。

解　根据 DTFT 的定义可得

$$X(\mathrm{e}^{\mathrm{j}\omega})=\mathrm{DTFT}[R_N(n)]=\sum_{n=0}^{N-1}1\cdot\mathrm{e}^{-\mathrm{j}\omega n}=\frac{1-\mathrm{e}^{-\mathrm{j}\omega N}}{1-\mathrm{e}^{-\mathrm{j}\omega}}=\frac{\mathrm{e}^{-\mathrm{j}\frac{N}{2}\omega}}{\mathrm{e}^{-\mathrm{j}\frac{1}{2}\omega}}\cdot\frac{\mathrm{e}^{\mathrm{j}\frac{N}{2}\omega}-\mathrm{e}^{-\mathrm{j}\frac{N}{2}\omega}}{\mathrm{e}^{\mathrm{j}\frac{1}{2}\omega}-\mathrm{e}^{-\mathrm{j}\frac{1}{2}\omega}}$$

$$=\begin{cases}\mathrm{e}^{-\mathrm{j}\left(\frac{N-1}{2}\right)\omega}\cdot\sin\left(N\dfrac{\omega}{2}\right)/\sin\left(\dfrac{\omega}{2}\right) & \omega\neq 2k\pi,k\text{ 为整数}\\ N & \omega=2k\pi\end{cases}$$

例 2.13　已知 $x(n)$ 的 DTFT 为 $X(\mathrm{e}^{\mathrm{j}\omega})$，用 $X(\mathrm{e}^{\mathrm{j}\omega})$ 表示信号 $x_1(n)=x(1-n)+x(-1-n)$ 的 DTFT。

解　因为

$$\mathrm{DTFT}[x(n)]=X(\mathrm{e}^{\mathrm{j}\omega})$$

则

$$\mathrm{DTFT}[x(-n)]=X(\mathrm{e}^{-\mathrm{j}\omega})$$

$$\mathrm{DTFT}[x(1-n)]=\mathrm{e}^{-\mathrm{j}\omega}X(\mathrm{e}^{-\mathrm{j}\omega})$$

$$\mathrm{DTFT}[x(-1-n)]=\mathrm{e}^{\mathrm{j}\omega}X(\mathrm{e}^{-\mathrm{j}\omega})$$

所以

$$\mathrm{DTFT}[x_1(n)]=X(\mathrm{e}^{-\mathrm{j}\omega})(\mathrm{e}^{-\mathrm{j}\omega}+\mathrm{e}^{\mathrm{j}\omega})=2X(\mathrm{e}^{-\mathrm{j}\omega})\cos\omega$$

2.5.4　线性非移变系统的频率响应

线性非移变离散系统的输入输出关系为

$$y(n)=x(n)*h(n)=\sum_{k=-\infty}^{\infty}x(k)h(n-k)$$

对上式两边同时进行傅里叶变换，得

$$Y(\mathrm{e}^{\mathrm{j}\omega})=\sum_{n=-\infty}^{\infty}\Big[\sum_{k=-\infty}^{\infty}x(k)h(n-k)\Big]\mathrm{e}^{-\mathrm{j}n\omega}$$

$$=\sum_{k=-\infty}^{\infty}x(k)\mathrm{e}^{-\mathrm{j}k\omega}\sum_{n=-\infty}^{\infty}h(n-k)\mathrm{e}^{-\mathrm{j}(n-k)\omega}=X(\mathrm{e}^{\mathrm{j}\omega})H(\mathrm{e}^{\mathrm{j}\omega})$$

即

$$Y(\mathrm{e}^{\mathrm{j}\omega})=X(\mathrm{e}^{\mathrm{j}\omega})H(\mathrm{e}^{\mathrm{j}\omega})\tag{2.49}$$

从而有关系式

$$H(e^{j\omega}) = \frac{Y(e^{j\omega})}{X(e^{j\omega})} \tag{2.50}$$

称 $H(e^{j\omega})$为系统的频率响应。可以证明,它是单位冲激响应 $h(n)$ 的傅里叶变换,即 $h(n) \overset{F}{\longleftrightarrow} H(e^{j\omega})$,同理,$H(e^{j\omega})$也是 ω 的周期函数,它等于输出序列与输入序列的傅里叶变换之比。

2.6 Z 变换的定义及收敛域

2.6.1 Z 变换的定义

对于一个序列 $x(n)$,其 Z 变换的定义为

$$X(z) = \sum_{n=-\infty}^{\infty} x(n)z^{-n} \tag{2.51}$$

式中,z 为复变量,它所在的平面称为复平面。有时将序列 $x(n)$ 的 Z 变换记为 $Z[x(n)]=X(z)$。式(2.51)的定义也称为双边 Z 变换,而将单边 Z 变换定义为

$$X(z) = \sum_{n=0}^{\infty} x(n)z^{-n} \tag{2.52}$$

单边 Z 变换的求和限是从零到无穷大。对于因果序列,双边和单边 Z 变换的计算结果是相同的。本书中所涉及的 Z 变换都是指双边 Z 变换,对单边 Z 变换将冠以“单边”二字予以区分。

2.6.2 Z 变换的收敛域

从 Z 变换的定义式可以看出,只有当式(2.51)的幂级数收敛时,Z 变换才有意义。对于任意给定的序列,使 Z 变换收敛的所有 z 值集合称为 $X(z)$的收敛域(region of convergence,ROC)。

按照级数理论,式(2.51)Z 变换存在的条件是级数收敛,即要求级数绝对可和,即

$$\sum_{n=-\infty}^{\infty} |x(n)z^{-n}| < \infty \tag{2.53}$$

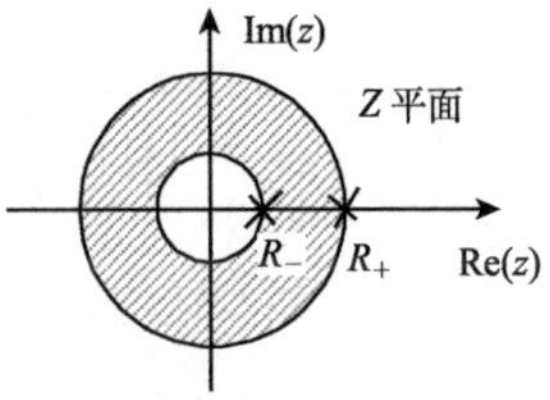

图 2.25 环状收敛域

根据复变函数的理论可以知道,使式(2.53)成立的 z 变量的取值区域是一环状区域 $R_- < |z| < R_+$,如图 2.25 中画斜线部分。

环状收敛域的内径 R_- 可以小到零,外径 R_+ 可以大到无穷。在 $R_- < |z| < R_+$ 这个环状区域内,$X(z)$是解析函数,即它有高阶导数,$X(z)$的极点都在收敛区域之外,从而我们可以看出 $X(z)$的收敛区域不包含任何极点而是以极点为边界。

Z 变换收敛域的概念很重要,不同的序列可能有相同的 Z 变换表达式,但是收敛域却不相同。所以,应该特别注意,只有当 Z 变换的表达式与收敛域都相同时,才能判定两个

序列相等。

序列 $x(n)$的特性决定了 $X(z)$的收敛域，为了搞清楚收敛域和序列特性的关系，我们来讨论一些特殊情况。

1. 有限长序列

这类序列是指在有限区间 $n_1 \leqslant n \leqslant n_2$ 之内，序列才具有非零的有限值，在此区间外，序列值都为零，其 Z 变换为

$$X(z)=\sum_{n=n_1}^{n_2} x(n) z^{-n} \tag{2.54}$$

要使上式收敛，只要求 $n_1 \leqslant n \leqslant n_2$ 时，$|x(n)|<\infty$。如果 $n_1<0$，则收敛域不包括 $z=\infty$ 点；如果 $n_2>0$，则收敛域不包括 $z=0$ 点。也就是说收敛域至少是除了 $z=0$ 及 $z=\infty$ 外的开域$(0,\infty)$，一般称为有限 Z 平面。

概括起来，有限长序列 Z 变换的收敛域为

(1) $X(z)$中只有 z 的正幂时，即 $n_1<0$，$n_2 \leqslant 0$ 时，ROC：$0 \leqslant |z|<\infty$；

(2) $X(z)$中只有 z 的负幂时，即 $n_1 \geqslant 0$，$n_2>0$ 时，ROC：$0<|z| \leqslant \infty$；

(3) $X(z)$中既有 z 的正幂又有 z 的负幂时，即 $n_1<0$，$n_2>0$ 时，ROC：$0<|z|<\infty$。

2. 右边序列

这类序列只在 $n \geqslant n_1$ 时，$x(n)$有值，在 $n<n_1$ 时，$x(n)=0$，其 Z 变换为

$$X(z)=\sum_{n=n_1}^{\infty} x(n) z^{-n}=\sum_{n=n_1}^{-1} x(n) z^{-n}+\sum_{n=0}^{\infty} x(n) z^{-n} \tag{2.55}$$

式(2.55)第一项为有限长序列的 Z 变换，其收敛域为有限 Z 平面。而第二项是 z 的负幂级数，按照级数收敛定理可知，存在一个收敛半径 R_-，级数在以原点为中心，以 R_- 为半径的圆外任何点都收敛。因此综合此二项，只有二项都收敛级数才收敛。所以，如果 R_- 是收敛域的最小半径，则右边序列的 Z 变换收敛域为

$$R_-<|z|<\infty \tag{2.56}$$

如图 2.26 所示。

因果序列：$n_1=0$ 的右边序列。其 Z 变换只有负幂项，因此收敛域可以包括$|z|=\infty$，即

$$X(z)=\sum_{n=0}^{\infty} x(n) z^{-n} \qquad R_-<|z| \leqslant \infty \tag{2.57}$$

如图 2.27 所示。

例 2.14　已知 $x(n)=a^n u(n)$，求其 Z 变换。

解　$x(n)$是因果序列，有

$$\begin{aligned} X(z) &=\sum_{n=-\infty}^{\infty} a^n u(n) z^{-n}=\sum_{n=0}^{\infty}\left(a z^{-1}\right)^n=\frac{1}{1-a z^{-1}} \\ &=\frac{z}{z-a} \quad \text{ROC：}|z|>a \quad \text{(极点)} \end{aligned}$$

收敛域如图 2.28 所示。

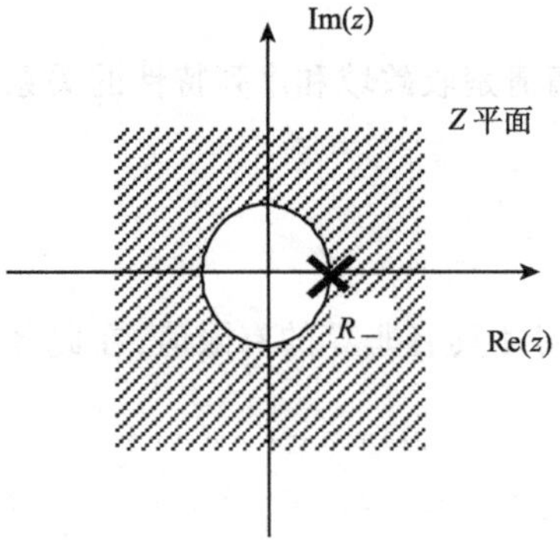

图 2.26　右边序列的收敛域
($n_1<0$ 时,$z=\infty$除外)

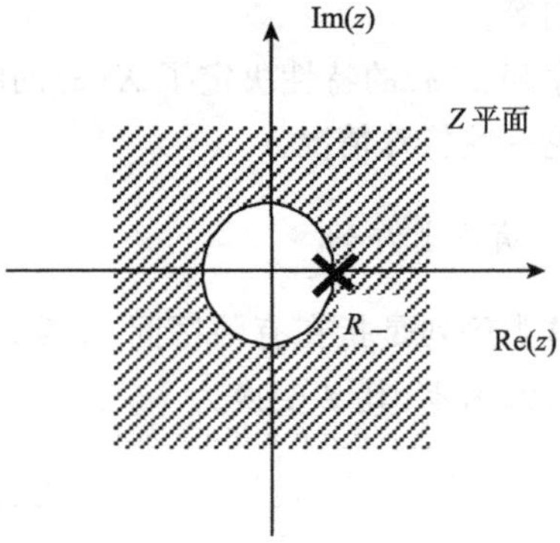

图 2.27　因果序列的收敛域
(包括 $z=\infty$)

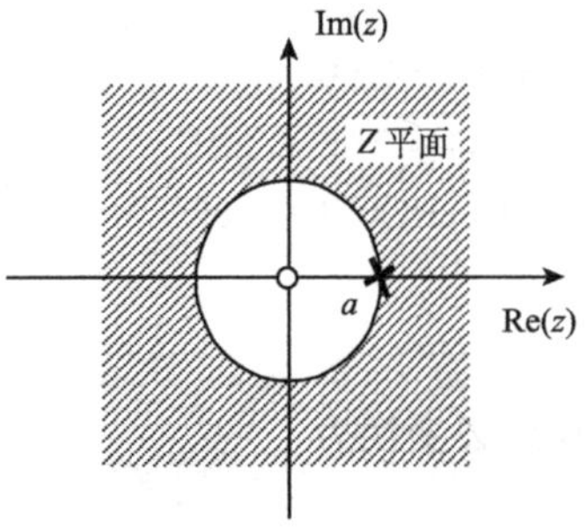

图 2.28　序列 $a^n u(n)$的 Z 变换收敛域

3. *左边序列*

这类序列只在 $n\leqslant n_2$ 时,$x(n)$有值;在 $n>n_2$ 时,$x(n)=0$,其 Z 变换为

$$X(z)=\sum_{n=-\infty}^{n_2}x(n)z^{-n}=\sum_{n=-\infty}^{0}x(n)z^{-n}+\sum_{n=1}^{n_2}x(n)z^{-n} \tag{2.58}$$

上式第二项为有限长序列的 Z 变换,其收敛域为有限 Z 平面。而第一项是 z 的正幂级数,按照级数收敛定理可知,存在一个收敛半径 R_+,级数在以原点为中心,以 R_+ 为半径的圆内任何点都收敛。因此,综合此二项,只有二项都收敛级数才收敛。所以,如果 R_+ 是收敛域的最大半径,则左边序列的 Z 变换收敛域为

$$0<|z|<R_+ \tag{2.59}$$

如果 $n_2\leqslant 0$,则式(2.58)的右端不存在第二项,故收敛域应包括 $z=0$,即 $|z|<R_+$,如图 2.29 所示。

例 2.15　已知 $x_1(n)=-b^n u(-n-1)$,求其 Z 变换。

解　$x_1(n)$是左边序列,有

$$X_1(z)=\sum_{n=-\infty}^{-1}-b^n z^{-n}=\sum_{n=1}^{\infty}-b^{-n}z^{n}=1-\sum_{n=0}^{\infty}b^{-n}z^{n}$$

$$=\frac{z}{z-b}\quad \text{ROC}:\ |z|<b\quad (\text{极点})$$

收敛域如图 2.30 所示。

在此例中,如果假设 $b=a$,则 $X_1(z)$和例 2.14 中的 $X(z)$的表达式相同,但由于它们的收敛域不同,因而是两个不同序列的 Z 变换。

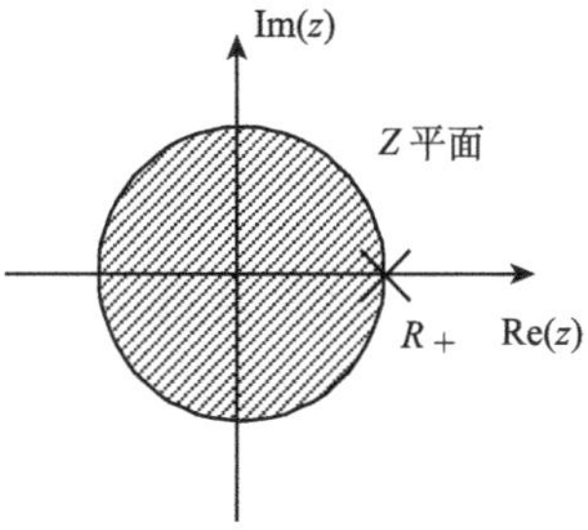

图 2.29 左边序列的收敛域

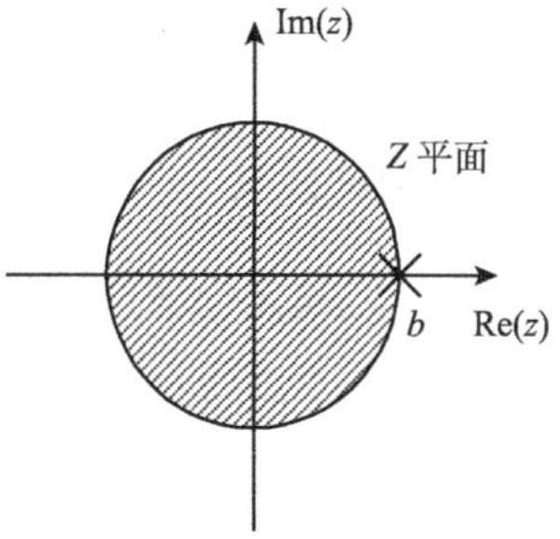

图 2.30 序列$-b^n u(-n-1)$的Z变换收敛域

4. 双边序列

这类序列既包含左边序列又包含右边序列，其中左边序列的收敛域为$|z|<R_+$，右边序列的收敛域为$|z|>R_-$。如果$R_+>R_-$，则双边序列的收敛域为

$$R_-<|z|<R_+ \tag{2.60}$$

如果$R_+<R_-$，则双边序列不存在收敛域。双边序列的收敛域如图 2.31 所示。

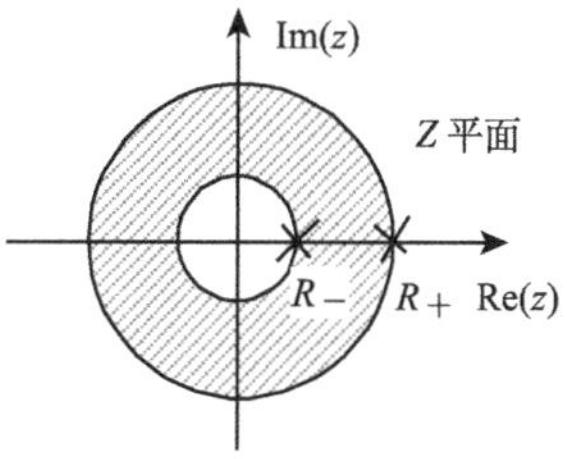

图 2.31 双边序列的收敛域

根据以上讨论，可以概括如下：

(1) 对右边序列($n\geqslant 0$ 存在)，$|z|>R_-$收敛，且R_-是右序列的极点；

(2) 对左边序列($n<0$ 存在)，$|z|<R_+$收敛，且R_+是左边序列的极点；

(3) 若$X(z)$不止一个极点，则需要找与收敛域相重的那个极点，对右边序列是最外的极点之外的收敛，对左边序列是最内的极点之内收敛；

(4) 对双边序列，若左、右序列的收敛域具有相重部分，则相重部分为收敛域，必然是一个开放的环；若不相重，则不收敛(Z 变换不存在)。

例 2.16 求序列$x(n)=a^{|n|}$($|a|<1$)的 Z 变换，并求出对应的零、极点和收敛域。

解 由 Z 变换的定义可知

$$X(z)=\sum_{n=-\infty}^{\infty}a^{|n|}\cdot z^{-n}=\sum_{n=-\infty}^{-1}a^{-n}z^{-n}+\sum_{n=0}^{\infty}a^{n}z^{-n}=\sum_{n=1}^{\infty}a^{n}z^{n}+\sum_{n=0}^{\infty}a^{n}z^{-n}$$

$$=\frac{az}{1-az}+\frac{1}{1-\frac{a}{z}}=\frac{1-a^2}{(1-az)(1-az^{-1})}$$

$$=\frac{(a^2-1)z}{a(z-a^{-1})(z-a)}$$

收敛域：$|az|<1$，且$\left|\frac{a}{z}\right|<1$，即：$|a|<|z|<\frac{1}{|a|}$。

极点：$z=a$，$z=\frac{1}{a}$，零点：$z=0$，$z=\infty$。

收敛域如图 2.32 所示。

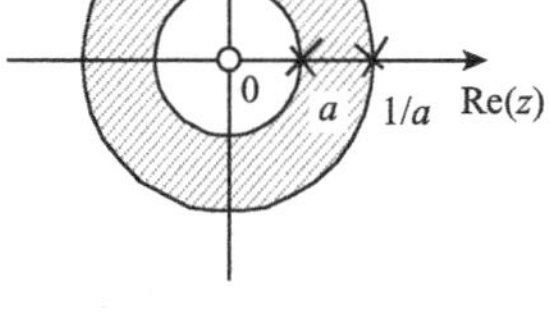

图 2.32 $x(n)=a^{|n|}$($|a|<1$)的收敛域

2.7 Z反变换

2.7.1 Z反变换的定义

从给定的Z变换闭合式 $X(z)$ 中还原出原序列 $x(n)$，称为Z反变换，表示为

$$x(n) = Z^{-1}[X(z)] \tag{2.61}$$

Z反变换关系式可以利用柯西(Cauchy)积分定理推导出来，柯西定理为

$$\frac{1}{2\pi j}\oint_c z^{k-1}\mathrm{d}z = \begin{cases} 1 & k=0 \\ 0 & k \neq 0 \end{cases} \tag{2.62}$$

式中，c 是一条逆时针方向环绕原点的闭合围线。

已知Z变换的定义为

$$X(z) = \sum_{n=-\infty}^{\infty} x(n)z^{-n} \tag{2.63}$$

将式(2.63)两边同乘上 z^{k-1}，在 $X(z)$ 的收敛区域内取一条包围原点的积分围线作围线积分，得到

$$\frac{1}{2\pi j}\oint_c X(z)z^{k-1}\mathrm{d}z = \frac{1}{2\pi j}\oint_c \sum_{n=-\infty}^{\infty} x(n)z^{-n+k-1}\mathrm{d}z \tag{2.64}$$

交换式(2.64)右边的积分与求和次序，根据式(2.62)的结论可以得到

$$\frac{1}{2\pi j}\oint_c \sum_{n=-\infty}^{\infty} x(n)z^{-n+k-1}\mathrm{d}z = \sum_{n=-\infty}^{\infty} x(n)\frac{1}{2\pi j}\oint_c z^{-n+k-1}\mathrm{d}z = x(k)$$

即

$$x(n) = \frac{1}{2\pi j}\oint_c X(z)z^{n-1}\mathrm{d}z \tag{2.65}$$

式中，c 是 $X(z)$ 收敛域内的一条逆时针方向环绕原点的闭合围线。式(2.65)即为Z反变换的表达式。

2.7.2 Z反变换的求解

一般给定收敛域求Z反变换通常有三种方法：幂级数法、部分分式分解法和留数法，在实际计算中，可根据具体情况选择相应的方法，以简化计算。

1. 幂级数法(长除法)

幂级数法也就是长除法。按照Z变换的定义，如果能用长除法将 $X(z)$ 写成幂级数形式，则级数中的系数就是原序列 $x(n)$。

一般来讲，对于给定的 Z 变换 $X(z)$，可以根据它的收敛域判定序列 $x(n)$ 是右序列、左序列，还是双边序列。若为右序列，则将 $X(z)$ 展成 z^{-1} 的级数形式，即负幂级数；若为左序列，则将 $X(z)$ 展成 z 的级数形式，即正幂级数；若为双边序列，则将 $X(z)$ 展成既包含 z^{-1} 多项式又包含 z 的多项式的级数形式。将 $X(z)$ 展成相应的级数后，其展开式的系数就是所求序列 $x(n)$。

例 2.17　已知，$X(z)=\dfrac{z-a}{1-az}$，$|z|>\left|\dfrac{1}{a}\right|$，求 Z 反变换。

解　因为极点为 $z=\dfrac{1}{a}$，由 $|z|>\left|\dfrac{1}{a}\right|$ 可知，$x(n)$ 为因果序列，因而要按 z 的降幂排列。

$$
\begin{array}{r l}
 & -\frac{1}{a}+\frac{1}{a}\left(a-\frac{1}{a}\right)z^{-1}+\frac{1}{a^2}\left(a-\frac{1}{a}\right)z^{-2}+\cdots \\
-az+1 \big) & z-a \\
 & \underline{z-\frac{1}{a}} \\
 & -\left(a-\frac{1}{a}\right) \\
 & \underline{-\left(a-\frac{1}{a}\right)+\frac{1}{a}\left(a-\frac{1}{a}\right)z^{-1}} \\
 & -\frac{1}{a}\left(a-\frac{1}{a}\right)z^{-1} \\
 & \underline{-\frac{1}{a}\left(a-\frac{1}{a}\right)z^{-1}+\frac{1}{a^2}\left(a-\frac{1}{a}\right)z^{-2}} \\
 & \cdots
\end{array}
$$

则

$$X(z)=-\frac{1}{a}+\sum_{n=1}^{\infty}\left(a-\frac{1}{a}\right)\left(\frac{1}{a}\right)^n\cdot z^{-n}$$

所以

$$x(n)=-\frac{1}{a}\cdot\delta(n)+\left(a-\frac{1}{a}\right)\cdot\left(\frac{1}{a}\right)^n\cdot u(n-1)$$

例 2.18　已知 $X(z)=\mathrm{e}^{1/z}$，$|z|>0$，求 Z 反变换。

解　将 $\mathrm{e}^{1/z}$ 展成幂级数形式，有

$$\mathrm{e}^{1/z}=1+z^{-1}+\frac{z^{-2}}{2!}+\cdots=\sum_{n=0}^{\infty}\frac{1}{n!}z^{-n}$$

所以有

$$x(n)=\frac{1}{n!}u(n)$$

例 2.19　已知 $X(z)=\dfrac{1+2z^{-1}}{1-2z^{-1}+z^{-2}}$，求 Z 反变换。

解　因为没有给出 $X(z)$的收敛域，所以应该分情况讨论：

(1)如果已知 $x(n)$为右边序列，为了使相除的结果 $X(z)$只含有 z 的负幂级数，分子、分母的多项式中各项应按降幂排列，此时进行多项式除法的结果是

$$X(z)=1+4z^{-1}+7z^{-2}+\cdots=\sum_{n=0}^{\infty}x(n)z^{-n}$$

因此，有 $x(0)=1,x(1)=4,x(2)=7,\cdots$

(2)如果已知 $x(n)$为左边序列，为了使相除的结果 $X(z)$只含有 z 的正幂级数，分母的多项式中各项应按升幂排列，此时上式应改写为

$$X(z)=\frac{2z^{-1}+1}{z^{-2}-2z^{-1}+1}$$

进行多项式除法的结果是

$$X(z)=2z+5z^2+8z^3+\cdots=\sum_{n=-\infty}^{-1}x(n)z^{-n}$$

因此有

$$x(-1)=2,x(-2)=5,x(-3)=8,\cdots$$

长除法的缺点是在较复杂的情况下，很难得到 $x(n)$的封闭解形式。

2. 部分分式法

实际中序列的 Z 变换 $X(z)$大多是有理函数，可将 $X(z)$写成部分分式形式，有

$$X(z)=\sum_i\frac{A_iz}{z-z_i}\tag{2.66}$$

因为，对于右边序列存在变换关系如下：

$$z_i^nu(n)\overset{Z}{\longleftrightarrow}\frac{z}{z-z_i}\tag{2.67}$$

对于左边序列存在变换关系如下：

$$-z_i^nu(-n-1)\overset{Z}{\longleftrightarrow}\frac{z}{z-z_i}\tag{2.68}$$

所以，若为右边序列，则

$$x(n)=\sum_iA_iz_i^nu(n)\tag{2.69}$$

若为左边序列，则

$$x(n)=-\sum_iA_iz_i^nu(-n-1)\tag{2.70}$$

若为双边序列时，需要根据给定的收敛域小心处理。假设 $X(z)$的收敛域为$R_-<|z|<R_+$，如图 2.33 所示。

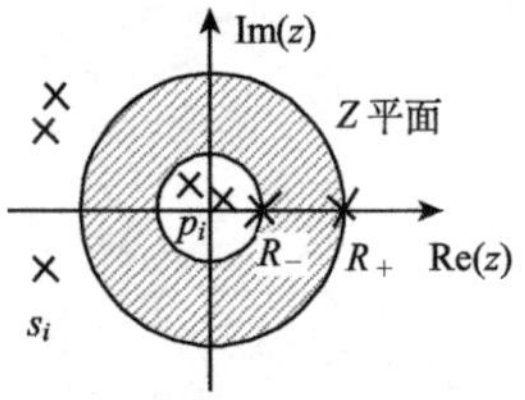

图 2.33　一个双边序列的收敛域

其中 p_i 是小于 R_- 以内的极点，s_i 是大于 R_+ 以外的极点，

则 $X(z)$应写成

$$X(z) = \sum_i \frac{B_i z}{z - p_i} + \sum_i \frac{C_i z}{z - s_i} \tag{2.71}$$

所求的 $x(n)$为

$$x(n) = \sum_i B_i p_i^n u(n) - \sum_i C_i s_i^n u(-n-1) \tag{2.72}$$

例 2.20　利用部分分式分解法求 $X(z)$的 Z 反变换。

$$X(z) = \frac{z+2}{2z^2 - 7z + 3} \qquad \frac{1}{2} < |z| < 3$$

解

$$X(z) = \frac{2}{3} - \frac{z}{z - \frac{1}{2}} + \frac{1}{3}\frac{z}{z-3}$$

得

$$x(n) = \frac{2}{3}\delta(n) - \left(\frac{1}{2}\right)^n u(n) - \frac{1}{3} \times 3^n u(-n-1)$$

例 2.21　利用部分分式分解法求 $X(z) = \dfrac{z}{3z^2 - 4z + 1}$的 Z 反变换。

解

$$X(z) = \frac{z}{3\left(z^2 - \frac{4}{3}z + \frac{1}{3}\right)} = \frac{\frac{1}{3}z^{-1}}{1 - \frac{4}{3}z^{-1} + \frac{1}{3}z^{-2}}$$

$$= \frac{\frac{1}{3}z^{-1}}{(1 - z^{-1})\left(1 - \frac{1}{3}z^{-1}\right)} = \frac{1}{2}\left(\frac{1}{1 - z^{-1}}\right) - \frac{1}{2}\left(\frac{1}{1 - \frac{1}{3}z^{-1}}\right)$$

由此可知，$X(z)$有两个极点：$z_1 = 1$ 及 $z_2 = \frac{1}{3}$，由于收敛域未给定，所以应该分情况讨论，图 2.34 给出了 3 种可能的情况。

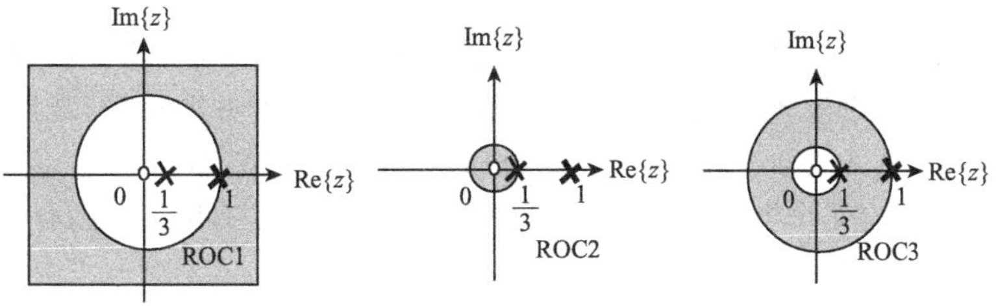

图 2.34　例 2.21 的收敛域(ROC)

(1) 收敛域 1：$1 < |z| < \infty$，此时两个极点都在收敛域 1 内部，所以，有 $|z_1| < R_- = 1$ 和 $|z_2| \leqslant 1$，得

$$x_1(n) = \frac{1}{2}u(n) - \frac{1}{2}\left(\frac{1}{3}\right)^n u(n)$$

它是一个右边序列。

(2) 收敛域 2：$0<|z|<\frac{1}{3}$，此时两个极点都在收敛域 2 的外部，所以，有 $|z_1|\geqslant R_+ = \frac{1}{3}$ 和 $|z_2|\geqslant\frac{1}{3}$，得

$$\begin{aligned} x_2(n) &= \frac{1}{2}\{-u(-n-1)\} - \frac{1}{2}\left\{-\left(\frac{1}{3}\right)^n u(-n-1)\right\} \\ &= \frac{1}{2}\left(\frac{1}{3}\right)^n u(-n-1) - \frac{1}{2}u(-n-1) \end{aligned}$$

它是一个左边序列。

(3) 收敛域 3：$\frac{1}{3}<|z|<1$，此时极点 z_1 在收敛域 3 的外部，即 $|z_1|\geqslant R_+ =1$；而极点 z_2 在收敛域 3 的内部，即 $|z_2|\leqslant\frac{1}{3}$，得

$$x_3(n) = -\frac{1}{2}u(-n-1) - \frac{1}{2}\left(\frac{1}{3}\right)^n u(n)$$

它是一个双边序列。

3. 留数法

这是求 Z 反变换的一种有用的分析方法。根据前面的推导，我们知道 Z 反变换可以由下面公式求出，有

$$x(n) = \frac{1}{2\pi \mathrm{j}}\oint_c X(z) z^{n-1}\mathrm{d}z \tag{2.73}$$

式中，c 是 $X(z)$ 收敛域内的一条逆时针闭合围线。求解式(2.73)可利用留数定理。设 z_k 是被积函数 $X(z)z^{n-1}$ 在围线 c 内的一组极点。根据留数定理，$x(n)$ 等于围线内全部极点留数之和，即

$$x(n) = \sum_k \mathrm{Res}[X(z)z^{n-1},\ z_k] \tag{2.74}$$

有时在围线 c 内有多阶极点，而围线 c 外没有多阶极点，为避免求多阶极点留数的麻烦，可以利用留数辅助定理，即改求围线 c 外的极点留数之和并取负号，当然这是有条件的，要求分母多项式 z 的阶次比分子多项式 z 的阶次高二阶或二阶以上。

假设围线 c 内有 k 个极点 z_k，c 外有 m 个极点 z_m (k、m 是有限值)，则有

$$\sum_k \mathrm{Res}[X(z)z^{n-1},\ z_k] = -\sum_m \mathrm{Res}[X(z)z^{n-1},\ z_m] \tag{2.75}$$

即

$$x(n) = -\sum_m \mathrm{Res}[X(z)z^{n-1}, z_m] \tag{2.76}$$

根据具体情况，可以采用式(2.74)或式(2.76)。

现在来讨论如何求在任一极点 $z=z_0$ 处的留数。

一般来讲，设 $X(z)z^{n-1}$ 是 z 的有理分式，并在 $z=z_0$ 处有 s 阶极点，可表示为

$$X(z)z^{n-1}=\frac{\varphi(z)}{(z-z_0)^s} \tag{2.77}$$

式中，$\varphi(z)$ 在 $z=z_0$ 处无极点，此时 $X(z)z^{n-1}$ 在 $z=z_0$ 处的留数为

$$\mathrm{Res}[X(z)z^{n-1},\ z_0]=\frac{1}{(s-1)!}\left[\frac{\mathrm{d}^{s-1}\varphi(z)}{\mathrm{d}z^{s-1}}\right]_{z=z_0} \tag{2.78}$$

尤其如果在 $z=z_0$ 处是一个一阶极点，其留数为

$$\mathrm{Res}[X(z)z^{n-1},\ z_0]=\varphi(z)\mid_{z=z_0}=\varphi(z_0) \tag{2.79}$$

例 2.22　用留数法求 Z 反变换。

$$X(z)=\frac{5z}{(2-z)(3z-1)}\qquad \frac{1}{3}<|z|<2$$

解　它的零极点如图 2.35 所示。

$n\geqslant 0$ 时，$X(z)z^{n-1}$ 在 c 内有极点 $z=\frac{1}{3}$，所以

$$x(n)=\left(z-\frac{1}{3}\right)X(z)z^{n-1}\Big|_{z=\frac{1}{3}}=\left(\frac{1}{3}\right)^n$$

$n<0$ 时，$X(z)z^{n-1}$ 在 c 外有极点 $z=2$，所以

$$x(n)=-(z-2)X(z)z^{n-1}\mid_{z=2}=2^n$$

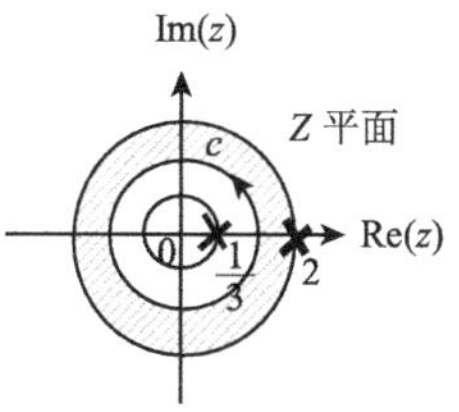

图 2.35　收敛域中的围线积分

故

$$x(n)=\left(\frac{1}{3}\right)^n u(n)+2^n u(-n-1)$$

当 $X(z)z^{n-1}$ 在 $z=0$ 处有极点时应特别注意。设 $X(z)$ 在 $z=0$ 处有 r 阶的极点，即有因子 z^{-r}，则 $X(z)z^{n-1}$ 就有因子 z^{-r+n-1}。若 $-r+n-1<0$ 时，则在 $z=0$ 处将出现极点。因此，应该对一个或多个 n_k 值分别求 $x(n_k)=\frac{1}{2\pi\mathrm{j}}\oint_c X(z)z^{n}{}k^{-1}\mathrm{d}z$，以免出错。

例 2.23　用留数法求 Z 反变换。

$$X(z)=\frac{z-a}{1-az}\qquad |z|>\left|\frac{1}{a}\right|$$

解　当 $n>0$ 时，$X(z)z^{n-1}$ 在 c 内有 $z=\frac{1}{a}$ 一个单极点，即

$$x(n)=\mathrm{Res}[X(z)z^{n-1}]_{z=\frac{1}{a}}=\left(z-\frac{1}{a}\right)\cdot\left[-\frac{1}{a}\cdot\frac{z-a}{z-\frac{1}{a}}\cdot z^{n-1}\right]\Bigg|_{z=\frac{1}{a}}$$

$$=\left(a-\frac{1}{a}\right)\cdot\left(\frac{1}{a}\right)^n$$

当 $n=0$ 时，$X(z)z^{n-1}$ 在 c 内有 $z=0$，$z=\frac{1}{a}$ 二个极点，即

$$x(0)=\text{Res}[X(z)z^{n-1}]_{z=\frac{1}{a}}+\text{Res}[X(z)z^{n-1}]_{z=0}=a-\frac{1}{a}-a=-\frac{1}{a}$$

由于 $x(n)$是因果序列,因此当 $n<0$ 时,$x(n)=0$。所以

$$x(n)=-\frac{1}{a}\cdot\delta(n)+\left(a-\frac{1}{a}\right)\left(\frac{1}{a}\right)^{n}\cdot u(n-1)$$

例 2.24 用留数法求 Z 反变换。

$$X(z)=\frac{1-a^2}{(1-az)(1-az^{-1})}\qquad \text{收敛域:}|a|<|z|<|a^{-1}|$$

解
$$X(z)z^{n-1}=\frac{(1-a^2)z^n}{-a(z-a^{-1})(z-a)}$$

当 $n\geqslant0$ 时,$X(z)z^{n-1}$在 c 内有 $z=a$ 一个单极点,即

$$x(n)=\text{Res}[X(z)z^{n-1}]_{z=a}=\left.\frac{(1-a^2)z^n}{-a(z-a^{-1})}\right|_{z=a}=a^n\qquad n\geqslant0$$

当 $n<0$ 时,$X(z)z^{n-1}$在 c 内的极点有 $z=a$,$z=0$ 是一个 n 阶极点,按照式(2.76)求围线外的极点的留数之和,只有极点 $z=\frac{1}{a}$,即

$$x(n)=-\text{Res}[X(z)z^{n-1}]_{z=a^{-1}}=\left.\frac{(1-a^2)z^n}{a(z-a)}\right|_{z=a^{-1}}=a^{-n}\qquad n<0$$

最后得到 $x(n)=a^{|n|}$。

2.8 Z 变换的性质

Z 变换有许多重要的性质,使我们能够方便灵活地运用它们解决问题。在这节的讨论中,假设 $Z[x(n)]=X(z)$,$r_{x-}<|z|<r_{x+}$,$Z[y(n)]=Y(z)$,$r_{y-}<|z|<r_{y+}$。

1. 线性

线性就是要满足均匀性和叠加性,Z 变换的线性也是如此,即

$$Z[ax(n)+by(n)]=aX(z)+bY(z)\tag{2.80}$$

收敛域:$r_1<|z|<r_2$,其中:$r_1=\max[r_{x-},r_{y-}]$,$r_2=\min[r_{x+},r_{y+}]$

式中,a 与 b 为任意常数。收敛域一般为两个相加序列收敛域的重叠部分。需要指出的是,如果式(2.80)的线性组合引入了一些零点,就有可能抵消一些极点,从而可能使收敛域扩大一些。

2. 序列的移位(时移特性)

$$Z[x(n+n_0)]=z^{n_0}X(z)\qquad r_{x-}<|z|<r_{x+}\tag{2.81}$$

式中,n_0 为任意整数。如果 n_0 为负,则为延迟,如果 n_0 为正,则为超前。

证明
$$Z[x(n+n_0)]=\sum_{n=-\infty}^{\infty}x(n+n_0)z^{-n}$$

令 $n+n_0=m$，则 $n=m-n_0$，所以有

$$Z[x(n+n_0)]=\sum_{m=-\infty}^{\infty}x(m)z^{-m+n_0}=z^{n_0}\left(\sum_{m=-\infty}^{\infty}x(m)z^{-m}\right)=z^{n_0}X(z)$$

一般情况下，序列移位后收敛域是相同的。只是对单边序列在 $z=0$ 或 $z=\infty$ 处可能有例外。而对于双边序列，由于其收敛域是环状区域，已不包括 $z=0$、$z=\infty$，故序列移位后，Z 变换的收敛域不会变化。

例如，序列 $\delta(n)$ 的 Z 变换在 Z 平面上处处收敛，但 $\delta(n-1)$ 的 Z 变换在 $z=0$ 处不收敛，$\delta(n+1)$ 的 Z 变换在 $z=\infty$ 处不收敛。

3. 乘以指数序列（z 域的尺度变换）

如果序列 $x(n)$ 乘上指数序列 a^n（a 可以是复数），则

$$Z[a^n x(n)]=X\left(\frac{z}{a}\right)\qquad |a|r_{x-}<|z|<|a|r_{x+}\tag{2.82}$$

证明

$$Z[a^n x(n)]=\sum_{n=-\infty}^{\infty}a^n x(n)z^{-n}=\sum_{n=-\infty}^{\infty}x(n)(z/a)^{-n}=X(z/a)$$

如果 $X(z)$ 在 z_1 处有极点，则 $X(z/a)$ 将在 az_1 处有极点。一般来说，所有零、极点的坐标乘以因子 a。如果 a 为正实数，可解释为 Z 平面的缩小或扩大，即零、极点在 Z 平面上沿径向移动；如果 a 是模为 1 的复数，则乘以因子 a 相当于在 Z 平面上旋转，即零、极点位置沿着以原点为圆心的圆周变化。

4. $X(z)$ 的微分

序列 $x(n)$ 的 Z 变换的导数乘以 $(-z)$ 等于 $x(n)$ 经线性加权后的 Z 变换，即

$$Z[nx(n)]=-z\frac{\mathrm{d}X(z)}{\mathrm{d}z}\qquad r_{x-}<|z|<r_{x+}\tag{2.83}$$

证明

$$\begin{aligned}-z\frac{\mathrm{d}X(z)}{\mathrm{d}z}&=-z\frac{\mathrm{d}}{\mathrm{d}z}\Big[\sum_{n=-\infty}^{\infty}x(n)z^{-n}\Big]\\&=-z\sum_{n=-\infty}^{\infty}x(n)(-n)z^{-n-1}=\sum_{n=-\infty}^{\infty}nx(n)z^{-n}=Z[nx(n)]\end{aligned}$$

例 2.25 求 $x(n)=n\sin(\omega_0 n)$，$n\geqslant 0$（ω_0 为常数）的 Z 变换。

解 设 $y(n)=\sin(\omega_0 n)\cdot u(n)$，则有

$$Y(z)=\sum_{n=-\infty}^{\infty}y(n)\cdot z^{-n}=\frac{z^{-1}\sin\omega_0}{1-2z^{-1}\cos\omega_0+z^{-2}}\qquad |z|>1$$

而 $x(n)=n\cdot y(n)$，所以

$$X(z)=-z\frac{\mathrm{d}}{\mathrm{d}z}\cdot Y(z)=\frac{z^{-1}(1-z^{-2})\sin\omega_0}{(1-2z^{-1}\cos\omega_0+z^{-2})^2}\qquad |z|>1$$

因此,收敛域为$|z|>1$。

5. 复共轭序列

设一个复序列$x(n)$的共轭序列为$x^*(n)$,则

$$Z[x^*(n)] = X^*(z^*) \qquad r_{x-} < |z| < r_{x+} \tag{2.84}$$

6. 初值定理

如果$x(n)$为一因果序列,则其初始值可由下式求得为

$$x(0) = \lim_{z\to\infty} X(z) \tag{2.85}$$

证明

$$\lim_{z\to\infty} X(z) = \lim_{z\to\infty}\sum_{n=0}^{\infty} x(n)z^{-n} = \lim_{z\to\infty}[x(0) + x(1)z^{-1} + \cdots] = x(0)$$

7. 终值定理

如果$x(n)$为一因果序列,且其Z变换的极点处于单位圆$|z|=1$以内(单位圆上最多在$z=1$处可有一阶极点),则

$$\lim_{n\to\infty} x(n) = \lim_{z\to 1}[(z-1)X(z)] \tag{2.86}$$

证明 利用序列的移位性质可得

$$Z[x(n+1) - x(n)] = (z-1)X(z) = \sum_{n=-\infty}^{\infty}[x(n+1) - x(n)]z^{-n}$$

因为$x(n)$是因果序列,所以

$$x(n) = 0 \qquad n < 0$$

$$(z-1)X(z) = \lim_{n\to\infty}\Big[\sum_{m=-1}^{n} x(m+1)z^{-m} - \sum_{m=0}^{n} x(m)z^{-m}\Big]$$

因为$(z-1)X(z)$在单位圆上无极点,上式两端对$z=1$取极限,有

$$\begin{aligned}\lim_{z\to 1}(z-1)X(z) &= \lim_{n\to\infty}\Big[\sum_{m=-1}^{n} x(m+1) - \sum_{m=0}^{n} x(m)\Big] \\ &= \lim_{n\to\infty}[x(0) + x(1) + \cdots x(n+1) - x(0) - x(1) - \cdots x(n)] \\ &= \lim_{n\to\infty} x(n+1) = \lim_{n\to\infty} x(n)\end{aligned}$$

从推导中可以看出,终值定理只有当$n\to\infty$时$x(n)$收敛才可以应用,这也就是要求$X(z)$的极点处于单位圆$|z|=1$以内(单位圆上最多在$z=1$处可有一阶极点)的原因。如果已知序列$x(n)$的Z变换,在不求逆Z变换的情况下,可以利用初值定理和终值定理很方便地求出序列的初值$x(0)$和终值$x(\infty)$。

8. 序列的卷积

如果$y(n)$是序列$x(n)$和$h(n)$的卷积,则$y(n)$的Z变换是$x(n)$和$h(n)$的Z变换的

乘积，即如果

$$y(n)=x(n)*h(n)$$

则

$$Y(z)=X(z)\cdot H(z)\qquad r_{x-}<|z|<r_{x+}\qquad r_{h-}<|z|<r_{h+}\tag{2.87}$$

一般情况下，$Y(z)$的收敛域是$X(z)$与$H(z)$收敛域的重叠部分，即$\max(r_{x-},r_{h-})<|z|<\min(r_{x+},r_{h+})$。如果位于一个 Z 变换边缘上的极点被另一个 Z 变换的零点抵消，则$Y(z)$的收敛区就会扩大一些。

证明　因为

$$y(n)=x(n)*h(n)=\sum_{k=-\infty}^{\infty}x(k)h(n-k)$$

所以

$$Y(z)=\sum_{n=-\infty}^{\infty}y(n)z^{-n}=\sum_{n=-\infty}^{\infty}\Big[\sum_{k=-\infty}^{\infty}x(k)h(n-k)\Big]z^{-n}$$

$$=\sum_{k=-\infty}^{\infty}x(k)z^{-k}\sum_{n=-\infty}^{\infty}h(n-k)z^{-(n-k)}=X(z)H(z)$$

在线性非移变系统中，如果输入为$x(n)$，系统的冲激响应为$h(n)$，则输出$y(n)$是$x(n)$与$h(n)$的卷积和，利用这个性质，可以通过求$X(z)H(z)$的 Z 反变换求出$y(n)$，在很多情况下这样会很方便。

例 2.26　已知$x(n)=u(n)$，$h(n)=a^nu(n)$，其中，$0<a<1$，求$y(n)=x(n)*h(n)$及其 Z 变换$Y(z)$。

解

$$X(z)=\frac{1}{1-z^{-1}}\qquad H(z)=\frac{1}{1-az^{-1}}$$

$X(z)$与$H(z)$收敛域分别为$|z|>1$和$|z|>a$，所以

$$Y(z)=X(z)H(z)=\frac{1}{1-z^{-1}}\cdot\frac{1}{1-az^{-1}}\qquad |z|>1$$

$$y(n)=\frac{1}{2\pi j}\oint_c\frac{z^{n+1}}{(z-1)(z-a)}dz$$

因为$Y(z)$收敛域是$|z|>1$，且在∞处收敛，故$y(n)=0$，$n<0$。

$$y(n)=\mathrm{Res}[Y(z)z^{n-1},1]+\mathrm{Res}[Y(z)z^{n-1},a]=\frac{1}{1-a}+\frac{a^{n+1}}{a-1}=\frac{1-a^{n+1}}{1-a}\qquad n\geqslant 0$$

9. 复卷积定理

复卷积定理与序列的卷积是对偶关系。设$w(n)=x(n)y(n)$，则

$$W(z)=\frac{1}{2\pi j}\oint_{c_1}X\left(\frac{z}{v}\right)Y(v)v^{-1}dv\tag{2.88a}$$

或者

$$W(z)=\frac{1}{2\pi j}\oint_{c_2}X(v)Y\left(\frac{z}{v}\right)v^{-1}dv \tag{2.88b}$$

式中,c_1 是 $X\left(\frac{z}{v}\right)$与 $Y(v)$两者收敛区域重叠部分的闭合围线;c_2 是 $X(v)$与$Y\left(\frac{z}{v}\right)$两者收敛区重叠部分内的闭合围线,式(2.88a)的收敛域为 $r_{y-}<|v|<r_{y+}$ 和 $r_{x-}<\left|\frac{z}{v}\right|<r_{x+}$ 的重叠部分。式(2.88b)的收敛域为 $r_{x-}<|v|<r_{x+}$ 与 $r_{y-}<\left|\frac{z}{v}\right|<r_{y+}$ 的重叠部分。

证明
$$w(n)=x(n)y(n)$$
$$W(z)=\sum_{n=-\infty}^{\infty}x(n)y(n)z^{-n}$$

而

$$y(n)=\frac{1}{2\pi j}\oint_{c_1}Y(v)v^{n-1}dv$$

$$\begin{aligned}W(z)&=\sum_{n=-\infty}^{\infty}x(n)\left[\frac{1}{2\pi j}\oint_{c_1}Y(v)v^{n-1}dv\right]z^{-n}\\&=\frac{1}{2\pi j}\sum_{n=-\infty}^{\infty}x(n)\oint_{c_1}Y(v)\left(\frac{z}{v}\right)^{-n}v^{-1}dv\\&=\frac{1}{2\pi j}\oint_{c_1}Y(v)\left[\sum_{n=-\infty}^{\infty}x(n)\left(\frac{z}{v}\right)^{-n}\right]v^{-1}dv\\&=\frac{1}{2\pi j}\oint_{c_1}Y(v)X\left(\frac{z}{v}\right)v^{-1}dv\end{aligned}$$

10. 帕塞瓦尔定理

利用复卷积定理可以得到重要的帕塞瓦尔定理。

设有两个序列 $x(n)$与 $y(n)$,则帕塞瓦尔定理为

$$\sum_{n=-\infty}^{\infty}x(n)y^*(n)=\frac{1}{2\pi j}\oint_{c}X(v)Y^*\left(\frac{1}{v^*}\right)v^{-1}dv \tag{2.89}$$

式中,积分围线 C 取在 $X(v)$与 $Y^*\left(\frac{1}{v^*}\right)$两者收敛域的重叠部分内。

证明 设 $w(n)=x(n)y^*(n)$,则

$$\sum_{n=-\infty}^{\infty}w(n)=W(z)\big|_{z=1}$$

根据式(2.88b)的复卷积定理可以导出

$$\begin{aligned}\sum_{n=-\infty}^{\infty}x(n)y^*(n)=W(z)\big|_{z=1}&=\left[\frac{1}{2\pi j}\oint_{c}X(v)Y^*\left(\frac{z^*}{v^*}\right)v^{-1}dv\right]_{z=1}\\&=\frac{1}{2\pi j}\oint_{c}X(v)Y^*\left(\frac{1}{v^*}\right)v^{-1}dv\end{aligned}$$

2.9　一些常用的 Z 变换对

利用 Z 变换的定义和性质，可以得到一些常用序列的 Z 变换，如表 2.1 所示。

表 2.1　常用的 Z 变换对

序列	Z 变换	收敛域
$\delta(n)$	1	$\forall z$
$u(n)$	$\frac{1}{1-z^{-1}}$	$\|z\|>1$
$-u(-n-1)$	$\frac{1}{1-z^{-1}}$	$\|z\|<1$
$a^n u(n)$	$\frac{1}{1-az^{-1}}$	$\|z\|>\|a\|$
$-b^n u(-n-1)$	$\frac{1}{1-bz^{-1}}$	$\|z\|<\|b\|$
$[a^n \sin\omega_0 n]u(n)$	$\frac{(a\sin\omega_0)z^{-1}}{1-(2a\cos\omega_0)z^{-1}+a^2z^{-2}}$	$\|z\|>\|a\|$
$[a^n \cos\omega_0 n]u(n)$	$\frac{1-(a\cos\omega_0)z^{-1}}{1-(2a\cos\omega_0)z^{-1}+a^2z^{-2}}$	$\|z\|>\|a\|$
$na^n u(n)$	$\frac{az^{-1}}{(1-az^{-1})^2}$	$\|z\|>\|a\|$
$-nb^n u(-n-1)$	$\frac{bz^{-1}}{(1-bz^{-1})^2}$	$\|z\|<\|b\|$

2.10　Z 变换与拉普拉斯变换、傅里叶变换的关系

2.10.1　Z 变换与拉普拉斯变换的关系

设连续信号为 $x_a(t)$，经过理想取样后的取样信号为 $\hat{x}_a(t)$，则取样信号 $\hat{x}_a(t)$ 可表示为

$$\hat{x}_a(t) = x_a(t) \cdot p(t) = \sum_{n=-\infty}^{\infty} x_a(nT)\delta(t-nT) \tag{2.90}$$

式中，T 为取样间隔。

$x_a(t)$ 与 $\hat{x}_a(t)$ 的拉普拉斯变换分别为

$$X(s) = \int_{-\infty}^{+\infty} x_a(t)e^{-st}dt \tag{2.91}$$

$$\begin{aligned}\hat{X}_a(s) &= \int_{-\infty}^{+\infty} \hat{x}_a(t)e^{-st}dt = \int_{-\infty}^{+\infty}\left[\sum_{n=-\infty}^{+\infty} x_a(nT)\delta(t-nT)\right]e^{-st}dt \\ &= \sum_{n=-\infty}^{+\infty}\int_{-\infty}^{+\infty} x_a(nT)\delta(t-nT)e^{-st}dt = \sum_{n=-\infty}^{+\infty} x_a(nT)e^{-nsT}\end{aligned} \tag{2.92}$$

取样序列 $x(n)=x_a(nT)$ 的 Z 变换，为

$$X(z) = \sum_{n=-\infty}^{\infty} x(n)z^{-n} \tag{2.93}$$

由此看出，当 $z=e^{sT}$ 时，则取样序列的 Z 变换就等于其理想取样信号的拉普拉斯变换，为

$$X(z)\big|_{z=e^{sT}} = X(e^{sT}) = \hat{X}_a(s) \tag{2.94}$$

拉普拉斯变换与 Z 变换的关系，就是 S 平面到 Z 平面的映射，其映射关系为

$$z = e^{sT} \qquad s = \frac{1}{T}\ln z \tag{2.95}$$

为了进一步说明 $s\sim z$ 的映射关系，将 s 表示成直角坐标形式，而把 z 表示成极坐标形式，即

$$s = \sigma + j\Omega \qquad z = re^{j\omega} \tag{2.96}$$

将它们带入式(2.95)得

$$re^{j\omega} = e^{(\sigma+j\Omega)T} = e^{\sigma T}e^{j\Omega T} \tag{2.97}$$

即 z 的模 r 只与 s 的实部 σ 相对应，而 z 的辐角只与 s 的虚部 Ω 相对应。

(1) S 平面上的虚轴($\sigma=0$, $s=j\Omega$)映射到 Z 平面的单位圆，其左平面映射到 Z 平面的单位圆内，右平面映射到 Z 平面的单位圆外；

(2) S 平面的实轴($\Omega=0$, $s=\sigma$)映射到 Z 平面的正实轴，S 平面平行于实轴的直线(Ω 为常数 Ω_0)对应于 $\omega=\Omega_0 T$(Z 平面始于原点辐角为 $\omega=\Omega_0 T$ 的辐射线)，$\Omega=\pm\frac{\pi}{T}$ 映射到 Z 平面 $\omega=\pm\pi$，即负实轴；

(3) 当 Ω 由 $-\frac{\pi}{T}$ 增长到 $\frac{\pi}{T}$，对应于 ω 由 $-\pi$ 增长到 π，即 S 平面宽为 $\frac{2\pi}{T}$ 的一个水平条带相当于 Z 平面辐角转了一周，即整个 Z 平面。因此 Ω 每增加一个 $\frac{2\pi}{T}$，则 ω 相应地增加一个 2π，所以从 S 平面到 Z 平面的映射是多值映射。

S 平面与 Z 平面的映射关系如图 2.36 所示。

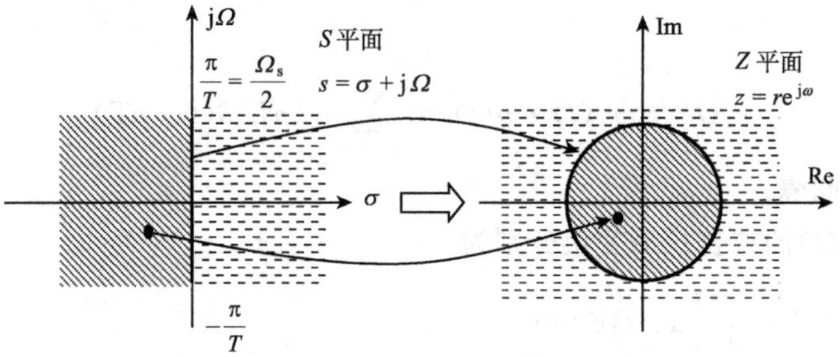

图 2.36　S 平面与 Z 平面的映射关系

2.10.2　Z 变换与傅里叶变换的关系

我们知道,一个序列 $x(n)$的 Z 变换为

$$X(z)=\sum_{n=-\infty}^{\infty}x(n)z^{-n} \tag{2.98}$$

$x(n)$的傅里叶变换为

$$X(e^{j\omega})=\sum_{n=-\infty}^{\infty}x(n)e^{-jn\omega} \tag{2.99}$$

如果令 $z=re^{j\omega}$,则式(2.98)为

$$X(re^{j\omega})=\sum_{n=-\infty}^{\infty}x(n)r^{-n}e^{-jn\omega} \tag{2.100}$$

由此可以看出,当 $z=e^{j\omega}$,即 $r=1$ 时,Z 变换与傅里叶变换相等,也就是说,序列的傅里叶变换就是其在单位圆上的 Z 变换。因此,傅里叶变换的特性可以直接由 Z 变换的特性推出,例如

$$\begin{aligned}F[x(n)\cdot h(n)]&=\frac{1}{2\pi}[X(z)*H(z)]\big|_{z=e^{j\omega}}\\&=\frac{1}{2\pi}\int_{-\pi}^{\pi}X(e^{j\theta})H[e^{j(\omega-\theta)}]d\theta\end{aligned} \tag{2.101}$$

我们知道,傅里叶变换收敛条件是 $\sum\limits_{n=-\infty}^{\infty}|x(n)|<\infty$。由于式(2.100)中有 r^{-n}这一因子,使得 Z 变换收敛条件是 $\sum\limits_{n=-\infty}^{\infty}|x(n)|r^{-n}<\infty$,因此,即使序列的傅里叶变换不收敛,它的 Z 变换也有可能收敛。

需要指出,由于 $e^{j\omega}=e^{j(\omega+2k\pi)}$,所以 $X(e^{j\omega})$是以 2π 为周期的周期函数,Z 平面单位圆上的一周正好对应 $X(e^{j\omega})$的一个周期,这可由下面的推导来证实:

$$\begin{aligned}x(n)&=\frac{1}{2\pi}\oint_c X(z)z^{n-1}dz\big|_{z=e^{j\omega}}\\&=\frac{1}{2\pi}\int_{-\pi}^{\pi}X(e^{j\omega})(e^{j\omega})^{n-1}e^{j\omega}d\omega\\&=\frac{1}{2\pi}\int_{-\pi}^{\pi}X(e^{j\omega})e^{jn\omega}d\omega\end{aligned}$$

如果 $\omega=\Omega T$,将此关系式代入上式可得

$$x(n)=\frac{T}{2\pi}\int_{-\frac{\pi}{T}}^{\frac{\pi}{T}}X(e^{j\Omega T})e^{jn\Omega T}d\Omega$$

从而可以看到,在 Z 平面单位圆上转一圈,相当于在 S 平面的虚轴上从 $-j\dfrac{\pi}{T}$到 $+j\dfrac{\pi}{T}$。如图 2.37 所示。

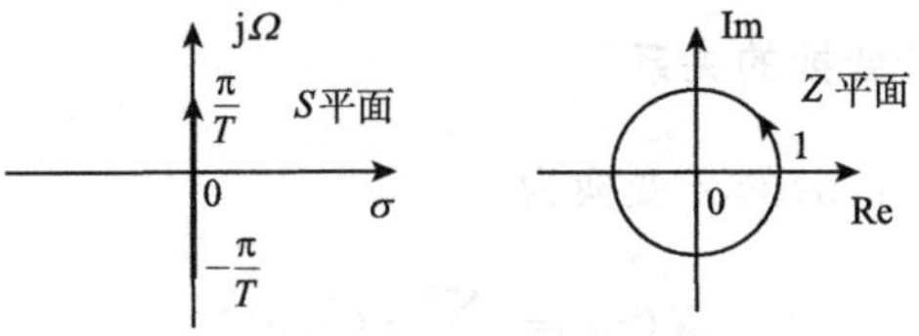

图 2.37　傅里叶变换和 Z 变换积分线的关系

2.11　离散系统的频域分析

2.11.1　传输函数

一个线性非移变、因果系统的差分方程可以表示为

$$y(n)=\sum_{i=0}^{M}b_i x(n-i)-\sum_{j=1}^{N}a_j y(n-j) \tag{2.102}$$

即

$$\sum_{j=0}^{N}a_j y(n-j)=\sum_{i=0}^{M}b_i x(n-i)\qquad a_0=1$$

对两边进行 Z 变换得（由 Z 变换的线性和移位特性可得）

$$\sum_{j=0}^{N}a_j z^{-j}Y(z)=\sum_{i=0}^{M}b_i z^{-i}X(z) \tag{2.103}$$

于是

$$\frac{Y(z)}{X(z)}=\frac{\sum_{i=0}^{M}b_i z^{-i}}{\sum_{j=0}^{N}a_j z^{-j}}=\frac{\sum_{i=0}^{M}b_i z^{-i}}{1+\sum_{j=1}^{N}a_j z^{-j}}=\frac{B(z)}{A(z)}=H(z) \tag{2.104}$$

$H(z)$就称为传输函数，通常也称为传递函数或系统函数，即 $H(z)$定义为输入和输出信号的 Z 变换之比，为

$$H(z)=\frac{Y(z)}{X(z)}=\frac{\sum_{i=0}^{M}b_i z^{-i}}{\sum_{j=0}^{N}a_j z^{-j}} \tag{2.105}$$

由于式(2.105)并未指定 $H(z)$的收敛域，因而可以代表不同的系统。实际应用中必须指定 $H(z)$的收敛域。

线性非移变系统的传输函数就是其单位冲激响应 $h(n)$的 Z 变换 $H(z)$，即 $H(z)=\sum_{n=0}^{\infty}h(n)z^{-n}$。

因为一个线性非移变系统，其输入和输出之间的关系在时域中可以用它的单位冲激响应 $h(n)$来表示，即

$$y(n)=x(n)*h(n) \tag{2.106}$$

两边取 Z 变换得

$$Y(z)=X(z)\cdot H(z) \tag{2.107}$$

即

$$H(z)=\frac{Y(z)}{X(z)}$$

令 $z=e^{j\omega}$,则

$$H(e^{j\omega})=\frac{Y(e^{j\omega})}{X(e^{j\omega})} \tag{2.108}$$

这说明系统的频率响应 $H(e^{j\omega})$就是在单位圆上($z=e^{j\omega}$)的传输函数。

例 2.27　求下列差分方程所描述系统的传输函数 $H(z)$。

(1) $2y(n)+y(n-1)+0.9y(n-2)=x(n-1)+x(n-4)$

(2) $y(n)-0.2y(n-1)=x(n)+0.8x(n-1)$

解　(1)两边逐项进行 Z 变换,得

$$2Y(z)+z^{-1}Y(z)+0.9z^{-2}Y(z)=z^{-1}X(z)+z^{-4}X(z)$$

两边分别提取公因式 $Y(z)$和 $X(z)$,得

$$(2+z^{-1}+0.9z^{-2})Y(z)=(z^{-1}+z^{-4})X(z)$$

得到传输函数

$$H(z)=\frac{Y(z)}{X(z)}=\frac{z^{-1}+z^{-4}}{2+z^{-1}+0.9z^{-2}}$$

(2) 实际上通过观察可直接得到

$$H(z)=\frac{1+0.8z^{-1}}{1-0.2z^{-1}}$$

例 2.28　求下列传输函数 $H(z)$对应的差分方程。

(1) $H(z)=\dfrac{1+0.5z^{-1}}{1-0.5z^{-1}}$

(2) $H(z)=\dfrac{z}{(2z-1)(4z-1)}$

解　差分方程可以转换为传输函数,同样,传输函数也可以转换为差分方程。

(1) $H(z)=\dfrac{Y(z)}{X(z)}=\dfrac{1+0.5z^{-1}}{1-0.5z^{-1}}$

交叉相乘得到

$$Y(z)(1-0.5z^{-1})=X(z)(1+0.5z^{-1})$$

进一步表示为

$$Y(z)-0.5z^{-1}Y(z)=X(z)+0.5z^{-1}X(z)$$

逐项进行 Z 反变换,得到差分方程

$$y(n)-0.5y(n-1)=x(n)+0.5x(n-1)$$

(2) 将分母展开,得

$$H(z)=\frac{z}{(2z-1)(4z-1)}=\frac{z}{8z^2-6z+1}=\frac{Y(z)}{X(z)}$$

$$Y(z)(8z^2 - 6z + 1) = zX(z)$$

逐项反变换,得

$$8y(n+2) - 6y(n+1) + y(n) = x(n+1)$$

此方程看起来与以往的习惯不同,最新输出为 $y(n+2)$,而不是通常的 $y(n)$。因为差分方程只是简单地表示了不同时刻相对的数据关系,只要每一项都进行相同的移位,差分方程不变。因此,上述表达式全部后移 2 位,差分方程变为

$$8y(n) - 6y(n-1) + y(n-2) = x(n-1)$$

或者

$$y(n) - 0.75y(n-1) + 0.125y(n-2) = 0.125x(n-1)$$

2.11.2 用单边 Z 变换解线性差分方程

Z 变换法求解线性差分方程是利用了 Z 变换的移位性质,将差分方程转换成代数方程,使求解过程简化。

N 阶线性常系数差分方程一般为

$$\sum_{j=0}^{N} a_j y(n-j) = \sum_{i=0}^{M} b_i x(n-i) \tag{2.109}$$

如果输入序列 $x(n)$ 是在 $n=0$ 时刻以前加入到系统的输入端,通过求解差分方程可以求输出 $y(n)$,此时解出的是稳态解。对差分方程两边求 Z 变换得

$$\sum_{j=0}^{N} a_j Y(z) z^{-j} = \sum_{i=0}^{M} b_i X(z) z^{-i}$$

$$H(z) = \frac{Y(z)}{X(z)} = \frac{\sum_{i=0}^{M} b_i z^{-i}}{\sum_{j=0}^{N} a_j z^{-j}}$$

$$Y(z) = H(z)X(z) \tag{2.110}$$

$$y(n) = \mathrm{IZT}[H(z)X(z)] \tag{2.111}$$

如果输入序列 $x(n)$ 是在 $n=0$ 时刻加入到系统的输入端,或者说加到系统输入端的序列在 $n<0$ 时为零,求解系统 $n \geqslant 0$ 时的输出。这种情况下,对式(2.109)求 Z 变换时需用单边 Z 变换。

例 2.29 一阶差分方程 $y(n)=x(n)+ay(n-1)$,当给定输入序列 $x(n)=e^{j\omega_0 n}, n\geqslant 0$,以及初始条件 $y(-1)=k$,求 $y(n)$。

解 两边取单边 Z 变换,并利用线性移位特性有

$$Y(z) = X(z) + az^{-1}Y(z) + ay(-1)$$

$$Y(z) = \frac{X(z) + ay(-1)}{1 - az^{-1}} \qquad |z| > |a|$$

$x(n)$ 的单边 Z 变换为

$$X(z)=\frac{1}{1-\mathrm{e}^{\mathrm{j}\omega_0}z^{-1}}\qquad |z|>|\mathrm{e}^{\mathrm{j}\omega_0}|=1$$

代入上式为

$$Y(z)=\frac{ak}{1-az^{-1}}+\frac{1}{(1-az^{-1})(1-\mathrm{e}^{\mathrm{j}\omega_0}z^{-1})}\qquad |z|>\max(|a|,1)$$

展成部分分式有

$$Y(z)=\frac{ak}{1-az^{-1}}+\frac{a}{a-\mathrm{e}^{\mathrm{j}\omega_0}}\frac{1}{1-az^{-1}}-\frac{\mathrm{e}^{\mathrm{j}\omega_0}}{a-\mathrm{e}^{\mathrm{j}\omega_0}}\frac{1}{1-\mathrm{e}^{\mathrm{j}\omega_0}z^{-1}}$$

右边每一项都对应着一个右边指数序列，因此，求得反变换为

$$y(n)=\left[ka^{n+1}+\frac{a^{n+1}}{a-\mathrm{e}^{\mathrm{j}\omega_0}}-\frac{\mathrm{e}^{\mathrm{j}\omega_0(n+1)}}{a-\mathrm{e}^{\mathrm{j}\omega_0}}\right]u(n)$$

右边第一项对应着系统对起始状态的响应，第二项是系统对输入的暂态响应，当 $|a|<1$时，这两项作指数衰减，第三项表示系统对输入的稳态响应。

由这个例子可以看到，输出响应的单边 Z 变换，不仅与传输函数有关，而且还与输入和输出的起始状态有关。只有当初值为零时，才具有双边 Z 变换相同的形式和结果。但需要受到因果性条件的限制。

2.11.3 传输函数的零极点

1. 零、极点

极点是传输函数 $H(z)$的分母多项式为 0 时 z 的取值，零点是传输函数 $H(z)$的分子多项式为 0 时 z 的取值。

传输函数 $H(z)$一般表示为分子多项式除以分母多项式的有理函数，即

$$H(z)=\frac{b_0+b_1z^{-1}+\cdots+b_Mz^{-M}}{1+a_1z^{-1}+\cdots+a_Nz^{-N}}=\frac{b_0z^N+b_1z^{N-1}+\cdots+b_Mz^{N-M}}{z^N+a_1z^{N-1}+\cdots+a_N}\tag{2.112}$$

负指数使得求零、极点变得很困难，因此通常在求零、极点时把 $H(z)$的分子分母多项式表示成正指数形式，从数学角度看，这样并没有改变传输函数。但这并不意味着计算零极点一定要表示成正指数，只是这样使得求根过程更加直接。

分子、分母进行因式分解，得

$$H(z)=\frac{K\prod_{i=1}^{M}(z-z_i)}{\prod_{i=1}^{N}(z-p_i)}\tag{2.113}$$

此处 K 为系统的增益，z_i 是系统的零点，p_i 是系统的极点，因此，$H(z)$可在 Z 域中用零极点图的形式来描述。

2. 零极点对系统频率响应的影响

假设 $H(z)$的收敛域包括单位圆($z=\mathrm{e}^{\mathrm{j}\omega}$)，我们就可在这个单位圆上计算$H(z)$，并得到系统频率响应

$$H(e^{j\omega}) = K\frac{\prod_{i=1}^{M}(e^{j\omega}-c_i)}{\prod_{i=1}^{N}(e^{j\omega}-d_i)} \tag{2.114}$$

其幅度响应为

$$|H(e^{j\omega})| = \left|K\frac{\prod_{i=1}^{M}(e^{j\omega}-c_i)}{\prod_{i=1}^{N}(e^{j\omega}-d_i)}\right| = |K|\frac{\left|\prod_{i=1}^{M}(e^{j\omega}-c_i)\right|}{\left|\prod_{i=1}^{N}(e^{j\omega}-d_i)\right|} \tag{2.115}$$

下面分析上述表达式中各部分的含义。

一般定义极点 d_i 为复数 $\alpha_i+j\beta_i$,则式(2.115)中的$(e^{j\omega}-d_i)$用 $\boldsymbol{D}_i$ 表示为

$$\begin{aligned}\boldsymbol{D}_i &= e^{j\omega}-d_i\\ &= (\cos\omega+j\sin\omega)-(\alpha_i+j\beta_i)\\ &= (\cos\omega-\alpha_i)+j(\sin\omega-\beta_i)\end{aligned}$$

上式表示在 z 复平面上由极点 d_i 指向单位圆上 $z=e^{j\omega}$点的向量。

$\boldsymbol{D}_i$ 用极坐标形式表示为

$$\boldsymbol{D}_i = |D_i|\,e^{j\mu_i}$$

其幅度为

$$|D_i| = \sqrt{(\cos\omega-\alpha_i)^2+(\sin\omega-\beta_i)^2}$$

它恰恰是 $e^{j\omega}$和极点之间的距离,所以系统的幅频响应的形状可以表示为

$$|H(e^{j\omega})| = \frac{|K|\left|\prod_{i=1}^{M}(e^{j\omega}-c_i)\right|}{\text{从 } e^{j\omega}(\text{到极点 } d_1 \text{ 的距离})\times(\text{到极点 } d_2 \text{ 的距离})\times\cdots\times(\text{到极点 } d_i \text{ 的距离})}$$

根据这个表达式,对于特定的 ω,$e^{j\omega}$与极点 d_i 之间的距离越小,其幅度响应就越大。当 $e^{j\omega}$沿单位圆从 0 到 2π 移动时,最靠近极点 d_i 时,ω 所对应的幅度响应为最大值;换句话讲,当 ω 和极点 d_i 的相位相符时,可获得最大幅度,而且极点位置越靠近单位圆,这个最大值就越大。

同样地,用 $\boldsymbol{C}_i$ 表示在 z 复平面上由零点 c_i 指向单位圆上的 $z=e^{j\omega}$点的向量,有

$$\boldsymbol{C}_i = e^{j\omega}-c_i$$

因此

$$H(e^{j\omega}) = K\frac{\prod_{i=1}^{M}\boldsymbol{C}_i}{\prod_{i=1}^{N}\boldsymbol{D}_i}$$

用极坐标表示有

$$\boldsymbol{C}_i = |C_i|\,e^{j\nu_i},\qquad \boldsymbol{D}_i = |D_i|\,e^{j\mu_i}$$

$$H(e^{j\omega}) = |H(e^{j\omega})|\,e^{j\varphi(\omega)}$$

其中

$$|H(e^{j\omega})| = |K| \frac{\prod_{i=1}^{M}|C_i|}{\prod_{i=1}^{N}|D_i|} = |K| \frac{\text{从 } e^{j\omega}(\text{到零点 } z_1 \text{ 的距离}) \times \cdots \times (\text{到零点 } z_i \text{ 的距离})}{\text{从 } e^{j\omega}(\text{到极点 } d_1 \text{ 的距离}) \times \cdots \times (\text{到极点 } d_i \text{ 的距离})}$$

$$\varphi(\omega) = \sum_{i=1}^{M}\nu_i - \sum_{i=1}^{M}\mu_i(\text{假设 } K > 0) \tag{2.116}$$

由此我们看到，传输函数的幅度响应由各零点到 $e^{j\omega}$ 点的模值之乘积与各极点到 $e^{j\omega}$ 点的模值之乘积的比确定；传输函数的相位响应由各零点到 $e^{j\omega}$ 点向量的相角之和减去各极点到 $e^{j\omega}$ 点向量的相角之和。这样就很容易在已知零极点的情况下，利用几何作图法大致画出传输函数的幅度频率响应与相位频率响应。图 2.38(a)是一给定的零极点图，图 2.38(b)是利用几何作图法求得的与之相应的幅度频率响应。由以上分析我们知道，频率响应与零、极点的关系，即在极点附近，幅度频率响应将出现峰值，当极点位于单位圆上时，将出现无穷大。极点在单位圆外，系统将不稳定。在零点附近，幅度频率响应出现谷点。零点在单位圆上时，谷值为零。

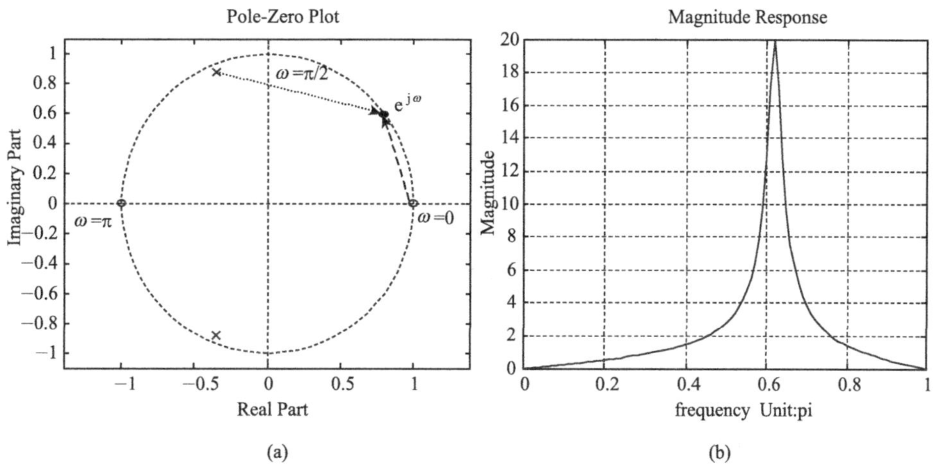

(a)　　　　(b)

图 2.38　系统频率响应的零极点分析法

由以上的分析，可以得到以下结论：

(1) Z 平面原点处的零极点不影响系统的幅频响应；

(2) 极点主要影响幅度特性的峰值，极点越靠近单位圆，峰值越高越尖锐；当极点在单位圆上时，该点的频响将出现∞，极点在单位圆外，系统不稳定；

(3) 零点主要影响幅度特性的谷值，零点越靠近单位圆，谷值越小；当零点在单位圆上时，幅度为零，零点可以在单位圆外。

2.11.4　线性非移变因果系统的稳定性

前面我们分析过，因果可实现系统满足 $h(n)=0,\ n<0$，因此其 Z 变换的收敛域一定

包括∞点,即收敛域一定是某个圆外的整个 Z 平面,也就是满足 $r_z<|z|\leqslant\infty$。

系统稳定的充要条件为 $\sum_{n=-\infty}^{\infty}|h(n)|<\infty$,而 Z 变换的收敛域由满足 $\sum_{n=-\infty}^{\infty}|h(n)z^{-n}|<\infty$ 的那些 z 值确定,所以如果传输函数的收敛域包括单位圆 $|z|=1$,则系统是稳定的。

综上两点可以看出,一个因果稳定系统的传输函数 $H(z)$ 必须在从单位圆到∞的整个 z 域内收敛,即 $1\leqslant|z|\leqslant\infty$,也就是说传输函数的全部极点必须在单位圆内。

如果系统的所有极点都在单位圆内,则系统是稳定的;若极点位于单位圆上,则系统是临界稳定的;如果极点位于单位圆外,则系统是不稳定的。

例 2.30 判断下列线性非移变系统是否稳定。

(1) $H(z)=\dfrac{1-z^{-2}}{1+0.7z^{-1}+0.9z^{-2}}$

(2) $y(n)+0.8y(n-1)-0.9y(n-2)=x(n-2)$

解 (1) $H(z)=\dfrac{1-z^{-2}}{1+0.7z^{-1}+0.9z^{-2}}=\dfrac{z^2-1}{z^2+0.7z+0.9}$

零点位于 $z=\pm1$。

极点有

$$z=\frac{-0.7\pm\sqrt{0.7^2-4\times1\times0.9}}{2\times1}=\frac{-0.7\pm j\sqrt{3.11}}{2}=-0.35\pm j0.8818$$

这两个极点到单位圆圆心的距离为

$$|z|=\sqrt{(-0.35)^2+(0.8818)^2}=0.9487$$

因为该距离小于 1,两个极点都位于单位圆内,所以系统是稳定的。

(2) 从差分方程得到传输函数为

$$H(z)=\frac{z^{-2}}{1+0.8z^{-1}-0.9z^{-2}}=\frac{1}{z^2+0.8z-0.9}$$

$$z=\frac{-0.8\pm\sqrt{0.8^2-4\times1\times(-0.9)}}{2\times1}=\frac{-0.8\pm2.059}{2}=0.630\text{ 和 }-1.430$$

极点为纯实数,没有虚部。因为一个极点 $z=-1.430$ 位于单位圆外,系统不稳定。

例 2.31 设一个线性非移变系统的传输函数为

$$H(z)=\frac{1-\frac{1}{2}z^{-1}}{1+\frac{3}{4}z^{-1}+\frac{1}{8}z^{-2}}$$

试画出零-极点分布图,并确定 $H(z)$ 的收敛域和稳定性。

解

$$H(z)=\frac{1-\frac{1}{2}z^{-1}}{1+\frac{3}{4}z^{-1}+\frac{1}{8}z^{-2}}=\frac{1-\frac{1}{2}z^{-1}}{\left(1+\frac{1}{4}z^{-1}\right)\left(1+\frac{1}{2}z^{-1}\right)}=\frac{z\left(z-\frac{1}{2}\right)}{\left(z+\frac{1}{4}\right)\left(z+\frac{1}{2}\right)}$$

极点为 $z_1=-\frac{1}{4}$，$z_2=-\frac{1}{2}$；零点为 $z_1=0$，$z_2=\frac{1}{2}$，如图 2.39 所示。

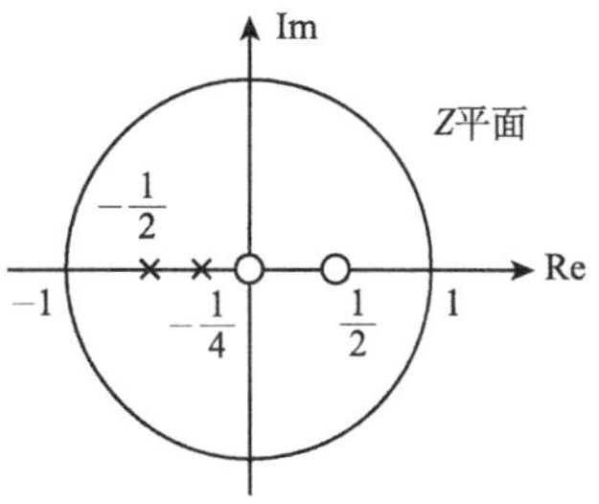

图 2.39　例 2.31 的零、极点示意图

(1) 若收敛域是极点 $z_2=-\frac{1}{2}$ 所在的圆的外部区域，且

$$\lim_{z\to\infty}\frac{1-\frac{1}{2}z^{-1}}{1+\frac{3}{4}z^{-1}+\frac{1}{8}z^{-2}}=1$$

说明该系统的 Z 变换没有正幂项。根据 Z 变换的定义式，说明 $n\geqslant0$ 时 $x(n)$ 才有定义，那么系统是因果的。即收敛域为 $\left|-\frac{1}{2}\right|<|z|\leqslant\infty$。因为该收敛域包含了单位圆，所以系统是稳定的。

(2) 若收敛域是极点 $z_1=-\frac{1}{4}$ 所在的圆的内部区域，且

$$\lim_{z\to0}\frac{z\left(z-\frac{1}{2}\right)}{\left(z+\frac{1}{4}\right)\left(z+\frac{1}{2}\right)}=0$$

说明 Z 变换没有负幂项，根据 Z 变换的定义式，说明 $n\leqslant0$ 时 $x(n)$ 才有定义。那么系统是非因果的，由于收敛域为 $0\leqslant|z|\leqslant\left|-\frac{1}{4}\right|$，没有包含单位圆，所以系统是不稳定的。

(3) 若收敛域是极点 $z_1=-\frac{1}{4}$ 与 $z_2=-\frac{1}{2}$ 所在的两个圆之间的环域，即

$$\left|-\frac{1}{4}\right|\leqslant|z|<\left|-\frac{1}{2}\right|$$

因为收敛域不包含单位圆，所以系统是不稳定的。

2.11.5　信号流图的转置定理

前面我们已经介绍过信号流图的基本知识，在学过传输函数的概念后，我们来看一些信号流图的转置定理。它是在保持输入和输出之间的传输关系不变的条件下对流图的形式所进行的一种变换。

转置定理：若将信号流图全部支路的方向反向，且保持全部的支路传输不变，并将输入变量(源点)和输出变量(汇点)交换位置，则当信号流图中只有一个源点和一个汇点时，转置后的流图与原流图有相同的传输函数。

转置定理是 Mason 公式的一个推论，在此不予证明，下面举例说明。

如图 2.40 所示，其中 2.40(a) 是一个信号流图，按照转置定理转置之后得到图 2.40(b)，再按习惯将源点(输入)画在左边，汇点(输出)画在右边，就得到图 2.40(c)，即图 2.40(b)和图 2.40(c)完全等价。

很容易得到图 2.40(a)的传输函数为

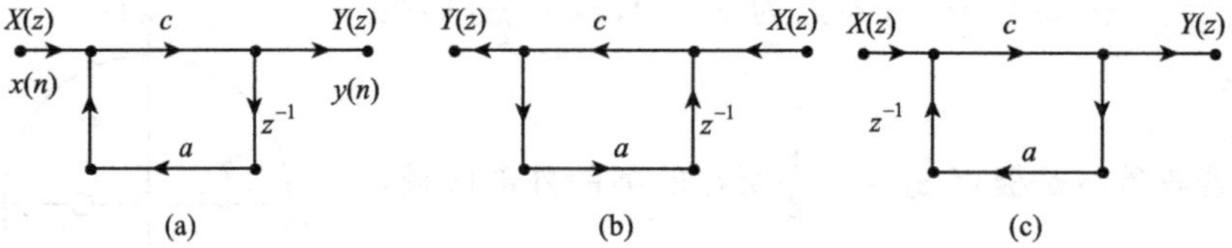

图 2.40　信号流图的转置

$$H(z)=\frac{Y(z)}{X(z)}=\frac{c}{1-acz^{-1}}$$

而图 2.40(c)的传输函数为

$$H'(z)=\frac{Y(z)}{X(z)}=\frac{c}{1-acz^{-1}}$$

$H'(z)=H(z)$,即转置后的流图与原流图有相同传输函数。

总之,我们可以将一个系统的传输函数写成多种不同的形式,而对应不同的形式就有不同的信号流图结构。另外,对于每一种信号流图结构,又有与之等效的转置形式。因此,对于同一个传输函数,存在着多种不同的算法结构,也就是说对于同一个系统有多种不同的实现方案。

2.12　本章涉及的 Matlab 函数

在这本章中,很多计算可以用 Matlab 提供的函数来实现。下面介绍本章涉及的 Matlab 函数。

1. 内插的 Matlab 实现

在利用内插恢复原始信号时,用一个实际低通滤波器代替前述的理想低通滤波器。因为理想的 sinc 内插滤波器是一个无穷阶低通滤波器,而在实际中只能采用有限阶的内插,这里有几种方法可以实现,在 Matlab 中也提供了相应的函数。

1) 零阶和一阶保持内插

用零阶保持(ZOH)内插时,每个样本值将在整个取样周期中保持到下一个样本为止,有

$$x_a(t)=x(n)\qquad nT_S\leqslant n\leqslant(n+1)T_S$$

此内插滤波器的冲激响应函数为

$$h_0(t)=\begin{cases}1 & 0\leqslant t\leqslant T_S\\ 0 & \text{其他}\end{cases}$$

这是一个矩形脉冲函数,用它对要重建的样本进行滤波,得到一个阶梯波,因此它需要一个平滑滤波器,以便得到平滑的重建波形。

在一阶保持(FOH)方法中,相邻的两个样本之间用直线连接,此内插滤波器的冲激响应函数为

$$h_1(t)=\begin{cases}1+\dfrac{t}{T} & 0<t<T_S\\ 1-\dfrac{t}{T} & T_S<t<2T_S\\ 0 & \text{其他}\end{cases}$$

它同样需要后接一个平滑滤波器。

Matlab 中的 Stairs 函数在给定样本时可画出模拟信号的零阶保持(ZOH)内插，而 Plot 函数则给出了样本间的线性（FOH）内插—— 一阶保持器内插。

2）三次样条内插

三次样条函数是分段连续的三次多项式，有

$$x_a(t)=a_0(n)+a_1(n)(t-nT_S)+a_2(n)(t-nT_S)^2+a_3(n)(t-nT_S)^3$$

$$nT_S\leqslant t<(n+1)T_S$$

其中，$\{a_i(n),0\leqslant i\leqslant 3\}$ 是多项式系数，它们由对样本值的最小二乘分析获得。

在 Matlab 中用三次样条函数 Spline 实现三次样条内插，它能获得更平坦，但不一定更精确的逼近。这种内插不需要后接平滑滤波器。

Spline 函数调用语句为 x_a=spline(nT_S，x，t)，其中 nT_S 和 x 分别是取样点位置数组及其相应的样本数组，而 t 是栅格数组，输出为恢复的模拟信号 $x_a(t)$。

2. 常用序列的 Matlab 实现

1）单位取样序列

在 Matlab 中可以利用逻辑关系式 $n==0$ 来实现 $\delta(n-n_0)$序列，如图 2.41 所示。

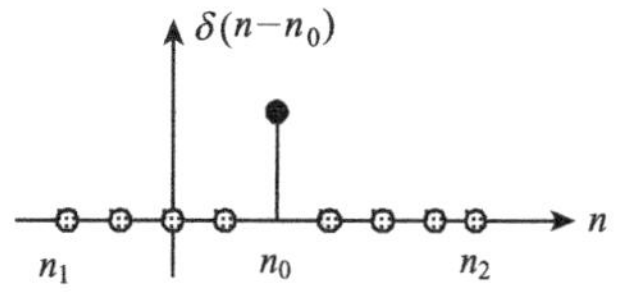

图 2.41　单位取样序列

```
function [x,n] = impseq(n0,n1,n2)
% Generates x(n) = delta(n-n0); n1 <= n,n0 <= n2
% [x,n] = impseq(n0,n1,n2)
if ((n0 < n1) | (n0 > n2) | (n1 > n2))
    error('Arguments must satisfy n1 <= n0 <= n2')
end
n = [n1:n2];
x = [(n-n0) == 0];
```

2）单位阶跃序列

在 Matlab 中利用逻辑关系式 $n>=0$ 来实现 $u(n-n_0)$，如图 2.42 所示。

```
function [x,n] = stepseq(n0,n1,n2)
% Generates x(n) = u(n-n0); n1 <= n,n0 <= n2
% [x,n] = stepseq(n0,n1,n2)
if ((n0 < n1) | (n0 > n2) | (n1 > n2))
    error('Arguments must satisfy n1 <= n0 <= n2')
```

```
end
n = [n1:n2];
x = [(n - n0) >= 0];
```

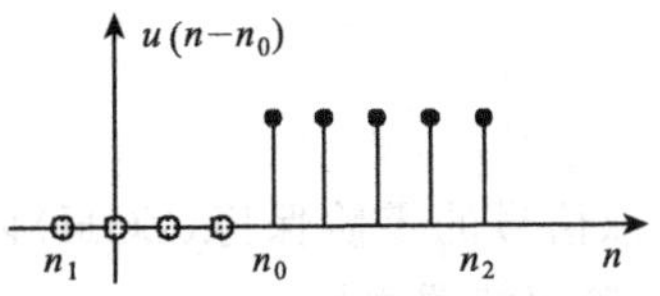

图 2.42 单位阶跃序列

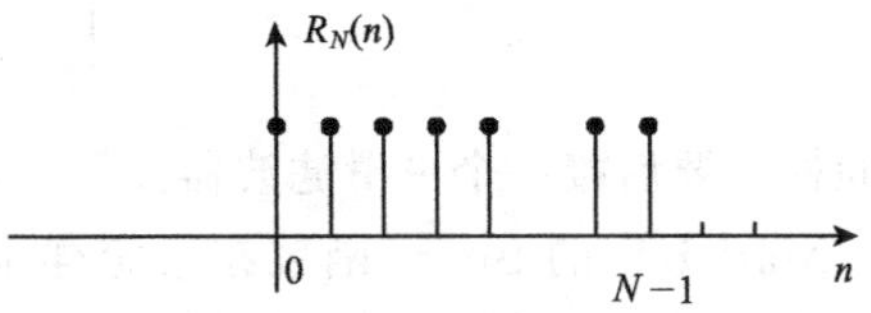

图 2.43 矩形序列

3) 矩形序列

在 Matlab 中利用上述的两个单位阶跃函数 stepseq 进行相减,产生一个矩形序列,如图 2.43 所示。

4) 实指数序列(图 2.44)

在 Matlab 中,用数组运算符“.^”来实现一个实指数序列。例如,要实现一个 $x(n)=(0.3)^n$,$0\leqslant n\leqslant 50$,则 Matlab 程序如下:

```
>> n =[0:50];
>> x = (0.3).^n;
```

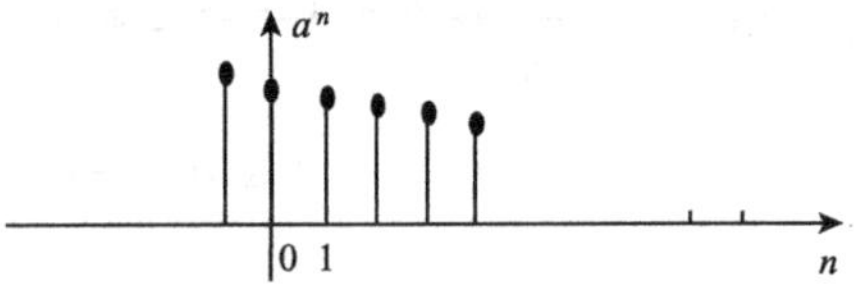

图 2.44 实指数序列

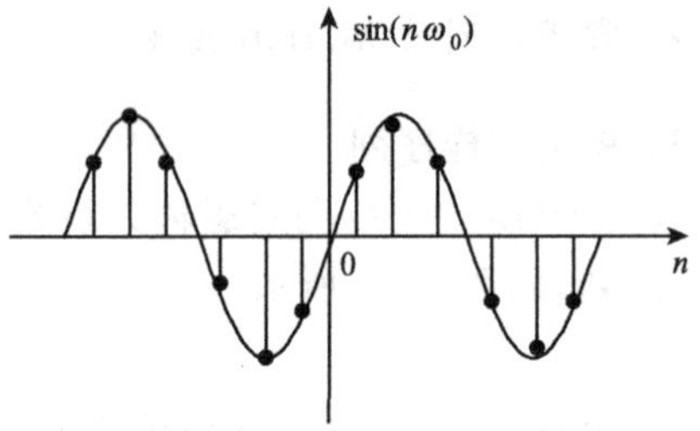

图 2.45 正弦序列

5) 正弦序列(图 2.45)

在 Matlab 中,用函数 sin(或 cos)产生正余弦序列,例如,$x(n)=11\sin(0.3\pi n+\pi/5)+5\cos(0.3\pi n)$,$0\leqslant n\leqslant 20$。

```
>> n = [0:0.1:20]; x = 11 * sin(0.3 * pi * n + pi/5) + 5 * cos(0.3 * pi * n);
>> plot(n,x);
```

3. 卷积的 Matlab 实现

Matlab 用内部函数 conv 来计算两个有限长度序列 $x(n)$ 和 $h(n)$ 的卷积,conv 函数假定两个序列都从 $n=0$ 开始,调用语句如下:

y=conv(x,h)

例 2.32 给出以下两个序列:

$$x(n) = [5,9,3,6,-8], -3 \leqslant n \leqslant 1;$$

$$h(n) = [18,7,5,20,11,14,9], -1 \leqslant n \leqslant 5;$$

试求其卷积 $y(n)=x(n) * h(n)$。

解

```
>> x = [ 5,9,3,6, - 8];
>> h = [18,7,5,20,11,14,9];
>> y = conv(x,h)
y =
    90 197 142 274 148 203 284 29 23  - 58  - 72
```

从中看到，函数 conv 可以得到 $y(n)$ 的正确值，但没有包含任何时间信息，那么怎样才能得到 $y(n)$的起点和终点呢？如果已知两个序列 $x(n)$和 $h(n)$，不难求出这两个点。令

$$\{x(n); n_{xb} \leqslant n \leqslant n_{xe}\} \text{ 及 } \{h(n); n_{hb} \leqslant n \leqslant n_{he}\}$$

为有限序列，则得到 $y(n)$的起点和终点分别为

$$n_{yb} = n_{xb} + n_{hb} \quad \text{及} \quad n_{ye} = n_{xe} + n_{he}$$

据此可以将函数 conv 扩展为对任意基底序列求卷积。

4. 用 Matlab 求解差分方程

在 Matlab 中有一个 filter 函数用来在给定输入和差分方程时求差分方程的解。该函数调用形式为

y= filter(b,a,x)

其中，$b=[b_0, b_1, \cdots, b_M]$；$a=[a_0, a_1, \cdots, a_N]$ 分别是差分方程输入和输出多项式的系数，而 x 则是输入序列数组。输出 $y(n)$和输入 $x(n)$的长度一样，必须保证系数 a_0 不为零。

在 Matlab 中，FIR 系统既可用单位冲激响应 $h(n)$也可用差分方程的系数$\{b_m\}$和$\{a_0=1\}$表示，因此要实现 FIR 滤波器既可用 conv(x,h)也可用 filter$(b,1,x)$ 函数。只不过 filter$(b,1,x)$产生的序列和 $x(n)$序列的长度相等，而 conv(x,h)产生的序列的长度比 $x(n)$和 $h(n)$序列的长度要长。

例 2.33　给出如下差分方程：

$$y(n) - 0.9y(n-1) + 0.5y(n-2) = x(n)$$

(1) 计算并画出冲激响应 $h(n)$，$n=-10,\cdots,50$。

(2) 由此 $h(n)$ 确定系统是否稳定？

解

```
a = [1, - 0.9,0.5];b = 1;
 % Part a)
x = impseq(0, - 10,50);n = [ - 10:50];
h = filter(b,a,x);
stem(n,h)
```

```
axis([-10,50,-1.1,1.1])
title('Impulse Response');xlabel('n');ylabel('h(n)')
% Part b)
sum(abs(h))
ans =
    3.1761
```

从图 2.46 中 $h(n)$ 曲线可以看到其值逐渐趋于零，而 $\sum |h(n)|$ 可以用如上 Matlab 程序求得为 3.1761，这意味着系统是稳定的。

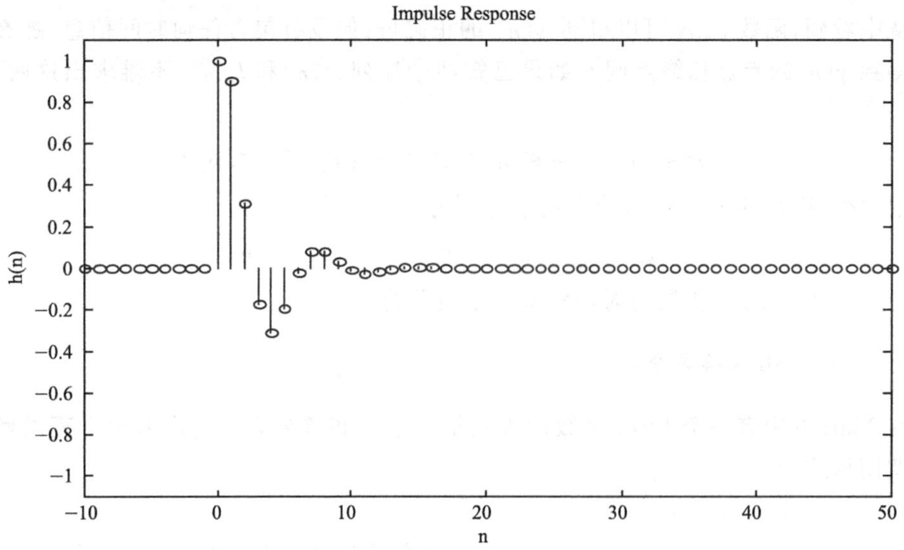

图 2.46 系统的冲激响应

5. 计算有理函数的留数 residuez

在 Matlab 中的 residuez 函数可计算出有理函数的留数部分和直接项。设有多项式如下：

$$X(z)=\frac{b_0+b_1z^{-1}+\cdots+b_Mz^{-M}}{a_0+a_1z^{-1}+\cdots+a_Nz^{-N}}=\frac{B(z)}{A(z)}=\sum_{k=1}^{N}\frac{R_k}{1-p_kz^{-1}}+\sum_{k=0}^{M-N}C_kz^{-k}$$

其分子分母都按 z^{-1} 递增的顺序排列。

用语句[R,p,C]=residuez(b,a)可求得 $X(z)$ 的留数、极点和直接项，分子分母多项式 $A(z)$ 和 $B(z)$ 分别由向量 a、b 给定。求得的列向量 R 包含着留数；列向量 p 包含着极点；行向量 C 包含着直接项。

如果 $p(k)=\cdots=p(k+r-1)$ 是一 r 重极点，则其展开形式包括如下形式的项：

$$\frac{R_k}{1-p_kz^{-1}}+\frac{R_{k+1}}{(1-p_kz^{-1})^{-2}}+\cdots+\frac{R_{k+r-1}}{(1-p_kz^{-1})^{-r}}$$

类似地，函数[b,a]=residuez(R,p,C)有三个输入变量和两个输出变量，它把部分分式变成多项式的系数行向量 b 和 a。

例 2.34　求取 $X(z)=\frac{z}{3z^2-4z+1}$ 的 Z 反变换。

解　$X(z)=\frac{z}{3z^2-4z+1}=\frac{z^{-1}}{3-4z^{-1}+z^{-2}}=\frac{0+z^{-1}}{3-4z^{-1}+z^{-2}}$

```
% Check of residues
b = [0,1]; a = [3, - 4,1];
[R,p,C] = residuez(b,a)
[b,a] = residuez(R,p,C)
```

运行结果如下(留数、极点、直接项以及分子分母多项式的系数):

```
R =
    0.5000
   - 0.5000
p =
    1.0000
    0.3333
C =
    []
b =
   - 0.0000 0.3333
a =
    1.0000  - 1.3333 0.3333
```

因此,我们得到因式分解后的 $X(z)$:

$$X(z)=\frac{z}{3\left(z^2-\frac{4}{3}z+\frac{1}{3}\right)}=\frac{\frac{1}{2}}{1-z^{-1}}-\frac{\frac{1}{2}}{1-\frac{1}{3}z^{-1}}$$

类似地,也可将其再变成有理式,得到原来的形式

$$X(z)=\frac{0+\frac{1}{3}z^{-1}}{1-\frac{4}{3}z^{-1}+\frac{1}{3}z^{-2}}=\frac{z^{-1}}{3-4z^{-1}+z^{-2}}=\frac{z}{3z^2-4z+1}$$

6. 计算系统频率响应的 freqz 函数

在 Matlab 中,用 freqz 函数计算频率响应,它有如下几种调用方式:

1) [H,w]=freqz(b,a,N)

b 和 a 分别表示分子和分母的系数向量,与 filter(b,a,x)函数中的相同。此函数在单位圆上半部上等间隔的计算 N 点频率响应,返回该系统的 N 点频率向量 ω 和 N 点复

数频率响应向量 H。如果 N 没有说明,则缺省值为 512。

2) [H,w]=freqz(b,a,N,'whole')

在整个单位圆上等间隔的计算 N 点频率响应。

3) H=freqz(b,a,ω)

它返回向量 ω 指定的那些频率点上的频率响应,通常在 0 到 π 之间。

4) [H,F]=freqz (b,a,N,F_S) 和[H,F]=freqz(b,a,N,'whole',F_S)

给定取样频率 F_S,单位为 Hz;返回单位为 Hz 的频率向量 F。

5) H = freqz (b,a,F,F_S)

给定单位为 Hz 的取样频率 F_S,返回向量 F 指定的那些频率点上的复数频率响应,单位也是 Hz。

Matlab 中的函数 abs(H)和 angle(H)分别返回 H 的绝对值幅度和相位角度,因此,如果 H 是系统的频率响应 $H(e^{j\omega})$,则函数 abs 和 angle 返回的就是幅频响应 $|H(e^{j\omega})|$ 和相位响应 $\angle H(e^{j\omega})$。

例 2.35 已知因果系统 $y(n)-0.8y(n-1)=x(n)$,求 $H(z)$,画出零极点示意图、$|H(e^{j\omega})|$ 和 $\angle H(e^{j\omega})$(图 2.47)。

解 由差分方程可得

$$H(z)=\frac{1}{1-0.8z^{-1}} \qquad |z|>0.8$$

由于系统是因果的,有一个位于 0.8 的极点和一个位于原点的零点。

下面用 Matlab 中的 zplane 函数画出它的零极点图。

```
% zplane function:
b = [1,0]; a = [1, -0.8];
zplane(b,a); title('Pole-Zero Plot');
text(0.75,-0.1,'0.8');text(0.01,-0.1,'0');

% Using the second usage of freqz: freqz(b,a,N,'whole')
[H,w] = freqz(b,a,200,'whole');
magH = abs(H(1:101));phaH = angle(H(1:101));

w = w(1:101);

figure(2);
subplot(2,1,1);plot(w/pi,magH);grid
xlabel('frequency Unit:pi');ylabel('Magnitude');
title('Magnitude Response');

subplot(2,1,2);plot(w/pi,phaH/pi);grid
```

```
xlabel('frequency Unit:pi');ylabel('Phase Unit:pi');
title('Phase Response');
```

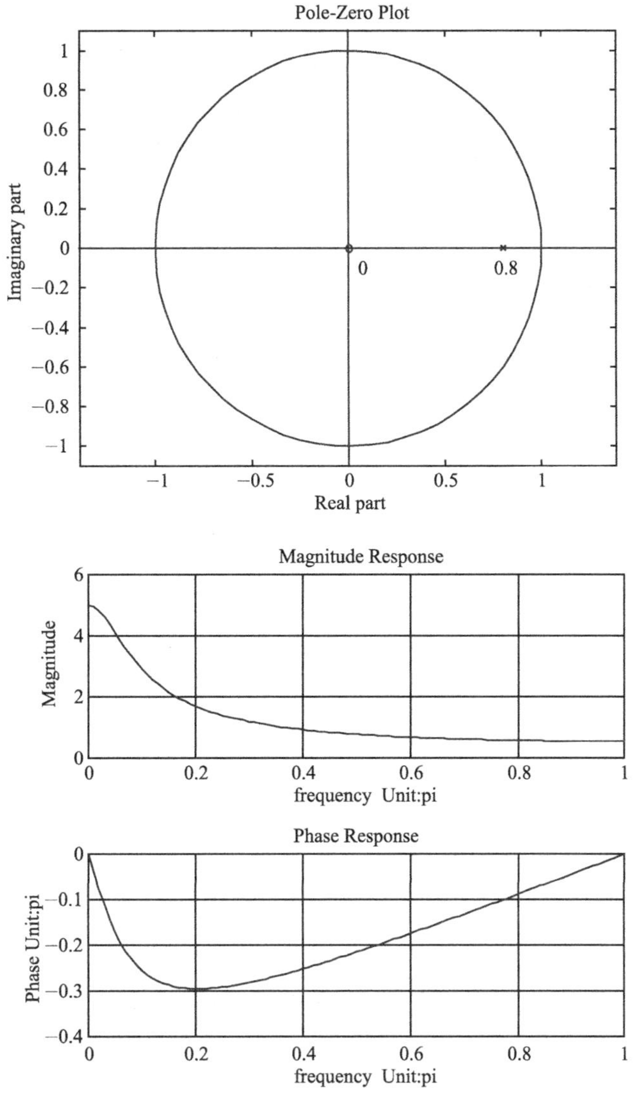

图 2.47　例 2.35 系统的零极点图和频率响应

习　　题

2.1　若离散时间信号为 $2\cos(2\pi n/3)$，取样率为 2000Hz，写出所对应的模拟信号的表达式。

2.2　以取样频率 $f_s=200\text{Hz}$ 对模拟正弦信号 $x_a(t)$ 进行取样。

$$x_a(t)=6\cos(60\pi t)+3\sin(300\pi t)+2\cos(340\pi t)+4\cos(500\pi t)+10\sin(660\pi t)$$

试确定取样后的离散信号表达式。

2.3　下列系统中，$y(n)$ 表示输出，$x(n)$ 表示输入，试确定输入输出关系是否线性？是否非移变？

(1) $y(n)=2x(n)+3$;(2) $y(n)=x^2(n)$;(3) $y(n)=\sum_{m=-\infty}^{n}x(m)$。

2.4　确定下列系统是否是因果的？是否是稳定的？

(1) $y(n)=g(n)x(n)$，$g(n)$有界;(2) $y(n)=\sum_{k=-n_0}^{n}x(k)$，$n>n_0$;(3) $y(n)=x(n-n_0)$;(4) $x(n)=a^nu(n)$，$h(n)=u(n)$;(5) $x(n)=a^nu(n)$，$h(n)=(1/2)^nu(n)$。

2.5　$x(n)$为输入序列,$h(n)$为系统的单位冲激响应序列,确定输出序列 $y(n)$，

(1) 如图 2.48(a)所示;(2) 如图 2.48(b)所示;(3) 如图 2.48(c)所示。

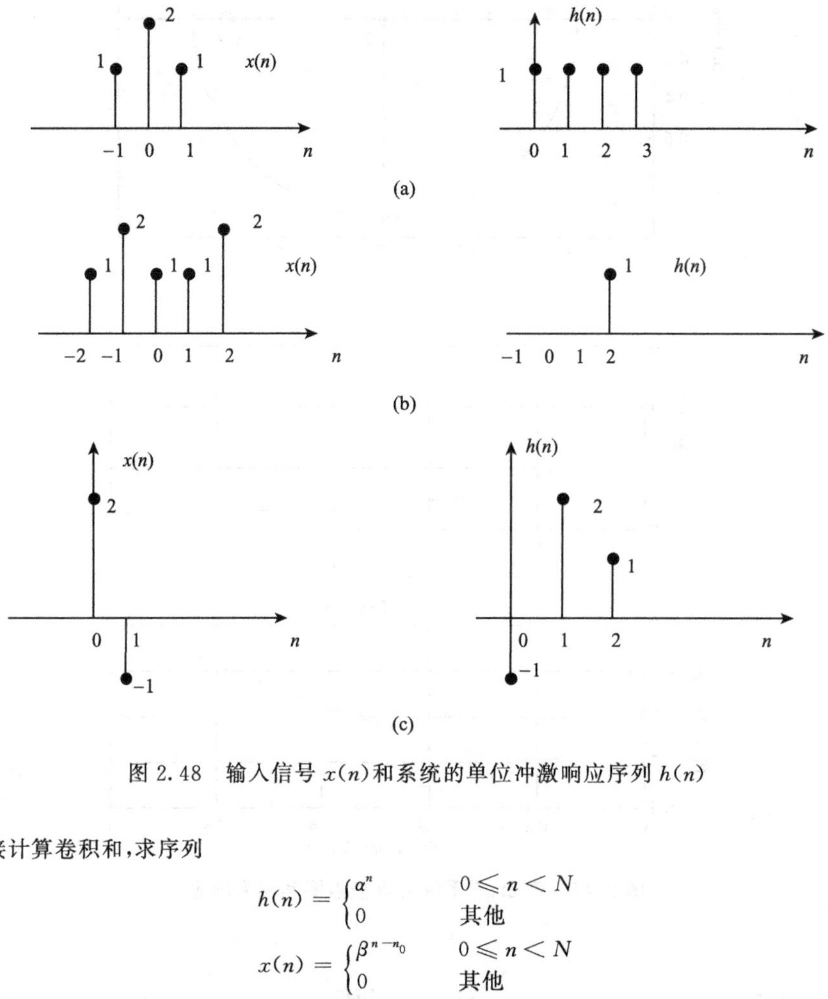

图 2.48　输入信号 $x(n)$和系统的单位冲激响应序列 $h(n)$

2.6　直接计算卷积和,求序列

$$h(n)=\begin{cases}\alpha^n & 0\leqslant n<N\\ 0 & \text{其他}\end{cases}$$

$$x(n)=\begin{cases}\beta^{n-n_0} & 0\leqslant n<N\\ 0 & \text{其他}\end{cases}$$

的卷积 $y(n)=x(n)*h(n)$,并用公式表示。

2.7　求图 2.49 所示结构的传输函数及差分方程。

2.8　试确定下列序列的傅里叶变换:

(1) $x(n)=0.5\delta(n+1)+0.5\delta(n-1)$;(2) $x(n)=a^nu(n)$，$0<a<1$;(3) $x(n)=u(n+3)-u(n-4)$。

2.9　令 $x(n)$和 $X(e^{j\omega})$表示一个序列及其变换,又假设 $x(n)$为实函数和 $n<0$ 时,$x(n)=0$,利用 $X(e^{j\omega})$求下面各序列的变换。

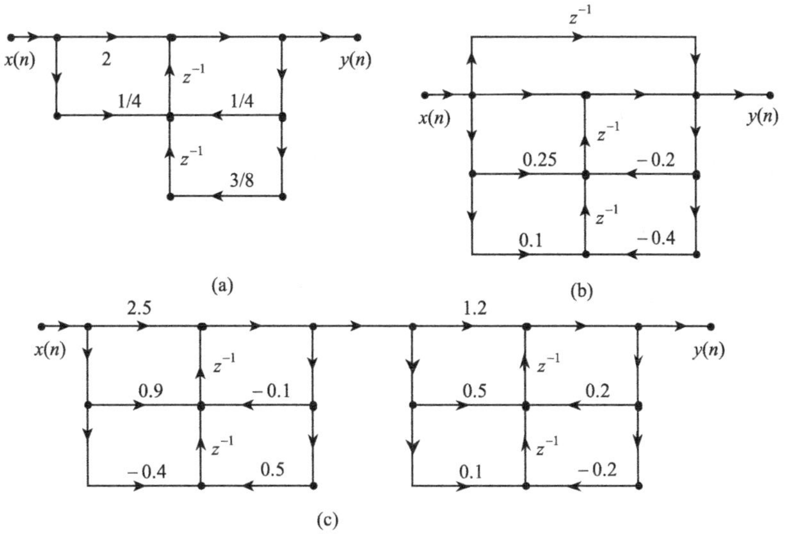

图 2.49

（1） $kx(n)$，k 为任意常数；　　（2） $x(n-n_0)$，n_0 为实整数；

（3） $g(n)=x(2n)$；　　（4） $g(n)=x^2(n)$。

2.10　试确定 LSI 系统的频率响应 $H(e^{j\omega})$ 及此传输函数倒数 $\dfrac{1}{H(e^{j\omega})}$ 的单位冲激响应 $h'(n)$，若此系统的单位冲激响应是 $h(n)=\left(\dfrac{1}{2}\right)^n u(n)$，并证明 $h(n)*h'(n)=\delta(n)$。

2.11　若序列 $h(n)$ 是实因果序列，已知其傅里叶变换的实部为，$H_R(e^{j\omega})=\dfrac{1-a\cos\omega}{1+a^2-2a\cos\omega}$，求 $h(n)$ 及其傅里叶变换 $H(e^{j\omega})$。

2.12　设序列 $x(n)$ 的傅里叶变换为 $X(e^{j\omega})$，证明：$\sum\limits_{n=-\infty}^{\infty}|x(n)|^2=\dfrac{1}{2\pi}\int_{-\pi}^{\pi}|X(e^{j\omega})|^2 d\omega$

2.13　求以下序列的 Z 变换及其收敛域：

（1） $\delta(n)$；　（2） $\left(\dfrac{1}{2}\right)^n u(n)$；　（3） $\delta(n-1)$；

（4） $\dfrac{1}{n}$；　（5） $-\left(\dfrac{1}{2}\right)^n u(-n-1)$；　（6） $\left(\dfrac{1}{2}\right)^n [u(n)-u(n-10)]$；

（7） $\left(\dfrac{1}{2}\right)^n u(n)+\left(\dfrac{1}{3}\right)^n u(n)$。

2.14　分别用长除法、留数法、部分分式法求下列 Z 反变换：

（1） $X(z)=\dfrac{1-2z^{-1}}{1-\dfrac{1}{4}z^{-1}}$，$|z|<\dfrac{1}{4}$；（2） $X(z)=\dfrac{z-a}{1-az}$，$|z|>\left|\dfrac{1}{a}\right|$。

2.15　求下列 Z 变换的所有可能收敛区间的反变换：

$$X(z)=\frac{3}{1-0.5z^{-1}}+\frac{2}{1-2z^{-1}}$$

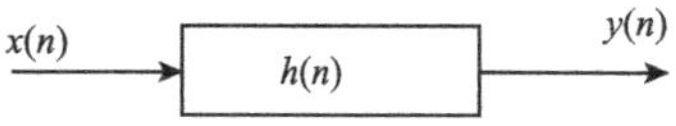

图 2.50

2.16　有一离散系统如图 2.50 所示，若

$$x(n)=\begin{cases}\left(\dfrac{1}{3}\right)^{n}\\ \left(\dfrac{1}{2}\right)^{-n}\end{cases}\qquad h(n)=\begin{cases}\left(\dfrac{1}{2}\right)^{n} & n\geqslant 0\\ 0 & n<0\end{cases}$$

求 $y(n)$。

2.17　用 Z 变换法求解下列差分方程：

(1) $y(n)-0.9y(n-1)=0.05u(n)$，$y(n)=0$，$n\leqslant -1$；

(2) $y(n)-0.9y(n-1)=0.05u(n)$，$y(-1)=1$，$y(n)=0$，$n<-1$。

2.18　若 $x_1(n)$、$x_2(n)$是因果稳定序列，求证：

$$\frac{1}{2\pi}\int_{-\pi}^{\pi}X_1(e^{j\omega})X_2(e^{j\omega})d\omega=\left\{\frac{1}{2\pi}\int_{-\pi}^{\pi}X_1(e^{j\omega})d\omega\right\}\left\{\frac{1}{2\pi}\int_{-\pi}^{\pi}X_2(e^{j\omega})d\omega\right\}$$

2.19　求下列序列的频谱 $X(e^{j\omega})$：

(1) $\delta(n-n_0)$；(2) $e^{-an}u(n)$；(3) $e^{-an}u(n)\cos(\omega_0 n)$。

2.20　令 $x(n)$是一因果序列，又设 $x(n)\neq 0$，证明在 $z=\infty$处 $X(z)$没有极点和零点。

2.21　研究一线性非移变系统，该系统的输入和输出满足差分方程：$y(n)=x(n)-\frac{1}{2}y(n-1)$，从下列各项中选取两个满足上述系统的单位取样函数。

(1) $\left(-\frac{1}{2}\right)^{n}u(n)$；　(2) $2^{n}u(n)$；　(3) $n^{1/2}u(n)$；

(4) $\left(\frac{1}{2}\right)^{-n}u(n)$；　(5) $\left(\frac{1}{2}\right)^{n}u(n-1)$；　(6) $(-2)^{n}u(-n-1)$；

(7) $\left(\frac{1}{2}\right)^{n}u(n)$；　(8) $\left(-\frac{1}{2}\right)^{n}u(-n-1)$；　(9) $\frac{1}{2}\left(-\frac{1}{2}\right)^{n-1}u(-n-1)$；

(10) $2(-2)^{n-1}u(-n-1)$。

2.22　试利用 $x(n)$的 Z 变换求 $n^2x(n)$的 Z 变换。

2.23　已知用下列差分方程描述一个线性非移变因果系统：$y(n)=y(n-1)+y(n-2)+x(n-1)$，

(1) 求这个系统的传输函数，画出传输函数的零极点图并指出其收敛域；

(2) 求系统的单位抽样响应；

(3) 判断系统的稳定性，如果不稳定，试找出一个满足上述差分方程的稳定的(非因果)系统的单位抽样响应。

2.24　设线性非移变系统的传输函数为 $H(z)=\dfrac{1-a^{-1}z^{-1}}{1-az^{-1}}$，$a$ 为实数。

(1) 求证 $|H(e^{j\omega})|=$常数；

(2) 参数 a 如何取值，才能使系统因果稳定？画出零极点分布图及收敛域。

第 3 章　离散傅里叶变换及其快速计算方法

在第 2 章引入了离散时间傅里叶变换(DTFT),该变换主要用于表示和分析序列或线性非移变离散时间系统的频域特征。虽然 DTFT 有着很高的理论价值,但在实际应用中不便直接采纳。因此,有必要引入新的变换方法,而这种变换方法就是本章所要讨论的离散傅里叶变换(discrete Fourier transform, DFT)。

尽管 DFT 只适用于有限长序列,并且在某些应用中(如信号的频谱分析等),处理结果会含有一定的偏差,但由于 DFT 具有严格的数学定义和明确的物理含义,兼之具备快速计算方法(fast Fourier transform,FFT),所以该变换具备了很高的实用价值,是对 DT-FT 的一种有效近似,已为各类数字信号处理应用所广泛采纳。

DFT 存在着多种导出方法,由离散傅里叶级数(discrete Fourier series,DFS)定义 DFT 是其中较为方便的一种。该方法不仅有利于阐明 DFT 所具有的物理含义,而且便于分析 DFT 的特性。因此,本章将首先定义 DFS 并讨论其性质,在此基础上,引出 DFT 并分析其特性;之后本章将介绍各类 FFT 算法,进而给出 FFT 的典型应用;最后,将介绍与 DFT 密切相关的两类变换,即离散余弦变换(discrete cosine transform,DCT)和离散正弦变换(discrete sine transform,DST)。

3.1　问题的提出

任何类型的数字系统都具有两个基本特征。其一,无法处理模拟量;其二,存储能力总是有限的。由于现实世界中的物理量都是模拟量,因此出于对第一个特征的考虑,利用时域取样将模拟信号 $x_a(t)$转变为序列 $x(n)$,相应地由傅里叶变换(式(3.1))导出了 DT-FT(式(3.2))。

$$\begin{cases} X_a(\Omega) = \int\limits_{-\infty}^{\infty} x_a(t)\mathrm{e}^{-\mathrm{j}\Omega t}\,\mathrm{d}t \\ x_a(t) = \dfrac{1}{2\pi}\int\limits_{-\infty}^{\infty} X_a(\Omega)\mathrm{e}^{\mathrm{j}\Omega t}\,\mathrm{d}\Omega \end{cases} \tag{3.1}$$

$$\begin{cases} X(\mathrm{e}^{\mathrm{j}\omega}) = \sum\limits_{n=-\infty}^{\infty} x(n)\mathrm{e}^{-\mathrm{j}n\omega} \\ x(n) = \dfrac{1}{2\pi}\int\limits_{-\pi}^{\pi} X(\mathrm{e}^{\mathrm{j}\omega})\mathrm{e}^{\mathrm{j}n\omega}\,\mathrm{d}\omega \end{cases} \tag{3.2}$$

在 DTFT 中,虽然 $x(n)$是离散量,但从第 2 章的讨论可知 $X(\mathrm{e}^{\mathrm{j}\omega})$是模拟量;此外,数字系统的第二个特征决定了,其无法直接处理无限长或很长的序列。这两方面的因素就意味着 DTFT 无法为实际的数字系统直接采纳;同时也表明了有必要引入新的变换方法,该方法应当以有限长的序列为处理对象,其结果(即序列的频域特征)也应当是有限长的离散量,而本章所要定义的 DFT 就是符合这一要求的变换方法。

3.2 DFS 及其性质

3.2.1 DFS 的定义

令 $\tilde{x}(n)$为一周期序列,其周期为 N,即存在下列关系:

$$\tilde{x}(n)=\tilde{x}(n-rN),r\text{ 为整数,且 }-\infty<r<+\infty$$

我们知道,连续周期函数可以表示为傅里叶级数。同样,周期序列也具有级数的表现形式,而如下关系则是定义这一表现形式的基础:

$$\sum_{n=-\infty}^{+\infty}\mathrm{e}^{-\mathrm{j}\omega n}=2\pi\sum_{k=-\infty}^{+\infty}\delta(\omega-2\pi k) \tag{3.3}$$

因序列 $\sum\limits_{m=-\infty}^{+\infty}\delta(n-m)$ 是由连续信号 $x(t)=1$ 取样而来,所以,根据在第 2 章对取样过程所作的频域分析可知,公式(3.3) 实际上给出了序列 $\sum\limits_{m=-\infty}^{+\infty}\delta(n-m)$ 的 DTFT 结果,即其频域表现形式。由式(3.3) 可进一步得到

$$\begin{aligned}\mathrm{DTFT}\left\{\sum_{m=-\infty}^{+\infty}\delta(n-mN)\right\}&=\sum_{m=-\infty}^{+\infty}\mathrm{e}^{-\mathrm{j}\omega mN}=\sum_{m=-\infty}^{+\infty}\mathrm{e}^{-\mathrm{j}(\omega N)m}=2\pi\sum_{k=-\infty}^{+\infty}\delta(N\omega-2\pi k)\\&=\frac{2\pi}{N}\sum_{k=-\infty}^{+\infty}\delta\left(\omega-\frac{2\pi}{N}k\right)\end{aligned} \tag{3.4}$$

因周期序列 $\tilde{x}(n)$可表示为

$$\tilde{x}(n)=\sum_{r=-\infty}^{+\infty}x(n-rN)=x(n)*\sum_{r=-\infty}^{+\infty}\delta(n-rN) \tag{3.5}$$

式中,$x(n)=\tilde{x}(n),n=0,1,\cdots,N-1$,所以,根据 DTFT 性质,有

$$\begin{aligned}\mathrm{DTFT}[\tilde{x}(n)]&=X(\mathrm{e}^{\mathrm{j}\omega})\times\left[\frac{2\pi}{N}\sum_{k=-\infty}^{+\infty}\delta\left(\omega-\frac{2\pi}{N}k\right)\right]=\frac{2\pi}{N}\sum_{k=-\infty}^{+\infty}X(\mathrm{e}^{\mathrm{j}\omega})\times\delta\left(\omega-\frac{2\pi}{N}k\right)\\&=\frac{2\pi}{N}\sum_{k=-\infty}^{+\infty}\left(X(\mathrm{e}^{\mathrm{j}\omega})\Big|_{\omega=\frac{2\pi}{N}k}\right)\times\delta\left(\omega-\frac{2\pi}{N}k\right)\end{aligned} \tag{3.6}$$

式中,$X(\mathrm{e}^{\mathrm{j}\omega})=\mathrm{DTFT}\{x(n)\}$。此时,若令 $\widetilde{X}(k)=X(\mathrm{e}^{\mathrm{j}\omega})|_{\omega=\frac{2\pi}{N}k}$($k$ 为整数,且 $-\infty<k<+\infty$),则得到一频域上的周期序列,周期为 N。

下面,具体分析时域上的周期序列 $\tilde{x}(n)$与频域上的周期序列 $\widetilde{X}(k)$之间的关系。由 DTFT 的定义可知

$$\begin{aligned}\tilde{x}(n)&=\frac{1}{2\pi}\int_0^{2\pi}\left[\frac{2\pi}{N}\sum_{k=-\infty}^{+\infty}\widetilde{X}(k)\delta\left(\omega-\frac{2\pi}{N}k\right)\right]\mathrm{e}^{\mathrm{j}n\omega}\,\mathrm{d}\omega\\&=\frac{1}{N}\int_0^{2\pi}\left[\sum_{k=0}^{N-1}\widetilde{X}(k)\delta\left(\omega-\frac{2\pi}{N}k\right)\right]\mathrm{e}^{\mathrm{j}n\omega}\,\mathrm{d}\omega\\&=\frac{1}{N}\sum_{k=0}^{N-1}\widetilde{X}(k)\mathrm{e}^{\mathrm{j}n\frac{2\pi}{N}k}\int_0^{2\pi}\delta\left(\omega-\frac{2\pi}{N}k\right)\mathrm{d}\omega\end{aligned}$$

$$= \frac{1}{N}\sum_{k=0}^{N-1}\widetilde{X}(k)\mathrm{e}^{\mathrm{j}n\frac{2\pi}{N}k}$$

令 $W_N=\mathrm{e}^{-\mathrm{j}\frac{2\pi}{N}}$，则上式可表示为

$$\tilde{x}(n) = \frac{1}{N}\sum_{k=0}^{N-1}\widetilde{X}(k)W_N^{-nk} \tag{3.7}$$

集合$\{W_N^{-nk},k=0,1,\cdots,N-1\}$为一完备的离散正交函数系，即存在如下性质：

$$\frac{1}{N}\sum_{n=0}^{N-1}W_N^{-nk_1}\times W_N^{nk_2} = \begin{cases}1 & k_1 = k_2\\ 0 & k_1 \neq k_2\end{cases} \tag{3.8}$$

当 $k_1=k_2$ 时，式(3.8)显然成立；当 $k_1\neq k_2$ 时，则有

$$\sum_{n=0}^{N-1}W_N^{-nk_1}\times W_N^{nk_2} = \sum_{n=0}^{N-1}W_N^{-n(k_1-k_2)} = \frac{1-W_N^{-(k_1-k_2)N}}{1-W_N^{-(k_1-k_2)}}$$

因 $W_N^{-(k_1-k_2)N}=1$，而 $W_N^{-(k_1-k_2)}\neq 1$，所以此时有 $\sum_{n=0}^{N-1}W_N^{-nk_1}\times W_N^{nk_2}=0$。

如果已知 $\tilde{x}(n)$，则可根据式(3.8)从式(3.7)中求出 $\widetilde{X}(k)$，具体过程如下：

$$\sum_{n=0}^{N-1}\tilde{x}(n)W_N^{nk} = \sum_{n=0}^{N-1}\left(\frac{1}{N}\sum_{l=0}^{N-1}\widetilde{X}(l)W_N^{-nl}\right)W_N^{nk} = \sum_{l=0}^{N-1}\widetilde{X}(l)\left[\frac{1}{N}\sum_{n=0}^{N-1}W_N^{-n(l-k)}\right]$$

$$= \sum_{l=0}^{N-1}\widetilde{X}(l)\times\delta(l-k) = \widetilde{X}(k) \tag{3.9}$$

综上所述，时域上的周期序列 $\tilde{x}(n)$ 与频域上的周期序列 $\widetilde{X}(k)$，具有式(3.10)表示的关系，称之为 DFS。

$$\tilde{x}(n) = \frac{1}{N}\sum_{k=0}^{N-1}\widetilde{X}(k)W_N^{-nk} \tag{3.10a}$$

$$\widetilde{X}(k) = \sum_{n=0}^{N-1}\tilde{x}(n)W_N^{nk} \tag{3.10b}$$

例 3.1　计算周期序列 $\tilde{x}(n)=\{\cdots,4,5,6,7,4,5,6,7,4,5,6,7,\cdots\}$的 DFS。

解　该序列的周期为 4，所以选用 W_4，$W_4=\mathrm{e}^{-\mathrm{j}\frac{2\pi}{4}}=-j$。因为

$$\widetilde{X}(k) = \sum_{n=0}^{3}\tilde{x}(n)W_4^{nk}$$

所以

$$\widetilde{X}(0) = \sum_{n=0}^{3}\tilde{x}(n)W_4^{n\times 0} = \sum_{n=0}^{3}\tilde{x}(n) = \tilde{x}(0)+\tilde{x}(1)+\tilde{x}(2)+\tilde{x}(3) = 22$$

$$\widetilde{X}(1) = \sum_{n=0}^{3}\tilde{x}(n)W_4^{n\times 1} = \sum_{n=0}^{3}\tilde{x}(n)(-\mathrm{j})^n = 4-5\mathrm{j}-6+7\mathrm{j} = (-2+2\mathrm{j})$$

$$\widetilde{X}(2) = \sum_{n=0}^{3}\tilde{x}(n)W_4^{n\times 2} = \sum_{n=0}^{3}\tilde{x}(n)(-\mathrm{j})^{2n} = \sum_{n=0}^{3}\tilde{x}(n)(-1)^n = 4-5+6-7=-2$$

$$\widetilde{X}(3) = \sum_{n=0}^{3}\tilde{x}(n)W_4^{n\times 3} = \sum_{n=0}^{3}\tilde{x}(n)(-\mathrm{j})^{3n} = 4+5\mathrm{j}-6-7\mathrm{j} = (-2-2\mathrm{j})$$

所以

$$\tilde{x}(n)=\frac{1}{4}[22\times W_4^{-n\times 0}+(-2+2\mathrm{j})\times W_4^{-n\times 1}-2\times W_4^{-n\times 2}+(-2-2\mathrm{j})\times W_4^{-n\times 3}]$$

从上述 DFS 的定义可以看出,时域上的周期序列 $\tilde{x}(n)$ 可以表示为复指数序列 $\{W_N^{-nk},k=0,1,\cdots,N-1\}$ 的线性组合,组合系数可由式(3.10b)获得。在组合系数所构成的集合 $\{\tilde{X}(k),k=0,1,\cdots,N-1\}$ 中,每一项对应于 $\tilde{x}(n)$ 的一个频率分量,频率点分别为 $\frac{2\pi k}{N},k=0,1,\cdots,N-1$。具体而言,集合中 $k=0$ 的项表示了 $\tilde{x}(n)$ 直流分量的幅度和相位,$k=1$ 的项表示了 $\tilde{x}(n)$ 基频分量的幅度和相位,而 $k>1$ 的各项分别表示了 $\tilde{x}(n)$ 各次谐波的幅度和相位。

不难证明,如果 $\tilde{x}(n)$ 是实序列,那么 $|\tilde{X}(k)|$ 呈现周期性偶对称,$\arg(\tilde{X}(k))$ 呈现周期性奇对称。此外,$\tilde{x}(n)$ 只可被表示为有限个复指数序列的线性组合,这有别于连续周期函数的傅里叶级数。

由于式(3.10a)和式(3.10b)具有相同的运算结构,因此 DFS 表现出了很强的对偶性。例如,$\tilde{x}(n)$ 可以视为复指数序列的线性组合,而 $\tilde{X}(k)$ 同样可以视为复指数序列的线性组合。对偶性决定了 DFS 在时域和频域具有极为相近的性质,而对该特点的了解,对于掌握 DFS 是大有裨益的。

3.2.2 DFS 的性质

1. 线性

现存在两个周期序列 $\tilde{x}_1(n)$ 和 $\tilde{x}_2(n)$,周期均为 N,两者的 DFS 分别为 $\tilde{X}_1(k)$ 和 $\tilde{X}_2(k)$。若对其作线性组合如下:

$$\tilde{x}_3(n)=a\tilde{x}_1(n)+b\tilde{x}_2(n)$$

那么 $\tilde{x}_3(n)$ 亦为周期序列,周期仍为 N,而且其 DFS 为

$$\tilde{X}_3(k)=a\tilde{X}_1(k)+b\tilde{X}_2(k)\tag{3.11}$$

其中,$\tilde{X}_3(k)$ 为周期序列,周期为 N。式(3.11)表明,DFS 同时满足了齐次性和叠加性。

2. 序列的周期移位

若存在周期序列 $\tilde{x}(n)$,其周期为 N,DFS 为 $\tilde{X}(k)$,则移位后的序列 $\tilde{x}_1(n)=\tilde{x}(n+n_0)$ 仍为周期序列,周期保持不变,且其 DFS 为

$$\tilde{X}_1(k)=W_N^{-n_0k}\tilde{X}(k)\tag{3.12}$$

证明

$$\begin{aligned}\tilde{X}_1(k)&=\sum_{n=0}^{N-1}\tilde{x}_1(n)W_N^{nk}=\sum_{n=0}^{N-1}\tilde{x}(n+n_0)W_N^{nk}=\sum_{n_1=n_0}^{N-1+n_0}\tilde{x}_1(n_1)W_N^{(n_1-n_0)k}\\&=W_N^{-n_0k}\left(\sum_{n_1=n_0}^{N-1}\tilde{x}(n_1)W_N^{n_1k}+\sum_{n_1=N}^{N+(n_0-1)}\tilde{x}(n_1)W_N^{n_1k}\right)\\&=W_N^{-n_0k}\left(\sum_{n_1=n_0}^{N-1}\tilde{x}(n_1)W_N^{n_1k}+\sum_{n_1=0}^{n_0-1}\tilde{x}(n_1)W_N^{n_1k}\right)\end{aligned}$$

$$= W_N^{-n_0 k}\widetilde{X}(k) \qquad (n_1 = n + n_0)$$

由 DFS 所表现出来的对偶特征容易证明，若 $\widetilde{X}_2(k)=\widetilde{X}(k+l)$，则有

$$\tilde{x}_2(n) = W_N^{nl}\tilde{x}(n) \tag{3.13}$$

令$((\cdot))_N$ 表示模数运算，即$((n))_N = n\mathrm{mod}N$。由于 $\tilde{x}(n)$为周期序列，所以若$((n_1))_N = ((n_2))_N$，那么 $\tilde{x}(n+n_1)$和 $\tilde{x}(n+n_2)$为同一序列，即对 $\tilde{x}(n)$作移位运算，最多导出 $N-1$ 个不同的周期序列。因此，这样的移位运算也被称作周期移位。

3. 共轭对称性

由任一周期性序列 $\tilde{x}(n)$，可定义如下两个序列：

$$\begin{aligned} \tilde{x}_e(n) &= \frac{1}{2}[\tilde{x}(n) + \tilde{x}^*(-n)] \\ \tilde{x}_o(n) &= \frac{1}{2}[\tilde{x}(n) - \tilde{x}^*(-n)] \end{aligned} \tag{3.14}$$

显然，$\tilde{x}(n)$、$\tilde{x}_e(n)$和 $\tilde{x}_o(n)$具有相同的周期，且具有如下关系：

$$\tilde{x}_e(-n) = \tilde{x}_e^*(n)$$

$$\tilde{x}_o(-n) = -\tilde{x}_o^*(n)$$

$$\tilde{x}(n) = \tilde{x}_e(n) + \tilde{x}_o(n)$$

因此称 $\tilde{x}_e(n)$为共轭偶对称周期性序列，$\tilde{x}_o(n)$为共轭奇对称周期性序列，而 $\tilde{x}(n)$则可表示为 $\tilde{x}_e(n)$与 $\tilde{x}_o(n)$之和。若 $\tilde{x}(n)$的 DFS 为 $\widetilde{X}(k)$，则可对 $\widetilde{X}(k)$可作同样的分解，并有如下性质成立：

(1) $\tilde{x}^*(n) \overset{\mathrm{DFS}}{\leftrightarrow} \widetilde{X}^*(-k)$　(3.15a)

(2) $\tilde{x}^*(-n) \overset{\mathrm{DFS}}{\leftrightarrow} \widetilde{X}^*(k)$　(3.15b)

(3) $\mathrm{Re}[\tilde{x}(n)] \overset{\mathrm{DFS}}{\leftrightarrow} \widetilde{X}_e(k)$　(3.15c)

(4) $\mathrm{jIm}[\tilde{x}(n)] \overset{\mathrm{DFS}}{\leftrightarrow} \widetilde{X}_o(k)$　(3.15d)

(5) $\tilde{x}_e(n) \overset{\mathrm{DFS}}{\leftrightarrow} \mathrm{Re}[\widetilde{X}(k)]$　(3.15e)

(6) $\tilde{x}_o(n) \overset{\mathrm{DFS}}{\leftrightarrow} \mathrm{jIm}[\widetilde{X}(k)]$　(3.15f)

如果 $\tilde{x}(n)$为实序列，则有

(7) $\widetilde{X}(k) = \widetilde{X}^*(-k)$　(3.15g)

(8) $\mathrm{Re}[\widetilde{X}(k)] = \mathrm{Re}[\widetilde{X}(-k)]$　(3.15h)

(9) $\mathrm{Im}[\widetilde{X}(k)] = -\mathrm{Im}[\widetilde{X}(-k)]$　(3.15i)

(10) $\arg[\widetilde{X}(k)] = -\arg[\widetilde{X}(-k)]$　(3.15j)

证明从略。

4. 周期卷积

现有两个周期序列 $\tilde{x}_1(n)$和 $\tilde{x}_2(n)$，周期均为 N，其 DFS 分别为 $\widetilde{X}_1(k)$和$\widetilde{X}_2(k)$，则有

如下卷积定理：

如果

$$\tilde{x}_3(n)=\sum_{m=0}^{N-1}\tilde{x}_1(m)\tilde{x}_2(n-m)\text{ 或 }\tilde{x}_3(n)=\sum_{m=0}^{N-1}\tilde{x}_2(m)\tilde{x}_1(n-m)$$

那么

$$\widetilde{X}_3(k)=\widetilde{X}_1(k)\widetilde{X}_2(k)\tag{3.16}$$

证明

$$\begin{aligned}\widetilde{X}_3(k)&=\sum_{n=0}^{N-1}\Big[\sum_{m=0}^{N-1}\tilde{x}_1(m)\tilde{x}_2(n-m)\Big]W_N^{nk}=\sum_{m=0}^{N-1}\tilde{x}_1(m)\Big[\sum_{n=0}^{N-1}\tilde{x}_2(n-m)W_N^{nk}\Big]\\&=\sum_{m=0}^{N-1}\tilde{x}_1(m)[W_N^{mk}\widetilde{X}_2(k)]=\Big[\sum_{m=0}^{N-1}\tilde{x}_1(m)W_N^{mk}\Big]\widetilde{X}_2(k)\\&=\widetilde{X}_1(k)\widetilde{X}_2(k)\end{aligned}$$

在上述定理中，由 $\tilde{x}_1(n)$ 和 $\tilde{x}_2(n)$ 获得 $\tilde{x}_3(n)$ 的方法是一种特殊的卷积计算形式，称之为周期卷积。周期卷积的特殊性具体表现为：参与该卷积运算的序列为周期序列，其周期相同，而计算仅在一个周期上进行，计算结果仍为一周期序列，周期保持不变。周期卷积等同于两个周期序列在一个周期上的线性卷积计算，图 3.1 具体示意了对两个周期序列进行周期卷积的计算过程，特别表示了序列的反转与周期移位结果。

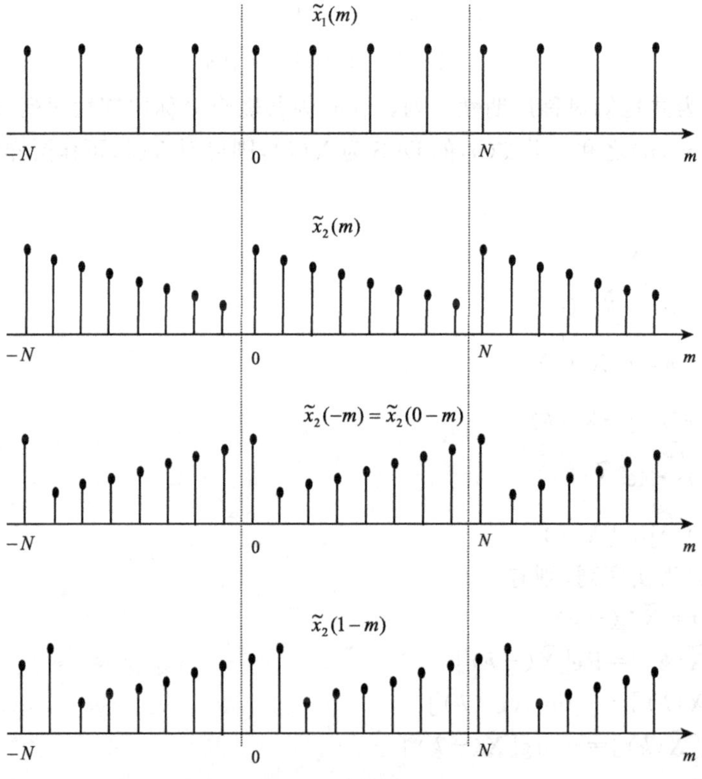

图 3.1　两个周期序列的周期卷积

此外，由 DFS 所具有的对偶性易知，如果 $\widetilde{X}_4(k)=\frac{1}{N}\sum_{l=0}^{N-1}\widetilde{X}_1(l)\widetilde{X}_2(k-l)$ 或 $\widetilde{X}_4(k)=\frac{1}{N}\sum_{l=0}^{N-1}\widetilde{X}_2(l)\widetilde{X}_1(k-l)$，那么

$$\tilde{x}_4(n)=\tilde{x}_1(n)\tilde{x}_2(n) \tag{3.17}$$

称式(3.16)所表示的结果为时域周期卷积定理，而式(3.17)所表示的结果为频域周期卷积定理。

3.3　DFT 及其性质

3.3.1　DFT 的定义

如前所述，相应于数字系统所具有的两个基本特征，本章希望引入一种新的变换方法，该方法应当以有限长的序列为处理对象，其结果(即序列的频域特征)也应当是有限长的离散量。就此，将以有限长序列的 DTFT 变换为基础，结合已引入的 DFS 运算，定义这种新的变换方法。

设 $x(n)$为一有限长的序列，长度为 N，即 $0\leqslant n\leqslant N-1$，故其 DTFT 结果为

$$X(e^{j\omega})=\sum_{n=0}^{N-1}x(n)e^{-jn\omega} \tag{3.18}$$

由于 $X(e^{j\omega})$是以 2π 为周期的连续函数，如图 3.2 所示，难以直接应用于数字系统，所以，为了便于表示和处理 $x(n)$的频域特征，由 $X(e^{j\omega})$定义有限长序列 $X(k)$，具体步骤如下：

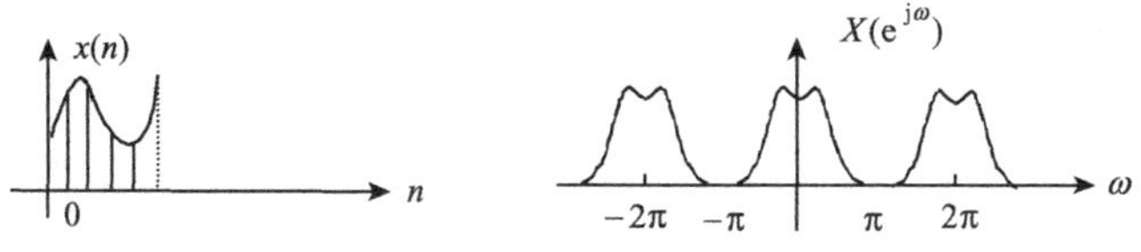

图 3.2　$X(e^{j\omega})$的周期性

(1) 令 $\widetilde{X}(k)=X(e^{j\omega})\Big|_{\omega=\frac{2\pi}{N}k}$，其中，$k$ 为整数，且 $-\infty<k<+\infty$。

由上述 $X(e^{j\omega})$的特点易知，$\widetilde{X}(k)$为一频域上的周期序列，其周期为 N，即等同于$x(n)$的长度。

(2) 令 $X(k)=\widetilde{X}(k)\times R_N(k)$，显而易见，$X(k)$是频域上的一个有限长序列，长度为 N，即 $0\leqslant k\leqslant N-1$。序列 $X(k)$是周期序列 $\widetilde{X}(k)$的一个周期，称之为$\widetilde{X}(k)$的主值序列。既然 $\widetilde{X}(k)$是一个周期序列，那么只要了解其主值序列，就相当于掌握了其全部细节，或者说 $X(k)$浓缩了 $\widetilde{X}(k)$的全部内容。

至此，由时域上的有限长序列 $x(n)$定义了一个频域上的有限长序列 $X(k)$。下面具体分析 $x(n)$和 $X(k)$两者之间所具有的关系。

根据式(3.5)和式(3.6)，如果在频域上对 $X(e^{j\omega})$进行取样，取样周期为$\frac{2\pi}{N}$，即

$$X(\mathrm{e}^{\mathrm{j}\omega})\left[\frac{2\pi}{N}\sum_{k=-\infty}^{+\infty}\delta\left(\omega-\frac{2\pi}{N}k\right)\right]=\frac{2\pi}{N}\sum_{k=-\infty}^{+\infty}\left(X(\mathrm{e}^{\mathrm{j}\omega})\Big|_{\omega=\frac{2\pi}{N}k}\right)\delta\left(\omega-\frac{2\pi}{N}k\right)$$

$$=\frac{2\pi}{N}\sum_{k=-\infty}^{+\infty}\widetilde{X}(k)\delta\left(\omega-\frac{2\pi}{N}k\right)$$

那么,将导致序列 $x(n)$在时域上的周期性延拓相加,延拓周期为 N,即

$$x(n)*\sum_{r=-\infty}^{+\infty}\delta(n-rN)=\sum_{r=-\infty}^{+\infty}x(n-rN)=\widetilde{x}(n)$$

上述过程可由图 3.3 表示。频域上,对 $X(\mathrm{e}^{\mathrm{j}\omega})$进行取样可获得周期序列$\widetilde{X}(k)$,而时域上,对 $x(n)$作周期性延拓相加则得到了周期序列 $\widetilde{x}(n)$;$X(k)$是$\widetilde{X}(k)$的主值序列,$x(n)$则是 $\widetilde{x}(n)$的主值序列。

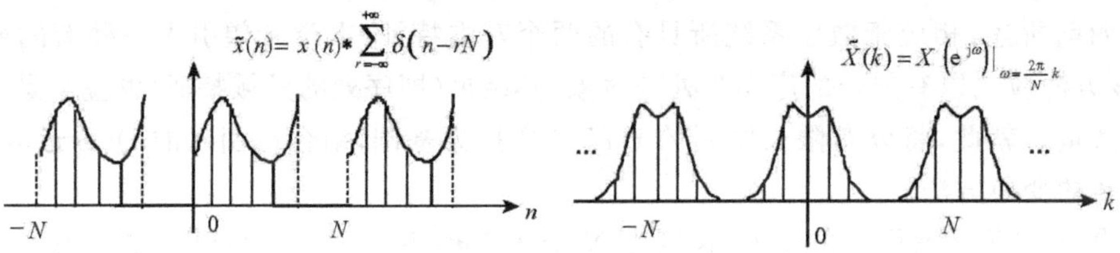

图 3.3 频域取样

在 3.2.1 节,根据式(3.5)和式(3.6)定义了 DFS,由此可知 $\widetilde{x}(n)$和 $\widetilde{X}(k)$之间存在如下关系:

$$\widetilde{x}(n)=\frac{1}{N}\sum_{k=0}^{N-1}\widetilde{X}(k)W_N^{-nk}=\frac{1}{N}\sum_{k=0}^{N-1}X(k)W_N^{-nk}\ (n\text{ 为整数,且}-\infty<n<+\infty)$$

$$\widetilde{X}(k)=\sum_{n=0}^{N-1}\widetilde{x}(n)W_N^{nk}=\sum_{n=0}^{N-1}x(n)W_N^{nk}\ (k\text{ 为整数,且}-\infty<k<+\infty)$$

既然 $x(n)$和 $X(k)$分别为 $\widetilde{x}(n)$同 $\widetilde{X}(k)$的主值序列,那么显然存在

$$x(n)=\frac{1}{N}\sum_{k=0}^{N-1}X(k)W_N^{-nk} \tag{3.19a}$$

$$X(k)=\sum_{n=0}^{N-1}x(n)W_N^{nk} \tag{3.19b}$$

其中,n、$k\in\{0,1,\cdots,N-1\}$。称式(3.19)所表示的变换关系为 DFT,不难看出 DFT 是一种适用于有限长序列的变换。需要额外说明的是,虽然 DFT 和 DFS 具有相同的运算结构,但两者具有完全不同的物理含义。

式(3.19)以求和的形式给出了 DFT 的定义,若令

$$\boldsymbol{x}=(x(0),x(1),\cdots,x(N-1))^{\mathrm{T}}$$

$$\boldsymbol{X}=(X(0),X(1),\cdots,X(N-1))^{\mathrm{T}}$$

$$W=\begin{bmatrix} W_N^{0\times 0} & W_N^{1\times 0} & \cdots & W_N^{(N-1)\times 0} \\ W_N^{0\times 1} & W_N^{1\times 1} & \cdots & W_N^{(N-1)\times 1} \\ \vdots & \vdots & & \vdots \\ W_N^{0\times (N-1)} & W_N^{1\times (N-1)} & \cdots & W_N^{(N-1)\times (N-1)} \end{bmatrix}$$

则可由矩阵运算的形式给出 DFT 的定义，如下：

$$\boldsymbol{X}= W\boldsymbol{x} = W^{\mathrm{T}}\boldsymbol{x}$$

$$\boldsymbol{x}= W^{-1}\boldsymbol{X}$$

在 3.3.2 节将说明，通过内插，从 $X(k)$可以求出任一数字角频率处 $X(\mathrm{e}^{\mathrm{j}\omega})$的取值，也就是说，$X(k)$不仅浓缩了 $\widetilde{X}(k)$的全部内容，同时也浓缩了 $X(\mathrm{e}^{\mathrm{j}\omega})$的全部内容，即 $X(k)$能够如实地、全面地表示 $x(n)$的频域特征，所以 DFT 具备了明确的、合理的物理含义。此外，由于 $X(k)$是有限长的序列，因而能够直接应用于实际的数字系统，从此意义上可以认为，在保持了 DTFT 理论价值的基础上，DFT 很好地实用化了这一序列频域特征的分析方法。

3.3.2　DFT 同 Z 变换和 DTFT 间的关系

DFT 是分析有限长序列频域特征的一种重要方法，而有限长序列的 Z 变换也总是存在的。因此，对任一有限长序列而言，其 DFT 结果和 Z 变换结果之间必然存在着某种关系。本节将对此作细致的讨论，以进一步明确 DFT 所具有的物理含义。

为了便于行文，约定 $x(n)$为一个有限长序列，长度为 N，即 $0\leqslant n\leqslant N-1$；$x(n)$的 DFT 结果为 $X(k)$，$k=0,1,\cdots,N-1$。

1. 取样 Z 变换

由第 2 章所给出的 Z 变换成立的充要条件可知，$x(n)$的 Z 变换总是存在的，具体为

$$X(z) = \sum_{n=-\infty}^{\infty} x(n)z^{-n} = \sum_{n=0}^{N-1} x(n)z^{-n}$$

显然，$X(z)$的收敛域包含单位圆。若令 $z=\mathrm{e}^{\mathrm{j}\omega}$，则

$$X(\mathrm{e}^{\mathrm{j}\omega}) = \sum_{n=0}^{N-1} x(n)\mathrm{e}^{-\mathrm{j}n\omega} = \mathrm{DTFT}\{x(n)\}$$

若再令 $\omega=\dfrac{2\pi k}{N}$，即 $z=\mathrm{e}^{\mathrm{j}\frac{2\pi k}{N}}$，$k\in\{0,1,\cdots,N-1\}$，则

$$X(k) = \sum_{n=0}^{N-1} x(n)\mathrm{e}^{-\mathrm{j}\frac{2\pi nk}{N}} = \sum_{n=0}^{N-1} x(n)W_N^{nk} = \mathrm{DFT}\{x(n)\}$$

可见，$X(k)=X(\mathrm{e}^{\mathrm{j}\omega})\Big|_{\omega=\frac{2\pi k}{N}}=X(z)\Big|_{z=\mathrm{e}^{\mathrm{j}\frac{2\pi k}{N}}}$，$k\in\{0,1,\cdots,N-1\}$。

因此，如果从 DTFT 的角度来看，有限长序列的 DFT 结果包含了 N 个离散频率点处的 DTFT 结果，这 N 个离散频率点等间隔地分布在区间$[0,2\pi)$内；如果从 Z 变换的角度

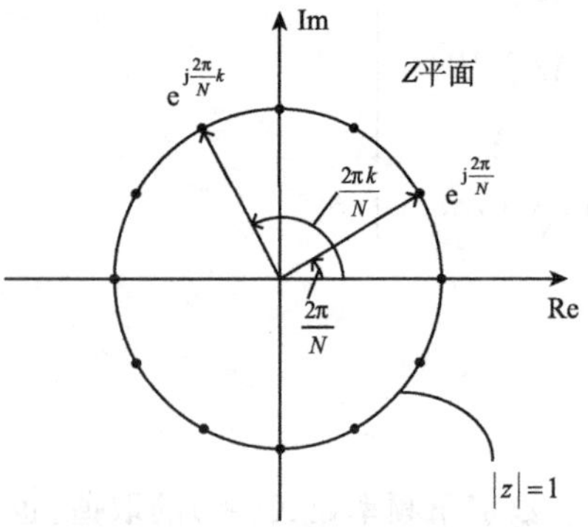

图 3.4　Z 平面单位圆上的 N 等分点

来看,DFT 结果包含了 Z 平面上 N 个离散点处的 Z 变换结果,这 N 个离散点均匀地分布在单位圆上,如图 3.4 所示,由此也称 DFT 为单位圆上的取样 Z 变换。

2. 变换域内插

虽然 $X(k)$只是一个长度为 N 的序列,但在一定的前提条件下由序列 $X(k)$可以确定 Z 平面上任一点处的 $X(z)$;同样,也可以确定任一频率点处的 $X(e^{j\omega})$。称由序列 $X(k)$重建函数 $X(z)$或 $X(e^{j\omega})$的过程为变换域内插。

若已知序列 $X(k)$,则可唯一确定 $x(n)$,即 $x(n)=\frac{1}{N}\sum_{k=0}^{N-1}X(k)W_N^{-nk}$,其中,$n=0,1,\cdots,N-1$。由此可进一步得到

$$\begin{aligned}X(z)&=\sum_{n=0}^{N-1}x(n)z^{-n}=\sum_{n=0}^{N-1}\left[\frac{1}{N}\sum_{k=0}^{N-1}X(k)W_N^{-nk}\right]z^{-n}\\&=\frac{1}{N}\sum_{k=0}^{N-1}X(k)\left[\sum_{n=0}^{N-1}(W_N^{-k}z^{-1})^n\right]=\frac{1}{N}\sum_{k=0}^{N-1}X(k)\frac{1-W_N^{-Nk}z^{-N}}{1-W_N^{-k}z^{-1}}\\&=\frac{1}{N}\sum_{k=0}^{N-1}X(k)\frac{1-z^{-N}}{1-W_N^{-k}z^{-1}}\end{aligned}$$

即

$$X(z)=\sum_{k=0}^{N-1}X(k)\Phi_k(z)=\sum_{k=0}^{N-1}X(k)\Phi(W_N^kz)\qquad(3.20a)$$

其中

$$\Phi(z)=\frac{1}{N}\frac{1-z^{-N}}{1-z^{-1}}\qquad(3.20b)$$

称式(3.20a)为 Z 平面内插公式,$\Phi(z)$为 Z 平面内插函数。不难看出,$\Phi(z)$包含一个 $N-1$ 阶极点 $z=0$,同时包含 $N-1$ 个一阶零点 $z_l=e^{j\frac{2\pi l}{N}}$,$l=1,2,\cdots,N-1$。$\Phi(z)$的零、极点分布可由图 3.5 表示(更详细的分析,请参见 5.6.3 节)。

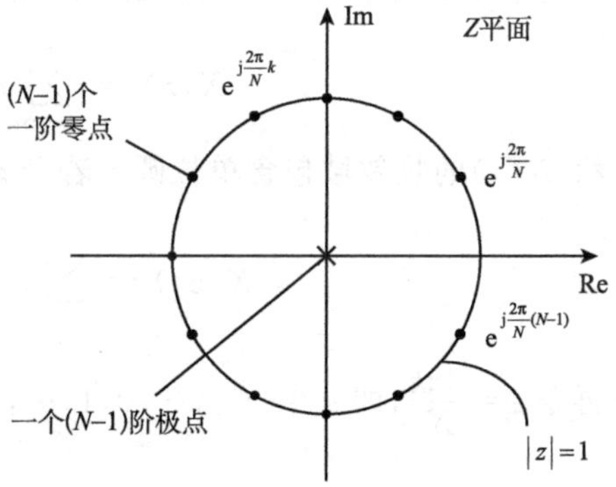

图 3.5　$\Phi(z)$的零、极点分布

现令 $z=e^{j\omega}$,则由式(3.20)可得

$$X(e^{j\omega})=\frac{1}{N}\sum_{k=0}^{N-1}X(k)\left.\frac{1-z^{-N}}{1-W_N^{-k}z^{-1}}\right|_{z=e^{j\omega}}=\frac{1}{N}\sum_{k=0}^{N-1}X(k)\frac{1-e^{-j\omega N}}{1-e^{j\frac{2\pi k}{N}}e^{-j\omega}}$$

$$= \frac{1}{N}\sum_{k=0}^{N-1} X(k)\ \frac{\mathrm{e}^{-\mathrm{j}\frac{\omega N}{2}}}{\mathrm{e}^{\mathrm{j}\frac{\pi k}{N}}\mathrm{e}^{-\mathrm{j}\frac{\omega}{2}}}\ \frac{\mathrm{e}^{\mathrm{j}\frac{\omega N}{2}} - \mathrm{e}^{-\mathrm{j}\frac{\omega N}{2}}}{\mathrm{e}^{-\mathrm{j}\frac{\pi k}{N}}\mathrm{e}^{\mathrm{j}\frac{\omega}{2}} - \mathrm{e}^{\mathrm{j}\frac{\pi k}{N}}\mathrm{e}^{-\mathrm{j}\frac{\omega}{2}}}$$

$$= \frac{1}{N}\sum_{k=0}^{N-1} X(k)\ \frac{(-1)^k \mathrm{e}^{-\mathrm{j}\frac{\omega N}{2}}}{\mathrm{e}^{-\mathrm{j}\frac{\omega - \frac{2\pi k}{N}}{2}}}\ \frac{(-1)^k \sin\left(\frac{\omega N}{2}\right)}{\sin\left(\frac{\omega - 2\pi k/N}{2}\right)}$$

$$= \frac{1}{N}\sum_{k=0}^{N-1} X(k)\ \frac{\mathrm{e}^{-\mathrm{j}N\frac{\omega - \frac{2\pi k}{N}}{2}}}{\mathrm{e}^{-\mathrm{j}\frac{\omega - \frac{2\pi k}{N}}{2}}}\ \frac{\sin\left(\frac{\omega - 2\pi k/N}{2}N\right)}{\sin\left(\frac{\omega - 2\pi k/N}{2}\right)}$$

$$= \frac{1}{N}\sum_{k=0}^{N-1} X(k)\mathrm{e}^{-\mathrm{j}\frac{N-1}{2}\left(\omega - \frac{2\pi k}{N}\right)}\ \frac{\sin\left(\frac{N}{2}\left(\omega - \frac{2\pi k}{N}\right)\right)}{\sin\left(\frac{1}{2}\left(\omega - \frac{2\pi k}{N}\right)\right)}$$

即

$$X(\mathrm{e}^{\mathrm{j}\omega}) = \sum_{k=0}^{N-1} X(k)\Phi_k(\omega) = \sum_{k=0}^{N-1} X(k)\Phi\left(\omega - \frac{2\pi k}{N}\right) \tag{3.21a}$$

其中

$$\Phi(\omega) = \frac{1}{N}\ \frac{\sin\left(\frac{N\omega}{2}\right)}{\sin\left(\frac{\omega}{2}\right)}\mathrm{e}^{-\mathrm{j}\frac{N-1}{2}\omega} = \Phi(z)\Big|_{z=\mathrm{e}^{\mathrm{j}\omega}} \tag{3.21b}$$

称式(3.21a)为频域内插公式，$\Phi(\omega)$为频域内插函数。根据 $\Phi(z)$的零极点分布规律可知，在区间$[0,2\pi)$内，$|\Phi(\omega)|$存在 $N-1$ 个零值点，如图 3.6 所示，分别为

$$\omega = \frac{2\pi k}{N} \qquad k = 1,2,\cdots,N-1$$

同时存在 $N-1$ 个极值点，分别为

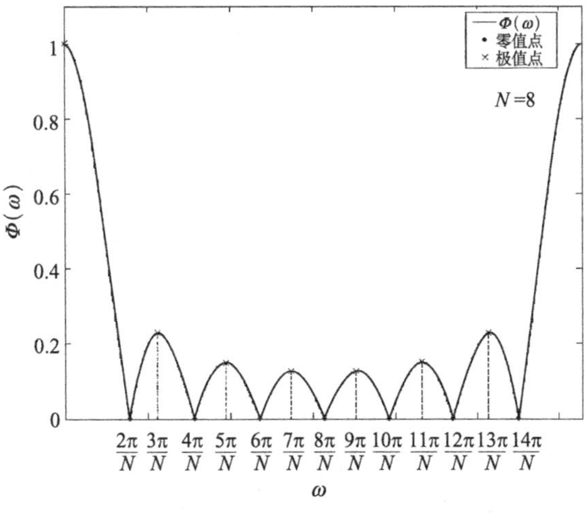

图 3.6　$\Phi(\omega)$的幅频特性

$$\omega = 0 \text{ 和 } \omega = \frac{(2k+1)\pi}{N} \qquad k = 1,2,\cdots,N-2$$

当 $\omega=0$ 时,$|\Phi(\omega)|$得最大值 1。

从第 3.3.1 节的讨论可以知道,在频域上对 $X(e^{j\omega})$取样可得到 $X(k)$,而这一过程在时域上则表现为 $x(n)$的周期性延拓相加,所得结果为周期序列 $\tilde{x}(n)$。因此,如果能够在时域上从 $\tilde{x}(n)$恢复 $x(n)$,那么在频域上就可以由 $X(k)$重建$X(e^{j\omega})$,而这就是频域内插所蕴涵的物理意义,如图 3.7 所示。对此,作进一步的分析如下:

$$x(n) = \tilde{x}(n) \times R_N(n) = \left(\sum_{r=-\infty}^{+\infty} x(n+rN)\right) \times R_N(n)$$

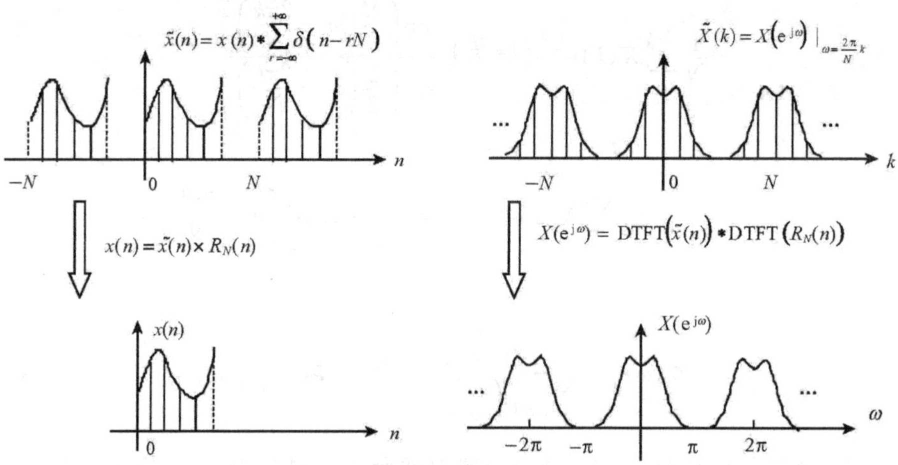

图 3.7　频域内插的物理含义

所以有

$$\begin{aligned}
X(e^{j\omega}) &= \text{DTFT}(x(n)) = \text{DTFT}(\tilde{x}(n)) * \text{DTFT}(R_N(n)) \\
&= \left(\frac{2\pi}{N}\sum_{k=-\infty}^{+\infty}\tilde{X}(k)\times\delta\left(\omega-\frac{2\pi}{N}k\right)\right) * \left(\frac{\sin\left(\frac{N\omega}{2}\right)}{\sin\left(\frac{\omega}{2}\right)}e^{-j\frac{N-1}{2}\omega}\right) \\
&= \frac{1}{2\pi}\int_0^{2\pi}\left(\frac{2\pi}{N}\sum_{k=-\infty}^{+\infty}\tilde{X}(k)\times\delta\left(\theta-\frac{2\pi}{N}k\right)\right)\times\left(\frac{\sin\left(N\frac{\omega-\theta}{2}\right)}{\sin\left(\frac{\omega-\theta}{2}\right)}e^{-j\frac{N-1}{2}(\omega-\theta)}\right)d\theta \\
&= \frac{1}{N}\int_0^{2\pi}\left(\sum_{k=0}^{N-1}X(k)\times\delta\left(\theta-\frac{2\pi}{N}k\right)\frac{\sin\left(\frac{N}{2}\left(\omega-\frac{2\pi}{N}k\right)\right)}{\sin\left(\frac{1}{2}\left(\omega-\frac{2\pi}{N}k\right)\right)}e^{-j\frac{N-1}{2}\left(\omega-\frac{2\pi}{N}k\right)}\right)d\theta \\
&= \frac{1}{N}\sum_{k=0}^{N-1}X(k)\times\frac{\sin\left(\frac{N}{2}\left(\omega-\frac{2\pi}{N}k\right)\right)}{\sin\left(\frac{1}{2}\left(\omega-\frac{2\pi}{N}k\right)\right)}e^{-j\frac{N-1}{2}\left(\omega-\frac{2\pi}{N}k\right)}\int_0^{2\pi}\delta\left(\theta-\frac{2\pi}{N}k\right)d\theta
\end{aligned}$$

$$= \frac{1}{N}\sum_{k=0}^{N-1} X(k) \times \frac{\sin\left(\frac{N}{2}\left(\omega - \frac{2\pi}{N}k\right)\right)}{\sin\left(\frac{1}{2}\left(\omega - \frac{2\pi}{N}k\right)\right)} e^{-j\frac{N-1}{2}\left(\omega - \frac{2\pi}{N}k\right)} = \sum_{k=0}^{N-1} X(k)\Phi_k(\omega)$$

从式(3.5)和式(3.6)还可以知道，在对 $X(e^{j\omega})$ 作频域取样时，如果取样间隔为$\frac{2\pi}{M}$，则时域上的延拓周期为 M；而当 $M \geqslant N$ 时，$\tilde{x}(n)$ 中不会存在混叠现象，因此能够从 $\tilde{x}(n)$ 中如实恢复 $x(n)$，也就是说，能够由 $X(k)$ 准确重建 $X(e^{j\omega})$ 和 $X(z)$。所以，在对序列 $x(n)$ 作 DFT 变换时，要求 DFT 的点数不应低于 $x(n)$ 的长度。

总之，上述 DFT 同 Z 变换以及 DTFT 间的关系说明，频域上的有限长序列 $X(k)$ 能够浓缩地表示序列 $x(n)$ 在变换域上所能呈现出来的全部特征，而这就意味着，DFT 具有明确而合理的物理含义。

3.3.3　DFT 的性质

DFT 是针对有限长序列所定义的变换，所以在研究 DFT 的性质时，序列长度是需要予以关注的因素之一；再者，从其引出过程可以看出，DFT 与 DFS 之间有着密切的联系，这意味着虽然 DFT 仅适用于有限长序列，但其间隐含着周期性，而这种周期性也是值得考量的一个因素。另外，此前曾提及，DFS 表现出了很强的对偶特性，那么从 DFT 与 DFS 之间的关系或者直接从 DFT 的定义出发，应当不难判断，DFT 也会具有相同的对偶特性，而了解该特性则有助于对其性质的认识和掌握。

1. 线性

现有两个有限长序列 $x_1(n)$ 和 $x_2(n)$，长度均为 N，其 N 点 DFT 结果分别为 $X_1(k)$ 和 $X_2(k)$，如果序列 $x_1(n)$ 和 $x_2(n)$ 的线性组合为

$$x_3(n) = ax_1(n) + bx_2(n)$$

则序列 $x_3(n)$ 的 N 点 DFT 为

$$X_3(k) = aX_1(k) + bX_2(k) \tag{3.22}$$

式中，a、b 为任意常数。

显然，如果序列 $x_1(n)$ 的长度为 N_1，而序列 $x_2(n)$ 的长度为 N_2，且有 $N_1 \neq N_2$，则序列 $x_3(n)$ 的长度应为 $N_3 = \max(N_1, N_2)$。此时，式(3.22)所表示的结果依然成立，只是式(3.22)中 $X_1(k)$、$X_2(k)$ 和 $X_3(k)$ 分别为 $x_1(n)$、$x_2(n)$ 和 $x_3(n)$ 的 N_3 点 DFT 结果。

需要额外说明的是，如果 $N_3 > N_1$，那么在求 $x_1(n)$ 的 N_3 点 DFT 时，应首先在序列后补上 $(N_3 - N_1)$ 个零，即得到如下序列：

$$\{x_1(0), x_1(1), \cdots, x_1(N_1 - 1), x_1(N_1) = 0, \cdots, x_1(N_3 - 1) = 0\}$$

之后再对该序列进行 DFT 变换。从 3.3.2 节的讨论可以知道，对序列 $x_1(n)$ 作 N_3 点 DFT 变换等同于在频域上对 $X_1(e^{j\omega})$ 作周期为$\frac{2\pi}{N_3}$的取样，换言之，此时无需进行频域内插就能够观察到更多的离散频率点处 $X_1(e^{j\omega})$ 的取值情况。显然，该情形下，序列 $x_1(n)$ 将

于时域上作周期为 N_3 的延拓相加,而在所得到的周期序列 $\tilde{x}_1(n)$ 中不会存在混叠,因此,变换域上的内插关系得以准确成立。

特别地,当 $N_3=rN_1$ 时,如果令

$$p(n)=\begin{cases}x_1(n) & 0\leqslant n\leqslant N_1-1\\ 0 & N_1\leqslant n\leqslant rN_1-1\end{cases}$$

并令 $X_1(k)$ 表示序列 $x_1(n)$ 的 N_1 点 DFT 结果,则 $x_1(n)$ 的 rN_1 点 DFT 结果为

$$P(k)=\sum_{n=0}^{rN_1-1}p(n)W_{rN_1}^{nk}=\sum_{n=0}^{N_1-1}x_1(n)W_{rN_1}^{nk}$$

$$=\begin{cases}\displaystyle\sum_{n=0}^{N_1-1}x_1(n)W_{N_1}^{nm}=X_1(m)=X_1(e^{j\omega})\big|_{\omega=\frac{2\pi m}{N_1}} & k=mr,m=0,1,\cdots,N_1-1\\ X_1(e^{j\omega})\Big|_{\omega=\frac{2\pi k}{rN_1}} & k\neq mr\end{cases}$$

上式具体表明了序列 $x_1(n)$ 的 rN_1 点 DFT 结果与其 N_1 点 DFT 结果之间的关系,即由 $X_1(k)$ 出发,在其内的每一点后插入 $r-1$ 个新的取样点,所得结果就是 $P(k)$。

例 3.2　若 $x(n)=e^n$,$n=0,1,2,3$,求该序列的 4 点和 16 点 DFT 结果。

解　序列 $x(n)$ 的 4 点 DFT 结果为

31.1929　　−6.3891+j17.3673　　−14.4148　　−6.3891−j17.3673

其 16 点 DFT 的结果为

31.1929	16.4226−j24.8217	−11.2805−j23.5138	−21.7412−j0.0498
−6.3891+j17.3673	13.2915+j10.3999	13.2805−j8.7357	−3.9729−j14.3720
−14.4148	−3.9729+j14.3720	13.2805+j8.7357	13.2915−j10.3999
−6.3891−j17.3673	−21.7412+j0.0498	−11.2805+j23.5138	16.4226+j24.8217

2. *反转定理*

如果 $x(n)$ 是长度为 N 的序列,那么称 $x((-n))_N$ 为 $x(n)$ 的循环反转运算,该运算是有限长序列所特有的一种运算,其结果仍然是集合 $\{0,1,\cdots,N-1\}$ 上的有限长序列,具体为

$$x((-n))_N=\begin{cases}x(0) & n=0\\ x(N-n) & n=1,\cdots,N-1\end{cases}$$

有限长序列的循环反转运算可由图 3.8 示意。

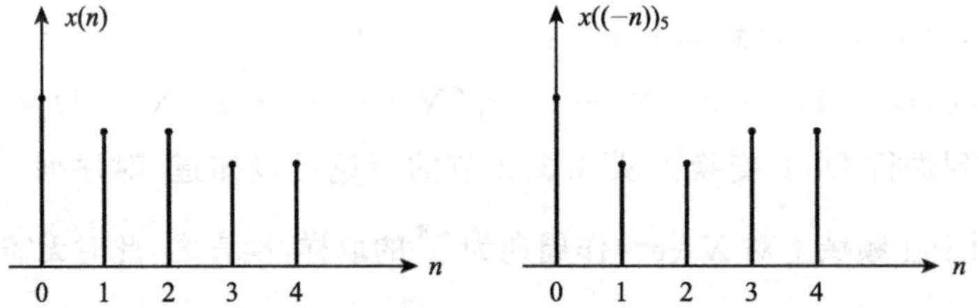

图 3.8　有限长序列的循环反转

若 $x(n)$ 的 DFT 结果为 $X(k)$，则 $x((-n))_N$ 的 DFT 结果为 $X((-k))_N$。

证明　
$$\begin{aligned}\mathrm{DFT}[x((-n))_N] &= \sum_{n=0}^{N-1} x((-n))_N W_N^{nk} = \sum_{r=0}^{N-1} x(r) W_N^{-(lN+r)k} \\ &= \sum_{r=0}^{N-1} x(r) W_N^{-rk} = \sum_{r=0}^{N-1} x(r) W_N^{r(-k)} = \sum_{r=0}^{N-1} x(r) W_N^{r((-k))_N} \\ &= X((-k))_N \qquad (-n = lN + r, 0 \leqslant r \leqslant N-1)\end{aligned}$$

3. 序列的循环移位

如果 $x(n)$ 是长度为 N 的序列，那么称 $x((n+m))_N$ 为 $x(n)$ 的循环移位运算(其中，m 为整数常数，取值任意)，该运算也是有限长序列所特有的一种运算，其结果仍然是集合 $\{0,1,\cdots,(N-1)\}$ 上的有限长序列。

称其为循环移位的原因在于，当序列 $x(n)$ 由一端移出范围 $0\leqslant n\leqslant N-1$ 时，移出的部分又会由另一端移入该范围，如当 $m=1$ 且 $N=8$ 时，序列向左移动一位，移出的 $x(0)$ 成为序列 $x((n+1))_8$ 的第 8 个点，即 $x((7+1))_8=x(0)$。有限长序列的循环移位运算可由图 3.9 示意。

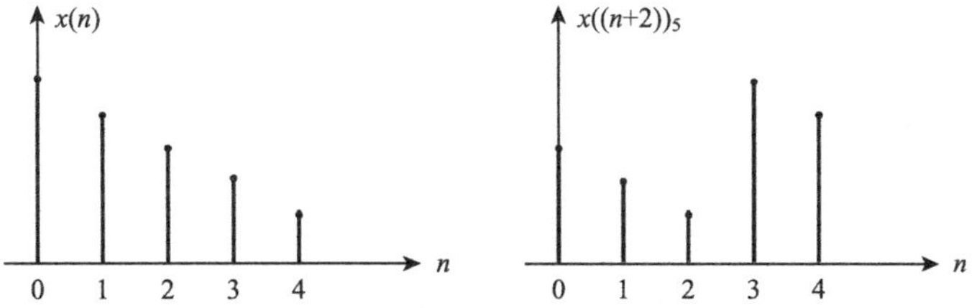

图 3.9　有限长序列的循环移位

循环移位的上述特点取决于运算 $((\cdot))_N$，而该运算也同时决定了循环移位和周期移位运算之间的关系，如图 3.10 所示，即

$$x((n+m))_N = \tilde{x}(n+m)R_N(n) \tag{3.23}$$

其中，$\tilde{x}(n) = \sum_{r=-\infty}^{+\infty} x(n+rN) = x((n))_N, n \in I$。

因此，由周期移位的特性可知，通过循环移位运算，由序列 $x(n)$ 最多构造出 $N-1$ 个新的有限长序列。

此时，若 $x(n)$ 的 DFT 结果为 $X(k)$，那么 $x((n+m))_N$ 的 DFT 结果为 $W_N^{-km}X(k)$。

证明　方法 1：因为

$$x(n) \underset{\text{IDFT}}{\overset{\text{DFT}}{\rightleftharpoons}} X(k) \qquad n,k \in \{0,1,\cdots(N-1)\}$$

所以

$$\tilde{x}(n) \underset{\text{IDFS}}{\overset{\text{DFS}}{\rightleftharpoons}} \widetilde{X}(k), \tilde{x}(n) = x((n))_N \qquad \widetilde{X}(k) = X((k))_N \qquad n,k \in I$$

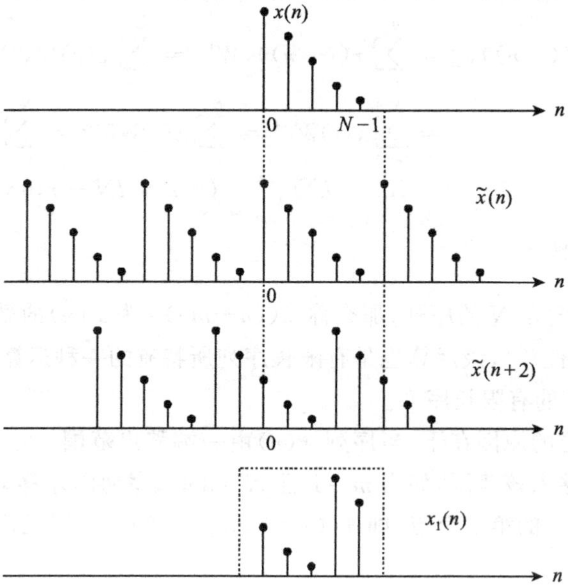

图 3.10 循环移位与周期移位

由 DFS 的周期移位性质可知,有

$$\tilde{x}(n+m) \xrightleftharpoons[\text{IDFS}]{\text{DFS}} W_N^{-mk}\tilde{X}(k)$$

由式(3.23)以及 DFT 同 DFS 之间的关系,可得

$$\text{DFT}\{x((n+m))_N\} = \text{DFT}\{\tilde{x}(n+m)R_N(n)\} = W_N^{-mk}\tilde{X}(k)R_N(k) = W_N^{-mk}X(k)$$

方法 2:

$$\begin{aligned}\text{DFT}\{x((n+m))_N\} &= \sum_{n=0}^{N-1} x((n+m))_N W_N^{nk} = \sum_{l=m}^{N-1+m} x((l))_N W_N^{(l-m)k} \\ &= W_N^{-mk}\left\{\sum_{l=m}^{N-1} x((l))_N W_N^{lk} + \sum_{l=N}^{N-1+m} x((l))_N W_N^{lk}\right\} \\ &= W_N^{-mk}\left\{\sum_{l=m}^{N-1} x(l) W_N^{lk} + \sum_{l=0}^{m-1} x(l) W_N^{lk}\right\} \\ &= W_N^{-mk}X(k) \qquad (l = n+m)\end{aligned}$$

由 DFT 所具有的对偶特性不难看出,$X(k)$在频域内循环移位时,将有类似的结果,即

$$X((k+k_0))_N \xrightleftharpoons[\text{DFT}]{\text{IDFT}} W_N^{nk_0}x(n)$$

4. 对称性

在 3.2.2 节,定义了周期序列的共轭偶对称分量和共轭奇对称分量,对有限长序列可以作类似地分解,如下:

$$x_e(n) = \frac{1}{2}[x((n))_N + x^*((-n))_N] \qquad n \in \{0,1,\cdots,N-1\}$$

$$x_{o}(n)=\frac{1}{2}[x((n))_{N}-x^{*}((-n))_{N}] \qquad n\in\{0,1,\cdots,N-1\}$$

不难证明如下关系：

$$x_{e}((-n))_{N}=x_{e}^{*}(n)_{N}$$

$$x_{o}((-n))_{N}=-x_{o}^{*}(n)_{N}$$

$$x(n)=x_{e}(n)+x_{o}(n)$$

所以，称 $x_e(n)$ 和 $x_o(n)$ 分别为 $x(n)$ 的共轭偶对称分量和共轭奇对称分量。当然，对 $X(k)$ 可以作同样的分解，得到其共轭偶对称分量和共轭奇对称分量，分别为 $X_e(k)$ 和 $X_o(k)$。

回顾周期序列的分解方式，可以看出，若令

$$\tilde{x}(n)=x((n))_{N} \qquad n\in I$$

那么

$$\tilde{x}(n)=\tilde{x}_{e}(n)+\tilde{x}_{o}(n)$$

$$x_{e}(n)=\tilde{x}_{e}(n)R_{N}(n)$$

$$x_{o}(n)=\tilde{x}_{o}(n)R_{N}(n)$$

即，$x(n)$ 为 $\tilde{x}(n)$ 的主值序列，那么 $x_e(n)$ 和 $x_o(n)$ 分别为 $\tilde{x}_e(n)$ 和 $\tilde{x}_o(n)$ 的主值序列，这一关系有助于从 DFS 对称性的角度理解 DFT 的对称性。

设 $x(n)$ 的 DFT 为 $X(k)$，则其对称性可分述如下：

(1) $x^{*}(n)\underset{\text{IDFT}}{\overset{\text{DFT}}{\rightleftharpoons}}X^{*}((-k))_{N}$

(2) $x^{*}((-n))_{N}\underset{\text{IDFT}}{\overset{\text{DFT}}{\rightleftharpoons}}X^{*}(k)$

(3) $\mathrm{Re}[x(n)]\underset{\text{IDFT}}{\overset{\text{DFT}}{\rightleftharpoons}}X_{e}(k)$

(4) $\mathrm{jIm}[x(n)]\underset{\text{IDFT}}{\overset{\text{DFT}}{\rightleftharpoons}}X_{o}(k)$

(5) $x_{e}(n)\underset{\text{IDFT}}{\overset{\text{DFT}}{\rightleftharpoons}}\mathrm{Re}[X(k)]$

(6) $x_{o}(n)\underset{\text{IDFT}}{\overset{\text{DFT}}{\rightleftharpoons}}\mathrm{jIm}[X(k)]$

如果 $x(n)$ 为实序列，那么

(7) $X(k)=X^{*}((-k))_{N}$

(8) $\mathrm{Re}[X(k)]=\mathrm{Re}[X((-k))_{N}]$

(9) $\mathrm{Im}[X(k)]=-\mathrm{Im}[X((-k))_{N}]$

(10) $\arg[X(k)]=-\arg[X((-k))_{N}]$

5. 循环卷积

同循环反转和循环移位相同，循环卷积也是有限长序列所特有的一种运算。现就其定义、频域表现形式、同周期卷积以及线性卷积之间的关系等特征，一一予以介绍。

假设存在两个有限长序列 $x(n)$ 和 $h(n)$，长度均为 N，其 N 点 DFT 结果分别为 $X(k)$

和 $H(k)$，令 $y_c(n)$ 为两序列的循环卷积结果，具体定义为

$$y_c(n) = \sum_{m=0}^{N-1} x(m)h((n-m))_N = \sum_{m=0}^{N-1} h(m)x((n-m))_N \qquad (3.24)$$

上式中，包含了有限长序列的循环移位运算。如前所述，通过循环移位，可以获得 $N-1$ 个新的有限长序列，连同原有序列，合计存在 N 个有限长序列，而循环卷积结果则是这 N 个有限长序列之间的一种线性组合，即

$$\begin{bmatrix} y_c(0) \\ y_c(1) \\ \vdots \\ y_c(N-1) \end{bmatrix} = x(0) \times \begin{bmatrix} h(0) \\ h(1) \\ \vdots \\ h(N-1) \end{bmatrix} + x(1) \times \begin{bmatrix} h(N-1) \\ h(0) \\ \vdots \\ h(N-2) \end{bmatrix} + \cdots + x(N-1) \times \begin{bmatrix} h(1) \\ h(2) \\ \vdots \\ h(0) \end{bmatrix}$$

显然，$y_c(n)$ 仍然是集合 $\{0,1,\cdots,N-1\}$ 上的有限长序列。序列 $x(n)$ 和 $h(n)$ 的循环卷积过程可由图 3.11 表示。

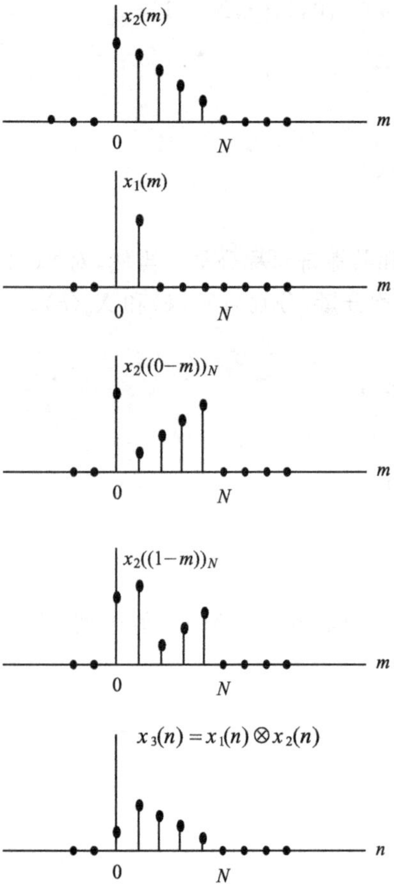

图 3.11 两个序列的循环卷积

由上述讨论不难看出，两个有限长序列的循环卷积与其线性卷积之间有着很大的差异，为了区别，用符号⊗来表示这一运算，即

$$y_c(n) = \sum_{m=0}^{N-1} x(m)h((n-m))_N = \sum_{m=0}^{N-1} h(m)x((n-m))_N = x(n) \otimes h(n)$$

式(3.24)以求和的形式定义了循环卷积，而该种卷积也可由矩阵形式来定义。令

$$\boldsymbol{y}_c = [y_c(0) \quad y_c(1) \quad \cdots \quad y_c(N-1)]^T$$

$$\boldsymbol{x} = [x(0) \quad x(1) \quad \cdots \quad x(N-1)]^T$$

$$\boldsymbol{h} = [h(0) \quad h(1) \quad \cdots \quad h(N-1)]^T$$

$$H = \begin{bmatrix} h(0) & h(N-1) & h(N-2) & \cdots & h(1) \\ h(1) & h(0) & h(N-1) & \cdots & h(2) \\ h(2) & h(1) & h(0) & \cdots & h(3) \\ \vdots & \vdots & \vdots & & \vdots \\ h(N-2) & h(N-3) & h(N-4) & \cdots & x(N-1) \\ h(N-1) & h(N-2) & h(N-3) & \cdots & x(0) \end{bmatrix}$$

$$X = \begin{bmatrix} x(0) & x(N-1) & x(N-2) & \cdots & x(1) \\ x(1) & x(0) & x(N-1) & \cdots & x(2) \\ x(2) & x(1) & x(0) & \cdots & x(3) \\ \vdots & \vdots & \vdots & & \vdots \\ x(N-2) & x(N-3) & x(N-4) & \cdots & x(N-1) \\ x(N-1) & x(N-2) & x(N-3) & \cdots & x(0) \end{bmatrix}$$

则有

$$\boldsymbol{y}_c = \boldsymbol{H}\boldsymbol{x} = \boldsymbol{X}\boldsymbol{h}$$

由 DTFT 的性质可知，两个序列时域上的线性卷积运算在频域上表现为两个序列 DTFT 结果的乘积，而循环卷积也具有相类似的性质，即

如果 $y_c(n)=x(n)\otimes h(n)$，则 $Y_c(k)=\text{DFT}\{y_c(n)\}=X(k)\times H(k)$。

证明　$$\begin{aligned} Y_c(k) &= \text{DFT}\{y_c(n)\} = \sum_{n=0}^{N-1} y_c(n)W_N^{nk} \\ &= \sum_{n=0}^{N-1}\Big\{\sum_{m=0}^{N-1} x(m)h((n-m))_N\Big\}W_N^{nk} \\ &= \sum_{m=0}^{N-1} x(m)\Big\{\sum_{n=0}^{N-1} h((n-m))_N W_N^{nk}\Big\} \\ &= \sum_{m=0}^{N-1} x(m)\{W_N^{mk}H(k)\} = \Big\{\sum_{m=0}^{N-1} x(m)W_N^{mk}\Big\}H(k) \\ &= X(k)\times H(k) \end{aligned}$$

同样，根据 DFT 所具有的对偶特性易知，如果 $Y(k) = \dfrac{1}{N}\sum_{l=0}^{N-1} X(l)H((k-l))_N$，那么 $y(n) = \text{IDFT}\{Y(k)\} = x(n)\times h(n)$。

由于 DFT 同 DFS 之间有着紧密的联系，循环卷积和周期卷积之间势必存在着一定的关系，该关系可表示为

$$\begin{aligned} y_c(n) &= \sum_{m=0}^{N-1} x(m)h((n-m))_N && (0\leqslant n\leqslant N-1) \\ &= \sum_{m=0}^{N-1} x(m)[\tilde{h}(n-m)R_N(n)] && (\tilde{h}(n) = h((n))_N, n\in I) \\ &= \Big[\sum_{m=0}^{N-1} \tilde{x}(m)\tilde{h}(n-m)\Big]R_N(n) && (\tilde{x}(n) = x((n))_N, n\in I) \\ &= \tilde{y}_c(n)R_N(n) \end{aligned}$$

也就是说，如果由序列 $x(n)$ 和 $h(n)$ 构造两个周期序列 $\tilde{x}(n)$ 和 $\tilde{h}(n)$，那么 $y_c(n)$ 是序列 $\tilde{x}(n)$ 和 $\tilde{h}(n)$ 周期卷积结果的主值序列。根据这一关系以及在 3.2.2 节所介绍的周期卷积的性质，同样可以证明上述循环卷积的频域表现形式，此处不再赘述。

需要额外说明的是，式(3.24)给出了循环卷积的时域计算方法，而其性质则表明，可以通过 DFT 和 IDFT，在频域上完成这一运算。图 3.12 具体表示了相应的处理过程。

由后面第 3.4 节的内容可知,DFT 和 IDFT 具有快速计算方法的特点,图 3.12 给出的处理过程可具有较小的运算量。

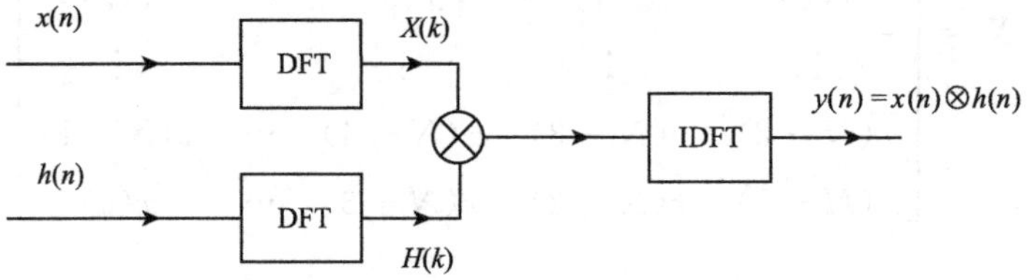

图 3.12 循环卷积的频域计算方法

例 3.3 设 $x_1(n)=\{1,2,3,4,5\}$,$x_2(n)=\{6,7,8,9\}$,计算 5 点循环卷积 $x_1(n)\otimes x_2(n)$。

解 因

$$x_1(n)\otimes x_2(n)=\sum_{m=0}^{4}x_1(m)x_2((n-m))_5$$

所以,$n=0$ 时

$$\sum_{m=0}^{4}x_1(m)x_2((0-m))_5=\sum_{m=0}^{4}[\{1,2,3,4,5\}*\{6,0,9,8,7\}]$$

$$=\sum_{m=0}^{4}\{6,0,27,32,35\}=100$$

$n=1$ 时

$$\sum_{m=0}^{4}x_1(m)x_2((1-m))_5=\sum_{m=0}^{4}[\{1,2,3,4,5\}*\{7,6,0,9,8\}]$$

$$=\sum_{m=0}^{4}\{7,12,0,36,40\}=95$$

$n=2$ 时

$$\sum_{m=0}^{4}x_1(m)x_2((2-m))_5=\sum_{m=0}^{4}[\{1,2,3,4,5\}*\{8,7,6,0,9\}]$$

$$=\sum_{m=0}^{4}\{8,14,18,0,45\}=85$$

$n=3$ 时

$$\sum_{m=0}^{4}x_1(m)x_2((3-m))_5=\sum_{m=0}^{4}[\{1,2,3,4,5\}*\{9,8,7,6,0\}]$$

$$=\sum_{m=0}^{4}\{9,16,21,24,0\}=70$$

$n=4$ 时

$$\sum_{m=0}^{4}x_1(m)x_2((4-m))_5=\sum_{m=0}^{4}[\{1,2,3,4,5\}*\{0,9,8,7,6\}]$$

$$= \sum_{m=0}^{4} \{0,18,24,28,30\} = 100$$

即

$$x_1(n) \otimes x_2(n) = \{100,95,85,70,100\}$$

至此，定义了有限长序列的循环卷积，介绍了其频域表现形式以及循环卷积同周期卷积间的关系。下面，将着重介绍如何利用循环卷积来完成线性卷积的计算。

从第 2 章的讨论可以知道，线性非移变离散系统的输入输出关系可表示为线性卷积运算；因循环卷积同线性卷积之间存在着较大的差异，所以就离散系统特性的描述而言，循环卷积毫无意义。但是，由于可以利用循环卷积计算线性卷积以节省运算量，故引入循环卷积运算还是十分必要的。

为了阐明利用循环卷积计算线性卷积的方法，需要先行确定两者之间的关系。

令序列 $x(n)$ 和 $h(n)$ 的线性卷积结果为 $y_L(n)$，即

$$y_L(n) = \sum_{m=-\infty}^{+\infty} x(m)h(n-m) = \sum_{m=0}^{N-1} x(m)h(n-m) \qquad (-\infty < n < +\infty)$$

因序列 $x(n)$ 和 $h(n)$ 的长度均为 N，所以 $y_L(n)$ 的长度为 $(2N-1)$，位于集合 $\{0,1,\cdots,(2N-2)\}$ 之上。另外，根据线性卷积的频域表现形式可知，若

$$x(n) \underset{\text{IDTFT}}{\overset{\text{DTFT}}{\rightleftharpoons}} X(e^{j\omega})$$

$$h(n) \underset{\text{IDTFT}}{\overset{\text{DTFT}}{\rightleftharpoons}} H(e^{j\omega})$$

$$y_L(n) \underset{\text{IDTFT}}{\overset{\text{DTFT}}{\rightleftharpoons}} Y_L(e^{j\omega})$$

则

$$Y_L(e^{j\omega}) = X(e^{j\omega})H(e^{j\omega})$$

对 $Y_L(e^{j\omega})$ 作周期为 $\frac{2\pi}{N}$ 频域取样，可得

$$\widetilde{Y}_L(k) = \widetilde{X}(k)\widetilde{H}(k) \qquad k \in I$$

根据此前对频域取样、周期卷积的性质以及循环卷积同周期卷积的关系所作的说明和讨论，由上式可得

$$\tilde{y}_L(n) = \text{IDFS}\{\widetilde{Y}_L(k)\} = \sum_{r=-\infty}^{+\infty} y_L(n-rN) \tag{3.25a}$$

$$\tilde{y}_c(n) = \text{IDFS}\{\widetilde{X}(k)\widetilde{H}(k)\} = \sum_{r=-\infty}^{+\infty} y_c(n-rN) \tag{3.25b}$$

$$\tilde{y}_L(n)R_N(n) = \tilde{y}_c(n)R_N(n) = y_c(n) \tag{3.25c}$$

式(3.25)具体表明了两个有限长序列的循环卷积同其线性卷积之间的关系，即在时域上以 N 为周期对 $y_L(n)$ 作延拓相加得到一周期序列 $\tilde{y}_L(n)$，如图 3.13 所示，而该序列的主值序列就是序列 $x(n)$ 同 $h(n)$ 的 N 点循环卷积结果。

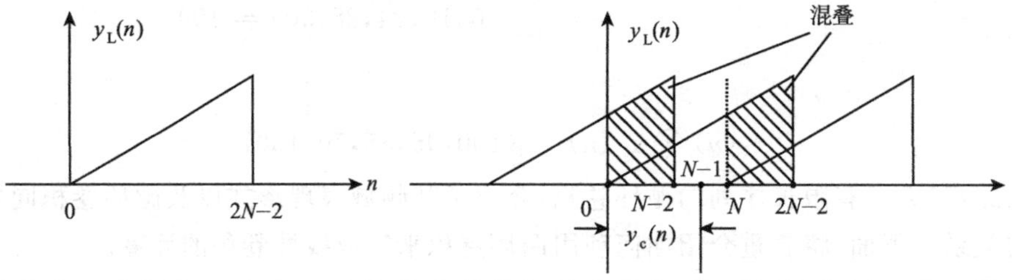

图 3.13 N 点循环卷积同线性卷积的关系

从式(3.25a)或从图 3.13 可以看出,$\tilde{y}_L(n)$中存在混叠,而这一混叠导致在$\tilde{y}_L(n)$的主值序列中(即在 $y_c(n)$中),只有第 N 个点未受到影响,即

$$y_c(N-1)=y_L(N-1)$$

根据上述分析方法,就循环卷积同线性卷积关系,可给出如下更为一般性的结论:

若序列 $x(n)$的长度为 N_1,序列 $h(n)$的长度为 N_2,且有 N_1 大于 N_2,那么,$x(n)$和 $h(n)$的 N_1 点循环卷积结果为

$$y_c(n)=\sum_{m=0}^{N_1-1}x(m)h_1((n-m))_{N_1}\qquad n=0,1,\cdots,N_1-1$$

其中

$$h_1(n)=\begin{cases}h(n) & n=0,1,\cdots,N_2-1\\0 & n=N_2,N_2+1,\cdots,N_1-1\end{cases}$$

此时,两序列的线性卷积结果 $y_L(n)$的长度为 N_1+N_2-1,对其在时域作周期为 N_1 的延拓相加得到序列 $\tilde{y}_L(n)$,如图 3.14 所示。从图 3.14 中可以看出,$\tilde{y}_L(n)$主值序列的前 N_2-1个点存在混叠。因此,在 $y_c(n)$中有

$$y_c(l)=y_L(l)\qquad l=N_2-1,N_2,\cdots,N_1-1$$

也就是说,序列 $y_c(n)$中最后 N_1-N_2+1 个点与两序列的线性卷积结果相同。

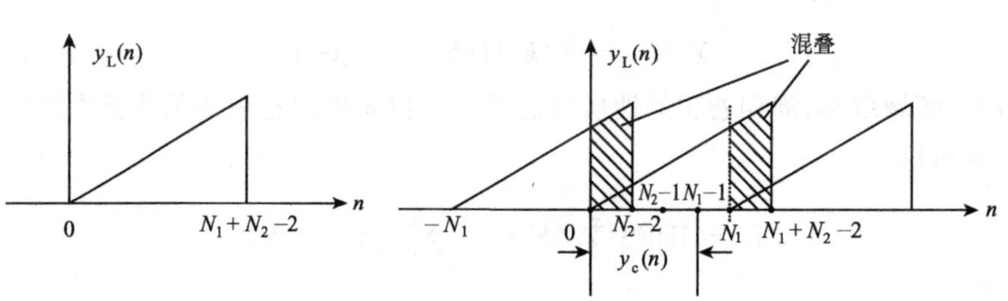

图 3.14 N_1 点循环卷积同线性卷积的关系

由上述分析不难发现,如果对序列 $x(n)$和 $h(n)$作 N_1+N_2-1 点循环卷积,那么应有

$$y_c(n)=y_L(n)\qquad n=0,1,\cdots,N_1+N_2-2$$

即两序列的循环卷积结果与其线性卷积结果完全相同。由此,可得到利用循环卷积计算线性卷积的方法,如图 3.15 所示。如果在该方法中应用 DFT 和 IDFT 的快速算法,那

么，较线性卷积的直接计算方法而言，该方法所需的运算量较低。

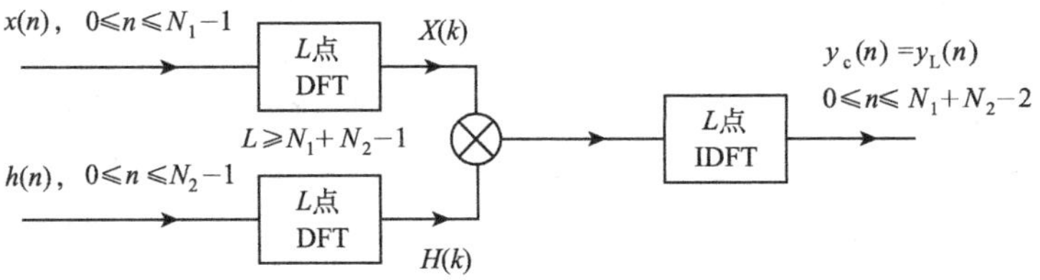

图 3.15　利用循环卷积计算有限长序列的线性卷积

6. 帕塞瓦尔定理

若存在有限长序列 $x(n)$，长度为 N，其 N 点 DFT 的结果为 $X(k)$，则有

$$\sum_{n=0}^{N-1} |x(n)|^2 = \frac{1}{N}\sum_{k=0}^{N-1} |X(k)|^2$$

证明

$$\sum_{n=0}^{N-1} |x(n)|^2 = \sum_{n=0}^{N-1} x(n)x^*(n) = \sum_{n=0}^{N-1}\left[\frac{1}{N}\sum_{k=0}^{N-1} X(k)W_N^{-nk}\right]x^*(n)$$

$$= \frac{1}{N}\sum_{k=0}^{N-1} X(k)\left[\sum_{n=0}^{N-1} x^*(n)W_N^{-nk}\right] = \frac{1}{N}\sum_{k=0}^{N-1} X(k)\left[\sum_{n=0}^{N-1} x(n)W_N^{nk}\right]^*$$

$$= \frac{1}{N}\sum_{k=0}^{N-1} X(k)X^*(k) = \frac{1}{N}\sum_{k=0}^{N-1} |X(k)|^2$$

该定理表明，可以利用序列的 DFT 结果表示信号的能量，而这进一步说明，虽然 DFT 有别于 DTFT，但其仍然具有明确的物理含义。

3.3.4 DFT 变换的应用

如前所述，DFT 是针对有限长序列所定义的变换，其结果也为一有限长序列；此外，虽然 DFT 有别于 Z 变换和 DTFT，但却具有明确而合理的物理含义。因此，在实际的数字系统中，DFT 得到了广泛的应用。本节将就其典型应用予以介绍和讨论。

1. 线性卷积的逐段计算方法

对图 3.16 所示的线性非移变离散系统而言，可由线性卷积表示其时域上的输入输出关系，即

$$y(n) = x(n) * h(n) \tag{3.26}$$

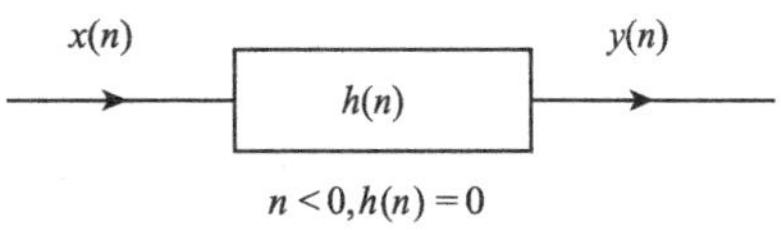

图 3.16　线性非移变离散系统

由于线性卷积的运算量较大，所以通常会用循环卷积取而代之。但在某些实际应用中，这一做法不仅很难被直接采纳，甚至还会妨碍应用需求的满足。例如，在一个 VoIP 系统中，由于用户的通话时间是一个随机变量，因此语音序列的长度是不定的；如果通话时间较长，上述做法就意味着需要保存大量的语音数据并进行高点数的 DFT 计算，而这对于存储空间和处理能力较为有限的 VoIP 终端来说，显然是无法实现的；此外，VoIP 终端需要对语音序列进行实时处理，而上述作法无疑会导致这种实时性的

处理需求难以得到满足。

因此，有必要寻找更为实用的线性卷积的快速计算方法，而下面将要介绍的重叠相加法和重叠保留法就是其中较为典型的两种算法。需要指出的是，虽然重叠相加法和重叠保留法在细节上存在着差异，但却具有相同的实质，即以逐段的方式通过循环卷积来完成线性卷积的计算，因而具有较小的运算量，由此称这两种算法为线性卷积的快速计算方法，并可将其看作是 DFT 的一个重要应用。

为了便于讨论，令图 3.16 所表示的离散系统为 FIR 滤波器，即 $h(n)$为一有限长的因果序列，长度为 M。

1) 重叠相加法

对输入序列 $x(n)$进行分段后，将分段结果代入式(3.26)就可导出重叠相加法，具体论述如下：

现按图 3.17 所示方式对序列 $x(n)$ 进行分段，每段长度为 N，且有 $N \geqslant M$，则 $x(n) = \sum_{l=0}^{+\infty} x_l(n)$，其中

$$x_l(n) = \begin{cases} x(n) & lN \leqslant n \leqslant (l+1)N-1 \\ 0 & \text{其他} \end{cases}$$

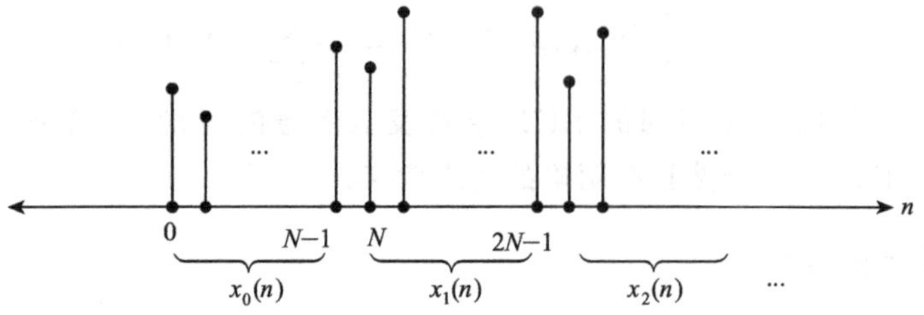

图 3.17　序列 $x(n)$的连续分段

将分段结果代入式(3.26)，得

$$y(n) = \left\{ \sum_{l=0}^{+\infty} x_l(n) \right\} * h(n) = \sum_{l=0}^{+\infty} x_l(n) * h(n) = \sum_{l=0}^{+\infty} y_l(n) \tag{3.27}$$

式中，$y_l(n)$为第 l 段输入序列同系统单位冲激响应间的线性卷积结果，即

$$y_l(n) = \sum_{m=0}^{+\infty} x_l(m)h(n-m) = \sum_{m=lN}^{(l+1)N-1} x_l(m)h(n-m)$$

$$lN \leqslant n \leqslant (l+1)N+M-2$$

因序列 $x_l(n)$的长度为 N，序列 $h(n)$的长度为 M，所以 $y_l(n)$的长度为 $N+M-1$，有效区间为$[lN,(l+1)N+M-2]$。依照第 3.3.3 节所作的讨论，为了降低运算量以提高处理效率，可以按图 3.15 所示的处理过程，利用 $N+M-1$ 点循环卷积来完成 $y_l(n)$的计算。

此外，不难看出序列 $y_l(n)$和 $y_{l+1}(n)$在区间$[(l+1)N,(l+1)N+M-2]$内存在重叠，如图 3.18 所示，重叠长度为 $M-1$；根据式(3.27)，此范围内的系统输出 $y(n)$应为 $y_l(n)$同 $y_{l+1}(n)$之和，即

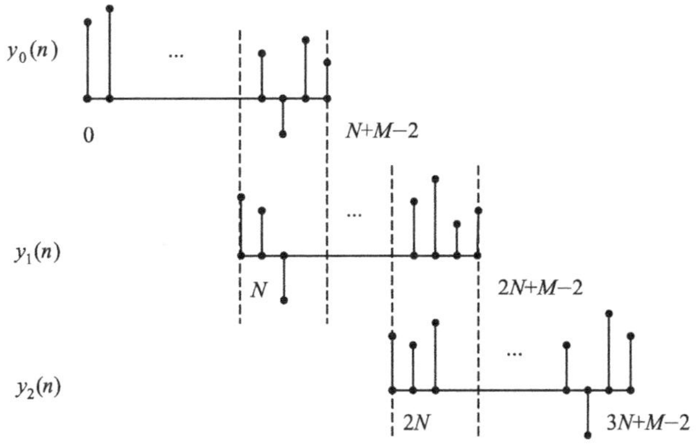

图3.18　$y_l(n)$之间的关系

$$y(n) = y_l(n) + y_{l+1}(n) \qquad n = (l+1)N, \cdots, (l+1)N + M - 2$$

重叠相加法也因此而得名。

对于上述结论，也可以从系统输出的构成来理解，即在区间$[(l+1)N, (l+1)N+M-2]$内观察系统的输出，序列$y_l(n)$可视为系统的零输入响应，而序列$y_{l+1}(n)$则是系统的零状态响应，由于系统的全响应为其零输入响应和零状态响应之和，由此可得出上述结论。

基于式(3.27)以及上述讨论，线性卷积的重叠相加算法可由图3.19示意，并归纳如下：

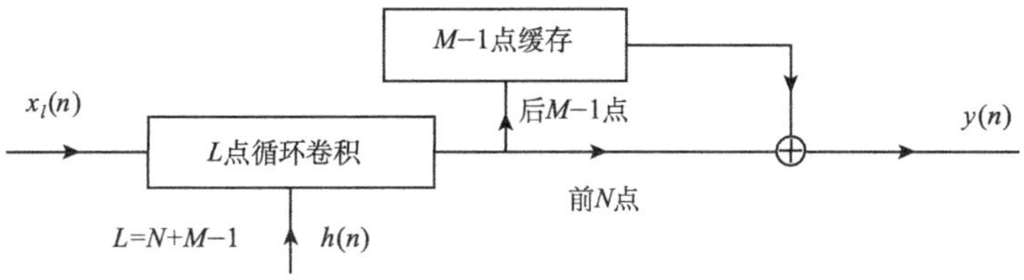

图3.19　重叠相加算法

(1) 初始化序列$t(n)$，即

$$t(n) = 0 \qquad n = 0, 1, \cdots, M-2$$

并令$l=0$；

(2) 由N点输入，为序列$p(n)$赋值，并计算$p(n)$和$h(n)$的$N+M-1$点循环卷积，即

$$\begin{aligned} p(n) &= x(lN+n) \\ q(n) &= p(n) \otimes h(n) \end{aligned} \qquad n = 0, 1, \cdots, N-1$$

(3) 将序列$q(n)$与$t(n)$相加后，输出结果中的前N个点，并由序列$q(n)$的后$M-1$个点，重新为序列$t(n)$赋值，即

$$y(lN+n)=\begin{cases}q(n)+t(n) & n=0,1,\cdots,M-2\\ q(n) & n=M-1,\cdots,N-1\end{cases}$$

$$t(n)=q(N+n)\qquad n=0,1,\cdots,M-2$$

(4) 令 $l=l+1$,回至第二步,直至完成对所有输入的处理。

例 3.4 设 $x(n)=(n+1),0\leqslant n\leqslant 9;h(n)=\{1,0,-1\}$。利用重叠相加法计算 $y(n)=x(n)*h(n)$。(令 $N=6$)

解 因 $N=6$,故可将 $x(n)$ 分为两段,如下:

$$x_1(n)=\{1,2,3,4,5,6\}$$

$$x_2(n)=\{7,8,9,10,0,0\}$$

所以有

$$y_1(n)=x_1(n)*h(n)=\{1,2,2,2,2,2,-5,-6\}$$

$$y_2(n)=x_2(n)*h(n)=\{7,8,2,2,-9,-10,0,0\}$$

最终可得到

$$y(n)=\{1,2,2,2,2,2,2,2,2,2,-9,-10\}$$

2) 重叠保留法

与重叠相加法有所不同,重叠保留法是通过对输出序列 $y(n)$进行分段后导出的一种线性卷积的计算方法,具体论述如下:

现按图 3.20 所示方式对序列 $y(n)$ 进行分段,每段长度为 N,则 $y(n)=\sum_{l=0}^{+\infty}y_l(n)$,其中

$$y_l(n)=\begin{cases}y(n) & lN\leqslant n\leqslant(l+1)N-1\\ 0 & \text{其他}\end{cases}$$

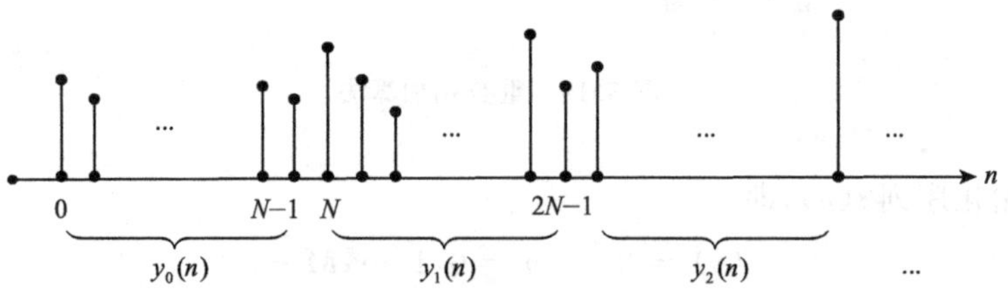

图 3.20 序列 $y(n)$ 的连续分段

因 $h(n)$ 为因果序列且长度为 M,由线性卷积的物理含义可知,区间$[lN-M+1,(l+1)N-1]$内的输入将唯一决定序列 $y_l(n)$的取值,所以根据输出序列 $y(n)$的分段结果可确定输入序列 $x(n)$的分段方式,如下:

$$x_l(n)=\begin{cases}x(n) & lN-M+1\leqslant n\leqslant(l+1)N-1\qquad l=1,2,\cdots\\ 0 & \text{其他}\end{cases}$$

特别需要指出的是，在序列 $x(n)$ 之前补上 $M-1$ 个零以构造 $x_0(n)$，即

$$x_0(n)=\begin{cases}0 & -M+1\leqslant n\leqslant -1\\ x(n) & 0\leqslant n\leqslant N-1\\ 0 & \text{其他}\end{cases}$$

显然，序列 $x(n)$ 的每段长度为 $N+M-1$，而相邻两段之间存在 $M-1$ 点重叠，如图 3.21 所示。

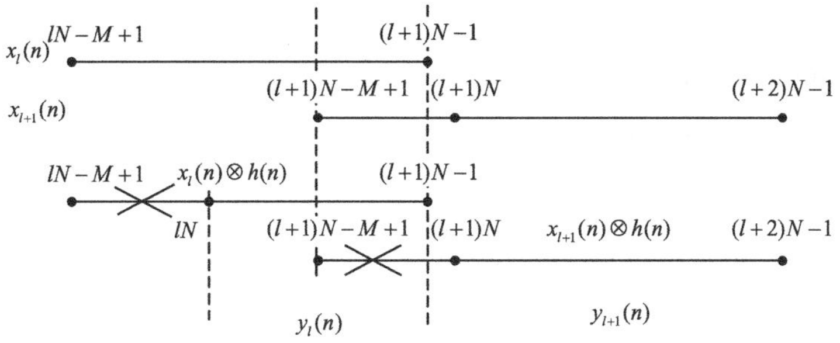

图 3.21　重叠保留法中的循环卷积

如前所述，$y_l(n)$ 由序列 $x_l(n)$ 和 $h(n)$ 之间的线性卷积所决定；实际上，两序列的线性卷积结果是一个长度为 $N+2M-2$ 的序列，从其前、后各去除 $M-1$ 个点，余下的就是待求序列，即

$$y_l(n)=\sum_{m=lN-M+1}^{(l+1)N-1}x_l(m)h(n-m),\qquad lN\leqslant n\leqslant (l+1)N-1$$

为了降低运算量以提高处理速度，上述线性卷积运算可由序列 $x_l(n)$ 和 $h(n)$ 间的循环卷积运算来完成，循环卷积的点数为 $N+M-1$。根据第 3.3.3 节所给出的结论，若令 $N_1=N+M-1$，$N_2=M$，则有

$$N_1-N_2+1=N+M-1-M+1=N$$

因此，在循环卷积结果中，最后 N 点同序列 $x_l(n)$ 和 $h(n)$ 间的线性卷积结果完全一致，而这 N 点所构成的序列恰恰就是待求序列 $y_l(n)$。由于循环卷积结果的长度为 $N+M-1$，从图 3.21 中可以看出，相邻的两段循环卷积结果中，含有 $M-1$ 点的重叠，而每完成一次循环卷积后，只要将结果中发生重叠的前 $M-1$ 点舍去，保留未重叠的部分并输出，则可获得序列 $y(n)$，如图 3.21 所示，这就是重叠保留法的核心，也是该算法名称的由来。

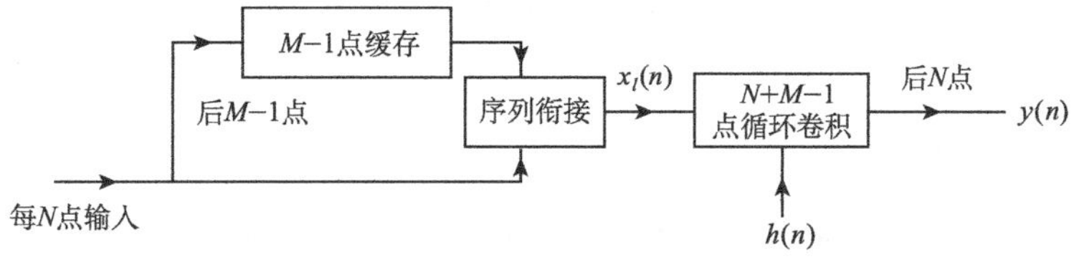

图 3.22　重叠保留法

基于上述讨论,线性卷积的重叠保留算法可由图 3.22 示意,并归纳如下:

(1) 初始化序列 $t(n)$,即

$$t(n)=0 \qquad n=0,1,\cdots,M-2$$

并令 $l=0$;

(2) 由 N 点输入和序列 $t(n)$,构造序列 $p(n)$,并计算 $p(n)$ 和 $h(n)$ 的 $N+M-1$ 点循环卷积,即

$$p(n)=\begin{cases}t(n) & n=0,1,\cdots,M-2\\ x(lN+n-M+1) & n=M-1,\cdots,N+M-2\end{cases}$$

$$q(n)=p(n)\otimes h(n)$$

(3) 输出序列 $q(n)$ 中的最后 N 个点,并由序列 $p(n)$ 的后 $M-1$ 个点,重新为序列 $t(n)$ 赋值,即

$$y(lN+n)=q(n+M-1) \qquad n=0,1,\cdots,N-1$$

$$t(n)=p(N+n) \qquad n=0,1,\cdots,M-2$$

(4) 令 $l=l+1$;回至第(2)步,直至完成对所有输入的处理。

例 3.5 设 $x(n)=(n+1),0\leqslant n\leqslant 9;h(n)=\{1,0,-1\}$。利用重叠保留法计算 $y(n)=x(n)*h(n)$。(令 $N=4$)

解 因 $N=4$ 且 $M=3$,故可将 $x(n)$ 分为 3 段,如下:

$$x_1(n)=\{0,0,1,2,3,4\}$$

$$x_2(n)=\{3,4,5,6,7,8\}$$

$$x_3(n)=\{7,8,9,10,0,0\}$$

所以有

$$y_1(n)=x_1(n)\otimes h(n)=\{-3,-4,1,2,2,2\}$$

$$y_2(n)=x_2(n)\otimes h(n)=\{-4,-4,2,2,2,2\}$$

$$y_3(n)=x_3(n)\otimes h(n)=\{7,8,2,2,-9,-10\}$$

最终可得到

$$y(n)=\{1,2,2,2,2,2,2,2,2,2,-9,-10\}$$

总之,正如此前所阐述的那样,虽然重叠相加法和重叠保留法在细节上存在着差异,但却具有相同的实质,即以逐段的方式通过循环卷积来完成线性卷积的计算。此外,从对两个算法的描述中不难发现,两者都是在获得 N 个点的输入后,进行 $N+M-1$ 点循环卷积计算,之后输出 N 个点,也就是说,重叠相加法和重叠保留法具有相同的运算量和处理效率。

2. 信号的频谱分析

此前的讨论表明,对有限长序列而言,DFT 的定义是严格的,其物理含义是明确的,亦即在这样情形下,完全可以利用 DFT 取代 DTFT。但是,恰恰由于 DFT 是针对有限长序列所定义的一种变换,因此,当应用这一变换研究一般信号(如时域中具有无限长度的

信号等)的频域特征时，在所得到的结果中往往会包含一定的误差，也就是说，此时的 DFT 结果只能是对 DTFT 结果的一种近似。

本小节将主要介绍利用 DFT 进行信号频谱分析的一般方法，并将具体分析导致误差的各种原因，同时给出相关的应对策略①。

现令 $x_a(t)$表示待分析的信号，其傅里叶变换为 $X_a(j\Omega)$，此时所要实现的目标为，由 $x_a(t)$获得频域上的一个有限长序列 $X(k)$，以尽可能全面准确地表示$X_a(j\Omega)$的特征。具体步骤如下：

(1) 对 $x_a(t)$进行时域取样，取样周期为 T，即

$$\hat{x}_a(t) = x_a(t) \times \sum_{n=-\infty}^{+\infty} \delta(t-nT) = \sum_{n=-\infty}^{+\infty} x_a(nT)\delta(t-nT)$$

而 $\hat{x}_a(t)$的傅里叶变换为

$$\hat{X}_a(j\Omega) = \frac{1}{T}\sum_{n=-\infty}^{+\infty} X_a(j(\Omega - n\Omega_s)) \qquad \Omega_s = 2\pi\frac{1}{T}$$

即对 $x_a(t)$作时域取样，$X_a(j\Omega)$将在频域上做周期性的延拓相加，所得结果 $\hat{X}_a(j\Omega)$为周期函数，周期为取样角频率 Ω_s。此前有关时域取样的讨论说明，如果 $x_a(t)$为限带信号且取样角频率 Ω_s 满足奈奎斯特条件，那么，在忽略比例因子$\frac{1}{T}$的前提条件下，一个周期内的 $\hat{X}_a(j\Omega)$就是 $X_a(j\Omega)$；另外，由于存在如下关系：

$$x_1(n) = x_a(nT) \qquad n \in I$$

$$\Rightarrow X_1(e^{j\omega}) = \text{DTFT}\{x_1(n)\} = \hat{X}_a(j\Omega)\Big|_{\Omega=\frac{\omega}{T}}$$

因此，频谱分析的目标转换为利用 $X(k)$表示 $X_1(e^{j\omega})$。

(2) 由 $x_1(n)$构造有限长序列 $x(n)$，并求其频谱 $X(e^{j\omega})$，即

$$x(n) = x_1(n) \times w_M(n)$$

$$X(e^{j\omega}) = \text{DTFT}\{x(n)\} = X_1(e^{j\omega}) * W_M(e^{j\omega})$$

其中，$w_M(n)$是长度为 M 的窗函数，而 $W_M(e^{j\omega})$为其 DTFT 结果。显然，$x(n)$的长度为 M。需要特别指出的是，在进行频谱分析的过程中，可选择多种类型的窗函数，矩形窗(即 $R_N(n)$)只是其中的一种；而且，后续的讨论将说明，就谱分析结果的准确性而言，窗函数的选择起着较为关键的作用。

此时，频谱分析的目标转换为利用 $X(k)$表示 $X(e^{j\omega})$。当然，在时域上对$x_1(n)$作加窗处理一定会导致频域上 $X_1(e^{j\omega})$和 $W_M(e^{j\omega})$的线性卷积；不难想见，卷积结果 $X(e^{j\omega})$必然有别于 $X_1(e^{j\omega})$，也就是说，一周期内的 $X(e^{j\omega})$与 $X_a(j\Omega)$发生了偏差。但是，由于 DFT 是针对有限长序列所定义的变换，因此，时域上的加窗处理是在所难免的，而这也就意味着需要就这一处理所引发的偏差进行控制。

(3) 对 $x(n)$作 N 点 DFT 变换($N \geqslant M$)以获得 $X(k)$，并由此离散谱表示$X(j\Omega)$所具

---

① 对信号作频谱分析并不是一个简单的问题，所牵扯到的因素颇多，而所涉及的技术手段也多种多样，本节所给出的方法只是其中最为基本的一种。感兴趣的读者可查阅相关的技术资料。

有的特征,即

$$x_2(n)=\begin{cases}x(n) & n=0,1,\cdots,M-1\\0 & n=M,\cdots,N-1\end{cases}$$

$$X(k)=\mathrm{DFT}\{x_2(n)\}=\sum_{n=0}^{N-1}x_2(n)W_N^{nk}$$

由于 $X(k)$是对 $X(e^{j\omega})$进行频域取样的结果,因此,为了回避因时域混叠所导致的误差,需要 N 不小于M,而这一做法的另一目的就是克服 DFT 所固有的栅栏效应。所谓栅栏效应是指,就任何一个有限长序列而言,其 DFT 结果仅能直接反映有限个离散频率点处该序列所表现出来的特性,也就是说,无法直接反映其全貌,而这就如同隔着百叶窗向外眺望,所能看到的也只是那些未被窗栏遮挡到的景物。当然,利用第 3.3.2 节给出的频域内插方法,可以由 DFT 结果确定任何一个频率点处的情况,并由此称 DFT 具有明确的物理含义,但频域内插所带来的运算开销太大,所以最为便捷的做法就是提高 DFT 的点数,以期更为全面地了解信号的频谱,防止因栅栏效应而无法直接观测到较为重要的频域特征。需要指出的是,虽然提高 DFT 的点数可以抑制栅栏效应,但由于序列 $x_2(n)$并未因此而包含了更多的有关信号 $x_a(t)$的内容,故这一做法对于分析结果准确程度的改进无益。

因序列 $X(k)$的长度为 N,时域取样周期为 T,所以从数字角频率与模拟角频率之间的关系可以得到

$$\Delta f=\frac{1}{2\pi T}\left[\frac{2\pi(k+1)}{N}-\frac{2\pi k}{N}\right]=\frac{1}{NT}$$

称 Δf 为频率分辨率,表示在利用 DFT 进行频谱分析时,所能达到的最小的频率间隔。

总之,由于 DFT 是针对有限长序列所定义的变换方法,因此,利用这一变换分析信号的频谱需要首先构造一有限长序列,之后,由该序列的 DFT 结果(该序列的离散谱)来表示原信号的频谱。

如前所述,基于上述方法所得到的结果只是对原信号频谱的一种近似,也就是说,$X(k)$同模拟角频率$\frac{2\pi k}{NT}$处的 $X_a(j\Omega)$之间存在着偏差,而造成这一偏差的原因主要体现在如下两个方面:

1) 频域混叠

由第 2 章的讨论可知,在进行时域取样的过程中,如果信号不具备限带的特点,或者取样角频率 Ω_s 不能满足奈奎斯特条件,那么在 $\hat{X}_a(j\Omega)$中将存在混叠,而这又必然会导致 $X(k)$和 $X_a\left(j\frac{2\pi k}{NT}\right)$之间的偏差。由于在实际的应用中所遇到的信号往往是非限带的信号;此外,从下面有关频谱泄漏的讨论中可知,在利用 DFT 进行信号的频谱分析时,频域混叠难以避免,也就是说,由混叠所导致的偏差总是存在的,因此有必要对这一偏差进行抑制。常见的做法包括:①在时域取样前对信号进行滤波;②选取恰当的取样频率以降低混叠程度。这里,滤波器的设计以及取样频率的确定由信号特点和性能指标要求所决定,此处不再作进一步的探讨。

需要特别说明的是，频域混叠并非应用 DFT 分析信号频谱时才会遇到的问题，即使利用 DTFT 完成同样的工作，也需要控制因频域混叠所导致的误差。

2）频谱泄漏

由于窗函数在时域上的长度是有限的，因而其频谱中包含了较为丰富的高频分量，如图 3.23 所示，所以即使 $x_a(t)$ 为限带信号且取样频率满足奈奎斯特条件，在 $X_1(e^{j\omega})$ 和 $W_M(e^{j\omega})$ 的卷积结果 $X(e^{j\omega})$ 中，也会出现一定的高频分量；或者说，因频域上所需完成的卷积运算，$X(e^{j\Omega T})$ 不仅在取值上有别于 $X_a(j\Omega)$，而且其频带也被延展了，如图 3.24 所示，称此现象为频谱泄漏。总之，频谱泄漏是由时域加窗处理所导致的一个必然结果。

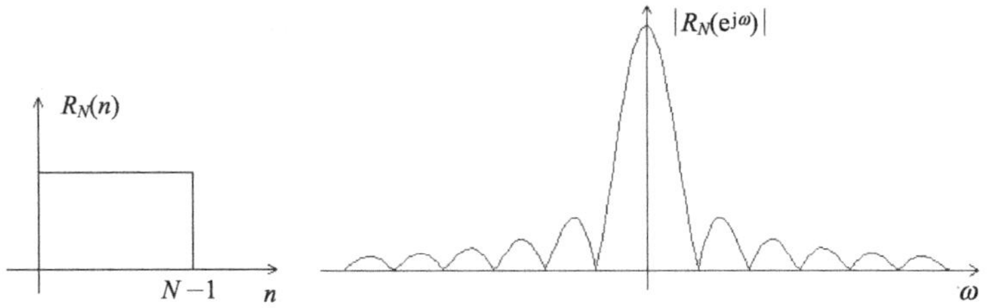

图 3.23　窗函数及其频谱

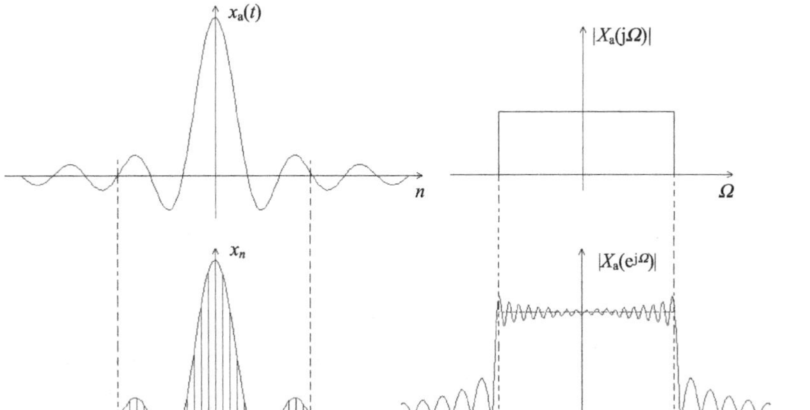

图 3.24　加窗处理与频谱泄漏

由于在利用 DFT 进行信号的频谱分析过程中，时域加窗处理是一个不可或缺的环节，因此在最终的分析结果中必然会包含由频谱泄漏所带来的误差，或者说，这是采用 DFT 作频谱分析时所遇到的一个固有问题。

由上述分析不难想到，为了减少这一误差，需要降低 $W_M(e^{j\omega})$ 中的高频分量。在后续有关 FIR 滤波器的讨论中将指出，通过调整窗函数的形状可以较为有效地达到这一目的，这里不再作进一步的分析（更多的有关窗函数的描述，请参见 5.3.3 节）。

最后还需指出的是，先作时域取样再作加窗处理和先作加窗处理再作时域取样所得到的有限长序列是完全相同的。既然如此,也就不难看出频谱泄漏的存在必然会导致频域混叠。因此,时域取样前的滤波以及取样频率的确定对于提高频谱分析结果的准确程度来讲,起着较为关键的作用。另外,增大窗函数的长度,会导致在所获得的有限长序列中包含更多的 $x_a(t)$ 的内容,而分析结果的准确程度显然也会因此而得到一定程度的提高。

综上所述,由于 DFT 能够与数字系统的两个基本特征相适应,其定义是严格的,物理含义是明确的,又因具有快速计算方法,因此,利用 DFT 完成信号的频谱分析是在实际应用中常见的做法。但是,由于 DFT 自身的局限性(即 DFT 是针对有限长序列所定义的一种变换),分析结果的准确程度会受到频谱泄漏、频域混叠等诸多因素的影响,因此需要采用滤波、调整取样频率、变换窗函数的形状及长度等一系列的措施来改进该方法的性能。可以说,如何更为准确和有效地完成信号的频谱分析是一个较为复杂的问题,也是数字信号处理学科所关注的一个焦点问题。

3.4 快速傅里叶变换

在实际的数字系统中,DFT 是一种得到了广泛应用的、重要的信号处理手段。其之所以重要,不仅仅得益于 DFT 能够很好地适应于数字系统的两个基本特征并拥有严格的定义和明确的物理含义,同时,还在于其具备了快速计算方法,称此类方法为 FFT(fast Fourier transform)。FFT 极大地降低了 DFT 的运算量,为其在数字系统中的实际应用奠定了坚实的基础。

现重述 DFT 的定义如下:

$$X(k) = \sum_{n=0}^{N-1} x(n) W_N^{nk} \qquad k = 0,1,\cdots,N-1$$

其中,$x(n)$为有限长序列,长度为 N。由上式可以看出,为了获得一个 $X(k)$,需要完成 N 次复乘运算和 $N-1$ 次复加运算,而为了获得全部的 $X(k)$,则需要完成 N^2 次复乘运算和 $N(N-1)$次复加运算。显然,随着 N 的增大,计算量将急剧增长,如当 $N=1024$ 时,所需完成的乘法和加法运算次数约为 420 万次,而当 $N=2048$ 时,乘法和加法运算次数增至 1700 万次左右。不难想见,早期的数字系统很难承受高点数 DFT 所带来的计算开销;另外,即使对当前的计算设备来说,直接计算高点数 DFT 所需花费的时间也使其难以完成对信号的实时处理,因此,有必要设计和实施 DFT 的快速计算方法以降低其运算量。

1965 年,在继承了前人思想的基础上,James W. Cooley 和 John W. Tukey 在论文"An algorithm for the machine calculation of complex Fourier series"中首次提出了一种较为成熟的 DFT 的快速计算方法。之后,有关 FFT 的研究备受关注。至今,仍有相关论文在不同的学术刊物上被发表。不可否认,FFT 的提出和不断的完善对于"数字信号处理"学科的高速发展起到了重要的推动作用。

需要说明的是,虽然存在不同的 FFT 方法,但其核心思想大致相同,即通过迭代,反复利用低点数的 DFT 完成高点数的 DFT 计算,以此达到降低运算量的目的。本节将主要介绍几种最为基本的 FFT 方法①，具体包括：基 2 时域抽选算法(radix-2 decimation in time)、基 2 频域抽选算法(radix-2 decimation in frequency)以及基 4 时域抽选算法(radix-4 decimation in time)；同时，本节还将就相关问题进行必要的讨论，并举例说明 FFT 的应用。

3.4.1　基 2 时域抽选算法

设有限长序列 $x(n)$的 DFT 结果为 $X(k)$，且序列 $x(n)$的长度 N 为偶数，故可令 $N=2M$，其中，M 为一整数。现按 n 的奇偶性对序列 $x(n)$进行分组，结果如下：

$$x^{(e)}(m)=x(2m) \qquad 0\leqslant m\leqslant M-1$$
$$x^{(o)}(m)=x(2m+1) \quad 0\leqslant m\leqslant M-1$$

称上述过程为序列的奇偶分组，并称所得序列 $x^{(e)}(n)$和 $x^{(o)}(n)$分别为偶数子序列和奇数子序列。由此，$X(k)$的计算过程可转化为

$$\begin{aligned}X(k) &= \sum_{n=0}^{N-1}x(n)W_N^{nk} = \sum_{l=0}^{M-1}x(2l)W_N^{2lk} + \sum_{l=0}^{M-1}x(2l+1)W_N^{(2l+1)k}\\ &= \sum_{l=0}^{M-1}x^{(e)}(l)W_M^{lk} + W_N^k\sum_{l=0}^{M-1}x^{(o)}(l)W_M^{lk}\\ &= X^{(e)}((k))_M + W_N^kX^{(o)}((k))_M \qquad 0\leqslant k\leqslant N-1\end{aligned}$$

其中，$X^{(e)}(k)=\mathrm{DFT}_M\{x^{(e)}(n)\}$，$X^{(o)}(k)=\mathrm{DFT}_M\{x^{(o)}(n)\}$。若令 $0\leqslant k\leqslant M-1$，则上式可转化为

$$\begin{cases}X(k) = X^{(e)}(k)+W_N^kX^{(o)}(k)\\ X(k+M) = X^{(e)}(k)+W_N^{k+M}X^{(o)}(k) = X^{(e)}(k)-W_N^kX^{(o)}(k)\end{cases} \tag{3.28}$$

因式(3.28)的信号流图，如图 3.25 所示，呈现蝴蝶状，故称其为蝶形运算。由于在式(3.28)中，W_N^k 的模为 1，所以与 $X^{(o)}(k)$相乘后，只会改变后者的相角而不会影响其幅度，故称 W_N^k 为旋转因子。显然，蝶形运算包含一次复乘和两次复加。

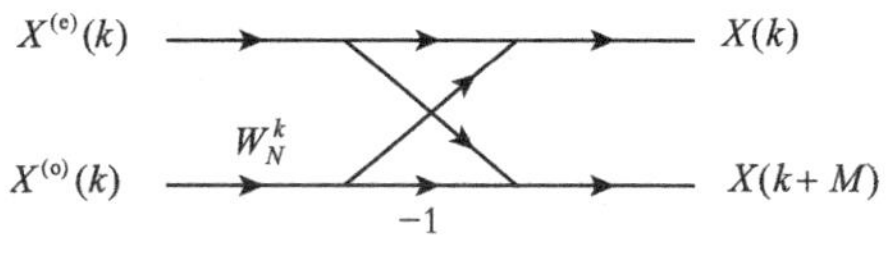

图 3.25　基 2 DIT-FFT 中的蝶形运算

此时，一个 N 点 DFT 的计算转化为两个 M 点 DFT 的计算和一级蝶形复合，即首先求出序列 $x^{(e)}(n)$和 $x^{(o)}(n)$的 M 点 DFT 结果 $X^{(e)}(k)$和 $X^{(o)}(k)$；之后通过 M 次蝶形运算，将序列 $X^{(e)}(k)$和 $X^{(o)}(k)$组合为 $X(k)$，如图 3.26 所示。因蝶形复合包含 M 次蝶形运算，故需完成 M 次复乘和 $2M$ 次复加；此外，两个 M 点 DFT 的计算包含了 $2M^2$ 次复乘和 $2M(M-1)$次复加，所以共需完成 $M(2M+1)$次复乘和 $2M^2$ 次复加。

同直接计算 N 点 DFT 相比，对序列进行一次奇偶分组后，由 M 点 DFT 间接计算 N 点 DFT 所需的复乘和复加次数大致减半。可见，如果能够对 M 点 DFT 作相同的处理，

① 本节所涉及的各种 FFT 方法，均有严格的数学描述，此处略去以求简洁，感兴趣的读者可查阅相关的技术资料。

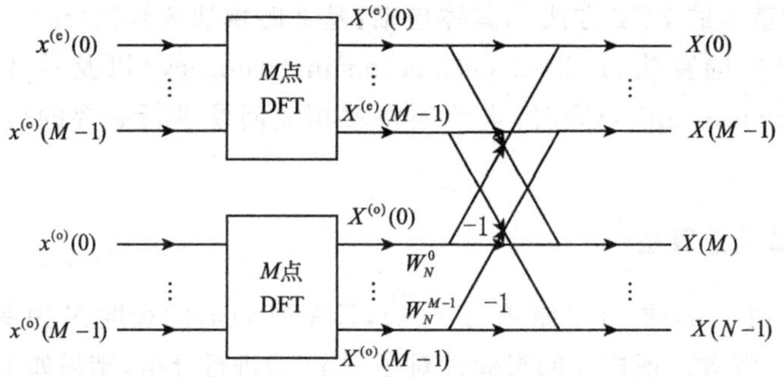

图 3.26　DIT-FFT 中 N 点 DFT 同两个 $N/2$ 点 DFT 间的关系

整体运算量还可以得到进一步地降低。

若 $N=2^m$,则 $M=2^{m-1}$,仍为偶数,因此可用同样的方法计算序列 $X^{(e)}(k)$和 $X^{(o)}(k)$,即首先对序列 $x^{(e)}(n)$和 $x^{(o)}(n)$进行奇偶分组,得

$$\begin{cases} x^{(ee)}(m)=x^{(e)}(2m)=x(4m) \\ x^{(eo)}(m)=x^{(e)}(2m+1)=x(4m+2) \\ x^{(oe)}(m)=x^{(o)}(2m)=x(4m+1) \\ x^{(oo)}(m)=x^{(o)}(2m+1)=x(4m+3) \end{cases} \quad 0\leqslant m\leqslant 2^{m-2}-1 \tag{3.29}$$

之后,由 $x^{(ee)}(n)$、$x^{(eo)}(n)$、$x^{(oe)}(n)$和 $x^{(oo)}(n)$的 2^{m-2} 点 DFT 结果 $X^{(ee)}(k)$、$X^{(eo)}(k)$、$X^{(oe)}(k)$和$X^{(oo)}(k)$求出 $X^{(e)}(k)$和 $X^{(o)}(k)$,如下:

$$\begin{cases} X^{(e)}(k)=X^{(ee)}(k)+W_M^kX^{(eo)}(k) \\ X^{(e)}\left(k+\dfrac{M}{2}\right)=X^{(ee)}(k)-W_M^kX^{(eo)}(k) \end{cases} \quad 0\leqslant k\leqslant \frac{M}{2}-1$$

$$\begin{cases} X^{(o)}(k)=X^{(oe)}(k)+W_M^kX^{(oo)}(k) \\ X^{(o)}\left(k+\dfrac{M}{2}\right)=X^{(oe)}(k)-W_M^kX^{(oo)}(k) \end{cases} \quad 0\leqslant k\leqslant \frac{M}{2}-1$$

此时,一个 N 点 DFT 的计算转化为四个 2^{m-2}点 DFT 的计算和两级蝶形复合,即首先按式(3.29)对序列 $x(n)$连续进行两次奇偶分组,得到 $x^{(ee)}(n)$、$x^{(eo)}(n)$、$x^{(oe)}(n)$和 $x^{(oo)}(n)$并直接求出其 2^{m-2}点 DFT 结果 $X^{(ee)}(k)$、$X^{(eo)}(k)$、$X^{(oe)}(k)$和 $X^{(oo)}(k)$;之后,通过一级蝶形复合将 $X^{(ee)}(k)$、$X^{(eo)}(k)$、$X^{(oe)}(k)$和 $X^{(oo)}(k)$组合为 $X^{(e)}(k)$和 $X^{(o)}(k)$;最后,再通过一级蝶形复合将 $X^{(e)}(k)$和$X^{(o)}(k)$组合为 $X(k)$,如图 3.27 所示。此处,可将蝶形复合的概念明确为,通过蝶形运算将所有低点数的 DFT 结果组合为高点数 DFT 结果的过程。就当前讨论的问题而言,每级蝶形复合均包含 M 次蝶形运算,故两级蝶形复合需完成 $2M$ 次复乘和 $4M$ 次复加,而四个 2^{m-2}点 DFT 计算则包含了 M^2 次复乘和 $M(M-2)$次复加,所以共需完成 $M(M+2)$次复乘和复加。不难发现,运算量又大致减少了一半。

显然,因为 $N=2^m$,所以可对序列 $x(n)$连续进行$(m-1)$次奇偶分组,直至得到 $2^{(m-1)}$个长度为 2 的序列为止。此时,一个 2^m 点 DFT 的计算转化为 $2^{(m-1)}$个 2 点 DFT 的计算和$(m-1)$级蝶形复合,而 2 点 DFT 的计算为

$$\begin{cases} Y(0)=y(0)+y(1) \\ Y(1)=y(0)-y(1) \end{cases}$$

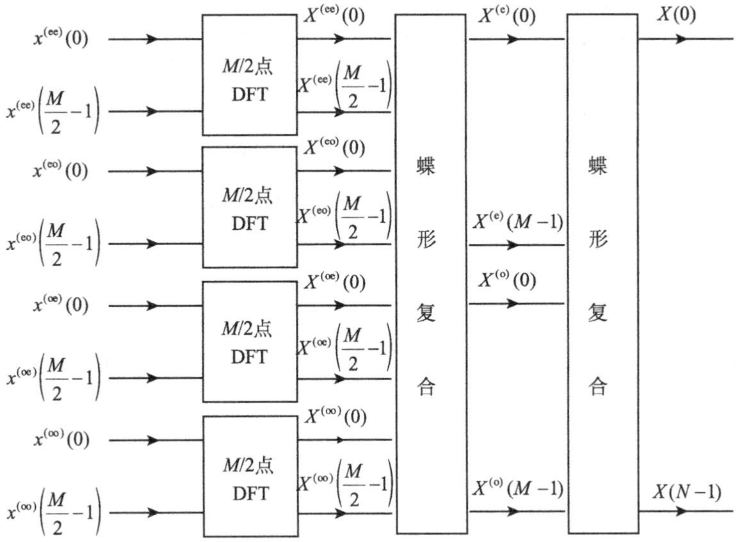

图 3.27　DIT-FFT 中 N 点 DFT 同 4 个 $N/4$ 点 DFT 间的关系

上式的流图可由图 3.28 表示，不难看出，2 点 DFT 的计算也是蝶形运算，且旋转因子为 $W_N^0=1$。

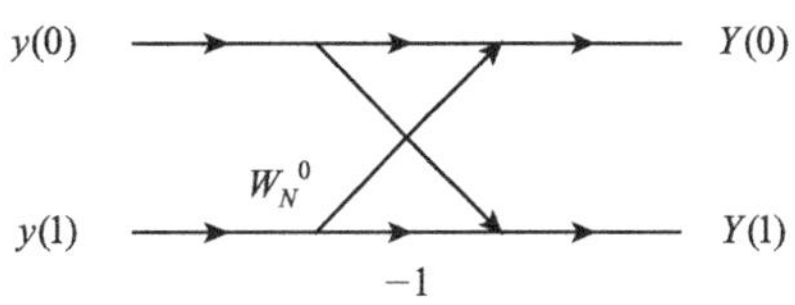

图 3.28　2 点 DFT 的运算流图

因此，一个 2^m 点 DFT 的计算实际上可由原序列 $x(n)$ 出发，经过 m 级蝶形复合得到，如图3.29 所示，这就是所谓的基 2 时域抽选算法。

由于每级蝶形复合均包含 M 次蝶形运算，因此

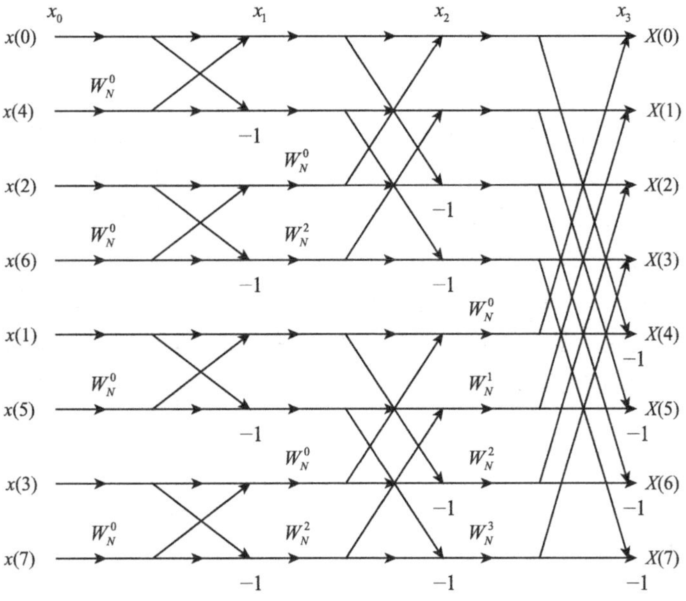

图 3.29　8 点 DFT 的基 2 DIT-FFT 运算流图

m 级蝶形复合共需完成$\frac{N}{2}\log_2 N$次复乘和$N\log_2 N$次复加,此即为基 2 时域抽选算法的运算量。反观 N 点 DFT 的直接计算,其需完成 N^2 次复乘和 $N(N-1)$次复加。两者相比,复乘次数的减少至原运算次数的$\frac{\log_2 N}{2N}$,而复加次数则减少至原次数的$\frac{\log_2 N}{N-1}$,如图 3.30 所示。由图 3.30 可以看出 N 越大快速算法的效果越为明显,如当 N 为 1024 时,复乘次数已减少了 99.5%,而复加次数则减少了 99%。

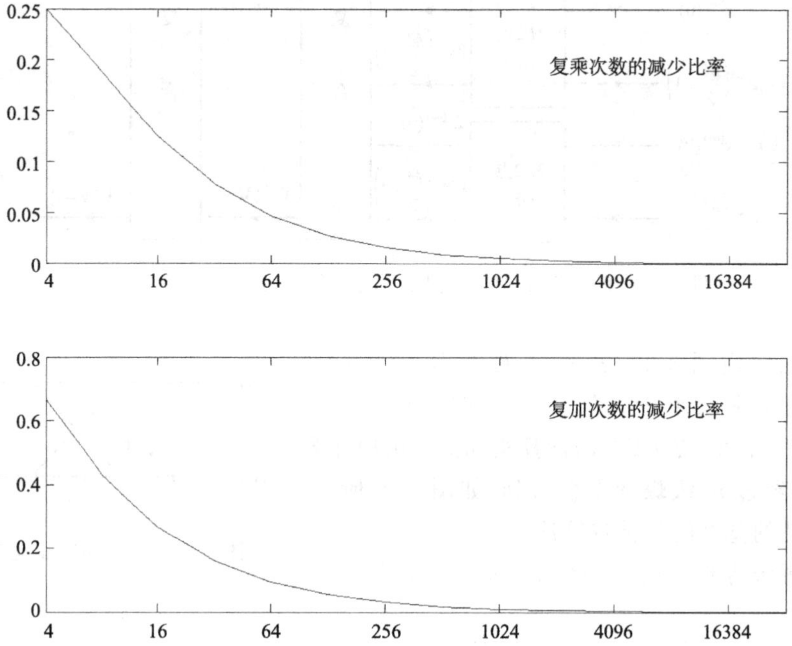

图 3.30　运算次数的减少比率

在上述算法中,DFT 点数的降低源于时域上不断地对序列进行奇偶分组;同时,算法要求待求的 DFT 点数为 2 的整数次幂,故该算法被称作基 2 时域抽选算法,而这也就意味着,为了应用该算法完成 DFT 的快速计算,有时需要在序列末尾补上若干个 0,以将其长度调整为 2 的整数次幂。

如前所述,当 $N=2^m$ 时,基 2 时域抽选算法包含 m 级蝶形复合,为了进一步说明该算法的特点,现将每级蝶形复合的输入视作一个完整的序列,该序列由偶数子序列的 DFT 结果和奇数子序列的 DFT 结果交错排列后衔接而成,如在图 3.27 中,第一级蝶形复合的输入序列可表示为

$$x(k)=\begin{cases} X^{(ee)}(k) & 0\leqslant k\leqslant 2^{m-2}-1 \\ X^{(eo)}(k-2^{m-2}) & 2^{m-2}\leqslant k\leqslant 2\times 2^{m-2}-1 \\ X^{(oe)}(k-2\times 2^{m-2}) & 2\times 2^{m-2}\leqslant k\leqslant 3\times 2^{m-2}-1 \\ X^{(oo)}(k-3\times 2^{m-2}) & 3\times 2^{m-2}\leqslant k\leqslant 4\times 2^{m-2}-1 \end{cases}$$

由此进一步约定，将第 $l(l=1,2,\cdots,m)$级蝶形复合的输入表示为序列 $x_{l-1}(k)$，其中 $k=0,1,\cdots,N-1$。显然，序列 $x_l(k)$既为第$(l+1)$级蝶形复合的输入，又为第 l 级蝶形复合的输出，而作为第 m 级蝶形复合的输出，序列 $x_m(k)$就是待求的 N 点 DFT 结果，即

$$X(k)=x_m(k)\qquad k=0,1,\cdots,N-1 \tag{3.30}$$

需要指出的是，序列 $x_0(k)$并非序列 $x(n)$。实际上，序列 $x_0(k)$是对序列 $x(n)$进行次序调整后的结果，就此将作进一步的说明。

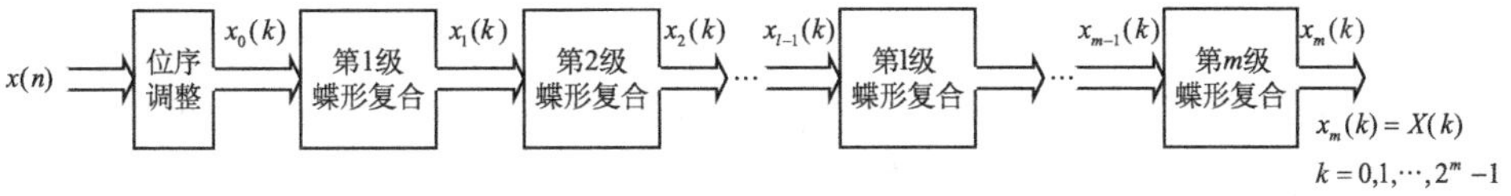

图 3.31　2^m 点 DFT 的基 2 时域抽选计算过程

根据上述约定，2^m 点 DFT 的基 2 时域抽选计算过程可由图 3.31 示意。此外，从数学上可以证明，在第 l 级蝶形复合中，每一个蝶形运算的一般形式为

$$\begin{cases}x_l(i)=x_{l-1}(i)+W_N^{2^{m-l}i}x_{l-1}(i+2^{l-1})\\ x_l(i+2^{l-1})=x_{l-1}(i)-W_N^{2^{m-l}i}x_{l-1}(i+2^{l-1})\end{cases} \tag{3.31}$$

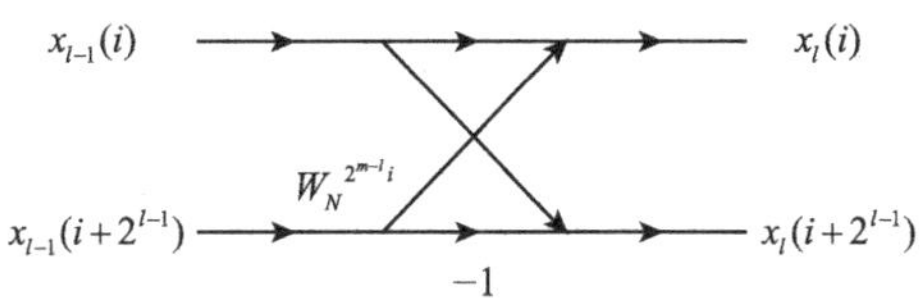

图 3.32　基 2 DIT-FFT 中蝶形运算的一般形式

图 3.32 具体给出了式(3.31)所对应的信号流图。

式(3.31)不仅明确了在对序列 $x_{l-1}(k)$进行蝶形复合时，如何确定 2^{m-1}个蝶形运算的输入和旋转因子；同时，该式也说明任何一个蝶形运算的输出在序列$x_l(k)$中的排序位置同其输入在序列中 $x_{l-1}(k)$的排序位置保持一致，称这一特性为同位(in-place)。同位特性意味着，在具体实施基 2 时域抽选算法的过程中，每完成一个蝶形运算，可将其输出保存在其输入所占用的存储单元内，即用输出覆盖输入。显然，同位特性有利于存储空间的节省。

在前文已经提到，序列 $x_0(k)$是对序列 $x(n)$进行次序调整后的结果，如在图 3.29 所示的 $N=8$ 的情况下，序列 $x_0(k)$和序列 $x(n)$之间的对应关系为

$$x_0(0)=x(0),x_0(1)=x(4)$$
$$x_0(2)=x(2),x_0(3)=x(6)$$
$$x_0(4)=x(1),x_0(5)=x(5)$$
$$x_0(6)=x(3),x_0(7)=x(7)$$

这种位序上的差异由奇偶分组过程以及蝶形复合的输入中子序列 DFT 结果的交错排放方式所决定。可以证明，序列 $x_0(k)$和序列 $x(n)$之间存在如下关系：

$$x_0(k)=x(\bar{k})\qquad k=0,1,\cdots,N-1 \tag{3.32}$$

其中，$\overline{(\cdot)}$ 表示倒位序运算。具体而言，当 $N=2^m$ 时，k 的二进制表示为 $k=\sum_{i=0}^{m-1}k_i2^i$，$\bar{k}$ 则

为 $\bar{k}=\sum_{i=0}^{m-1}k_i 2^{m-1-i}$。倒位序运算可简单表示为$\overline{(k_{m-1},k_{m-2},\cdots,k_0)}=(k_0,\cdots,k_{m-2},k_{m-1})$，例如，$6=1\times 2^2+1\times 2^1+0=(1,1,0)$，而$\overline{(1,1,0)}=(0,1,1)=0\times 2^2+1\times 2^1+1=3$。

式(3.30)和式(3.32)表明，相比于 N 点 DFT 的输入序列 $x(n)$ 和输出序列 $X(k)$ 而言，基 2 时域抽选算法的输入为倒序，输出为正序，称之为该算法的位序特性。实际上，位序特性决定了基 2 时域抽选算法具备同位特性，并因此使其对存储空间的需求得以降低。

总之，通过逐级的蝶形复合，基 2 时域抽选算法间接地完成了高点数 DFT 的计算，极大地降低了运算量，并只需占用较少的存储空间。

3.4.2 基 2 时域抽选算法的矩阵表示形式

从基 2 时域抽选算法的信号流图出发，按 3.4.1 节所作的有关蝶形复合的约定①，不难得到该算法的矩阵表示形式。下面，以 $N=8$ 为例，就此问题作扼要的分析。

参照图 3.29 所给出的信号流图，令

$$x=[x(0),x(1),\cdots,x(7)]^{\mathrm{T}}$$

$$X=[X(0),X(1),\cdots,X(7)]^{\mathrm{T}}$$

$$x_0=[x_0(0),x_0(1),\cdots,x_0(7)]^{\mathrm{T}}$$

$$x_1=[x_1(0),x_1(1),\cdots,x_1(7)]^{\mathrm{T}}$$

$$x_2=[x_2(0),x_2(1),\cdots,x_2(7)]^{\mathrm{T}}$$

$$x_3=X$$

则有

$$x_0=\begin{bmatrix}1&0&0&0&0&0&0&0\\0&0&0&0&1&0&0&0\\0&0&1&0&0&0&0&0\\0&0&0&0&0&0&1&0\\0&1&0&0&0&0&0&0\\0&0&0&0&0&1&0&0\\0&0&0&1&0&0&0&0\\0&0&0&0&0&0&0&1\end{bmatrix}\cdot x=Ex$$

① 实际上，有关蝶形复合的约定就是对信号流图中各节点表示方法的约定。

$$x_1=\begin{bmatrix}1 & W_8^0 & 0 & 0 & 0 & 0 & 0 & 0\\ 1 & W_8^4 & 0 & 0 & 0 & 0 & 0 & 0\\ 0 & 0 & 1 & W_8^0 & 0 & 0 & 0 & 0\\ 0 & 0 & 1 & W_8^4 & 0 & 0 & 0 & 0\\ 0 & 0 & 0 & 0 & 1 & W_8^0 & 0 & 0\\ 0 & 0 & 0 & 0 & 1 & W_8^4 & 0 & 0\\ 0 & 0 & 0 & 0 & 0 & 0 & 1 & W_8^0\\ 0 & 0 & 0 & 0 & 0 & 0 & 1 & W_8^4\end{bmatrix}\cdot x_0=\begin{bmatrix}1 & 1 & 0 & 0 & 0 & 0 & 0 & 0\\ 1 & -1 & 0 & 0 & 0 & 0 & 0 & 0\\ 0 & 0 & 1 & 1 & 0 & 0 & 0 & 0\\ 0 & 0 & 1 & -1 & 0 & 0 & 0 & 0\\ 0 & 0 & 0 & 0 & 1 & 1 & 0 & 0\\ 0 & 0 & 0 & 0 & 1 & -1 & 0 & 0\\ 0 & 0 & 0 & 0 & 0 & 0 & 1 & 1\\ 0 & 0 & 0 & 0 & 0 & 0 & 1 & -1\end{bmatrix}\cdot x_0=V_{2T}x_0$$

$$x_2=\begin{bmatrix}1 & 0 & W_8^0 & 0 & 0 & 0 & 0 & 0\\ 0 & 1 & 0 & W_8^2 & 0 & 0 & 0 & 0\\ 1 & 0 & W_8^4 & 0 & 0 & 0 & 0 & 0\\ 0 & 1 & 0 & W_8^6 & 0 & 0 & 0 & 0\\ 0 & 0 & 0 & 0 & 1 & 0 & W_8^0 & 0\\ 0 & 0 & 0 & 0 & 0 & 1 & 0 & W_8^2\\ 0 & 0 & 0 & 0 & 1 & 0 & W_8^4 & 0\\ 0 & 0 & 0 & 0 & 0 & 1 & 0 & W_8^6\end{bmatrix}\cdot x_1=\begin{bmatrix}1 & 0 & 1 & 0 & 0 & 0 & 0 & 0\\ 0 & 1 & 0 & W_8^2 & 0 & 0 & 0 & 0\\ 1 & 0 & -1 & 0 & 0 & 0 & 0 & 0\\ 0 & 1 & 0 & W_8^6 & 0 & 0 & 0 & 0\\ 0 & 0 & 0 & 0 & 1 & 0 & 1 & 0\\ 0 & 0 & 0 & 0 & 0 & 1 & 0 & W_8^2\\ 0 & 0 & 0 & 0 & 1 & 0 & -1 & 0\\ 0 & 0 & 0 & 0 & 0 & 1 & 0 & W_8^6\end{bmatrix}\cdot x_1=V_{4T}x_1$$

$$x_3=X=\begin{bmatrix}1 & 0 & 0 & 0 & W_8^0 & 0 & 0 & 0\\ 0 & 1 & 0 & 0 & 0 & W_8^1 & 0 & 0\\ 0 & 0 & 1 & 0 & 0 & 0 & W_8^2 & 0\\ 0 & 0 & 0 & 1 & 0 & 0 & 0 & W_8^3\\ 1 & 0 & 0 & 0 & W_8^4 & 0 & 0 & 0\\ 0 & 1 & 0 & 0 & 0 & W_8^5 & 0 & 0\\ 0 & 0 & 1 & 0 & 0 & 0 & W_8^6 & 0\\ 0 & 0 & 0 & 1 & 0 & 0 & 0 & W_8^7\end{bmatrix}\cdot x_2=\begin{bmatrix}1 & 0 & 0 & 0 & 1 & 0 & 0 & 0\\ 0 & 1 & 0 & 0 & 0 & W_8^1 & 0 & 0\\ 0 & 0 & 1 & 0 & 0 & 0 & W_8^2 & 0\\ 0 & 0 & 0 & 1 & 0 & 0 & 0 & W_8^3\\ 1 & 0 & 0 & 0 & -1 & 0 & 0 & 0\\ 0 & 1 & 0 & 0 & 0 & W_8^5 & 0 & 0\\ 0 & 0 & 1 & 0 & 0 & 0 & W_8^6 & 0\\ 0 & 0 & 0 & 1 & 0 & 0 & 0 & W_8^7\end{bmatrix}\cdot x_2=V_{8T}x_2$$

根据 3.3.1 节给出的 DFT 的矩阵表示形式，有

$$X=Wx$$

显然，存在如下关系：

$$W=V_{8T}V_{4T}V_{2T}E$$

$$X=V_{8T}V_{4T}V_{2T}Ex=Wx$$

可见，基 2 时域抽选算法实际上代表了对 DFT 矩阵进行分解后所得到的结果。这一结论虽然是在 $N=8$ 的情况下得到的，但却具有普适性。其实，按式(3.32)所定义的倒位序运算以及式(3.31)所给出的第 l 级蝶形复合中蝶形运算的一般形式，不难写出在 $N=2^m$ 情

况下,基 2 时域抽选算法所对应的 DFT 矩阵的分解结果。

由于 DFT 矩阵的分解结果并不唯一,因此有可能存在多种 FFT 算法。虽然不同的 FFT 算法具有不尽相同的特点(如某些 FFT 方法不具备同位特性),但是,正如前文所提到的,这些 FFT 方法具有大致相同的核心思想,即通过迭代,反复利用低点数的 DFT 完成高点数的 DFT 计算,以此达到降低运算量的目的。

3.4.3 基 2 频域抽选算法

设有限长序列 $x(n)$ 的 N 点 DFT 结果为 $X(k)$,且有 $N=2^m$。基 2 时域抽选算法按 n 的奇偶性对序列 $x(n)$ 进行分组,而基 2 频域抽选算法将按 k 的奇偶性对序列 $X(k)$ 进行分组,具体讨论如下。因为

$$X(k)=\sum_{n=0}^{N-1}x(n)W_N^{nk}\qquad k=0,1,\cdots,N-1$$

若令

$$\begin{aligned}x_1(i)&=x(i)\\x_2(i)&=x\left(i+\frac{N}{2}\right)\end{aligned}\qquad i=0,1,\cdots,\frac{N}{2}-1$$

则有

$$\begin{aligned}X(2k)&=\sum_{n=0}^{N-1}x(n)W_N^{2nk}=\sum_{i=0}^{\frac{N}{2}-1}x_1(i)W_{\frac{N}{2}}^{ik}+\sum_{i=0}^{\frac{N}{2}-1}x_2(i)W_{\frac{N}{2}}^{\left(i+\frac{N}{2}\right)k}\\&=\sum_{i=0}^{\frac{N}{2}-1}x_1(i)W_{\frac{N}{2}}^{ik}+\sum_{i=0}^{\frac{N}{2}-1}x_2(i)W_{\frac{N}{2}}^{ik}=\sum_{i=0}^{\frac{N}{2}-1}(x_1(i)+x_2(i))W_{\frac{N}{2}}^{ik}\\&\qquad k=0,1,\cdots,\frac{N}{2}-1\end{aligned}\tag{3.33}$$

$$\begin{aligned}X(2k+1)&=\sum_{n=0}^{N-1}x(n)W_N^{n(2k+1)}=\sum_{i=0}^{\frac{N}{2}-1}x_1(i)W_N^{i}W_{\frac{N}{2}}^{ik}+\sum_{i=0}^{\frac{N}{2}-1}x_2(i)W_N^{\left(i+\frac{N}{2}\right)(2k+1)}\\&=\sum_{i=0}^{\frac{N}{2}-1}x_1(i)W_N^{i}W_{\frac{N}{2}}^{ik}+\sum_{i=0}^{\frac{N}{2}-1}-x_2(i)W_N^{i}W_{\frac{N}{2}}^{ik}\\&=\sum_{i=0}^{\frac{N}{2}-1}\{[x_1(i)-x_2(i)]W_N^{i}\}W_{\frac{N}{2}}^{ik}\qquad k=0,1,\cdots,\frac{N}{2}-1\end{aligned}\tag{3.34}$$

若再令

$$\begin{cases}x^{(e)}(i)=x_1(i)+x_2(i)\\x^{(o)}(i)=[x_1(i)-x_2(i)]W_N^{i}\end{cases}\qquad 0\leqslant i\leqslant\frac{N}{2}-1\tag{3.35}$$

则式(3.33)和式(3.34)可改写为

$$\begin{cases}X(2k)=X^{(e)}(k)=\mathrm{DFT}_{\frac{N}{2}}\{x^{(e)}(n)\}\\X(2k+1)=X^{(o)}(k)=\mathrm{DFT}_{\frac{N}{2}}\{x^{(o)}(n)\}\end{cases}\qquad 0\leqslant k\leqslant\frac{N}{2}-1$$

称序列 $x^{(e)}(n)$ 和 $x^{(o)}(n)$ 为偶数子序列和奇数子序列。由于式(3.35)的信号流图，如图 3.33 所示，也呈现蝴蝶状，故同样称其为蝶形运算，而 W_N^i 仍为旋转因子。不难发现，单就运算结构而言，式(3.35)和式(3.28)的信号流图呈转置关系；显然，尽管旋转因子所处的位置不同，两者应具有相同的运算量，即包含一次复乘和两次复加。

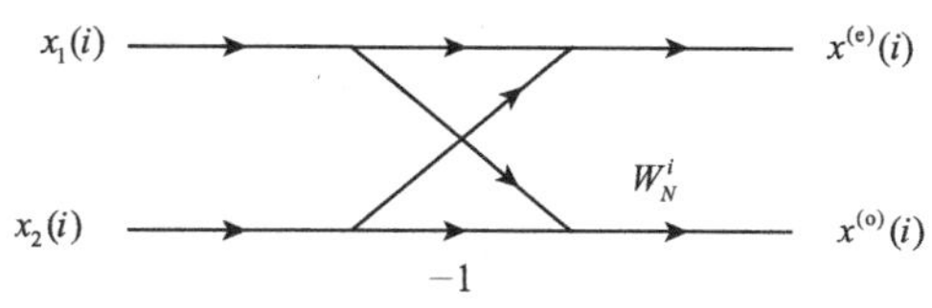

图 3.33　基 2 DIF-FFT 中的蝶形运算

此时，N 点的 DFT 计算变化为一级蝶形转换和两个 $\frac{N}{2}$ 点的 DFT 计算，即首先通过 $\frac{N}{2}$ 个蝶形运算将序列 $x(n)$ 转换为两个低点数的序列 $x^{(e)}(n)$ 和 $x^{(o)}(n)$；之后，完成两个 $\frac{N}{2}$ 点的 DFT 计算得到 $X^{(e)}(k)$ 和 $X^{(o)}(k)$，进而对序列 $X^{(e)}(k)$ 和 $X^{(o)}(k)$ 进行重新排序后变可获得原序列的 N 点 DFT 结果 $X(k)$，如图 3.34 所示。

对比图 3.26 和图 3.34 不难发现，两个信号流图之间具有转置关系，即从图 3.26 中的信号流图出发，将其输出调整为输入，输入调整为输出，同时，将其所有支路反向，保持所有支路的增益不变，则可得到由图 3.34 所示的信号流图。既然信号流图间呈转置关系，两者理应具有相同的运算量，即共需完成 $\frac{N}{2}(N+1)$ 次复乘和 $\frac{N^2}{2}$ 次复加。也就是说，通过频域上的一次奇偶分组，进而间接完成 N 点的 DFT 计算，所需运算量大致减少一半。

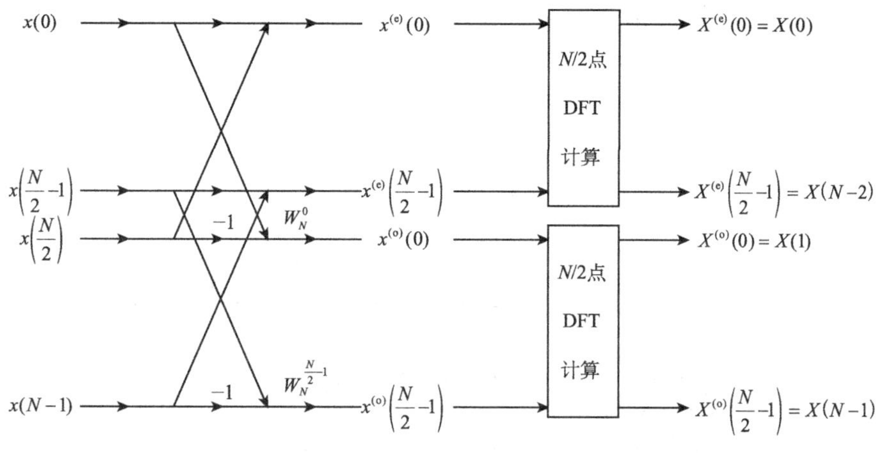

图 3.34　DIF-FFT 中 N 点 DFT 同两个 $N/2$ 点 DFT 间的关系

因 $\frac{N}{2}$ 仍为偶数，故可用同样的方法完成图 3.34 中 $\frac{N}{2}$ 点 DFT 的计算，以进一步降低运算量。如此，原 N 点 DFT 的计算变化为两级蝶形转换和四个 $\frac{N}{4}$ 点 DFT 的计算，如图 3.35 所示。这样，总体运算量又可以大致减少一半。这里，将蝶形转换明确为通过 $\frac{N}{2}$ 个蝶形运算将所有高点数序列转换为低点数序列的处理过程。从运算结构上讲,蝶形转换的信号流图与蝶形复合的运算流图互为转置。

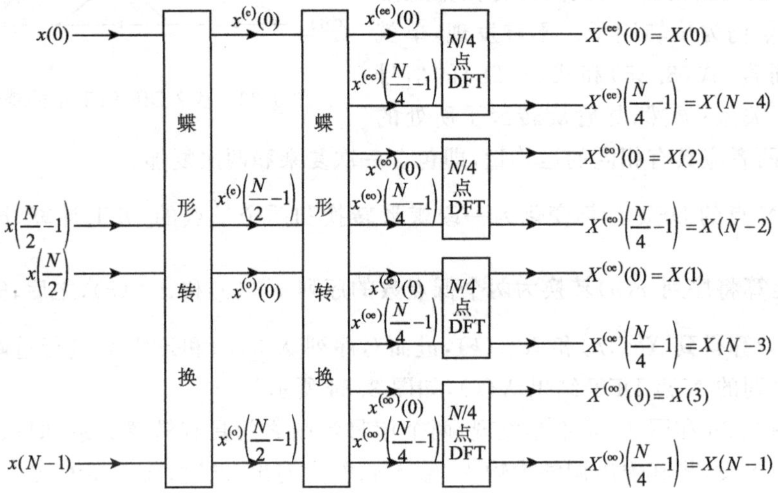

图 3.35 DIF-FFT 中 N 点 DFT 同四个 $N/4$ 点 DFT 间的关系

显然,由于 $N=2^m$,所以可在频域对序列 $X(k)$进行不断地奇偶分组,直至得到 $2^{(m-1)}$ 个长度为 2 的序列为止。因为 2 点 DFT 的计算就是旋转因子为 1 的蝶形运算,故实际上,一个 2^m 点的 DFT,可由原序列 $x(n)$出发,经过 m 级蝶形转换后获得,如图 3.36 所示,这就是所谓的基 2 频域抽选算法。

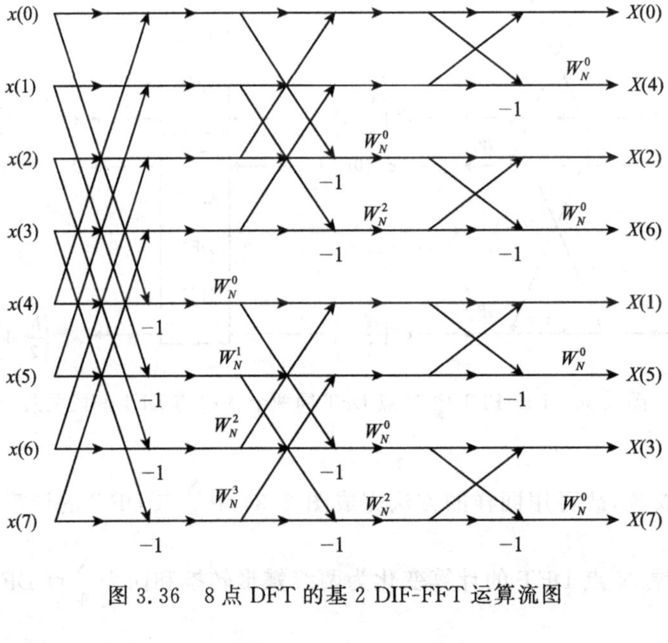

图 3.36 8 点 DFT 的基 2 DIF-FFT 运算流图

由图 3.29 和图 3.36 所示内容可以发现，基 2 频域抽选算法的信号流图和基 2 时域抽选算法的信号流图互为转置。其原因在于，基 2 频域抽选的计算过程实际上是图 3.34 所示方法不断迭代后的结果，而基 2 时域抽选的计算过程则是图 3.26 所示方法不断迭代后的结果；既然图 3.34 和图 3.26 中的信号流图互为转置，上述结论显然成立。由此也可以得出，同基 2 时域抽选算法相比，基 2 频域抽选算法具有相同的运算量，即共需完成 $\frac{N}{2}\log_2 N$次复乘和 $N\log_2 N$ 次复加，也就是说复乘次数的减少至原运算次数的$\frac{\log_2 N}{2N}$，而复加次数则减少至原次数的$\frac{\log_2 N}{N-1}$。

另外，就基 2 频域抽选算法作相类似的约定，即将每级蝶形转换的输入视作一个完整的序列，该序列由偶数子序列和奇数子序列交错排列后衔接而成①；进而约定，将第 $l(l=1,2,\cdots,m)$级蝶形转换的输入表示为序列 $x_{l-1}(n)$，其中，$n=0,1,\cdots,N-1$。同样，序列 $x_l(n)$既为第 $l+1$ 级蝶形转换的输入，又为第 l 级蝶形转换的输出。

由于上述流图转置关系的存在，不难得到基 2 频域抽选算法的输入为正序，输出为倒序，即

$$x_0(n) = x(n) \qquad 0 \leqslant n \leqslant N-1$$

$$X(k) = x_m(\bar{k}) \qquad 0 \leqslant k \leqslant N-1$$

而且，第 l 级蝶形转换应与第 $m+1-l$ 级蝶形复合相对应，并存在流图转置关系，故可根据式(3.31)得出第 l 级蝶形转换中蝶形运算的一般形式，为

$$\begin{cases} x_l(i) = x_{l-1}(i) + x_{l-1}(i+2^{m-l}) \\ x_l(i+2^{m-l}) = [x_{l-1}(i) - x_{l-1}(i+2^{m-l})]W_N^{2^{l-1}i} \end{cases}$$

上式同样说明在对序列 $x_{l-1}(n)$进行蝶形转换时，应当如何确定 2^{m-1}个蝶形运算的输入和旋转因子；该式同时表明，基 2 频域抽选算法也具有同位的特点，可减少对存储空间的需求。

实际上，因为信号流图可以为矩阵运算所表示，而流图的倒置则意味着相应的矩阵的转置。所以由基 2 时域抽选算法的矩阵表示可以直接得到基 2 频域抽选算法。以 8 点 DFT 的计算为例，应有

$$X = Wx = V_{8T}V_{4T}V_{2T}Ex = W^{\mathrm{T}}x = E^{\mathrm{T}}V_{2T}^{\mathrm{T}}V_{4T}^{\mathrm{T}}V_{8T}^{\mathrm{T}}x = EV_{8F}V_{4F}V_{2F}x$$

其中

$$V_{8T}^{\mathrm{T}} = V_{2F} \qquad V_{4T}^{\mathrm{T}} = V_{4F} \qquad V_{2T}^{\mathrm{T}} = V_{8F}$$

上式表明，第 l 级蝶形转换的矩阵为第 $m+1-l$ 级蝶形复合矩阵的转置，而对第 m 级蝶形转换的输出进行倒位序处理后，则可得到所需的 DFT 结果。

由上述分析可知，时域抽选算法和频域抽选算法之间有着明确的对应关系，或者说，由某一个特定的时域抽选算法出发，可以直接获得具有相似特点的频域抽选算法，而对该结论的掌握则有助于进行 FFT 算法的设计。

---

① 第一级蝶形转换的输入为原序列 $x(n)$，不涉及偶数子序列和奇数子序列交错排列与衔接。

3.4.4 基 4 时域抽选算法

顾名思义,该算法将在时域上按 n 的特点对序列 $x(n)$ 进行不断的分组以及位序调整,进而通过逐级的蝶形复合处理,间接地完成高点数 DFT 的计算,由此达到降低运算量以及节省存储空间的目的。实际上,基 4 时域抽选算法和基 2 时域抽选算法具有完全相同的实质,两者在细节上的差异仅仅源于基的不同。

令序列 $x(n)$ 的 N 点 DFT 结果为 $X(k)$,且有 $N=4^m$,现按 $((n))_4$ 的结果对序列 $x(n)$ 进行分组,得

$$\begin{aligned} x^{(0)}(n) &= x(4n) \\ x^{(1)}(n) &= x(4n+1) \\ x^{(2)}(n) &= x(4n+2) \\ x^{(3)}(n) &= x(4n+3) \end{aligned} \qquad 0 \leqslant n \leqslant \frac{N}{4}-1$$

因而有

$$\begin{aligned} X(k) = {} & \sum_{l=0}^{4^{m-1}-1} x(4l)W_N^{4lk} + \sum_{l=0}^{4^{m-1}-1} x(4l+1)W_N^{(4l+1)k} + \sum_{l=0}^{4^{m-1}-1} x(4l+2)W_N^{(4l+2)k} \\ & + \sum_{l=0}^{4^{m-1}-1} x(4l+3)W_N^{(4l+3)k} = \sum_{l=0}^{4^{m-1}-1} x^{(0)}(l)W_{4^{m-1}}^{lk} + W_N^k \sum_{l=0}^{4^{m-1}-1} x^{(1)}(l)W_{4^{m-1}}^{lk} \\ & + W_N^{2k} \sum_{l=0}^{4^{m-1}-1} x^{(2)}(l)W_{4^{m-1}}^{lk} + W_N^{3k} \sum_{l=0}^{4^{m-1}-1} x^{(3)}(l)W_{4^{m-1}}^{lk} = X^{(0)}((k))_{4^{m-1}} \\ & + W_N^k X^{(1)}((k))_{4^{m-1}} + W_N^{2k} X^{(2)}((k))_{4^{m-1}} + W_N^{3k} X^{(3)}((k))_{4^{m-1}} \\ & \qquad 0 \leqslant k \leqslant N-1 = 4^m - 1 \end{aligned}$$

其中

$$\begin{aligned} X^{(0)}(k) &= \mathrm{DFT}_{4^{m-1}}\{x^{(0)}(n)\} \\ X^{(1)}(k) &= \mathrm{DFT}_{4^{m-1}}\{x^{(1)}(n)\} \\ X^{(2)}(k) &= \mathrm{DFT}_{4^{m-1}}\{x^{(2)}(n)\} \\ X^{(3)}(k) &= \mathrm{DFT}_{4^{m-1}}\{x^{(3)}(n)\} \end{aligned}$$

若令 $0 \leqslant k \leqslant 4^{m-1}-1$,则上式可写为

$$\begin{cases} X(k) = X^{(0)}(k) + W_N^k X^{(1)}(k) + W_N^{2k} X^{(2)}(k) + W_N^{3k} X^{(3)}(k) \\ X(k+4^{m-1}) = X^{(0)}(k) - \mathrm{j}W_N^k X^{(1)}(k) - W_N^{2k} X^{(2)}(k) + \mathrm{j}W_N^{3k} X^{(3)}(k) \\ X(k+2\times 4^{m-1}) = X^{(0)}(k) - W_N^k X^{(1)}(k) + W_N^{2k} X^{(2)}(k) - W_N^{3k} X^{(3)}(k) \\ X(k+3\times 4^{m-1}) = X^{(0)}(k) + \mathrm{j}W_N^k X^{(1)}(k) - W_N^{2k} X^{(2)}(k) - \mathrm{j}W_N^{3k} X^{(3)}(k) \end{cases} \tag{3.36}$$

图 3.37 给出了式(3.36)的信号流图,也称其为蝶形运算,而旋转因子为 W_N^k、W_N^{2k} 和 W_N^{3k}。由于虚数单位 j 在同任一复数相乘时,只要调换该复数实部和虚部的位置并相应地改变符号便可得出结果,即

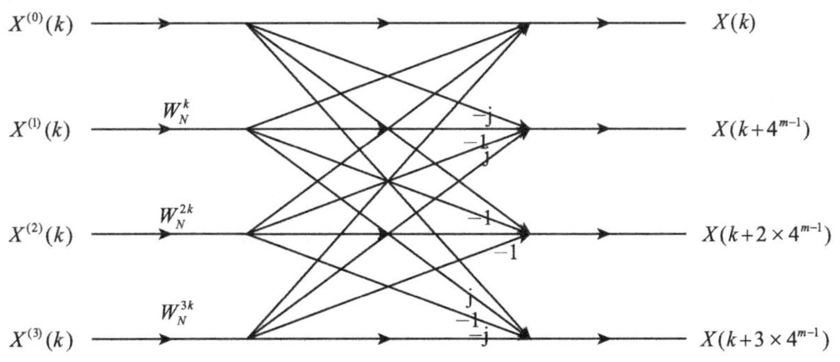

图 3.37　基 4 DIT-FFT 中的蝶形运算

$$\mathrm{j}(a+\mathrm{j}b)=-b+\mathrm{j}a$$

因此，无需将其视为复乘，所以基 4 时域抽选算法中的蝶形运算需完成 3 次复乘和 12 次复加。

此时，一个 N 点的 DFT 计算转换为 4 个$\frac{N}{4}$的 DFT 计算和一级蝶形复合，即首先求出序列$x^{(0)}(n)$、$x^{(1)}(n)$、$x^{(2)}(n)$和 $x^{(3)}(n)$的$\frac{N}{4}$点 DFT 结果$X^{(0)}(k)$、$X^{(1)}(k)$、$X^{(2)}(k)$和 $X^{(3)}(k)$，之后通过$\frac{N}{4}$次蝶形运算，将所得到的 4 个频域序列组合为 $X(k)$，如图 3.38 所示。因蝶形复合包含$\frac{N}{4}$次蝶形运算，故需完成$\frac{3N}{4}$次复乘和 $3N$ 次复加；此外，4 个$\frac{N}{4}$点 DFT 的计算包含$\frac{N^2}{4}$次复乘和 $N\left(\frac{N}{4}-1\right)$次复加，所以共需完成$\frac{N(N+3)}{4}$次复乘和 $N\left(\frac{N}{4}+2\right)$次复加。

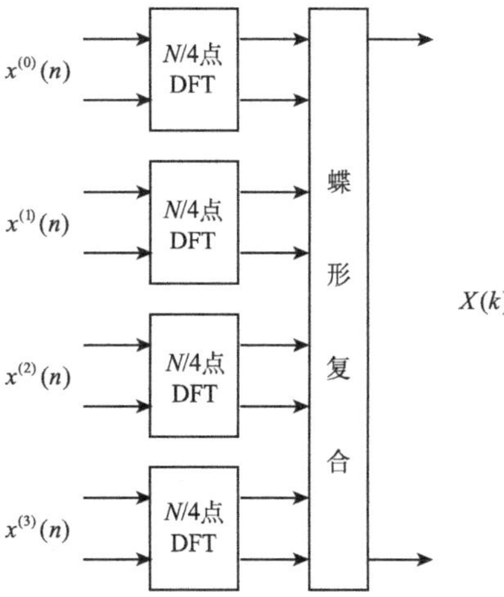

图 3.38　基 4 DIT-FFT 中 N 点 DFT 同 $N/4$ 点 DFT 间的关系

同图 3.26 相比，图 3.38 所示的运算过程并未发生实质性的变化。具体而言，只是由于算法的基从 2 转变为 4，故分组的依据由$((n))_2$ 变为$((n))_4$；蝶形运算的核心由 2 点 DFT 计算变为 4 点 DFT 计算，而在蝶形复合的输入中，$X^{(e)}(k)$和$X^{(o)}(k)$的交错排列转换为 $X^{(0)}(k)$、$X^{(1)}(k)$、$X^{(2)}(k)$和 $X^{(3)}(k)$的交错排列。所以，依照在第 3.4.1 节就基 2 时域抽选算法的讨论，不难得出当 $N=4^m$ 时基 4 时域抽选算法的一般过程，如图 3.39 所示，即由原序列 $x(n)$出发，完成位序调整后，经过 m 级蝶形复合便可求得序列 $X(k)$。此时，因每级蝶形复合均包含$\frac{N}{4}$个蝶形运算，故需完成$\frac{3N}{4}$次复乘和 $3N$ 次复加，而 m 级蝶形复合则需完成$\frac{3N\log_4(N)}{4}$次复乘和 $3N\log_4(N)$次复加。同直接计算 N 点 DFT 相比，基 4 时域抽选算法在所需完成的复乘和复加次数上均有较大幅度的减少。同基 2 时域抽选算法相比,虽然复加次数有所增大,但基 4 时域抽选算法所需完成的复乘次数却有一定程度的减少。由于在数字设备中,较加法运算而言,乘法运算有着较大的实施开销,因此,复乘次数的减少无疑有利于进一步改进 FFT 的计算效率,而这就是提出基 4 时域抽选算法的意义。

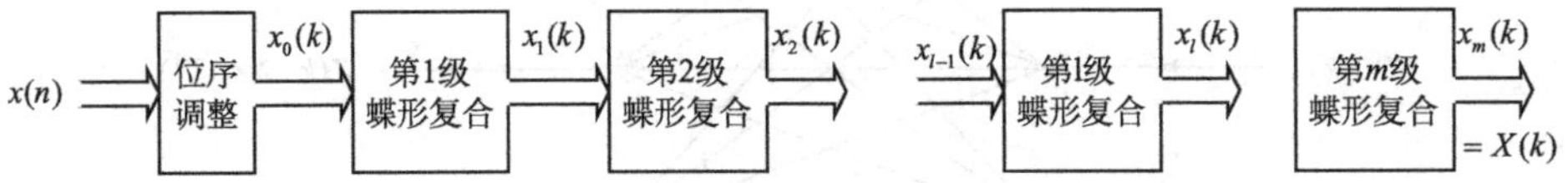

图 3.39　基 4 DIT-FFT 的计算过程

此外,就基 4 时域抽选算法而言,其第 l 级蝶形复合中,蝶形运算的一般形式为

$$\begin{cases} x_l(i) = x_{l-1}(i) + W_N^{4^{m-l}i}x_{l-1}(i+4^{l-1}) + W_N^{4^{m-l}2i}x_{l-1}(i+2\times 4^{l-1}) \\ \qquad + W_N^{4^{m-l}3i}x_{l-1}(i+3\times 4^{l-1}) \\ x_l(i+4^{l-1}) = x_{l-1}(i) - \mathrm{j}W_N^{4^{m-l}i}x_{l-1}(i+4^{l-1}) - W_N^{4^{m-l}2i}x_{l-1}(i+2\times 4^{l-1}) \\ \qquad + \mathrm{j}W_N^{4^{m-l}3i}x_{l-1}(i+3\times 4^{l-1}) \\ x_l(i+2\times 4^{l-1}) = x_{l-1}(i) - W_N^{4^{m-l}i}x_{l-1}(i+4^{l-1}) + W_N^{4^{m-l}2i}x_{l-1}(i+2\times 4^{l-1}) \\ \qquad - W_N^{4^{m-l}3i}x_{l-1}(i+3\times 4^{l-1}) \\ x_l(i+3\times 4^{l-1}) = x_{l-1}(i) + \mathrm{j}W_N^{4^{m-l}i}x_{l-1}(i+4^{l-1}) - W_N^{4^{m-l}2i}x_{l-1}(i+2\times 4^{l-1}) \\ \qquad - \mathrm{j}W_N^{4^{m-l}3i}x_{l-1}(i+3\times 4^{l-1}) \end{cases} \tag{3.37}$$

序列 $x_m(k)$ 和 $X(k)$ 之间的关系为

$$x_m(k) = X(k) \qquad 0 \leqslant k \leqslant N-1$$

而序列 $x_0(k)$ 和 $x(n)$ 之间的关系为

$$x_0(k) = x(\overline{k}) \qquad 0 \leqslant k \leqslant N-1 \tag{3.38}$$

其中,$\overline{(\cdot)}$ 表示以 4 为基的倒位序运算,即若 $N=4^m$,则 $n=\sum_{i=0}^{m-1}4^i n_i$,故有

$$\overline{n} = \sum_{i=0}^{m-1}4^{m-i-1}n_i$$

上述分析表明,与基 2 时域抽选算法相同,基 4 时域抽选算法的输入为倒序,输出为正序;而且,基 4 时域抽选算法也具有同位特点,有利于存储空间的节省。同样,依照式(3.37)和式(3.38),不难得出基 4 时域抽选算法的矩阵表示,在此不再赘述。

至此,介绍了三种基本的 FFT 算法,分别为基 2 时域抽选算法、基 2 频域抽选算法和基 4 时域抽选算法。不难发现,这三种算法具有一个共同的特点,即均以整数的单基单进制表示为基础,而在某些场合该特点会为 DFT 的快速计算带来不便。例如,当序列的长度为 524 时,为了利用基 2 时域抽选算法,需要在其尾部添加 500 个零,以进行 1024 点的 DFT 计算,而这就在无形中增大了运算量。为此,某些 FFT 算法以整数的多基多进制表示为基础,如旋转因子算法等,感兴趣的读者可查阅相关的技术资料。

此外，还需强调的一点是，无论什么样的 FFT 算法，都可由 DFT 矩阵的分解所获得，而 DFT 矩阵的分解都源于对 W_N^{nk} 的下述特性的充分应用，即

(1) $W_N^{nk}=W_N^{(n+N)k}$。

(2) $W_N^{-nk}=(W_N^{nk})^*=W_N^{n(N-k)}$。

(3) $W_N^n=W_{N/n}$ 且 $W_N=W_{Nn}^n$。

3.4.5　IDFT 的快速计算方法

如前所述，DFT 同 IDFT 具有相同的运算结构，这不仅决定了其性质呈现出对偶的特点，而且也意味着，完全可以根据 FFT 算法直接得到 IFFT 算法。

现重述 DFT 及 IDFT 的定义如下：

$$X(k)=\sum_{n=0}^{N-1}x(n)W_N^{nk}\qquad k=0,1,\cdots,N-1$$

$$x(n)=\frac{1}{N}\sum_{k=0}^{N-1}X(k)W_N^{-nk}\qquad n=0,1,\cdots,N-1$$

显然，从运算方式上看，IDFT 与 DFT 的差异仅仅表现在多出了一个比例因子$\frac{1}{N}$，以及由 W_N^{-nk} 取代了 W_N^{nk}。由于 W_N^{-nk} 和 W_N^{nk} 具有相同的特性，所以 FFT 算法中的分组方式、排序方式以及蝶形运算结构都可重用于 IFFT 算法的设计，而这就是可依据现有的 FFT 算法直接得出 IFFT 算法的原因。

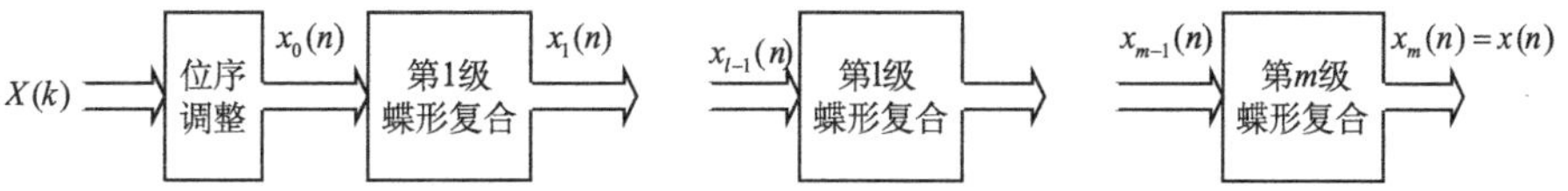

图 3.40　DIF-IFFT 的计算过程

下面，由 DFT 的基 2 时域抽选算法直接定义 IDFT 的基 2 频域抽选算法，其计算过程如图 3.40 所示，该过程具体由图 3.31 所示的过程演化而来。根据此前所作的约定和讨论，当 IDFT 的点数 $N=2^m$ 时，应有

(1) 序列 $x_m(n)$就是待求序列 $x(n)$，即 $x_m(n)=x(n)$；

(2) 序列 $X(k)$同 $x_0(n)$之间的关系为 $x_0(n)=X(\bar{n})$；

(3) 第 l 级蝶形复合中，蝶形运算的一般形式为

$$\begin{cases}x_l(i)=\dfrac{1}{2}x_{l-1}(i)+\dfrac{1}{2}W_N^{-2^{m-l}i}x_{l-1}(i+2^{l-1})\\[2ex] x_l(i+2^{l-1})=\dfrac{1}{2}x_{l-1}(i)-\dfrac{1}{2}W_N^{-2^{m-l}i}x_{l-1}(i+2^{l-1})\end{cases}$$

显然，同 DFT 的基 2 时域抽选算法相比，IDFT 的基 2 频域抽选算法具有大致相同的运算量，并呈现同位特性；而且，其输入为倒序，输出为正序。另外，由于 IDFT 的输入是 $X(k)$，为一频域上的序列，而分组过程也是按 k 的奇偶性在频域上展开的，故称此法为频

域抽选算法。图 3.41 具体给出了当 $N=8$ 时,IDFT 的基 2 频域抽选算法的计算过程。

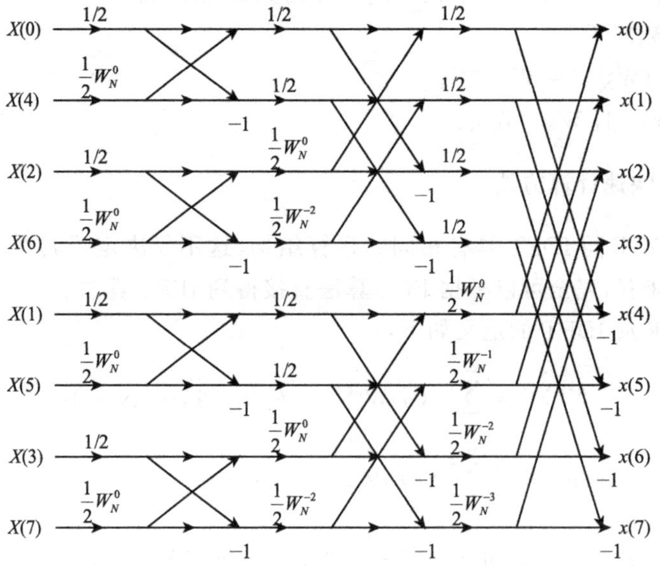

图 3.41　8 点 DIF-IFFT 的计算过程

同理,可由 DFT 的基 2 频域抽选算法和基 4 时域抽选算法导出 IDFT 的基 2 时域抽选算法和基 4 频域抽选算法;此外,还可仿照 FFT 算法的矩阵表示直接得到 IFFT 算法的矩阵表示,在此不再赘述。

除了上述 IFFT 算法之外,也可根据 IDFT 的定义导出另一种快速计算方法。该方法的理论依据为

$$x(n)=\frac{1}{N}\Big[\sum_{k=0}^{N-1}X^*(k)W_N^{nk}\Big]^*=\frac{1}{N}(\mathrm{DFT}\{X^*(k)\})^*$$

由此,对 IDFT 可按下述步骤进行计算:

(1) 对 $X(k)$ 取共轭以得到 $X^*(k)$;

(2) 利用已有的 FFT 算法完成 $X^*(k)$ 的 DFT 变换;

(3) 对 $X^*(k)$ 的 DFT 变换结果乘以比例因子 $\frac{1}{N}$ 求出 $x(n)$。

不难看出,在这一计算过程中可直接利用已有的 FFT 算法的实施结果,因此更为简洁;但需要指出的是,该方法存在着一定的问题。具体地讲,上述计算过程在最后一步才处理比例因子 $\frac{1}{N}$,而在此前介绍的 IDFT 的基 2 频域抽选算法中,比例因子 $\frac{1}{N}$ 被分配到了 m 级蝶形复合中,由后续有关"有限字长效应"的讨论可以知道,基 2 频域抽选算法中对比例因子的处理方法更有利于提高运算的精度,换言之,上述计算过程极有可能导致最终的运算结果中包含较大的误差。

3.5　FFT 的应用

如前所述，DFT 之所以能够得到广泛的应用，不仅得益于严格的定义和明确的物理含义，还因为该变换具有较为成熟和完善的快速计算方法。本节将主要介绍 FFT 算法的一些典型应用。

3.5.1　线性卷积的快速计算

在第 3.3.3 节已经说明，有限长序列间的线性卷积可由其循环卷积来完成，而根据循环卷积在频域上的表现形式，则有可能按图 3.15 所示的方法，借助 FFT 和 IFFT 间接地完成线性卷积的计算，以降低运算开销。

若有限长因果序列 $x(n)$ 和 $h(n)$ 的长度分别为 N 和 M，其线性卷积的结果 $y(n)$ 为

$$y(n) = \sum_{m=0}^{N-1} x(m)h(n-m) \qquad 0 \leqslant n \leqslant N+M-1$$

据上式，可将序列 $y(n)$ 视为 N 个序列的叠加结果，即

$$y(n) = \sum_{m=0}^{N-1} h_m(n)$$

序列 $h_m(n)$ 为

$$h_m(n) = x(m)h(n-m)$$

由于序列 $h(n)$ 的长度为 M，所以每生成一个序列 $h_m(n)$ 需完成 M 次乘法运算，而生成 N 个这样的序列则需 MN 次乘法运算；另外，因这 N 个序列依次向右移动一位，故为了得到序列 $y(n)$，需完成 $(N-1)(M-1)$ 次加法运算。

现按图 3.15 所示方法计算序列 $x(n)$ 和 $h(n)$ 间的线性卷积。此时，为了回避时域混叠以得到准确结果，需进行 L 点 FFT 和 IFFT，$L=N+M-1$。由于整个运算过程包含了 2 个 FFT、一个 IFFT 以及 L 次乘法运算。所以，若按基 2 时域抽选算法或基 2 频域抽选算法实现 FFT 或 IFFT，则共需完成 $\left(\frac{3L}{2}\log_2 L + L\right)$ 次乘法运算和 $3L\log_2 L$ 次加法运算。

相比于线性卷积的直接计算方法，采用间接的计算方法后，在乘法次数和加法次数上所发生的变化可用如下的两个比例因子来表示为

$$d_t = \frac{MN}{\frac{3L}{2}\log_2 L + L}$$

$$d_a = \frac{(M-1)(N-1)}{3L\log_2 L}$$

图 3.42 给出了 d_t、d_a 同 M 与 N 之间的关系，从中可以看出：

(1) 当 M 和 N 的取值较大且相近时，d_t 和 d_a 远大于 1，即可实现对线性卷积的快速计算，如 M 和 N 均为 1024 时，d_t 和 d_a 分别为 29.27 和 15.48。

(2) 当 M 和 N 有较大差异时，d_t 和 d_a 的取值在 1 附近，甚至小于 1，如 M 为 16 且 N

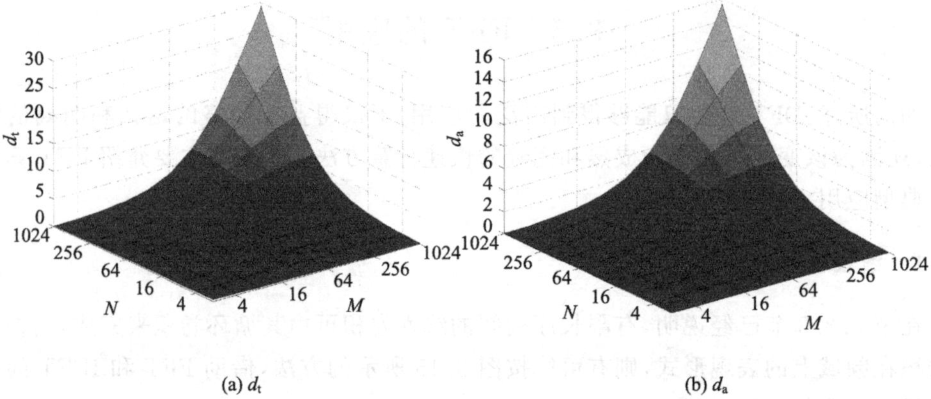

图 3.42 d_t 和 d_a

为 1024 时，d_t 和 d_a 分别为 0.98 和 0.49，而这就意味着在计算一个短序列和一个很长序列之间的线性卷积时，循环卷积的优势难以发挥；此时，若希望降低线性卷积的计算开销，需要采用前文介绍的重叠相加法或重叠保留法。

3.5.2 CZT 及其快速计算

第 3.3.2 节已经说明，DFT 是单位圆上的取样 Z 变换，也就是说，如果有限长序列 $x(n)$的 Z 变换结果为 $X(z)$，那么以 Z 平面上的单位圆为取样轨迹，并令 N 个取样点由 $z=1$处起，沿该轨迹等间隔分布，则所得到的取样结果就是序列 $x(n)$的 N 点 DFT 结果 $X(k)$，即

$$X(k) = X(z)\Big|_{z=e^{j\frac{2\pi k}{N}}} = X(e^{j\omega})\Big|_{\omega=\frac{2\pi k}{N}} \qquad k \in \{0,1,\cdots,N-1\}$$

这种安排虽然可以确保 DFT 同 DTFT 之间具有最为直接和明确的关系，并易于实现 DFT 的快速计算。但是，也恰恰由于这样的安排，导致了在某些应用场合难以方便地获得所需要的处理结果，例如：

1) 窄带信号的频谱分析

所谓窄带信号是指，信号的频谱主要集中于$[0,2\pi)$中一个较小的子区间内(即信号的频带)。对该类信号进行频谱分析时，为了更为充分地了解其频带内的信号特点，往往通过增大 DFT 的点数以克服其自身所固有的栅栏效应，而 DFT 点数的提高不仅仅会导致信号频带内取样点密度的增大，同样会导致频带外取样点密度的增大，这就意味着在所得到的 DFT 结果中，包含了许多与信号的主要特点不甚相关的内容。显然，为了更为充分地了解窄带信号的特点，需要付出较大的运算开销，而这一开销无疑将妨碍频谱分析效率的提高。因此，信号的频带越窄，频谱分析的效率就有可能越低，而造成该问题的主要原因则在于 DFT 的取样方式，该方式从根本上限制了对不同子区间内的取样点密度进行独立地调整。

2) 信号频谱中峰值点位置的探测

在某些信号的处理过程中(如对语音信号的处理)，其频谱中峰值点的位置具有较为

重要的价值，故需要对其进行准确的探测。从第 2 章的讨论中知道，取样点离信号的极点越近，取样值的幅度越大，并有可能成为峰值。因此，取样轨迹离信号的极点越近，频谱中峰值就会越显著，而对其位置的探测结果就会越准确；反之，准确程度通常会降低。但是，由于 DFT 的取样轨迹是固定的，所以难以使其与信号的极点位置相适应，而这就会在一定程度上妨碍对峰值点位置的准确探测。

总之，上述种种不便都源于对取样轨迹和取样点位置的限定，而这种限定从根本上决定了 DFT 在完成某些信号处理任务时所表现出来了局限性。为此，有必要定义新的变换，这就是本小节所要介绍的 CZT(chirp-Z transform)。

若有限长序列 $x(n)$ 的长度为 N，则其 CZT 为

$$X(Z_k) = \sum_{n=0}^{N-1} x(n) Z_k^{-n} \qquad 0 \leqslant k \leqslant M-1 \tag{3.39}$$

其中

$$Z_k = AW^{-k}$$
$$A = A_0 e^{j\theta_0} \qquad A_0 \in R^+$$
$$W = W_0 e^{-j\varphi_0}$$

即

$$Z_k = A_0 e^{j\theta_0} W_0^{-k} e^{jk\varphi_0} \qquad 0 \leqslant k \leqslant M-1$$

基于上式，可在 Z 平面得到由这 M 个点所构成的取样轨迹，如图 3.43 所示，其特点如下：

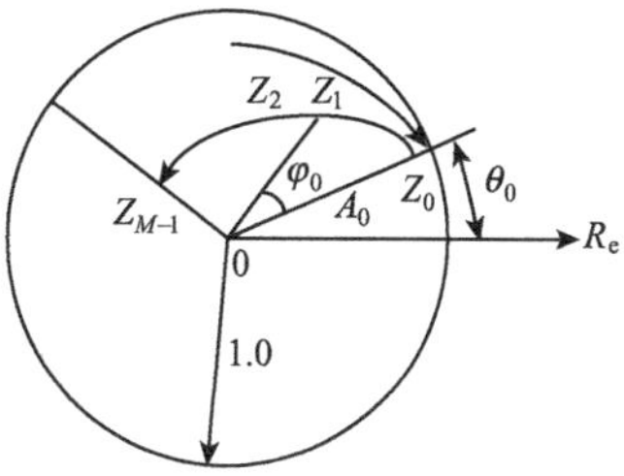

图 3.43　CZT 的取样轨迹

(1) 取样轨迹的起点为 A，而 A_0 为起始取样点同原点之间的距离(一般而言，$A_0 \leqslant 1$)，θ_0 则为起始取样点的相角(θ_0 可以不为 0)。

(2) 对相邻的两个取样点而言，其相位差为 φ_0，换言之，φ_0 控制着取样点的密集程度，而且 φ_0 还控制着取样轨迹的旋转方向，即当 $\varphi_0 > 0$ 时，取样轨迹逆时针旋转；而当 $\varphi_0 < 0$ 时取样轨迹顺时针旋转。

(3) 取样轨迹的走向由 W_0 控制，即当 $W_0 > 1$ 时，取样轨迹向圆内弯曲，成一内旋螺线；当 $W_0 < 1$ 时，取样轨迹向圆外弯曲，成一外旋螺线；而当 $W_0 = 1$ 时，取样轨迹为一圆弧。

(4) 特别是当 $A_0 = 1, \theta_0 = 0, W_0 = 1, M = N$ 且 $\varphi_0 = \frac{2\pi}{M} = \frac{2\pi}{N}$ 时，CZT 的取样轨迹、取样点数目和取样点位置与 DFT 完全相同，也就是说，此时，有限长序列 $x(n)$ 的 CZT 结果就是其 DFT 结果。

由上述讨论不难看出，同 DFT 相比，CZT 放宽了对取样轨迹、取样点数目以及取样点位置的约束，即 CZT 所选用的取样方式可以表现出极大的灵活性，而这一灵活性则意味着在进行信号处理的过程中，可依据其频域特征及所要达到的目标，选择最为恰当的取样轨迹、取样点数目以及各个取样点的位置。举例来说，在对窄带信号进行频谱分析时，

可通过调节 θ_0、φ_0 和 M 等参数的取值使取样点能够与信号的频带相适应并具有合理的密集程度,从而可以从 CZT 结果中充分了解信号在其频带内所表现出来的特征;当探测峰值点位置时,则可依照信号极点可能具有的分布规律,相应地调节 W_0 等参数的大小,使取样轨迹与各极点最大限度地贴近,以期取样结果能够表现出显著的峰值特点,由此来提高探测的准确程度。

综上所述,由于 CZT 突破了 DFT 的局限性,是一种更具一般性的变换方法,因此较 DFT 有着更为广泛的应用。对此,本小节不再作进一步的阐述和讨论,感兴趣的读者可查阅相关的技术资料。下面,将具体分析如何利用 FFT 实现 CZT 的快速计算。

由式(3.39)可知

$$X(Z_k)=\sum_{n=0}^{N-1}x(n)Z_k^{-n}=\sum_{n=0}^{N-1}x(n)A^{-n}W^{nk}$$

令 $nk=\frac{1}{2}[n^2+k^2-(n-k)^2]$,则有

$$X(Z_k)=W^{\frac{k^2}{2}}\sum_{n=0}^{N-1}[x(n)A^{-n}W^{\frac{n^2}{2}}]W^{-\frac{(k-n)^2}{2}} \tag{3.40}$$

若令

$$\begin{aligned} h(n)&=W^{-\frac{n^2}{2}} \qquad -(N-1)\leqslant n\leqslant M-1 \\ g(n)&=x(n)A^{-n}W^{\frac{n^2}{2}} \qquad 0\leqslant n\leqslant N-1 \end{aligned} \tag{3.41}$$

则 CZT 的可表示为

$$X(Z_k)=W^{\frac{k^2}{2}}\sum_{n=0}^{N-1}g(n)h(k-n)=W^{\frac{k^2}{2}}[g(n)*h(n)] \qquad 0\leqslant k\leqslant M-1 \tag{3.42}$$

图 3.44 给出了上述计算过程。需要进一步说明的是,由于对任何 $k\in\{0,1,\cdots,(M-1)\}$ 及 $n\in\{0,1,\cdots,(N-1)\}$,式(3.40)中的 $W^{-\frac{(k-n)^2}{2}}$ 都应当存在,因此序列 $h(n)$ 的定义域是 $-(N-1)\leqslant n\leqslant M-1$。

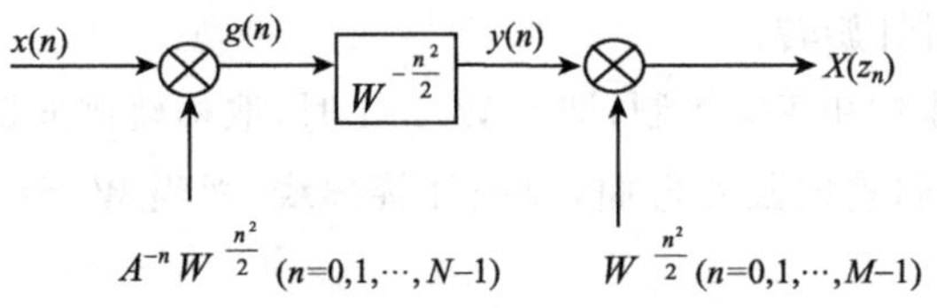

图 3.44 CZT 的计算过程

至此,序列 $x(n)$ 的 CZT 计算转换为序列 $h(n)$ 和序列 $g(n)$ 之间的线性卷积计算,而此前已说明可以利用 FFT 实现线性卷积的快速计算,因此,同样可以利用 FFT 实现 CZT 的快速计算。下面,将具体给出相应的计算过程,而有关计算开销方面的节省情况,读者可仿照第 3.5.1 节所采用的方法,自行完成分析和讨论。

由于因果序列 $g(n)$ 的长度为 N,而序列 $h(n)$ 的长度为 $N+M-1$,并位于区间 $-(N-1)\leqslant n\leqslant M-1$ 内,所以序列 $y(n)=g(n)*h(n)$ 的长度为 $2N+M-2$,且位于区间 $-(N$

$-1)\leqslant n\leqslant N+M-2$ 内(图 3.45)。由式(3.42)可知,实际上只要得到区间 $0\leqslant n\leqslant M-1$ 内的线性卷积结果就能够完成 CZT 的计算。

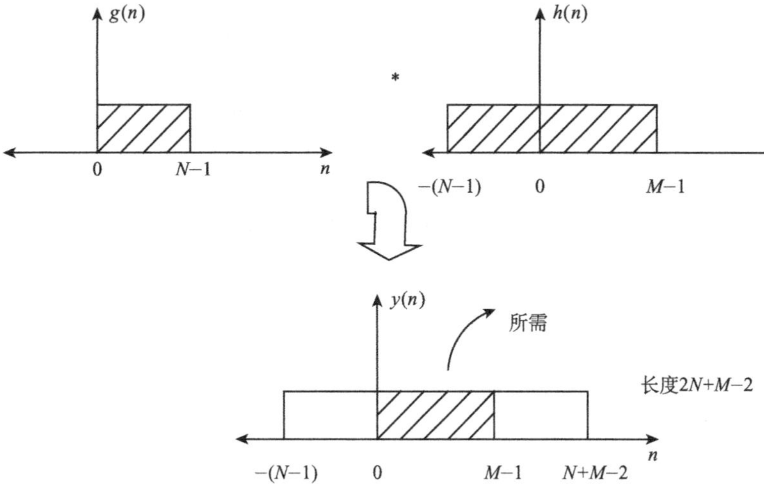

图 3.45　$y(n)$ 的有效区间

因序列 $y(n)$ 为序列 $g(n)$ 和序列 $h(n)$ 的线性卷积结果,即

$$y(n)=g(n)*h(n)$$

所以有

$$Y(\mathrm{e}^{\mathrm{j}\omega})=G(\mathrm{e}^{\mathrm{j}\omega})H(\mathrm{e}^{\mathrm{j}\omega})$$

现对上式两端作周期为 $\frac{2\pi}{L}$ 的频域取样,其中 $L=N+M-1$,因而有

$$Y(k)=G(k)H(k)\qquad 0\leqslant k\leqslant L-1$$

根据此前有关频域取样的讨论,不难得出

$$Y(k)=\mathrm{DFT}_L\{y_1(n)\}$$

$$G(k)=\mathrm{DFT}_L\{g_1(n)\}$$

$$H(k)=\mathrm{DFT}_L\{h_1(n)\}$$

其中

$$g_1(n)=\left[\sum_r g(n+rL)\right]R_L(n)$$

$$h_1(n)=\left[\sum_r h(n+rL)\right]R_L(n)$$

$$y_1(n)=\left[\sum_r y(n+rL)\right]R_L(n)$$

图 3.46 示意了序列 $y(n)$ 的周期性延拓相加结果,从中可以看出,在区间 $0\leqslant n\leqslant(M-1)$ 内没有发生混叠,也就是说,在区间 $0\leqslant n\leqslant(M-1)$ 内,序列 $y_1(n)$ 就是上述待求序列 $y(n)$,而依照循环卷积的特性,有

$$y_1(n) = g_1(n) \otimes h_1(n)$$

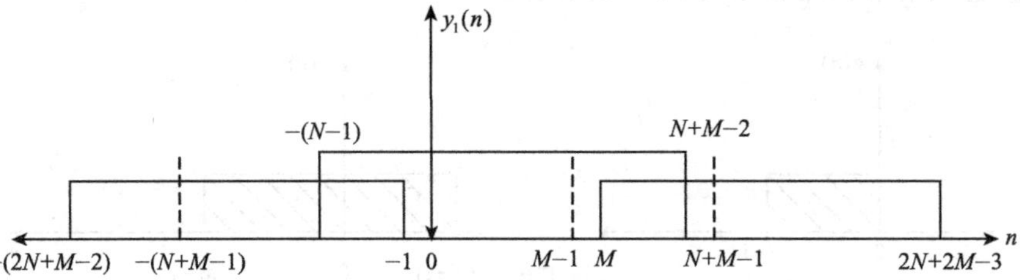

图 3.46　$y(n)$的周期性延拓相加结果

因此,区间 $0 \leqslant n \leqslant M-1$ 内的序列 $y(n)$为

$$y(n) = y_1(n) \times R_M(n)$$

显然,只要条件 $L \geqslant N+M-1$ 成立,由上述方法都可准确得到区间 $0 \leqslant n \leqslant M-1$ 内的序列 $y(n)$,因此,该方法可具体归纳为:

(1) 令 $L \geqslant N+M-1$;

(2) 构造序列 $g_1(n)$,即

$$g_1(n) = \begin{cases} g(n) & 0 \leqslant n \leqslant N-1 \\ 0 & N \leqslant n \leqslant L-1 \end{cases}$$

(3) 构造序列 $h_1(n)$,即

$$h_1(n) = \begin{cases} h(n) & 0 \leqslant n \leqslant M-1 \\ h(n-L) & L-N+1 \leqslant n \leqslant L-1 \\ 0 & \text{其他} \end{cases}$$

(4) 计算序列 $g_1(n)$和 $h_1(n)$之间的 L 点循环卷积结果 $y_1(n)$,并求出区间 $0 \leqslant n \leqslant M-1$ 内的序列 $y(n)$,即$y(n)=y_1(n) \times R_M(n)$;注意,序列 $g_1(n)$和 $h_1(n)$之间的循环卷积可按图 3.15 所示方法,利用 FFT 和 IFFT 间接获得以降低运算开销,进而实现 CZT 的快速计算。

基于上述讨论,若有限长序列 $x(n)$的长度为 N,其 M 点 CZT 的计算步骤为

(1) 选择 L,并令 $L \geqslant N+M-1$ 且 $L=2^m$;

(2) 按式(3.41)构造序列 $g(n)$;

(3) 按式(3.41)构造序列 $h(n)$;

(4) 按上述方法计算区间 $0 \leqslant n \leqslant (M-1)$内的序列 $g(n)$同 $h(n)$间的线性卷积结果;

(5) 按式(3.42)获得序列 $x(n)$的 CZT 结果。

总之,FFT 的提出,可以极大地提高信号的频谱分析、线性卷积的计算以及 CZT 的计算等任务的执行效率,从而使得 DFT 能够在各类信号处理应用中得到广泛的应用,并对“数字信号处理”学科的高速发展起到了不可低估的重要作用。

3.6　DFT 相关变换

在第 3.3 节,定义了有限长序列 $x(n)$的 DFT 如下:

$$X(k)=\sum_{n=0}^{N-1}x(n)W_N^{nk}\quad k=0,1,\cdots,N-1$$

$$x(n)=\frac{1}{N}\sum_{k=0}^{N-1}X(k)W_N^{-nk}\quad n=0,1,\cdots,N-1$$

其中

$$W_N=\mathrm{e}^{-\mathrm{j}\frac{2\pi}{N}}$$

由于在绝大多数情况下 W_N 为复数，因此 DFT 或 IDFT 的运算过程通常会涉及复数运算，这样，即使 $x(n)$ 为实序列，$X(k)$ 也极有可能为复序列。鉴于复数的运算开销和存储开销都较大，所以，希望对有限长实数序列定义只包含实数运算的变换。本节所要介绍的离散余弦变换(discrete cosine transform，DCT)和离散正弦变换(discrete sine transform，DST)是符合上述要求的变换。

3.6.1 DCT 及其同 DFT 的关系

若令 $x(n)$ 表示有限长实数序列，长度为 N，则 DCT 可定义如下①：

$$X_c(k)=\sqrt{\frac{2}{N}}\beta(k)\sum_{n=0}^{N-1}x(n)\cos\left(\frac{\pi k(2n+1)}{2N}\right)\quad k=0,1,\cdots,N-1 \tag{3.43}$$

$$x(n)=\sqrt{\frac{2}{N}}\sum_{k=0}^{N-1}\beta(k)X_c(k)\cos\left(\frac{\pi k(2n+1)}{2N}\right)\quad n=0,1,\cdots,N-1 \tag{3.44}$$

其中，$\beta(k)$ 为

$$\beta(k)=\begin{cases}\dfrac{1}{\sqrt{2}} & k=0\\ 1 & 1\leqslant k\leqslant N-1\end{cases}$$

称 $X_c(k)$ 为 DCT 变换系数。不难看出，在 DCT 变换和反变换的过程中只包含实数运算，而 $X_c(k)$ 也为实数序列。

在 DCT 的定义中，涉及 N 个余弦序列

$$\sqrt{\frac{2}{N}}\beta(k)\cos\left(\frac{\pi k(2n+1)}{2N}\right)\quad k=0,1,2,\cdots,N-1$$

而对余弦序列 $\cos\left(\dfrac{\pi\Delta(2n+1)}{2N}\right)$，$|\Delta|=0,1,2\cdots,2N-1$，存在

$$\begin{aligned}\frac{1}{N}\sum_{n=0}^{N-1}\cos\left(\frac{\pi\Delta(2n+1)}{2N}\right)&=\frac{1}{N}\sum_{n=0}^{N-1}\frac{\mathrm{e}^{\mathrm{j}\frac{\pi\Delta(2n+1)}{2N}}+\mathrm{e}^{-\mathrm{j}\frac{\pi\Delta(2n+1)}{2N}}}{2}\\&=\frac{1}{2N}\left(\frac{1-\mathrm{e}^{\mathrm{j}\pi\Delta}}{1-\mathrm{e}^{\mathrm{j}\frac{\pi\Delta}{N}}}\mathrm{e}^{\mathrm{j}\frac{\pi\Delta}{2N}}+\frac{1-\mathrm{e}^{-\mathrm{j}\pi\Delta}}{1-\mathrm{e}^{-\mathrm{j}\frac{\pi\Delta}{N}}}\mathrm{e}^{-\mathrm{j}\frac{\pi\Delta}{2N}}\right)\\&=\frac{1}{2N}\left(\frac{1-\mathrm{e}^{\mathrm{j}\pi\Delta}}{1-\mathrm{e}^{\mathrm{j}\frac{\pi\Delta}{N}}}\mathrm{e}^{\mathrm{j}\frac{\pi\Delta}{2N}}-\frac{1-\mathrm{e}^{-\mathrm{j}\pi\Delta}}{1-\mathrm{e}^{\mathrm{j}\frac{\pi\Delta}{N}}}\mathrm{e}^{\mathrm{j}\frac{\pi\Delta}{2N}}\right)\end{aligned}$$

① 需要说明的是，存在多种 DCT 的定义，而本节所给出的是一种较为常见的 DCT 形式。

$$= \begin{cases} 1 & \Delta = 0 \\ 0 & \Delta \neq 0 \end{cases} \tag{3.45}$$

因此,上述 N 个余弦序列中,任何两个序列之间有

$$\begin{aligned} &\sum_{n=0}^{N-1} \sqrt{\frac{2}{N}}\beta(i)\cos\left(\frac{\pi i(2n+1)}{2N}\right) \sqrt{\frac{2}{N}}\beta(j)\cos\left(\frac{\pi j(2n+1)}{2N}\right) \\ &= \frac{1}{N}\beta(i)\beta(j)\sum_{n=0}^{N-1}\left(\cos\left(\frac{\pi(i+j)(2n+1)}{2N}\right)+\cos\left(\frac{\pi(i-j)(2n+1)}{2N}\right)\right) \\ &= \begin{cases} 1 & i=j\neq 0 \\ 1 & i=j=0 \\ 0 & i\neq j \end{cases} \end{aligned} \tag{3.46}$$

即 N 个余弦序列彼此正交,构成了一个标准正交基,而 DCT 则是定义在这个标准正交基上的正交变换。从上述标准正交基出发,可将每个序列看作一个行矢量 $\boldsymbol{c}_i(i=0,1,\cdots,N-1)$,即

$$c_{ij} = \sqrt{\frac{2}{N}}\beta(i)\cos\left(\frac{\pi i(2j+1)}{2N}\right) \quad j=0,1,2,\cdots,N-1$$

称 $\boldsymbol{c}_i(i=0,1,\cdots,N-1)$ 为基础矢量,与之相应的余弦序列为基础序列。由基础矢量定义 $N\times N$ 矩阵 $\boldsymbol{W}_{\mathrm{DCT}}$,即

$$\boldsymbol{W}_{\mathrm{DCT}} = \begin{bmatrix} \boldsymbol{c}_0 \\ \boldsymbol{c}_1 \\ \vdots \\ \boldsymbol{c}_{N-1} \end{bmatrix}$$

称该矩阵为 DCT 矩阵。由式(3.46)可知 $\boldsymbol{W}_{\mathrm{DCT}}\times\boldsymbol{W}_{\mathrm{DCT}}^{\mathrm{T}}=\boldsymbol{W}_{\mathrm{DCT}}^{\mathrm{T}}\times\boldsymbol{W}_{\mathrm{DCT}}=\boldsymbol{I}$,若再令

$$\boldsymbol{x} = [x(0),x(1),\cdots,x(N-1)]^{\mathrm{T}}$$
$$\boldsymbol{X}_{\mathrm{c}} = [X_{\mathrm{c}}(0),X_{\mathrm{c}}(1),\cdots,X_{\mathrm{c}}(N-1)]^{\mathrm{T}}$$

则 DCT 定义可表示为

$$\boldsymbol{X}_c = \boldsymbol{W}_{\mathrm{DCT}}\boldsymbol{x} \tag{3.47}$$

$$\boldsymbol{x} = \boldsymbol{W}_{\mathrm{DCT}}^{-1}\boldsymbol{X}_{\mathrm{c}} = \boldsymbol{W}_{\mathrm{DCT}}^{\mathrm{T}}\boldsymbol{X}_{\mathrm{c}} \tag{3.48}$$

而式(3.48)可进一步写为

$$\begin{aligned} \boldsymbol{x} &= \boldsymbol{W}_{\mathrm{DCT}}^{-1}\boldsymbol{X}_{\mathrm{c}} = \boldsymbol{W}_{\mathrm{DCT}}^{\mathrm{T}}\boldsymbol{X}_{\mathrm{c}} \\ &= [\boldsymbol{c}_0^{\mathrm{T}} \quad \boldsymbol{c}_1^{\mathrm{T}} \quad \cdots \quad \boldsymbol{c}_{N-1}^{\mathrm{T}}]\boldsymbol{X}_{\mathrm{c}} \\ &= \sum_{k=0}^{N-1} X_{\mathrm{c}}(k)\boldsymbol{c}_k^{\mathrm{T}} \end{aligned}$$

可见,任何有限长实数序列可以看作基础序列的加权和,而加权系数则是 DCT 变换系数。图 3.47 具体给出了 8 点 DCT 变换的基础序列。

在第 3.3 节说明了 DFT 遵循帕塞瓦尔关系,而 DCT 也具有同样的特性,即

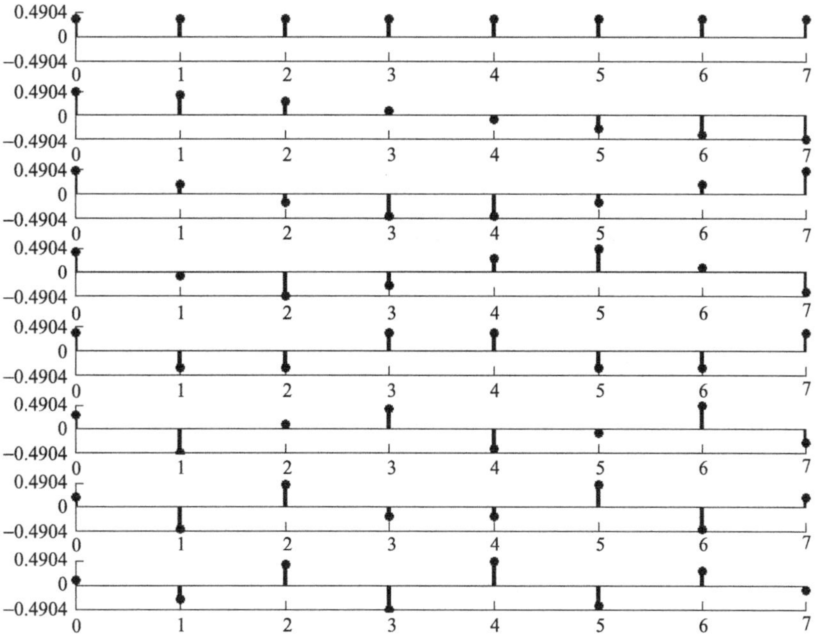

图 3.47　8点 DCT 的基础序列

$$\begin{aligned}\| \boldsymbol{x} \| &= \sum_{n=0}^{N-1} x^2(n) = \boldsymbol{x}^{\mathrm{T}} \boldsymbol{x} \\ &= (\boldsymbol{X}_{\mathrm{c}}^{\mathrm{T}} \boldsymbol{W}_{\mathrm{DCT}})(\boldsymbol{W}_{\mathrm{DCT}}^{\mathrm{T}} \boldsymbol{X}_{\mathrm{c}}) = \boldsymbol{X}_{\mathrm{c}}^{\mathrm{T}} \boldsymbol{X}_{\mathrm{c}} \\ &= \sum_{k=0}^{N-1} X_{\mathrm{c}}^2(k) = \| \boldsymbol{X}_{\mathrm{c}} \|\end{aligned}$$

因此,也称 DCT 是定义在标准正交基上的酉变换(unitary transform)。

由于余弦函数可以利用指数函数定义,所以 DCT 同 DFT 之间必然存在着一定的关系。现从 N 点实数序列 $x(n)$ 定义 $2N$ 点序列 $x_{\mathrm{es}}(n)$ 如下:

$$x_{\mathrm{es}}(n) = x((n))_{2N} + x((-n-1))_{2N}$$

即

$$x_{\mathrm{es}}(n) = \begin{cases} x(n) & 0 \leqslant n \leqslant N-1 \\ x(2N-n-1) & N \leqslant n \leqslant 2N-1 \end{cases}$$

$x(n)$ 和 $x_{\mathrm{es}}(n)$ 之间的对应关系可由图 3.48 表示。若令 $X_{\mathrm{es}}(k)$ 为 $x_{\mathrm{es}}(n)$ 的 $2N$ 点 DFT 结果,那么当 $0 \leqslant k \leqslant N-1$ 时,有

$$\begin{aligned}X_{\mathrm{es}}(k) &= \sum_{n=0}^{2N-1} x_{\mathrm{es}}(n) \mathrm{e}^{-\mathrm{j}\frac{2\pi nk}{2N}} \\ &= \sum_{n=0}^{N-1} x(n) \mathrm{e}^{-\mathrm{j}\frac{2\pi nk}{2N}} + \sum_{n=N}^{2N-1} x(2N-n-1) \mathrm{e}^{-\mathrm{j}\frac{2\pi nk}{2N}}\end{aligned}$$

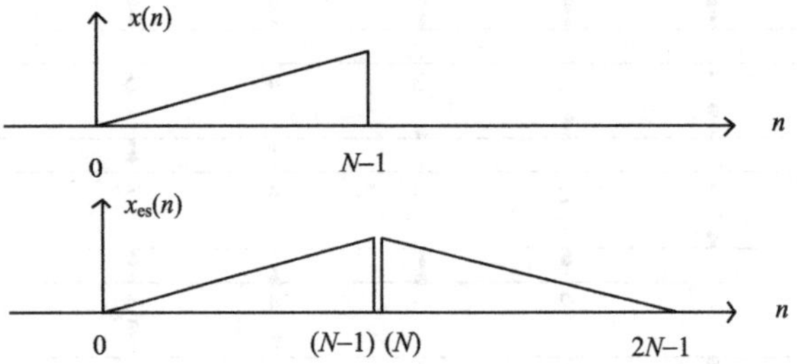

图 3.48　$x(n)$和 $x_{es}(n)$之间的对应关系

$$= \sum_{n=0}^{N-1} x(n)\mathrm{e}^{-\mathrm{j}\frac{2\pi nk}{2N}} + \sum_{n=0}^{N-1} x(n)\mathrm{e}^{-\mathrm{j}\frac{2\pi(2N-n-1)k}{2N}}$$

$$= \sum_{n=0}^{N-1} x(n)\left(\mathrm{e}^{-\mathrm{j}\frac{2\pi nk}{2N}} + \mathrm{e}^{-\mathrm{j}\frac{2\pi(2N-n-1)k}{2N}}\right)$$

$$= \sum_{n=0}^{N-1} x(n)\mathrm{e}^{\mathrm{j}\frac{\pi k}{2N}}\left(\mathrm{e}^{-\mathrm{j}\frac{2\pi nk}{2N}}\mathrm{e}^{-\mathrm{j}\frac{\pi k}{2N}} + \mathrm{e}^{\mathrm{j}\frac{2\pi(n+1)k}{2N}}\mathrm{e}^{-\mathrm{j}\frac{\pi k}{2N}}\right)$$

$$= \sum_{n=0}^{N-1} x(n)\mathrm{e}^{\mathrm{j}\frac{\pi k}{2N}}\left(\mathrm{e}^{-\mathrm{j}\frac{\pi k(2n+1)}{2N}} + \mathrm{e}^{\mathrm{j}\frac{\pi k(2n+1)}{2N}}\right)$$

$$= 2\mathrm{e}^{\mathrm{j}\frac{\pi k}{2N}} \sum_{n=0}^{N-1} x(n)\cos\left(\frac{\pi k(2n+1)}{2N}\right)$$

$$= \frac{\sqrt{2N}}{\beta(k)}\mathrm{e}^{\mathrm{j}\frac{\pi k}{2N}} X_c(k)$$

即

$$X_c(k) = \frac{\beta(k)}{\sqrt{2N}}\mathrm{e}^{-\mathrm{j}\frac{\pi k}{2N}} X_{es}(k) \quad k = 0,1,\cdots,N-1 \tag{3.49}$$

该式具体给出了 DCT 同 DFT 之间的关系。

显而易见,$X_c(k)$并非序列 $x(n)$的频谱,所反映的实际上是序列 $x_{es}(n)$的频谱,而 $x_{es}(n)$则是由 $x(n)$经过偶对称处理后得到的 $2N$ 点序列。需要特别强调的是,由式(3.49)可知 N 点 DCT 与 $2N$ 点 DFT 相对应,因此 $X_c(N-1)$所对应的模拟频率为 $\frac{(N-1)}{2N}\times\Omega_s$,即 $X_c(N-1)$反映了信号高频分量的特性;相反,在序列 $x(n)$的 N 点 DFT 中,$X(N-1)$所对应的模拟频率为$\frac{(N-1)}{N}\times\Omega_s$,即 $X(N-1)$反映的是信号低频分量的特性。这是 N 点 DCT 与 N 点 DFT 的一个主要区别。

由定义不难看出,DCT 也是线性变换,也具有同 DFT 相类似的性质;关于其性质的证明,可借助 DCT 的定义或上述 DCT 同 DFT 的关系予以推导,此处不再赘述。另外,DCT 也具有快速计算方法;由式(3.49)出发,根据 FFT 设计 DCT 的快速算法是一种常见的做法。

3.6.2 DST 及其同 DFT 的关系

同上节，令 $x(n)$ 表示有限长实数序列，长度为 N，则 DST 可定义如下[①]：

$$X_s(k)=\sqrt{\frac{2}{N}}\alpha(k)\sum_{n=0}^{N-1}x(n)\sin\left(\frac{\pi(2n+1)(k+1)}{2N}\right)\quad k=0,1,\cdots,N-1 \tag{3.50}$$

$$x(n)=\sqrt{\frac{2}{N}}\sum_{k=0}^{N-1}\alpha(k)X_s(k)\sin\left(\frac{\pi(k+1)(2n+1)}{2N}\right)\quad n=0,1,\cdots,N-1 \tag{3.51}$$

其中，$\alpha(k)$为

$$\alpha(k)=\begin{cases}\dfrac{1}{\sqrt{2}} & k=N-1\\ 1 & 0\leqslant k\leqslant N-2\end{cases}$$

称 $X_s(k)$为 DST 变换系数。与 DCT 相同，在 DST 变换和反变换的过程中只包含实数运算，而 $X_s(k)$也为实数序列。与 DCT 有所不同，N 点 DST 涉及的是 N 个正弦序列，如下：

$$\sqrt{\frac{2}{N}}\alpha(k)\sin\left(\frac{\pi(k+1)(2n+1)}{2N}\right)\quad k=0,1,2,\cdots,N-1$$

由 3.6.1 节中的式(3.45)可知，在这 N 个正弦序列中，任何两个序列之间有

$$\begin{aligned}&\sum_{n=0}^{N-1}\sqrt{\frac{2}{N}}\alpha(i)\sin\left(\frac{\pi(i+1)(2n+1)}{2N}\right)\sqrt{\frac{2}{N}}\alpha(j)\sin\left(\frac{\pi(j+1)(2n+1)}{2N}\right)\\&=\frac{1}{N}\alpha(i)\alpha(j)\sum_{n=0}^{N-1}\left(\cos\left(\frac{\pi(i-j)(2n+1)}{2N}\right)-\cos\left(\frac{\pi(i+j+2)(2n+1)}{2N}\right)\right)\\&=\begin{cases}1 & i=j\neq N-1\\ 1 & i=j=N-1\\ 0 & i\neq j\end{cases}\end{aligned} \tag{3.52}$$

即 N 个正弦序列彼此正交，构成了一个标准正交基，而 DST 也是定义在一个标准正交基上的正交变换。如果将标准正交基中的每个序列看作一个行矢量$\boldsymbol{s}_i(i=0,1,\cdots,N-1)$，即

$$s_{ij}=\sqrt{\frac{2}{N}}\beta(i)\sin\left(\frac{\pi(i+1)(2j+1)}{2N}\right)\quad j=0,1,2,\cdots,N-1$$

称$\boldsymbol{s}_i(i=0,1,\cdots,N-1)$为基础矢量，与之相应的正弦序列为基础序列。由基础矢量定义 $N\times N$ 矩阵 $\mathrm{W}_{\mathrm{DST}}$，即

$$\boldsymbol{W}_{\mathrm{DST}}=\begin{bmatrix}\boldsymbol{s}_0\\ \boldsymbol{s}_1\\ \vdots\\ \boldsymbol{s}_{N-1}\end{bmatrix}$$

① 同 DCT 的情况相同，也存在着多种 DST 的定义；本节仅给出一种较为常见的 DST 形式。

称该矩阵为 DST 矩阵。由式(3.52)可知 $\boldsymbol{W}_{\mathrm{DST}}\times\boldsymbol{W}_{\mathrm{DST}}^{\mathrm{T}}=\boldsymbol{W}_{\mathrm{DST}}^{\mathrm{T}}\times\boldsymbol{W}_{\mathrm{DST}}=\boldsymbol{I}$,若再令

$$\boldsymbol{x}=[x(0),x(1),\cdots,x(N-1)]^{\mathrm{T}}$$

$$\boldsymbol{X}_{\mathrm{s}}=[X_{\mathrm{s}}(0),X_{\mathrm{s}}(1),\cdots,X_{\mathrm{s}}(N-1)]^{\mathrm{T}}$$

则 DST 定义可表示为

$$\boldsymbol{X}_{\mathrm{s}}=\boldsymbol{W}_{\mathrm{DST}}\boldsymbol{x} \tag{3.53}$$

$$\boldsymbol{x}=\boldsymbol{W}_{\mathrm{DST}}^{-1}\boldsymbol{X}_{\mathrm{c}}=\boldsymbol{W}_{\mathrm{DST}}^{\mathrm{T}}\boldsymbol{X}_{\mathrm{s}} \tag{3.54}$$

而式(3.54)可进一步写为

$$\begin{aligned}\boldsymbol{x}&=\boldsymbol{W}_{\mathrm{DST}}^{-1}\boldsymbol{X}_{\mathrm{s}}=\boldsymbol{W}_{\mathrm{DST}}^{\mathrm{T}}\boldsymbol{X}_{\mathrm{s}}\\&=[\boldsymbol{s}_0^{\mathrm{T}}\quad \boldsymbol{s}_1^{\mathrm{T}}\quad \cdots\quad \boldsymbol{s}_{N-1}^{\mathrm{T}}]\boldsymbol{X}_{\mathrm{s}}\\&=\sum_{k=0}^{N-1}X_s(k)\,\boldsymbol{s}_k^{\mathrm{T}}\end{aligned}$$

可见,任何有限长实数序列也可以看作是正弦基础序列的加权和,而加权系数则是 DST 变换系数。图 3.49 具体给出了 8 点 DST 变换下所涉及的 8 个基础序列。

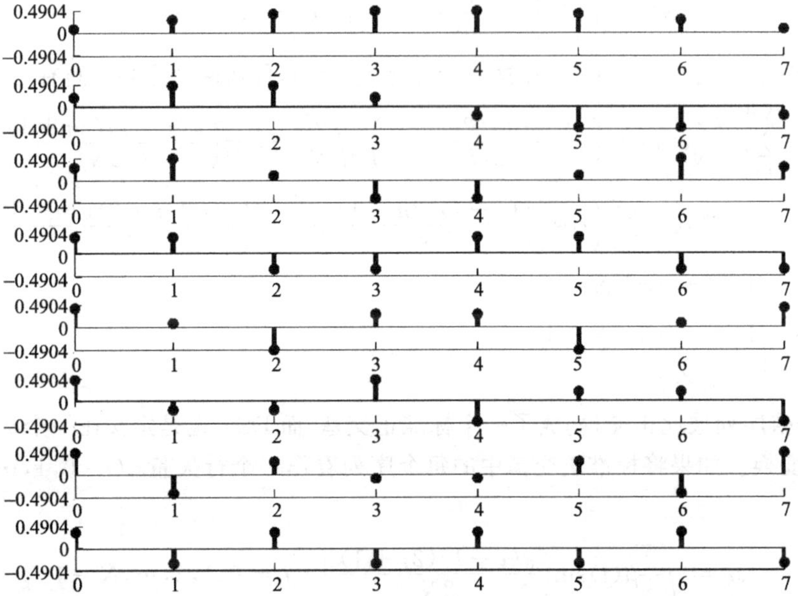

图 3.49　8 点 DST 中的基础序列

DST 也遵循帕塞瓦尔关系,即

$$\begin{aligned}\|\boldsymbol{x}\|&=\sum_{n=0}^{N-1}x^2(n)=\boldsymbol{x}^{\mathrm{T}}\boldsymbol{x}\\&=(\boldsymbol{X}_{\mathrm{s}}^{\mathrm{T}}\boldsymbol{W}_{\mathrm{DST}})(\boldsymbol{W}_{\mathrm{DST}}^{\mathrm{T}}\boldsymbol{X}_{\mathrm{s}})=\boldsymbol{X}_{\mathrm{s}}^{\mathrm{T}}\boldsymbol{X}_{\mathrm{s}}\\&=\sum_{k=0}^{N-1}X_{\mathrm{s}}^2(k)=\|\boldsymbol{X}_{\mathrm{s}}\|\end{aligned}$$

因此,DST 也是酉变换。

由于正弦函数也可以利用指数函数定义,所以 DST 也同 DFT 之间存在着一定的关系。现从 N 点实数序列 $x(n)$定义 $2N$ 点序列 $x_{os}(n)$,如下:

$$x_s(n) = x((n))_{2N} - x((-n-1))_{2N}$$

即

$$x_{os}(n) = \begin{cases} x(n) & 0 \leqslant n \leqslant N-1 \\ -x(2N-n-1) & N \leqslant n \leqslant 2N-1 \end{cases}$$

$x(n)$和 $x_{os}(n)$之间的对应关系可由图 3.50 表示。若令 $X_{os}(k)$为 $x_{os}(n)$的 $2N$ 点 DFT 结果,那么当 $0 \leqslant k \leqslant N-1$ 时,有

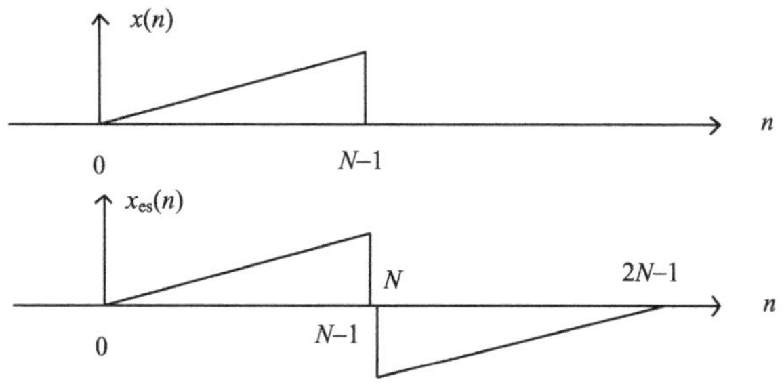

图 3.50　$x(n)$和 $x_{os}(n)$之间的对应关系

$$\begin{aligned}
X_{os}(k+1) &= \sum_{n=0}^{2N-1} x_{os}(n) e^{-j\frac{2\pi n(k+1)}{2N}} \\
&= \sum_{n=0}^{N-1} x(n) e^{-j\frac{2\pi n(k+1)}{2N}} - \sum_{n=N}^{2N-1} x(2N-n-1) e^{-j\frac{2\pi n(k+1)}{2N}} \\
&= \sum_{n=0}^{N-1} x(n) e^{-j\frac{2\pi n(k+1)}{2N}} - \sum_{n=0}^{N-1} x(n) e^{-j\frac{2\pi(2N-n-1)(k+1)}{2N}} \\
&= \sum_{n=0}^{N-1} x(n) \left(e^{-j\frac{2\pi n(k+1)}{2N}} - e^{-j\frac{2\pi(2N-n-1)(k+1)}{2N}}\right) \\
&= \sum_{n=0}^{N-1} x(n) e^{j\frac{\pi(k+1)}{2N}} \left(e^{-j\frac{2\pi n(k+1)}{2N}} e^{-j\frac{\pi(k+1)}{2N}} - e^{j\frac{2\pi(n+1)(k+1)}{2N}} e^{-j\frac{\pi(k+1)}{2N}}\right) \\
&= \sum_{n=0}^{N-1} x(n) e^{j\frac{\pi(k+1)}{2N}} \left(e^{-j\frac{\pi(k+1)(2n+1)}{2N}} - e^{j\frac{\pi(k+1)(2n+1)}{2N}}\right) \\
&= -2j e^{j\frac{\pi(k+1)}{2N}} \sum_{n=0}^{N-1} x(n) \sin\left(\frac{\pi(k+1)(2n+1)}{2N}\right) \\
&= \frac{\sqrt{2N}}{\alpha(k)} e^{-j\frac{\pi(N-k-1)}{2N}} X_s(k)
\end{aligned}$$

即

$$X_s(k)=\frac{\alpha(k)}{\sqrt{2N}}e^{j\frac{\pi(N-k-1)}{2N}}X_{os}(k+1)\qquad k=0,1,\cdots,N-1 \tag{3.55}$$

该式给出了 DST 同 DFT 之间的关系。

与 DCT 的情况相同，$X_s(k)$也不是序列 $x(n)$的频谱，其反映的是序列 $x_{os}(n)$的频域特点，而 $x_{os}(n)$则是由 $x(n)$经过奇对称处理后得到的 $2N$ 点序列。类似的，式(3.55)表明 N 点 DST 与 $2N$ 点 DFT 相对应，因此 $X_s(N-1)$所对应的模拟频率为$\frac{\Omega_s}{2}$，即 $X_s(N-1)$反映了信号高频分量的特性，这是 N 点 DST 与 N 点 DFT 的一个主要区别。

同样，DST 也是线性变换，具有同 DFT 相类似的性质；关于其性质的证明，可借助 DST 的定义或上述 DST 同 DFT 的关系予以推导，此处不再赘述。另外，可由式(3.55)出发，根据 FFT 设计 DST 的快速计算方法。

3.6.3 小结

如前所述，在对有限长实数序列进行 DCT 或 DST 的变换过程中，只涉及实数运算，而且变换结果也是有限长实数序列。因此，相比于 DFT，DCT 和 DST 的运算开销和存储开销都较小，这是在实际系统中采用 DCT 或 DST 的原因之一。

在时域上，信号的能量往往较为均匀地分布在多个采样上；如果经过变换后，能量可以集中在少数几个系数上，就称该变换具备能量集中(energy compaction)的特点。实际上，大多数变换都具备该特点，而 DCT 和 DST 则在该方面表现出了较为显著的优势①，所以两者在变换编码(transform coding)领域中有着广泛的应用。

3.7 本章涉及的 Matlab 函数

1. 相关的 Matlab 函数

1) 模数运算：$M=\text{mod}(X,Y)$

函数“mod”的数学定义为

$$M=((X))_Y=X \bmod Y$$

例 3.6

```
n = mod(-3,8)
n =
    5
```

在 Matlab 环境下，可利用该函数实现对有限长序列的循环反转、循环移位等处理。

2) DFT 矩阵：$A=\text{dftmtx}(N)$

函数“dftmtx”的数学定义为

---

① 具体而言，如果信号的相关系数趋于 1，则 DCT 在能量集中方面优势明显；如果信号的相关系数趋于 0 或 −1，则 DST 在该方面优势明显。

$$A = W = \begin{bmatrix} W_N^{0\times 0} & W_N^{1\times 0} & \cdots & W_N^{(N-1)\times 0} \\ W_N^{0\times 1} & W_N^{1\times 1} & \cdots & W_N^{(N-1)\times 1} \\ \vdots & \vdots & & \vdots \\ W_N^{0\times (N-1)} & W_N^{1\times (N-1)} & \cdots & W_N^{(N-1)\times (N-1)} \end{bmatrix}$$

例 3.7

```
W4 = dftmtx(4)
W4 =
    1.0000     1.0000          1.0000     1.0000
    1.0000     0 - 1.0000i    -1.0000     0 + 1.0000i
    1.0000    -1.0000          1.0000    -1.0000
    1.0000     0 + 1.0000i    -1.0000     0 - 1.0000i
```

由 DFT 和 IDFT 的定义不难发现，在 Matlab 环境下可按如下方式求出IDFT 矩阵：

$$Ai = \mathrm{conj}(\mathrm{dftmtx}(N))/N$$

其中，函数“conj”具体实现了复数的共轭运算。

例 3.8

```
W4i = conj(dftmtx(4))/4
W4i =
    0.2500     0.2500          0.2500     0.2500
    0.2500     0 + 0.2500i    -0.2500     0 - 0.2500i
    0.2500    -0.2500          0.2500    -0.2500
    0.2500     0 - 0.2500i    -0.2500     0 + 0.2500i
```

在 Matlab 环境下，可直接利用函数“dftmtx”完成 DFT 或 IDFT 计算。

例 3.9

```
x = [1 2 3 4]';
X = dftmtx(4) * x
X =
  10.0000
  -2.0000 + 2.0000i
  -2.0000
  -2.0000 - 2.0000i
```

例 3.10

```
X = [10 -2+2i -2 -2-2i].';
x = conj(dftmtx(4))/4 * X
x =
      1
      2
      3
      4
```

3) 快速傅里叶变换和快速傅里叶反变换：$Y=\text{fft}(X,N)$和 $X=\text{ifft}(Y,N)$

函数“fft”和“ifft”分别完成 DFT 和 IDFT 的快速计算。需要特别说明的是，这两个函数所采用的是综合性的 FFT 算法，即不仅会用到 3.4 节所介绍的基本的 FFT 算法，还会用到组合数、素因子以及分裂基等其他 FFT 算法。

例 3.11

```
x = [1 2 3 4]';
X = fft(x,4)
X =
  10.0000
  -2.0000 + 2.0000i
  -2.0000
  -2.0000 - 2.0000i
```

例 3.12

```
x = [1 2 3 4]';
X = fft(x,8)
X =
  10.0000
  -0.4142 - 7.2426i
  -2.0000 + 2.0000i
  2.4142 - 1.2426i
  -2.0000
  2.4142 + 1.2426i
  -2.0000 - 2.0000i
  -0.4142 + 7.2426i
```

例 3.13

```
X = [10 -2+2i -2 -2-2i].';
x = ifft(X,4)
x =
       1
       2
       3
       4
```

4) 频域有限长序列的循环移位运算：$Y=\text{fftshift}(X)$

若序列 $X(k)$长度为 N，则函数“fftshift”的数学定义为

$$Y(k)=X\left(\left(k-\left\lfloor\frac{N}{2}\right\rfloor\right)\right)_N$$

例 3.14

```
x = [1,2,3,4]';
X = fft(X,4)
X =
    10.0000
    -2.0000 + 2.0000i
    -2.0000
    -2.0000 - 2.0000i
Y = fftshift(X)
Y =
    -2.0000
    -2.0000 - 2.0000i
    10.0000
    -2.0000 + 2.0000i
```

例 3.15

```
x = [1,2,3,4]';
X = fft(X,5)
X =
    10.0000
    -4.0451 - 1.3143i
    1.5451 - 2.1266i
    1.5451 + 2.1266i
    -4.0451 + 1.3143i
Y = fftshift(X)
Y =
    1.5451 + 2.1266i
    -4.0451 + 1.3143i
    10.0000
    -4.0451 - 1.3143i
    1.5451 - 2.1266i
```

由该函数的数学定义可知，如果 $X(k)$ 所反映的是区间 $[0,\Omega_s]$ 内取样信号的频谱，那么 $Y(k)$ 所反映的则是区间 $\left[-\frac{\Omega_s}{2},\frac{\Omega_s}{2}\right]$ 内取样信号的频谱，换言之，利用该函数更便于观察原模拟信号的频域特征。

例 3.16

```
x = ones(20); %方窗
X = fft(X,500);
Y = fftshift(X);
```

```
plot(abs(X))
plot(abs(Y))
```

5) 有限长序列的 Chirp-Z 变换：$y=\text{czt}(x,m,\omega,a)$

相应于 3.5.2 节对 CZT 的介绍，存在如下对应关系：

$$m = M$$
$$a = A$$
$$\omega = W$$

即函数“czt”的数学定义为

$$y(k) = \sum_{n=1}^{N} x(n) Z_k^{-(n-1)} \qquad Z_k = a\omega^{-(k-1)} \qquad 1 \leqslant k \leqslant M$$

例 3.17

```
h = fir1(30,125/500,rectwin(31)); %低通滤波器单位冲激响应
```

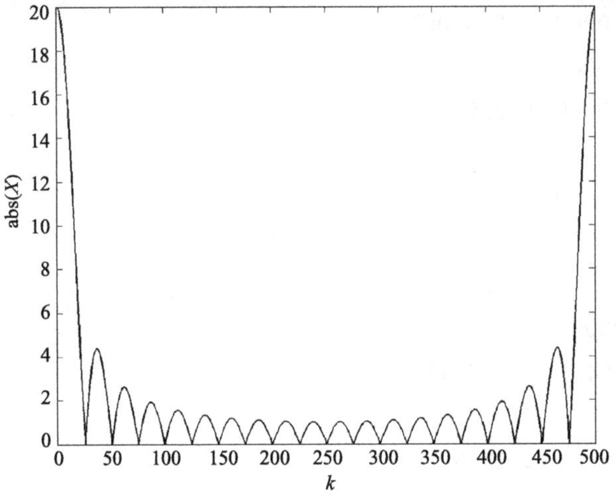

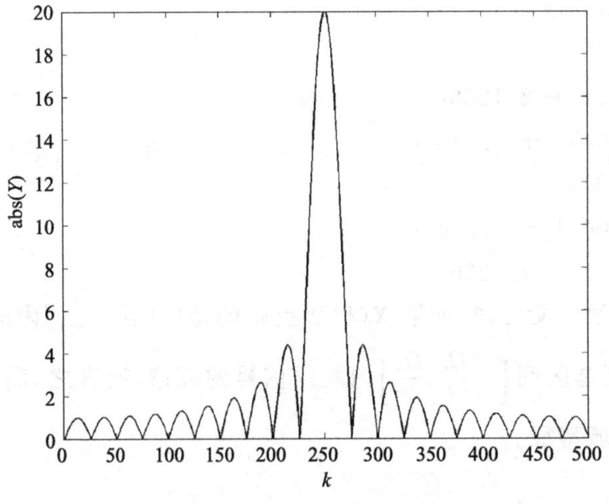


```
fs = 1000; f1 = 100; f2 = 150; %以 Hz 为单位
m = 1024;
w = exp(-j * 2 * pi * (f2-f1)/(m * fs));
```

```
    a = exp(j * 2 * pi * f1/fs);
    y = fft(h,1000); %利用 DFT 研究滤波器的频域特征
    z = czt(h,m,w,a); %利用 CZT 详细观察过渡带内滤波器的频域特征
    fy = (0:length(y)-1)' * 1000/length(y);
    fz = ((0:length(z)-1)' * (f2-f1)/length(z)) + f1;
    plot(fy(1:500),abs(y(1:500))); axis([1 500 0 1.2])
    title('FFT')
```

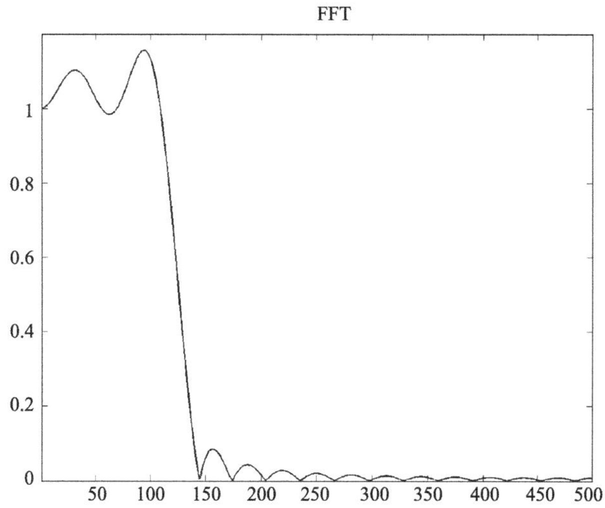


```
figure
    plot(fz,abs(z)); axis([f1 f2 0 1.2])
    title('CZT')
```

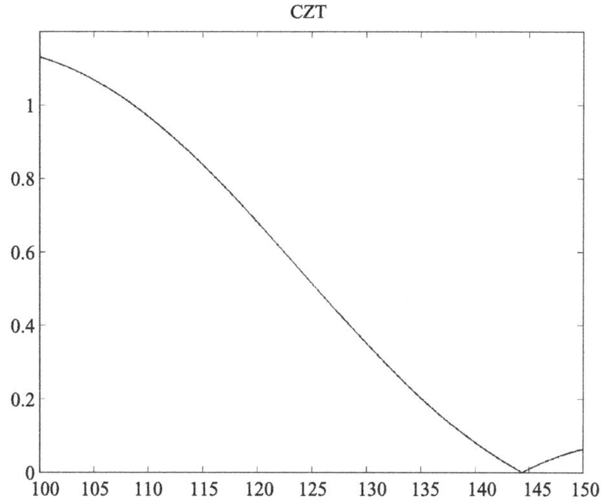

2. 循环移位运算的 Matlab 实现

在 Matlab 环境下,可定义如下函数以实现有限长序列的循环移位运算:

```
function y = cirshift(x,m)
% 循环移位运算
% ——————————————
% y(n) = x((n-m))N
N = length(x);
n = [0:1:N-1];
n = mod(n-m,N);
y = x(n+1);
```

例 3.18

```
x = [1:6]
x =
    1     2     3     4     5     6
cirshift(x, 2)
ans =
    5     6     1     2     3     4
cirshift(x,-2)
ans =
    3     4     5     6     1     2
```

3. 循环卷积运算的 Matlab 实现

在 Matlab 环境下,可按如下两种方式实现有限长序列的循环卷积运算:

1) 频域计算方法

```
function y = circonv_f(x1,x2,N)
% 利用 FFT 和 IFFT 计算两个有限长序列的 N 点循环卷积结果
if length(x1) > N
        error('N must be >= the length of x1')
end
if length(x2) > N
        error('N must be >= the length of x2')
end
X1=fft(x1,N);
X2=fft(x2,N);
Y=X1.*X2;
y=ifft(Y);
```

例 3.19

```
x1 = [1:6]
x1 =
    1     2     3     4     5     6
```

```
x2 = [1 1]
x2 =
        1       1
circonv_f(x1,x2,8)
ans =
     1.00   3.000   5.000   7.000   9.000   11.000   6.000   0.000
```

2）时域计算方法

```
function y = circonv_t(x1,x2,N)
% 在时域按循环卷积的定义直接完成计算
if length(x1) > N
    error('N must be >= the length of x1')
end
if length(x2) > N
    error('N must be >= the length of x2')
end
x1=[x1 zeros(1,N-length(x1))];
x2=[x2 zeros(1,N-length(x2))];
m = [0:1:N-1];
x2 = x2(mod(-m,N)+1);
H = zeros(N,N);
for n = 1:1:N
    H(n,:) = cirshift(x2,n-1);
end
y = x1 * H';
```

例 3.20

```
x1=[1:6]
x1 =
     1     2     3     4     5     6
x2=[1,1]
x2 =
     1    1
circonv_t(x1,x2,8)
ans =
     1     3     5     7     9     11     6     0
```

习　　题

3.1　求如下周期序列的 DFS：

(1) $\tilde{x}(n)$的周期为 4，且有 $\tilde{x}(n)R_4(n)=\{2,3,4,5\}$；

(2) $\tilde{x}(n)$的周期为 6，且有 $\tilde{x}(n)R_6(n)=\{2,3,4,5,2,9\}$；

(3) $\tilde{x}(n)$的周期为 8，且有 $\tilde{x}(n)R_8(n)=\{2,3,4,5,2,3,4,5\}$。

3.2　已知 $\tilde{x}(n)$的周期为 4 且有 $\tilde{x}(n)R_4(n)=\{1,2,3,4\}$，另 $\tilde{x}_1(n)=\tilde{x}(n+4)$，求：

(1) $\mathrm{DFS}\{\tilde{x}(n)\}$；(2) $\mathrm{DFS}\{\tilde{x}_1(n)\}$。

3.3　已知 $\tilde{x}(n)$的周期为 N，且 $\widetilde{X}(k)=\mathrm{DFS}\{\tilde{x}(n)\}$。现令 $\widetilde{X}_1(k)=\widetilde{X}(k+l)$，求证：

$$\tilde{x}_1(n)=\mathrm{IDFS}\{\widetilde{X}_1(k)\}=W_N^{nl}\tilde{x}(n)。$$

3.4　若 $\tilde{x}(n)$的 DFS 为 $\widetilde{X}(k)$，求证：

(1) $\mathrm{jIm}[\widetilde{X}(k)]=\mathrm{DFS}\{\tilde{x}_o(n)\}$；(2) 如果 $\tilde{x}(n)$为实序列，则 $\widetilde{X}(k)=\widetilde{X}^*(-k)$。

3.5　若 $\tilde{x}_1(n)=\mathrm{IDFS}\{\widetilde{X}_1(k)\}$，$\tilde{x}_2(n)=\mathrm{IDFS}\{\widetilde{X}_2(k)\}$，且 $\widetilde{X}_3(k)=\dfrac{1}{N}\sum\limits_{l=0}^{N-1}\widetilde{X}_1(l)\widetilde{X}_2(k-l)$，求证：$\tilde{x}_3(n)=\mathrm{IDFS}\{\widetilde{X}_3(k)\}=\tilde{x}_1(n)\tilde{x}_2(n)$。

3.6　若 $\tilde{x}(n)$的周期为 N，其 DFS 为 $\widetilde{X}(k)$，现令该序列通过一线性移不变系统，系统的传输函数为 $H(z)$，输出为 $y(n)$，求证：

(1) $y(n)$为周期序列且周期为 N；(2) $y(n)=\dfrac{1}{N}\sum\limits_{k=0}^{N-1}H(W_N^{-k})\widetilde{X}(k)W_N^{-nk}$。

3.7　已知 $\tilde{x}(n)$的周期为 N，其 DFS 为 $\widetilde{X}(k)$。现令

$$\widetilde{X}_1(k)=\sum_{n=0}^{2N-1}\tilde{x}(n)W_{2N}^{nk}\qquad 0\leqslant k\leqslant 2N-1$$

试利用 $\widetilde{X}(k)$表示 $\widetilde{X}_1(k)$。

3.8　已知 $\tilde{x}(n)$的周期为 N，其 DFS 为 $\widetilde{X}(k)$。现令

$$\widetilde{X}_1(k)=\sum_{n=0}^{MN-1}\tilde{x}(n)W_{MN}^{nk}\qquad 0\leqslant k\leqslant MN-1,M\text{ 为正整数且不为零}$$

试利用 $\widetilde{X}(k)$表示 $\widetilde{X}_1(k)$。

3.9　求如下有限长序列的 N 点 DFT：

(1) $x(n)=\delta(n)$

(2) $x(n)=\delta(n-n_0)\qquad 0<n_0<N$

(3) $x(n)=a^n\qquad n=0,1,\cdots,N-1$

3.10　有限长序列 $x(n)$的波形由图 3.51 给出，试画出有限长序列 $x_1(n)$和 $x_2(n)$的波形，其中：$x_1(n)=x((n-2))_4$；$x_2(n)=x((2-n))_4$。

3.11　图 3.52 具体给出了的两个有限长序列的波形，求其 6 点循环卷积结果。

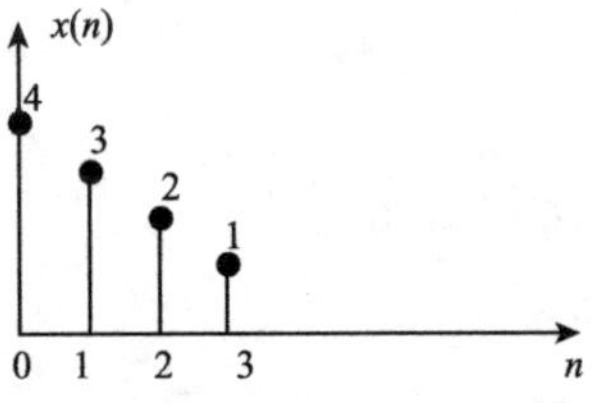

图 3.51

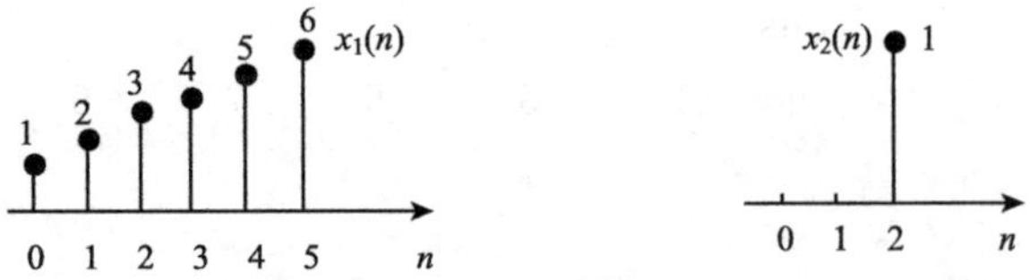

图 3.52

3.12　若 $x(n)$ 的长度为 N，且 $X(k)=\mathrm{DFT}\{x(n)\}$，求证：

(1) $X_o(k)=\mathrm{DFT}\{\mathrm{jIm}[x(n)]\}$；(2) 如果 $x(n)$ 为实序列，则 $X(k)=X^*((-k))_N$。

3.13　已知 $x(n)$ 的长度为 N，且 $X(k)=\mathrm{DFT}\{x(n)\}$，求证：

(1) 若 $x(n)=-x(N-1-n)$，则 $X(0)=0$；

(2) 若 N 为偶数且 $x(n)=x(N-1-n)$，则 $X\left(\frac{N}{2}\right)=0$。

3.14　若 $x(n)$ 的长度为 N，且 $X(k)=\mathrm{DFT}\{x(n)\}$，求证：

$$X_1(k)=\mathrm{DFT}\{X(n)\}=Nx((-k))_N \qquad 0\leqslant k\leqslant N-1$$

3.15　已知序列 $x(n)=a^n u(n)$，$0<a<1$，现令

$$X(k)=X(z)\Big|_{z=W_N^{-K}} \qquad 0\leqslant k\leqslant N-1$$

求有限长序列 $\mathrm{IDFT}\{X(k)\}$。

3.16　已知 $x(n)$ 的长度为 N，且 $X(k)=\mathrm{DFT}\{x(n)\}$，现令

$$y(n)=x((n))_N \qquad 0\leqslant n\leqslant 2N-1$$

求 $y(n)$ 的 $2N$ 点 DFT。

3.17　已知序列 $x(n)$ 的长度为 8，其 8 点 DFT 结果如图 3.53(a)所示。就下述各序列而言，分别确定在图 3.53(b)～图 3.53(f)中，哪张图能反映其 16 点 DFT 结果。

(1) $y(n)=\begin{cases} x\left(\frac{n}{2}\right) & n\text{ 为偶数} \\ 0 & n\text{ 为奇数} \end{cases} \qquad 0\leqslant n\leqslant 15$

(2) $y(n)=x((n))_8 \qquad 0\leqslant n\leqslant 15$

(3) $y(n)=\begin{cases} x\left(\frac{n}{2}\right)W_{16}^{4n} & n\text{ 为偶数} \\ 0 & n\text{ 为奇数} \end{cases} \qquad 0\leqslant n\leqslant 15$

3.18　现有一序列 $x(n)$，$N_1\leqslant n\leqslant N_2(-\infty<N_1<N_2<+\infty)$，其 Z 变换为 $X(z)$；又有一有限长序列 $x_1(n)$，$0\leqslant n\leqslant N-1$，且其 N 点 DFT 为 $X_1(k)$。若存在

$$X_1(k)=X(z)\Big|_{z=W_N^{-k}} \qquad k=0,1,\cdots,N-1$$

求序列 $x_1(n)$ 同 $x(n)$ 之间的关系。

3.19　现存在两个有限长序列 $x(n)(0\leqslant n\leqslant 7)$ 和 $h(n)(0\leqslant n\leqslant 19)$，其 20 点循环卷积结果为 $y_c(n)$，而其线性卷积结果为 $y_L(n)$，问：(1) $y_c(n)$ 中哪些点与 $y_L(n)$ 相同；(2) 需要进行多少点循环卷积才能保证 $y_c(n)$ 和 $y_L(n)$ 完全相同。

3.20　存在一 FIR 滤波器，其 $h(n)$ 的长度为 50。现要求利用重叠保留法来实现这种滤波器，并约定：①相邻的各段输入重叠 v 个点；②每一段输出的长度为 M。若各段输入的长度为 100，循环卷积的点数为 128，求：(1) v；(2) M；(3) 所输出的 M 个点在 128 点循环卷积结果中的位置。

3.21　已知某 FIR 滤波器的单位冲激响应为 $h(n)$ 且 $h(n)=\{2,1,3,7\}$，另输入序列为 $x(n)$ 且 $x(n)=\{4,9,-2,8,0,0,8,1,2,2,7,5,-2,3\}$，试用重叠相加法计算滤波器的输出。要求每段输入的长度为 5。

3.22　已知同(3.21)题，试用重叠保留法计算滤波器的输出。要求每段输出的长度为 5。

3.23　已知某信号的最高频率不大于 2kHz，现利用 DFT 分析其频谱，要求：①DFT 点数为 2 的整数次幂；②频率分辨率不大于 8Hz。求：(1) 最大的取样间隔；(2) 窗函数的最小长度；(3) DFT 点数。

3.24　若完成一次复乘需 100μs，完成一次复加需 20μs，现直接计算 1024 点的 DFT 需要多少时间？利用基 2 DIT-FFT 需要多少时间？利用基 4 DIT-FFT 需要多少时间？

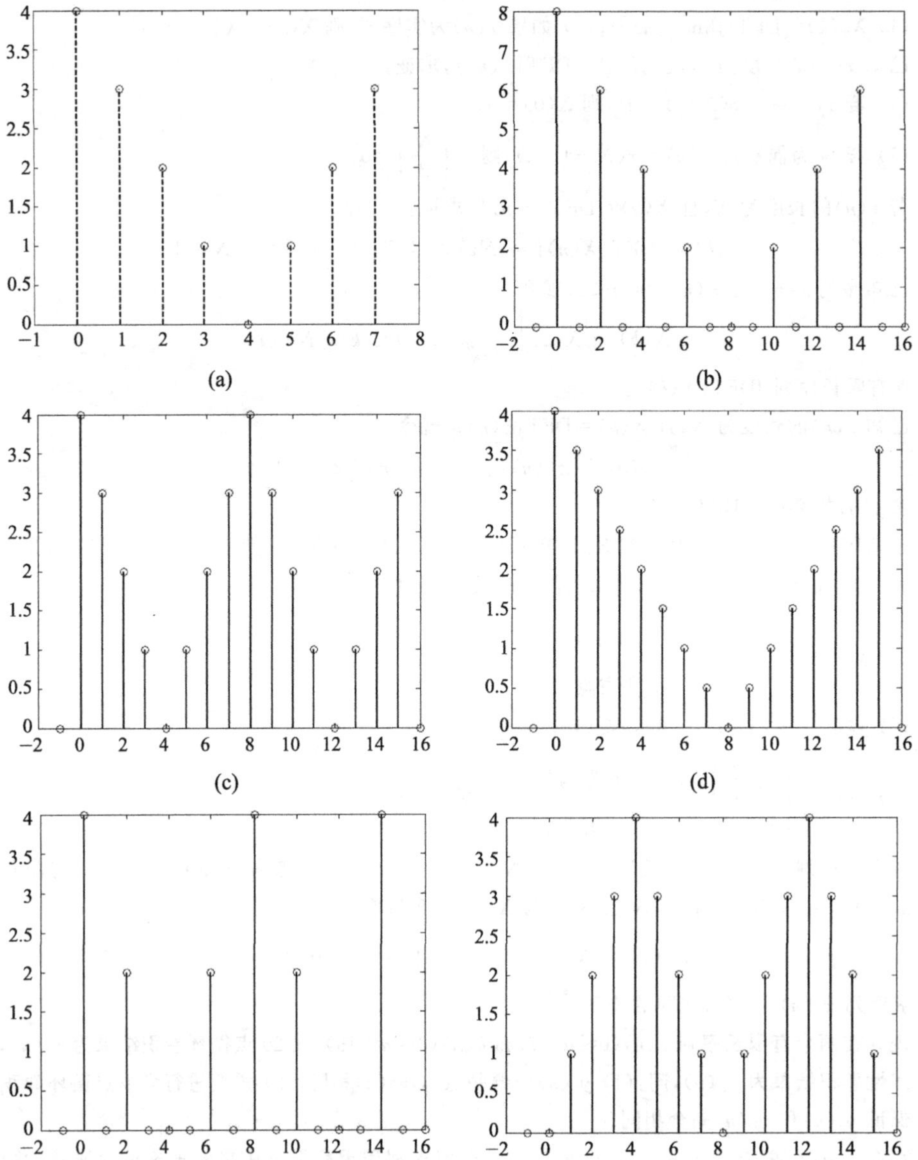

图 3.53

3.25　已知一有限长序列为{4,3,2,1,5,6,7,8},直接计算其 8 点 DFT。

3.26　已知同(3.25)题,按 DIT-FFT 计算序列的 DFT。

3.27　已知同(3.25)题,按 DIF-FFT 计算序列的 DFT。

3.28　已知两个实序列 $x_1(n)$和 $x_2(n)$,长度均为 N,其 N 点 DFT 分别为 $X_1(k)$和 $X_2(k)$,问如何通过一次 N 点 FFT 同时求出 $X_1(k)$和 $X_2(k)$。

3.29　已知一长度为 $2N$ 的实序列 $x(n)$,其 $2N$ 点 DFT 为 $X(k)$,问如何通过一次 N 点 FFT 求出 $X(k)$。

3.30　若 $x(n)$为一有限长序列,$0\leqslant n\leqslant(M-1)$,其 Z 变换为 $X(z)$,现令

$$X(k) = X(z)\,|_{z=W_N^{-k}} \qquad k = 0,1,\cdots,N-1$$

问：(1) 当 $N>M$ 时，如何利用 N 点 FFT 求出 $X(k)$；(2) 当 $N\leqslant M$ 时，如何利用 N 点 FFT 求出 $X(k)$。

3.31　已知有限长序列 $x(n)$的 Z 变换为 $X(z)$，问：

(1) 能否利用 CZT 求 $X(z_k)$，其中，$z_k=a^k$，$k=0,1,\cdots,N-1$，$a\in \mathrm{R}\wedge a\neq\pm1$；

(2) 能否利用 CZT 求 $X(z_k)$，其中，$z_k=ak$，$k=0,1,\cdots,N-1$，$a\in \mathrm{R}\wedge a\neq 0$。

第4章　IIR数字滤波器设计和实现

4.1　概　　述

4.1.1　滤波器的分类

顾名思义,滤波器是选择所需的某一或某些频带的信号内容而抑制不需要的其他频带的信号内容。如对于一个有噪声的声音信号,可以设计一个适当的滤波器,让需要的声音信号通过,而滤除噪声。

在滤波器中,能使信号通过的频带称为滤波器的通带,抑制信号通过的频带称为滤波器的阻带,而从通带到阻带的过渡频率范围称为过渡带。对于非理想滤波器,其过渡带不为零。

从不同的角度出发,滤波器可以分成不同的种类。从滤波器处理的信号类型看,分为模拟滤波器和数字滤波器,当其输入输出信号皆为模拟量时,这类滤波器称为模拟滤波器(analog filter,AF);而当其输入输出信号皆为数字量时,称为数字滤波器(digital filter,DF)。从应用角度看,滤波器可以分为有源和无源滤波器。更为一般和常用的滤波器分类是从滤波器的通频带情况出发,分为低通滤波器(low pass filter,LPF)、高通滤波器(high pass filter,HPF)、带通滤波器(band pass filter,BPF)、带阻滤波器(band stop filter, BSF)和全通滤波器。

低通滤波器就是只允许低频信号通过而抑制高频信号。例如,可用低通滤波器消除旧音乐录音带中的背景噪声,因为音乐主要集中在低、中频频率分量中,因而可用低通滤波器减少高频的噪声分量,而保留低、中频频率分量。

高通滤波器是只允许高频信号通过而抑制低频信号。例如,对于声纳系统,可用高通滤波器消除接收信号中的船和海浪的低频噪声,保留目标特征,提高目标的识别。

带通滤波器是只允许某一频带的信号通过。例如,数字电话系统双音多频(DTMF)信号的解码,每当按下电话键盘的一个按键时,产生一对音频信号,其中一个信号对按键的行编码,另一个对列编码,接收端通过一组带通滤波器来识别每个按键。

而带阻滤波器是抑制某一频带的信号。例如,从复合电视信号中滤除频分复用的色度信号,以便得到亮度信号。

在本章的内容中,重点讨论无限冲激响应(infinite impulse response,IIR)数字低通滤波器的设计和实现。

4.1.2　滤波器的性能指标

在设计一个滤波器时,重要的是要使设计的滤波器的频率响应满足要求的幅度或相位指标,但一般情况下,只对滤波器的幅度频率特性提出性能指标要求,而特定的相位频率特性可以通过设计全通滤波器的相位特性得到。通常,典型的数字滤波器指标是在

$\omega \sim |H(e^{j\omega})|$坐标中定义的，$\omega$ 的范围为 0～π，如图 4.1(a)所示的低通滤波器有 2 组指标(ω_p，δ_p)(ω_s，δ_s)，其中，ω_p 和 ω_s 指通带和阻带的边界频率，也称为通带截止频率和阻带起始频率，ω_p 和 ω_s 之间的频率区域为过渡带，δ_p 和 δ_s 分别表示通带和阻带中所允许的最大波动和最小衰减容限，是绝对值形式。当然，δ_p 和 δ_s 指标也可以用表示相对值形式的分贝(dB)来描述，如图 4.1(b)所示，相应地通带内最大波动为 A_p(dB)，阻带内最小的衰减为A_s(dB)。通常 A_p值比较小，在 3dB 之内，而 A_s比较大，一般大于 20dB 以上。

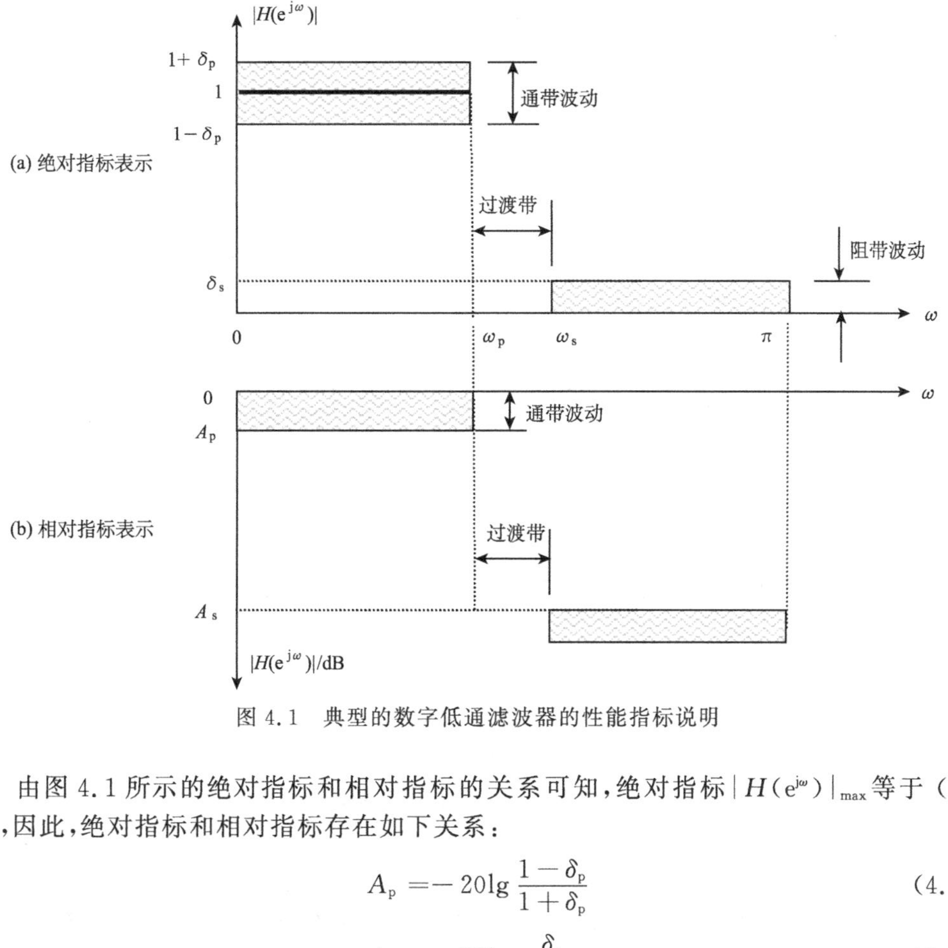

图 4.1　典型的数字低通滤波器的性能指标说明

由图 4.1 所示的绝对指标和相对指标的关系可知，绝对指标$|H(e^{j\omega})|_{max}$等于$(1+\delta_1)$，因此，绝对指标和相对指标存在如下关系：

$$A_p = -20\lg\frac{1-\delta_p}{1+\delta_p} \tag{4.1a}$$

$$A_s = -20\lg\frac{\delta_s}{1+\delta_p} \tag{4.1b}$$

在设计 IIR 滤波器时，一般借助于模拟滤波器。在模拟滤波器设计方法中，一般用多项式去逼近所给定的模拟滤波器的平方幅度响应 $|H(j\Omega)|^2$。在一些应用中，模拟滤波器的平方幅度响应采用归一化的形式给出，通带幅度的最大值设定为 1。假定模拟滤波器的频率响应为 $H(j\Omega)$，则基于平方幅度响应的低通滤波器归一化技术指标为

$$\frac{1}{1+\varepsilon^2} \leqslant |H(j\Omega)|^2 \leqslant 1 \qquad |\Omega| \leqslant \Omega_p \tag{4.2a}$$

$$0 \leqslant |H(j\Omega)|^2 \leqslant \frac{1}{A^2} \qquad |\Omega| \geqslant \Omega_s \tag{4.2b}$$

其中,ε 为通带内波动参数,$1/\sqrt{1+\varepsilon^2}$ 为通带幅度的最小值;A 为阻带衰减参数,最小阻带衰减用 dB 表示为$-20\lg(1/A)$;Ω_s 为阻带起始频率,Ω_p 为通带截止频率,Ω_c 为幅度衰减 3dB 处所对应的频率,称为 3dB 截止频率,如图 4.2 所示。

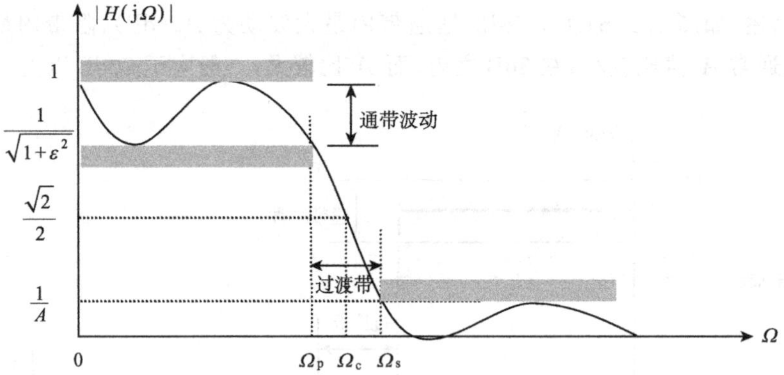

图 4.2 典型的模拟低通滤波器的性能指标说明

从滤波器性能指标和通频带看,数字滤波器和模拟滤波器概念是相似的。但需要注意的是在模拟滤波器指标中,频率 Ω 的范围是从 $0\sim\infty$,覆盖整个频率范围,而数字滤波器指标中,ω 的范围一般为 $0\sim\pi$,其他频率上的幅度特性,可以根据离散数字系统的对称性和周期性得到。

因为历史原因和习惯,人们主要用 dB 表示数字滤波器的性能指标,利用上面的关系式,读者能够把其他形式的指标转换成以 dB 为单位的相对形式的指标。

4.1.3 IIR 数字滤波器的设计方法

一个数字滤波器的设计过程,大致可归纳为如下三个步骤:

(1) 按照实际需要确定滤波器的性能指标要求。

(2) 用一个因果稳定的传输函数去逼近这个性能要求,这种传输函数可以分为两类,即 IIR 传输函数与 FIR 传输函数。

(3) 用一个有限精度的运算去实现这个传输函数。这里包括选择运算结构,如直接型、正准型、级联型、并联型等。还包括选择合适的字长和有效数字处理的方法等。

在本章中,我们讨论 IIR 数字滤波器的传输函数设计和其实现结构。IIR 数字滤波器的传输函数是 z 的有理函数,可以表示为

$$H(z)=\frac{\sum_{i=0}^{M}a_iz^{-i}}{1-\sum_{i=1}^{N}b_iz^{-i}}=A\,\frac{\prod_{i=1}^{M}(1-c_iz^{-1})}{\prod_{i=1}^{N}(1-d_iz^{-1})} \tag{4.3}$$

IIR 数字滤波器的设计就是要确定传输函数 $H(z)$的系数 a_i、b_i 或者零极点 c_i、d_i,以使滤波器满足给定的性能指标要求。IIR 数字滤波器常用的设计方法如下:

(1)模拟原型法。这种方法是用模拟滤波器的理论和设计方法来设计数字滤波器。

由于模拟网络综合理论已发展得相当成熟，产生了许多效率很高的设计方法，很多常用的模拟滤波器设计方法不仅有简单而严格的设计公式，而且设计参数已经表格化，设计起来很方便、很准确。而数字滤波器可以借助于模拟滤波器的理论和设计方法来实现，特别是 IIR 数字滤波器更是如此。

经典的 IIR 滤波器有巴特沃思(Butterworth)、切比雪夫(Chebyshev) I 型、切比雪夫 II 型和椭圆(ellipse)等，它们都以不同的方式逼近所给定的滤波器性能指标。在本书中，我们只给出巴特沃思和切比雪夫 I 型两种逼近方法。

(2)零极点位置累试法。这种方法适合性能要求比较简单的滤波器。在前面章节的内容中讲过，数字系统的幅频响应在传输函数 $H(z)$ 的极点处出现峰值，零点处出现谷值，根据这个特点可以通过设置不同位置的零极点来达到简单的性能要求。所谓累试，就是当滤波器性能尚未达到要求时，通过多次移动零极点位置，使之达到要求。

(3)直接设计法。在离散域中，利用近似分段(piece-wise) 线性幅值响应，直接计算数字滤波器。它可以设计幅度响应近似于某一期望函数的滤波器，这是设计具有多个通频带滤波器的一种方法。

(4)参数化模型。找到近似描述时域和频域响应的数字滤波器。

(5)最优化设计法。最优化设计法就是用优化技术设计滤波器的参数，第一步是选择一种最优化准则，如最小均方误差准则、绝对误差准则等。第二步就是赋予传输函数 $H(z)$的系数 a_i、b_i初值，根据选定的最优化准则计算误差 ε。若误差 ε 不满足要求，则改变参数赋值，重新计算误差 ε，如此迭代下去，直至误差 ε 达到最小，得到使 ε 为最小时的一组最优系数 a_i、b_i，从而完成设计。这种设计要进行大量的迭代运算，所以必须借助于计算机，这种方法又称为滤波器的计算机辅助设计法。

在以上这几种方法中，我们着重讲第一种方法，这是因为数字滤波器在很多场合要完成的任务和模拟滤波器相同，例如，作低通、高通、带通及带阻滤波等。这时滤波器可以看作“模仿”模拟滤波器，在 IIR 滤波器设计中采用这种方法是较普遍的。但是，应该指出，随着计算机的普遍应用，最优化设计日益得到发展。

另外，除了最优化方法常借助于计算机外，上述的其他方法也可以借助于计算机实现，现在有许多计算机数字信号处理软件工具可完成这项工作，其中比较流行是 MathWorks 公司开发的 Matlab 工具。Matlab 提供了用上述方法设计这些滤波器的数字形式和模拟形式的函数(Bessel 滤波器除外，它仅有模拟形式)，包括低通、高通、带通、带阻形式等，如表 4.1 所示。对大多数滤波器来讲，都可以得到满足指标要求的最低阶次滤波器。

注意所有的 Matlab 滤波器设计函数都是对归一化频率进行的。所谓的归一化频率就是设定某一频率为参考频率，其他频率与其相比得到其归一化值。前面讲过，模拟滤波器的频率 Ω 范围是从 $0\sim\infty$，假如低通滤波器以通带截止频率 Ω_p 为参考频率，则有些频率归一化后大于 1；而数字滤波器的 ω 范围是 $0\sim\pi$，一般都以 π 为参考频率，则数字滤波器的归一化频率为 $0\sim1$，不会大于 1。在数字系统中，数字频率 π 对应于取样频率的一半，因此，以 π 为参考频率，也就是以取样频率的一半作为参考频率。在 Matlab 中，取样

表 4.1　Matlab 中相关的滤波器设计函数

IIR DF 设计方法	函　数
模拟原型	①完成设计的函数：besself、butter、cheby1、cheby2、ellip ②阶次估计函数：buttord、cheb1ord、cheb2ord、ellipord ③低通模拟原型函数：besselap、buttap、cheb1ap、cheb2ap、ellipap ④频率转换函数：lp2lp、lp2hp、lp2bp、lp2bs ⑤滤波器离散化函数(模拟数字滤波器变换)：impinvar(冲激响应不变法) bilinear(双线性变换法)
直接设计	Yulewalk
参数化模型	① 时域模型函数：lpc、prony、stmcp ② 频域模型函数：invfreqz、invfreqs

频率的一半定义为奈奎斯特频率(注意奈奎斯特频率和奈奎斯特取样频率的区别)。因此，标称化频率为 $0\leqslant f\leqslant 1$。如对于一个取样频率为 1000Hz 的系统，300Hz 的归一化频率为 $300/500 = 0.6$，归一化频率乘以 π，就将它转换为数字频率，归一化频率乘以取样频率的一半就得到以 Hz 为单位的频率。

4.1.4　模拟原型法设计流程

本章主要讲述利用模拟原型法来设计数字低通、高通、带通和带阻滤波器。首先设计归一化的模拟低通滤波器，得到模拟低通滤波器的传输函数 $H_l(s)$，然后把 $H_l(s)$ 变换为所要求的数字低通、高通、对称带通或对称带阻滤波器的传输函数 $H_d(z)$。那么这个过程就涉及所谓的频率变换，频率变换完成低通到高通、带通和带阻的变换，可以在模拟域中实现，也可以在数字域中实现，由此引出了两种设计方法，如图4.3所示，其中模拟－数字滤波器变换的方法有冲激响应不变法和双线性变换法，完成从 s 域模拟滤波器到 z 域数字滤波器的变换，冲激响应不变法和双线性变换法是本章讲述的重点。

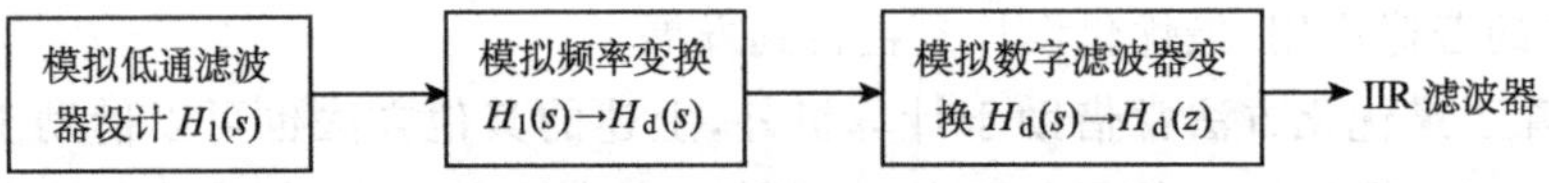

(a) 方法1：模拟频率变换

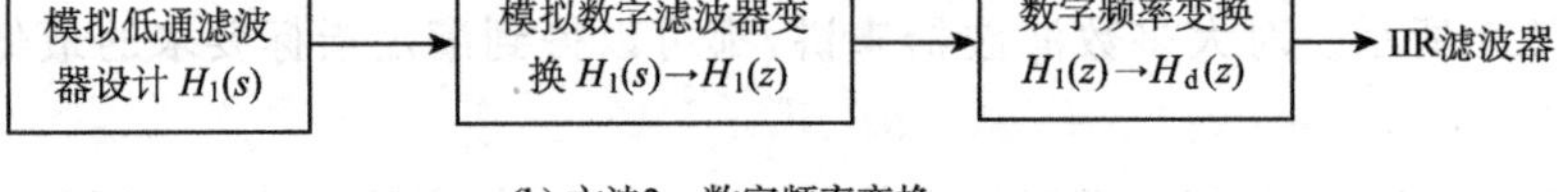

(b) 方法2：数字频率变换

图 4.3　模拟原型法设计 IIR DF 流程

4.2　模拟滤波器设计

数字滤波器是数字信号处理中极为重要的应用，但数字滤波器是近二三十年发展起来的，它在很多方面要使用模拟滤波器的知识。另外，模拟滤波器本身也是很有用的。所以，在研究数字滤波器之前，先讨论模拟滤波器的特性和用逼近方法求其传输函数。为什么设计滤波器必须用逼近的方法？这是由于滤波器的理想特性是不能实现的，而必须用逼近的方法。

虽然有许多种模拟滤波器逼近方法，但本章仅介绍巴特沃思和切比雪夫逼近，并且我们不讨论这两种逼近方法的详细推导，这方面的内容请参阅模拟滤波器设计方面的书籍。

这些滤波器逼近的主要特性就是平滑带通和锐利过渡带之间的折中。下面我们将会看到，巴特沃思滤波器有非常平滑的通带，但为此付出了相对较宽的过渡带的代价。相反，切比雪夫滤波器具有陡峭的过渡带，但通带内是波动的。

4.2.1　理想滤波器及其频率响应

1. 理想滤波器

在没有噪声或干扰存在的情况下，理想低通滤波器能够无失真地通过我们所要求的信号。换句话说，如果输入信号为 $x(t)$，其输出为 $y(t)$，有

$$y(t) = Ax(t - t_{\mathrm{d}})$$

式中，A 为非零的常数，t_{d} 为时延，如图 4.4 所示。那么，滤波器的频率响应为

图 4.4　理想滤波器

$$H(\mathrm{j}\Omega) = \frac{Y(\mathrm{j}\Omega)}{X(\mathrm{j}\Omega)} = \frac{A\mathrm{e}^{-\mathrm{j}\Omega t_{\mathrm{d}}}X(\mathrm{j}\Omega)}{X(\mathrm{j}\Omega)} = A\mathrm{e}^{-\mathrm{j}\Omega t_{\mathrm{d}}}$$

因此，理想滤波器的幅度特性为

$$|H(\mathrm{j}\Omega)| = \begin{cases} A & \text{通带} \\ 0 & \text{阻带} \end{cases}$$

相位特性为线性，有

$$\arg[H(\mathrm{j}\Omega)] = -\Omega t_{\mathrm{d}}$$

理想滤波器的过渡带宽度为 0。理想滤波器的幅度和相位特性如图 4.5 所示。

理想低通滤波器的冲激响应可以直接由它的频率响应进行傅里叶反变换得到。我们知道，矩形函数和 sinc 函数是一对傅里叶变换。因此，理想低通滤波器的冲激响应为一个 $\mathrm{sinc}(x)$ 函数，具有无穷长的持续时间。

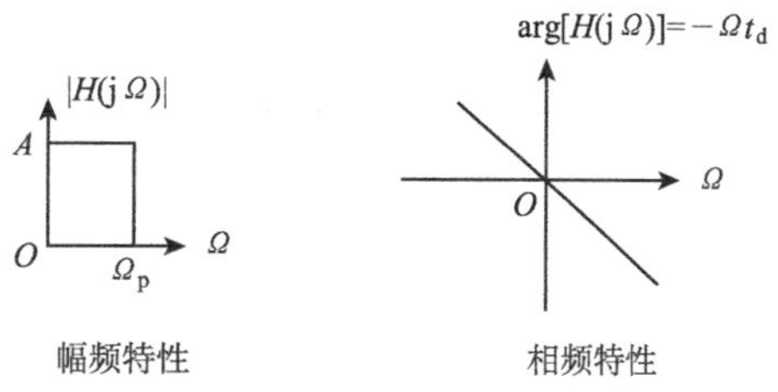

图 4.5　理想低通滤波器的频率响应

现在的问题是在实际应用中，我们如何构建一个理想滤波器？也就是能否得到一个具有因果冲激响应的理想滤波器？答案是否定的。如果所要求的滤波器是因果的和实际可实现的，则

它就不是理想的。

在离散时间系统中,有类似的理想数字滤波器定义。

2. 频率响应的性质

一个滤波器的频率响应定义为 $H(\mathrm{j}\Omega)=|H(\mathrm{j}\Omega)|\mathrm{e}^{\mathrm{j}\varphi(\Omega)}$,其中 $|H(\mathrm{j}\Omega)|$ 和 $\varphi(\Omega)$ 分别称为滤波器的幅度频率响应和相位频率响应。在后面的模拟滤波设计中,采用不同的多项式去逼近给定的滤波器幅度频率响应,然后由设计的幅度频率响应,得到模拟滤波器的传输函数 $H(s)$。那么如何由幅度频率响应求传输函数呢?下面的频率响应的性质回答了这个问题。

在一个因果系统中,其频率响应为

$$H(\mathrm{j}\Omega)=\int_0^{\infty}h(t)\mathrm{e}^{-\mathrm{j}\Omega t}\mathrm{d}t=\int_0^{\infty}h(t)[\cos(\Omega t)-\mathrm{j}\sin(\Omega t)]\mathrm{d}t=P(\Omega)-\mathrm{j}Q(\Omega)$$

显然,式中 $P(\Omega)$ 是 Ω 的偶函数,$Q(\Omega)$ 是 Ω 的奇函数。

那么幅度频率响应为

$$|H(\mathrm{j}\Omega)|=\sqrt{P^2(\Omega)+Q^2(\Omega)}$$

这里 $P^2(\Omega)$ 和 $Q^2(\Omega)$ 都是 Ω 的偶函数,故 $|H(\mathrm{j}\Omega)|$ 是 Ω 的偶函数。因此

$$H(-\mathrm{j}\Omega)=P(-\Omega)-\mathrm{j}Q(-\Omega)=P(\Omega)+\mathrm{j}Q(\Omega)=H^*(\mathrm{j}\Omega)$$

$$H(-\mathrm{j}\Omega)\cdot H(\mathrm{j}\Omega)=H(\mathrm{j}\Omega)\cdot H^*(\mathrm{j}\Omega)=|H(\mathrm{j}\Omega)|^2$$

由此得到

$$|H(\mathrm{j}\Omega)|^2=H(s)\cdot H^*(s)\big|_{s=\mathrm{j}\Omega}=|H(s)|^2\Big|_{s=\mathrm{j}\Omega}\tag{4.4}$$

在模拟滤波器设计中,这是个重要的公式,将来在求传输函数 $H(s)$ 时要用到。在滤波器的实际实现中,传输函数的系数都由元器件的参数构成的,元器件的参数一般都是实数。因此,$|H(\mathrm{j}\Omega)|$ 是实系数函数,那么式(4.4)变为

$$|H(\mathrm{j}\Omega)|^2=H(s)\cdot H(-s)\big|_{s=\mathrm{j}\Omega}\tag{4.5}$$

3. $H(s)$ 零极点的选择

通过不同的逼近多项式或有理式,例如巴特沃思或切比雪夫多项式,去逼近给定的滤波器性能指标,从而确定平方幅度响应 $|H(\mathrm{j}\Omega)|^2$ 表达式,然后根据上述公式 $|H(\mathrm{j}\Omega)|^2=H(s)\cdot H(-s)|_{s=\mathrm{j}\Omega}$ 确定 $H(s)H(-s)$ 的表达式,从而可以求得 $H(s)H(-s)$ 的零极点。把这些零极点分别分配给 $H(s)$ 和 $H(-s)$,得到了 $H(s)$ 的零极点后,就可以最终确定 $H(s)$。

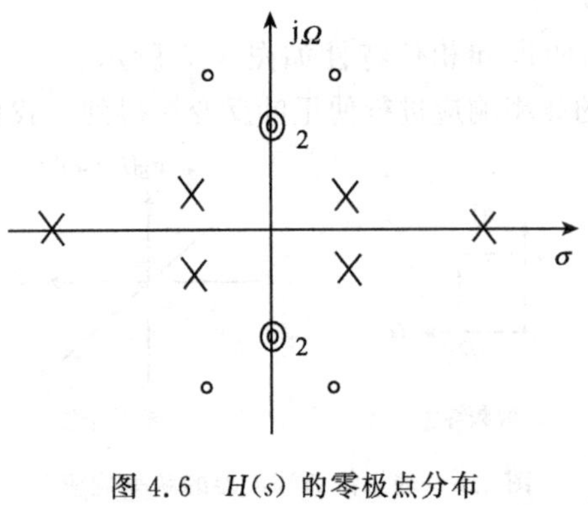

图 4.6　$H(s)$ 的零极点分布

下面就描述如何从 $H(s)H(-s)$ 零极点中选择 $H(s)$ 的零极点。因为冲激响应 $h(t)$ 是实函数的,因而 $H(s)$ 的极点(或零点)必成共轭对存在。$H(s)H(-s)$ 的极、零点分布如图 4.6 所

示，成象限对称，虚轴上零点上的"2"表示二阶零点。$H(s)H(-s)$ 在虚轴上的极点或零点一定是二阶的，但对于稳定系统，$H(s)H(-s)$ 在虚轴上没有极点。

当极点处于 s 平面的左半平面时，模拟系统是稳定的，而任何可实现的滤波器都是稳定的。因此，将 $H(s)H(-s)$ 在 s 平面左半平面的极点归于 $H(s)$，右半平面的极点归于 $H(-s)$。一般情况下，对滤波器的特性没有特殊要求，零点可以处在 s 平面的任何位置，但需要注意的是将对称零点的任一半（应为共轭对）取为 $H(s)$ 的零点。但如果要求滤波器具有最小相位延时特性，则 $H(s)$ 应取左半平面上的共轭对零点。$\mathrm{j}\Omega$ 轴上的零点或极点都是偶次的，其中一半（应为共轭对）属于 $H(s)$。最后还需要确定滤波器传输函数 $H(s)$ 的增益 K_0。按照 $H(\mathrm{j}\Omega)$ 和 $H(s)$ 的低频特性的对比，即 $H(\mathrm{j}\Omega)|_{\Omega=0}=H(s)|_{s=0}$，或高频特性的对比，确定系统的增益常数 K_0。由求出的 $H(s)$ 的零点 z_m、极点 p_n 和增益常数 K_0，确定传输函数 $H(s)$。

$$H(s)=K_0\frac{(s-z_0)(s-z_1)\cdots(s-z_m)}{(s-p_0)(s-p_1)\cdots(s-p_n)}$$

例 4.1　根据以下幅度平方函数确定系统函数 $H(s)$

$$|H(\mathrm{j}\Omega)|^2=\frac{4(\Omega^4+64)}{\Omega^4-10\Omega^2+169}$$

解　由于 $|H(\mathrm{j}\Omega)|^2$ 是非负有理函数，它在 $\mathrm{j}\Omega$ 轴上的零点是偶次的，所以满足幅度平方函数的条件，得

$$H(s)H(-s)=|H(\mathrm{j}\Omega)|^2\Big|_{\Omega^2=-s^2}=\frac{4(s^4+64)}{s^4+10s^2+169}$$

其极点为 $s=2\pm3\mathrm{j}$，$s=-2\pm3\mathrm{j}$，其零点为 $s=2\pm2\mathrm{j}$，$s=-2\pm2\mathrm{j}$。

为了系统稳定，选择左半平面极点 $s=-2\pm3\mathrm{j}$ 作为 $H(s)$ 的极点；选择一对共轭的零点 $s=-2\pm2\mathrm{j}$ 作为 $H(s)$ 的零点，则 $H(s)$ 为

$$H(s)=K_0\frac{s^2+4s+8}{s^2+4s+13}$$

由 $H(\mathrm{j}\Omega)$ 和 $H(s)$ 的低频特性或高频特性的对比可以确定增益常数 K_0。在这里本书采用低频特性，即由 $H(\mathrm{j}\Omega)|_{\Omega=0}=H(s)|_{s=0}$ 的条件可得增益常数为

$$K_0=2$$

最后得到 $H(s)$ 为

$$H(s)=\frac{2(s^2+4s+8)}{s^2+4s+13}=\frac{2s^2+8s+16}{s^2+4s+13}$$

由上述可以看到，为了得到模拟滤波器的传输函数 $H(s)$，首先需要根据所提出的性能指标，确定平方幅度函数 $|H(\mathrm{j}\Omega)|^2$，那么如何确定 $|H(\mathrm{j}\Omega)|^2$？反过来讲，若给定了 $|H(\mathrm{j}\Omega)|^2$，则希望找到一个以 Ω^2 为自变量的多项式或有理式去逼近 $|H(\mathrm{j}\Omega)|^2$。由此，根据逼近函数（多项式或有理式）的不同，得到多种不同类型的滤波器，其中，常用的逼近函数有巴特沃思逼近、切比雪夫逼近、逆切比雪夫逼近和椭圆逼近等，本书只限于讲述巴特沃思逼近和切比雪夫逼近。

4.2.2 巴特沃思滤波器

巴特沃思逼近得到的滤波器的平方幅度频率响应表达式为

$$|H(\mathrm{j}\Omega)|^2=\frac{1}{1+(\Omega/\Omega_c)^{2N}} \tag{4.6}$$

其中 Ω_c 为 3dB 截止频率，单位为 rad/s，N 为滤波器级数，N 越大，所得到的滤波器特性越逼近理想低通滤波器。

当 $\Omega=\Omega_c$ 时，$|H(\mathrm{j}\Omega)|^2=0.5$，即 3dB，而且它和滤波器的阶数 N 多少无关，也就是说，不管阶数 N 为多少，巴特沃思滤波器设计中，一般选择 Ω_c(3dB 点)作为频率参考点。注意到，随着 Ω 从 $0\sim+\infty$，幅度频率响应 $|H(\mathrm{j}\Omega)|$ 是单调递减的，在 $\Omega=0$ 处具有最大平坦性，如图 4.7 所示。随着阶数 N 的增大，巴特沃思滤波器通带内越趋于平坦，过渡带和阻带越快速下降。

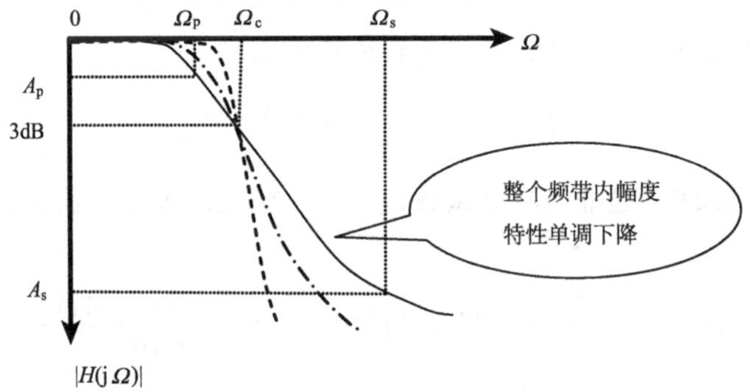

图 4.7　巴特沃思滤波器的幅度频率特性

从上面巴特沃思滤波器的平方幅度频率响应表达式(式 4.6)可以看出，唯一需要确定的未知参数是滤波器器的阶数 N。一般低通滤波器设计给定 4 个指标要求，通带截止频率 Ω_p 或 3dB 截止频率 Ω_c、阻带起始频率 Ω_s，以及它们各自对应的幅度衰减特性(通常以 dB 形式给出)。

根据给定的通带指标 Ω_p、A_p 和阻带指标 Ω_s、A_s，由式(4.6)得

$$A_p=10\lg\left[1+\left(\frac{\Omega_p}{\Omega_c}\right)^{2N}\right]\quad A_s=10\lg\left[1+\left(\frac{\Omega_s}{\Omega_c}\right)^{2N}\right] \tag{4.7}$$

所以

$$\left(\frac{\Omega_s}{\Omega_p}\right)^{2N}=\frac{10^{0.1A_s}-1}{10^{0.1A_p}-1}$$

则得到滤波器阶数 N 为满足下式的最小整数

$$N\geqslant\frac{\lg\left(\dfrac{10^{0.1A_s}-1}{10^{0.1A_p}-1}\right)}{2\lg\left(\dfrac{\Omega_s}{\Omega_p}\right)} \tag{4.8}$$

在巴特沃思滤波器设计过程中，如果给定的指标是通带内某个频率处（例如 Ω_p）的指标，则可以通过下列公式求得相应的 3dB 截止频率 Ω_c。

得到了滤波器阶数 N 后，可由式(4.7) 中的 A_s或 A_p求得相应的 3dB 截止频率 Ω_c，注意两者求得结果可能不同。由通带截止频率 Ω_p处的衰减 A_p求得的 Ω_c 为

$$\Omega_c = \frac{\Omega_p}{\sqrt[2N]{10^{0.1A_p}-1}} \tag{4.9}$$

由此式确定的滤波器通带截止频率处正好满足设计要求，但在阻带处有可能不满足设计要求。类似地，也可以由阻带起始频率 Ω_s处的衰减 A_s求得 Ω_c 为

$$\Omega_c = \frac{\Omega_s}{\sqrt[2N]{10^{0.1A_s}-1}} \tag{4.10}$$

由此式确定的滤波器在阻带处正好满足设计要求，但在通带处有可能不满足设计要求。

得到了巴特沃思滤波器的阶数 N 后，就可以确定平方幅度响应 $|H(\mathrm{j}\Omega)|^2$。根据前面讲过的 $|H(\mathrm{j}\Omega)|^2$和 $H(s)$ 关系式(4.5)，得到零极点形式的传输函数$H(s)$，有

$$|H(\mathrm{j}\Omega)|^2 = H(s)H(-s)\big|_{s=\mathrm{j}\Omega}$$

得

$$H(s)H(-s) = \frac{1}{1+(\Omega/\Omega_p)^{2N}}\bigg|_{\Omega=s/j} = \frac{1}{1+(-1)^N(s/\Omega_p)^{2N}} \tag{4.11}$$

由此式可求出 $H(s)H(-s)$的极点，其中位于左半 S 平面的极点为 $H(s)$ 的极点（系统稳定），而其余极点为 $H(-s)$的极点。

把式(4.11)进行归一化处理，设复数变量 s 的归一化为 $p=s/\Omega_c$，则式(4.11)变为

$$H(p)H(-p) = \frac{1}{1+(-1)^N(p)^{2N}} \tag{4.12}$$

其中，$H(p)$ 称为滤波器的归一化传输函数。令式(4.12)分母多项式等于零，即

$$1+(-1)^N(p)^{2N} = 0$$

得 p_k 为

$$p_k = \mathrm{e}^{\mathrm{j}\frac{\pi}{2}}\mathrm{e}^{\mathrm{j}\frac{\pi}{2}\frac{(2k+1)}{N}} \qquad k=0,1,\cdots,2N-1 \tag{4.13}$$

这 $2N$ 个极点均匀分布在以 S 平面的原点为中心、半径为 1 的圆上（非归一化时半径为 Ω_c 的圆），相距为 π/N 弧度，一半位于 S 平面的左半平面，另一半位于 S 平面的右半平面。为了使得系统稳定，取 p_k 在 S 平面左半平面的 N 个根作为 $H(p)$的极点，即

$$p_k = \mathrm{e}^{\mathrm{j}\frac{\pi}{2}}\mathrm{e}^{\mathrm{j}\frac{\pi}{2}\frac{(2k+1)}{N}} \qquad k=0,1,\cdots,N-1$$

这样

$$H(p) = \frac{1}{(p-p_0)(p-p_1)\cdots(p-p_{N-1})}$$

把 $p=s/\Omega_c$ 带入 $H(p)$得到实际需要的 $H(s)$为

$$H(s) = H(p)\big|_{p=\frac{s}{\Omega_c}} = \frac{\Omega_c^N}{\prod_{k=0}^{N-1}(s-p_k\Omega_c)} \tag{4.14}$$

例 4.2　设计一个巴特沃思模拟滤波器，其通带截止频率 $\Omega_c=10000\pi$，通带最大衰减 $A_p=3\text{dB}$，阻带起始频率为 $\Omega_s=20000\pi$，阻带最小衰减 $A_s=30\text{dB}$。

解　由给定的参数可以得到此滤波器的幅度频率响应的平方为

$$|H(\mathrm{j}\Omega)|^2=\frac{1}{1+(\Omega/\Omega_c)^{2N}}=\frac{1}{1+(\Omega/10000\pi)^{2N}}$$

由式 (4.8) 得滤波器的阶数为

$$N\geqslant\frac{\lg\left(\dfrac{10^{0.1A_s}-1}{10^{0.1A_p}-1}\right)}{2\lg\left(\dfrac{\Omega_s}{\Omega_c}\right)}=\frac{\lg(10^{0.1\times 30}-1)}{2\lg 2}=4.98$$

取整后，得 $N=5$。

由式(4.13)得 $H(p)H(-p)$ 的极点为

$$p_k=\mathrm{e}^{\mathrm{j}\frac{\pi}{2}}\mathrm{e}^{\mathrm{j}\frac{\pi}{2}\frac{(2k+1)}{N}}=\mathrm{e}^{\mathrm{j}\frac{\pi}{2}}\mathrm{e}^{\mathrm{j}\frac{(2k+1)\pi}{10}}\qquad k=0,1,\cdots,9$$

当 $0\leqslant k\leqslant 4$ 时，p_k 的相角为 $\pi/2\sim 3\pi/2$，p_k 在 S 平面的左半平面。取这些根作为 $H(p)$的极点，系统是稳定的。

$$p_0=\mathrm{e}^{\mathrm{j}\left(\frac{\pi}{2}+\frac{\pi}{10}\right)},p_1=\mathrm{e}^{\mathrm{j}\left(\frac{\pi}{2}+\frac{3\pi}{10}\right)},p_2=\mathrm{e}^{\mathrm{j}\left(\frac{\pi}{2}+\frac{5\pi}{10}\right)},p_3=\mathrm{e}^{\mathrm{j}\left(\frac{\pi}{2}+\frac{7\pi}{10}\right)},p_4=\mathrm{e}^{\mathrm{j}\left(\frac{\pi}{2}+\frac{9\pi}{10}\right)}$$

所以

$$H(p)=\frac{1}{(p-\mathrm{e}^{\mathrm{j}3\pi/5})(p-\mathrm{e}^{\mathrm{j}4\pi/5})(p+1)(p-\mathrm{e}^{\mathrm{j}6\pi/5})(p-\mathrm{e}^{\mathrm{j}7\pi/5})}$$
$$=\frac{1}{(p+1)(p^2+0.6180p+1)(p^2+1.6180p+1)}$$

最后

$$H(s)=H(p)\big|_{p=\frac{s}{\Omega_c}}$$
$$=\frac{\pi^5 10^{20}}{(s+\pi\cdot 10^4)[s^2+0.6180(\pi\cdot 10^4)s+(\pi\cdot 10^4)^2][s^2+1.6180(\pi\cdot 10^4)+(\pi\cdot 10^4)^2]}$$

模拟滤波器理论已相当成熟，相应于特定的滤波器逼近方法，很多常用滤波器的设计参数已表格曲线化以概括所有的逼近结果，从而简化滤波器的设计，借助这些表格曲线设计可以很方便地设计一些简单的滤波器。因此，实际中除了借助于计算机以外，人们更多的是采用查表法，这方面的书也很多。其设计步骤概括起来有以下几个方面：

(1) 将频率归一化。由于各滤波器所需要的通频带截止频率范围各种各样，很不相同，为了使设计计算简化，常需要将频率进行归一化处理，即设定某一频率为参考频率，其他频率与其相比得到其归一化值。用归一化值查曲线表格得到归一化传输函数 $H(p)$，然后再转化为真实频率对应的传输函数 $H(s)$。

这样做的优点是归一化后滤波器的计算方法不因频率的绝对高低而异，可以统一使用归一化后的图表曲线。

需要注意的是，下述给出的巴特沃思曲线表格是以 3dB 截止频率 Ω_c 为参考频率。

(2) 由归一化频率——幅频特性曲线，如图 4.8 所示，查得滤波器阶数 N。

(3) 查表(表 4.2)，得到归一化传输函数 $H(p)$的分母多项式。

表 4.2 归一化的巴特沃思低通滤波器传输函数的极点和分母多项式

(a) 极点位置

阶数 n	$p_{1,n}$	$p_{2,n-1}$	$p_{3,n-3}$	$p_{4,n-4}$	$p_{5,n-5}$
1	−1.00000000				
2	−0.70710678±j0.70710167				
3	−0.50000000±j0.86602540	−1.00000000			
4	−0.38268343±j0.92387953	−0.92387953±j0.38268343			
5	−0.30901699±j0.95105652	−0.80901699±j0.58778525	−1.00000000		
6	−0.25881905±j0.96592583	−0.70710678±j0.70710678	−0.96592583±j0.25881905		
7	−0.22252093±j0.97492791	−0.62348980±j0.78183148	−0.90096887±j0.43388374	−1.00000000	
8	−0.19509032±j0.98078528	−0.55557023±j0.83146961	−0.83146961±j0.55557023	−0.98078525±j0.19509023	
9	−0.17364818±j0.98480775	−0.50000000±j0.86602540	−0.76604444±j0.64278761	−0.93969262±j0.34202014	−1.00000000

(b) 分母多项式 $A(p)=p^n+a_{n-1}p^{n-1}+a_{n-2}p^{n-2}+\cdots+a_0$

阶数 n	a_0	a_1	a_2	a_3	a_4	a_5	a_6	a_7	a_8
1	1.00000000								
2	1.00000000	1.41421356							
3	1.00000000	2.00000000	2.00000000						
4	1.00000000	2.61312593	3.41421356	2.61312593					
5	1.00000000	3.23606798	5.23606798	5.23606798	3.23606798				
6	1.00000000	3.86370331	7.46410162	9.14162017	7.46410162	3.86370331			

续表

(b) 分母多项式　$A(s)=s^n+a_{n-1}s^{n-1}+a_{n-2}s^{n-2}+\cdots+a_0$

阶数 n	a_0	a_1	a_2	a_3	a_4	a_5	a_6	a_7	a_8
7	1.00000000	4.49395921	10.09783468	14.59179389	14.59179389	10.09783468	4.49395921		
8	1.00000000	5.12583090	13.13707118	21.84615097	25.68835593	21.84615097	13.13707118	5.12583090	
9	1.00000000	5.75877048	16.58171874	31.16343748	41.98638573	41.98638573	31.16343748	16.58171874	5.75877048

(c) 分母多项式　$A(s)=A_1(s)\,A_2(s)\,A_3(s)\,A_4(s)\,A_5(s)$

阶数 n	$A(s)$
1	$(s+1)$
2	$(s^2+1.41421356s+1)$
3	$(s^2+s+1)(s+1)$
4	$(s^2+0.76536686s+1)(s^2+1.84775907s+1)$
5	$(s^2+0.61803399s+1)(s^2+1.61803399s+1)(s+1)$
6	$(s^2+0.51763809s+1)(s^2+1.41421356s+1)(s^2+1.93185165s+1)$
7	$(s^2+0.44504187s+1)(s^2+1.24697960s+1)(s^2+1.80193774s+1)(s+1)$
8	$(s^2+0.39018064s+1)(s^2+1.11114047s+1)(s^2+1.66293922s+1)(s^2+1.96157056s+1)$
9	$(s^2+0.34729636s+1)(s^2+s+1)(s^2+1.53208889s+1)(s^2+1.87938524s+1)(s+1)$

(4) 把 $p=\frac{s}{\Omega_c}$代入 $H(p)$中，得到对应于真实频率的传输函数 $H(s)$为

$$H(s) = H(p)\big|_{p=\frac{s}{\Omega_c}}$$

例 4.3　用查表法设计例 4.2 所述的巴特沃思滤波器。

解　(1) 以通带截止频率 Ω_c 为参考频率，求得各归一化频率，$\lambda_s=2$，$\lambda_p=1$；

(2) 求 N，查图 4.8(巴特沃思 LPF 归一化幅频特性)，得 $N=5$；

(3) 查表 4.2，得 $H(p)$的分母多项式(c 栏)

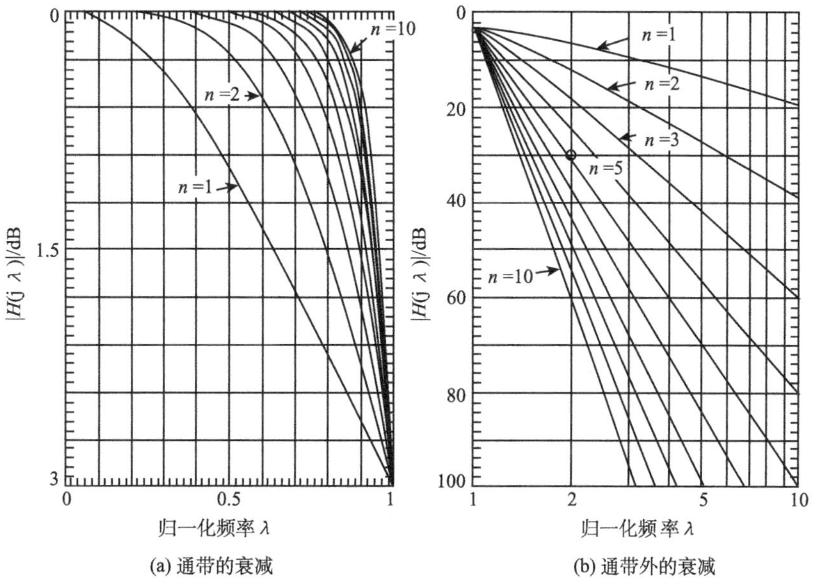

图 4.8　巴特沃思低通滤波器归一化的幅频特性(n 为阶数，1～10)

$$(p+1)(p^2+0.6180340p+1)(p^2+1.6180340p+1)$$

(4) 对应于真实频率的传输函数 $H(s)$ 用 $p=\frac{s}{\Omega_c}=\frac{s}{\pi\cdot 10^4}$代入分母多项式，得

$$H(s)=\frac{\pi^5\cdot 10^{20}}{(s+\pi\cdot 10^4)[s^2+0.6180340(\pi\cdot 10^4)s+(\pi\cdot 10^4)^2][s^2+1.6180340(\pi\cdot 10^4)s+(\pi\cdot 10^4)^2]}$$

4.2.3　切比雪夫滤波器

巴特沃思滤波器的一个重要特性是它的幅频特性随频率单调下降，而且在过渡带下降缓慢，在阻带下降较快。在滤波器中，如果想提高阻带衰减就必须增加滤波器的阶数。但是，如果牺牲衰减的单调性，对于相同的滤波器阶数，在阻带可以得到更高衰减，这种逼近的一个典型例子是切比雪夫滤波器，其幅频特性如图 4.9 所示，通带内等波纹波动，通带外单调下降，下降速度高于同阶的巴特沃思滤波器。

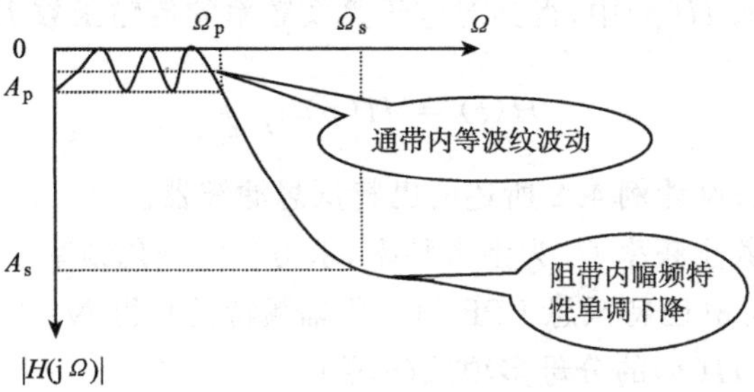

图 4.9　切比雪夫滤波器的幅度频率特性

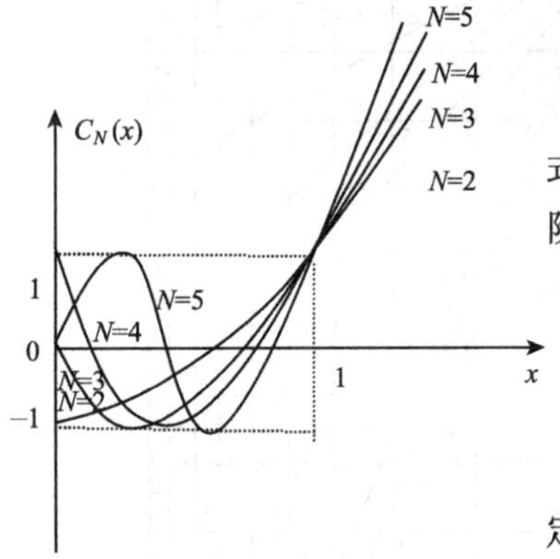

图 4.10　不同 N 值时的切比雪夫函数曲线

N 阶切比雪夫滤波器的幅频响应表达式为

$$|H(j\Omega)|^2=\frac{1}{1+\varepsilon^2C_N^2(\Omega/\Omega_p)} \tag{4.15}$$

式中，ε 表示 $|H(j\Omega)|$ 波动范围的参数，$C_N(\Omega/\Omega_p)$ 是 N 阶切比雪夫函数或多项式，表示为三角函数的形式为

$$C_N(x)=\begin{cases}\cos[N\arccos x] & 0\leqslant x\leqslant 1\\ \cosh[N\operatorname{arcosh} x] & x>1\end{cases} \tag{4.16}$$

当 $x\geqslant 1$ 时，即当 x 从 1 开始无限增长时，$C_N(x)$ 定义为双曲余弦函数 cosh 的表达式，是无穷单调增加的。利用迭代递归关系 $C_{N+1}(x)=2xC_N(x)-C_{N-1}(x)$，其中 $C_0(x)=1$，$C_1(x)=x$，可以得到各阶切比雪夫函数的曲线，如图4.10 所示。

由式(4.15)和式(4.16)可知，切比雪夫滤波器的通带位于频率 $0\leqslant x\leqslant 1$ 范围内，而阻带位于 $x>1$ 范围内。切比雪夫滤波器在通带内是等幅度波动的，N 越大表明波动的次数越多；在通带外是单调上升函数，N 越大上升越快。

由式(4.17)可知，需要确定对于给定的滤波器指标，根据通带截止频率 Ω_p 和通带内最大衰减 A_p(dB)，由式(4.15)可得

$$\begin{aligned}A_p&=10\lg(1+\varepsilon^2C_N^2(\Omega/\Omega_p))\\&=10\lg(1+\varepsilon^2C_N^2(\Omega_p/\Omega_p))=10\lg(1+\varepsilon^2)\end{aligned}$$

所以

$$\varepsilon=\sqrt{10^{0.1A_p}-1} \tag{4.17}$$

而根据给定的滤波器阻带起始频率 Ω_s 和阻带最小衰减 A_s(dB)，根据式(4.15)可得

$$\begin{aligned}A_s&=10\lg[1+\varepsilon^2C_N^2(\Omega/\Omega_p)]=10\lg[1+\varepsilon^2C_N^2(\Omega_s/\Omega_p)]\\&=10\lg\{1+\varepsilon^2\cosh^2[N\operatorname{arcosh}(\Omega_s/\Omega_p)]\}\end{aligned}$$

由此得到切比雪夫滤波器的阶数 N 为(取最小整数)

$$N=\frac{\operatorname{arcosh}\left(\frac{\sqrt{10^{0.1A_s}-1}}{\varepsilon}\right)}{\operatorname{arcosh}(\Omega_s/\Omega_p)}=\frac{\operatorname{arcosh}\left[\sqrt{\frac{10^{0.1A_s}-1}{10^{0.1A_p}-1}}\right]}{\operatorname{arcosh}[\Omega_s/\Omega_p]} \tag{4.18}$$

在用式(4.18)计算 N 时,反双曲余弦函数通常要用到恒等式 $\operatorname{arcosh}(y)=\ln(y+\sqrt{y^2-1})$。

与前面巴特沃思滤波器类似,确定了切比雪夫滤波器的波动参数 ε 和阶数 N 后,就可以得到其传输函数 $H(s)$。由式(4.15)得

$$H(s)H(-s)=\left.\frac{1}{1+\varepsilon^2C_N^2(\Omega/\Omega_p)}\right|_{\Omega=s/j}=\frac{1}{1+\varepsilon^2C_N^2\left(\frac{s}{j\Omega_p}\right)}$$

令 $p=\frac{s}{\Omega_p}$,即将 $H(s)$表示为归一化形式 $H(p)$,且令 $H(p)$ 的分母多项式为零,得

$$1+\varepsilon^2C_N^2\left(\frac{p}{j}\right)=0$$

上式又可写成

$$\cos[N\arccos(-jp)]=\pm j\frac{1}{\varepsilon}$$

得

$$p_k=\sinh\phi_2\sin\left[\left(\frac{2k+1}{2N}\right)\pi\right]+j\cosh\phi_2\cos\left[\left(\frac{2k+1}{2N}\right)\pi\right] \tag{4.19}$$

式中,$\phi_2=\frac{1}{n}\operatorname{arsinh}\frac{1}{\varepsilon}$,$k=0,1,2,\cdots,2N-1$。在计算这些极点时,要用到双曲函数的计算,$\sinh(y)=\frac{1}{2}[e^y-e^{-y}]$, $\cosh(y)=\frac{1}{2}[e^y+e^{-y}]$,$\operatorname{arsinh}(y)=\ln(y+\sqrt{y^2+1})$。

如果令 $p_k=\sigma_k+j\lambda_k$,则可以证明

$$\left(\frac{\sigma_k}{\sinh(\phi_2)}\right)^2+\left(\frac{\lambda_k}{\cosh(\phi_2)}\right)^2=1$$

这是一个椭圆方程,这意味着由切比雪夫逼近得到的 $2N$ 个极点位于 S 平面的一个椭圆上。可以由作图法确定切比雪夫滤波器的极点分布,如图 4.11 所示,步骤如下:

(1) 在 S 平面上,分别以半径 $a\Omega_p$($a=\sinh(\phi_2)$)和半径为 $b\Omega_p$($b=\cosh(\phi_2)$)画内外两个圆。

(2) 把两个圆按间隔 π/N 等分,各有 $2N$ 个点,这些点是虚轴对称的,且一定都不落在虚轴上,N 为奇数时,有落在实轴上的点;N 为偶数时,实轴上也没有。

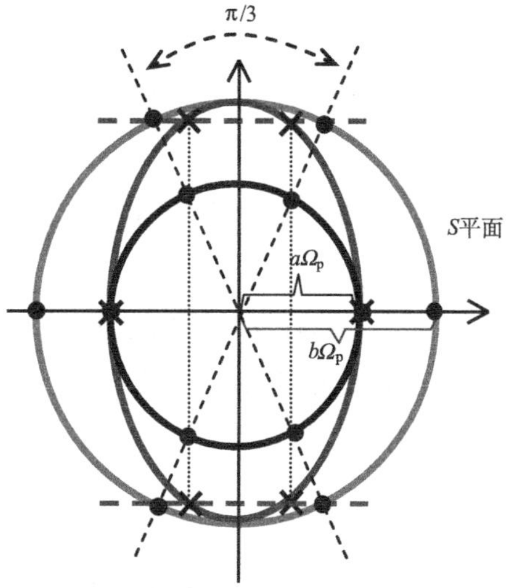

图 4.11　作图法求切比雪夫滤波器的极点分布

(3) 椭圆上每个极点的纵坐标(垂直)由外圆的相应点的垂直坐标确定，每个极点的横(水平)坐标由内圆的对应点的水平坐标确定。

为了系统稳定，选择位于S平面左半平面的 p_k 作为 $H(p)$ 的极点，并且考虑到切比雪夫多项式首项系数的特点，最后得

$$H(p)=\frac{1}{\varepsilon 2^{N-1}\prod_{k=0}^{N-1}(p-p_k)} \tag{4.20}$$

式中，p_k 为实部小于零的极点，即对应于S平面左平面的极点

$$p_k=-\sinh\phi_2\sin\left[\left(\frac{2k+1}{2N}\right)\pi\right]+\mathrm{j}\cosh\phi_2\cos\left[\left(\frac{2k+1}{2N}\right)\pi\right] \tag{4.21}$$

式中，ϕ_2 只取正值，$k=0,1,2,\cdots,N-1$。

所以，实际的传输函数 $H(s)$ 为

$$H(s)=H(p)\Big|_{p=\frac{s}{\Omega_p}}=\frac{\Omega_p^N}{\varepsilon 2^{N-1}\prod_{k=0}^{N-1}(s-p_k\Omega_p)} \tag{4.22}$$

式中，ε 表示 $|H(\mathrm{j}\Omega)|$ 波动范围的参数，N 表示通带内的波动有 N 个过零点(中间点)和 $(N+1)$ 个极值点，当 N 为奇数时，$|H(\mathrm{j}0)|=1.0$；而当 N 为偶数时，$|H(\mathrm{j}0)|=\sqrt{\frac{1}{1+\varepsilon^2}}$。

例 4.4 设计一个低通切比雪夫滤波器，其技术要求为：通带截止频率 $f_p=3\mathrm{MHz}$，通带最大衰减 0.1dB，阻带起始频率 $f_s=12\mathrm{MHz}$，阻带最小衰减 60dB。

解 由式(4.17)得切比雪夫滤波器的参数 ε 为

$$\varepsilon=\sqrt{10^{0.1A_p}-1}=\sqrt{10^{0.01}-1}=0.15162$$

而由式(4.18)得滤波器阶数 N 为

$$N=\frac{\operatorname{arcosh}\left[\frac{\sqrt{10^{0.1A_s}-1}}{\varepsilon}\right]}{\operatorname{arcosh}(\Omega_s/\Omega_p)}=4.6 \qquad \text{取整数 } N=5$$

由式(4.20)和式(4.21)，求得归一化的传输函数 $H(p)$ 为

$$\begin{aligned}H(p)&=\frac{1}{0.1526\times 2^{(5-1)}\prod_{k=1}^{5}(p-p_k)}\\&=\frac{1}{2.441(p+0.5389)(p^2+0.3331p+1.1949)(p^2+0.87198p+0.63592)}\end{aligned}$$

最后，实际的传输函数 $H(s)$ 为

$$\begin{aligned}H(s)&=H(p)\Big|_{p=\frac{s}{\Omega_p}}\\&=\frac{0.974852\times 10^{35}}{(s+1.01580\times 10^7)(s^2+6.27899\times 10^6 s+4.2459\times 10^{14})(s^2+1.64368\times 10^7 s+2.25946\times 10^{14})}\end{aligned}$$

同前述的巴特沃思滤波器，切比雪夫滤波器也可以采用查表法进行设计，其步骤如下：

(1) 频率归一化，得到 λ_p、λ_s。注意，对于切比雪夫滤波器表格曲线，没有像巴特沃思

滤波器那样特指 3dB 频率点的曲线表格，而是给出了通带内最大衰减分别为 0.2dB、1dB 和 3dB 时的表格曲线。

(2) 根据 λ_p、λ_s 查归一化频率——幅频特性曲线，如图 4.12 所示，确定滤波器的阶数 N。

(3) 根据给定的通带内最大衰减，由式 (4.17) 得到 ε，此 ε 值已列于表 4.3～4.5 的上部，因此，可查表得 ε。

(4) 查表(表 4.3 ～ 表 4.5)，得 $H(p)$ 的分母多项式，求得 $H(p)$。

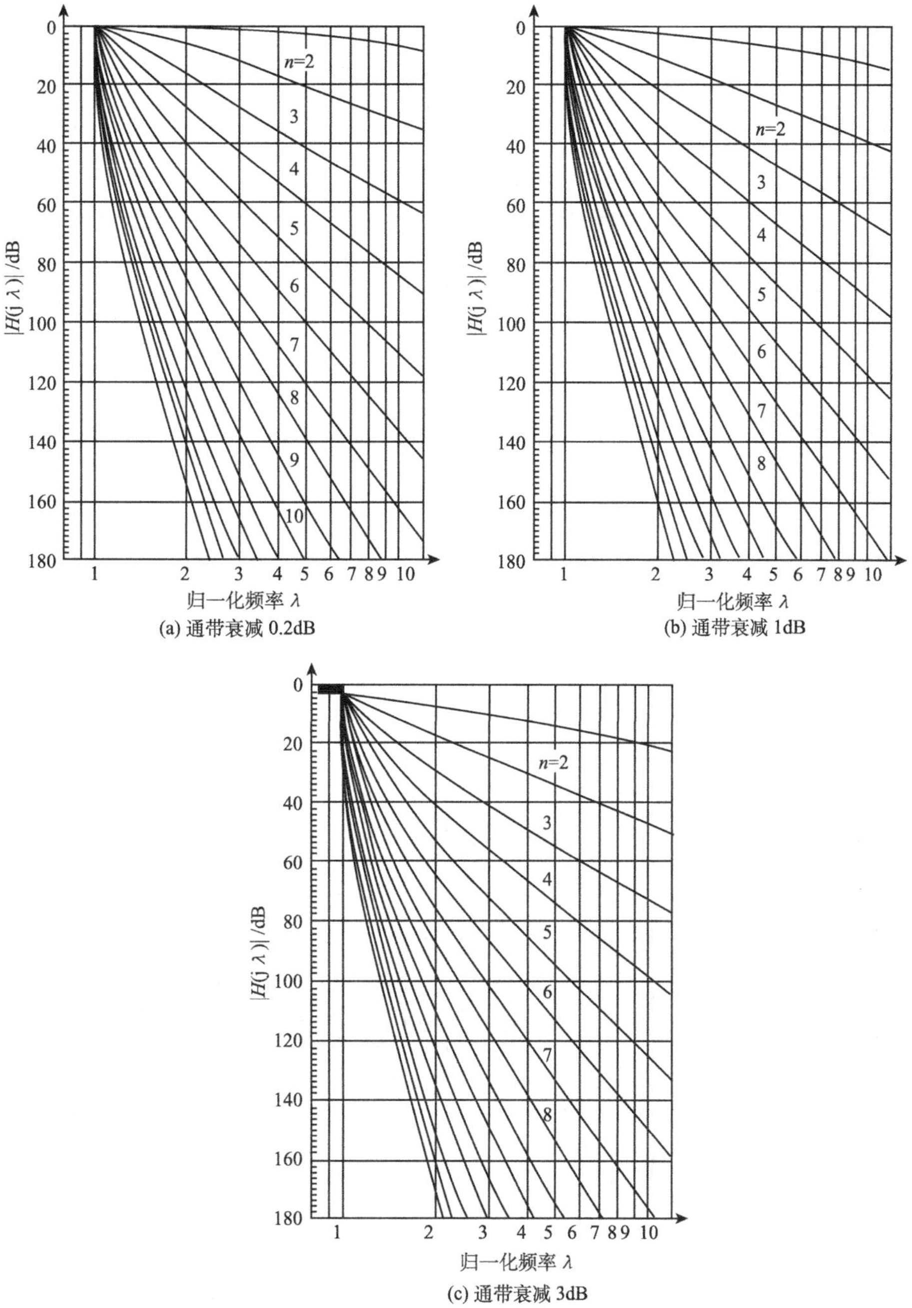

图 4.12　切比雪夫低通滤波器归一化的阻带幅频特性(n 为阶数，1～15)

表 4.3 通带衰减为 0.2dB 情况下,归一化的切比雪夫低通滤波器传输函数的极点和分母多项式,$\varepsilon=0.21709$

(a) 极点位置

阶数 n	$p_{1,n}$	$p_{2,n-1}$	$p_{3,n-3}$	$p_{4,n-4}$	$p_{5,n-5}$
1	−4.60636099				
2	−0.96354254±j1.19516285				
3	−0.40731707±j1.11701458	−0.81463413			
4	−0.22481072±j1.07150422	−0.54274109±j0.44383158			
5	−0.14258371±j1.04741496	−0.37328900±j0.64733805	−0.46141058		
6	−0.09852431±j1.03354455	−0.26917343±j0.75660712	−0.36769774±j0.27693743		
7	−0.07216630±j1.02491707	−0.20220548±j0.82191968	−0.29219539±j0.45613101	−0.32431242	
8	−0.05514327±j1.01921190	−0.15703476±j0.86404612	−0.23501912±j0.57733716	−0.27722396±j0.20273385	
9	−0.04351082±j1.01525261	−0.12528442±j0.89279816	−0.19194687±j0.66265908	−0.23545769±j0.35259353	−0.25056884

(b) 分母多项式 $A(p)=p^n+a_{n-1}p^{n-1}+a_{n-2}p^{n-2}+\cdots+a_0$

阶数 n	a_0	a_1	a_2	a_3	a_4	a_5	a_6	a_7	a_8
1	4.60636099								
2	2.35682846	1.92708508							
3	1.15159025	2.07725754	1.62926827						
4	0.58920712	1.52213870	2.17827157	1.53510363					
5	0.28789756	1.08234729	1.86493313	2.36475740	1.49315599				
6	0.14730178	0.66110783	1.60289922	2.20817385	2.58161304	1.47079097			

续表

(b) 分母多项式 $A(s)=s^n+a_{n-1}s^{n-1}+a_{n-2}s^{n-2}+\cdots+a_0$

阶数 n	a_0	a_1	a_2	a_3	a_4	a_5	a_6	a_7	a_8
7	0.07197439	0.41573867	1.11759023	2.17449134	2.55386738	2.81207554	1.45744677		
8	0.03682544	0.23654244	0.81273392	1.65937609	2.80404721	2.90162138	3.04957189	1.44884222	
9	0.01799360	0.14052449	0.51438217	1.35164765	2.28779160	3.49411391	3.25091261	3.29107898	1.44296846

(c) 分母多项式 $A(s)=A_1(s)\,A_2(s)\,A_3(s)\,A_4(s)\,A_5(s)$

阶数 n	$A(s)$
1	$(s+4.60636099)$
2	$(s^2+1.92708508s+2.35682846)$
3	$(s^2+0.81463413s+1.41362877)(s+0.81463413)$
4	$(s^2+0.44962144s+1.19866144)(s^2+1.08548218s+0.49155436)$
5	$(s^2+0.28516742s+1.11740822)(s^2+0.74657799s+0.55839122)(s+0.46141058)$
6	$(s^2+0.19704863s+1.07792137)(s^2+0.53834686s+0.64490967)(s^2+0.73539548s+0.21189597)$
7	$(s^2+0.14433260s+1.05566298)(s^2+0.40441097s+0.71643901)(s^2+0.58439078s+0.29343364)(s+0.32431242)$
8	$(s^2+0.11028655s+1.04183367)(s^2+0.31406951s+0.77123562)(s^2+0.47003824s+0.38855219)(s^2+0.55444791s+0.11795414)$
9	$(s^2+0.08702165s+1.03263106)(s^2+0.25056884s+0.81278475)(s^2+0.38389374s+0.47596066)(s^2+0.47091539s+0.17976252)(s+0.25056884)$

表 4.4　通带衰减为 1.0dB 情况下,归一化的切比雪夫低通滤波器传输函数的极点和分母多项式, ε =0.50885

(a) 极点位置

阶数 n	$p_{1,n}$	$p_{2,n-1}$	$p_{3,n-3}$	$p_{4,n-4}$	$p_{5,n-5}$
1	−1.96522673				
2	−0.54886716±j0.89512857				
3	−0.24708530±j0.96599867	−0.49417060			
4	−0.13953600±j0.98337916	−0.33686969±j0.40732899			
5	−0.08945836±j0.99010711	−0.23420503±j0.61191985	−0.28949334		
6	−0.06218102±j0.99341120	−0.16988172±j0.72722747	−0.23206274±j0.26618373		
7	−0.04570898±j0.99528396	−0.12807372±j0.79815576	−0.18507189±j0.44294303	−0.20541430	
8	−0.03500823±j0.99645128	−0.09969501±j0.84475061	−0.14920413±j0.56444431	−0.17599827±j0.19820648	
9	−0.02766745±j0.99722967	−0.07966524±j0.87694906	−0.12205422±j0.65089544	−0.14972167±j0.34633423	−0.15933047

(b) 分母多项式　$A(p)=p^n+a_{n-1}p^{n-1}+a_{n-2}p^{n-2}+\cdots+a_0$

阶数 n	a_0	a_1	a_2	a_3	a_4	a_5	a_6	a_7	a_8
1	1.96522673								
2	1.10251033	1.09773433							
3	0.49130668	1.23840917	0.98834121						
4	0.27562758	0.74261937	1.45392476	0.95281138					
5	0.12282667	0.58053415	0.97439607	1.68881598	0.93682013				
6	0.06890690	0.30708064	0.93934553	1.20214039	1.93082492	0.92825096			

续表

(b) 分母多项式　$A(s)=s^n+a_{n-1}s^{n-1}+a_{n-2}s^{n-2}+\cdots+a_0$

阶数 n	a_0	a_1	a_2	a_3	a_4	a_5	a_6	a_7	a_8
7	0.03070667	0.21367139	0.54861981	1.35754480	1.42879431	2.17607847	0.92312347		
8	0.01722672	0.10734473	0.44782572	0.84682432	1.83690238	1.65515567	2.42302642	0.91981131	
9	0.00767667	0.07060479	0.24418637	0.78631094	1.20160717	2.37811881	1.88147976	2.67094683	0.91754763

(c) 分母多项式　$A(s)=A_1(s)\,A_2(s)\,A_3(s)\,A_4(s)\,A_5(s)$

阶数 n	$A(s)$
1	$(s+1.96522673)$
2	$(s^2+1.09773433s+1.10251033)$
3	$(s^2+0.49417060s+0.99420459)(s+0.49417060)$
4	$(s^2+0.27907199s+0.98650488)(s^2+0.67373939s+0.27939809)$
5	$(s^2+0.17891672s+0.98831489)(s^2+0.46841007s+0.42929790)(s+0.28949334)$
6	$(s^2+0.12436205s+0.99073230)(s^2+0.33976343s+0.55771960)(s^2+0.46412548s+0.12470689)$
7	$(s^2+0.09141796s+0.99267947)(s^2+0.25614744s+0.65345550)(s^2+0.37014377s+0.23045013)(s+0.20541430)$
8	$(s^2+0.07001647s+0.99414074)(s^2+0.19939003s+0.72354268)(s^2+0.29840826s+0.34085925)(s^2+0.35199655s+0.07026120)$
9	$(s^2+0.05533489s+0.99523251)(s^2+0.15933047s+0.77538620)(s^2+0.24410845s+0.43856211)(s^2+0.29944334s+0.14236398)(s+0.15933047)$

表 4.5　通带衰减为 3dB 情况下,归一化的切比雪夫低通滤波器传输函数的极点和分母多项式,ε=0.99763

(a) 极点位置

阶数 n	$p_{1,n}$	$p_{2,n-1}$	$p_{3,n-3}$	$p_{4,n-4}$	$p_{5,n-5}$
1	−1.00237729				
2	−0.32244983±j0.77715757				
3	−0.14931010±j0.90381443	−0.29862021			
4	−0.08517040±j0.94648443	−0.20561953±j0.39204669			
5	−0.05485987±j0.96592748	−0.14362501±j0.59697601	−0.17753027		
6	−0.03822951±j0.97640602	−0.10444497±j0.71477881	−0.14267448±j0.26162720		
7	−0.02814564±j0.98269568	−0.07886234±j0.78806075	−0.11395938±j0.43734072	−0.12648537	
8	−0.02157816±j0.98676635	−0.06144939±j0.83654012	−0.09196552±j0.55895824	−0.10848072±j0.19628003	
9	−0.01706520±j0.98955191	−0.04913728±j0.87019734	−0.07528269±j0.64588414	−0.09234789±j0.34366777	−0.09827457

(b) 分母多项式　$A(p)=p^n+a_{n-1}p^{n-1}+a_{n-2}p^{n-2}+\cdots+a_0$

阶数 n	a_0	a_1	a_2	a_3	a_4	a_5	a_6	a_7	a_8
1	1.00237729								
2	0.70794778	0.64489965							
3	0.25059432	0.92834806	0.59724042						
4	0.17698695	0.40476795	1.16911757	0.58157986					
5	0.06264858	0.40796631	0.54893711	1.41502514	0.57450003				
6	0.04424674	0.16342991	0.69909774	0.69060980	1.66284806	0.57069793			

续表

(b) 分母多项式　$A(s)=s^n+a_{n-1}s^{n-1}+a_{n-2}s^{n-2}+\cdots+a_0$

阶数 n	a_0	a_1	a_2	a_3	a_4	a_5	a_6	a_7	a_8
7	0.01566215	0.14615300	0.30001666	1.05184481	0.83144115	1.91155070	0.56842010		
8	0.01106168	0.05648135	0.32076457	0.47189898	1.46669900	0.97194732	2.16071478	0.56694758	
9	0.00391554	0.04759081	0.13138977	0.58350569	0.67893051	1.94386024	1.11232209	2.41014443	0.56594069

(c) 分母多项式　$A(s)=A_1(s)A_2(s)A_3(s)A_4(s)A_5(s)$

阶数 n	$A(s)$
1	$(s+1.00237729)$
2	$(s^2+0.64489965s+0.70794778)$
3	$(s^2+0.29862021s+0.83917403)(s+0.29862021)$
4	$(s^2+0.17034080s+0.90308678)(s^2+0.41123906s+0.19598000)$
5	$(s^2+0.10971974s+0.93602549)(s^2+0.28725001s+0.37700850)(s+0.17753027)$
6	$(s^2+0.07645903s+0.95483021)(s^2+0.20888994s+0.52181750)(s^2+0.28534897s+0.08880480)$
7	$(s^2+0.05629129s+0.96648298)(s^2+0.15772468s+0.62725902)(s^2+0.22791876s+0.20425365)(s+0.12648537)$
8	$(s^2+0.04315631s+0.97417345)(s^2+0.12289879s+0.70357540)(s^2+0.18393103s+0.32089197)(s^2+0.21696145s+0.05029392)$
9	$(s^2+0.03413040s+0.97950420)(s^2+0.09827457s+0.75965789)(s^2+0.15056538s+0.42283380)(s^2+0.18469578s+0.12663567)(s+0.09827457)$

(5) 最终求得实际的传输函数 $H(s)=H(p)\Big|_{p=\frac{s}{\Omega_p}}$。

例 4.5　查表法设计切比雪夫滤波器，其通带起始频率为 $\Omega_p=2\pi(5\text{kHz})$，通带内最大衰减 $A_p=3\text{dB}$，阻带起始频率为 $\Omega_s=2\pi(10\text{kHz})$，阻带内最小衰减为 $A_s=30\text{dB}$。

解

(1) 以 Ω_p 为参考频率，得到归一化 $\lambda_p=1,\lambda_s=2$；

(2) 查图 4.10 中曲线，得 $N=4$；

(3) 根据 $A_p=3\text{dB}$，查表 4.5，得 $\varepsilon^2=0.9953623$；

(4) 查表 4.5 的(c)栏得 $H(p)$ 的分母多项式为

$$H(p)=\frac{0.125297}{(0.903087+0.170341p+p^2)(0.195980+0.411239p+p^2)}$$

(5) 求 $H(s)$，有

$$\begin{aligned}H(s)&=H(p)\Big|_{p=\frac{s}{\Omega_p}}\\&=\frac{1.13969\times10^{17}}{[8.9132\times10^8+0.5350\times10^4s+s^2][1.9344\times10^8+1.2918\times10^4s+s^2]}\end{aligned}$$

上述的切比雪夫滤波器又称为切比雪夫 I 型滤波器，它在通带内呈现等波纹波动，而在阻带内为单调下降。还有一种切比雪夫 II 型滤波器，在通带内单调下降，而阻带内是等波纹的。此外，椭圆滤波器在通带和阻带内都具有等波纹特性，并且具有最窄的过渡带，但设计较为复杂。在此，就不再介绍这两种滤波器了。

上面介绍的巴特沃思滤波器和切比雪夫滤波器的设计非常成熟，前人已经把相关参数和归一化传输函数的极点绘成了曲线和表格，在实际设计时，可以直接查找，不需要一步步再计算。另外，现在有许多计算机软件支持这两种滤波器的设计，如 Matlab 中就有许多相关的函数，见本章最后一节 4.10 节。这些方面更详细的情况，读者可参见相关资料。

4.2.4　模拟滤波器的频率变换

本章开始的时候，我们介绍了滤波器的各种分类，其中有低通、高通、带通和带阻滤波器之分。前面讨论了巴特沃思和切比雪夫模拟低通滤波器的设计方法，本节将介绍如何把设计的归一化低通滤波器的传输函数变换为一般的低通、高通、带通和带阻滤波器的传输函数，以及逆过程，这个过程称之为频率变换。

定义一个频率变换函数 $p=q(s)$，$q(s)$ 是 s 的有理函数，把归一化低通滤波器传输函数 $H_{LP}(p)$ 映射为所要求的滤波器的传输函数 $H_d(s)$，有

$$H_d(s)=H_{LP}(p)\big|_{p=q(s)}$$

由于限定了 $q(s)$ 是有理函数，当 $H_{LP}(p)$ 是有理函数时，变换后的 $H_d(s)$ 也是有理函数。同时，频率变换 $q(s)$ 必须使低通滤波器所在的 S 平面的 $\mathrm{j}\Omega$ 轴映射到要求的滤波器所在的 S 平面的 $\mathrm{j}\Omega$ 轴，以便保持频率响应；低通滤波器所在的 S 平面的左半平面必须映射到要求的滤波器所在的 S 平面的左半平面，以保持滤波器的稳定性。

各种滤波器之间的频率变换如表 4.6 所示，表中 Ω_p 表示所要求滤波器的通带截止频率，Ω_{p2} 和 Ω_{p1} 表示所要求滤波器的通带上下截止频率，Ω_s 表示所要求滤波器的阻带截止频率，Ω_{s2} 和 Ω_{s1} 表示所要求滤波器的阻带上下截止频率，Ω_0 是滤波器的通带中心频率，B 是滤波器的通带带宽，a 是一个取决于滤波器类型的归一化参数。这些参数的定义如下：

$$\Omega_0 = \sqrt{\Omega_{p1}\Omega_{p2}} \tag{4.23}$$

$$B = \Omega_{p2} - \Omega_{p1} \tag{4.24}$$

$$a = \begin{cases} 1 & \text{巴特沃思或切比雪夫滤波器} \\ \sqrt{\dfrac{\Omega_s}{\Omega_p}} & \text{低通椭圆滤波器} \\ \sqrt{\dfrac{\Omega_p}{\Omega_s}} & \text{高通椭圆滤波器} \\ \sqrt{\dfrac{\Omega_{s2}-\Omega_{s1}}{\Omega_{p2}-\Omega_{p1}}} & \text{带通椭圆滤波器} \\ \sqrt{\dfrac{\Omega_{p2}-\Omega_{p1}}{\Omega_{s2}-\Omega_{s1}}} & \text{带阻椭圆滤波器} \end{cases} \tag{4.25}$$

表 4.6　模拟滤波器的频率变换

滤波器类型	归一化低通滤波器 $H_{LP}(p)$ 的技术指标要求	要求的滤波器 $H_d(s)$ $H_d(s)=H_{LP}(p)\mid_{p=q(s)}$
低通 $H_{LP}(p)\longleftrightarrow$低通 $H_{LP}(s)$	$\lambda_p=\dfrac{1}{a}$ $\lambda_s=\dfrac{1}{a}\dfrac{\Omega_s}{\Omega_p}$	$p=\dfrac{1}{a}\dfrac{s}{\Omega_p}$
低通 $H_{LP}(p)\longleftrightarrow$高通 $H_{HP}(s)$	$\lambda_p=\dfrac{1}{a}$ $\lambda_s=\dfrac{1}{a}\dfrac{\Omega_p}{\Omega_s}$	$p=\dfrac{1}{a}\dfrac{\Omega_p}{s}$
低通 $H_{LP}(p)\longleftrightarrow$带通 $H_{BP}(s)$	$\lambda_p=\dfrac{1}{a}$ $\lambda_s=\dfrac{1}{a}\dfrac{\Omega_{s2}-\Omega_{s1}}{\Omega_{p2}-\Omega_{p1}}$	$p=\dfrac{1}{a}\dfrac{s^2+\Omega_0^2}{Bs}$
低通 $H_{LP}(p)\longleftrightarrow$带阻 $H_{BS}(s)$	$\lambda_p=\dfrac{1}{a}$ $\lambda_s=\dfrac{1}{a}\dfrac{\Omega_{p2}-\Omega_{p1}}{\Omega_{s2}-\Omega_{s1}}$	$p=\dfrac{1}{a}\dfrac{Bs}{s^2+\Omega_0^2}$

由归一化低通滤波器频率变换得到的带通滤波器的两个通带截止频率关于中心频率 Ω_0 几何对称，两个阻带截止频率关于中心频率 Ω_0 也呈现几何对称性，即下列等式成立：

$$\Omega_0^2 = \Omega_{p1}\Omega_{p2} = \Omega_{s1}\Omega_{s2} \tag{4.26}$$

然而,实际的带通滤波器可能不是几何对称的,即不满足式(4.26),如图4.13所示。由于是带通滤波器,需要保持通带特性不变,此时,在满足最小阻带衰减要求的情况下,必须改变阻带截止频率中的一个使得非对称的带通滤波器变换成几何对称的带通滤波器,步骤如下:

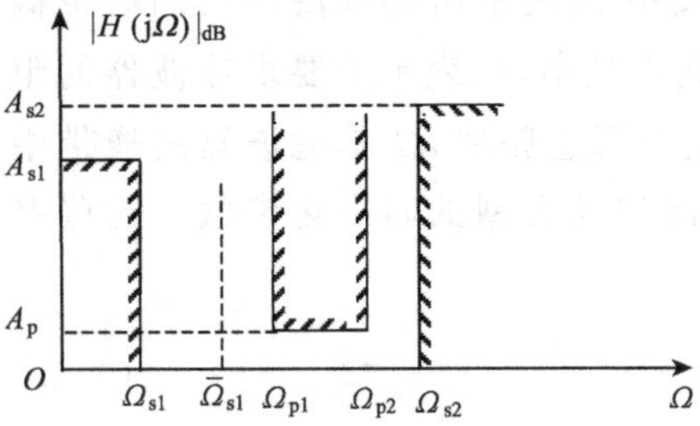

图4.13　非对称带通滤波器的指标说明

(1) 计算基于通带截止频率的中心频率 $\Omega_0^2=\Omega_{p1}\Omega_{p2}$;

(2) 计算 $\overline{\Omega}_{s1}=\dfrac{\Omega_0^2}{\Omega_{s2}}$,如果 $\overline{\Omega}_{s1}>\Omega_{s1}$,用 $\overline{\Omega}_{s1}$ 代替 Ω_{s1},如图4.13所示;

(3) 如果 $\overline{\Omega}_{s1}\leqslant\Omega_{s1}$,计算 $\overline{\Omega}_{s2}=\dfrac{\Omega_0^2}{\Omega_{s1}}$,并用 $\overline{\Omega}_{s2}$ 代替 Ω_{s2};

(4) 如果 $A_{s1}\neq A_{s2}$,选择 $A_s=\max\{A_{s1},A_{s2}\}$。

同样地,带阻滤波器技术指标要求也必须是几何对称的。如果带阻滤波器不是几何对称的,为了使对称的带阻滤波器满足最小阻带衰减要求,在由非对称的带阻滤波器变换为对称的带阻滤波器时,保留非对称带阻滤波器的阻带截止频率,调整两个通带截止频率中的一个,调整过程和上面描述的带通滤波器调整过程相似,步骤如下:

(1) 计算 $\Omega_0^2=\Omega_{s1}\Omega_{s2}$;

(2) 计算 $\overline{\Omega}_{p1}=\dfrac{\Omega_0^2}{\Omega_{p2}}$,如果 $\overline{\Omega}_{p1}>\Omega_{p1}$,用 $\overline{\Omega}_{p1}$ 代替 Ω_{p1};

(3) 如果 $\overline{\Omega}_{p1}\leqslant\Omega_{p1}$,计算 $\overline{\Omega}_{p2}=\dfrac{\Omega_0^2}{\Omega_{p1}}$,并用 $\overline{\Omega}_{p2}$ 代替 Ω_{p2};

(4) 如果 $A_{p1}\neq A_{p2}$,选择 $A_p=\min\{A_{p1},A_{p2}\}$。

所有类型的变换,包括各自与低通原型的频率变换如表4.6所示。用频率变换法设计一个模拟滤波器的步骤如下:

(1) 确定低通、高通、带通或带阻模拟滤波器的技术要求,当要求的带通或带阻滤波器是非几何对称时,根据上面描述的过程使这些技术要求成为几何对称的;

(2) 根据表4.6中间栏的变换关系,确定归一化低通滤波器的技术要求:通带截止频率为 λ_p,阻带截止频率为 λ_s,阻带衰减为 A_p(dB),阻带衰减为 A_s(dB);

(3) 根据 λ_p、λ_s、A_p 和 A_s,用巴特沃思逼近、切比雪夫逼近或椭圆逼近设计归一化低通滤波器;

(4) 根据表4.6中最右边栏的变换关系,得到要求的非归一化模拟滤波器。

例4.6　设计一个巴特沃思带阻滤波器,其性能指标要求如下:阻带的起始频率和截止频率分别为3.8MHz和4.8MHz,阻带最小衰减为20dB;通带的起始频率和截止频率分别为3.1MHz和5.5MHz,通带内最大衰减为3dB。

解　首先确定所要求的带阻滤波器是否为几何对称

$$\Omega_{p1}\Omega_{p2} = 2\pi\times 3.1\times 10^6\times 2\pi\times 5.5\times 10^6 = 4\pi^2\times 17.05\times 10^{12} = 6.7310\times 10^{14}$$

$$\Omega_{s1}\Omega_{s2} = 2\pi \times 3.8 \times 10^6 \times 2\pi \times 4.8 \times 10^6 = 4\pi^2 \times 18.24 \times 10^{12} = 7.2009 \times 10^{14}$$

因为 $\Omega_{p1}\Omega_{p2} \neq \Omega_{s1}\Omega_{s2}$，而且设计的是带阻滤波器，所以需要调整这个带阻滤波器的通带起始频率或截止频率。

因为

$$\overline{\Omega}_{p1} = \frac{\Omega_{s_1}\Omega_{s_2}}{\Omega_{p2}} = \frac{2\pi \times 3.8 \times 10^6 \times 2\pi \times 4.8 \times 10^6}{2\pi \times 5.5 \times 10^6} = 2\pi \times 3.3 \times 10^6 > \Omega_{p1}$$

用 $\overline{\Omega}_{p1}$ 值代替 Ω_{p1} 值，即令 $\Omega_{p1} = \overline{\Omega}_{p1} = 2\pi \times 3.3\text{MHz}$。因此，所要求的带阻滤波器的指标调整为

$$\Omega_{p1} = 2\pi \times 3.3 \times 10^6 \text{ rad/s}$$

$$\Omega_{p2} = 2\pi \times 5.5 \times 10^6 \text{ rad/s}$$

$$\Omega_{s1} = 2\pi \times 3.8 \times 10^6 \text{ rad/s}$$

$$\Omega_{s2} = 2\pi \times 4.8 \times 10^6 \text{ rad/s}$$

$$B = 2\pi \times 2.2 \times 10^6 \text{ rad/s}$$

$$\Omega_0 = 2\pi \times 4.27 \times 10^6 \text{ rad/s}$$

$$A_{p1} = A_{p2} = 3\text{dB}$$

$$A_{s1} = A_{s2} = 20\text{dB}$$

根据表 4.6 中间栏的变换关系式，将上述给定的带阻滤波器指标要求转化为相应的归一化低通技术要求，有

$$\lambda_p = 1$$

$$\lambda_s = \frac{\Omega_{p2} - \overline{\Omega}_{p1}}{\Omega_{s2} - \Omega_{s1}} = \frac{2\pi \times 5.5 \times 10^6 - 2\pi \times 3.3 \times 10^6}{2\pi \times 4.8 \times 10^6 - 2\pi \times 3.8 \times 10^6} = 2.2$$

根据上面的技术要求，可以采用查表法或计算法来设计归一化的巴特沃思低通滤波器，这里采用计算法。

由式(4.8)确定最小的滤波器阶数，得

$$N \geqslant \frac{\lg\left(\dfrac{10^{0.1A_s} - 1}{10^{0.1A_p} - 1}\right)}{2\lg\left(\dfrac{\lambda_s}{\lambda_p}\right)} = \frac{\lg(10^{0.1\times 20} - 1)}{2\lg 2.2} = 2.91$$

取 $N=3$，计算巴特沃思滤波器的归一化极点

$$p_k = e^{j\frac{\pi}{2}} e^{j\frac{\pi}{2}\frac{2k+1}{N}} \quad k = 0,1,2$$

$$p_0 = e^{j\left(\frac{\pi}{2}+\frac{\pi}{6}\right)} = -0.5000 + 0.8660j$$

$$p_1 = e^{j\left(\frac{\pi}{2}+\frac{3\pi}{6}\right)} = -1.0000 + 0.0000j$$

$$p_2 = e^{j\left(\frac{\pi}{2}+\frac{5\pi}{6}\right)} = -0.5000 - 0.8660j$$

因此，低通滤波器的归一化传输函数 $H_{LP}(p)$ 为

$$H_{LP}(p) = \frac{1}{(p-p_0)(p-p_1)(p-p_2)} = \frac{1}{(p+1)(p^2+p+1)}$$

$$= \frac{1}{p^3 + 2p^2 + 2p + 1}$$

根据表 4.6 最右边栏的变换关系式,把归一化低通滤波器变成所要求的带阻滤波器的传输函数 $H_{BP}(s)$

$$H_{BP}(s) = H_{LP}(p)\big|_{p=\frac{Bs}{s^2+\Omega_0^2}}$$

$$= \frac{s^6 + 2.1603 \times 10^{15} s^4 + 1.5556 \times 10^{30} s^2 + 3.7339 \times 10^{44}}{s^6 + 2.7646 \times 10^7 s^5 + 2.5424 \times 10^{15} s^4 + 4.2456 \times 10^{22} s^3 + 1.8308 \times 10^{30} s^2 + 1.4335 \times 10^{37} s + 3.7339 \times 10^{44}}$$

4.3 模拟滤波器的数字仿真

设计一个数字滤波器 $H(z)$使其输入 $x(n)$等于模拟滤波器输入 $x(t)$的取样$x(nT)$,输出 $y(n)$等于模拟滤波器输出 $y(t)$的取样 $y(nT)$,即

$$y(n) = y(nT)$$

则称 $H(z)$系统为 $H_a(\Omega)$系统的数字仿真,如图 4.14 所示。下面从时域和频域两个方面来分析在什么条件下可以实现数字仿真。

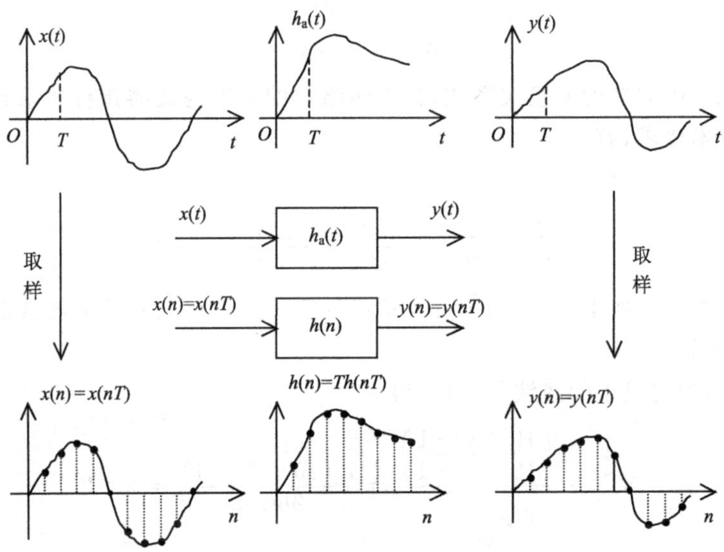

图 4.14 模拟滤波器的数字仿真示意图

4.3.1 时域的数字仿真

设 $h_a(t)$和 $h(n)$ 分别表示模拟系统 L_a 和数字系统 L_d 的冲激响应,若 $h(n)$等于 $Th_a(t)$的取样,即 $h(n)=T\,h_a(nt)$(T 为取样周期),则当 T 足够小时,L_d 将是 L_a 的数字仿真,即 $y(n)=y(nT)$。

证明 对于一个线性非移变的因果系统 $h_a(t)$,其输入 $x(t)$与输出 $y(t)$之间的关系为

$$y(t)=x(t)*h_a(t)=\int_0^{\infty}x(t-\tau)h_a(\tau)\mathrm{d}\tau=\int_0^{\infty}W(\tau)\mathrm{d}\tau$$

式中
$$W(\tau)=x(t-\tau)h_a(\tau)$$

此积分即为 T 区间内 $W(\tau)$ 曲线下的面积，此面积可近似地用求和来计算，即

$$\begin{aligned}y(t)&\approx T[W(0)+W(T)+W(2T)+\cdots+W(kT)+\cdots]\\&=T[x(t)h_a(0)+x(t-T)h_a(T)+\cdots+x(t-kT)h_a(kT)+\cdots]\\&=T\sum_{k=0}^{\infty}x(t-kT)h_a(kT)=y_T(t)\end{aligned}$$

这里当然要求 T 足够小。现在对模拟系统的输出取样，即用 $t=nT$ 代入上式，有

$$\begin{aligned}y(nT)&\approx y_T(nT)=T\sum_{k=0}^{\infty}x(nT-kT)h_a(kT)\\&=\sum_{k=0}^{\infty}x(nT-kT)Th_a(kT)=\sum_{k=0}^{\infty}x(nT-kT)h(k)\end{aligned}\tag{4.27}$$

式中，$h(k)=T\,h_a(kT)$。

我们知道，当数字滤波器 $h(n)$ 的输入为 $x(n)$ 时，其输出应为

$$y(n)=x(n)*h(n)=\sum_{k=0}^{\infty}x(n-k)h(k)\tag{4.28}$$

令 $x(n)=x(nT)$，即数字滤波器的输入是模拟滤波器输入的取样，则式(4.28)右边与式(4.27)的最后结果相同。因此，有 $y(n)=y(nT)$。

这也就是说，如果数字滤波器 L_d 的冲激响应 $h(n)=Th_a(nt)$，则当其输入为模拟滤波器输入 $x(t)$ 的取样 $x(nT)$ 时，其输出就为模拟滤波器输出 $y(t)$ 的取样 $y(nT)$，即 L_d 是此模拟滤波器 L_a 的数字仿真。

因此，从时域的观点来看，数字仿真的条件是

$$h(n)=T\,h_a(nT)\tag{4.29}$$

这就是所谓的冲激响应不变准则。由此准则出发，可得到设计 IIR 数字滤波器的冲激响应不变法(impulse invariance method)，当然要求取样周期 T 足够小。

时域数字仿真还有一种阶跃响应不变设计准则，本书不予论述。

4.3.2　频域的数字仿真

若对模拟信号 $x_a(t)$ 以 T 为周期进行取样而得到取样信号 $\hat{x}_a(t)$，即 $x_a(nT)$，则取样信号的频谱 $\hat{X}_a(\Omega)$ 是原模拟信号的频谱 $X_a(\Omega)$ 的周期延拓，即

$$\hat{X}_a(\Omega)=\frac{1}{T}\sum_{n=-\infty}^{\infty}X_a(\Omega-n\Omega_s)\tag{4.30}$$

式中，$\Omega_s=\dfrac{2\pi}{T}$。$\hat{X}_a(\Omega)$ 是取样信号 $x_a(nT)$ 的频谱，也即离散信号 $x(n)=x_a(nT)$ 的离散时间傅里叶变换 $X(e^{j\omega})$，即

$$\hat{X}_a(\Omega)=X(e^{j\omega})=X(e^{j\Omega T})$$

式中,$\omega=\Omega T$,ω 和 Ω 分别为数字角频率和模拟角频率。也就是说,离散信号的频谱既可表示为数字频率的函数,也可表示为模拟频率的函数。我们又知道,对于离散信号的傅里叶变换,有

$$X(e^{j\omega}) = \sum_{n=-\infty}^{\infty} x(n)e^{-jn\omega} \tag{4.31a}$$

或

$$X(e^{j\Omega T}) = \sum_{n=-\infty}^{\infty} x(n)e^{-jn\Omega T} \tag{4.31b}$$

由式(4.30)和式(4.31)有

$$\sum_{n=-\infty}^{\infty} x(n)e^{-jn\Omega T} = \frac{1}{T}\sum_{n=-\infty}^{\infty} X_a(\Omega - n\Omega_s) \tag{4.32a}$$

或

$$\sum_{n=-\infty}^{\infty} Tx(n)e^{-jn\Omega T} = \sum_{n=-\infty}^{\infty} X_a(\Omega - n\Omega_s) \tag{4.32b}$$

式(4.32)左边表示离散信号 $Tx(n)$的频谱,而 $Tx(n)$是对模拟信号 $Tx_a(t)$的取样。

模拟滤波器的冲激响应 $h_a(t)$当然也是一个模拟信号,其频谱 $H_a(\Omega)$ 即为此滤波器的频率响应。如果对 $h_a(t)$取样,则由式(4.32)可知,有

$$\sum_{n=-\infty}^{\infty} H_a(\Omega - n\Omega_s) = \sum_{n=-\infty}^{\infty} Th_a(nT)e^{-jn\Omega T} \tag{4.33}$$

令 $h(n)=Th_a(nt)$,并以 $H(e^{j\Omega T})$表示 $h(n)$的频谱,$H(e^{j\Omega T})$也就是以 $h(n)$为冲激响应的数字滤波器的频率响应,则由式(4.33)可得

$$H(e^{j\Omega T}) = \sum_{n=-\infty}^{\infty} h(n)e^{-jn\Omega T} = \sum_{n=-\infty}^{\infty} H_a(\Omega - n\Omega_s) \tag{4.34}$$

因此,数字滤波器 L_d 的频响 $H(e^{j\Omega T})=H(e^{j\omega})$是它所仿真的模拟滤波器 L_a 的频响 $H_a(\Omega)$的周期延拓,如图 4.15 所示。

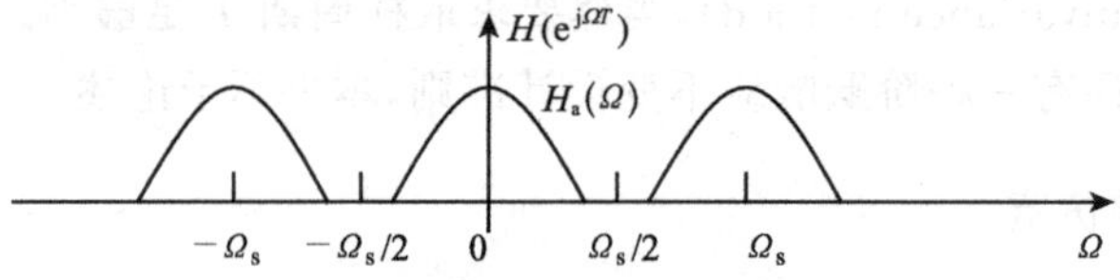

图 4.15 模拟滤波器频率响应的周期拓展

由图 4.15 可以看出,如果 $H_a(\Omega)$被限制在一个周期以内,即在$-\Omega_s/2\sim\Omega_s/2$ 之间,则 $H(e^{j\Omega T})$在此区间内与 $H_a(\Omega)$完全一致。相反,如果 $H_a(\Omega)$不被足够地限带,则 $H(e^{j\Omega T})$将产生混叠失真。因此,从频域的观点来看,数字仿真应满足条件

$$H_a(\Omega) = 0 \qquad |\Omega| > \frac{\Omega_s}{2} = \frac{\pi}{T} \tag{4.35}$$

综上所述,若有一个冲激响应为 $h_a(t)$,频率响应为 $H_a(\Omega)$的模拟滤波器,且当 $\Omega>$

Ω_m 时，$H_a(\Omega)=0$，则我们可以得到一个与之仿真的数字滤波器，它的冲激响应为 $h(n)=T h_a(nT)$，这里取样周期 T 应满足 $\frac{\pi}{T}=\frac{\Omega_s}{2}\geqslant\Omega_m$，此数字滤波器的频率响应 $H(e^{j\omega})=H(e^{j\Omega T})$ 是 $H_a(\Omega)$ 的周期延拓，且在 $-\Omega_s/2\sim\Omega_s/2$ 区间内与 $H_a(\Omega)$ 完全一致。

4.4　冲激响应不变法

上面我们讨论了冲激响应不变准则，下面研究在已经得到模拟滤波器的传输函数 $H_a(s)$ 后，怎样根据冲激响应不变准则来求数字滤波器的传输函数 $H(z)$，以及在这种方法中 Z 平面与 S 平面的映射关系和特点等。

4.4.1　冲激响应不变法的设计方法

在此我们所讲的设计方法，是在给定了模拟滤波器的传输函数 $H_a(s)$ 情况下，如何来求数字滤波器的传输函数 $H(z)$ 的方法。我们知道，一个模拟滤波器的传输函数通常表示为

$$H_a(s)=\frac{\sum_{i=0}^{M}a_i s^i}{\sum_{i=0}^{N}b_i s^i}=A\frac{\prod_{i=1}^{M}(s-s_{qi})}{\prod_{i=1}^{N}(s-s_{pi})}$$

而且，一般 $M<N$，因此上式可以分解为部分分式形式

$$H_a(s)=\sum_{i=1}^{N}\frac{A_i}{s-s_i}$$

对 $H_a(s)$ 两边进行拉普拉斯反变换，可得

$$h_a(t)=L^{-1}[H_a(s)]=\sum_{i=1}^{N}A_i e^{s_i t}u(t)$$

式中，$u(t)$ 为单位阶跃函数。对 $h_a(t)$ 以间隔 T 进行取样，有

$$h_a(nT)=\sum_{i=1}^{N}A_i e^{s_i nT}u(nT)$$

按前述的冲激响应不变准则，可得

$$h(n)=Th_a(nT)=T\sum_{i=1}^{N}A_i e^{s_i nT}u(nT)$$

对上式两边进行 Z 变换，便得数字滤波器的传输函数，有

$$\begin{aligned}H(z)&=\sum_{n=-\infty}^{\infty}h(n)z^{-n}=\sum_{n=-\infty}^{\infty}T\sum_{i=1}^{N}A_i e^{s_i nT}u(nT)z^{-n}\\&=T\sum_{i=1}^{N}A_i\sum_{n=-\infty}^{\infty}e^{s_i nT}u(nT)z^{-n}=T\sum_{i=1}^{N}A_i\sum_{n=0}^{\infty}(e^{s_i T}z^{-1})^n\\&=T\sum_{i=1}^{N}\frac{A_i}{1-e^{s_i T}z^{-1}}\end{aligned}$$

在上式中,幂级数收敛应满足条件

$$|e^{s_iT}z^{-1}|<1 \qquad 即 \qquad |z|>|e^{s_iT}|$$

由 $H(z)$可以看到,$H(z)$也可展成部分分式形式,且有

(1) $H(z)$的各系数 A_i 分别与 $H_a(s)$部分分式系数相同;

(2) $H(z)$的各极点分别对应于 $H_a(s)$的各极点 s_i。

因此,只要将模拟滤波器的 $H_a(s)$分解为部分分式之和的形式,就可以立即得到相应的数字滤波器的传输函数 $H(z)$。

所以,对于给定数字低通滤波器技术指标 ω_p、ω_s、A_p 和 A_s,采用冲激响应不变法设计数字滤波器的过程如下:

(1) 确定取样间隔 T,并计算模拟频率

$$\Omega_p=\frac{\omega_p}{T} \qquad \Omega_s=\frac{\omega_s}{T}$$

(2) 根据指标 Ω_p、Ω_s、A_p、A_s,设计模拟低通滤波器 $H_a(s)$。这个模拟滤波器可以是前面讲过的几种原型滤波器(巴特沃思、切比雪夫 I、切比雪夫 II 等)之一。

(3) 利用部分分式展开,把 $H_a(s)$展成为

$$H_a(s)=\sum_{i=1}^{N}\frac{A_i}{s-s_i}$$

(4) 把模拟极点$\{s_i\}$转换成数字极点$\{e^{s_iT}\}$,得到数字滤波器的传输函数$H(z)$为

$$H(z)=T\sum_{i=1}^{N}\frac{A_i}{1-e^{s_iT}z^{-1}}$$

例 4.7 利用冲激响应不变法,把下面的模拟滤波器转换成数字滤波器$H(z)$,其中$T=0.1$。

$$H_a(s)=\frac{s+1}{s^2+5s+6}$$

解 首先把 $H_a(s)$展成部分分式形式,即

$$H_a(s)=\frac{s+1}{s^2+5s+6}=\frac{2}{s+3}-\frac{1}{s+2}$$

极点为 $s_1=-3$ 和 $s_2=-2$,而且 $T=0.1$,得数字滤波器的传输函数,有

$$H(z)=T\left(\frac{2}{1-e^{-3T}z^{-1}}-\frac{1}{1-e^{-2T}z^{-1}}\right)=\frac{0.1-0.08966z^{-1}}{1-1.5595z^{-1}+0.6065z^{-2}}$$

例 4.8 利用冲激响应不变法设计一个数字巴特沃思低通滤波器,通带截止频率750Hz,通带内衰减不大于 3dB,阻带最低频率为 1600Hz,阻带内衰减不小于 7dB,给定$T=1/4000$s。

解 由给定的指标要求,得到模拟滤波器的技术要求为

$$\Omega_p=2\pi f_p=1500\pi \qquad A_p=3\text{dB}$$

$$\Omega_s=2\pi f_s=3200\pi \qquad A_s=7\text{dB}$$

由式(4.8)得

$$N \geqslant \frac{\lg\left(\frac{10^{0.1A_s}-1}{10^{0.1A_p}-1}\right)}{2\lg\left(\frac{\Omega_s}{\Omega_p}\right)} = \frac{\lg(10^{0.1\times 7}-1)}{2\lg 2.13} = 0.917\text{，取整后 } N = 1$$

当 $k=0$ 时，p_k 处于在 S 平面的左半平面，系统是稳定的。

$$p_k = \frac{1}{\sqrt[N]{\varepsilon}} e^{j\frac{\pi}{2}} e^{j\frac{\pi}{2}\frac{(2k+1)}{N}} = e^{j\left(\frac{\pi}{2}+\frac{\pi}{2}\right)} = -1$$

所以归一化的一阶巴特沃思模拟滤波器传输函数为 $H(p)=\frac{1}{p+1}$。

最后一阶巴特沃思模拟滤波器传输函数为

$$H(s) = H(p)\Big|_{p=\frac{s}{\Omega_p}} = \frac{\Omega_p^N}{\prod_{k=0}^{N-1}(s-p_k\Omega_p)} = \frac{\Omega_p}{s+\Omega_p} = \frac{1500\pi}{s+1500\pi}$$

根据冲激响应不变法，把 $H(s)$ 转换成数字滤波器的传输函数 $H(z)$，有

$$H(z) = T\frac{A_i}{1-e^{s_iT}z^{-1}} = \frac{T\Omega_p}{1-e^{-\Omega_pT}z^{-1}} = \frac{1500\pi T}{1-e^{-1500\pi T}z^{-1}}$$

上述模拟和数字滤波器的幅频响应分别为

$$|H(j\Omega)| = \frac{1}{\sqrt{\left(\frac{\Omega}{1500\pi}\right)^2+1}}$$

$$|H(e^{j\omega})| = \frac{1500\pi T}{\sqrt{1-2\cos\omega e^{-1500\pi T}+e^{-3000\pi T}}}$$

相应的幅频响应曲线如图 4.16 所示，从中可以比较模拟和数字滤波器的幅频响应形状。

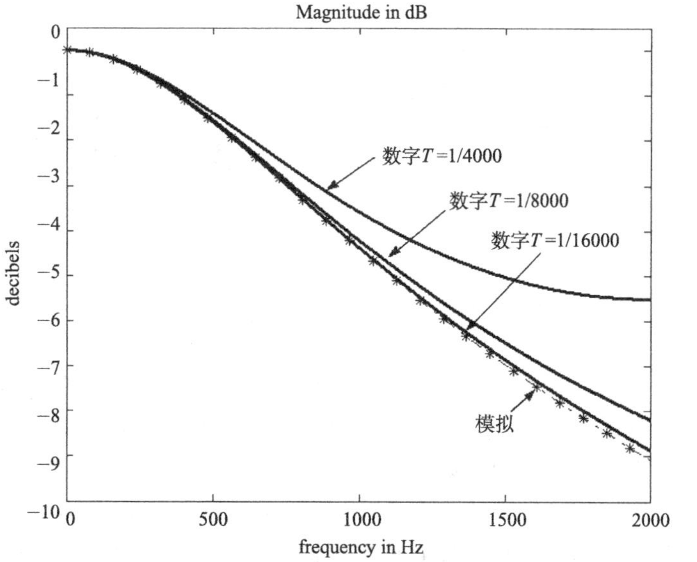

图 4.16　模拟和数字滤波器幅频响应曲线

对于 $T=1/4000$ 取样,模拟和数字滤波器的幅频特性在非常低的频率处就分开了,这是因为取样间隔太长,产生了较大的混叠失真。随着取样间隔 T 的减小,数字滤波器的 $|H(e^{j\omega})|$ 对模拟滤波器的 $|H(j\Omega)|$ 的逼近也越来越好。当 T 足够小时,冲激响应不变法可给出满意的结果。

4.4.2 S 平面和 Z 平面的映射关系

上面已经推出,如果 s_i 是模拟滤波器 L_a 的传输函数 $H_a(s)$ 的一个极点,则 $z_i=e^{s_iT}$ 就是与之仿真的数字滤波器 L_d 的传输函数 $H(z)$ 的一个极点,反之亦然,即 S 平面的极点 s_i 与 Z 平面的极点 $z_i=e^{s_iT}$ 互相对应。将极点的映射关系推广,可得冲激响应不变法 S 平面与 Z 平面的映射关系,即

$$z = e^{sT}$$

令 $z=re^{j\omega}$,$s=\sigma+j\Omega$,由上式得

$$re^{j\omega} = e^{\sigma T}e^{j\Omega T}$$

故有

$$r = e^{\sigma T} \qquad \omega = \Omega T \tag{4.36}$$

ω 是数字角频率,也是复变量 z 的幅角;Ω 是模拟角频率,也是复变量 s 的虚部。式(4.36)表示了 Z 平面的半径和幅角与 S 平面的实部和虚部之间的关系。

由式(4.36)可知,当 $\sigma=0$ 时,$r=1$,即 S 平面上的虚轴映射为 Z 平面上的单位圆;当 $\sigma<0$ 时,$r<1$,即 S 平面的左半平面映射到了 Z 平面的单位圆内;当 $\sigma>0$,$r>1$,即 S 平面的右半平面映射到了 Z 平面的单位圆外。S 平面与 Z 平面的映射关系如图 4.17 所示。

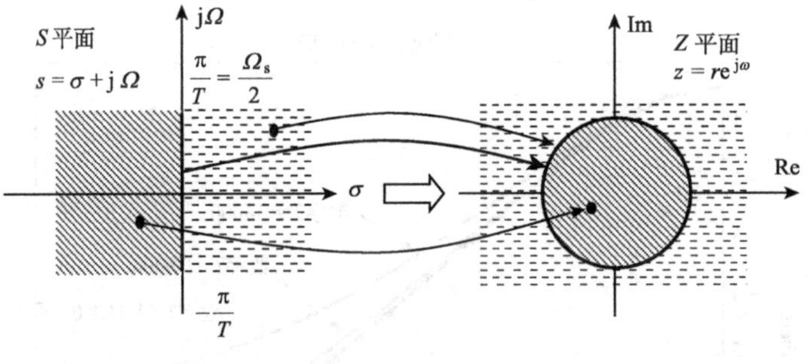

图 4.17 冲激响应不变法中 S 平面与 Z 平面上变量映射关系

我们知道,S 平面虚轴上的拉普拉斯变换就是连续时间傅里叶变换,表示模拟滤波器的频率响应,而 Z 平面单位上的 Z 变换就是离散时间傅里叶变换,表示数字滤波器的频率响应。因此,S 平面上的虚轴映射为 Z 平面上的单位圆,就是数字滤波器 $H(z)$ 的频率响应仿真了模拟滤波器 $H_a(s)$ 的频率响应,保持了滤波器的频率响应特性。另外,当模拟滤波器传输函数 $H_a(s)$ 的极点都在 S 平面的左半平面时,此系统是稳定的,而此时正

好映射为相应的数字滤波器的传输函数 $H(z)$ 的极点都在 Z 平面单位圆内，正与数字滤波器稳定的条件相吻合，即稳定的 $H_a(s)$ 映射到稳定的 $H(z)$，保持了滤波器的稳定性。

另外，需要指出，ω 与 Ω 的关系正像式(4.36)所示的那样是线性关系。但要注意，当 ω 自 $0\sim\pi$ 和自 $0\sim-\pi$ 变化时，即 ω 在 Z 平面单位圆上变化一周时，Ω 对应的值仅为自 $0\sim+\pi/T$ 和自 $0\sim-\pi/T$，这表明 S 平面的虚轴仅 $(-\pi/T,\pi/T)$ 这一段就映射为 Z 平面上整个单位圆弧，而其他相继的各段则在单位圆上重复。因此，这就要求 $H_a(\Omega)$ 必须在 $(-\pi/T,\ \pi/T)$ 内严格限带，否则，设计出来的数字滤波器在频域出现混叠失真。

因此，从上面的讲述中可以看出冲激响应不变法的一些特点：

(1) 根据 $h(n)=T\,h(nT)$ 设计准则，从时域完成数字化转换，数字滤波器保持了模拟滤波器的时域瞬态特征。

(2) 数字频率 ω 和模拟滤波器频率 Ω 之间的关系是 $\omega=\Omega T$，即两者间呈线性关系，没有线性失真问题。

(3) 因为数字滤波器频谱是模拟滤波器频谱的周期延拓，若模拟滤波器不是限带的，或取样频率不够高时，那么数字滤波器频谱将发生混叠失真。

(4) 当 $H_a(\Omega)$ 不严格限带，或 $h_a(t)$ 变化不太平稳(在阻带内存在振荡，如切比雪夫 II 滤波器和椭圆滤波器)，而设计性能要求又高时，则不宜采用此法。另外，冲激响应不变法只适合频率响应在高频处单调递减的模拟原型滤波器，此方法不能直接设计高通、带阻滤波器，因为高通、带阻滤波器不是限带的，不能用冲激响应不变法实现模拟滤波器 $H(s)$ 到数字滤波器 $H(z)$ 的转换，这极大地限制了它的应用，下面讨论的双线性变换法克服了冲激响应不变法的缺点。

4.5　双线性变换法

4.5.1　双线性变换关系的导出

用冲激响应不变法把模拟滤波器的传输函数 $H_a(s)$ 转换成数字滤波器的传输函数 $H(z)$ 时，因为 $z=e^{sT}$ 的映射关系不是单值对应，所以，从 S 平面直接映射到 Z 平面时可能会产生混叠现象。

针对这个问题，人们提出了双线性变换法(bilinear transform method)，其基本思路就是利用数值积分将模拟滤波器变换为数字滤波器。

我们从 $H_a(s)$ 入手，模拟滤波器的 $H_a(s)$ 通常表示为

$$H_a(s)=\frac{\sum_{i=0}^{M}a_is^i}{\sum_{i=0}^{N}b_is^i}$$

为了简化分析，令 $M=N$，并且分子分母除以 s^N，则有

$$H_a(s)=\frac{\sum_{i=0}^{N}a_is^{i-N}}{\sum_{i=0}^{N}b_is^{i-N}}$$

再令 $j=N-i$,则

$$H_a(s)=\frac{\sum_{j=N}^{0}a_{N-j}s^{-j}}{\sum_{j=N}^{0}b_{N-j}s^{-j}}=\frac{\sum_{j=0}^{N}c_js^{-j}}{\sum_{j=0}^{N}d'_js^{-j}}=A\frac{\sum_{j=0}^{N}c_js^{-j}}{1-\sum_{j=1}^{N}d_js^{-j}}$$

由此可以看出一般模拟滤波器的基本单元是积分器 s^{-1},设法用某种数字网络代替此单元,就可把模拟滤波器变换成相应的数字滤波器。

设模拟滤波器基本单元的传输函数为

$$H_I(s)=\frac{1}{s} \tag{4.37}$$

对其求拉普拉斯反变换,得其冲激响应为

$$h_I(t)=L^{-1}[H_I(s)]=\begin{cases}1 & t\geqslant 0^+\\ 0 & t\leqslant 0^-\end{cases} \tag{4.38}$$

设有一信号 $x_a(t)$输入到该系统 $H_I(s)$,如图 4.18 所示,则输出为

$$y_a(t)=\int_0^t x_a(\tau)h_I(t-\tau)\mathrm{d}\tau$$

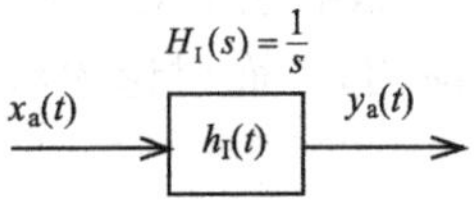

(a) 由积分器组成的基本单元

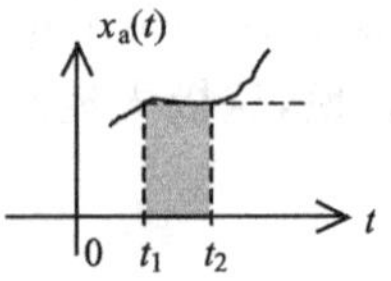

(b) 输入信号 $x_a(t)$

图 4.18 模拟滤波器的基本单元

若有 $0<t_1<t_2$,则

$$y_a(t_1)=\int_0^{t_1}x_a(\tau)h_I(t_1-\tau)\mathrm{d}\tau$$

$$y_a(t_2)=\int_0^{t_2}x_a(\tau)h_I(t_2-\tau)\mathrm{d}\tau$$

由式(4.38)可知

$$\begin{cases}h_I(t_1-\tau)=1 & t_1-\tau\geqslant 0\\ h_I(t_2-\tau)=1 & t_2-\tau\geqslant 0\end{cases}$$

所以得

$$y_a(t_2)-y_a(t_1)=\int_0^{t_2}x_a(\tau)\mathrm{d}\tau-\int_0^{t_1}x_a(\tau)\mathrm{d}\tau=\int_{t_1}^{t_2}x_a(\tau)\mathrm{d}\tau$$

而当 $t_1\to t_2$ 时,上式中的积分就可以用图 4.18(b)所示阴影部分的面积近似,即

$$y_a(t_2)-y_a(t_1)=\frac{1}{2}[x_a(t_1)+x_a(t_2)](t_2-t_1)$$

把上式中模拟滤波器的输入输出数字化，即对 $x(t)$ 和 $y(t)$ 取样，且令 $y(n)=y_a(nT)$，$x(n)=x_a(nT)$，取样间隔 T 等于 t_2 和 t_1 之间的时间差，即 $t_2-t_1=T$，则得差分方程为

$$y(n)-y(n-1)=\frac{T}{2}[x(n-1)+x(n)]$$

对上式两边取 z 变换，得

$$Y(z)-z^{-1}Y(z)=\frac{T}{2}[z^{-1}X(z)+X(z)]$$

从而得到数字积分器的传输函数为

$$H_1(z)=\frac{Y(z)}{X(z)}=\frac{1+z^{-1}}{1-z^{-1}}\cdot\frac{T}{2} \tag{4.39}$$

用此数字网络来代替模拟滤波器的基本单元——积分器 $1/s$，就可得与其基本性能相近的数字滤波器。

所以，对于一个一般的模拟滤波器来说，将其所有的基本单元——积分器，用式(4.39)所表示的数字网络所代替，即可得到与其性能相近的数字滤波器。从式(4.39)可以写出 s 与 z 之间的关系为

$$\frac{1}{s}=\frac{T}{2}\cdot\frac{1+z^{-1}}{1-z^{-1}}$$

即

$$s=\frac{2}{T}\cdot\frac{1-z^{-1}}{1+z^{-1}}=\frac{2}{T}\cdot\frac{z-1}{z+1} \tag{4.40a}$$

$$z=\frac{\frac{2}{T}+s}{\frac{2}{T}-s} \tag{4.40b}$$

从上式可以看出 z 与分子多项式、分母多项式的 s 都是线性变换关系(IEEE: Tustin's method/transform)，双线性变换法由此得名。对于一个给定的模拟滤波器传输函数 $H_a(s)$，只要将式(4.40a)代入 $H_a(s)$ 即可得到数字滤波器的传输函数，即

$$H(z)=H_a(s)\Big|_{s=\frac{2}{T}\cdot\frac{1-z^{-1}}{1+z^{-1}}}$$

例 4.9　利用双线性变换，把下述模拟滤波器转换成数字滤波器 $H(z)$，其中，$T=1$。

$$H_a(s)=\frac{s+1}{s^2+5s+6}$$

解　根据上面讲的双线性变换法，有

$$H(z)=H_a(s)\Big|_{s=\frac{2}{T}\cdot\frac{1-z^{-1}}{1+z^{-1}}}=\frac{2\times\frac{1-z^{-1}}{1+z^{-1}}+1}{\left(2\times\frac{1-z^{-1}}{1+z^{-1}}\right)^2+5\left(2\times\frac{1-z^{-1}}{1+z^{-1}}\right)+6}$$

$$=\frac{3+2z^{-1}-z^{-2}}{20+4z^{-1}}=\frac{0.15+0.1z^{-1}-0.05z^{-2}}{1+0.2z^{-1}}$$

4.5.2 S 平面与 Z 平面的映射关系

设 $s=\sigma+\mathrm{j}\Omega$,并且令 $z=r\mathrm{e}^{\mathrm{j}\omega}$,则由式(4.40b)得

$$r=\left[\frac{\left(\frac{2}{T}+\sigma\right)^2+\Omega^2}{\left(\frac{2}{T}-\sigma\right)^2+\Omega^2}\right]^{\frac{1}{2}} \tag{4.41a}$$

$$\omega=\arctan\frac{\Omega}{\frac{2}{T}+\sigma}+\arctan\frac{\Omega}{\frac{2}{T}-\sigma} \tag{4.41b}$$

由此可得 S 平面与 Z 平面的映射关系如表 4.7 所示。

表 4.7 双线性变换法的 S 平面和 Z 平面的映射关系

S 平面	Z 平面
$\sigma>0$,右半平面,不稳定	$r>1$,单位圆外,不稳定
$\sigma=0$,虚轴,临界	$r=1$,单位圆上,临界
$\sigma<0$,左半平面,稳定	$r<1$,单位圆内,稳定

此映射关系与如图 4.17 所示的冲激响应不变法类似,不同的是在双线性变换下,模拟滤波器的复频率 s 与相应的数字滤波器的复频率 z 之间的映射是有单值对应的关系,不存在频域混叠失真,但为此付出了非线性的代价。

因为滤波器设计的主要是幅频特性,从前面章节知道,z 域中单位圆上 z 变换对应于离散时间傅里叶变换,得到频率响应或幅频响应。由表 4.7 可知,Z 平面单位圆对应于 S 平面的虚轴。因此,我们根据式(4.41b)具体看一下 S 平面的虚轴 $\mathrm{j}\Omega$ 与 Z 平面的单位圆的映射关系:

令 $\sigma=0$,则得

$$\omega=2\arctan\frac{\Omega T}{2} \tag{4.42a}$$

而

$$\Omega=\frac{2}{T}\tan\frac{\omega}{2} \tag{4.42b}$$

式(4.42b) 称为预畸变公式,Ω 与 ω 的关系如图 4.19 所示,从中可以看到它们是非线性

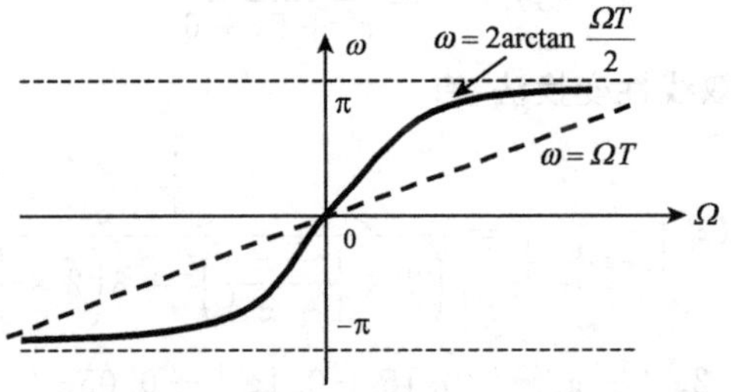

图 4.19 双线性变换法中数字频率和模拟频率的畸变关系

关系。当数字频率 ω 由 $-\pi\sim\pi$ 变化时，模拟频率 Ω 由 $-\infty\sim\infty$ 变化，也就是对应于模拟域中所有可能的频率值，即 S 平面上的整个虚轴都映射到了 Z 平面单位圆的一周之上，且 Ω 与 ω 是单值对应的。因此，采用双线性变换法设计的数字滤波器不存在频域混叠失真的问题，克服了冲激响应不变法的缺点。

但是，Ω 与 ω 的非线性关系将导致相位特性的失真，这也可以说双线性变换法是以相频特性的失真换取了幅频特性不产生混叠失真。这是双线性变换法付出的代价。

4.5.3　双线性变换法中的频率预畸变

式(4.42) 表明，双线性变换改变了数字频率 ω 和模拟频率 Ω 之间的线性关系 $\omega=\Omega T$，引入了强烈的非线性，式(4.42)中的 $T/2$ 保证了变换对频率轴的畸变尽可能的小。对于小的数字频率，即当 $\omega\ll\pi$ 时，$\omega=2\arctan\dfrac{\Omega T}{2}\approx\Omega T$，非线性不很突出，失真不大，此时数字滤波器和模拟原型滤波器在低频处的幅频响应大致相同。但当 ω 较大时，非线性就非常突出，失真就变得很大，此时用线性变换得到的数字滤波器性能上与模拟原型滤波器就有明显的差异，如图 4.20 所示。也就是说，对于幅频特性为分段常数的模拟滤波器，经过双线性变换以后，得到的数字滤波器的幅频特性仍然为分段常数，但是各个分段边缘的临界频率点发生了畸变。对于这种频率畸变，可以通过频率预畸变进行处理，使得双线性变换后的频率正好映射到所需要的频率上。

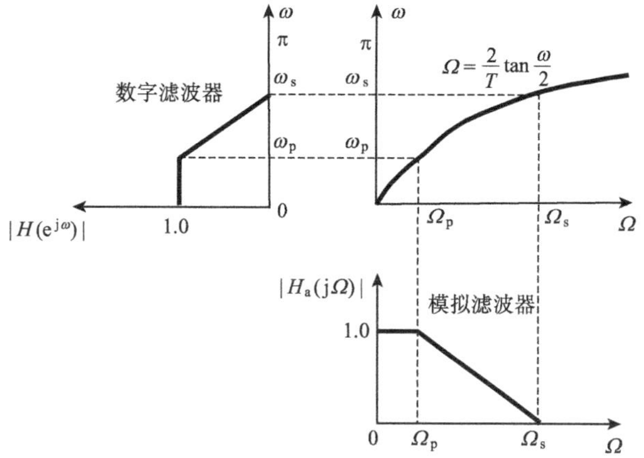

图 4.20　双线性变换下模拟滤波器和数字滤波器的幅频响应关系

所以，采用双线性变换法在设计过程中必须包含频率预畸变这个环节。对于给定数字低通滤波器技术指标 ω_p、ω_s、A_p 和 A_s，采用双线性变换法设计数字滤波器的过程如下：

(1) 给定数字滤波器的 ω_s、ω_p、A_p 和 A_s，或者以 Hz 表示的 f_s、f_p、A_p 和 A_s；

(2) 用式 $\omega=2\pi fT$ 把以 Hz 表示的 f_s 和 f_p 转换为以弧度表示的 ω_s 和 ω_p；

(3) 计算预畸变模拟频率，以避免双线性变换带来的失真。根据 $\Omega=\dfrac{2}{T}\tan\dfrac{\omega}{2}$ 求得修正后的预畸变频率 Ω_s、Ω_p；

(4) 根据 Ω_s、Ω_p、A_p、A_s 设计模拟低通滤波器原型，得到模拟滤波器的传输函数 $H_a(s)$；

(5) 利用双线性变换得到数字滤波器的传输函数 $H(z)=H_a(s)\Big|_{s=\frac{2}{T}\cdot\frac{1-z^{-1}}{1+z^{-1}}}$。

例 4.10　设计一个一阶巴特沃思数字低通滤波器，通带上限频率 $f_p=300\text{Hz}$，通带中最大衰减 $A_p=3\text{dB}$，取样频率 $f_s=1500\text{Hz}$。

解　(1) 预畸变。先求数字滤波器的 ω_p 为

$$\omega_p = \Omega T = 2\pi f_p T = \frac{2\pi f_p}{f_s} = 0.4\pi(\text{rad})$$

经过预畸变处理后，相应的模拟滤波器的通带上限频率为

$$\Omega_p = \frac{2}{T}\tan\frac{\omega_p}{2} = 2180(\text{rad/s})$$

即模拟滤波器 3dB 衰减处的通带上限频率为

$$f_{AP} = \frac{\Omega_p}{2\pi} = 347(\text{Hz})$$

一阶巴特沃思低通模拟滤波器的传输函数为

$$H_a(s) = \frac{\Omega_p}{s+\Omega_p} = \frac{2180}{s+2180}$$

所求的数字滤波器的传输函数为

$$H(z) = H_a(s)\Big|_{s=\frac{2}{T}\cdot\frac{1-z^{-1}}{1+z^{-1}}} = \frac{0.421(z+1)}{z-0.1583}$$

(2) 无预畸变。

$$\Omega_p = \frac{\omega_p}{T} = 2\pi f_p = 600\pi(\text{rad/s})$$

一阶巴特沃思低通模拟滤波器的传输函数变为

$$H_a(s) = \frac{\Omega_p}{s+\Omega_p} = \frac{1885}{s+1885}$$

于是

$$H(z) = H_a(s)\Big|_{s=\frac{2}{T}\cdot\frac{1-z^{-1}}{1+z^{-1}}} = \frac{0.386(z+1)}{z-0.228}$$

由上面可以看到，有无预畸变，所得的结果完全不一样。对于预畸变处理，模拟滤波器是按着通带上限频率 347Hz 设计的，经过双线性变换后得到的数字滤波器的通带上限频率为所要求的 300Hz。对于未进行预畸变处理而设计的模拟滤波器，对应的数字滤波器的通带上限频率为

$$\omega_p = 2\arctan\frac{\Omega_p T}{2} = 0.357\pi(\text{rad})$$

即，3dB 通带上限频率为

$$f_{\mathrm{p}}=\frac{\omega_{\mathrm{p}}}{T}\cdot\frac{1}{2\pi}=268(\mathrm{Hz})$$

由此可见，不经预畸变处理，所得的数字滤波器的性能不符合给定的 300Hz 技术要求。

从上述内容可以看出双线性变换法的一些特点：

(1) 相频特性为线性的滤波器经双线性变换后，线性相频特性将遭到破坏；

(2) 在窄带内能近似保持原幅频特性，即使频带拖尾，也不产生混叠；

(3) 比冲激响应不变法简单，因 S 平面与 Z 平面之间有简单的代数关系，可从模拟传输函数直接通过代数置换得到数字滤波器的传输函数。如果已知模拟滤波器的幅频特性 $|H(\mathrm{j}\Omega)|$，把式(4.42b)$\Omega=\frac{2}{T}\tan\frac{\omega}{2}$直接代入$|H(\mathrm{j}\Omega)|$，即可得到数字滤波器的幅频特性 $|H(\mathrm{e}^{\mathrm{j}\omega})|$，但不能给出滤波器实现所需要的传输函数或差分方程。

(4) 双线性变换法是目前最普遍采用的设计方法。一般说，若着眼于瞬态响应时，采用冲激响应不变法较好，其他以双线性变换法较好，双线性变换法对进行变换的滤波器类型没有限制，能直接用于设计低通、高通、带通、带阻等各种类型的数字滤波器。

4.6　高通、带通和带阻 IIR 数字滤波器的设计

4.6.1　数字滤波器的频率变换

前面讲述了模拟滤波特性的两种逼近方法(冲激响应不变法和双线性变换法)，无论哪种逼近方式，都是针对低通滤波器而言的。事实上，这几种基于模拟原型滤波器的设计方法所给出的设计公式和设计参数等，都是对于归一化频率的原型低通滤波器而言的。但在实际应用中，不仅需要不同截止频率的低通滤波器，也需要各种高通、带通、带阻滤波器，这些滤波器都可以由低通原型滤波器导出。如前面章节所述，如果采用冲激响应不变法进行模数转换，则不能用来设计高通和带阻滤波器。因此，在数字滤波器的频率变换中一般采用双线性变换法。

与前面模拟滤波器的频率变换类似，数字滤波器的频率变换是实现低通数字滤波器的数字域 z 平面和所要求的数字滤波器的数字域 Z 平面之间的映射关系。假设 $H_{\mathrm{LP}}(z)$ 为给定的数字滤波器低通原型的传输函数，$H_{\mathrm{d}}(Z)$ 为所要求的数字滤波器的传输函数，注意这里 $H_{\mathrm{LP}}(z)$ 和 $H_{\mathrm{d}}(Z)$ 选用了不同的变量 z 和 Z，定义这两个数字域之间的映射关系为

$$z^{-1}=G(Z^{-1})\tag{4.43}$$

则有

$$H_{\mathrm{d}}(Z)=H_{\mathrm{LP}}(z)\big|_{z^{-1}=G(Z^{-1})}\tag{4.44}$$

也就是只需要把 $H_{\mathrm{LP}}(z)$ 的 z^{-1}用函数 $G(Z^{-1})$ 代替即可。

假定 $H_{\mathrm{LP}}(z)$ 是一个因果稳定的滤波器，那么经过式(4.44)映射后，希望$H_{\mathrm{d}}(Z)$ 仍然是一个因果稳定的滤波器。因此，对上述映射关系提出了如下要求：

(1) 为了保持频率特性对应，z 平面的单位圆必须映射到 Z 平面的单位圆上；

(2) 为了保持系统的稳定性,z 平面的单位圆内部必须映射到 Z 平面的单位圆内部;

(3) $G(Z^{-1})$ 必须是 Z^{-1}的有理函数,这样 $H_d(Z)$ 才是可实现的。

设 θ 和 ω 分别是 z 平面和 Z 平面的数字频率变量,即各自单位圆 $z=e^{j\theta}$,$Z=e^{j\omega}$,则根据式(4.43),可得

$$e^{-j\theta} = G(e^{-j\omega}) = \left|G(e^{-j\omega})\right| e^{j\arg[G(e^{-j\omega})]} = \left|G(e^{-j\omega})\right| e^{j\phi(\omega)} \tag{4.45}$$

式中,$\phi(\omega)$ 是 $G(e^{-j\omega})$ 的相频特性。由式(4.46)可知

$$\left|G(e^{-j\omega})\right| = 1 \tag{4.46a}$$

$$\theta = -\arg[G(e^{-j\omega})] \tag{4.46b}$$

式(4.46a) 表明映射函数 $G(Z^{-1})$ 在单位圆上的幅频特性必须恒等于 1,即满足上述要求的 $G(Z^{-1})$ 的一般形式是全通类型的有理函数,可以表示为

$$z^{-1} = G(Z^{-1}) = \pm \prod_{i=1}^{N} \frac{Z^{-1} - \alpha_i^*}{1 - \alpha_i Z^{-1}} \tag{4.47}$$

式中,N 是全通函数的阶数,α_i 是$G(Z^{-1})$ 的极点,α_i^* 是 α_i 的共轭,α_i在变换过程中是一个常数。为了使系统稳定,必须保证 $G(Z^{-1})$ 的极点 α_i在单位圆内,即$|\alpha_i|<1$。

可以证明,当 ω 从 0 变化到 π 时,$G(Z^{-1})$ 的相角 $\varphi(\omega)$ 的变化量为 $N\pi$。选择合适的阶数 N 和系数 α_i,就可以得到各种映射。下面以最简单的一个低通滤波器变换到另一个低通滤波器为例,说明如何得到 $z^{-1}=G(Z^{-1})$ 的过程。

对于这种情况,$H_{LP}(z)$ 和 $H_d(Z)$都是低通数字滤波器,只不过截止频率不同。当原型低通数字滤波器的数字频率 θ 从 0 变化到 π 时,所要求的低通数字滤波器的数字频率 ω 也是从 0 变化到 π,而此时全通函数 $G(Z^{-1})$ 的相角 $\varphi(\omega)$ 的变化量为 $N\pi$。因此,全通函数 $G(Z^{-1})$ 的阶数 $N=1$,得

$$z^{-1} = G(Z^{-1}) = \frac{Z^{-1} - \alpha}{1 - \alpha Z^{-1}} \tag{4.48}$$

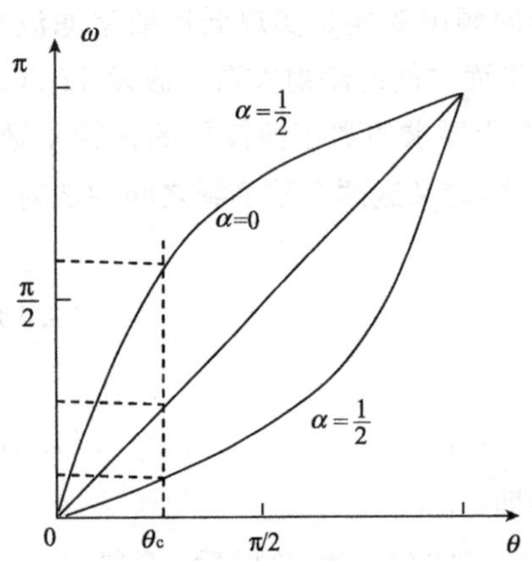

图 4.21 数字低通-数字低通的频率变换关系

式中,α 是小于 1 的实数。

若令 $z=e^{j\theta}$,$Z=e^{j\omega}$,则得

$$e^{-j\theta} = \frac{e^{-j\omega} - \alpha}{1 - \alpha e^{-j\omega}} \tag{4.49}$$

由此得

$$\omega = \arctan\left[\frac{(1-\alpha^2)\sin\theta}{2\alpha + (1+\alpha^2)\cos\theta}\right] \tag{4.50}$$

图 4.21 给出了不同 α 值时数字频率 θ 和 ω 关系。除了 $\alpha=0$ 情况(此时 $\theta=\omega$),在其他 α 情况下,θ 和 ω 之间的频率变换都是非线性关系,有非常明显的畸变现象,但是对于幅频响应为分段常数的滤波器,变换后仍可以得到相似的幅频特性。设原型和变换后的低通滤波器的截止频率分别为 θ_c 和

ω_c，代入式(4.49)，解得 α 为

$$\alpha = \frac{\sin\left(\frac{\theta_c - \omega_c}{2}\right)}{\sin\left(\frac{\theta_c + \omega_c}{2}\right)} \tag{4.51}$$

利用式(4.49)和式(4.51)，就可以从已有的截止频率为 θ_c 的数字低通滤波器 $H_{LP}(z)$ 求得截止频率为 ω_c 的数字低通滤波器 $H_d(Z)$，即

$$H_d(Z) = H_{LP}(z)\Big|_{z^{-1}=\frac{Z^{-1}-\alpha}{1-\alpha Z^{-1}}} \tag{4.52}$$

按照类似的方式，可以推导出数字低通滤波器到高通、带通和带阻滤波器的变换公式，见表 4.8。

表 4.8　数字滤波器的频率变换

滤波器类型	变换关系 $z^{-1}=G(Z^{-1})$	参数
低通-低通	$\frac{Z^{-1}-\alpha}{1-\alpha Z^{-1}}$	$\alpha=\frac{\sin\left[\frac{(\theta_c-\omega_c)}{2}\right]}{\sin\left[\frac{(\theta_c+\omega_c)}{2}\right]}$ 其中 θ_c、ω_c 分别为原型低通和所需要的低通数字滤波器的通带截止频率
低通-高通	$-\left[\frac{Z^{-1}+\alpha}{1+\alpha Z^{-1}}\right]$	$\alpha=-\frac{\cos\left[\frac{(\theta_c+\omega_c)}{2}\right]}{\cos\left[\frac{(\theta_c-\omega_c)}{2}\right]}$ 其中 θ_c、ω_c 分别为原型低通和所需要的高通数字滤波器的通带截止频率。
低通-带通	$-\left[\frac{Z^{-2}-\frac{2\alpha k}{k+1}Z^{-1}+\frac{k-1}{k+1}}{\left(\frac{k-1}{k+1}\right)Z^{-2}-\frac{2\alpha k}{k+1}Z^{-1}+1}\right]$	$\alpha=\frac{\cos\frac{\omega_u+\omega_l}{2}}{\cos\frac{\omega_u-\omega_l}{2}}$ $k=\tan\frac{\theta_c}{2}\cot\frac{\omega_u-\omega_l}{2}$ 其中 θ_c 为原型低通数字滤波器的通带截止频率，ω_u、ω_l 分别为所要求的带通数字滤波器的通带上限和下限截止频率
低通-带阻	$\frac{Z^{-2}-\frac{2\alpha k}{1+k}Z^{-1}+\frac{1-k}{1+k}}{\left(\frac{1-k}{1+k}\right)Z^{-2}-\frac{2\alpha}{1+k}Z^{-1}+1}$	$\alpha=\frac{\cos\frac{\omega_u+\omega_l}{2}}{\cos\frac{\omega_u-\omega_l}{2}}$ $k=\tan\frac{\theta_c}{2}\tan\frac{\omega_u-\omega_l}{2}$ 其中 θ_c 为原型低通数字滤波器的通带截止频率，ω_u、ω_l 分别为所要求的带阻数字滤波器的阻带的上限和下限截止频率

下面通过设计一个高通滤波器来说明表 4.8 的使用。

例 4.11 设有一个数字切比雪夫低通滤波器,技术指标为

$$\omega_p = 0.2\pi \qquad A_p = 1\text{dB}$$

$$\omega_s = 0.3\pi \qquad A_s = 15\text{dB}$$

其传输函数为

$$H_{LP}(z) = \frac{0.001836(1+z^{-1})^4}{(1-1.4996z^{-1}+0.8482z^{-2})(1-1.5548z^{-1}+0.6493z^{-2})}$$

试设计一个高通滤波器,衰减与上述相同,但通带从 $\omega_p = 0.6\pi$ 开始。

解 把给定的低通滤波器转换成高通滤波器,使通带截止频率从 $\omega_r = 0.2\pi$ 映射成 $\omega_p = 0.6\pi$,由上表可得

$$\alpha = -\frac{\cos\dfrac{(0.2\pi+0.6\pi)}{2}}{\cos\dfrac{(0.2\pi-0.6\pi)}{2}} = -0.38197$$

因此得所求数字高通滤波器的传输函数为

$$H(z) = H_{LP}(z)\Big|_{z^{-1}=-\frac{z^{-1}-0.38197}{1-0.38197z^{-1}}}$$

$$= \frac{0.02426(1-z^{-1})^4}{(1+0.5661z^{-1}+0.7657z^{-2})(1+1.0416z^{-1}+0.4019z^{-2})}$$

4.6.2 利用数字频率变换的 IIR 设计

结合 4.2.4 节讲过的模拟频率变换,可以知道一个任意种类的数字滤波器的设计可以采用两种方法,即模拟频率变换和数字频率变换,完成归一化模拟低通滤波器 $H_{LP}(p)$ 到所要求的数字滤波器 $H_d(z)$ 的转换。

下面首先讲述利用数字频率变换设计高通、带通和带阻 IIR 数字滤波器的过程,如图 4.22 所示,把设计的模拟低通滤波器原型先进行模拟—数字滤波器变换得到相应的数字低通滤波器,再在数字域进行频率变换得到所要求的数字滤波器,其步骤如下:

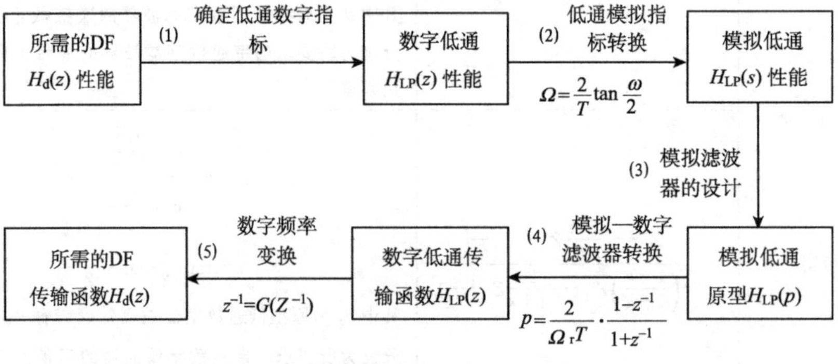

图 4.22 利用数字频率变换的 IIR 数字滤波器设计过程

(1) 确定低通数字指标。根据给定的数字滤波器 $H_d(z)$ 的性能指标要求，以及表 4.8 所给出的变换公式，确定相应的数字低通滤波器 $H_{LP}(z)$ 的数字频率指标要求。

(2) 低通模拟指标转换。利用双线性变换的频率预畸变公式 $\Omega=\frac{2}{T}\tan\frac{\omega}{2}$，把数字低通滤波器 $H_{LP}(z)$ 的数字频率指标转换为相应的模拟低通滤波器 $H_{LP}(s)$ 的模拟频率指标。

(3) 模拟滤波器的设计。根据本章 4.2 节介绍的方法设计模拟低通滤波器原型，得到模拟低通滤波器的传输函数 $H_{LP}(s)$。

(4) 模拟-数字滤波器转换。利用双线性变换得到相应的数字低通滤波器传输函数 $H_{LP}(z)=H_{LP}(s)\big|_{s=\frac{2}{T}\cdot\frac{1-z^{-1}}{1+z^{-1}}}$。

(5) 数字频率变换。从表 4.8 中选择相应的频率变换公式，将数字低通滤波器传输函数 $H_{LP}(z)$ 转换成所要求的数字滤波器传输函数 $H_d(z)$。

例 4.12　采用双线性变换法和数字频率变换，设计一个数字切比雪夫 I 型高通滤波器，技术指标为

$$\omega_p = 0.6\pi \qquad A_p = 1\text{dB}$$

$$\omega_s = 0.4586\pi \qquad A_s = 15\text{dB}$$

假设其取样间隔 $T=1$。

解　在例 4.11 中，已知一个确定的数字低通滤波器的传输函数 $H_{LP}(z)$，然后转换成了高通滤波器。在实际中，给出的是所要求的数字滤波器性能指标，必须首先设计数字低通滤波器原型，然后才能进行数字频率转换。设计数字低通滤波器所需要的技术指标 θ_p 和 θ_c 可以由给定的数字滤波器技术指标和表 4.8 所给出的变换公式得到，其中可以选择一个合适的低通滤波器通带频率 θ_p，范围在$(0,\pi)$内。

由图 4.22 可知，得到数字低通滤波器的性能指标后，还需要进一步转换为模拟原型低通滤波器的性能指标。实际上，对于数字低通滤波器和模拟原型低通滤波器的通带截止频率，可以任意设定它们中的一个，可以按着使计算尽量简单的原则设定模拟或数字低通滤波器中的一个通带截止频率，另一个按双线性变换的频率关系 $\Omega=\frac{2}{T}\tan\frac{\theta}{2}$确定。

方法 1：

具体到本例，给定了高通滤波器的边缘频率 ω_p 和 ω_s，假如选择数字低通滤波器的通带截止频率 $\theta_p=0.2\pi$，则利用表 4.8 中的公式计算

$$\alpha=-\frac{\cos\left[\dfrac{(\theta_p+\omega_p)}{2}\right]}{\cos\left[\dfrac{(\theta_p-\omega_p)}{2}\right]}=-\frac{\cos\left[\dfrac{(0.2\pi+0.6\pi)}{2}\right]}{\cos\left[\dfrac{(0.2\pi-0.6\pi)}{2}\right]}=-0.38197$$

并且有变换公式

$$z^{-1}=-\left[\frac{Z^{-1}+\alpha}{1+\alpha Z^{-1}}\right]$$

若令 $z=e^{j\theta_s}$，$Z=e^{j\omega_s}$，则得

$$e^{-j\theta_s}=-\frac{e^{-j\omega_s}+\alpha}{1+\alpha e^{-j\omega_s}}$$

由此得

$$\theta_s=\arg\left[-\frac{e^{-j\omega_s}-\alpha}{1-\alpha e^{-j\omega_s}}\right]=\arg\left[-\frac{e^{-j0.4586\pi}-0.38197}{1-0.38197e^{-j0.4586\pi}}\right]=0.3\pi$$

这样就得到了相应的数字低通滤波器的性能指标为

通带：$\theta_p=0.2\pi$　　$A_p=1\text{dB}$

阻带：$\theta_s=0.3\pi$　　$A_s=15\text{dB}$

采用双线性变换，经过预畸变处理后，相应的模拟滤波器的边缘频率为

$$\Omega_p=\frac{2}{T}\tan\frac{\theta_p}{2}=0.6498\ \text{rad/s}$$

$$\Omega_s=\frac{2}{T}\tan\frac{\theta_s}{2}=1.0191\ \text{rad/s}$$

由式(4.17)得切比雪夫滤波器的参数 ε 为

$$\varepsilon=\sqrt{10^{0.1A_p}-1}=\sqrt{10^{0.1}-1}=0.5088$$

而由式(4.18)得滤波器阶数 N 为

$$N=\frac{\operatorname{arcosh}\left[\frac{\sqrt{10^{0.1A_s}-1}}{\varepsilon}\right]}{\operatorname{arcosh}[\Omega_s/\Omega_p]}=\frac{\operatorname{arcosh}[10.8761]}{\operatorname{arcosh}[1.5683]}=3.0138\text{，取整数 }N=4\text{。}$$

查表得模拟低通滤波器归一化传输函数 $H(p)$

$$H_{LP}(p)=\frac{1}{0.5088\cdot 2^{(4-1)}\prod_{k=1}^{4}(p-p_k)}$$

$$=\frac{0.2457}{(p^2+0.2791p+0.9865)(p^2+0.6737p+0.2794)}$$

模拟低通滤波器的传输函数 $H_{LP}(s)$ 为

$$H_{LP}(s)=H_{LP}(p)\big|_{p=\frac{s}{\Omega_p}}=\frac{0.0438}{(s^2+0.1814s+0.4165)(s^2+0.4378s+0.1180)}$$

通过双线性变换，把模拟低通滤波器转换为相应的数字低通滤波器，即

$$H_{LP}(z)=H_{LP}(s)\Big|_{s=\frac{2}{T}\cdot\frac{1-z^{-1}}{1+z^{-1}}}$$

$$=\frac{0.001836(1+z^{-1})^4}{(1-1.4996z^{-1}+0.8482z^{-2})(1-1.5548z^{-1}+0.6493z^{-2})}$$

利用表4.8中低通到高通数字滤波器的频率转换，即

$$z^{-1}=-\left[\frac{Z^{-1}-0.38197}{1-0.38197Z^{-1}}\right]$$

得到所求的数字高通滤波器传输函数为

$$H(z)=H_{LP}(z)\big|_{z^{-1}=-\frac{z^{-1}-0.38197}{1-0.38197z^{-1}}}$$

$$= \frac{0.0243(1-z^{-1})^4}{(1+0.5661z^{-1}+0.7647z^{-2})(1+1.0416z^{-1}+0.4019z^{-2})}$$

从结果看，本例和例 4.11 相关，这两个例题中的数字高低通滤波器的技术指标是一样的。例 4.11 给出了数字低通滤波器的技术指标，可以通过变换公式求得解数字高通滤波器的阻带技术指标 $\omega_s = 0.4586\pi$（请读者自行验证），而本例是给出了数字高通滤波器的技术指标，求解数字低通滤波器的技术指标。

方法 2：

前面讲过，以便于设计为原则，可以在$(0,\pi)$范围内任意设定数字低通滤波器的通带截止频率，或者任意设定一个模拟原型低通滤波器的通带截止频率，然后通过双线性变换得到相应的数字频率。假如选择模拟原型低通滤波器的通带截止频率 $\Omega_p = 1$，这时模拟低通滤波器设计计算最简单，则相应的数字低通滤波器的通带截止频率为

$$\theta_p = 2\arctan\frac{\Omega_p T}{2} = 2\arctan\frac{1}{2} = 0.2952\pi$$

则高通数字频率变换公式中的常数 α 为

$$\alpha = -\frac{\cos\left[\dfrac{(\theta_p+\omega_p)}{2}\right]}{\cos\left[\dfrac{(\theta_p-\omega_p)}{2}\right]} = -\frac{\cos\left[\dfrac{(0.2952\pi+0.6\pi)}{2}\right]}{\cos\left[\dfrac{(0.2952\pi-0.6\pi)}{2}\right]} = -0.1846$$

由变换公式

$$z^{-1} = -\left[\frac{Z^{-1}+\alpha}{1+\alpha Z^{-1}}\right]$$

和

$$e^{-j\theta_s} = -\frac{e^{-j\omega_s}+\alpha}{1+\alpha e^{-j\omega_s}}$$

得

$$\theta_s = \arg\left[-\frac{e^{-j\omega_s}-\alpha}{1-\alpha e^{-j\omega_s}}\right] = \arg\left[-\frac{e^{-j0.4586\pi}-0.1846}{1-0.1846e^{-j0.4586\pi}}\right] = 0.4234\pi$$

这样就得到了相应的数字低通滤波器的性能指标为

通带：$\theta_p = 0.2952\pi$　　　$A_p = 1\text{dB}$

阻带：$\theta_s = 0.4234\pi$　　　$A_s = 15\text{dB}$

经过频率畸变后，模拟原型滤波器的边缘频率为

$$\Omega_p = \frac{2}{T}\tan\frac{\theta_p}{2} = 1\ \text{rad/s}$$

$$\Omega_s = \frac{2}{T}\tan\frac{\theta_s}{2} = 1.5685\ \text{rad/s}$$

由式(4.17)得切比雪夫滤波器的参数 ε 为

$$\varepsilon = \sqrt{10^{0.1A_p}-1} = \sqrt{10^{0.1}-1} = 0.5088$$

由式(4.18)得滤波器阶数 N 为

$$N=\frac{\operatorname{arcosh}\left[\frac{\sqrt{10^{0.1A_s}-1}}{\varepsilon}\right]}{\operatorname{arcosh}[\Omega_s/\Omega_p]}=\frac{\operatorname{arcosh}[10.8761]}{\operatorname{arcosh}[1.5683]}=3.0133\text{，取整数 }N=4\text{。}$$

查表或计算得模拟低通滤波器归一化传输函数 $H(p)$

$$H_{LP}(p)=\frac{0.2457}{(p^2+0.2791p+0.9865)(p^2+0.6737p+0.2794)}$$

由于 $\Omega_p=1$，相应的模拟低通滤波器的传输函数 $H_{LP}(s)$ 为

$$H_{LP}(s)=H_{LP}(p)\Big|_{p=\frac{s}{\Omega_p}}=\frac{0.2457}{(s^2+0.2791s+0.9865)(s^2+0.6737s+0.2794)}$$

通过双线性变换，把模拟低通滤波器转换为相应的数字低通滤波器，即

$$\begin{aligned}H_{LP}(z)&=H_{LP}(s)\Big|_{s=\frac{2}{T}\cdot\frac{1-z^{-1}}{1+z^{-1}}}\\&=\frac{0.0079(1+z^{-1})^4}{(1-1.0868z^{-1}+0.7987z^{-2})(1-1.3224z^{-1}+0.5210z^{-2})}\end{aligned}$$

把 $\alpha=-0.1846$ 代入表 4.8 中低通到高通数字滤波器的频率转换公式，得到所求的数字高通滤波器传输函数为

$$\begin{aligned}H(z)&=H_{LP}(z)\Big|_{z^{-1}=-\frac{z^{-1}-0.1846}{1-0.1846z^{-1}}}\\&=\frac{0.0243(1-z^{-1})^4}{(1+0.5661z^{-1}+0.7647z^{-2})(1+1.0416z^{-1}+0.4019z^{-2})}\end{aligned}$$

可以看到，这两种解法虽然选择了不同的低通滤波器截止频率，但两者最终得到的结果是一样的。

利用表 4.8 中的数字频率变换公式，可以把上述高通滤波器设计过程推广到带通、带阻等其他类型的滤波器。

4.6.3 利用模拟频率变换的 IIR 设计

利用模拟频率变换设计 IIR 数字滤波器的过程如图 4.23 所示，其核心是把设计的模拟低通滤波器原型先进行模拟频率变换得到所要求的模拟滤波器，再经过模拟—数字滤波器变换得到所要求的数字滤波器，其步骤如下：

(1) 数字—模拟指标转换。利用双线性变换的频率预畸变公式 $\Omega=\frac{2}{T}\tan\frac{\omega}{2}$，把所要求的数字滤波器 $H_d(z)$ 的数字频率指标转换为相应的模拟滤波器 $H_d(s)$ 的模拟频率指标。若是带通或带阻滤波器，需要判断是否满足几何对称。

(2) 低通模拟指标转换。从本章 4.2.4 节表 4.6 中间栏所列的模拟频率变换方法中，选择相应的频率变换公式，将模拟滤波器 $H_d(s)$ 的频率指标转换成归一化原型低通滤波器 $H_{LP}(p)$ 的频率指标。

(3) 模拟滤波器的设计。根据本章 4.2 节介绍的方法设计模拟低通滤波器原型，得到模拟低通滤波器的归一化传输函数 $H_{LP}(p)$。

(4) 模拟频率变换。从本章 4.2.4 节表 4.6 右边栏所列的模拟频率变换方法中，选

择相应的频率逆变换公式，将模拟低通滤波器归一化传输函数 $H_{LP}(p)$ 转换成所要求的模拟滤波器传输函数 $H_d(s)$。

(5) 模拟-数字滤波器变换，利用双线性变换得到所要求的数字滤波器传输函数 $H_d(z)=H_d(s)\Big|_{s=\frac{2}{T}\cdot\frac{1-z^{-1}}{1+z^{-1}}}$。

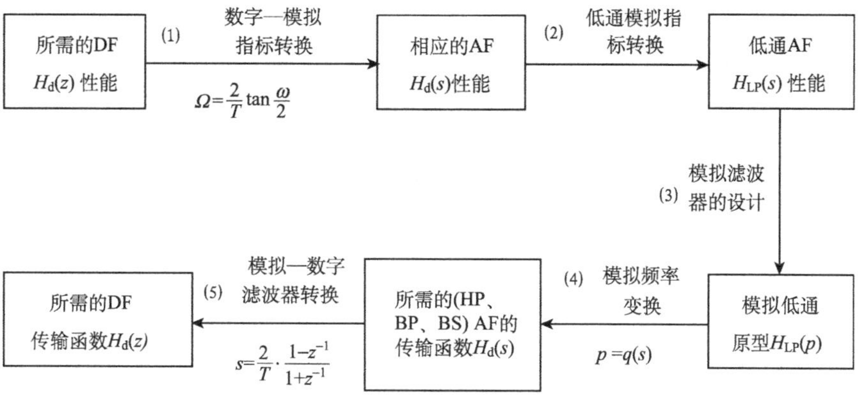

图 4.23　利用模拟频率变换的 IIR 数字滤波器设计过程

例 4.13　用双线性变换法设计一个数字巴特沃思带通滤波器，给定取样频率为 $f_s=2000\text{Hz}$，通带范围 300～400Hz，通带内衰减不大于 3dB，在 200Hz 以下和 500Hz 以上的阻带衰减大于 18dB。

解　所要求的数字带通滤波器的边缘频率为

$$f_{p1}=300\text{Hz}\qquad f_{p2}=400\text{Hz}$$

$$f_{s1}=200\text{Hz}\qquad f_{s2}=500\text{Hz}$$

给定的系统取样频率为 $f_s=200\text{Hz}$，相应的数字频率为

$$\omega_{p1}=2\pi\times\frac{f_{p1}}{f_S}=2\pi\times\frac{300}{2000}=0.3\pi\qquad\omega_{p2}=2\pi\times\frac{f_{p2}}{f_S}=2\pi\times\frac{400}{2000}=0.4\pi$$

$$\omega_{s1}=2\pi\times\frac{f_{s1}}{f_S}=2\pi\times\frac{200}{2000}=0.2\pi\qquad\omega_{s2}=2\pi\times\frac{f_{s1}}{f_S}=2\pi\times\frac{500}{2000}=0.5\pi$$

因为要采用双线性变换，需要进行预畸变处理，以获得相应的模拟带通滤波器的边缘频率，即

$$\Omega_{p1}=2f_S\tan\frac{\omega_{p1}}{2}=2038.1\text{rad/s}\qquad\Omega_{p2}=2f_S\tan\frac{\omega_{p2}}{2}=2906.2\text{rad/s}$$

$$\Omega_{s1}=2f_S\tan\frac{\omega_{s1}}{2}=1299.7\text{rad/s}\qquad\Omega_{s2}=2f_S\tan\frac{\omega_{s2}}{2}=4000.0\text{rad/s}$$

$$B=\Omega_{p2}-\Omega_{p1}=868.1\text{rad/s}$$

$$\Omega_0^2=\Omega_{p1}\Omega_{p2}=5923126.22$$

因为 $\Omega_{p1}\Omega_{p2}\neq\Omega_{s1}\Omega_{s2}$，所以此带通滤波器不是几何对称的，需要调整其中一个阻带截止频

率。

$$\bar{\Omega}_{s1}=\frac{\Omega_{p1}\Omega_{p2}}{\Omega_{s2}}=1480.8>\Omega_{s1}\ \mathrm{rad/s}$$

用$\bar{\Omega}_{s1}$值代替Ω_{s1}值。根据表4.6中间栏的变换关系式，将上述带通滤波器指标转化为相应的归一化低通技术指标，有

$$\lambda_p=1\quad \lambda_s=\frac{\Omega_{s2}-\bar{\Omega}_{s1}}{\Omega_{p2}-\Omega_{p1}}=2.9020$$

由已知$A_p=3\mathrm{dB}$,$A_s=18\mathrm{dB}$，所求低通滤波器的阶数N为

$$N\geqslant\frac{\lg\left(\dfrac{10^{0.1A_s}-1}{10^{0.1A_p}-1}\right)}{2\lg\left(\dfrac{\lambda_s}{\lambda_p}\right)}=\frac{\lg\left(\dfrac{10^{0.1\times18}-1}{10^{0.1\times3}-1}\right)}{2\lg(2.9020)}=1.9376$$

取$N=2$。

用查表法或计算法得原型模拟低通巴特沃思滤波器的归一化传输函数为

$$H_{LP}(p)=\frac{1}{p^2+1.41421356p+1}$$

根据表4.6右边栏的变换关系式，将归一化低通滤波器的传输函数到带通滤波器的传输函数

$$H_{BP}(s)=H(p)\Big|_{p=\frac{s^2+\Omega_0^2}{Bs}}$$
$$=\frac{7.5360\times10^5s^2}{s^4+1.2277\times10^3s^3+1.2600\times10^7s^2+7.2717\times10^9s+3.5083\times10^{13}}$$

由双线性变换法求得所要求的数字巴特沃思带通滤波器的传输函数$H(z)$为

$$H(z)=H_{BP}(s)\Big|_{s=\frac{2}{T}\frac{1-z^{-1}}{1+z^{-1}}}=\frac{0.0213-0.0426z^{-2}+0.0213z^{-4}}{1-1.6303z^{-1}+2.2183z^{-2}-1.2919z^{-3}+0.6320z^{-4}}$$

4.7 IIR数字滤波器的计算机辅助设计

前面讲述了IIR数字滤波器的两种设计方法，即冲激响应不变法和双线性变换法，同时还介绍了从低通到高通、带通及带阻滤波器的频率变换。这些设计的基本特点是：① 利用模拟滤波器的传输函数导出相应的数字滤波器的传输函数；② 可以借用现有的模拟滤波器的公式和表格曲线，因而比较简单。

在实际应用中通常没有$H_a(s)$，而只是在有限的点上给出一定的指标，此时通常可以用巴特沃思、切比雪夫和椭圆等滤波器去逼近它，但最终所得到的$H(e^{j\omega})$和预期的$H_d(e^{j\omega})$总会有差别，而且当阶数变高时，IIR滤波器的设计要处理非常复杂的计算，这时就需要借助于最优化设计理论和迭代算法来逼近所需的滤波器。首先初始化一个传输函数，然后计算该滤波器的幅频响应，并与要求的滤波器的幅频响应进行数学上的比较，当出现失配时，调整滤波器的系数值并重新计算，这一过程持续进行，直到找到满足要求的

滤波器幅频响应的传输函数为止。

这种方法的特点，可以设计任意幅频响应的数字滤波器。有时需要直接用逼近的方法来设计数字滤波器，而不使用模拟滤波器进行转换，例如，①具有几个带通和带阻或任意形状的幅频特性；②已知输入输出序列，设计 IIR DF 的幅频特性；③要求一定的群时延等。

IIR 数字滤波器的计算机辅助设计主要有两个问题，其一是误差判别准则，其二是所用的最优化算法。

4.7.1　误差判别准则

我们的设计目的是要使所得到的数字滤波器的频响 $H(e^{j\omega})$ 尽可能地逼近所要求的频响 $H_d(e^{j\omega})$，即使它们之间的误差为最小。为了表示他们之间的差别，即 $H(e^{j\omega})$ 对 $H_d(e^{j\omega})$ 的逼近程度，就需要规定一种误差判别准则，这里只介绍较简单却使用较多的一种，即最小均方误差判别准则，也称之为最小二乘方准则。

设 IIR 数字滤波器的传输函数可写成级联形式，如下：

$$H(z) = A\prod_{k=1}^{N}\frac{1+a_k z^{-1}+b_k z^{-2}}{1+c_k z^{-1}+d_k z^{-2}} = AG(z) \tag{4.53}$$

其中

$$G(z) = \prod_{k=1}^{N}\frac{1+a_k z^{-1}+b_k z^{-2}}{1+c_k z^{-1}+d_k z^{-2}}$$

令该滤波器所要求的频响为 $H_d(e^{j\omega})$，在一离散的频率集 $\{\omega_i, i=1,2,\cdots,M\}$（不必是均匀间隔）上，滤波器的实际频率响应 $H(e^{j\omega})$ 与所要求的频率响应 $H_d(e^{j\omega})$ 之间的均方误差定义为

$$E(\theta) = \sum_{i=1}^{M}[\,|H(e^{j\omega_i})| - |H_d(e^{j\omega_i})|\,]^2 = \sum_{i=1}^{M}[\,|A|\cdot|G(e^{j\omega_i})| - |H_d(e^{j\omega_i})|\,]^2 \tag{4.54}$$

这里 θ 为 $4N+1$ 维向量，有

$$\theta = [a_1, b_1, c_1, d_1, \cdots, a_N, b_N, c_N, d_N, A]$$

由于 $|H_d(e^{j\omega_i})|$ 在这 M 个频率处的值是给定的，而 $|H_d(e^{j\omega_i})|$ 是 $(4N+1)$ 元函数，自变量是 θ 的分量，因此式(4.54) 右边也是 $(4N+1)$ 元函数，即均方误差 E 是 θ 的函数，故记为 $E(\theta)$。设计的目的就是要找到 θ 的最优值 θ^*，使均方误差为最小，即 $E(\theta^*)\leqslant E(\theta)$，这就是最小均方误差准则。此准则的追求目标是使总的逼近误差能量最小，但不排除在个别频率点上有较大的误差，特别是在滤波器的过渡带附近。采用此准则的优点是有较成熟的数学解法。

一般来说，求误差函数 $E(\theta)$ 的最小值，可令它的各一阶偏导数为 0，即

$$\begin{cases}\dfrac{\partial E(\theta)}{\partial\mid A\mid}=0\\[2mm]\dfrac{\partial E(\theta)}{\partial a_k}=0\\[2mm]\dfrac{\partial E(\theta)}{\partial b_k}=0 \qquad k=1,2,\cdots,N\\[2mm]\dfrac{\partial E(\theta)}{\partial c_k}=0\\[2mm]\dfrac{\partial E(\theta)}{\partial d_k}=0\end{cases}$$

理论上,解 $4N+1$ 个方程组成的方程组,可求得 $4N+1$ 个未知数,这就是 θ^*。

对于参数 A,运算较容易。由式(4.53),可得

$$H(e^{j\omega_i})=AG(e^{j\omega_i})$$

代入式 (4.54),有

$$\frac{\partial E(\theta)}{\partial\mid A\mid}=\sum_{i=1}^{M}2[\mid A\mid\cdot\mid G(e^{j\omega_i})\mid-\mid H_d(e^{j\omega_i})\mid]\mid G(e^{j\omega_i})\mid=0$$

所以

$$A^*=\frac{\sum_{i=1}^{M}\mid H_d(e^{j\omega_i})\mid\mid G(e^{j\omega_i})\mid}{\sum_{i=1}^{M}\mid G(e^{j\omega_i})\mid^2} \tag{4.55}$$

A^* 即为 A 的最佳值。若将对应于式(4.55)的表达式代入 $E(\theta)$ 的表达式,则有

$$\hat{E}(\varphi)=E(A^*,\varphi)$$

其中

$$\varphi=[a_1,b_1,c_1,d_1,\cdots,a_N,b_N,c_N,d_N]$$

为 $4N$ 维分量。此时误差函数 $\hat{E}(\varphi)$已极小化,但还需向量 φ 的 $4N$ 个分量适当取值,才能使 $\hat{E}(\varphi)$进而使 $E(\theta)$ 达到最小值。

再利用

$$\frac{\partial\hat{E}(\theta)}{\partial\varphi_n}=0$$

式中,φ_n 是$[a_1,b_1,c_1,d_1,\cdots,a_N,b_N,c_N,d_N]$,共 $4N$ 个变量。这 $4N$ 个等式可求出其余 $4N$ 个变量。

① $\dfrac{\partial E(\theta)}{\partial a_k}=0 \qquad k=1,2,\cdots,N$

可得到含有 a_k,b_k,c_k,d_k 的 N 个方程。

② 同理令

$$\begin{cases}\dfrac{\partial E(\theta)}{\partial b_k}=0\\[2mm]\dfrac{\partial E(\theta)}{\partial c_k}=0\\[2mm]\dfrac{\partial E(\theta)}{\partial d_k}=0\end{cases}$$

可分别得到 N 个方程，所以有 $4N$ 个联立方程，解这 $4N$ 个方程，可得 a_k, b_k, c_k, d_k，这里不再详述。

这种方法在理论上分析是有好处的，但实际求解是很困难的，一般都不直接求解，而是用最优化的方法来求解。

4.7.2　最优化算法

采用一定的误差判别准则，其目的是要得到滤波器的理想特性与实际特性之间的误差函数。我们最终的目的是要找到误差函数自变量的一组数据，即一组最佳参数，使得误差函数最小。而这组参数即为滤波器传输函数的各系数或零极点，这样我们就得到了所要求的数字滤波器的传输函数。寻找一组最佳参数使误差函数为最小的过程即为最优化过程，其方法即为最优化算法。

最优化算法是专门的一门课程，在此不可能详细阐述，只讲述大概的思路。令 $Q(\boldsymbol{X})$ 表示误差函数，也叫做目标函数，$\boldsymbol{X}$ 是它的自变量向量，设

$$\boldsymbol{X}=[x_1, x_2, \cdots, x_f] \qquad f \text{ 为正整数}$$

$x_i(i=1,2,\cdots,f)$ 也就是要求其最优值的一组参数。首先设定 $\boldsymbol{X}$ 的初值 $\boldsymbol{X}_{(0)}$，然后按一定方向寻找 $\boldsymbol{X}$ 的下一个值 $\boldsymbol{X}_{(i)}$，使 $Q(\boldsymbol{X})$ 的值以尽快的速度下降。每找到一个 $\boldsymbol{X}_{(i)}$，都需要计算 $Q(\boldsymbol{X}_{(i)})$ 和梯度

$$\textbf{grad}\ Q=\left[\frac{\partial Q}{\partial x_1}, \frac{\partial Q}{\partial x_2}, \cdots, \frac{\partial Q}{\partial x_f}\right]$$

当 $Q(\boldsymbol{X}_{(i)})$ 下降到一定程度，以至于使

$$|Q(\boldsymbol{X}(i))|-|Q(\boldsymbol{X}(i-1))|<\varepsilon$$

而且

$$|\textbf{grad}\ Q|<\varepsilon$$

则认为此时 $\boldsymbol{X}_{(i)}$ 即为所寻求的最佳参数，整个过程必须借助于计算机，采用迭代方法才能完成。

在上述算法中，仅有幅频函数被优化，在计算过程中未对传输函数的零极点作任何限制。因此，最后得到的结果可能使系统的极点 p_i 位于单位圆外，从而导致滤波器不稳定。此时，可用 $1/p_i$ 来代替 p_i，这样的代替不会影响幅频特性的形状。

把极点 p_i 表示成极坐标形式，$p_i=\rho_r \mathrm{e}^{\mathrm{j}\theta}$，则其幅频特性为

$$\left|\frac{1}{1-\mathrm{e}^{-\mathrm{j}\omega}\cdot\rho_r \mathrm{e}^{\mathrm{j}\theta}}\right|=\frac{1}{\{[1-\rho_r\cos(\theta-\omega)]^2+\rho_r^2\sin^2(\theta-\omega)\}^{1/2}}$$

$$= \frac{1}{[\rho_r^2 - 2\rho_r \cos(\theta - \omega) + 1]^{1/2}}$$

而

$$\left| \frac{1}{1 - e^{-j\omega} \cdot (1/\rho_r) e^{j\theta}} \right| = \frac{\rho_r}{\{[\rho_r - \cos(\theta - \omega)]^2 + \sin^2(\theta - \omega)\}^{1/2}}$$

$$= \frac{\rho_r}{[\rho_r^2 - 2\rho_r \cos(\theta - \omega) + 1]^{1/2}}$$

因此,二者的幅频特性只相差了一个常数 ρ_r,用 $1/p_i$ 代替 p_i,极点位置重新定位后,保证了系统的稳定性,然后再进行重新优化(反复进行),直到达到一个新的极小点为止。

4.8 IIR 数字滤波器的实现结构

对于一个确定的数字滤波器,就有其确定的差分方程,也就有其确定的单位取样响应 $h(n)$ 以及确定的传输函数 $H(z)$。但是,对于同一个数字滤波器,却可以有不同的实现方法,或者说对于同一个传输函数 $H(z)$,可以画出不同的算法结构。而一个数字滤波器的性能不仅由其传输函数 $H(z)$(或者差分方程,或者单位取样响应 $h(n)$)决定,还与其实现结构密切相关,实现结构把给定的传输函数 $H(z)$转换为合适的滤波器结构。因此,我们研究数字滤波器的性能,不仅要研究它们的传输函数等,还要研究各种不同的实现结构。

前面我们讨论了 IIR 数字滤波器的设计方法,在本节中我们将讨论 IIR 各种实现结构。一个递归型离散系统的差分方程表示为

$$y(n) = \sum_{i=0}^{M} a_i x(n-i) + \sum_{i=1}^{N} b_i y(n-i)$$

若 $b_i = 0$,即没有反馈项,则为非递归型离散系统。对于递归型离散系统来讲,其冲激响应长度一般为无穷长,是一个无限冲激响应(IIR)系统。对于一个离散系统,可以用以下模型来表示它的差分方程:

① 传输函数;

② 零极点增益;

③部分分式;

④ 二次分式;

⑤ 状态空间;

⑥ 卷积矩阵。

根据具体的应用情况,选择合适的差分方程表示方法,从而得到不同的网络实现结构。在本节中,我们将主要讨论把差分方程直接表示为传输函数 $H(z)$形式,把传输函数 $H(z)$ 因式分解为零极点形式和把 $H(z)$ 展成部分分式的形式,相应地得到 IIR 数字滤波器的直接型、级联型和并联型实现结构。而其他几种形式的 IIR 滤波器实现,请读者参阅其他教科书。

4.8.1 直接型

一个 IIR 数字滤波器的差分方程的一般形式为

$$y(n)=\sum_{i=0}^{M}a_i x(n-i)+\sum_{i=1}^{N}b_i y(n-i) \tag{4.56}$$

对上式两边进行 Z 变换(因为研究滤波器只关心其稳定状况,因此所进行的 Z 变换都应是双边的),可得

$$Y(z)=\sum_{i=0}^{M}a_i z^{-i}X(z)+\sum_{i=1}^{N}b_i z^{-i}Y(z) \tag{4.57}$$

由式(4.56) 或式(4.57)可以得到图 4.24 所示的信号流图,这就是 IIR 滤波器的一种实现形式。

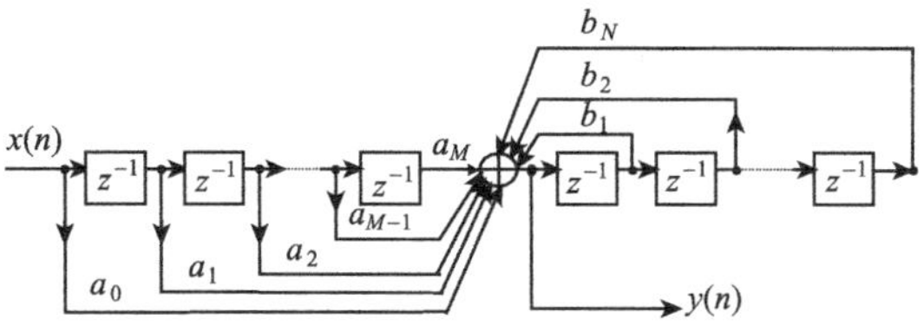

图 4.24　IIR 滤波器的直接型实现结构

由式(4.57)可得到传输函数为

$$H(z)=\frac{Y(z)}{X(z)}=\frac{\sum_{i=0}^{M}a_i z^{-i}}{1-\sum_{i=1}^{N}b_i z^{-i}} \tag{4.58}$$

图 4.24 所示的 IIR 滤波器的实现结构是对其传输函数的直接实现。因此,我们叫它直接型结构。

图 4.24 所示的 IIR 数字滤波器直接型结构还可以画成另外一种形式,如图 4.25 所示,称之为直接 I 型。注意此流图中每一个节点最多有两个输入,这样虽然导致节点数目增多,但符合运算规律。实际上,无论使用硬件实现还是用软件实现,做一次加法都是求两个数之和,而上面直接型中的加法器有 $N+M+1$ 个输入,实际中难以实现。

图 4.25 所示的直接 I 型独立地实现有理函数 $H(z)$的每一部分,分子部分是抽头延迟线,在它后面为分母部分,为反馈抽头延迟线,整个结构可以看作是两个独立网络的级联——零点网络和极点网络。

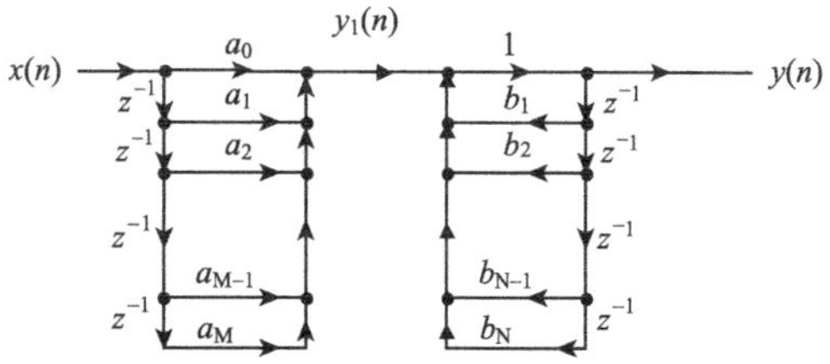

图 4.25　IIR 滤波器的直接 I 型实现结构

零点网络(无反馈网络)是

$$y_1(n)=\sum_{i=0}^{M}a_i x(n-i)$$

得

$$H_1(z)=\frac{Y_1(z)}{X(z)}=\sum_{i=0}^{M}a_i z^{-i} \tag{4.59}$$

$H_1(z)$ 对应于传输函数 $H(z)$的分子多项式,即实现滤波器的零点。

分子部分的输出 $y_1(n)$ 作为分母部分的输入信号,因此极点网络(或反馈网络)的输出为

$$y(n)=y_1(n)+\sum_{i=1}^{N}b_iy(n-i)$$

得

$$H_2(z)=\frac{Y(z)}{Y_1(z)}=\frac{1}{1-\sum\limits_{i=1}^{N}b_iz^{-i}} \tag{4.60}$$

$H_2(z)$ 对应于传输函数 $H(z)$ 的分母多项式,即实现滤波器的极点。

整个滤波器是这两个网络的级联,有

$$H(z)=\frac{Y(z)}{X(z)}=\frac{Y_1(z)}{X(z)}\cdot\frac{Y(z)}{Y_1(z)}=H_1(z)H_2(z)$$

在线性非移变系统的情况下,级联系统总的输入输出关系和子系统的级联次序无关,可以交换子系统的级联次序为

$$H(z)=H_1(z)H_2(z)=H_2(z)H_1(z)$$

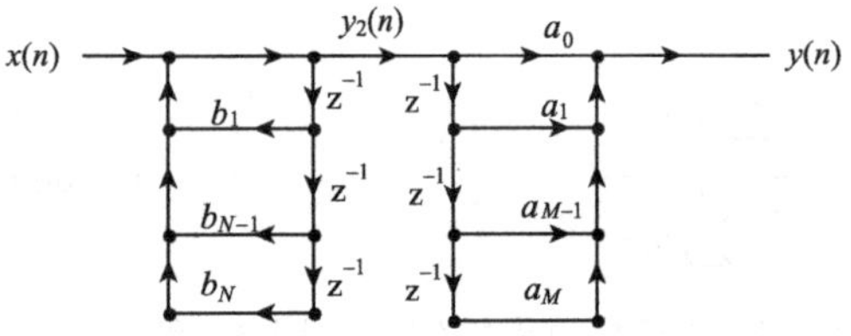

图 4.26　IIR 滤波器的直接 II 型实现结构

因此,我们可以将上述两个网络的级联次序交换,如图 4.26 所示,它也是 IIR 滤波器的直接结构,称之为直接 II 型。

对于此流图,第一个网络(极点网络)为

$$y_2(n)=x(n)+\sum_{i=1}^{N}b_iy_2(n-i)$$

得

$$H_2(z)=\frac{Y_2(z)}{X(z)}=\frac{1}{1-\sum\limits_{i=1}^{N}b_iz^{-i}} \tag{4.61}$$

式 (4.61) 与式 (4.60)的结果相同,即图 4.26 的第一个网络与图 4.25 的第二个网络相同。而图 4.26 的第二个网络为

$$y(n)=\sum_{i=0}^{M}a_iy_2(n-i)$$

得

$$H_1(z)=\frac{Y(z)}{Y_2(z)}=\sum_{i=0}^{M}a_iz^{-i} \tag{4.62}$$

式(4.62)与式(4.59)相同,即流图 4.26 的第二个网络与流图 4.25 的第一个网络是相同的。

图 4.26 的传输函数为

$$H(z)=H_2(z)H_1(z)=\frac{Y_2(z)}{X(z)}\cdot\frac{Y(z)}{Y_2(z)}=\frac{Y(z)}{X(z)}=\frac{\sum\limits_{i=0}^{M}a_iz^{-i}}{1-\sum\limits_{i=1}^{N}b_iz^{-i}}$$

也就是说,虽然交换了两个子网络的级联次序,但系统总的输入输出关系不变。

由图 4.26 可以看出,两列传输比为 z^{-1} 的支路有相同的输入,都是 $y_2(n)$,于是可以将它们合并为一列,如图 4.27 所示,这样可节省一半的延时单元。

利用转置定理还可以由图 4.27 得到图 4.28 的结构。这两个流图所示的网络结构叫做正准型结构。

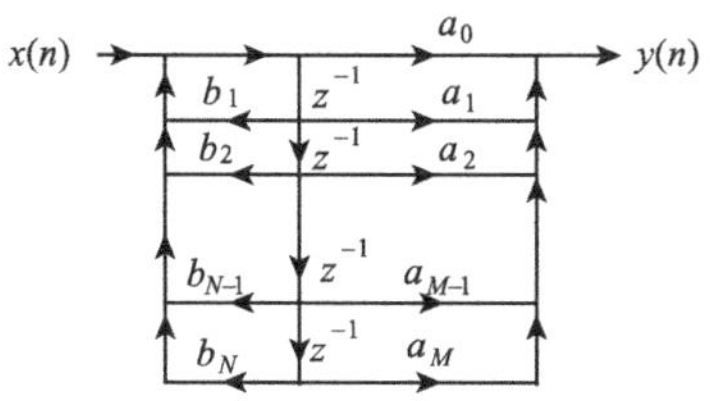

图 4.27　正准 I 型

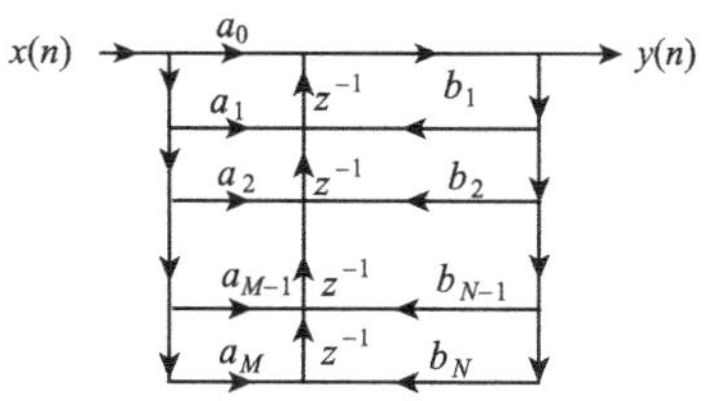

图 4.28　正准 II 型

IIR 滤波器的直接型结构和正准型结构的共同缺点是系统频率特性对于其零极点位置变化的灵敏度高,系数的数值稍微变化一点(如由于有限字长效应),即对系统的性能产生显著的影响,易出现不稳定现象,尤其当滤波器阶次较高(如$N>3$)时更明显。因此,当阶次高时,一般避免采用直接型结构和正准型结构。另外,直接型实现结构不便于调整系统的零点和极点。

为了克服直接型实现结构对有限字长效应敏感的缺点,在实际中,通常把$H(z)$分解成较小的子网络,典型的是一阶或二阶子网络,然后把这些子网络级联或并联,得到下面的 IIR 数字滤波器的级联型或并联型实现结构。

4.8.2　级联型

N 阶传输函数的分子分母都是 z^{-1} 的多项式,可进行因式分解,表示成零极点形式。每个因式的阶数不高于 2,这样可以使各项系数都是实数,如

$$H(z)=\frac{\sum\limits_{i=0}^{M}a_iz^{-i}}{1-\sum\limits_{i=1}^{N}b_iz^{-i}}=A\frac{\prod\limits_{i=1}^{M}(1-c_iz^{-1})}{\prod\limits_{i=1}^{N}(1-d_iz^{-1})}$$

式中,a_i、b_i 为实数。因此,零极点 c_i、d_i 只有两种可能,或是实根,或是共轭复根,则

$$H(z)=A\frac{\prod\limits_{i=1}^{M_1}(1-q_iz^{-1})\prod\limits_{i=1}^{M_2}(1-h_iz^{-1})(1-h_i^{*}z^{-1})}{\prod\limits_{i=1}^{N_1}(1-p_iz^{-1})\prod\limits_{i=1}^{N_2}(1-g_iz^{-1})(1-g_i^{*}z^{-1})}$$

其中，$M=M_1+2M_2$，$N=N_1+2N_2$，q_i、p_i 为实根，g_i、h_i 为共轭复根。

每一对共轭复根又可合并为实系数的二阶因式，即有

$$H(z)=A\frac{\prod_{i=1}^{M_1}(1-q_iz^{-1})\prod_{i=1}^{M_2}(1+\alpha_{1i}z^{-1}+\alpha_{2i}z^{-2})}{\prod_{i=1}^{N_1}(1-p_iz^{-1})\prod_{i=1}^{N_2}(1+\beta_{1i}z^{-1}+\beta_{2i}z^{-2})}$$

可把单实根因式看作二阶因式的特例，即二阶项 α_{2i}、β_{2i} 等于零，并设 $N\geqslant M$。因此，$H(z)$可分解为实系数二阶因式，有

$$H(z)=A\prod_{i=1}^{L}\frac{1+\alpha_{1i}z^{-1}+\alpha_{2i}z^{-2}}{1+\beta_{1i}z^{-1}+\beta_{2i}z^{-2}} \tag{4.63}$$

令

$$\begin{cases}\dfrac{1+\alpha_{11}z^{-1}+\alpha_{21}z^{-2}}{1+\beta_{11}z^{-1}+\beta_{21}z^{-2}}\stackrel{\text{def}}{=}H_1(z)\\ \quad\vdots\\ \dfrac{1+\alpha_{1L}z^{-1}+\alpha_{2L}z^{-2}}{1+\beta_{1L}z^{-1}+\beta_{2L}z^{-2}}\stackrel{\text{def}}{=}H_L(z)\end{cases}$$

则

$$H(z)=\frac{Y(z)}{X(z)}=AH_1(z)\cdot H_2(z)\cdots H_L(z)=A\prod_{i=1}^{L}H_i(z)$$

若 N 为偶数，则上式中 $H_i(z)$ 都是 z^{-1} 的二次式，这时 $L=N/2$；若 N 为奇数，则 $L=(N+1)/2$，且其中有一个 $H_i(z)$ 为一次式。

这个系统就是由若干个二阶子网络级联而成的，如图 4.29 所示(其中的一种形式)。其中，每一级的传输函数可表示为

图 4.29　IIR 滤波器的级联型实现结构

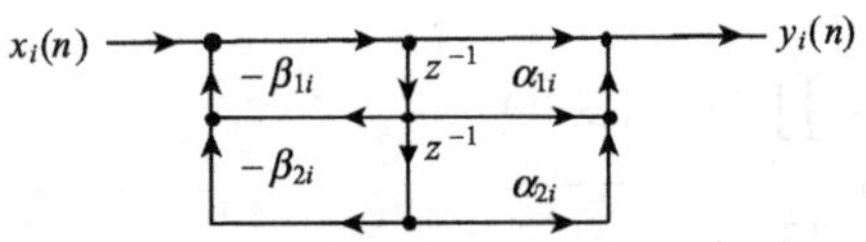

图 4.30　IIR 滤波器级联型中二阶子网络的实现结构

$$H_i(z)=\frac{1+\alpha_{1i}z^{-1}+\alpha_{2i}z^{-2}}{1+\beta_{1i}z^{-1}+\beta_{2i}z^{-2}} \tag{4.64}$$

$H_i(z)$可用下面图 4.30 所示的直接型结构实现，当然，这 L 个子网络中，可能有些系数等于 0，此时图 4.30 所示的结构会得到简化。

例 4.14　实现下列传输函数的级联型结构

$$H(z)=\frac{0.1432(1+3z^{-1}+3z^{-2}+z^{-3})}{1-0.1801z^{-1}+0.3419z^{-2}-0.0165z^{-3}}$$

解　对 $H(z)$进行因式分解，得

$$H(z) = 0.1432 \cdot \frac{1 + 2z^{-1} + z^{-2}}{1 - 0.1309z^{-1} + 0.3355z^{-2}} \cdot \frac{1 + z^{-1}}{1 - 0.0492z^{-1}}$$

它包含一个二阶子网络和一个一阶子网络，其级联型实现结构如图 4.31 所示。

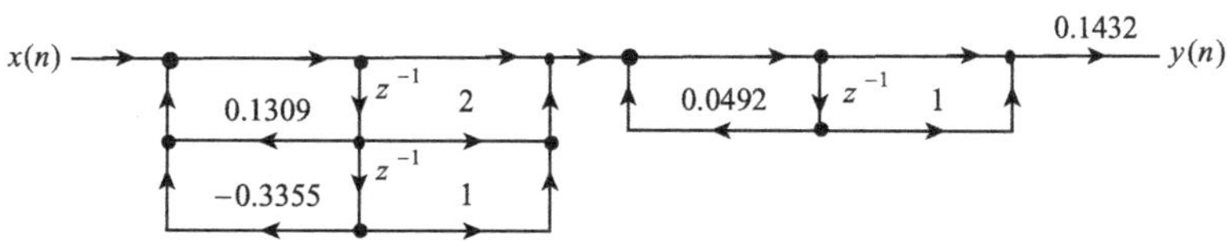

图 4.31　例 4.14 的级联型实现结构

IIR 数字滤波器的级联型实现结构的灵敏度优于直接型和正准型结构。而且由式(4.64) 可清楚地看到，α_{1i}和 α_{2i}确定第 i 对零点，β_{1i}和β_{2i}确定第 i 对极点，即子网络的零点和极点也是整个系统的零点和极点，并且调整任何一个子网络的零点和极点都不影响其他任意的零点和极点。因此，它有一定的独立性，便于准确实现和调整 $H(z)$特性。

应该特别指出，在级联型实现结构中，存在三个困难或需要优化之处：

(1) 子网络 $H_i(z)$ 的级联次序是可以互换的，各个子网络级联次序如何排列是最优的?

(2) 零极点配对是任意的，那么零点和极点如何配对是最优的?

(3) 在滤波器内的各个节点处，如何控制信号电平大小，以避免信号电平变得太大或太小?

对于一个 N 阶的滤波器，零点与极点对之间共有$(N/2)!$ 种不同的配对方式，而对于每一种配对所得到的 $N/2$ 个子网络，又有$(N/2)!$ 种不同的排列次序，则总的配对和排列数量为$((N/2)!)^2$。对于无限精度运算，不同的级联方式总的传输函数理论上都相同，但对于实际的有限字长运算来讲，不同的搭配和排列产生不同的误差，产生的误差有传递积累现象，而且对于零极点位置变化的灵敏度也不同，这就提出了一个如何选择最佳的零极点配对以及最好的级联次序的问题，这是最优化问题。首要的原则是把互相最靠近的零极点配对到一起，以便避免在极点处出现大的幅频响应。

因此，我们应该知道，级联型结构不仅零极点可以独立调整，而且可以选择最优的零极点配对以及级联次序，以降低系统特性对于零极点位置变化的灵敏度，提高系统的稳定性，减少系统的字长效应问题。

4.8.3　并联型

传输函数 $H(z)$除了能进行因式分解，用级联形式实现外，还可以分解为部分分式形式

$$H(z) = \frac{\sum_{i=1}^{M} a_i z^{-i}}{1 - \sum_{i=1}^{N} b_i z^{-i}}$$

$$= \sum_{i=1}^{N_1} \frac{A_i}{1+p_i z^{-1}} + \sum_{i=1}^{N_2} \frac{B_i(1-e_i z^{-1})}{(1-d_i z^{-1})(1-d_i^* z^{-1})} + \sum_{i=0}^{M-N} C_i z^{-i} \tag{4.65}$$

其中，$N = N_1 + 2N_2$。若 $M < N$，则不包括余式 $\sum_{i=0}^{M-N} C_i z^{-i}$ 这部分；若 $M = N$，则这部分为 C_0。

由于 $H(z)$ 中 a_i、b_i 均为实数，因此式(4.65)中 A_i、B_i、C_i、p_i、e_i 和 d_i 都应为实数。再将式(4.65)中共轭复根部分合并为二阶实系数的部分分式，可得

$$H(z) = \sum_{i=1}^{N_1} \frac{A_i}{1+p_i z^{-1}} + \sum_{i=1}^{N_2} \frac{\alpha_{0i} + \alpha_{1i} z^{-1}}{1+\beta_{1i} z^{-1} + \beta_{2i} z^{-2}} + \sum_{i=0}^{M-N} C_i z^{-i} \tag{4.66}$$

值得注意的是在并联型实现结构中分子多项式的 z^{-2} 的系数为 0。由此式可以得到 IIR 滤波器的并联型实现结构，如图 4.32 所示。其中，前 N_1 条支路是一阶的，后 N_2 条支路是二阶的。

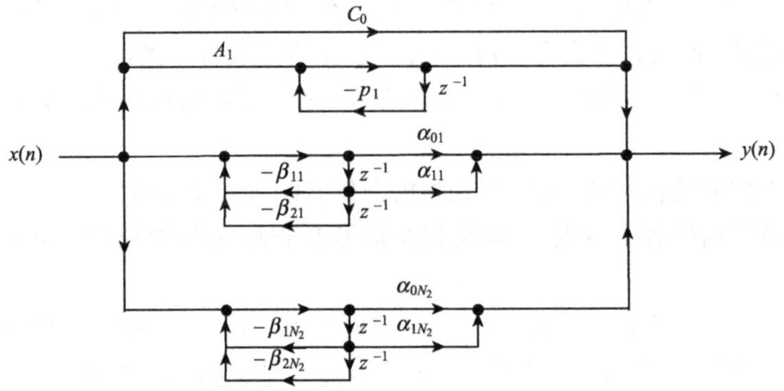

图 4.32 IIR 数字滤波器的并联型实现结构

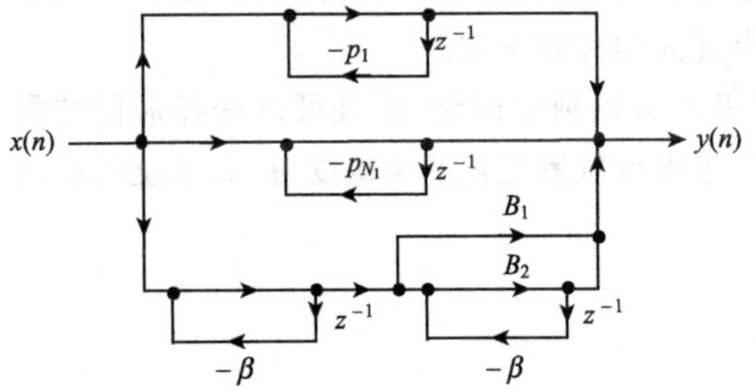

图 4.33 IIR 数字滤波器有多重极点时的实现结构

当传输函数有多重极点（如二重极点）时，$H(z)$的部分分式形式变为

$$H(z) = \sum_{i=1}^{N_1} \frac{A_i}{1+p_i z^{-1}} + \frac{B_1}{1+\beta z^{-1}} + \frac{B_2}{(1+\beta z^{-1})^2} \tag{4.67}$$

上式右侧的最后两项可安排在同一条支路内，此系统的并联型实现结构如图 4.33 所示。如果有三重极点、四重极点，可以此类推。

例 4.15 实现下列传输函数的级联型结构：

$$H(z) = \frac{0.1432(1+3z^{-1}+3z^{-2}+z^{-3})}{1-0.1801z^{-1}+0.3419z^{-2}-0.0165z^{-3}}$$

解　对 $H(z)$进行部分分式展开，得

$$H(z)=\frac{1.2916-0.0814z^{-1}}{1-0.1310z^{-1}+0.3355z^{-2}}+\frac{10.1764}{1-0.049z^{-1}}-8.6788$$

它表示为一阶和二阶子网络之和，其并联型实现结构如图 4.34 所示。

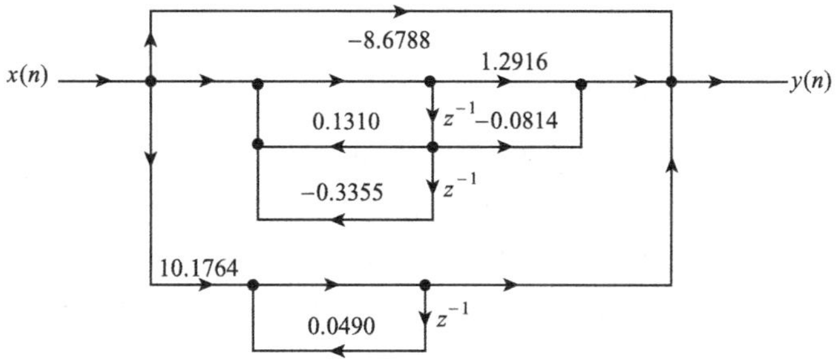

图 4.34　例 4.15 的并联型实现结构

与级联型一样，并联型结构的灵敏度优于直接型和正准型。并联型结构的并联支路互相独立，各自的误差互不影响。因此，各个子网络并联的次序并不重要，系统对有限字长效应不敏感，而级联型结构中各子网络运算误差是互相牵制的，因为前级的误差输出即是后级的误差输入。此外，并联型实现结构易于控制各个节点的信号电平。

可以看出，p_i 是实极点，β_{1i}和 β_{2i}确定一对共轭极点。由于并联支路的极点也是整个网络的极点，而并联支路的零点却不一定是整个网络的零点。因此，并联型实现结构可独立地调整极点位置，但不能控制零点。并联型实现结构的零点对系数量化误差更敏感，这是并联型实现结构的主要缺点。当系数字长低于 5bit 时，零点对系数量化的敏感性变得非常严重；当系数字长大于 11bit 后，则大多数滤波器的并联型和级联型结构之间的差别将变得很小。

上面我们讨论了 IIR 数字滤波器的级联型和并联型实现结构，它们有各自的优缺点。但级联型结构的一个重要好处是当采用双线性变换完成模拟滤波器到数字滤波器的转换时，25%～50%的滤波器系数为简单的整数(0、±1 或±2)，需要的乘法器数量少，这是非常有吸引力的。另外，现在大多数滤波器设计软件包都生成级联型实现结构的系数，而不是并联型的，因而级联型实现结构更普遍。

4.9　IIR 数字滤波器的应用

IIR 数字滤波器主要应用于音频处理、数字图像处理、语音处理、语音识别、数字通信、雷达、声纳、地震学和生物医学等领域，下面仅就 IIR 数字滤波器在音频处理中的声音均衡和立体声调频，以及通信中的双音多频拨号和时钟提取加以举例描述。

4.9.1　声音均衡

声音均衡(equalization，EQ)是改变声音幅度频率特性的处理过程，声音均衡是一组

具有特定频率响应的滤波器,改变声音信号的频谱形状。均衡的目的是校正信号的频率特性或使信号的频率特性满足人们的特性需求,例如提升低音效果。因此,在许多专业和民用音响设备中,声音均衡是一项重要功能需求,例如在演播室记录和声音广播。过去传统的均衡采用模拟滤波器,但现在更趋向于用实时数字滤波器代替模拟滤波器,因为数字滤波器能提供更好的声音质量并降低产品成本。

一般的均衡器允许人们扫描声音频带中的特定频率,并且调整单频或某一频率范围内的声音信号电平。有许多类型的均衡器,每一种有不同的频率提升或衰减特性,均衡器中常用的滤波器基本有三种:钟形滤波器(bell filter),如图 4.35(a)所示;搁板形滤波器(shelving filter),如图 4.35(b)所示;通行滤波器(pass filter)。一个完整的均衡器可能是这三种基本滤波器的组合效果。在模拟均衡器中,滤波器的特性(增益、中心频率 C 和 Q 因子等)可以通过可变电阻加以调整。在数字实现中,通过均衡器的参数实时计算数字滤波器的系数,从而改变均衡器的特性。增益、带宽和中心频率可调的均衡器,称为参变均衡器(parametric equalizer),如果带宽不能改变(固定的),那么称为准参变(quasi-parametric)或半参变(semi-parametric)均衡器。

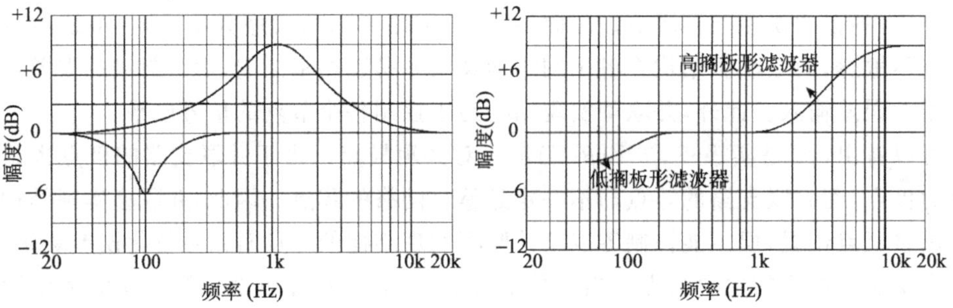

(a) 不同中频频率和带宽的钟形滤波器　　(b) 高、低搁板滤波器

图 4.35　钟形滤波器和搁板形滤波器

1. 钟形滤波器

钟形滤波器也称为峰值滤波器(peaking filter),它提升或衰减钟形中心点周围频率范围内的频率特性,是一个带通滤波器,具有可调的电平(增益)、带宽(Q 因子)和中心频率。中心频率位于 20Hz～16kHz 范围内,Q 值在 0.5 和 3 之间,增益范围为 ±15dB。

钟形滤波器可以采用二次带通和带阻滤波器实现,一个中心频率 ω_0 和 3dB 带宽可调的二阶带通和带阻滤波器的传输函数分别如下:

$$H_{\mathrm{BP}}(z)=\frac{1-\alpha}{2}\cdot\frac{1-z^{-2}}{1-\beta(1+\alpha)z^{-1}+\alpha z^{-2}} \tag{4.68a}$$

$$H_{\mathrm{BS}}(z)=\frac{1+\alpha}{2}\cdot\frac{1-2\beta z^{-1}+z^{-2}}{1-\beta(1+\alpha)z^{-1}+\alpha z^{-2}} \tag{4.68b}$$

带通滤波器通带的中心频率和带阻滤波器阻带的中心频率 ω_0 与常数 β 相关,都是

$$\omega_0=\arccos(\beta)$$

即若给定了中心频率 ω_0，可得到常数 β，有

$$\beta = \cos(\omega_0)$$

上述传输函数的 3dB 带宽 B_W 与常数 α 相关，都是

$$B_W = \arccos\left(\frac{2\alpha}{1+\alpha^2}\right)$$

即

$$\alpha = \frac{1 \pm \sin B_W}{\cos B_W}$$

若给定了 3dB 带宽，得到两个常数 α 值，注意需要判断不同 α 值对应的滤波器是否稳定。

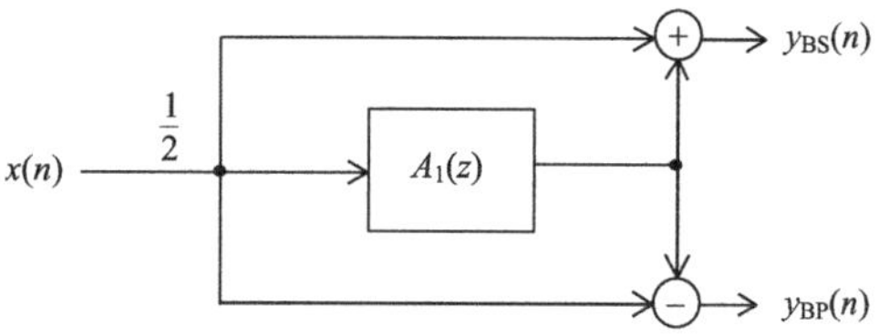

图 4.36　带通滤波器和带阻滤波器的实现结构

可以把带通滤波器和带阻滤波器结合到一起实现，如图 4.36 所示，相应的传输函数分别为

$$H_{BP}(z) = \frac{1}{2}[1 - A_1(z)] \tag{4.69a}$$

$$H_{BS}(z) = \frac{1}{2}[1 + A_1(z)] \tag{4.69b}$$

带通滤波器和带阻滤波器中公共部分 $A_1(z)$ 是一个二阶全通滤波器，其传输函数为

$$A_1(z) = \frac{\alpha - \beta(1+\alpha)z^{-1} + z^{-2}}{1 - \beta(1+\alpha)z^{-1} + \alpha z^{-2}} \tag{4.70}$$

其实现结构如图 4.37 所示，这种结构是级联格型形式，可以独立调整中心频率 ω_0 和 3dB 带宽 B_W。

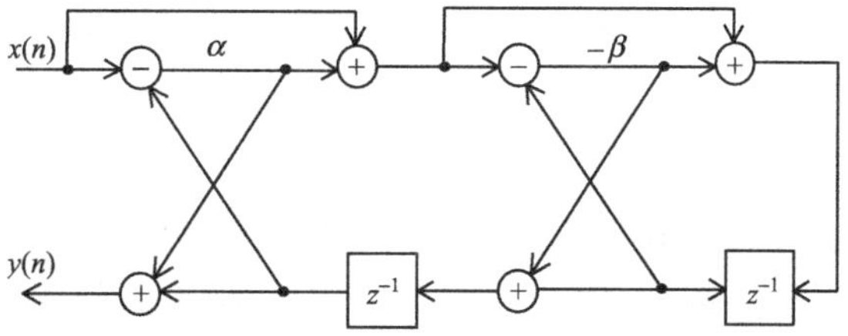

图 4.37　二阶全通滤波器 $A_1(z)$ 实现结构

把带通滤波器和带阻滤波器进行加权组合，得到一个二阶钟形滤波器（均衡器），其传输函数为

$$G_{Bell}(z) = \frac{K}{2}[1 - A_1(z)] + \frac{1}{2}[1 + A_1(z)] \tag{4.71}$$

式中，K 是一个正的常数，其实现结构如图 4.38 所示。

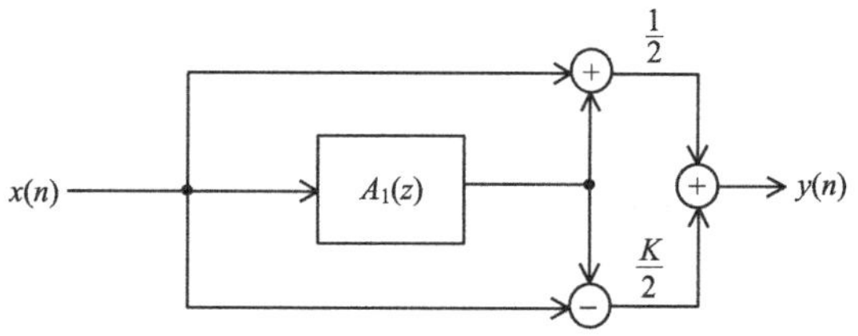

图 4.38　二阶钟形滤波器的实现结构

上述二阶均衡器的幅频特性的峰值或谷值位于中心频率 ω_0 处,它仅由常数 β 控制,而幅频特性的 3dB 带宽仅由常数 α 决定。幅频特性峰值或谷值的大小由$K=G_{\mathrm{Bell}}(\mathrm{e}^{\mathrm{j}\omega_0})$给出。图 4.39 给出了不同 K、α 和 β 值时的幅频特性,从中可以看出它们分别对幅度、带宽和中心频率的影响。

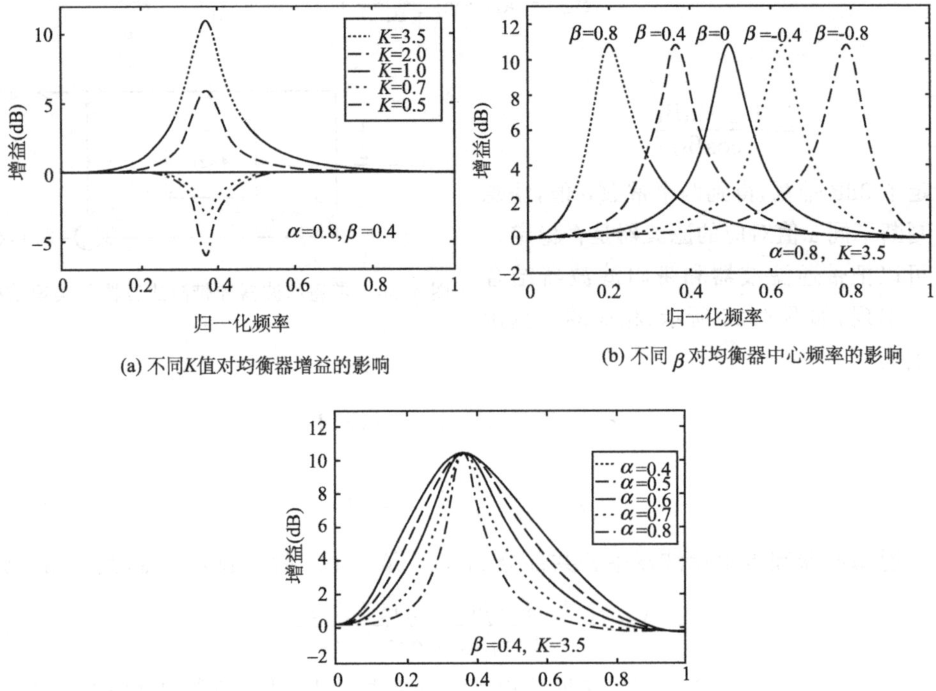

(a) 不同K值对均衡器增益的影响

(b) 不同β对均衡器中心频率的影响

(c) 不同α对均衡器带宽的影响

图 4.39　不同 K、α 和 β 值时的 $G_{\mathrm{Bell}}(z)$ 幅频特性

2. 搁板形滤波器

搁板形滤波器的作用是调整声音频带低频或高频处的幅度增益。低频搁板滤波器用于提升或衰减低频带的信号幅度,例如 20～500Hz 范围,对其他频率信号几乎没有影响,而高频搁板滤波器提升或衰减高频带的信号幅度,例如 1.6～16kHz,对低频信号没有影响。在家庭 Hi-Fi 系统中,高音或低音控制就是具有固定响应的搁板滤波器。

下面讲述由一阶高通和一阶低通滤波器构成的搁板形滤波器。具有可调截止频率的一阶低通和高通滤波器的传输函数分别为

$$H_{\mathrm{LP}}(z)=\frac{1-\alpha}{2}\cdot\frac{1+z^{-1}}{1-az^{-1}}=\frac{1}{2}[1-A_2(z)] \tag{4.72a}$$

$$H_{\mathrm{HP}}(z)=\frac{1+\alpha}{2}\cdot\frac{1-z^{-1}}{1-az^{-1}}=\frac{1}{2}[1+A_2(z)] \tag{4.72b}$$

式中

$$A_2(z)=\frac{a-z^{-1}}{1-az^{-1}}$$

它们的 3dB 截止频率 ω_c 与常数 α 相关，都是

$$\omega_c = \arccos\left(\frac{2\alpha}{1+\alpha^2}\right)$$

把上述低通滤波器和高通滤波器加权组合到一起，可以得到一个低频搁板形滤波器，其传输函数 $G_{\text{LF-Shelf}}(z)$ 为

$$G_{\text{LF-Shelf}}(z) = \frac{K}{2}[1 - A_2(z)] + \frac{1}{2}[1 + A_2(z)] \tag{4.73}$$

式中，K 是一个正的常数，其实现结构和钟形滤波器的实现结构图 4.38 一样，只是其中的全通滤波器由二阶全通滤波器换成了一阶全通滤波器，如图 4.40 所示，其中一阶全通滤波器 $A_2(z)$ 可以用直接型结构实现，也可以通过结构变形，以减少乘法器的个数。注意，在图 4.40 结构中，3dB 截止频率 ω_c 仅由全通滤波器中乘法常数 α 决定。

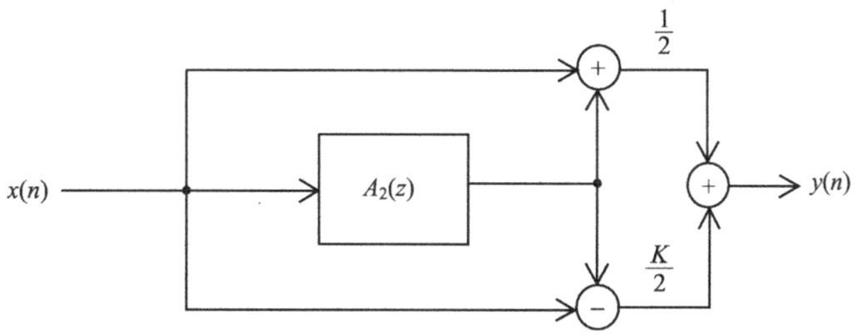

图 4.40　二阶钟形滤波器的实现结构

图 4.41 给出了不同 K 和 α 值时的幅频特性，从中可以看出 K 值决定提升或衰减低频处的增益大小，常数 α 决定带宽的大小。

同样的，通过低通和高通滤波器的加权组合，也可以得到高频搁板形滤波器，其传输函数 $G_{\text{HF-Shelf}}(z)$ 为

$$G_{\text{HF-Shelf}}(z) = \frac{1}{2}[1 - A_2(z)] + \frac{K}{2}[1 + A_2(z)] \tag{4.74}$$

式中，K 是一个正的常数，其实现结构和低频搁板形滤波器实现结构图类似，只是把乘法器系数 1/2 和 $K/2$ 交换了位置。图 4.42 给出了不同 K 和 α 值时的幅频特性，如同低频搁板形滤波器一样，从中可以看出 K 值决定提升或衰减低频处的增益大小，常数 α 决定带宽的大小。

上面讲述了用一阶低通和高通滤波器构成搁板形滤波器，也可以由二阶滤波器构成搁板形滤波器，请参阅相关文献资料。

3. 通行滤波器

通行滤波器具有固定截止频率的低通和高通滤波器，衰减高频或低频处的信号，用于去除低音频信号中的频和/或高频噪声。通行滤波器由通带截止频率和过渡带宽描述，其设计过程和前面讲过的相同，此处不再赘述。

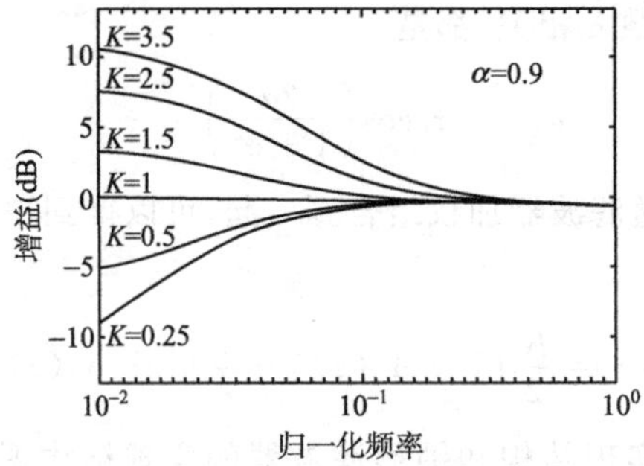

(a) 不同K值对均衡器增益的影响

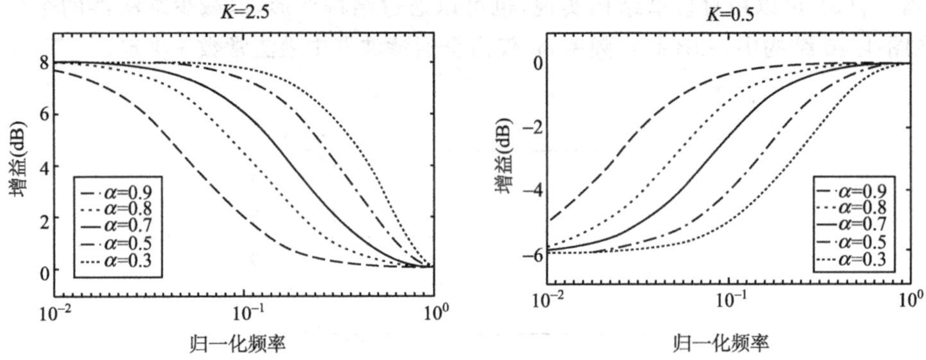

(b) 不同α对均衡器带宽的影响

图 4.41　不同 K 和 α 值时的 $G_{\text{LF-Shelf}}(z)$ 幅频特性

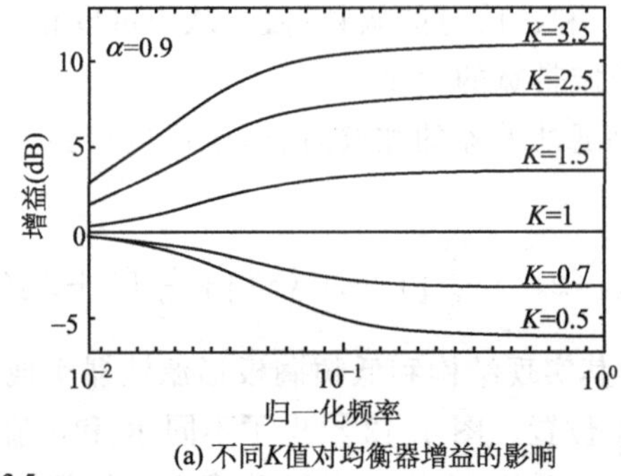

(a) 不同K值对均衡器增益的影响

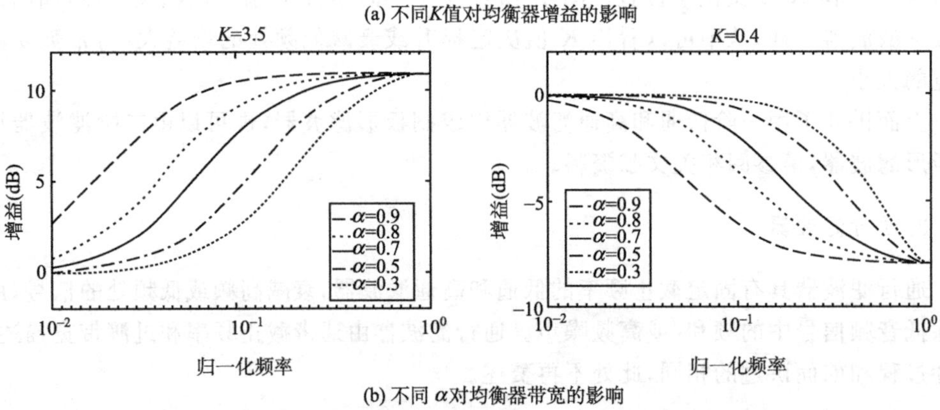

(b) 不同 α对均衡器带宽的影响

图 4.42　不同 K 和 α 值时的 $G_{\text{LF-Shelf}}(z)$ 幅频特性

把上述滤波器进行级联，从而获得所要求的均衡特性，例如，可以把一个一阶的搁板形滤波器和三个不同参数的二阶钟形滤波器级联。

4.9.2　立体声调频广播

Edwin Armstrong 在 1936 年发表的论文“A method of reducing disturbances in radio signaling by a system of frequency modulation”中，第一次提出了频率调制（frequency modulation，FM），调频通过改变载波的频率传送信息，在模拟应用中，载波的瞬时频率正比于输入信号的瞬时值。对于相同的信号，和幅度调制（AM）相比，FM 需要更宽的信道带宽，但却能更好地抵抗噪声和干扰，也能更好地抵抗简单的信号幅度衰落。所以，FM 通常用于在 VHF 频段进行音乐和语音的高保真广播，也用于模拟电视的声音广播。

在模拟 FM 调制中，假设要传输的基带信号为 $x_m(t)$，且幅度限制为 $|x_m(t)|\leqslant 1$，正弦载波为

$$x_c(t) = A\cos(2\pi f_c t)$$

式中，f_c 是载波基频，A 是载波幅度。用基带信号改变载波频率，得到 FM 调制信号为

$$y(t) = A\cos\left(2\pi\int_0^t f(\tau)\mathrm{d}\tau\right) = A\cos\left(2\pi\int_0^t [f_c + f_\Delta x_m(\tau)]\mathrm{d}\tau\right)$$

式中，$f(\tau)=f_c+f_\Delta x_m(\tau)$，$f(\tau)$是振荡器的瞬时频率，$f_\Delta$ 是峰值频偏，代表瞬时频率在一个方向上偏离载波中心频率 f_c 的最大值（假设 $x_m(t)$ 限制在 ±1 范围内）。调制后的信号时域波形如图 4.43 所示。对于 FM 调制，调制后信号的能量几乎全部（约 98%）集中在带宽 $B_T=2(f_\Delta+f_m)$内，其中 f_m 是 $x_m(t)$ 的最高频率。

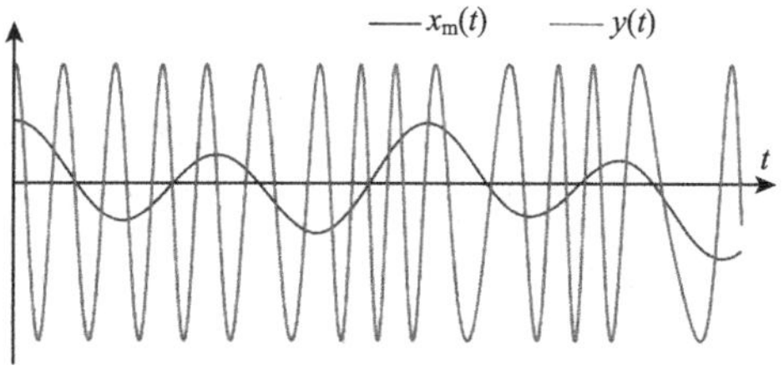

图 4.43　原始基带信号和 FM 调制后的信号

在 FM 传输系统中，随机噪声具有“三角形”的频谱分布，在基带的高频段噪声大，低频端噪声小。在发射端提升高频分量（称为预加重，pre-emphasis）而接收端进行相反的处理，去除相应的量（称为去加重，de-emphasis），从而改善 FM 传输中随机噪声的影响，因为接收机去加重处理将恢复声音信号的原始电平，但同时衰减了传输过程中产生的“三角形”分布随机噪声的高频分量，提高了接收质量。预加重和去加重一般采用简单的 RC 网络实现，高频分量提升的快慢由 RC 滤波器的时间常数所决定，而且预加重和去加重的时间常数相同。大多数国家的预加重时间常数采用 50μs，中国也是 50μs，50μs 预加重曲线如图 4.44 所示，北美国家采用 75μs。预加重和去加重应用于单声道、立体声和基带音频。但需要注意的是，当初 FM 广播诞生时，音乐种类没有现在这么丰富多彩，或者说现在音乐中包含更多的高频分量，这将限制预加重的大小，不能预加重太厉害，否则会引起 FM 载波过多的偏移。因此，现在有些 FM 系统采用可编程的预加重或者根本就不进行预加重处理。

在 20 世纪 60 年代早期，美国制定了立体声调频（Stereo FM）广播标准，并在许多国家得到采用。为了与已有的单声道广播兼容，立体声 FM 系统把立体声的 L 左、R 右声

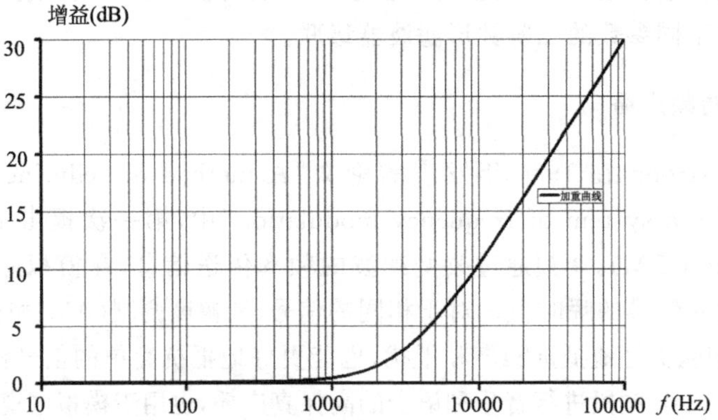

图 4.44　时间常数为 50μs 的预加重曲线

道进行“和”“差”编码处理，得到(L＋R)主声道和(L－R)子声道，中国标准分别为(L＋R)/2 和(L－R)/2。单声道接收机将只利用(L＋R)主声道信号，虽然没有左右位置感觉，但能够保证听众获得左右声道的全部信息，不会丢失信息，而立体声接收机把(L＋R)主声道和(L－R)子声道相加，得到 L 左声道；把(L＋R)和(L－R)相减，得到 R 右声道。(L＋R)主声道信号占据基带信号中频率范围为 30Hz～15kHz 的部分，(L－R)子声道信号采用抑制载波的双边带调幅(double sideband-suppressed carrer，DSB-SC)方式，为基带信号中 23kHz～53kHz 部分，DSB-SC 调制的载波频率为 38kHz。为了在接收机中恢复 38kHz 子载波信号，在基带信号中插入一个 19kHz 导频信号，正好是 38kHz 子载波频率的一半，并且具有精确定义的相位关系，导频信号的调制度为 ±75kHz 的 8%～10%。最终立体声复用信号包括主声道(L＋R)、导频和 DSB-SC 调制的子声道(L－R)，其频谱如图 4.45 所示。这个复合信号加上其他子载波，送给 FM 发射机用 FM 调制方式发射出去，在接收机中由这个复合信号恢复左右声道信号。为了提高接收信号的信噪比，在发送端，通常在“和差”编码之前分别对左右声道进行预加重处理，而在接收机“和差”解码之

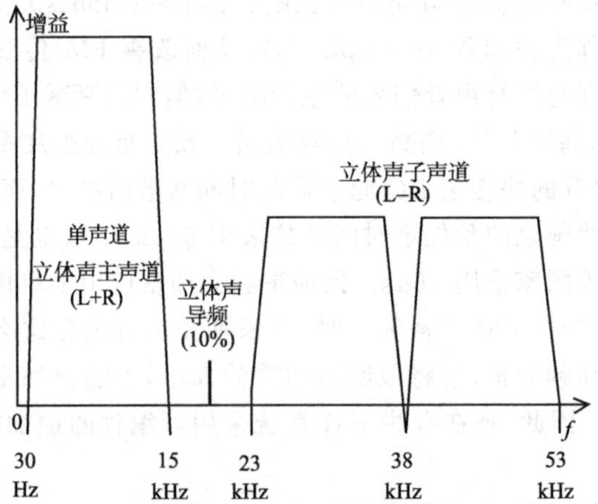

图 4.45　立体声 *FM* 基带信号频谱

后进行去加重处理。

中国调频 FM 广播的频率范围为 87MHz～108MHz，从 87.0MHz 开始至 107.9MHz，按 0.1MHz 的频率间隔设置电台。传统的立体声 FM 基带信号的频率范围是从 30Hz 到 53kHz，因此，还可以进一步利用 53kHz～99kHz 频段，开展多声道广播、立体声附加节目和数字音频广播（例如 HD-Radio 数字音频广播系统）。

从上面可知，在立体声调频广播中，采用频分复用传输立体声的左右声道。下面描述立体声 FM 复合信号的数字生成方法，其简要框图如图 4.46 所示。左右模拟声道 $s_L(t)$ 和 $s_R(t)$ 通过模数转换为数字信号 $s_L(n)$ 和 $s_R(n)$。如同前面讲述的，为了获得更好的声音质量，也就是提高 FM 接收机的输出信噪比 SNR，需要对左右声道信号进行预加重处理。在数字立体声 FM 信号生成中，也对左右数字声道 $s_L(n)$ 和 $s_R(n)$ 进行数字预加重，分别表示为 $x_L(n)$ 和 $x_R(n)$。

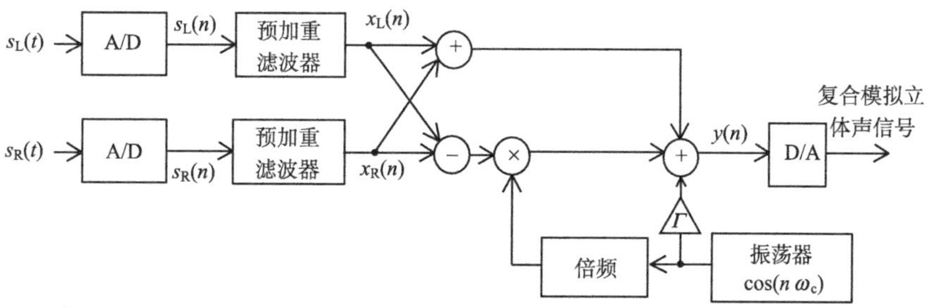

图 4.46　数字立体声 FM 复合基带信号的生成框图

数字立体声 FM 复合基带信号的频谱和模拟立体声 FM 的一样，因此，频分复用后的完整的基带信号 $y(n)$ 包括主声道信号、DSB-SC 调制的子声道信号和导频信号，即

$$y(n) = [x_L(n) + x_R(x)] + [x_L(n) - x_R(x)]\cos(2n\omega_c) + \Gamma\cos(n\omega_c)$$

式中，$\omega_c = 2\pi F_c/F_s$ 是导频 $F_c = 19\text{kHz}$ 相应的数字频率，F_s 是取样频率，通常是 32kHz。导频信号的增益常数 Γ 使得导频信号的调制度为±75kHz 的 8%～10%。

在立体声 FM 实现中，预加重滤波器可以采用一阶模拟预加重网络，其传输函数为

$$H_a(s) = \frac{s+\Omega_1}{s+\Omega_1+\Omega_2} = \frac{s+K\lambda}{s+\lambda} \tag{4.75}$$

式中

$$K = \frac{\Omega_1}{\Omega_1+\Omega_2}, \lambda = \Omega_1+\Omega_2$$

其中 K 是直流增益，通常 $\Omega_1 \leqslant \Omega_2$。可以把 $H_a(s)$ 分解为

$$H_a(s) = \frac{1}{2}[1+A_a(s)] + \frac{K}{2}[1-A_a(s)] \tag{4.76}$$

式中，$A_a(s)$ 是一个稳定的全通滤波器的传输函数，有

$$A_a(s) = \frac{s-\lambda}{s+\lambda} \tag{4.77}$$

这里假如采用双线性变换,把上述模拟预加重滤波器转换为相应的数字预加重滤波器,其传输函数为

$$H(z)=\frac{1}{2}[1+A(z)]+\frac{K}{2}[1-A(z)] \tag{4.78}$$

式中,$A(z)$ 是稳定的一阶数字全通滤波器的传输函数,有

$$A(z)=\frac{\alpha-z^{-1}}{1-\alpha z^{-1}} \tag{4.79}$$

式中,参数 α 为

$$\alpha=\frac{(2/T)-\lambda}{(2/T)+\lambda}$$

其中,T 为取样频率 F_s 的倒数。

可以看到,这里给出的数字预加重网络和前面讲述的低频搁板形均衡器的传输函数完全一样。因此,其实现结构也一样。

上面重点讲述了立体声基带信号的数字生成方法,特别是预加重滤波器的设计。得到立体声的模拟复合基带信号后,可以采用直接或非直接的频率调制得到 FM 信号然后功率放大后通过天线发射出去,实现立体声 FM 广播,这部分的具体实现方法请查阅相关资料。

频率调制 FM 除了用于立体声 FM 广播和电视广播这类大范围应用外,在小范围环境中也有广泛的应用。例如,①消费类 FM 发射器,它可以用于 MP3 播放器之类的音乐无线传播,比如在车里,通过 FM 发射器把 MP3 音乐发射出来,就可以用车载 FM 收音机接收播放的音乐;②FM 无线麦克风,它价格低廉,声音质量优良,比如可应用于卡拉 OK 或类似的用途;③小范围广播,比如社区或校园 FM 广播系统;④安保系统,FM 发射机可以用于构筑小型的无线话音系统,用于监控或侦测目的,好处是接收设备不引人注目,不会引起怀疑;⑤私人无线广播电台,由于 FM 频段更干净并且听众更多,世界上许多私人无线广播电台都采用 FM 方式。

4.9.3 双音多频拨号系统

IIR 滤波器被广泛地应用在数字通信领域中:数字按键电话的双音多频(dual-tone multi-frequency,DTMF)拨号编解码、数据通信中的时钟恢复、ADC/DAC 抗混叠滤波、差分脉冲编码调制(DPCM)、时域判决反馈均衡器(decision feedback equalizer,DFE)、调制滤波、自适应回波抵消、多径衰落补偿和话音与背景噪声的分离等各个方面。

在数字按键电话中,DTMF 把电话信令传送到电话交换中心,用于建立连接、保持连接以及计费的信息;也广泛应用于电子邮件、声讯服务和银行系统中,用户从电话发送 DTMF 信号来选择菜单或输入数字。

DTMF 拨号键盘由一个 4×4 行列构成,每行代表一个低频信号,每列代表一个高频信号,如图 4.47 所示。数字 0~9 和符号“#”、“*”、“A~D”由高、低频音的一个组合表示,每当按下一个按键时,产生高、低频率的两个正弦信号,代表一个特定的数字或符号,例如按下“1”键,将送出 697Hz 和 1209Hz 两个频率的正弦信号。另外,忙音由 480Hz 和

620Hz 表示，拨号音由 350Hz 和 440Hz 表示。

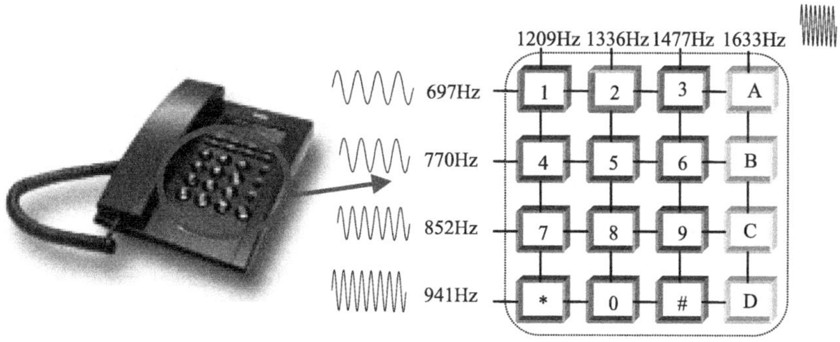

图 4.47　DTMF 键盘频率

最初贝尔实验室研发了 DTMF 拨号系统，后由 ITU 颁布为国际标准 Q.23 建议。根据 ITU Q.23 建议，DTMF 传送/接收率为每秒 10 个号码，或每个号码 100ms。每个号码传送过程中，信号持续时间至少为 45ms，且不多于 55ms，100ms 的其余时间是静音。在每个频率点上允许有不超过 ±1.5% 的频率误差。任何超过给定频率 ±3.5% 的信号，均被认为是无效的，拒绝接收。

有以下几种 DTMF 信号的产生方法：①查表法，把预先计算的 DTMF 存成表格，然后查表得到所需要的 DTMF 信号；②数学法，用数学方式产生两个正弦信号的数字样本，并按比例相加，经 DAC 和模拟 LPF 后成为 DTMF 模拟信号；③滤波器法，采用滤波器产生某个单音频信号。

下面讲述滤波器法产生 DTMF 信号。对于一个线性时不变的离散系统，当输入信号是单位冲激脉冲 $\delta(n)$ 时，系统的输出信号 $y(n)$ 就是系统的单位脉冲响应 $h(n)$，而对于 DTMF 系统，要求输出信号 $y(n)$ 是正弦信号，即 DTMF 系统的单位脉冲响应 $h(n)$ 为

$$h(n) = y(n) = \sin(n\omega_0)u(n) \tag{4.80}$$

式中，ω_0 是待求的正弦信号的频率。

对上式进行 z 变换，得到此离散系统（滤波器）的传输函数，有

$$H(z) = \frac{\sin\omega_0 z^{-1}}{1 - 2\cos\omega_0 \quad z^{-1} + z^{-2}} \tag{4.81}$$

由式(4.81)可以看出，这是一个 IIR 数字滤波器，求得此 IIR 滤波器的差分方程为

$$y[n] - 2\cos\omega_0 y[n-1] + y[n-2] = \sin\omega_0 x[n-1] \tag{4.82}$$

为了直观，采用直接 I 型结构实现上述 IIR 数字滤波器，如图 4.48 所示，图中 $a_0 = \sin\omega_0$，$b_1 = -2\cos\omega_0$，$b_2 = 1$。

例 4.16　设计一个 IIR 滤波器，要求产生一个 1209Hz 的 DTMF 单音信号，假设取样频率为 8kHz。

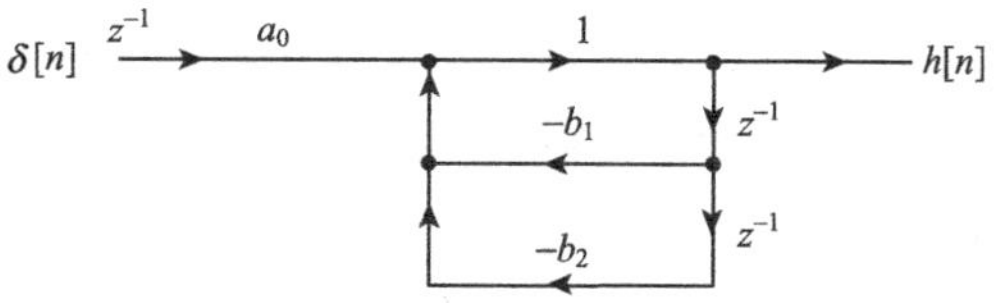

图 4.48　滤波器法的直接 I 型实现结构

解　DTMF 正弦信号频率 1209Hz 所对应的数字频率为

$$\omega_0 = 2\pi \frac{f_0}{f_s} = 2\pi \frac{1209}{8000} = 0.30225\pi = 0.9495 \text{ rad/s}$$

滤波器系数为

$$a_0 = \sin\omega_0 = 0.8131$$
$$b_1 = -2\cos\omega_0 = -1.1641$$
$$b_2 = 1$$

此 IIR 数字滤波器的差分方程为

$$y[n] = 1.1642y[n-1] - y[n-2] + 0.8131x[n-1]$$

而单位脉冲响应为

$$h[n] = 1.1642h[n-1] - h[n-2] + 0.8131\delta[n-1]$$

由此可求得此滤波器的系统函数为

$$H(z) = \frac{0.8131z^{-1}}{1-1.1642z^{-1}+z^{-2}}$$

令 $z=e^{j\omega}$，得此滤波器的频率响应为

$$H(e^{j\omega}) = \frac{0.8131e^{-j\omega}}{1-1.1642e^{-j\omega}+e^{-j2\omega}}$$

此 IIR 数字滤波器的单位脉冲响应实际上是正弦音频，其前 256 个 $h(n)$ 样值波形和相应的频谱如图 4.49 所示。

假设取样频率为 8kHz，则各个 DTMF 单音频的 IIR 滤波器的抽头系数如表 4.9 所示。

表 4.9　DTMF 频率所对应的 IIR 数字滤波器抽头系数

DTMF 频率(Hz)	分子系数 a_0	分母系数 b_1，$b_2=1$
697	0.5204	−1.7077
770	0.5686	−1.6453
852	0.6203	−1.5687
941	0.6736	−1.4782
1209	0.8131	−1.1641
1336	0.8671	−0.9964
1477	0.9168	−0.7986
1633	0.9652	−0.5685

一个 DTMF 信号可由两个可编程的 IIR 滤波器产生，如图 4.50 所示，当按下一个数字键后，系统从只读存储器 ROM 中读取相应的滤波器系数和初始条件，然后产生一对单音频(一个高音信号和一个低音信号)，把低音和高音信号相加得到每个双音频信号。例如按下“9”数字键，将产生 852Hz 单音频和 1477Hz 单音频，两者可得到“9”键的 DTMF 编码。

在接收端，对接收到的 DTMF 信号进行解码。因为 DTMF 信号是 8 个频率的不同组合，因此，很自然的就想到可以用快速离散傅里叶变换 FFT 对接收到的 DTMF 信号

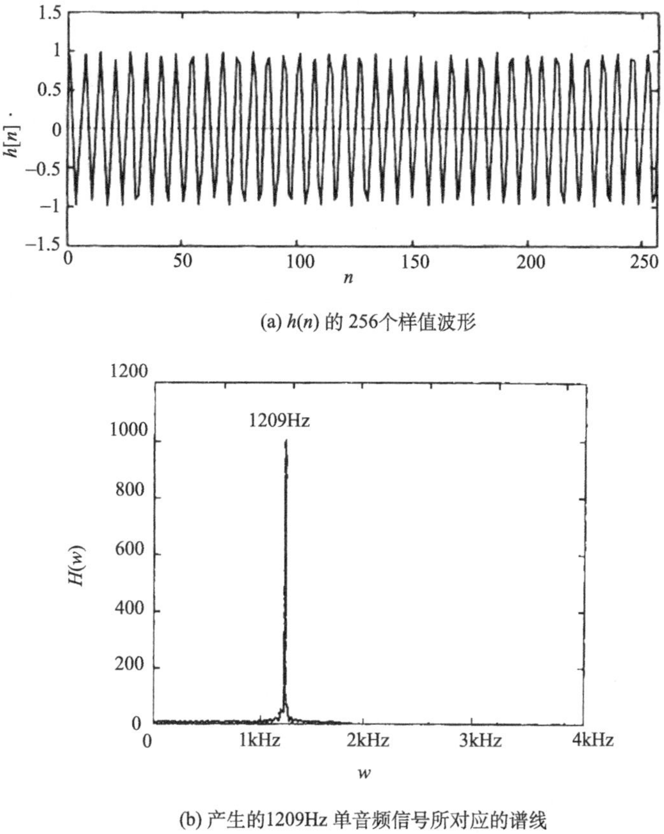

图4.49　用滤波器法生成的 DTMF 某个单音频信号和相应的频谱

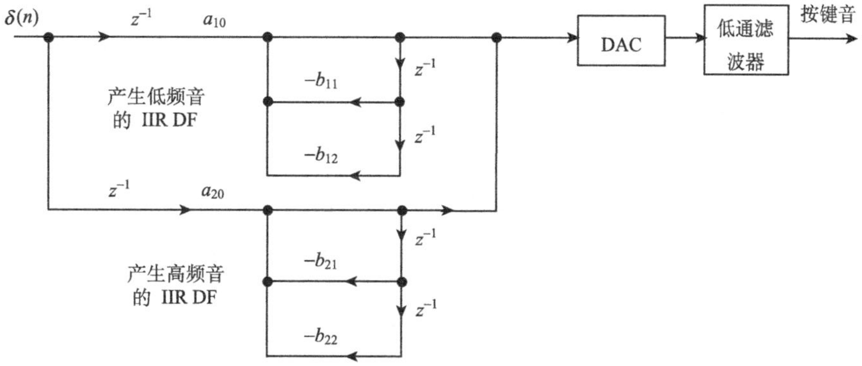

图 4.50　DTMF 生成器

进行处理，分析信号频谱，得到一个 DTMF 信号的两个频率分量，得到发送的号码。由于 DTMF 是断续的单频串，进行 FFT 分析时需要兼顾时域分辨率和频域分辨率，而且等待完整的数据后才能处理，存在时延问题。另外，N 的选择受到限制，一般选择 $N=$

2^m，m 为整数。因此，当要检测的音频数码比较少时，FFT 优势不明显，此时采用滤波器组进行频率检测更为有效。

以 8kHz 取样频率对接收到的 DTMF 信号数字化，然后用 IIR 滤波器将 DTMF 分为高、低频两组信号。用 4 个带通滤波器分别将高、低频频带划分为 4 个子带，检测每个带通滤波器的振幅输出，确定接收的 DTMF 的高、低频信号，最终由检测出的一对音频信号确定发端按键号码。

另一种 DTMF 检测方法称为 Goertzel 算法，它是用 IIR 滤波器实现 DFT 算法的一种特殊方法。下面首先观察 DFT 表达式。假设输入信号是 $x(m)$，则其离散傅里叶变换为

$$X(k)=\sum_{m=0}^{N-1}x(m)W_N^{km}$$

因为

$$W_N^{-kN}=\mathrm{e}^{-\mathrm{j}\frac{2\pi}{N}kN}=\mathrm{e}^{-\mathrm{j}2k\pi}=1$$

所以

$$X(k)=W_N^{-kN}X(k)=W_N^{-kN}\sum_{m=0}^{N-1}x(m)W_N^{km}=\sum_{m=0}^{N-1}x(m)W_N^{-k(N-m)} \tag{4.83}$$

这个 DFT 的表达式和前面介绍的离散卷积的定义形式一致。

如果一个 IIR 数字滤波器的单位脉冲响应 $h_k(n)$ 为

$$h_k(n)=W_N^{-kn}u(n)$$

此 IIR 数字滤波器对输入信号 $x(m)$ 的响应 $y_k(n)$ 为输入信号 $x(m)$ 和单位脉冲响应 $h_k(n)$的离散卷积，即

$$y_k(n)=x(n)*h_k(n)=\sum_{m=0}^{N-1}x(m)h_k(n-m)=\sum_{m=0}^{N-1}x(m)W_N^{-k(n-m)} \tag{4.84}$$

比较式(4.83)和式(4.84)，可以得到 DFT$X(k)$ 和离散卷积 $y_k(n)$ 的关系，有

$$X(k)=y_k(n)\big|_{n=N}$$

即当 $n=N$ 时，IIR 数字滤波器输出 $y_k(N)$ 就是频点 $\omega_k=\dfrac{2\pi}{N}k$ 处的 DFT $X(k)$。因此，只需要计算 $n=N$ 时 IIR 数字滤波器的输出 $y_k(N)$ 即可。

对这个 IIR 数字滤波器的单位脉冲响应 $h_k(n)$ 进行 z 变换，得到它的系统函数

$$H_k(z)=z[h_k(n)]=\sum_{n=0}^{\infty}W_N^{-kn}z^{-n}=\frac{1}{1-W_N^{-k}z^{-1}}$$

这个一阶滤波器只有一个复数极点，位于单位圆上 $z=W_N^{-k}$ 处。为避免复数运算，将单极点乘以复共轭极点，得到一个二阶 IIR 数字滤波器。

$$H_k(z)=\frac{1}{1-W_N^{-k}z^{-1}}\cdot\frac{1-W_N^{k}z^{-1}}{1-W_N^{k}z^{-1}}=\frac{1-W_N^{k}z^{-1}}{1-2\cos\left(\dfrac{2\pi k}{N}\right)z^{-1}+z^{-2}} \tag{4.85}$$

此二阶 IIR 数字滤波器的实现结构如图 4.51 所示。

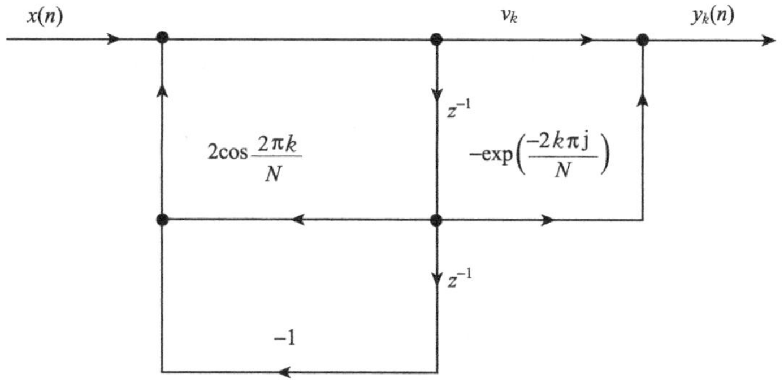

图 4.51　二阶 Goertzel 滤波器结构

二阶 Goertzel 滤波器可以分解为零点子网络和极点子网络，有

$$H_k(z)=\frac{1}{1-2\cos\left(\frac{2\pi k}{N}\right)z^{-1}+z^{-2}}\cdot(1-W_N^k z^{-1})=\frac{V(z)}{X(z)}\cdot\frac{Y(z)}{V(z)}$$

其中极点子网络为

$$\frac{V(z)}{X(z)}=\frac{1}{1-2\cos\left(\frac{2\pi k}{N}\right)z^{-1}+z^{-2}}$$

相应的差分方程为

$$v_k(n)=2\cos\frac{2\pi k}{N}v_k(n-1)-v_k(n-2)+x(n) \tag{4.86}$$

这是一个迭代过程，每次迭代需要一次实数乘法和二次实数加法。假设初始条件为 $v_k(-1)=v_k(-2)=0$，则通过迭代，可以得到 $v_k(n-1)$ 和 $v_k(n)$。

而零点子网络为

$$\frac{Y(z)}{V(z)}=1-W_N^k z^{-1}$$

相应的差分方程为

$$y_k(n)=v_k(n)-W_N^k v_k(n-1) \tag{4.87}$$

由式(4.86)迭代得到 $v_k(n-1)$ 和 $v_k(n)$ 后，仅仅需要在 $n=N$ 时进行一次复数运算，就得到了所需要的 $y_k(N)$，即离散傅里叶变换 $X(k)$。

实际 DTMF 解码中，只需要幅度信息，可以忽略相位信息。因此，下面求幅度平方值 $|X(k)|^2$，以此避免复数计算。当 $n=N$ 时，有

$$\begin{aligned}X(k)&=y_k(n)\Big|_{n=N}=y_k(N)=v_k(N)-W_N^k v_k(N-1)\\&=v_k(N)-v_k(N-1)\left[\cos\left(\frac{2\pi k}{N}\right)-\mathrm{j}\sin\left(\frac{2\pi k}{N}\right)\right]\\&=v_k(N)-v_k(N-1)\cos\left(\frac{2\pi k}{N}\right)+\mathrm{j}v_k(N-1)\sin\left(\frac{2\pi k}{N}\right)\end{aligned}$$

因此,得

$$|X(k)|^2 = |y_k(N)|^2 = \left[v_k(N) - v_k(N-1)\cos\left(\frac{2\pi k}{N}\right)\right]^2 + \left[v_k(N-1)\sin\left(\frac{2\pi k}{N}\right)\right]^2$$

$$= v_k^2(N) - 2v_k(N)v_k(N-1)\cos\left(\frac{2\pi k}{N}\right)$$

$$+ v_k^2(N-1)\cos^2\left(\frac{2\pi k}{N}\right) + v_k^2(N-1)\sin^2\left(\frac{2\pi k}{N}\right)$$

$$= v_k^2(N) + v_k^2(N-1) - 2\cos\left(\frac{2\pi k}{N}\right)v_k(N)v_k(N-1) \tag{4.88}$$

由式(4.88)可以看到,整个 $|X(k)|^2$ 计算只需要一个实系数,即 $2\cos(2\pi k/N)$,因此,基于 $|X(k)|^2$ 的幅度检测完全避免了复数运算。对于每个 DTMF 音频,只在 $n=N$ 时用上式计算一次滤波器的输出,即在滤波器反馈支路的迭代结束时计算一次。上述 Goertzel 算法只需要很小的数据存储量,运算速度很快,不需要等待数据输入完成才开始进行处理,数据样值一到就开始处理。虽然需要考虑频率分辨率和计算时间的折中,但 N 值可为任意整数,不像 FFT 运算中 N 值一般是 2 的整数次幂。

由于有 8 种可能的 DTMF 音频要检测,所以需要 8 个上述 Goertzel 滤波器,每个滤波器调谐到这 8 个频率之一。但由于语音中可能也包含上述 DTMF 频率,实际算法由上述的 8 组 Goertzel 滤波器并列构成,每组滤波器由两个 Goertzel 滤波器组成,分别负责检测一个 DTMF 信号及它的二次谐波,如图 4.52 所示。二次谐波用于区别通话语音和 DTMF 信号,因为语音信号具有明显的偶数次谐波而 DTMF 信号没有。计算每个滤波器最终输出的平方 $|y_k(N)|^2$,衡量各 DTMF 频率点上的信号和二次谐波强度,设置一个判决门限,最终从高、低频率组中选出最强的一对信号,确定接收的 DTMF 号码。

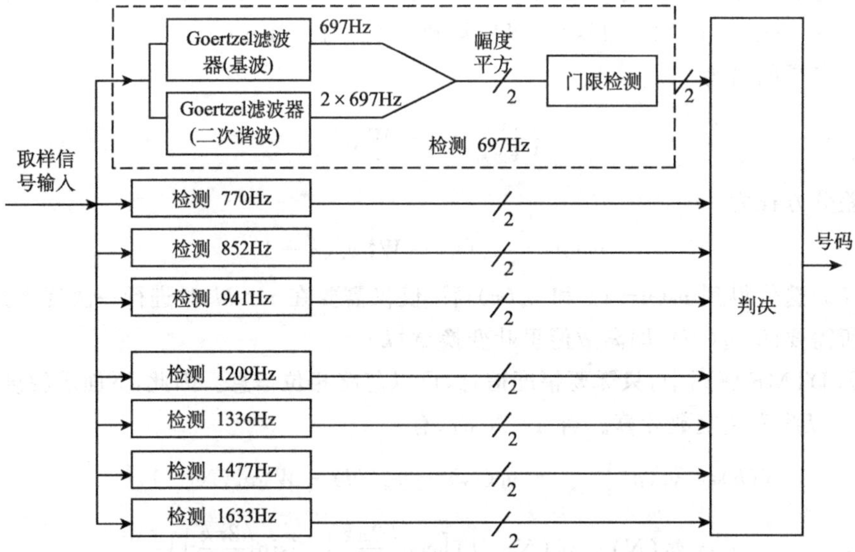

图 4.52 基于 Goertzel 算法的 DTMF 检测框图

由图 4.51 可知，图 4.52 中 Goertzel 滤波器的系数由 DFT 的离散频率点 k 值决定。k 值取决于 DTMF 音频的频率 f_k、取样频率 f_s 和 DFT 的长度 N，即

$$k = N \cdot \frac{f_k}{f_s}$$

DTMF 频率点遵循国际标准设置，假设取样速率 8kHz，DFT 长度 N 是可变的，可由自己确定，1985 年 Mock 确定了一套 Goertzel 算法参数，如表 4.10，他假设一次谐波的 DFT 长度为 205，二次谐波的 DFT 长度为 210。

表 4.10　DTMF 解码 Goertzel 算法参数

DTMF 频率(Hz)	离散频率点 k（一次谐波）	离散频率点 k（二次谐波）
697	18	35
770	20	39
852	22	43
941	24	47
1209	31	61
1336	34	67
1477	38	74
1633	42	82

检测每个 DTMF 音频信号都要用到一组 Goertzel IIR 滤波器，需要确定这些滤波器的抽头系数，下面以 Goertzel 滤波器的极点（反馈）网络为例说明 Goertzel 系数的确定。例如，号码“9”的 DTMF 频率为 1477Hz 和 852Hz，对于 1477Hz 音频，一次和二次谐波的频率点分别是 38 和 74，有

$$b_1 = 2\cos\left(\frac{2\pi k}{N}\right) = 2\cos\left(\frac{2\pi \times 38}{205}\right) = 0.79 \quad b_2 = -1$$

$$b'_1 = 2\cos\left(\frac{2\pi \times 74}{210}\right) = -1.1996 \qquad b'_2 = -1$$

对于 852Hz 音频，滤波器系数为

$$b_1 = 1.5623 \qquad b_2 = -1$$

$$b'_1 = 0.5 \qquad b'_2 = -1$$

需要注意的是：Goertzel 滤波器的极点都在单位圆上，它对有限字长效应十分敏感，不能忽视这个问题。若要检测的频率点数目很大，FFT 可能更合适。

4.9.4　时钟提取

数字通信中一个基本问题是在接收端基带数字信号中如何恢复时钟，以便于正确解码数据。时钟恢复的方法之一是直接从基带数字信号中提取，要这样做需要数字信号的频谱中存在时钟频率的频谱分量，才能从中提出时钟；其次，一般对发端数据进行扰码处理，以打破数据中的连“0”和连“1”以及数据的周期性，便于时钟恢复和能量扩散。

数字基带信号表示为

$$s(t) = \sum_{k} a_k g(t - kT_s)$$

其中，$g(t)$ 是持续时间为 T_s 的基带脉冲波形，a_k 是第 k 个信息符号所对应的电平值，假定 a_k 为 0、1 等概，且每个码元前后独立，则 $s(t)$ 的双边功率密度谱为

$$S(f) = \frac{f_s}{4} \mid G(f) \mid^2 + \frac{f_s^2}{4} \sum_{n} \mid G(nf_s) \mid^2 \delta(f - nf_s)$$

其中，$G(f)$ 为 $g(t)$ 的傅里叶变换。此随机序列 $s(t)$ 包含连续谱和线谱，而线谱中可能存在直流、基频（时钟分量）及其各次谐波分量。因此，时钟线谱存在的条件是

$$\mid G(f_s) \mid \neq 0$$

即基带脉冲波形的频谱在 f_s 上幅度不能为 0。

常用的基带脉冲波形有非归零码(NRZ)和归零码(RZ)，它们的双边功率密度谱分别为

$$S_{NRZ}(f) = \frac{A^2 T_s}{16}\left(\frac{\sin\pi f T_s}{\pi f T_s}\right)^2 + \frac{A^2}{16}\delta(f)$$

$$S_{RZ}(f) = \frac{A^2 f_s \tau^2}{16}\left(\frac{\sin\pi f\tau}{\pi f\tau}\right)^2 + \frac{A^2 f_s^2 \tau^2}{16}\sum_{n}\left(\frac{\sin\pi n f_s \tau}{\pi n f_s \tau}\right)\delta(f - nf_s)$$

相应的时域波形和双边功率密度谱如图 4.53 所示。从中可以看出，基带脉冲波形为归零码的二进制随机脉冲序列中存在着时钟频率的谱线分量，从中可以恢复时钟，而非归零码中没有时钟频率谱线。

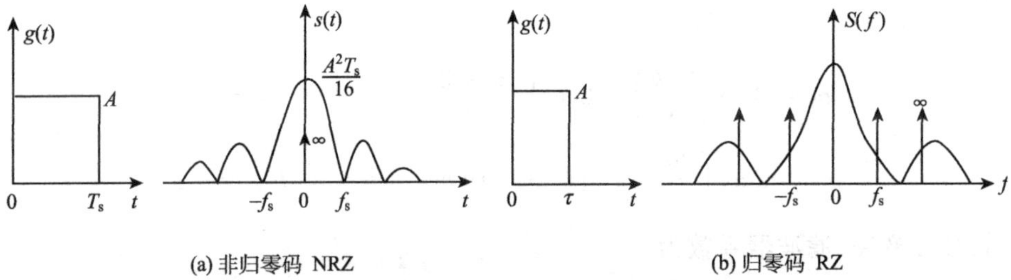

图 4.53　基带脉冲时域波形及其双边功率密度谱

对于非归零码，可以通过非线性处理，例如微分后全波整流，或者延迟后模 2 和的方法，将非归零码变为归零码，产生信噪比尽可能大的时钟谱线分量。非线性处理后的信号频谱中，除时钟频率谱线外，还存在连续谱和接收机内部噪声，对时钟产生干扰，增加了时钟的相位抖动。因此，需要一个高 Q 滤波器或锁相环来完成时钟提纯。时钟提纯电路的 Q 值(或者通频带)是一个关键参数，选择时要考虑静态相差、抖动和建立时间、保持时间等指标，取一个合适的折中值。最后经过过零点检测，形成时钟脉冲。这个过程和相应各点的波形如图 4.54 所示。

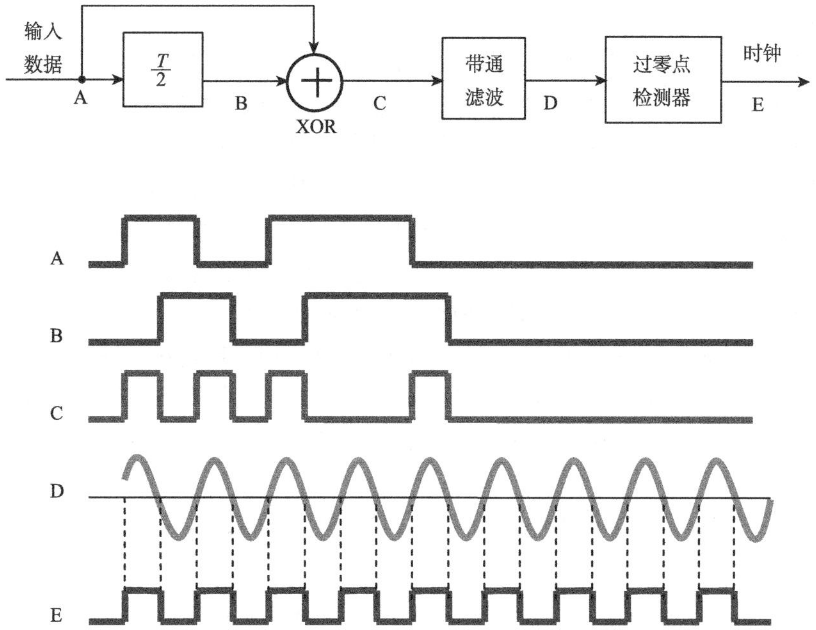

图 4.54　“延迟-模 2 和”时钟恢复方法框图和各点波形

下面举例说明时钟提纯滤波器的设计参数。假设采用全极点 IIR 带通滤波器来提纯时钟，该滤波器的传输函数为

$$H(z)=\frac{1}{[z-re^{-j\omega_0 T}][z-re^{j\omega_0 T}]}=\frac{1}{z^2-2r\cos(\omega_0 T)z-r^2}$$

其中，ω_0 是带通滤波器的中心频率，ω_0 等于或非常接近于所要恢复的时钟频率；T 是取样周期，取样频率 $f_s=1/T$ 是中心频率 ω_0 的若干倍；r 是极点半径，它决定滤波器的带宽。为了保证滤波器的冲激响应随时间非常缓慢地衰减，极点通常选在非常靠近单位圆处，典型值为 $0.99<r<1$。极点半径 r 和滤波器带宽 Bw 之间有如下关系：

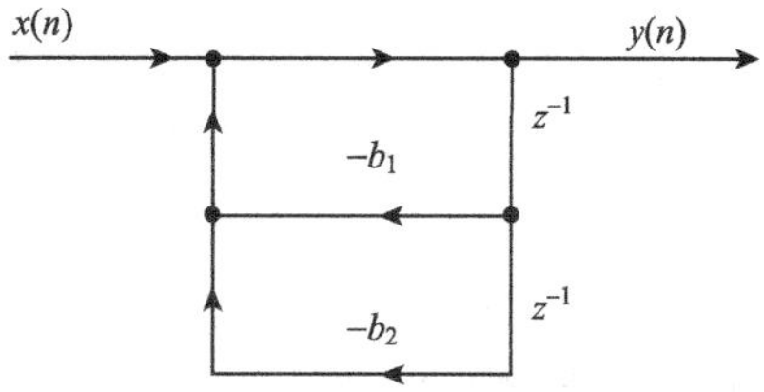

图 4.55　全极点 *IIR* 滤波器结构

$$r\approx 1-(Bw/f_s)\pi$$

此全极点 IIR 实现结构如图 4.55 所示。

例 4.17　假设要恢复的时钟速率是 4800baud，时钟提纯带通滤波器的中心频率为 4.8kHz，带宽为 100Hz，取样频率为 153.6kHz。

解　由上述公式可得极点半径为

$$r=0.99795469$$

全极点滤波器的传输函数为

$$H(z)=\frac{1}{z^2-1.957558z+0.995913}$$

在实际实现的时候，需要注意的是不能忽略有限字长效应的影响，为避免自激振荡，对输入进行调节。在一个实际的时钟恢复系统中，当输入数据是 0、1 序列时，有必要使用二次滤波来提高系统性能。

上面仅举了几个例子来说明 IIR 滤波器的应用,实际上,滤波器的应用已经融入了我们生活当中。下面再简要地总结一下 IIR 数滤波器的特点,作为本章的结束。

(1) IIR 数字滤波器的系统函数可以写成封闭函数的形式。

(2) IIR 数字滤波器的设计可以借助成熟的模拟滤波器,如巴特沃斯、切比雪夫和椭圆滤波器等,有现成的设计数据或图表可查,其设计工作量比较小,对计算工具的要求不高。在设计一个 IIR 数字滤波器时,根据指标先求出模拟滤波器系统函数,然后通过一定的变换,将模拟滤波器的系统函数转换成数字滤波器的系统函数。

(3) IIR 数字滤波器采用递归型结构,即结构上带有反馈环路。IIR 滤波器运算结构通常由延时、乘以系数和相加等基本运算组成,可以组合成直接型、正准型、级联型、并联型等四种结构形式,都具有反馈回路。由于运算中的舍入处理,使误差不断累积,有时会产生寄生振荡。

(4) IIR 数字滤波器的相位特性不好控制,对相位要求较高时,需要增加相位校准网络。

4.10 本章涉及的 Matlab 函数

4.10.1 模拟滤波器设计函数

1. 巴特沃思模拟低通滤波器

- [n,Wn]=buttord(Wp,Ws,Rp,Rs,'s')
- [z,p,k]=buttap(n)

在 Matlab 中可以用[n,Wn]=buttord(Wp,Ws,Rp,Rs,'s')求出给定通带截止频率 Wp、阻带起始频率 Ws、通带最大衰减 Rp、阻带最大衰减 Rs 条件下,所需要的最小巴特沃思模拟滤波器阶数和 3dB 截止频率。在数字滤波器中,Wp 和 Ws 为 0～1,而在模拟滤波器中,Wp 和 Ws 可以大于 1。

buttord(Wp,Ws,Rp,Rs,'s') 也可用于高通、带通、阻带滤波器的设计。对于带通和带阻滤波器,Wp 和 Ws 是一个两元素的矢量,说明了滤波器的两个边缘频率,第一个元素是低端的频率。

而用 Matlab 函数[z,p,k]=buttap(n) 求得 n 阶低通巴特沃思原型模拟滤波器的零点、极点和增益。极点 p 和增益 k 是长度为 n 行的向量,而零点 z 是空矩阵。其传输函数为

$$H(p)=\frac{z(p)}{p(p)}=\frac{k}{(p-p_1)(p-p_2)\cdots(p-p_n)}$$

2. 切比雪夫模拟低通滤波器

- [n,Wn]=cheb1ord(Wp,Ws,Rp,Rs,'s')
- [z,p,k]=cheb1ap(n,Rp)

函数[n,Wn]=cheb1ord(Wp,Ws,Rp,Rs,'s')求出给定通带截止频率 Wp、阻带起始频率 Ws、通带最大衰减 Rp、阻带最大衰减 Rs 条件下,所需要的最小 Chebyshev I 模拟滤

波器阶数。在数字滤波器中，Wp 和 Ws 为 0～1，而在模拟滤波器中，Wp 和 Ws 可以大于 1。

cheblord(Wp,Ws,Rp,Rs,'s')也可用于高通、带通、阻带滤波器的设计。对于带通和带阻滤波器，Wp 和 Ws 是一个两元素的向量，说明了滤波器的两个边缘频率，第一个元素是低端的频率。

而用 Matlab 函数[z,p,k]=cheblap(n,Rp)求得 n 阶低通切比雪夫 I 原型模拟滤波器的零点、极点和增益，通带内的波动为 Rp dB。极点 p 和增益 k 是长度为 n 行的向量，而零点 z 是空矩阵。其传输函数为

$$H(p)=\frac{z(p)}{p(p)}=\frac{k}{(p-p_1)(p-p_2)\cdots(p-p_n)}$$

3. 模拟滤波器的频率变换

- [bt,at]=lp2hp(b,a,W_0)
- [bt,at]=lp2bp(b,a,W_0,Bw)
- [bt,at]=lp2bs(b,a,W_0,Bw)

1) 低通到高通的频率变换

在 Matlab 中，利用函数[bt,at]=lp2hp(b,a,W_0)完成归一化模拟低通滤波器原型到高通滤波器的转换，此高通滤波器的截止频率为 W_0。

2) 低通到带通的频率变换

在 Matlab 中，利用函数[bt,at]=lp2bp(b,a,W_0,Bw)完成归一化模拟低通滤波器原型到带通滤波器的转换。

此带通滤波器的中心频率和带宽分别为 W_0、Bw。当滤波器通带的下截止频率为 ω_1，上截止频率为 ω_2 时，W_0=sqrt(ω_1 * ω_2)，Bw=$\omega_2-\omega_1$。

3) 低通到带阻的频率变换

在 Matlab 中，利用函数[bt,at]=lp2bs(b,a,W_0,Bw)完成归一化模拟低通滤波器原型到带阻滤波器的转换。

此带通滤波器的中心频率和带宽分别为 W_0、Bw。当滤波器通带的下截止频率为 ω_1，上截止频率为 ω_2 时，W_0=sqrt(ω_1 * ω_2)，Bw=$\omega_2-\omega_1$。

在上述的三个模拟滤波器频率变换中，b、a 都是按降序排列的传输函数的分子分母多项式的系数，有

$$\frac{b(p)}{a(p)}=\frac{b(1)p^{nn}+\cdots+b(nn)p+b(nn+1)}{a(1)p^{nd}+\cdots+a(nd)p+a(nd+1)}$$

4.10.2　IIR 数字滤波器的设计函数

1. IIR 滤波器的冲激响应不变法

- [bz,az]=impinvar(b,a,Fs)

在 Matlab 中，函数[bz,az]=impinvar(b,a,Fs)产生数字滤波器的分子和分母。用冲激响应不变法把模拟 S 平面映射到数字 Z 平面，把模拟滤波器变换为相应的离散时间滤波

器,其冲激响应与模拟滤波器由因子 $1/F_s$ 缩放后的冲激响应相等。

输入参数:

— 直接型系数 b 和 a,这里 b 是分子系数向量,a 是分母系数向量。

— 缩放因子 F_s,它的默认值为 1Hz。

输出参数:直接型参数 bz 和 az。

2. IIR 滤波器的双线性变换法

- [zd,pd,kd]=bilinear(z,p,k,Fs)
- [zd,pd,kd]=bilinear(z,p,k,Fs,Fp)
- [numd,dend]=bilinear(num,den,Fs)
- [numd,dend]=bilinear(num,den,Fs,Fp)
- [Ad,Bd,Cd,Dd]=bilinear(A,B,C,D,Fs)
- [Ad,Bd,Cd,Dd]=bilinear(A,B,C,D,Fs,Fp)

在 Matlab 中,用上述函数来实现 IIR 数字滤波器的双线性变换。用双线性变换法把模拟 S 平面映射到数字 Z 平面,把模拟滤波器变换为离散时间滤波器。这个命令要求分母的阶数大于或等于分子的阶数。

输入参数:

— 直接型系数 num 和 den,这里 num 是分子系数向量,den 是分母系数向量。或者是零极点参数[z,p,k],z 是滤波器零点,p 是滤波器极点,k 是增益。或状态空间参数[A,B,C,D];

— 取样频率(单位 Hz);

输出参数:

— 直接型系数 *numd* 和 *dend*;零极点参数[zd,pd,kd];状态空间参数[Ad,Bd,Cd,Dt]。

更具体的应用说明,见相关的 Matlab 技术手册。

3. 通用 IIR 数字滤波器设计

- [b,a]=butter(n,Wn,'ftype')
- [b,a]=cheby1(n,Rp,Wn,'ftype')
- [b,a]=cheby2(n,Rs,Wn,'ftype')
- [b,a]=ellip(n,Rp,Rs,Wn,'ftype')

在 Matlab 中遵循以下几个步骤来设计一个数字滤波器:①把数字滤波器技术指标转换为相应的模拟滤波器技术指标;②设计巴特沃思、切比雪夫 I、切比雪夫 II 或者 ellip 模拟滤波器原型 $H_a(s)$;③利用冲激响应不变法或双线性变换法,由模拟滤波器原型 $H_a(s)$ 得到所要求的数字滤波器的传输函数 $H(z)$;④由 $H(z)$ 得到相应的直接型、级联型、并联型等滤波器结构的表达式。

在上面的步骤中,每一步都有相应的 Matlab 函数或语句可以利用,但在 Matlab 中还提供了综合性更高的一些函数来实现上面的这些步骤。

下面的函数完成一个数字低通和带通滤波器的设计，n 表示滤波器的阶数，Wn 为它的 3dB 截止频率，其单位为 π(Nyquist frequency)。如果 Wn 为两个元素的矢量 Wn = [W1, W2]，它将设计一个 2n 阶的带通滤波器，其 3dB 通带为 W1～ W2。

① 巴特沃思数字滤波器：[b,a]=butter(n,Wn)；

② 切比雪夫 I 数字滤波器：[b,a]=cheby1(n,Rp,Wn)；

③ 切比雪夫 II 数字滤波器：[b,a]=cheby2(n,Rs,Wn)；

④ Ellip 数字滤波器：[b,a]=ellip(n,Rp,Rs,Wn)。

而下面的这些函数可以完成一个数字高通和带阻滤波器的设计。当"ftype"为"high"时，设计一个 n 阶高通滤波器，Wn 为它的 3dB 截止频率，其单位为 π。当"ftype"为"stop"时，如果 Wn 为两个元素的矢量 Wn=[W1,W2]，它将设计一个 2n 阶带阻滤波器，其 3dB 阻带为 W1～W2。

① 巴特沃思数字滤波器：[b,a]=butter(n,Wn,'ftype')；

② 切比雪夫 I 数字滤波器：[b,a]=cheby1(n,Rp,Wn,'ftype')；

③ 切比雪夫 II 数字滤波器：[b,a]=cheby2(n,Rs,Wn,'ftype')；

④ Ellip 数字滤波器：[b,a] = ellip(n,Rp,Rs,Wn,'ftype')。

同样地，在给定的技术指标下用下面的 Matlab 函数确定所需阶数 N 和滤波器截止频率 Wn。

① 巴特沃思数字滤波器：[n,Wn]=buttord(Wp,Ws,Rp,Rs)；

② 切比雪夫 I 数字滤波器：[n,Wn]=cheb1ord(Wp,Ws,Rp,Rs)；

③ 切比雪夫 II 数字滤波器：[n,Wn]=cheb2ord(Wp,Ws,Rp,Rs)；

④ Ellip 数字滤波器：[n,Wn] = ellipord(Wp,Ws,Rp,Rs)。

对于不同类型的滤波器，参数 Wp 和 Ws 有一些限制：

① 对于低通滤波器 Wp<Ws；

② 对于高通滤波器 Wp>Ws；

③ 对于带通滤波器，Wp 和 Ws 是具有两个元素的向量，Wp=[Wp1,Wp2]和 Ws=[Ws1,Ws2]，并且 Ws1<Wp1<Wp2<Ws2；

④ 对于带阻滤波器，Wp 和 Ws 是具有两个元素的向量，Wp=[Wp1,Wp2]和 Ws=[Ws1,Ws2]，并且 Wp1<Ws1<Ws2<Wp2。

4. IIR 数字滤波器的优化

- [b,a]=yulewalk(n,f,m)

在 Matlab 中用函数[b,a]=yulewalk(n,f,m) 来直接设计 IIR 滤波器的频率响应，它与模拟原型设计方法不同，yulewalk 函数不受标准低通、高通、带通和带阻等的限制，可以设计任意的频率响应。

Yulewalk 在实域中采用最小平方准则来拟合一个递归 IIR 数字滤波器，它通过计算要求点上的反傅里叶变换 IFFT，得到相应的系数，并使用结果自动修正"Yule-Walker 等式"，从而得到其分母系数。而分子系数通过下面几个步骤获得：①计算对应于功率谱的分子多项式；②对应于分子分母多项式，计算完整的频率响应；③利用频谱分解技术获得滤波器的冲激响应;④利用最小平方拟合冲激响应,获得分子多项式。

函数[b,a]=yulewalk(n,f,m)返回包括 n 阶 IIR 滤波器的 n+1 个分子和分母行向量 b 和 a,滤波器的幅度特性是对由向量 f 和 m 给定值的近似。

f 和 m 能够描述包括多带在内的近似分段(piece-wise)线性幅值响应曲线。f 是频率点向量,范围从 0 到 1,其中 1 代表 Nyquist 频率(取样频率的一半),f 的第一个点必须是 0,最后一个点是 1,中间点顺序增加,允许相同的频率点存在。m 是在 f 的频率点上期望的幅度响应的向量。f 和 m 必须具有相同的长度。

要注意的一点是函数 yulewalk 输入参量中不包括相位信息。

4.10.3 IIR 数字滤波器实现结构函数

1. IIR 数字滤波器的级联型实现结构

- [z,p,k]=tf2zp(num,den)
- sos=zp2sos(z,p,k)
- [b,a]=sos2tf(sos)

对于一个离散系统,可以用以下几种模型来表示它的差分方程:

① 传输函数;

② 零极点增益;

③ 部分分式;

④ 二次分式;

⑤ 状态空间;

⑥ 卷积矩阵。

根据具体的应用情况,选择合适的差分方程表示方法,从而得到不同的网络实现结构。

传输函数 $H(z)$可以用如下形式的二次分式表示为

$$H(z)=\prod_{i=1}^{L}\frac{\alpha_{0i}+\alpha_{1i}z^{-1}+\alpha_{2i}z^{-2}}{\beta_{0i}+\beta_{1i}z^{-1}+\beta_{2i}z^{-2}}$$

其中,L 为描述系统的二次分式的数目。Matlab 用一个 $L\times6$ 矩阵 sos 来表示离散系统的二次分式,sos 的每一行包含两个二次分式,由 3 个分子系数和 3 个分母系数组成。

$$\text{sos}=\begin{bmatrix}\alpha_{01} & \alpha_{11} & \alpha_{21} & \beta_{01} & \beta_{11} & \beta_{21}\\ \alpha_{02} & \alpha_{12} & \alpha_{22} & \beta_{02} & \beta_{12} & \beta_{22}\\ \vdots & \vdots & \vdots & \vdots & \vdots & \vdots\\ \alpha_{0L} & \alpha_{1L} & \alpha_{2L} & \beta_{0L} & \beta_{1L} & \beta_{2L}\end{bmatrix}$$

已知滤波器直接形式(传输函数)的系数$\{b_n\}$和$\{a_n\}$,可以得到级联型滤波器的系数$\{\alpha_n\}$和$\{\beta_n\}$。Matlab 提供了许多函数来实现不同线性系统模型之间的转换,虽然其中没有提供传输函数到二次分式的直接转换,但可以通过把传输函数转换为零极点形式,再把零极点形式转化为二次分式形式。IIR 滤波器差分方程不同表式形式直接的相互转换如表 4.11 所示。

函数[z,p,k]=tf2zp(num,den)完成传输函数到零极点形式的转换,传输函数如下:

$$\frac{\mathrm{num}(z)}{\mathrm{den}(z)}=\frac{\mathrm{num}(1)z^{m-1}+\cdots+\mathrm{num}(m-1)z+\mathrm{num}(m)}{\mathrm{den}(1)z^{nd-1}+\cdots+\mathrm{den}(nd-1)z+\mathrm{den}(nd)}$$

而零极点形式为

$$H(z)=\frac{Z(z)}{p(z)}=k\frac{(z-Z(1))(z-Z(2))\cdots(z-Z(m))}{(z-p(1))(z-p(2))\cdots(z-p(n))}$$

函数 sos=zp2sos(z,p,k)完成从系统的零极点增益表示到二次分式的表示,得到的结果就是上面表示的二次分式的系数矩阵 sos。

函数[b,a]=sos2tf(sos)把级联形式转换为直接形式(传输函数)。

表 4.11　IIR 滤波器差分方程不同表示形式直接的相互转换

	传输函数	状态-空间	零极点	部分分式	格形滤波	二次分式	卷积 matrix
传输函数		tf2ss	tf2zp roots	residuez	tf2latc		convmtx
状态-空间	ss2tf		ss2zp			ss2sos	
零极点	zp2tf poly	zp2ss				zp2sos	
部分分式	residuez						
格形滤波器	latc2tf						
sos	sos2tf	sos2ss	sos2zp				

2. IIR 数字滤波器的并联型实现结构

- [C,B,A]=dir2par(b,a)
- [b,a]=par2dir(C,B,A)

可把单实根的一阶式看作二阶式的特例,因此,$H(z)$可分解为实系数二阶因式,有

$$H(z)=\sum_{i=1}^{K}\frac{B_{0i}+B_{1i}z^{-1}}{1+A_{1i}z^{-1}+A_{2i}z^{-2}}+\sum_{i=0}^{M-N}C_i z^{-i}$$

下面给出的[C,B,A]=dir2par(b,a)函数把直接型系数$\{b_n\}$和$\{a_n\}$转换成并联形式系数$\{B_i\}$和$\{A_i\}$。

```
function[C,B,A] = dir2par(b,a);
% DIRECT - form to PARALLEL - form conversion
% -----------------------------------------------------
% [C,B,A] = dir2par(b,a)
% C = Polynomial part when length(b) >=  length(a)
% B = K by 2 matrix of real coefficients containing bk's
% A = K by 3 matrix of real coefficients containing ak's
% b = numerator polynomial coefficients of DIRECT form
% a = denominator polynomial coefficients of DIRECT form

M = length(b); N = length(a);
```

```
[r1,p1,C] = residuez(b,a);

p = cplxpair(p1,10000000 * eps);
I = cplxcomp(p1,p);
r = r1(I);
K = floor(N/2); B = zeros(K,2); A = zeros(K,3);

if K * 2 = = N; %N even, order of A(z) odd, one factor is first order
   for i = 1:2:N-2
        Brow = r(i:1:i+1,:);
        Arow = p(i:1:i+1,:);
        [Brow,Arow] = residuez(Brow,Arow,[]);
        B(fix((i+1)/2),:) = real(Brow);
        A(fix((i+1)/2),:) = real(Arow);
  end
  [Brow,Arow] = residuez(r(N-1),p(N-1),[]);
  B(K,:) = [real(Brow) 0]; A(K,:) = [real(Arow) 0];
else
     for i = 1:2:N-1
    Brow = r(i:1:i+1,:);
    Arow = p(i:1:i+1,:);

    [Brow,Arow] = residuez(Brow,Arow,[]);

    B(fix((i+1)/2),:) = real(Brow);

    A(fix((i+1)/2),:) = real(Arow);
  end
end

function I = cplxcomp(p1,p2)
 % I = cplxcomp(p1,p2)
 % Compares two complex pairs which contain the same scalar elements
 % but (possibly) at differrent indices. This routine should be
 % used after CPLXPAIR routine for rearranging pole vector and its
 % corresponding residue vector.
 %     p2 = cplxpair(p1)
```

```
I = [];
for j = 1:1:length(p2)
    for i = 1:1:length(p1)
    if (abs(p1(i) - p2(j)) < 0.0001)
      I = [I,i];
      end
   end
end

I = I';
```

dir2par 函数首先在 z 域反复运用 residuez 函数计算部分分式展开，其中需要把极点-留数对按复共轭极点-留数对、实极点-留数对的顺序进行排列，用 Matlab 中的 cplxpair 函数可做到这一点，它可把复数数组分类为复共轭对，但同时数组中元素的下标也发生了变化。为了保证极点和留数的相互对应，调用一个新的函数 cplxcomp。得到对应的极点-留数对后，dir2par 函数用 residuez 函数的逆形式计算双二阶环节的分子和分母。

函数[b,a]=par2dir(C,B,A)用来从并联形式得到直接形式，它计算每一个双二阶环节的极点和留数，然后把它们组合成系统的极点和留数。再调用 residuez 的逆形式，计算分子和分母多项式。

```
function [b,a] = par2dir(C,B,A);

% PARALLEL-to-DIRECT form conversion
%-----------------------------------------
% [b,a] = par2dir(C,B,A)
% b = numerator polynomial coefficients of DIRECT form
% a = denominator polynomial coefficients of DIRECT form
% C = Polynomial part of PARALLEL form
% B = K by 2 matrix of real coefficients containing bk's
% A = K by 3 matrix of real coefficients containing ak's

[K,L] = size(A); R = []; P = [];

for i = 1:1:K
  [r,p,k] = residuez(B(i,:),A(i,:));
  R = [R;r]; P = [P;p];
end
```

```
[b,a] = residuez(R,P,C);
b = b(:)'; a = a(:)';
```

习　题

4.1　根据给定的模拟滤波器的幅度响应平方,确定模拟滤波器的传输函数 $H(s)$。

(1) $|H(\mathrm{j}\Omega)|^2=\dfrac{1}{1+64\Omega^6}$;(2) $|H(\mathrm{j}\Omega)|^2=\dfrac{16(25-\Omega^2)^2}{(49+\Omega^2)(36+\Omega^2)}$。

4.2　设计一个模拟巴特沃思低通滤波器。给定的技术要求为:通带最高频率 $f_{\mathrm{p}}=500\mathrm{Hz}$,通带衰减要不大于 3dB;阻带起始频率 $f_{\mathrm{s}}=1\mathrm{kHz}$,阻带内衰减要不小于 40dB。

4.3　设计一个模拟切比雪夫低通滤波器,给定的技术要求为:通带最高频率 $f_{\mathrm{p}}=500\mathrm{Hz}$,通带衰减要不大于 1dB;阻带起始频率 $f_{\mathrm{s}}=1\mathrm{kHz}$,阻带内衰减要不小于 40dB。

4.4　分别用巴特沃思、切比雪夫逼近设计一个带通滤波器,满足下面的条件:

$$\begin{cases} A_{\mathrm{p}}=1.0\mathrm{dB} \\ A_{\mathrm{s}}=40\mathrm{dB} \\ \Omega_{\mathrm{s}_1}=1394\pi\ \mathrm{rad/s} \\ \Omega_{\mathrm{p}_1}=1510\pi\ \mathrm{rad/s} \\ \Omega_{\mathrm{p}_2}=1570\pi\ \mathrm{rad/s} \\ \Omega_{\mathrm{s}_2}=1704\pi\ \mathrm{rad/s} \end{cases}$$

4.5　一个取样数字处理低通滤波器如图 4.56 所示。$H(z)$的截止频率为 $\omega_{\mathrm{c}}=0.2\pi$,整个系统相当于一个模拟低通滤波器,今取样频率为 $f_{\mathrm{s}}=1\mathrm{kHz}$,问等效模拟低通滤波器的截止频率 f_{c} 为多少?

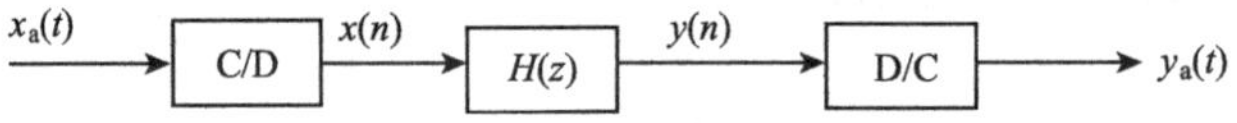

图 4.56

若取样频率分别改为 $f_{\mathrm{s}}=5\mathrm{kHz}$,200Hz,而 $H(z)$不变,问这时等效低通滤波器的截止频率又为多少?

4.6　用冲激响应不变法将以下 $H(s)$转换为 $H(z)$,取样周期为 T_0。

(1) $H(s)=\dfrac{s+a}{(s+a)^2+b^2}$;(2) $H(s)=\dfrac{A}{(s-s_0)^2}$;(3) $H(s)=\dfrac{A}{(s-s_0)^m}$,$m$ 为任意正整数。

4.7　用冲激响应不变法及双线性变换法将下面模拟传输函数变为数字传输函数 $H(z)$,取样周期为 $T=0.5$。

(1) $H(s)=\dfrac{2}{s^2+4s+3}$;(2) $H(s)=\dfrac{3s+2}{2s^2+3s+1}$;(3) $H(s)=\dfrac{1}{(s^2+0.76722s+1.33863)(s+0.76722)}$。

4.8　用冲激响应不变法把冲激响应为 $h(t)=\mathrm{e}^{-2t}u(t)$的模拟滤波器转换为对应的数字滤波器。

(1) 分别对 $T=1.0$ 秒和 $T=0.5$ 秒两种取样间隔,求数字滤波器幅度响应$|H(\mathrm{e}^{\mathrm{j}\omega})|$的表达式;

(2) 画出上述数字滤波器的幅度响应,并与模拟滤波器幅度响应进行比较。模拟滤波器幅度响应为$|H(\mathrm{j}\Omega)|=1/\sqrt{4+\Omega^2}$,范围 0~4Hz,两个滤波器定标直流增益为 1。

4.9　把下面模拟低通滤波器的传输函数 $H(s)$,用冲激响应不变法变换为数字滤波器的传输函数,取样频率为 $f_{\mathrm{s}}=1.6\mathrm{Hz}$,写出模拟滤波器和数字滤波器的幅度响应。

$$H(s)=\frac{1}{s^2+s+1}$$

4.10　设取样频率为 10kHz，用冲激响应不变法设计一个数字低通巴特沃思滤波器，要求通带边缘频率为 1kHz，通带衰减不大于 1dB，阻带边缘频率为 1.5kHz，阻带衰减不小于 15dB。

4.11　用双线性变换法设计一个数字低通巴特沃思滤波器，取样频率为 $f_s=25\text{kHz}$，3dB 截止频率为 1kHz，在 12kHz 处阻带衰减为 −30dB。求其差分方程，并画出滤波器的幅度响应。

4.12　具有 −3dB 截止频率 Ω_p 的二阶的模拟低通巴特沃思滤波器的传输函数为

$$H(s)=\frac{\Omega_p^2}{s^2+\sqrt{2}\Omega_p s+\Omega_p^2}$$

用双线性变换法设计数字低通巴特沃思滤波器，取样频率为 $f_s=4\text{kHz}$，3dB 截止频率为 $f_c=500\text{Hz}$。

4.13　用双线性变换法设计一个切比雪夫数字低通滤波器，取样频率为 $f_s=20\text{kHz}$，通带边缘频率为 5kHz，其衰减为 1dB，阻带边缘频率为 7.5kHz，其衰减为 32dB。

4.14　双线性变换法设计一个 6 阶数字带通巴特沃思滤波器，取样频率为 $f_s=720\text{Hz}$，上下边带截止频率分别为 $f_1=60\text{Hz}$，$f_2=300\text{Hz}$。

4.15　用双线性变换法设计一个满足下面指标要求的数字高通巴特沃思滤波器：通带 2～4kHz、通带波动 3dB、阻带 0～500Hz、阻带衰减 20dB，取样频率为 8kHz。

4.16　用双线性变换法设计一个满足下面指标要求的数字带通巴特沃思滤波器：通带上下边缘频率各为 200Hz 和 300Hz，通带波动 3dB，阻带上下边缘频率分别为 50Hz 和 450Hz，阻带衰减 20dB，取样频率为 1kHz。

4.17　用双线性变换法设计一个满足下面指标要求的数字带阻巴特沃思滤波器：通带上下边带各为 0～50Hz 和450～500Hz，通带波动 3dB，阻带为 200～300Hz，阻带衰减 20dB，取样频率为 1kHz。

4.18　用直接型及正准型结构实现下面的滤波器，并分别写出相应的差分方程。

$$H(z)=\frac{2-3z^{-1}+4z^{-3}}{1+0.2z^{-1}-0.3z^{-2}+0.5z^{-4}}$$

4.19　用直接型以及正准型结构实现以下传输函数：

(1) $H(z)=0.8\dfrac{3z^3+2z^2+2z+6}{z^3+4z^2+3z+2}$；(2) $H(z)=\dfrac{-5+2z^{-1}-0.5z^{-2}}{1+3z^{-1}+3z^{-2}+z^{-3}}$；(3) $H(z)=\dfrac{-z+2}{8z^2-2z-3}$。

4.20　用级联型实现以下传输函数：

(1) $H(z)=\dfrac{9-4z^{-2}+4z^{-4}}{1+0.84z^{-2}+0.25z^{-4}}$；

(2) $H(z)=\dfrac{1-1.5z^{-1}+0.48z^{-2}-0.33z^{-3}+0.9376z^{-4}-0.5328z^{-5}}{1+2.2z^{-1}+1.77z^{-2}+0.52z^{-3}}$；

(3) $H(z)=\dfrac{1+z^{-8}}{1-0.0625z^{-8}}$。

4.21　级联型及并联型实现以下传输函数：

(1) $H(z)=\dfrac{3z^3-3.5z^2+2.5z}{(z^2-z+1)(z-0.5)}$；

(2) $H(z)=\dfrac{4z^3-2.8284z^2+z}{(z^2-1.4142z+1)(z+0.7071)}$；

(3) $H(z)=\dfrac{0.1432(1+3z^{-1}+3z^{-2}+z^{-3})}{1-0.1801z^{-1}+0.3419z^{-2}-0.0165z^{-3}}$。

4.22　设滤波器的差分方程为 $y(n)=x(n)+\dfrac{1}{3}x(n-1)+\dfrac{3}{4}y(n-1)-\dfrac{1}{8}y(n-2)$，试用直接型、正准型及全部一阶的级联型、并联型结构实现。

第 5 章　FIR 数字滤波器设计和实现

有限冲激响应滤波器(finite impulse response filter,FIR)也称为非递归滤波器,其输出仅取决于现在的输入 $x(n)$ 和有限个过去的输入 $x(n-1),\cdots,x(n-N+1)$,而与过去的输出无关。输入为 $x(n)$、输出为 $y(n)$ 的 $N-1$ 阶 FIR 滤波器可用差分方程描述为

$$\begin{aligned} y(n) &= b_0x(n)+b_1x(n-1)+\cdots+b_{N-1}x(n-N+1) \\ &= \sum_{k=0}^{N-1}b_kx(n-k) \end{aligned} \tag{5.1}$$

式中,$\{b_k\}$为滤波器的系数组。对于线性时不变系统,可将输出序列表示为系统的冲激响应 $h(n)$与输入序列的卷积,即

$$y(n)=\sum_{k=0}^{N-1}h(k)x(n-k) \tag{5.2}$$

式中,卷积求和的上限和下限反映了滤波器的因果关系和有限时宽特性。比较式(5.1)和式(5.2)可得出 $b_k=h(k)$,$k=0,1,2,\cdots,N-1$,即滤波器的系数组由系数的冲激响应 $h(n)$来决定。

FIR 滤波器的传输函数可表示为

$$H(z)=\sum_{k=0}^{N-1}h(k)z^{-k} \tag{5.3}$$

现对传输函数作如下变形:

$$H(z)=\sum_{n=0}^{N-1}h(n)z^{-n}=z^{-(N-1)}\sum_{n=0}^{N-1}h(n)z^{(N-1)-n}=\frac{f(z)}{z^{N-1}} \tag{5.4}$$

由式 5.4 可知,传输函数 $H(z)$是 z^{-1}的 $N-1$ 次多项式。其零点要求 $f(z)=0$,根据代数理论,$f(z)$为 $N-1$ 阶多项式,应有 $N-1$ 个根,所以 $H(z)$在 Z 平面上就有 $N-1$ 个零点。同时在原点 $z=0$ 处 $H(z)$有 $N-1$ 阶极点。因此,FIR 系统永远是稳定的(极点都在单位圆内)。

FIR 滤波器的设计就是要确定式(5.1)中的系数组$\{b_k\}$,即确定系统的冲激响应 $h(n)$,力求用最少的系数得到所需的滤波器特性。在许多实际应用中,如图像处理、数据传输等,一般要求系统具有线性相位特性,第 4 章介绍的 IIR 数字滤波器的设计虽然简单、易于实现,且实现阶数低,但无法直接达到线性相位。而 FIR 数字滤波器的设计则可实现严格的线性相位,并且允许设计实现具有多通带或多阻带等任意幅度的系统,同时由于其冲激响应为有限长,因此可以通过使用快速傅里叶变换算法来实现滤波运算,从而大大提高运算效率。鉴于此,对于有线性相位要求的滤波器设计,通常采用 FIR 滤波器实现,否则可采用 IIR 滤波器来实现,但为取得同样滤波性能所需的 FIR 滤波器阶数要高于 IIR 的阶数。由于 FIR 滤波器的设计基本上都是针对其线性相位来进行的,因此,本章就

只对具有线性相位特性的 FIR 数字滤波器设计问题进行讨论。

5.1　相位失真

当正弦信号通过线性滤波器时，其幅度和相位都将发生改变，因为滤波器的增益 $|H(\omega)|$ 和相位 $\theta(\omega)$ 都会随着频率的变化而改变。如输入余弦信号 $A\cos(n\omega_0)$ 时，输出则为 $|H(\omega_0)|\ A\cos(n\omega_0+\theta)$，其中，相位 $\theta=\theta(\omega_0)$。输出频率和输入频率相同，但幅度和相位都发生了变化。一般输出信号比输入信号滞后的样点数 n 可由下式求得，设

$$n\omega_0+\theta=0 \tag{5.5}$$

式(5.5)确定了 $\cos(n\omega_0+\theta)$ 的角度为 0 时所对应的 n 值。求解式(5.5)得

$$n=-\frac{\theta}{\omega_0}=-\frac{\theta(\omega_0)}{\omega_0} \tag{5.6}$$

它是滤波器在数字频率 ω_0 处的相位延迟，单位为取样点数。

由于不同频率分量通过滤波器产生的相位延迟不同，最终产生了相位失真。要确保不产生相位失真，唯一的办法就是使不同频率的信号通过滤波器时有相同的延迟。然而，对所有的频率要求恒定的相移并不能达到避免相位失真的目的，这一点可从以下的例证得以说明。

方波 $y(t)$ 可以用无数正弦波的叠加得到，即

$$y(t)=\frac{4}{\pi}\left[\sin(\Omega t)+\frac{1}{3}\sin(3\Omega t)+\frac{1}{5}\sin(5\Omega t)+\frac{1}{7}\sin(7\Omega t)+\frac{1}{9}\sin(9\Omega t)+\cdots\right]$$

如果每个正弦波相移 $\pi/2$rad，结果为

$$\begin{aligned}y_p(t)&=\frac{4}{\pi}\left[\sin\left(\Omega t-\frac{\pi}{2}\right)+\frac{1}{3}\sin\left(3\Omega t-\frac{\pi}{2}\right)+\frac{1}{5}\sin\left(5\Omega t-\frac{\pi}{2}\right)\right.\\&\quad\left.+\frac{1}{7}\sin\left(7\Omega t-\frac{\pi}{2}\right)+\frac{1}{9}\sin\left(9\Omega t-\frac{\pi}{2}\right)+\cdots\right]\\&=-\frac{4}{\pi}\left[\cos(\Omega t)+\frac{1}{3}\cos(3\Omega t)+\frac{1}{5}\cos(5\Omega t)\right.\\&\quad\left.+\frac{1}{7}\cos(7\Omega t)+\frac{1}{9}\cos(9\Omega t)+\cdots\right]\end{aligned}$$

可见相移之后正弦波之和已不再是方波，如图 5.1 所示。

保证所有频率的相位延迟都相等的简单方法是，使所有频率分量具有零相位差，但这是不实际的。另一个方法是随着频率的变化而改变相位，使滤波器具有线性相位特性，这样所有频率的相位延迟保持恒定，这种方法可通过使系统的相位函数 $\theta(\omega)$ 为频率 ω 的线性函数来实现。下一节内容将主要介绍具有这种线性相位特性的 FIR 滤波器的实现条件。

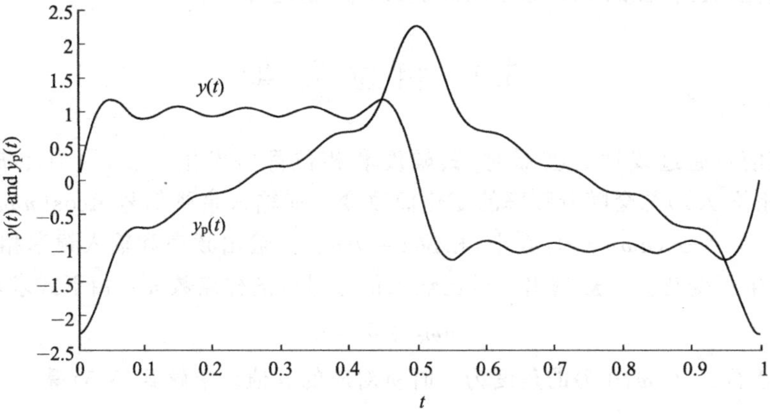

图 5.1　相位失真对信号的影响

5.2　线性相位 FIR 数字滤波器的条件和特性

5.2.1　恒延时滤波器定义

FIR 数字滤波器的频率响应为

$$H(e^{j\omega}) = H(\omega)e^{j\theta(\omega)} = \sum_{n=0}^{N-1} h(n)e^{-j\omega n} \tag{5.7}$$

式中，$H(\omega)$为幅度函数，它是一个取值可正可负的实函数。$\theta(\omega) = \arg[H(e^{j\omega})]$为相位函数。

滤波器的延时有相延时和群延时两种，它们的定义为

$$\text{相延时：} \tau_p(\omega) = -\frac{\theta(\omega)}{\omega} \tag{5.8}$$

$$\text{群延时：} \tau_g(\omega) = -\frac{d\theta(\omega)}{d\omega} \tag{5.9}$$

如果 $\tau_p(\omega)$ 或 $\tau_g(\omega)$是不随 ω 变化的常量，那么滤波器就为恒延时滤波器，这时滤波器具有线性相位特性。下面就从恒时延这一条件来推导出线性相位滤波器的实现条件及相关特性。

5.2.2　恒相延时和恒群延时同时成立

1. 成立的条件

要使相延时 $\tau_p(\omega)$、群延时 $\tau_g(\omega)$ 都为不随 ω 变化的常数，由式(5.8)、式(5.9)可知，相位函数 $\theta(\omega)$ 必须是一条经过原点的直线，如图 5.2 所示。

此时相位函数为

$$\theta(\omega) = -\tau\omega \tag{5.10}$$

由

$$H(e^{j\omega}) = \sum_{n=0}^{N-1} h(n)e^{-j\omega n}$$

$$= \sum_{n=0}^{N-1} h(n)[\cos\omega n - j\sin\omega n]$$

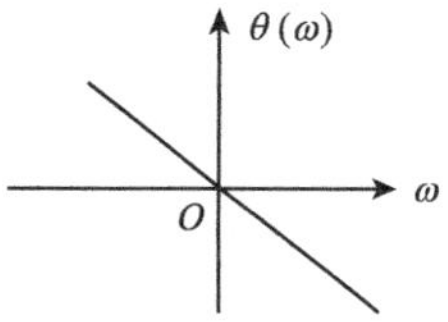

图 5.2　线性相位特性

又可将频率响应表示为

$$H(e^{j\omega}) = H(\omega)e^{j\theta(\omega)} \tag{5.11}$$

故

$$\theta(\omega) = \arg[H(e^{j\omega})] = \arctan\left[-\frac{\sum_{n=0}^{N-1} h(n)\sin\omega n}{\sum_{n=0}^{N-1} h(n)\cos\omega n}\right] = -\tau\omega$$

于是

$$\tan\tau\omega = \frac{\sum_{n=0}^{N-1} h(n)\sin\omega n}{\sum_{n=0}^{N-1} h(n)\cos\omega n} = \frac{\sin\tau\omega}{\cos\tau\omega}$$

$$\sum_{n=0}^{N-1} h(n)\sin\tau\omega\cos\omega n = \sum_{n=0}^{N-1} h(n)\cos\tau\omega\sin\omega n$$

即有

$$\sum_{n=0}^{N-1} h(n)\sin(\tau\omega - n\omega) = 0 \tag{5.12}$$

可以证明,当

$$\tau = \frac{N-1}{2} \tag{5.13a}$$

$$h(n) = h[(N-1)-n] \qquad 0 \leqslant n \leqslant N-1 \tag{5.13b}$$

时,式(5.12)成立,此时相延时 $\tau_p(\omega)$、群延时 $\tau_g(\omega)$ 相等且为常数:$\tau_p(\omega)=\tau_g(\omega)=\tau=\frac{N-1}{2}$,此时,无论 N 为偶数还是奇数,滤波器的冲激响应 $h(n)$ 都关于中心点偶对称。

由此可知,实现恒相延时和恒群延时同时成立的线性相位滤波器的条件是:系统冲激响应 $h(n)$ 关于中心轴 $(N-1)/2$ 偶对称。当 N 为奇数时对称中心轴位于整数样点上,当 N 为偶数时对称中心轴位于非整数样点上,如图 5.3 所示。下面分 N 为奇数和 N 为偶

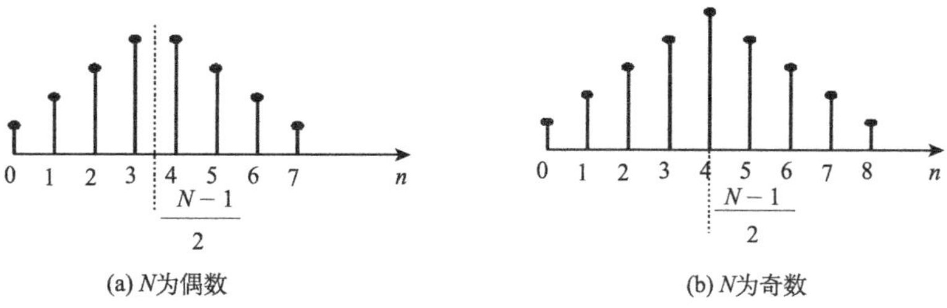

图 5.3　$h(n)$ 对中心轴偶对称

数两种情况来讨论此类线性相位 FIR 滤波器的频率响应特性。

2. $h(n)$偶对称 N 为奇数(线性相位Ⅰ型)时的频率响应

此时,由于 $h(n)$ 序列的长度为奇数,因此滤波器的频率响应函数可进行如下拆分:

$$H(\mathrm{e}^{\mathrm{j}\omega}) = \sum_{n=0}^{N-1} h(n)\mathrm{e}^{-\mathrm{j}n\omega} = \sum_{n=0}^{\frac{N-1}{2}-1} h(n)\mathrm{e}^{-\mathrm{j}n\omega} + \sum_{n=\frac{N-1}{2}+1}^{N-1} h(n)\mathrm{e}^{-\mathrm{j}n\omega} + h\left(\frac{N-1}{2}\right)\mathrm{e}^{-\mathrm{j}\frac{N-1}{2}\omega}$$

对上式中右边和式的第二项进行变量代换后可得

$$H(\mathrm{e}^{\mathrm{j}\omega}) = \sum_{n=0}^{\frac{N-1}{2}-1} h(n)\mathrm{e}^{-\mathrm{j}n\omega} + \sum_{n=0}^{\frac{N-1}{2}-1} h(N-1-n)\mathrm{e}^{-\mathrm{j}(N-1)\omega}\mathrm{e}^{\mathrm{j}n\omega} + h\left(\frac{N-1}{2}\right)\mathrm{e}^{-\mathrm{j}\frac{N-1}{2}\omega}$$

再利用对称条件 $h(n)=h(N-1-n)$ 得

$$\begin{aligned} H(\mathrm{e}^{\mathrm{j}\omega}) &= \sum_{n=0}^{\frac{N-1}{2}-1} h(n)[\mathrm{e}^{-\mathrm{j}n\omega} + \mathrm{e}^{-\mathrm{j}(N-1)\omega}\mathrm{e}^{\mathrm{j}n\omega}] + h\left(\frac{N-1}{2}\right)\mathrm{e}^{-\mathrm{j}\frac{N-1}{2}\omega} \\ &= \mathrm{e}^{-\mathrm{j}\frac{N-1}{2}\omega}\left\{h\left(\frac{N-1}{2}\right) + \sum_{n=0}^{\frac{N-1}{2}-1} h(n)\,[\mathrm{e}^{\mathrm{j}\frac{N-1}{2}\omega}\mathrm{e}^{-\mathrm{j}n\omega} + \mathrm{e}^{-\mathrm{j}\frac{N-1}{2}\omega}\mathrm{e}^{\mathrm{j}n\omega}]\right\} \\ &= \mathrm{e}^{-\mathrm{j}\frac{N-1}{2}\omega}\left\{h\left(\frac{N-1}{2}\right) + \sum_{n=0}^{\frac{N-1}{2}-1} h(n)2\cos\left[\omega\left(\frac{N-1}{2}-n\right)\right]\right\} \end{aligned} \tag{5.14}$$

现在令 $n'=\frac{N-1}{2}-n$,则式(5.14)可表示为

$$\begin{aligned} H(\mathrm{e}^{\mathrm{j}\omega}) &= \mathrm{e}^{-\mathrm{j}\frac{N-1}{2}\omega}\left\{h\left(\frac{N-1}{2}\right) + \sum_{n'=1}^{\frac{N-1}{2}} 2h\left(\frac{N-1}{2}-n'\right)\cos(n'\omega)\right\} \\ &= \mathrm{e}^{-\mathrm{j}\frac{N-1}{2}\omega}\sum_{n=0}^{\frac{N-1}{2}} a(n)\cos(n\omega) = \mathrm{e}^{\mathrm{j}\theta(\omega)}H(\omega) \end{aligned} \tag{5.15}$$

式中

$$\begin{cases} a(n) = h\left(\dfrac{N-1}{2}\right) & n = 0 \\ a(n) = 2h\left(\dfrac{N-1}{2}-n\right) & n \neq 0 \end{cases} \tag{5.16}$$

相位函数

$$\theta(\omega) = -\tau\omega = -\frac{N-1}{2}\omega \tag{5.17}$$

幅度函数

$$H(\omega) = \sum_{n=0}^{\frac{N-1}{2}} a(n)\cos(n\omega) \tag{5.18}$$

由此可见，当 $h(n)$ 为偶对称、N 为奇数时，滤波器的相位函数 $\theta(\omega)$ 是 ω 的线性函数，滤波器具有线性相位特性，这也证明了 $h(n)$ 偶对称是滤波器线性相位的充分条件。同时由于 $\cos(n\omega)$ 对于 $\omega=0$、π、2π 均为偶对称。因此，此类滤波器的幅度函数 $H(\omega)$ 对于 $\omega=0$、π、2π 也成偶对称，如图 5.4 所示。

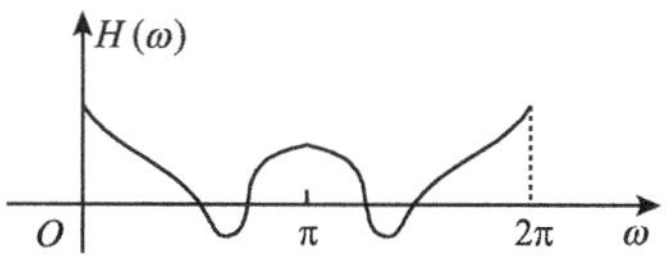

图 5.4　$h(n)$ 偶对称 N 为奇数时的频率响应特性

3. $h(n)$ 偶对称 N 为偶数(线性相位Ⅱ型)时的频率响应

此时，由于 $h(n)$ 序列的长度为偶数，因此滤波器的频率响应函数可拆分成如下两部分：

$$H(e^{j\omega}) = \sum_{n=0}^{N-1} h(n)e^{-jn\omega} = \sum_{n=0}^{\frac{N}{2}-1} h(n)e^{-jn\omega} + \sum_{\frac{N}{2}}^{N-1} h(n)e^{-jn\omega}$$

对上式中右边合式的第二项进行变量代换，然后利用 $h(n)$ 的对称性 $h(n)=h(N-1-n)$ 可得

$$\begin{aligned} H(e^{j\omega}) &= \sum_{n=0}^{\frac{N}{2}-1} h(n)e^{-jn\omega} + \sum_{n=0}^{\frac{N}{2}-1} h(N-1-n)e^{-j(N-1)\omega}e^{jn\omega} \\ &= \sum_{n=0}^{\frac{N}{2}-1} h(n)[e^{-jn\omega} + e^{-j(N-1)\omega}e^{jn\omega}] \\ &= e^{-j\frac{N-1}{2}\omega}\sum_{n=0}^{\frac{N}{2}-1} 2h(n)\,(e^{j\frac{N-1}{2}\omega}e^{-jn\omega} + e^{-j\frac{N-1}{2}\omega}e^{jn\omega}) \\ &= e^{-j\frac{N-1}{2}\omega}\sum_{n=0}^{\frac{N}{2}-1} 2h(n)\cos\left[\omega\left(\frac{N-1}{2}-n\right)\right] \end{aligned} \tag{5.19}$$

再令 $n'=\frac{N}{2}-n$，这时可得

$$\begin{aligned} H(e^{j\omega}) &= e^{-j\frac{N-1}{2}\omega}\sum_{n'=1}^{\frac{N}{2}} 2h\left(\frac{N}{2}-n'\right)\cos\left[\omega\left(n'-\frac{1}{2}\right)\right] \\ &= e^{-j\frac{N-1}{2}\omega}\sum_{n=1}^{\frac{N}{2}} b(n)\cos\left[\left(n-\frac{1}{2}\right)\omega\right] \\ &= H(\omega)e^{j\theta(\omega)} \end{aligned} \tag{5.20}$$

式中

$$b(n) = 2h\left(\frac{N}{2}-n\right) \qquad n = 1,\ 2,\cdots,N/2 \tag{5.21}$$

相位函数

$$\theta(\omega)=-\tau\omega=-\frac{N-1}{2}\omega \tag{5.22}$$

幅度函数

$$H(\omega)=\sum_{n=1}^{\frac{N}{2}}b(n)\cos\left[\left(n-\frac{1}{2}\right)\omega\right] \tag{5.23}$$

由此结果可以看出,当 $h(n)$ 偶对称,N 为偶数时,滤波器具有严格的线性相位,且幅度函数具有以下特性:

(1) 在 $\omega=\pi$ 处,有 $H(\pi)=\sum_{n=1}^{\frac{N}{2}}b(n)\cos\left[\left(n-\frac{1}{2}\right)\pi\right]=0$,即 $H(\pi)$ 的值与 $b(n)$ 或 $h(n)$ 无关,恒为 0,这说明传输函数 $H(z)$ 在 $z=-1$ 处必有一个零点。因此,这种类型(即 $h(n)$ 偶对称,N 为偶数)不能用于高通或带阻滤波器的设计,因为高通或带阻滤波器在 $\omega=\pi$ 处 $H(z)$ 不能为 0。

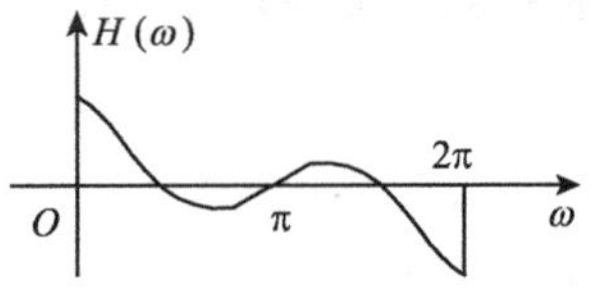

图 5.5　$h(n)$ 偶对称 N 为偶数时的频率响应特性

(2) 因为 $\cos\left[\left(n-\frac{1}{2}\right)\omega\right]$ 以 $\omega=\pi$ 为奇对称,所以 $H(\omega)$ 以 $\omega=\pi$ 为奇对称,以 $\omega=0,2\pi$ 为偶对称。如图 5.5 所示。

因此,综合以上讨论可知,FIR 滤波器同时满足恒定相延时和群延时的条件为:冲激响应 $h(n)$ 对 $n=(N-1)/2$ 成偶对称,此时,无论 N 为奇数或偶数,滤波器均具有严格的线性相位:$\theta(\omega)=-\frac{N-1}{2}\omega$。信号通过此类滤波器时仅产生 $(N-1)/2$ 个取样点的延迟。

5.2.3　恒群延时单独成立

1. 成立的条件

当只有恒群延时条件成立,即 $\tau_g(\omega)$ 为常数,而 $\tau_p(\omega)$ 为非常数时,由式(5.9)可知,此时相位特性为不过原点的直线。这种情况下除了产生线性相位外,还附加有固定相移 φ,如图5.6所示。

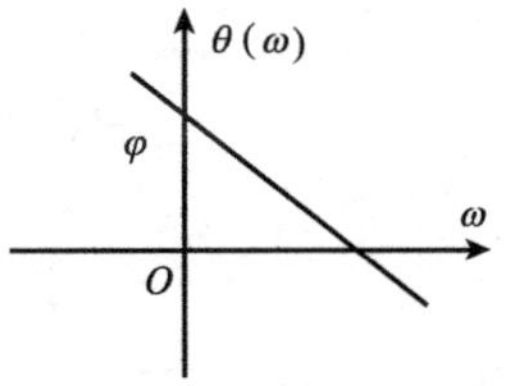

图 5.6　线性相位特性

此时相位函数为

$$\theta(\omega)=\varphi-\tau\omega \tag{5.24}$$

因为

$$H(e^{j\omega})=\sum_{n=0}^{N-1}h(n)e^{-j\omega n}=\sum_{n=0}^{N-1}h(n)(\cos\omega n-j\sin\omega n)$$

又

$$H(e^{j\omega})=H(\omega)e^{j\theta(\omega)}$$

于是有

$$\theta(\omega) = \arg[H(e^{j\omega})] = \arctan\left[-\frac{\sum_{n=0}^{N-1}h(n)\sin\omega n}{\sum_{n=0}^{N-1}h(n)\cos\omega n}\right] = \varphi - \tau\omega$$

$$\tan[\varphi - \tau\omega] = \frac{-\sum_{n=0}^{N-1}h(n)\sin\omega n}{\sum_{n=0}^{N-1}h(n)\cos\omega n} = \frac{\sin(\varphi - \tau\omega)}{\cos(\varphi - \tau\omega)}$$

故有

$$\sum_{n=0}^{N-1}h(n)\cos\omega n\sin(\varphi - \tau\omega) = -\sum_{n=0}^{N-1}h(n)\sin\omega n\cos(\varphi - \tau\omega)$$

即

$$\sum_{n=0}^{N-1}h(n)\sin[(n-\tau)\omega + \varphi] = 0 \tag{5.25}$$

同样可以证明,存在使式(5.25)成立的一组条件为

$$\tau = \frac{N-1}{2} \tag{5.26a}$$

$$h(n) = -h[(N-1)-n] \quad 0 \leqslant n \leqslant N-1 \tag{5.26b}$$

$$\varphi = (2k+1)\frac{\pi}{2} \quad k = 0, \pm 1, \pm 2, \cdots, \pm\infty \tag{5.26c}$$

对于式(5.26c)中 k 的取值,实际应用中只考虑 $k=0$,即 $\varphi=+\pi/2$ 这一种情况,因为幅度函数 $H(\omega)$ 是可正可负的实数,且具有周期性,因此,k 取其他值时的情况都可包含在 $k=0$ 情况中。

到此我们得到 FIR 滤波器单独满足恒定群延时的条件为:冲激响应 $h(n)$ 对 $n=(N-1)/2$ 成奇对称。此时,无论 N 为奇数或偶数,滤波器的相位函数均为线性,并包含有 $\pi/2$ 的固定相移,即

$$\theta(\omega) = \frac{\pi}{2} - \frac{N-1}{2}\omega \tag{5.27}$$

因此,信号通过此类滤波器时不仅产生 $(N-1)/2$ 个取样点的延迟,还将产生 90°的相移。通常这类滤波器被称为 90°移相器或正交变换器,适用于逼近理想数字希尔伯特变换器和微分器,具有很好的实用价值。理想的希尔伯特变换器是一个全通滤波器,它对输入信号产生 90 度的相移,并被广泛应用于实现通信系统中的信号调制。微分器则广泛应用于模拟和数字系统中对信号实现求导运算。

当 N 为奇数时,由于

$$h\left(\frac{N-1}{2}\right) = -h\left(N-1-\frac{N-1}{2}\right) = -h\left(\frac{N-1}{2}\right)$$

因此必然有 $h\left(\frac{N-1}{2}\right)=0$,如图 5.7 所示。下面分 N 为奇数和偶数两种情况来讨论恒群延时单独成立时的线性相位 FIR 滤波器频率响应特性。

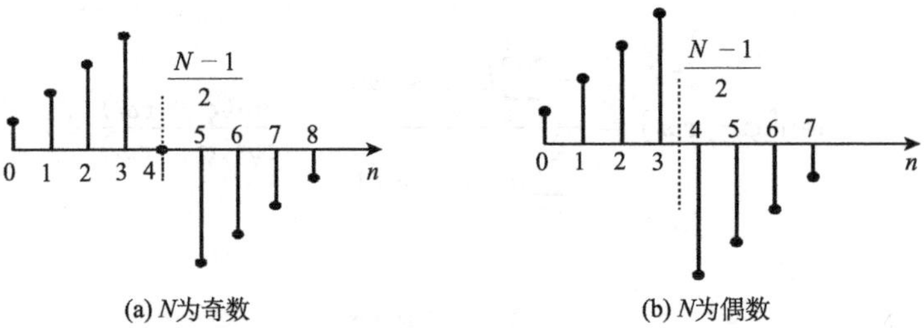

图 5.7　$h(n)$为奇对称时的情况

2. $h(n)$ 奇对称 N 为奇数(线性相位Ⅲ型)时的频率响应

在 $h(n)=-h(N-1-n)$及 N 为奇数的前提下,此时 $h\left(\frac{N-1}{2}\right)=0$,用与上面相同的方法可得到此时频率响应的表达式,有

$$\begin{aligned}H(e^{j\omega}) &= e^{-j\frac{N-1}{2}\omega}\left[\sum_{n=0}^{\frac{N-1}{2}-1}2h(n)j\sin\left(\frac{N-1}{2}-n\right)\omega\right]+h\left(\frac{N-1}{2}\right)e^{-j\frac{N-1}{2}\omega} \\ &= je^{-j\frac{N-1}{2}\omega}\left[\sum_{n=0}^{\frac{N-1}{2}-1}2h(n)\sin\left(\frac{N-1}{2}-n\right)\omega\right] \\ &= e^{j\left(\frac{\pi}{2}-\frac{N-1}{2}\omega\right)}\left[\sum_{n=0}^{\frac{N-1}{2}-1}2h(n)\sin\left(\frac{N-1}{2}-n\right)\omega\right]\end{aligned} \tag{5.28}$$

令 $n'=\frac{N-1}{2}-n$,此时上式可表示为

$$H(e^{j\omega}) = e^{j\left(\frac{\pi}{2}-\frac{N-1}{2}\omega\right)}\sum_{n=1}^{\frac{N-1}{2}}c(n)\sin n\omega = H(\omega)e^{j\theta(\omega)} \tag{5.29}$$

其中

$$c(n) = 2h\left(\frac{N-1}{2}-n\right) \qquad n=1,\ 2,\ \cdots,(N-1)/2 \tag{5.30}$$

幅度函数

$$H(\omega) = \sum_{n=1}^{\frac{N-1}{2}}c(n)\sin(n\omega) \tag{5.31}$$

相位函数

$$\theta(\omega)=\frac{\pi}{2}-\frac{N-1}{2}\omega \tag{5.32}$$

由此也证明了，$h(n)$对 $n=(N-1)/2$ 成奇对称是滤波器线性相位的充分条件。

由以上分析可以得出，当 $h(n)$为奇对称、N 为奇数时系统频率响应的特点：

(1) 因为 $\sin(n\omega)$在 $\omega=0,\pi,2\pi$ 处，都呈奇对称，因此幅度函数 $H(\omega)$ 在 $\omega=0$、π、2π 处也呈奇对称，如图 5.8 所示；

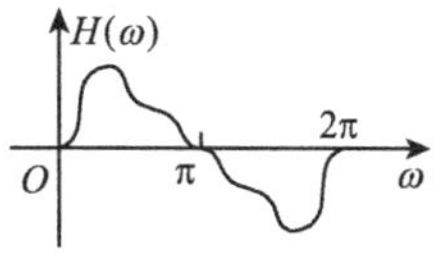

图 5.8　$h(n)$ 奇对称 N 为奇数时的频率响应特性

(2) 由于在 $\omega=0$、π、2π 处，对于任意 $c(n)$ 或 $h(n)$ 的取值都有

$$H(\omega)=\sum_{n=1}^{\frac{N-1}{2}}c(n)\sin n\omega=0$$

也就是传输函数 $H(z)$在 $z=\pm1$ 处有零点，因此，这种类型的滤波器既不适用于低通滤波器的实现也不适用于高通滤波器的实现。

3. $h(n)$ 奇对称 N 为偶数(线性相位Ⅳ型)时的频率响应

用相同的分析方法，可以同样得到此类滤波器的频率响应函数表示式为

$$H(e^{j\omega})=e^{j\left(\frac{\pi}{2}-\frac{N-1}{2}\omega\right)}\sum_{n=1}^{\frac{N}{2}}d(n)\sin\left(n-\frac{1}{2}\right)\omega=H(\omega)e^{j\theta(\omega)} \tag{5.33}$$

式中

$$d(n)=2h\left(\frac{N}{2}-n\right)\qquad n=1,\ 2,\cdots,N/2 \tag{5.34}$$

$$H(\omega)=\sum_{n=1}^{\frac{N}{2}}d(n)\sin\left[\left(n-\frac{1}{2}\right)\omega\right] \tag{5.35}$$

$$\theta(\omega)=\frac{\pi}{2}-\frac{N-1}{2}\omega \tag{5.36}$$

由以上结果可以得出，当 $h(n)$ 为奇对称、N 为偶数时系统频率响应的特点：

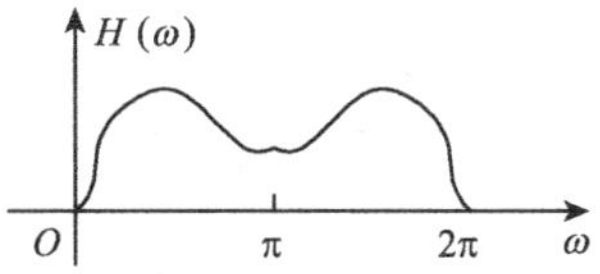

图 5.9　$h(n)$ 奇对称 N 为偶数时的幅度响应特性

(1) 由于 $\sin\left[\omega\left(n-\frac{1}{2}\right)\right]$在 $\omega=0,2\pi$ 处为奇对称，在 $\omega=\pi$ 处为偶对称，因此其幅度函数在 $\omega=0,2\pi$ 处也为奇对称，在 $\omega=\pi$ 处也为偶对称，如图 5.9 所示；

(2) 由于在 $\omega=0,2\pi$ 处，有

$$H(e^{j\omega})=\sum_{n=1}^{\frac{N}{2}}d(n)\sin\left(n-\frac{1}{2}\right)\omega=0$$

与 $d(n)$ 或 $h(n)$ 的取值无关，因此传输函数 $H(z)$ 在 $z=1$ 处为零点。显然，这种类型不能用于实现低通滤波器。

总结以上分析结果可知，线性相位 FIR 滤波器实现的约束条件是：对于任意给定的

数值 N(奇数或偶数),冲激响应 $h(n)$相对其中心轴$\frac{N-1}{2}$必须成偶对称或奇对称,此时滤波器的相位特性是线性的,且群延时为常数 $\tau=\frac{N-1}{2}$。

由于$h(n)$有奇对称和偶对称两种情况,$h(n)$的点数 N 又有奇数、偶数之分,因此,$h(n)$可以有 4 种不同的类型,分别对应于 4 种线性相位 FIR 数字滤波器:$h(n)$ 偶对称 N 为奇数,$h(n)$ 偶对称 N 为偶数,$h(n)$ 奇对称 N 为奇数,$h(n)$ 奇对称 N 为偶数。4 种线性相位 FIR 滤波器的特性归纳对比如表 5.1 所示。

表 5.1　线性相位 FIR 滤波器特性

	偶对称 $h(n)=h(N-1-n)$	奇对称 $h(n)=-h(N-1-n)$
相位函数	$\theta(\omega)=-\frac{N-1}{2}\omega$ 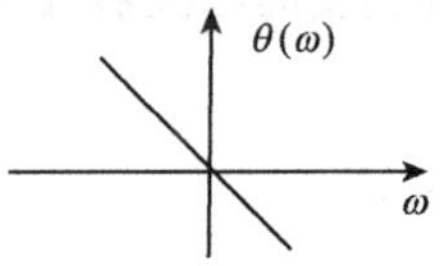	$\theta(\omega)=\frac{\pi}{2}-\frac{N-1}{2}\omega$ 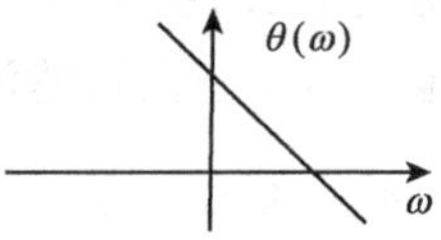
N 为奇数	幅度函数:$H(\omega)=\sum_{n=0}^{\frac{N-1}{2}}a(n)\cos(n\omega)$ $a(n)=h\left(\frac{N-1}{2}\right)\quad n=0$ $a(n)=2h\left(\frac{N-1}{2}-n\right)\quad n\neq 0$ 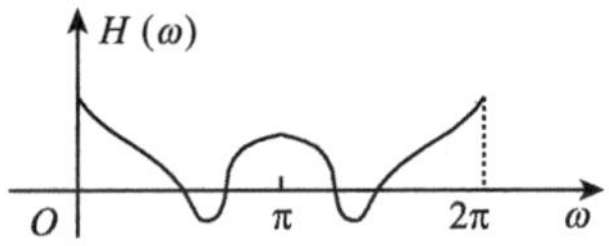	幅度函数:$H(\omega)=\sum_{n=1}^{\frac{N-1}{2}}c(n)\sin(n\omega)$ $c(n)=2h\left(\frac{N-1}{2}-n\right)\quad n=1,2,\cdots,(N-1)/2$ 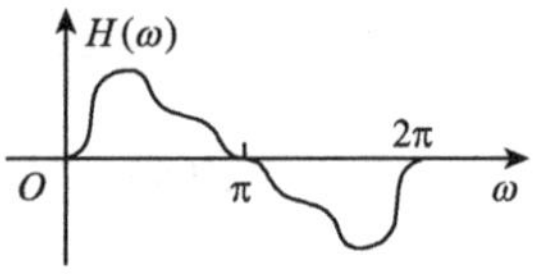
N 为偶数	幅度函数:$H(\omega)=\sum_{n=1}^{\frac{N}{2}}b(n)\cos\left[\left(n-\frac{1}{2}\right)\omega\right]$ $b(n)=2h\left(\frac{N}{2}-n\right)\quad n=1,2,\cdots,N/2$ 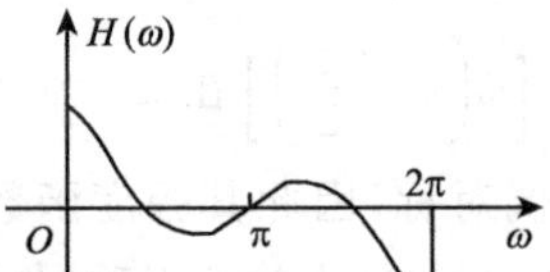	幅度函数:$H(\omega)=\sum_{n=1}^{\frac{N}{2}}d(n)\sin\left(n-\frac{1}{2}\right)\omega$ $d(n)=2h\left(\frac{N}{2}-n\right)\quad n=1,2,\cdots,N/2$ 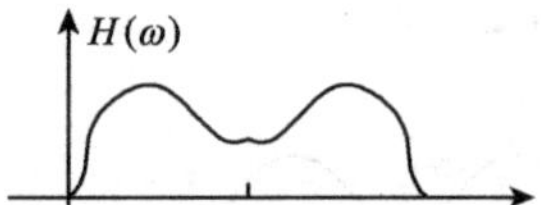

5.2.4　线性相位 FIR 滤波器的零点分布特性

对于具有线性相位特点的滤波器有

$$h(n)=\pm h(N-1-n)\qquad n=0,\cdots,N-1 \tag{5.37}$$

因此传输函数为

$$H(z)=\sum_{n=0}^{N-1}h(n)z^{-n}=\pm\sum_{n=0}^{N-1}h(N-1-n)z^{-n} \tag{5.38}$$

现令 $m=N-1-n$，则有

$$H(z)=\pm\sum_{m=0}^{N-1}h(m)z^{-(N-1-m)}=\pm z^{-(N-1)}\sum_{m=0}^{N-1}h(m)z^{m}=\pm z^{-(N-1)}H(z^{-1})$$

于是

$$H(z)=\pm z^{-(N-1)}H(z^{-1}) \tag{5.39}$$

这一结果意味着多项式 $H(z)$ 具有与多项式 $H(z^{-1})$ 相同的根，因此，$H(z)$ 的根必须以互为倒数对的形式出现。即：如果 z_i 是 $H(z)$ 的零点，有 $H(z_i)=0$，则相应地就有 $H(z_i^{-1})=0$，即 z_i^{-1} 亦为 $H(z)$ 的零点。同时，由于滤波器的冲激响应 $h(n)$ 是一个实序列，所以 $H(z)$ 的零点必然以共轭对的形式出现，故 z_i^*、$(z_i^{-1})^*$ 亦必为其零点，这样线性相位 FIR 滤波器的零点之间必然是互为倒数的共轭对关系，于是对应的零点有

$$z_i, z_i^*, \frac{1}{z_i}, \frac{1}{z_i^*}$$

具体分析可以得到以下 4 种零点的分布情况，如图5.10所示。

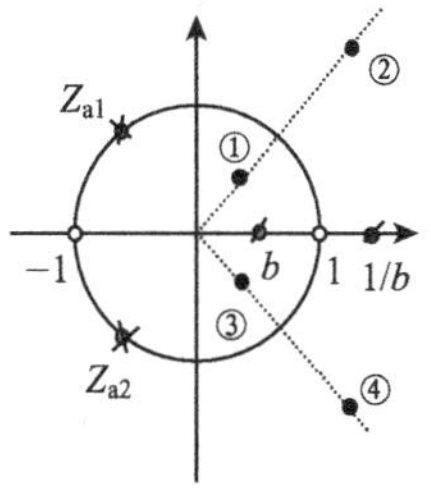

图 5.10　线性相位 FIR 零点分布

(1) 一般情况下，当零点 $z_i=r_i e^{j\theta_i}$ 既不在实轴上($\theta_i\neq 0$)，也不在单位圆上($r_i\neq 1$)，这时零点以两组互为倒数的共轭对形式出现：

$$z_i=r_i e^{j\omega_i},\ z_i^*=r_i e^{-j\omega_i},\ z_i^{-1}=r_i^{-1}e^{-j\omega_i},\ (z_i^*)^{-1}=r_i^{-1}e^{j\omega_i}$$

(2) 零点为实轴上的实数，但不在单位圆上，即 $z_i=b\ (b<1)$，这时有两个零点 b，$1/b$，互为实轴上的倒数对；

(3) 零点在单位圆上，但不在实轴上，即：$z_i=e^{j\theta_i}$，$\theta_i\neq 0$ 或 π，这时的零点为两个单位圆上的共轭对：$z_i=e^{j\theta_i}$，$z_i^*=e^{-j\theta_i}$；

(4) 零点既在单位圆上又在实轴上，即：$z_i=\pm 1$，这时的零点为单零点：$z_i^*=z_i^{-1}=z_i$。

以上我们分析了线性相位 FIR 滤波器的相关特性，在实际应用中，应根据不同的需要(如高通、低通、带通、带阻、微分器和希尔伯特变换器等)来选择一类具有偶对称或奇对称、长度 N 为奇数或偶数的冲激响应序列 $h(n)$ 进行滤波器的设计实现。

和 IIR 滤波器设计的情况相似，FIR 滤波器的设计问题实质上就是要确定能够满足性能要求的滤波器传输函数的系数。对于线性相位 FIR 滤波器的设计，不借助于模拟滤波器的传输函数，而是采用直接逼近的方法，根据所给定的滤波器频率响应 $H_d(e^{j\omega})$ 的技术指标要求，确定滤波器的 N 个系数 $h(n)$，$n=0, 1, 2, \cdots, N-1$，并同时满足相应的线性相位约束条件。以下内容将分别介绍线性相位 FIR 滤波器的几种设计方法。

5.3　窗函数法

我们知道对于理想滤波器来说，其频率响应特性 $H_d(e^{j\omega})$ 一般都是分段不连续的，对

应于时域中,其冲激响应 $h_d(n)$ 必定具有无限时宽。因此要用有限长冲激响应滤波器(FIR)来实现无限长冲激响应 $h_d(n)$ 特性,这其中就要解决一个由有限长冲激响应序列 $h(n)$ 来逼近无限长冲激响应序列 $h_d(n)$ 的问题,即寻找一个物理可实现的频率响应 $H(e^{j\omega}) = \sum_{n=0}^{N-1} h(n)e^{-jn\omega}$ 去逼近理想的频率响应 $H_d(e^{j\omega})$。逼近程度如何,将直接影响到对理想滤波器性能的实现。

一种最直接的逼近方法就是对无限长冲激响应序列 $h_d(n)$ 进行截短,舍去响应值小的样点项,从而得到有限长序列 $h(n)$,以 $h(n)$ 来近似冲激响应 $h_d(n)$。窗函数法就是这样一种逼近方法,它是设计 FIR 滤波器的一种最基本的方法。在窗函数法中,通过采用不同的有限时宽窗函数 $\omega(n)$ 去截短无限长序列 $h_d(n)$,从而得到有限长序列 $h(n)$,以此实现相应的 FIR 滤波器。窗函数的作用就在于,决定从 $h_d(n)$ 中选取怎样的有限个样点项来构成 $h(n)$,从而得到一个实际的 FIR 滤波器。因此,窗函数的特性将决定所实现滤波器的性能。

5.3.1　设计思路

在滤波器的设计中,性能指标通常是在频域中给出,设所期望的滤波器频率响应为 $H_d(e^{j\omega})$,滤波器的设计工作就是要从这一技术指标着手,得出能够很好逼近 $H_d(e^{j\omega})$ 的 FIR 滤波器频响 $H(e^{j\omega}) = \sum_{n=0}^{N-1} h(n)e^{-j\omega n}$。由于设计工作将在时域中进行,因此,首先要确定与期望频响 $H_d(e^{j\omega})$ 相对应的冲激响应 $h_d(n)$。实际上,$H_d(e^{j\omega})$ 与 $h_d(n)$ 是傅里叶变换对关系,因此有

$$H_d(e^{j\omega}) = \sum_{n=-\infty}^{\infty} h_d(n)e^{-jn\omega} \tag{5.40}$$

其中

$$h_d(n) = \frac{1}{2\pi}\int_{-\pi}^{\pi} H_d(e^{j\omega})e^{jn\omega}\,d\omega \tag{5.41}$$

所期望滤波器的传输函数为

$$H_d(z) = \sum_{n=-\infty}^{\infty} h_d(n)z^{-n}$$

显然,$H_d(z)$ 是非因果的,且 $h_d(n)$ 的持续时间为 $-\infty \sim +\infty$,物理上不可实现,为了得到物理可实现的长度为 N 的 FIR 滤波器,必须进行一些相应的处理:首先把 $h_d(n)$ 截短为长度为 N 的有限长序列,即只保留 $h_d(n)$ 中 $n=-(N-1)/2 \sim (N-1)/2$ 的项,舍去此 N 项以外的其他项;然后把截短后的 $h_d(n)$ 右移 $(N-1)/2$ 点,使之成为因果序列。

把 $h_d(n)$ 截短为 N 项,此时系统的传输函数为

$$H_1(z) = \sum_{n=-\frac{N-1}{2}}^{\frac{N-1}{2}} h_d(n)z^{-n} \tag{5.42}$$

为了使传输函数具有 $\sum_{n=0}^{N} h_d(n)z^{-n}$ 的因果形式,故令 $H(z)$ 等于 $H_1(z)$ 乘以 $z^{-\frac{N-1}{2}}$ 得

$$H(z)=z^{-\frac{N-1}{2}}H_1(z)=\sum_{n=-\frac{N-1}{2}}^{\frac{N-1}{2}}h_d(n)z^{-\left(n+\frac{N-1}{2}\right)}=\sum_{n=0}^{N-1}h_d\left(n-\frac{N-1}{2}\right)z^{-n}\quad(5.43)$$

令

$$h(n)=h_d\left(n-\frac{N-1}{2}\right)\qquad n=0,1,2,\cdots,N-1$$

则

$$H(z)=\sum_{n=0}^{N-1}h(n)z^{-n}$$

对应的频率响应为

$$H(e^{j\omega})=\sum_{n=0}^{N-1}h(n)e^{-jn\omega}\quad(5.44)$$

显然，$H(z)$ 是物理可实现的，以 $h(n)$ 为冲激响应的数字滤波器就是我们所设计实现的 FIR 滤波器。通过合理的选择 $H(e^{j\omega})$，可以容易地做到 $h(n)=\pm h(N-1-n)$，这样就能保证滤波器具有线性相位特性。

由于我们是通过对 $h_d(n)$ 的截短来实现 $H(e^{j\omega})$ 对 $H_d(e^{j\omega})$ 的逼近，因此必然产生误差，此误差将随着截取序列长度 N 的增大而减小。

5.3.2　窗函数法性能分析

将无限时宽序列 $h_d(n)$ 截短，从而得到有限长序列 $h(n)$

$$h(n)=\begin{cases}h_d(n) & |n|\leqslant\dfrac{N-1}{2}\\ 0 & \text{其他}\end{cases}\quad(5.45)$$

这一过程等效于将无限长序列 $h_d(n)$ 与一有限时宽的矩形窗函数 $w_R(n)$ 相乘，如图 5.11 所示，即

$$h(n)=h_d(n)w_R(n)=\begin{cases}h_d(n) & |n|\leqslant\dfrac{N-1}{2}\\ 0 & \text{其他}\end{cases}\quad(5.46)$$

其中，矩形窗函数定义为

$$w_R(n)=\begin{cases}1 & |n|\leqslant\dfrac{N-1}{2}\\ 0 & \text{其他}\end{cases}\quad(5.47)$$

在一定意义上来看，窗函数决定了我们能够“看到”多少个原来的冲激响应，“窗”这个用词的含义也就在此。矩形窗对应的频谱为

$$W_R(e^{j\omega})=\sum_{n=-\infty}^{\infty}w_R(n)e^{-jn\omega}=\sum_{n=-\frac{N-1}{2}}^{\frac{N-1}{2}}e^{-jn\omega}=\frac{e^{-j\left(-\frac{N-1}{2}\right)\omega}-e^{-j\frac{N-1}{2}\omega}e^{-j\omega}}{1-e^{-j\omega}}$$

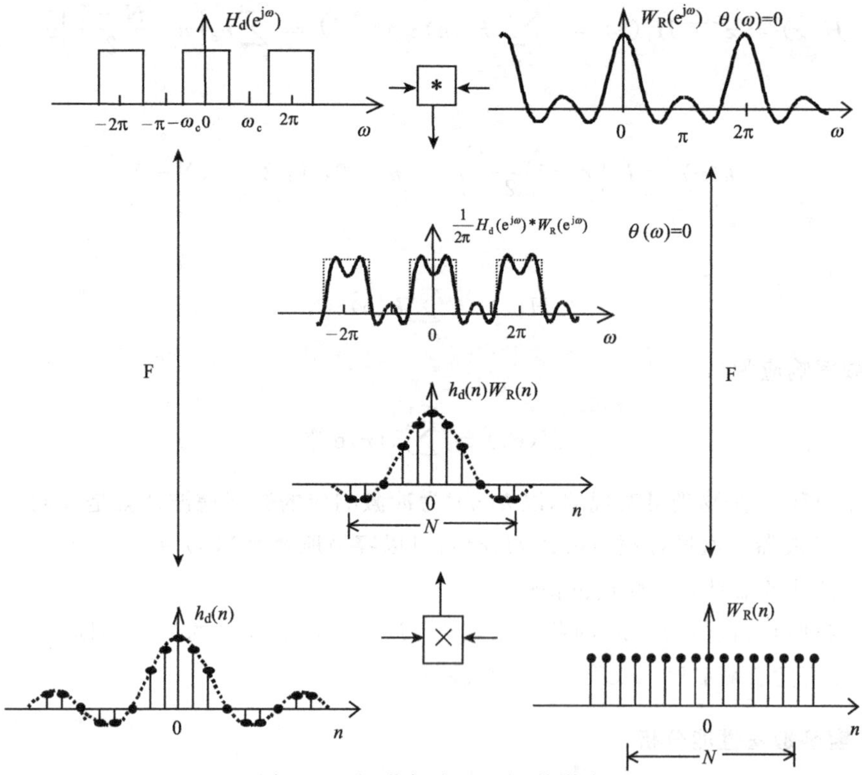

图 5.11　矩形窗对 $H_d(e^{j\omega})$ 的影响

$$= \frac{e^{-j\frac{\omega}{2}}\left(e^{j\frac{N}{2}\omega}-e^{-j\frac{N}{2}\omega}\right)}{e^{-j\frac{\omega}{2}}\left(e^{j\frac{\omega}{2}}-e^{-j\frac{\omega}{2}}\right)} = \frac{\sin\dfrac{N\omega}{2}}{\sin\dfrac{\omega}{2}} \tag{5.48}$$

此矩形窗谱 $W_R(e^{j\omega})$ 为一钟形偶函数，在 $\omega=\pm 2\pi/N$ 之间为其一个主瓣，主瓣宽度 $\Delta\omega=4\pi/N$，在主瓣两侧有无数幅度逐渐减小的旁瓣，如图 5.12 所示。

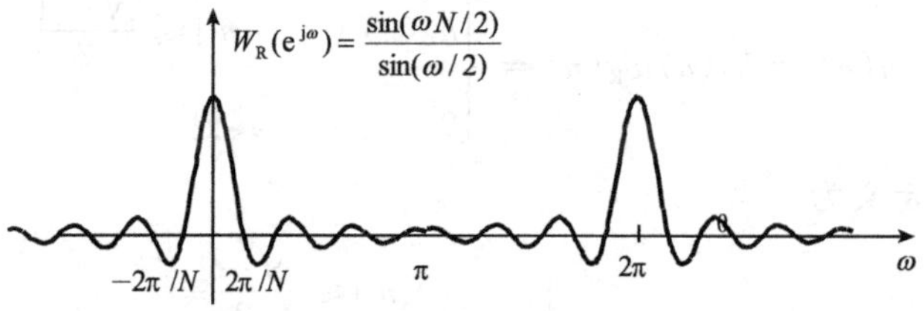

图 5.12　矩形窗频谱

根据复卷积公式，时域相乘映射为频域卷积，则由式(5.46)得

$$H(e^{j\omega}) = \frac{1}{2\pi}\left[H_d(e^{j\omega}) * W_R(e^{j\omega})\right] = \frac{1}{2\pi}\int_{-\pi}^{\pi} H_d(e^{j\theta})W_R\left[e^{j(\omega-\theta)}\right]d\theta \tag{5.49}$$

由式(5.49)可看出，窗函数的特性将直接决定 $H(e^{j\omega})$ 逼近 $H_d(e^{j\omega})$ 的性能好坏。

在此我们以一个截止频率为 ω_c 的理想低通滤波器 $|H_d(e^{j\omega})|$ 的逼近为例来进行分析讨论。理想低通的频率响应特性如图 5.13 所示。

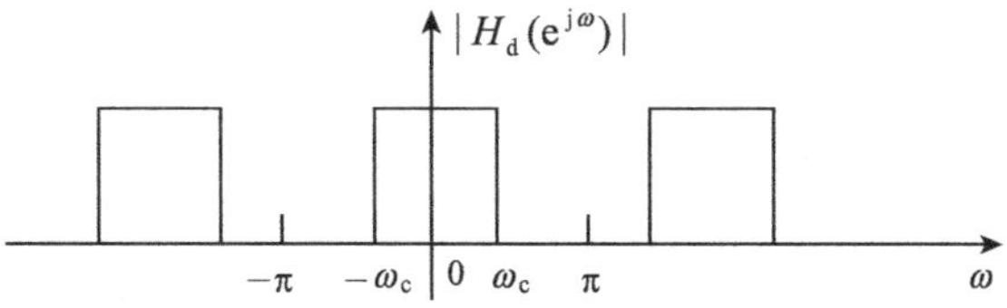

图 5.13　理想低通的频率响应特性

此时式(5.49)变为

$$H(e^{j\omega}) = \frac{1}{2\pi}\int_{-\pi}^{\pi} H_d(e^{j\theta})W_R[e^{j(\omega-\theta)}]d\theta = \frac{1}{2\pi}\int_{-\omega_c}^{\omega_c} W_R[e^{j(\omega-\theta)}]d\theta$$

式中积分等于 θ 由 $-\omega_c$ 到 ω_c 区间变化时函数 $W_R[e^{j(\omega-\theta)}]$ 与 θ 轴围出的面积，随着 ω 的变化，不同正负、不同大小的旁瓣移入和移出积分区间，使得此面积值发生变化，也即 $|H(e^{j\omega})|$ 的大小产生波动，因此，所得到的频率响应 $H(e^{j\omega})$，其实就是 $H_d(e^{j\omega})$ 经过窗函数处理后，轮廓被模糊后的表现形式，在不同 ω 点处的变化情况如图 5.14 所示。

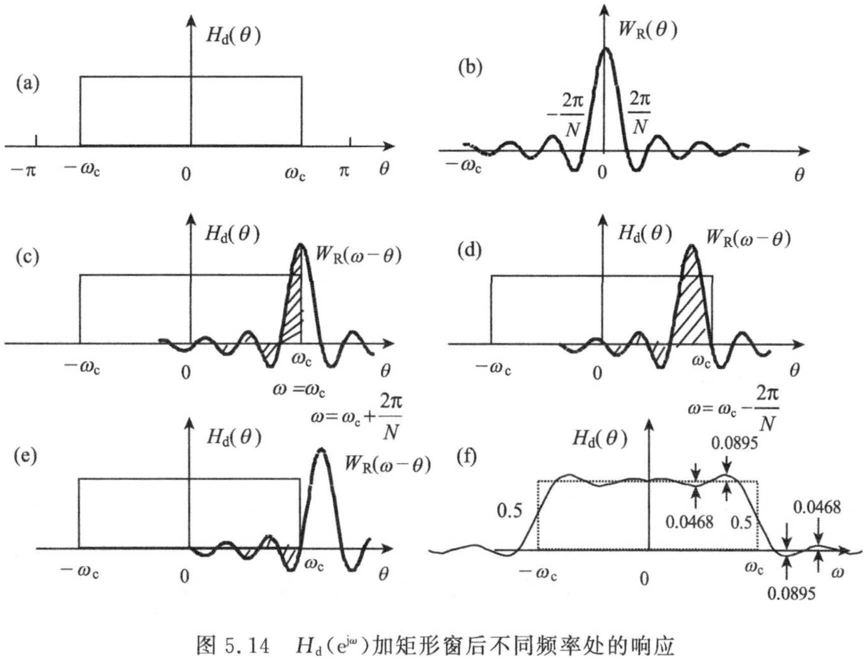

图 5.14　$H_d(e^{j\omega})$加矩形窗后不同频率处的响应

现在我们通过几个特殊的频率点，来分析窗函数对所得逼近滤波器性能影响的特点。

(1) 当 $\omega=0$ 时有

$$H(e^{j0}) = \frac{1}{2\pi}\int_{-\omega_c}^{\omega_c} W_R(\theta)d\theta = H(0)$$

由于一般情况下都满足 $\omega_c \gg 2\pi/N$,因此 $H(0)$ 的值近似等于窗谱函数 $W_R(e^{j\omega})$ 与 θ 轴围出的整个面积,即

$$H(0) = \frac{1}{2\pi}\int_{-\omega_c}^{\omega_c} W_R(0)d\theta \approx 1$$

(2) 当 $\omega=\omega_c - 2\pi/N$ 时有

$$H(e^{j\left(\omega_c-\frac{2\pi}{N}\right)}) = \frac{1}{2\pi}\int_{-\omega_c}^{\omega_c} W_R\left(\omega_c - \frac{2\pi}{N} - \theta\right)d\theta \approx 1.0895H(0) = \mathrm{Max}$$

此时窗谱主瓣全部处于积分区间内,而最大负瓣刚好移出积分区间,因此得到最大$H(e^{j\omega})$值,形成正肩峰。之后,随着 ω 值的不断增大,$H(e^{j\omega})$的值迅速减小,此时进入滤波器过渡带。

(3) 当 $\omega=\omega_c$ 时有

$$H(e^{j\omega_c}) = \frac{1}{2\pi}\int_{-\omega_c}^{\omega_c} W_R(\omega_c - \theta)d\theta$$

此时窗谱主瓣一半在积分区间内一半在区间外,因此窗谱曲线围出的面积,近似为 $\omega=0$ 时所围面积的一半,即 $H(\omega_c)\approx\frac{1}{2}H(0)$。

(4) 当 $\omega=\omega_c + 2\pi/N$ 时

$$H(e^{j\left(\omega_c+\frac{2\pi}{N}\right)}) = \frac{1}{2\pi}\int_{-\omega_c}^{\omega_c} W_R\left(\omega_c + \frac{2\pi}{N} - \theta\right)d\theta \approx -0.0895H_1(0) = \mathrm{Min}$$

此时窗谱主瓣刚好全部移出积分区间,最大负瓣全部处于区间内,因此得到$H(e^{j\omega})$的最小值,形成负肩峰。之后,随着 ω 值的继续增大,$H(e^{j\omega})$的值振荡并不断减小,形成滤波器的阻带波动。

由以上分析结果可看出,加窗处理使所得滤波器的频响 $H(e^{j\omega})$与理想滤波器频响 $H_d(e^{j\omega})$之间产生差异。具体表现在过渡带和波动的出现。我们希望所设计的滤波器尽量逼近理想滤波器,就要设法减小波动的幅值,同时使过渡带变窄。下面就来分析产生这些差异的具体原因,以此来指导滤波器设计工作。

1) 过渡带

此处过渡带是指正、负肩峰之间的频带。过渡带的宽度等同于所用窗谱的主瓣宽度。对于使用矩形窗时,过渡带宽度为 $4\pi/N$。由于不同窗函数所对应的窗谱主瓣宽度不同,因此所造成的过渡带宽度也就不同。对于某一特定窗函数,增大窗的宽度 N 可使过渡带变窄,这从过渡带宽度与窗宽 N 之间的关系式中可清楚地看到,但 N 的增大将使计算量随之增加。

2) 波动

波动是由窗谱的旁瓣所引起。波动的幅度及多少分别取决于窗谱旁瓣的相对幅度及旁瓣数量。旁瓣的相对幅度越大,波动的幅度也就越大,即肩峰越强,而旁瓣越多,产生的波动也越多。不同的窗函数对应有不同的窗谱特性,最终产生不同的波动特性。因此,波动的幅度强弱完全取决于窗函数的类型,而与窗的宽度 N 无关。改变 N 的值只会影响 ω 坐标的比例、窗谱的主瓣宽度及窗谱函数 $W(e^{j\omega})$的绝对值大小,而不会改变肩峰的相对

值。即增大 N 值，只能使通、阻带内波动起伏变密，但相对振荡幅度却不改变，这种现象称为吉布斯(Gibbs)效应，如图 5.15 所示。例如，对于上面讨论的矩形窗函数，当增加窗宽 N 时，过渡带宽度 $\Delta\omega=4\pi/N$ 将随之减小，振荡起伏变密，但最大肩峰却总为 8.95%。

一般来说，窗函数的频谱都包含有体现窗谱主体的一个主瓣，和位于主瓣两侧的若干旁瓣。因此，在设计 FIR 数字滤波器时，窗函数不仅影响过渡带宽度，还影响肩峰和波动的大小，为了减小吉布斯效应，选择窗函数应使其频谱符合两项要求：

(1) 主瓣宽度尽可能地窄，以使过渡带尽量陡。

(2) 最大旁瓣相对于主瓣尽可能地小，即能量尽可能集中于主瓣内。这样可使肩峰和波动减小。

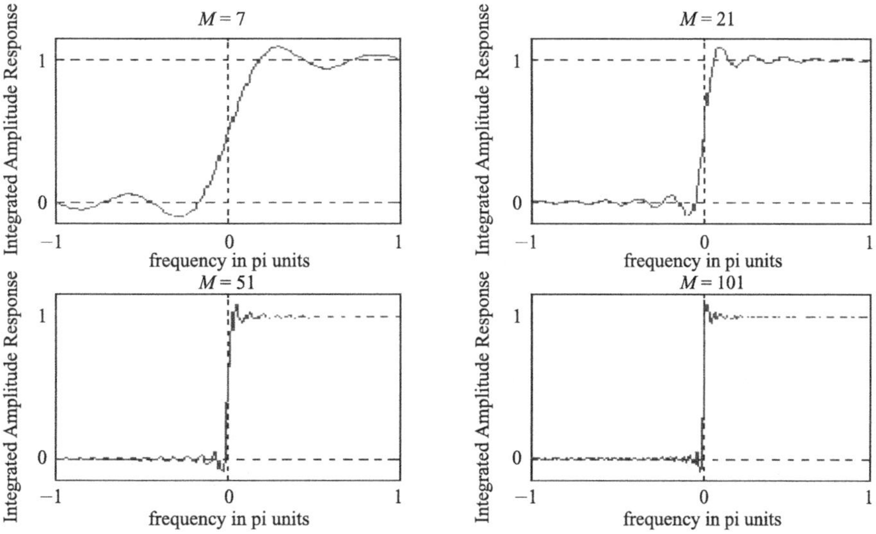

图 5.15　吉布斯效应

对于窗函数，这两个要求是相互矛盾的，不可能同时达到最佳，要根据需要进行折中的选择，通常是以增加主瓣宽度来换取对旁瓣的抑制。如果一个窗函数的主要目的是为了得到较陡峭的过渡带而使其主瓣为最小，这样在通带内将产生振荡，在阻带内会出现显著的波动。相反，如果主要目的是为了得到平坦的幅度响应和较小的阻带波纹，就应该要求窗谱的旁瓣电平为最小，这时就不可能得到陡峭的过渡带。一个理想窗函数的窗谱应具有最小的过渡带、最小的旁瓣峰值和最快的旁瓣谱峰衰减速度。在窗函数的选择和使用时都力求能得到平坦的通带幅度、相应较小的阻带波纹。下面我们介绍几种窗函数，以便根据具体需求选择使用。

5.3.3　常用窗函数

以下介绍的窗函数均为偶对称函数，都具有线性相位特性。设窗的宽度为 N，N 可为奇数或偶数，且窗函数的对称中心点在 $(N-1)/2$ 处，因此均为因果函数。

1. 矩形窗

长度为 N 的矩形窗函数定义为

$$W(n)=\begin{cases}1 & 0\leqslant n\leqslant N-1\\ 0 & \text{其他}\end{cases}\tag{5.50}$$

根据前面分析得出的非因果矩形窗谱函数可得此因果矩形窗的频谱函数为

$$W_{\mathrm{R}}(\mathrm{e}^{\mathrm{j}\omega})=\mathrm{e}^{-\mathrm{j}\frac{N-1}{2}\omega}\frac{\sin\left(\frac{N\omega}{2}\right)}{\sin\left(\frac{\omega}{2}\right)}\tag{5.51}$$

幅度响应为

$$W_{\mathrm{R}}(\omega)=\frac{\sin\left(\frac{N\omega}{2}\right)}{\sin\left(\frac{\omega}{2}\right)}$$

矩形窗的主瓣宽度为 $4\pi/N$,最大旁瓣幅度为 13dB。

从 5.3.2 节中矩形窗对所实现滤波器的过渡带和阻带衰减影响的分析结果中,我们能得到:

(1) 由矩形窗所引起的近似过渡带宽为 $\Delta\omega=4\pi/N$,精确过渡带宽为 $\Delta\omega=1.8\pi/N$;

(2) 由第一旁瓣决定的最小阻带衰减为,20lg(8.95%)=-21dB,如图5.16所示,并且这个 21dB 的阻带衰减与窗宽度 N 无关。虽然矩形窗是一种最简单的窗函数,但它存在着两个主要问题,首先 21dB 的阻带衰减在实际应用中是远远不够的。单从阻带衰减的角度来看,其性能是所有窗中最差的。其次,矩形窗是对无限长理想脉冲序列的一种直接截断,因此会引起很强的吉布斯效应。

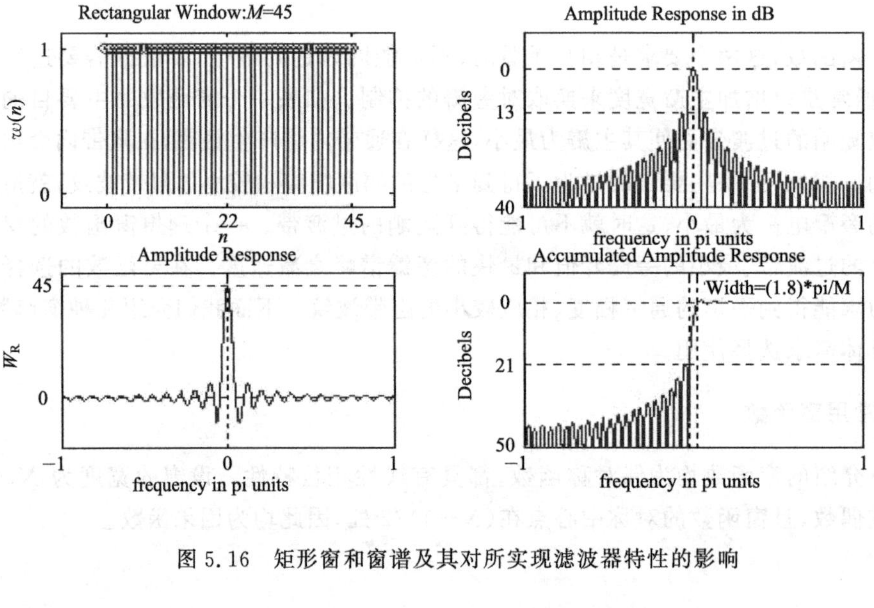

图 5.16　矩形窗和窗谱及其对所实现滤波器特性的影响

2. 三角窗(或巴特利特 (Bartlett) 窗)

由于矩形窗从 0～1(或 1 ～ 0)的突变造成了吉布斯现象。针对矩形窗的这一问题，巴特利特提出了一种逐渐过渡的三角窗形式，它是两个矩形窗的卷积结果，定义为

$$w(n)=\begin{cases}\dfrac{2n}{N-1} & n=0,1,\cdots,\dfrac{N-1}{2}\\[2ex] 2-\dfrac{2n}{N-1} & n=\dfrac{N}{2},\cdots,N-1\end{cases} \tag{5.52}$$

窗谱为

$$W(e^{j\omega})=\frac{2}{N-1}e^{-j\left(\frac{N-1}{2}\right)\omega}\left(\frac{\sin\left(\dfrac{N-1}{4}\omega\right)}{\sin\left(\dfrac{\omega}{2}\right)}\right)^2$$

$$\approx\frac{2}{N}e^{-j\left(\frac{N-1}{2}\right)\omega}\left(\frac{\sin\left(\dfrac{N}{4}\omega\right)}{\sin\left(\dfrac{\omega}{2}\right)}\right)^2\qquad(N\gg 1) \tag{5.53}$$

采用三角形窗时，滤波器近似过渡带宽为 $\Delta\omega=8\pi/N$，精确过渡带宽 $6.1\pi/N$，最小阻带衰减 25dB，如图 5.17 所示。与矩形窗相比，阻带衰减性能有所改善，但代价是过渡带加宽。

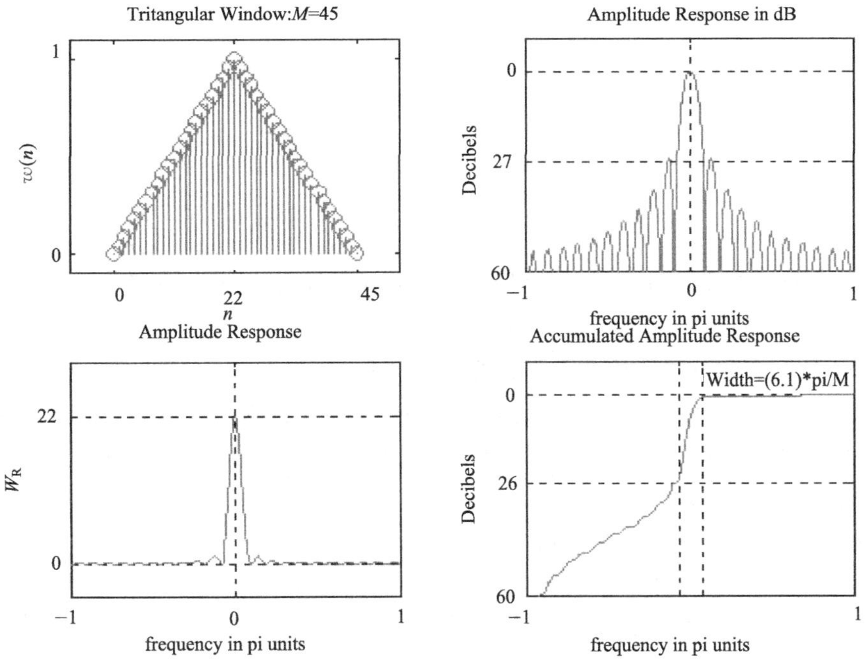

图 5.17　三角窗和窗谱及其对所实现滤波器特性的影响

3. 升余弦窗

为了改善矩形窗的特性,以频率为 $0,2\pi/(N-1)$ 和 $4\pi/(N-1)$ 的余弦序列组合形成了一类新的窗函数,称为升余弦窗,定义为

$$w(n)=A-B\cos(n)+C\cos(2n) \tag{5.54}$$

式中,A、B、C 为常数。

升余弦窗的频率特性比矩形窗有很大改善。根据 A、B、C 的不同取值,将得到汉宁窗、汉明窗和布莱克曼窗三种不同的升余弦窗,因此这三种窗可看成是升余弦窗的三个特例。参数的定义如下:

当 $A=0.5,B=0.5,C=0$ 时,为汉宁 (Hanning)窗。

当 $A=0.54,B=0.46,C=0$ 时,为汉明(Hamming)窗。

当 $A=0.42,B=0.5,C=0.08$ 时,为布莱克曼(Blackman)窗。

下面将分别介绍这三种升余弦窗的特性。

1) 汉宁窗 —— 升余弦窗

长度为 N 的汉宁窗定义为

$$w(n)=\sin^2\left(\frac{n\pi}{N-1}\right)=0.5-0.5\cos\left(\frac{2n\pi}{N-1}\right)\qquad n=0,1,2,\cdots,N-1 \tag{5.55}$$

对应窗谱为

$$\begin{aligned}W(e^{j\omega})&=\left\{0.5W_R(\omega)+0.25\left[W_R\left(\omega-\frac{2\pi}{N-1}\right)+W_R\left(\omega+\frac{2\pi}{N-1}\right)\right]\right\}e^{-j\left(\frac{N-1}{2}\right)\omega}\\&\approx\left\{0.5W_R(\omega)+0.25\left[W_R\left(\omega-\frac{2\pi}{N}\right)+W_R\left(\omega+\frac{2\pi}{N}\right)\right]\right\}e^{-j\left(\frac{N-1}{2}\right)\omega}\quad(N\gg1)\end{aligned} \tag{5.56}$$

则其幅度谱为

$$W(\omega)\approx0.5W_R(\omega)+0.25\left[W_R\left(\omega-\frac{2\pi}{N}\right)+W_R\left(\omega+\frac{2\pi}{N}\right)\right]$$

上式幅度谱中三个部分的求和结果,使得旁瓣互相抵消,从而使能量更有效地集中于主瓣之中,但付出的代价则是主瓣宽度的增加,比矩形窗宽出一倍,如图5.18所示。图5.19 表示了汉宁窗和窗谱及其对所实现滤波器特性的影响。

由图 5.19 可看出,汉宁窗的最大旁瓣相对幅度为 32dB,对应滤波器近似过渡带宽为 $8\pi/N$,精确过渡带宽 $6.2\pi/N$,最小阻带衰减 44dB,与矩形窗来比,最小阻带衰减性能明显提高,但过渡带也明显增大。

2) 汉明窗 —— 改进的升余弦窗

调整升余弦窗表达式中常系数的取值,可以得到改进的升余弦窗——汉明窗,其旁瓣幅度得到了进一步的减小。长度为 N 的汉明窗定义为

$$w(n)=0.54-0.46\cos\left(\frac{2n\pi}{N-1}\right)\qquad n=0,1,2,\cdots,N-1 \tag{5.57}$$

窗谱的幅度函数为

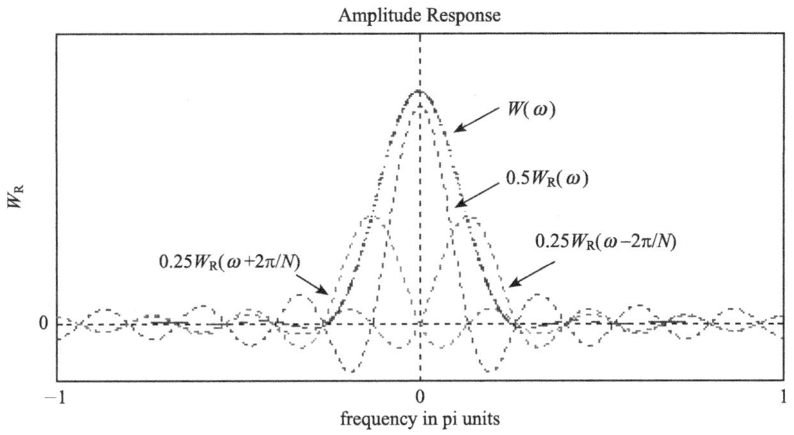

图 5.18　汉宁窗频谱

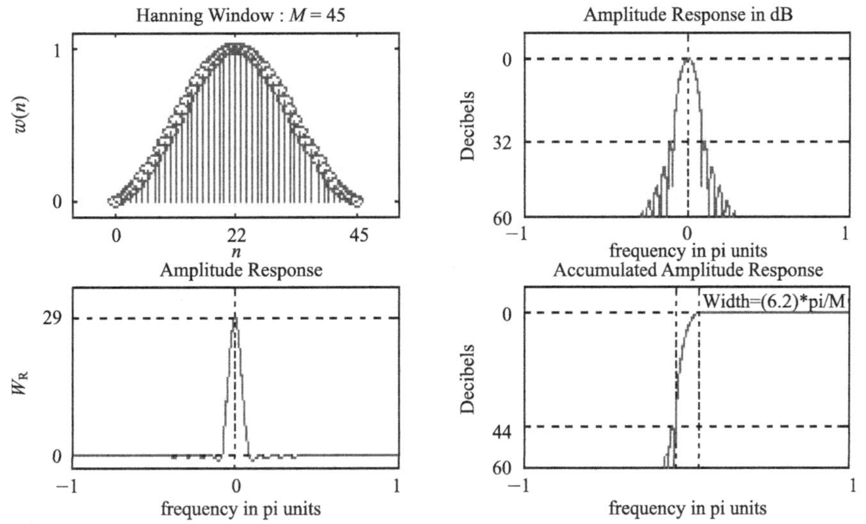

图 5.19　汉宁窗和窗谱及其对所实现滤波器特性的影响

$$W(\omega)=0.54W_R(\omega)+0.23W_R\left(\omega-\frac{2\pi}{N-1}\right)+0.23W_R\left(\omega+\frac{2\pi}{N-1}\right)$$

$$\approx 0.54W_R(\omega)+0.23W_R\left(\omega-\frac{2\pi}{N}\right)+0.23W_R\left(\omega+\frac{2\pi}{N}\right) \tag{5.58}$$

通过这一系数调整，使能量的 99.963%都集中在了窗谱的主瓣内，与汉宁窗相比，主瓣宽度相同都为 $8\pi/N$，而旁瓣幅度却减小，为 43dB。精确过渡带宽为$6\pi/N$，最小阻带衰减为 53dB。如图 5.20 所示。

3）布莱克曼窗——二阶升余弦窗

长度为 N 的布莱克曼窗定义为

$$w(n)=0.42-0.5\cos\left(\frac{2n\pi}{N-1}\right)+0.08\cos\left(\frac{2\pi}{N-1}2n\right)\qquad n=0,1,2,\cdots,N-1 \tag{5.59}$$

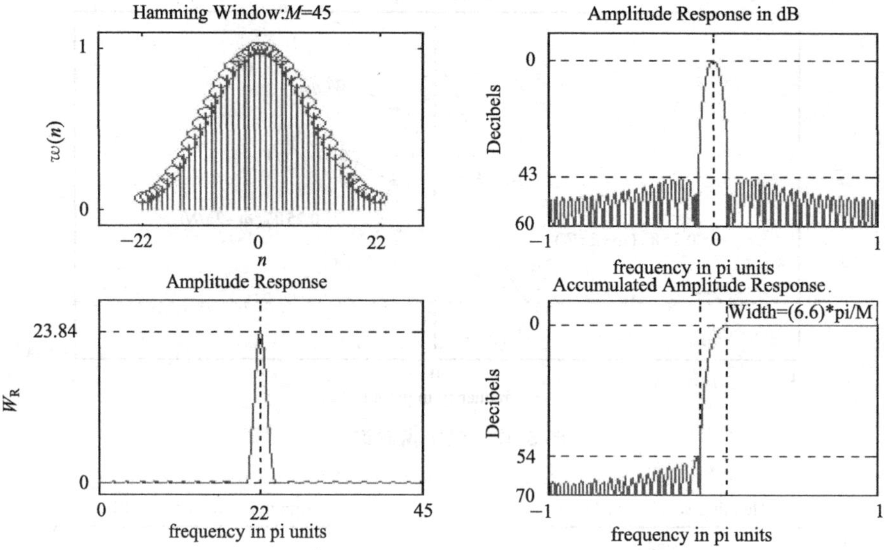

图 5.20　汉明窗和窗谱及其对所实现滤波器特性的影响

通过增加余弦的二次谐波分量,能够进一步抑制旁瓣。

布莱克曼窗谱的幅度函数为

$$\begin{aligned} W(\omega) &= 0.42W_R(\omega) - 0.25\left[W_R\left(\omega - \frac{2\pi}{N-1}\right) + W_R\left(\omega + \frac{2\pi}{N-1}\right)\right] \\ &\quad + 0.04\left[W_R\left(\omega - \frac{4\pi}{N-1}\right) + W_R\left(\omega + \frac{4\pi}{N-1}\right)\right] \\ &\approx 0.42W_R(\omega) - 0.25\left[W_R\left(\omega - \frac{2\pi}{N}\right) + W_R\left(\omega + \frac{2\pi}{N}\right)\right] \\ &\quad + 0.04\left[W_R\left(\omega - \frac{4\pi}{N}\right) + W_R\left(\omega + \frac{4\pi}{N}\right)\right] \end{aligned} \tag{5.60}$$

布莱克曼窗谱的旁瓣虽然得到了抑制,但主瓣宽度却比矩形窗谱的主瓣宽度大三倍,为 $12\pi/N$,精确过渡带宽为 $11\pi/N$,最小阻带衰减达到 74dB,如图 5.21 所示。

比较以上窗函数,可以看到,矩形窗函数具有最窄的主瓣宽度,但却有最大的旁瓣峰值和最慢的旁瓣衰减速度。汉宁窗的主瓣稍宽,但有着较小的旁瓣和较大的衰减速度,因而被认为是相对性能较好的窗函数。在表 5.2 中,我们列出了以上各窗函数的综合性能指标,以及加窗后相应滤波器的过渡带宽和最小阻带衰减。表中既给出了近似过渡带宽,也给出了精确过渡带宽,以便于滤波器设计时使用。

表 5.2　常用窗函数的性能指标

窗函数	旁瓣峰值衰减/dB	窗函数主瓣宽度	加窗后滤波器过渡带宽($\Delta\omega$)	加窗后滤波器阻带最小衰减/dB
矩形窗	−13	$4\pi/N$	$1.8\pi/N$	−21
汉宁窗(升余弦窗)	−31	$8\pi/N$	$6.2\pi/N$	−44

续表

窗函数	旁瓣峰值衰减/dB	窗函数主瓣宽度	加窗后滤波器过渡带宽(Δω)	加窗后滤波器阻带最小衰减/dB
汉明窗(改进升余弦窗)	−41	$8\pi/N$	$6.6\pi/N$	−53
布莱克曼窗(二阶升余弦窗)	−57	$12\pi/N$	$11\pi/N$	−74
凯塞尔窗(β=7.865)	−57	$10\pi/N$	$10\pi/N$	−80

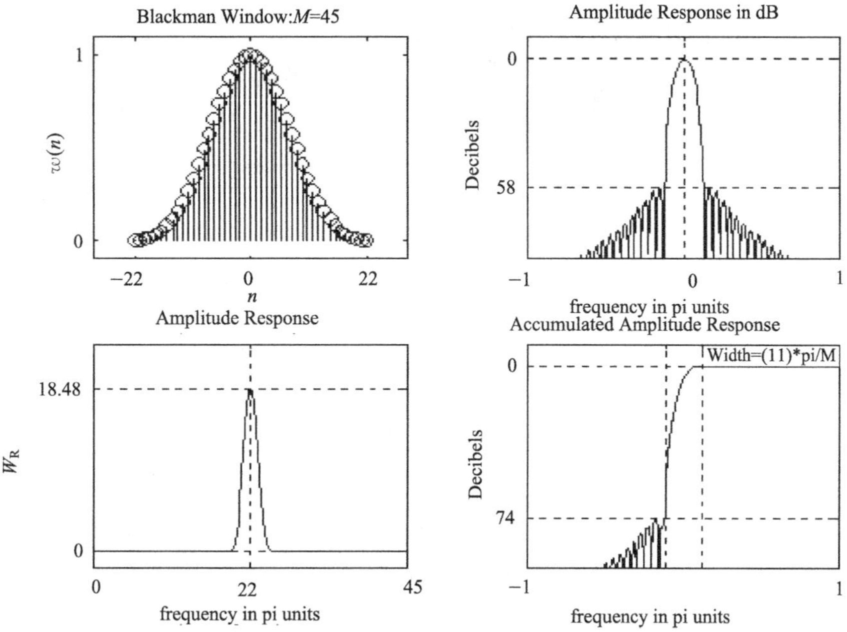

图 5.21　布莱克曼窗和窗谱及其对所实现滤波器特性的影响

4. 凯塞尔(Kaiser)窗

以上讨论的窗函数都是以牺牲主瓣宽度为代价，来实现对旁瓣的抑制，两者之间无法协调兼顾。而凯塞尔窗则能全面反映窗谱主瓣宽度和旁瓣衰减之间的互换关系，从而实现以同一种窗类型来满足不同窗性能需求的目的。凯塞尔窗能够在同等性能下，实现最陡峭的过渡带(图 5.22)。

凯塞尔窗是一组参数可调的由零阶贝塞尔函数构成的窗函数，定义式如下：

$$w(n)=\frac{I_0\left(\beta\sqrt{1-\left(1-\dfrac{2n}{N-1}\right)^2}\right)}{I_0(\beta)}\qquad 0\leqslant n\leqslant N-1$$

其中，$I_0(x)$是第一类变形零阶贝塞尔函数，曲线如图 5.23 所示，从中可看出$I_0(x)$随着 x 的增大而由缓慢到急剧的变化过程。β是依赖于 N 值的参数，用于调整窗的形状。通过选择 N 的值，可以得到具有各种过渡带宽度和接近最优阻带衰减的窗函数。

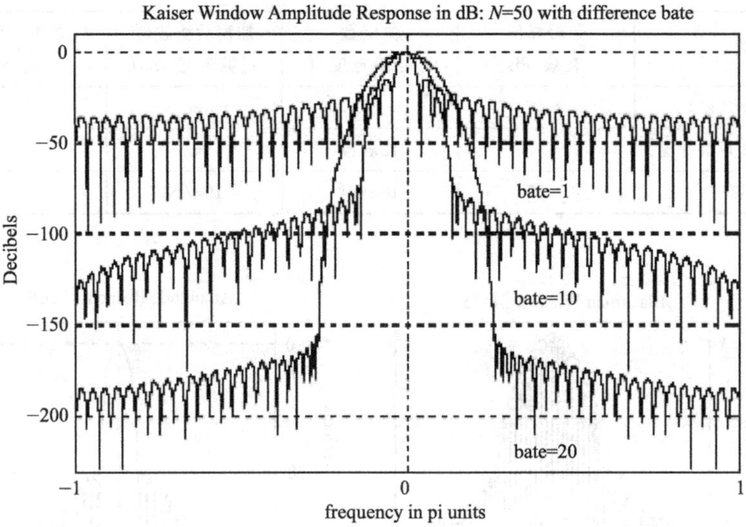

图 5.22 凯塞尔窗函数依参数 β 而变化图

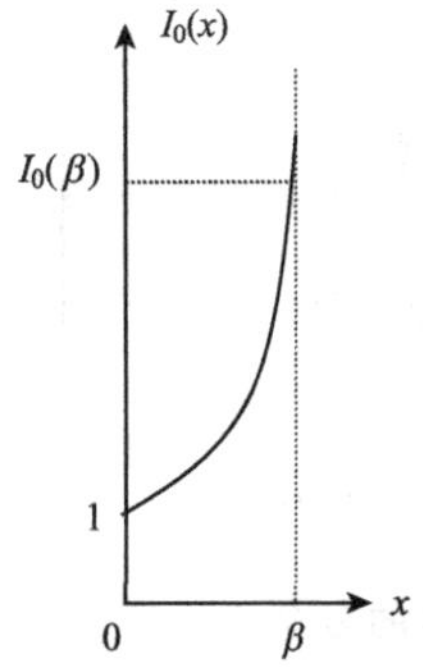

图 5.23 零阶贝塞尔函数

对于相同的 N 值，凯塞尔窗可以提供不同的过渡带宽，这是其他窗函数所做不到的。图 5.22 给出了 β 分别取 1、10、20 等不同值时，长度 N 均为 50 的几个凯塞尔窗。从图中可以看出，参数 β 选得越大，其频谱的旁瓣越小，但主瓣宽度也相应地增加，因而可以通过 β 值的改变在主瓣宽度和旁瓣衰减之间进行自由选择。

图 5.24 给出了固定参数 β，而长度 N 变化时的凯塞尔窗，可看出相应的旁瓣高度保持不变。表 5.3 给出了不同 β 值下的凯塞尔窗性能总结。

由于 Bessel 函数的复杂性，这种窗的设计公式很难推导，为此，凯塞尔提出了使用凯塞尔窗函数设计 FIR 滤波器的经验公式。

表 5.3 不同 β 值下的凯塞尔窗性能

β	加窗后滤波器过渡带($\Delta\omega$)	加窗后滤波器阻带最小衰减/dB
2.120	$3.00\pi/N$	−30
3.384	$4.46\pi/N$	−40
4.538	$5.86\pi/N$	−50
5.658	$7.24\pi/N$	−60
6.764	$8.64\pi/N$	−70
7.865	$10.0\pi/N$	−80
8.960	$11.4\pi/N$	−90
10.056	$12.8\pi/N$	−100

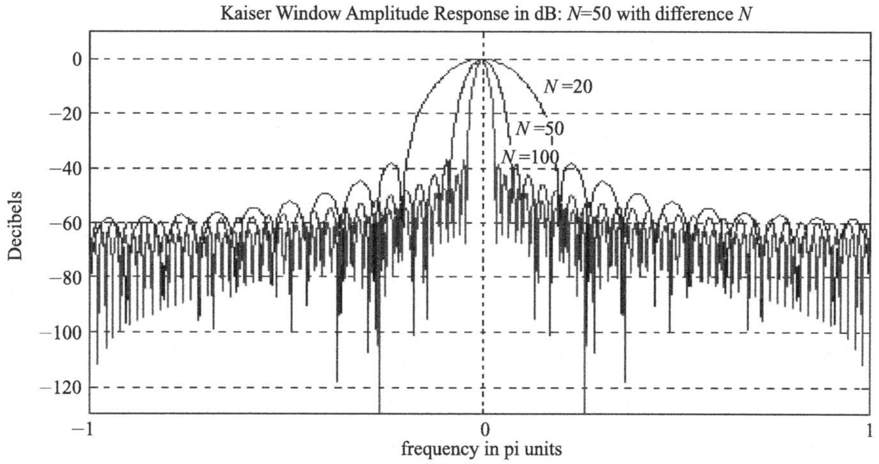

图 5.24　凯塞尔窗函数依参数 N 而变化

给定通带截止频率 ω_p、阻带截止频率 ω_s、阻带最小衰减 A_s，参数 β 定义如下：

$$\beta=\begin{cases}0.1102(A_s-8.7) & A_s>50\\ 0.5842(A_s-21)^{0.4}+0.07886(A_s-21) & 21\leqslant A_s\leqslant 50\\ 0 & A_s<21\end{cases}\tag{5.61a}$$

对于过渡带宽 $\Delta\omega=\omega_s-\omega_p$，滤波器阶数为

$$N=\frac{A_s-7.95}{2.286\Delta\omega}+1 \text{ 或 } N=\frac{A_s-7.95}{14.36\Delta f}+1\tag{5.61b}$$

需要强调的是：阶数为 N 的滤波器大致能满足要求，但最后的结果还必须要演算以便证明这一点。

5.3.4　窗函数法的具体实现

从以上的分析中，可总结出用窗函数法设计 FIR 滤波器的实现步骤：

(1) 根据所要设计滤波器的性能指标(阻带最小衰减、过渡带宽)，通过查表来选定窗函数 $w(n)$类型，通过计算求得窗的宽度 N 为

$$N=\left\lceil\frac{\text{相应的窗函数精确过渡带}}{\text{滤波器过渡带}}\right\rceil\rightarrow \text{上取整}$$

然后，根据所要设计线性相位 FIR 滤波器的类型来决定最终 N 取奇数还是偶数，一般情况下取奇数。

(2) 根据所期望的频率响应函数 $H_d(e^{j\omega})$，经过傅里叶反变换得到冲激响应$h_d(n)$。

如果所期望的滤波器频率响应 $H_d(e^{j\omega})$ 不是理想滤波器，而是存在过渡带，则设计中所使用的截止频率 ω_c 不采用通带边缘频率 ω_p或阻带边缘频率 ω_s，而使用过渡带的中点频率(即通带边缘和阻带边缘之间的中点)，如图 5.25 所示。

$$\omega_c=\omega_p+\frac{\text{过渡带宽度}}{2}=\omega_p+\frac{\omega_s-\omega_p}{2}=\frac{\omega_p+\omega_s}{2}$$

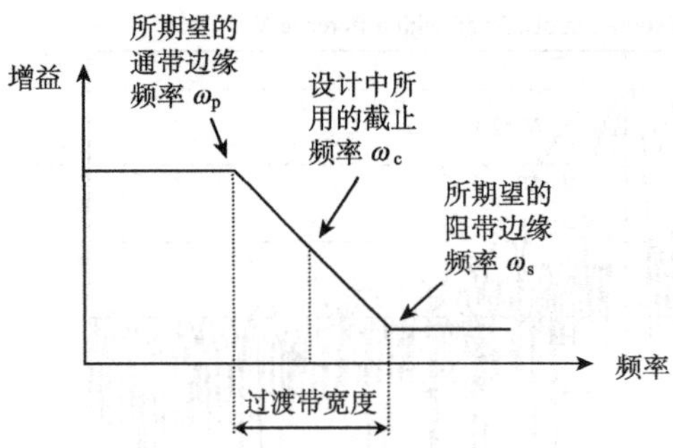

图 5.25　截止频率 ω_c 的确定

(3) 按所得窗函数求出 FIR 滤波器的冲激响应：$h(n)=h_d(n)\ w(n)\ (n=0,1,2,\cdots,N-1)$。

(4) 利用 $h(n)$ 计算 FIR 滤波器的频响 $H(e^{j\omega})$，并检验各项指标，如不符合要求，则重新修改 N 及 $w(n)$。

需要说明的是，对于能用解析式表达，且 $h_d(n)=\frac{1}{2\pi}\int_{-\pi}^{\pi}H_d(e^{j\omega})e^{jn\omega}d\omega$ 容易得到的滤波器 $H_d(e^{j\omega})$，窗函数法是设计 FIR DF 较为方便的一种方法，但如果 $h_d(n)$ 不易求得，则使用该方法较为困难。窗函数法设计 FIR DF 的重要问题在于决定所用窗型 $w(n)$ 及窗的长度 N，最佳选择是窗函数要尽可能满足滤波器阻带衰减要求，并且能量尽量集中于主瓣内；如果所选的窗函数不能满足滤波器对阻带衰减的性能要求，则所需窗的长度就会增大，设计时我们希望在满足滤波器基本性能要求的前提下，尽量减小窗的长度，从而减小滤波器的实现成本。下面通过例题来对窗函数法的具体应用进行说明。

1. 数字低通滤波器的设计

下面例题中阐述了 FIR 数字低通滤波器设计时所涉及的一些问题。

例 5.1　设计一个 FIR 低通滤波器，所希望的频率响应如图 5.26 所示，频率响应函数为

$$H_d(e^{j\omega})=\begin{cases}1 & 0\leqslant|\omega|\leqslant 0.25\pi\\ 0 & 0.25\pi<\omega\leqslant\pi\end{cases}$$

分别采用矩形窗和汉明窗，所加窗函数 $w(n)$ 的长度分别取 $N=10$、20、30，观察加窗后对滤波器幅频特性的影响。

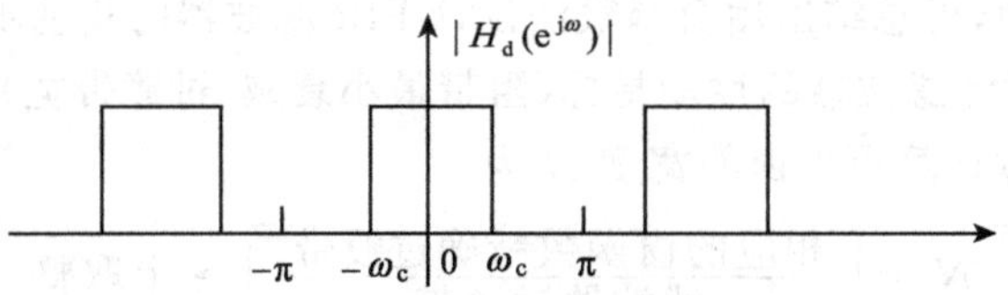

图 5.26　例 5.1 低通滤波器频响

解　由 $H_d(e^{j\omega})$ 与 $h_d(n)$ 的傅里叶变换对关系可以得到所期望滤波器的冲激响应为

$$h_d(n)=\frac{1}{2\pi}\int_{-\omega_c}^{\omega_c}H_d(e^{j\omega})\cdot e^{jn\omega}d\omega=\frac{1}{2\pi}\int_{-\omega_c}^{\omega_c}1\cdot e^{jn\omega}d\omega$$
$$=\frac{1}{j2n\pi}(e^{jn\omega_c}-e^{-jn\omega_c})=\frac{\sin(n\omega_c)}{n\pi}$$

首先将 $h_d(n)$ 移位 $\tau=\frac{N-1}{2}$，然后再乘以长度为 N 的窗函数 $w(n)$，得到长度为 N 的

因果序列 $h(n)$，即为所实现 FIR 滤波器的冲激响应

$$h(n)=h_d(n-\tau)w(n)=\frac{\sin(n-\tau)\omega_c}{(n-\tau)\pi}w(n)$$

由于 $\omega_c=0.25\pi$，由上式得

$$h(n)=h_d(n-\tau)w(n)=\frac{\sin[(n-\tau)\times 0.25\pi]}{(n-\tau)\pi}w(n)$$

当 $N=11$ 时，$\tau=5$，所对应的 $h(n)$ 为

1）加矩形窗时

$h(0)=h(10)=-0.045, h(1)=h(9)=0, h(2)=h(8)=0.075, h(3)=h(7)=0.1592, h(4)=h(7)=0.2251, h(5)=0.25$。如图 5.27(b)所示。

2）加汉明窗时

$$w(n)=0.54-0.46\cos\left(\frac{2n\pi}{N-1}\right)\qquad n=0,1,2,\cdots,N-1$$

$h(n)$ 的序列值如图 5.27(d) 所示。

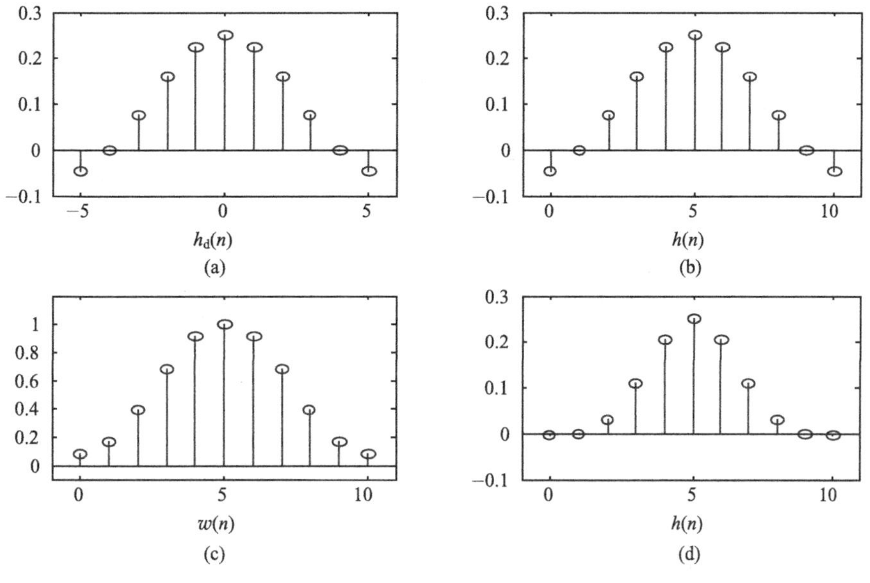

图 5.27　(a) 为理想滤波器冲激响应序列；(b) 为加矩形窗后所得序列；(c) 为汉明窗序列；(d) 为加汉明窗后所得序列

当 $N=10$、20、30，加矩形窗和汉明窗时所对应的滤波器幅频特性如图 5.28 所示。从图中可以看到，当 N 取不同值时，$H(e^{j\omega})$ 都不同程度上近似于 $H_d(e^{j\omega})$。N 过小时，通带过窄，且阻带内波纹较大，当 N 增加时，通频带接近于 0.25π，阻带内波纹减小，但在通带内出现了波纹，随着 N 的继续增加，这些波纹并不能消失。由图中还可以看出，使用汉明窗后，通带内的振荡基本消失，阻带内的波纹也大大减小，从这一点上来说，滤波器的性能得到了改善，但是，这是以过渡带的加宽为代价的。

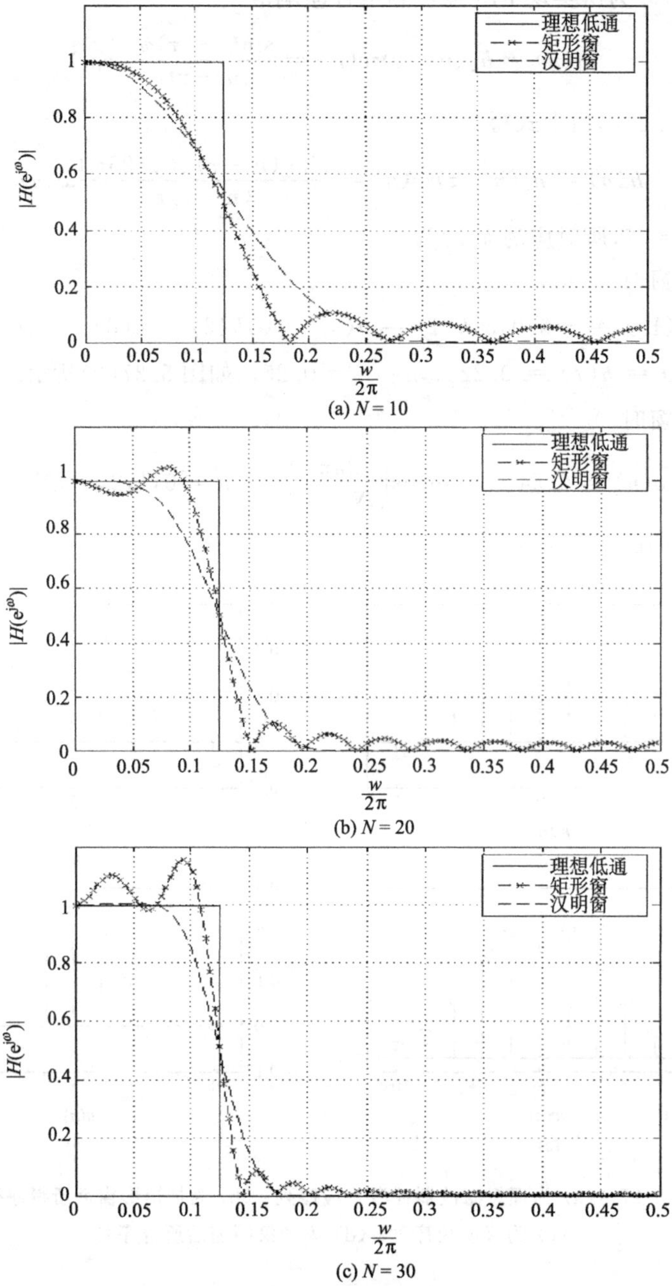

图 5.28　$N=10$、20、30 时滤波器的幅频特性

例 5.2　根据下列指标设计低通滤波器：通带边缘频率 $f_p=2\text{kHz}$，阻带边缘频率 $f_{stop}=3\text{kHz}$，阻带衰减 40dB，取样频率 $f_s=10\text{kHz}$。

解　(1) 求对应的数字频率：

过渡带宽 $\Delta f=3\text{kHz}-2\text{kHz}=1\text{kHz}$，转换为数字频率过渡带 $\Delta\omega=2\pi\dfrac{\Delta f}{f_s}=\dfrac{2\pi\times 1}{10}$

$=0.2\pi$

截止频率 $f_c=\dfrac{f_p+f_{stop}}{2}=2.5\text{kHz}$

数字截止频率 $\omega_c=2\pi\dfrac{f_c}{f_s}=0.5\pi$

(2) 设理想线性相位滤波器有

$$H_d(e^{j\omega})=\begin{cases}e^{-j\omega\tau} & |\omega|\leqslant\omega_c\\ 0 & \text{其他}\end{cases}$$

由此可得冲激响应为

$$h_d(n)=\frac{1}{2\pi}\int_{-\pi}^{\pi}e^{-j\omega\tau}e^{j\omega n}d\omega=\frac{1}{2\pi}\int_{-\omega_c}^{\omega_c}e^{j\omega(n-\tau)}d\omega$$
$$=\frac{\sin[(n-\tau)\omega_c]}{(n-\tau)\pi}=\frac{\sin0.5(n-\tau)\pi}{(n-\tau)\pi}$$

(3) 由阻带衰减确定窗函数：

因为阻带衰减 40dB，通过查表可知，汉宁窗即能满足性能要求

$$w(n)=0.5-0.5\cos\left(\frac{2n\pi}{N-1}\right)\qquad n=0,1,2,\cdots,N-1$$

(4) 由过渡带宽确定窗口长度为

$$N=\left\lceil\frac{6.2\pi}{0.2\pi}\right\rceil=31$$

则

$$\tau=(N-1)/2=15$$

则此滤波器的冲激响应为

$$h(n)=\frac{\sin[(n-15)\times0.5\pi]}{(n-15)\pi}\times w(n)$$

计算得

$h_d(n)=$

−0.0212	0.0000	0.0245	−0.0000	−0.0289	0.0000	
0.0354	−0.0000	−0.0455	0.0000	0.0637	−0.0000	−0.1061
0.0000	0.3183	0.5000	0.3183	0.0000	−0.1061	−0.0000
0.0637	0.0000	−0.0455	−0.0000	0.0354	0.0000	−0.0289
−0.0000	0.0245	0.0000	−0.0212			

$w(n)=$

0.0096	0.0381	0.0843	0.1464	0.2222	0.3087	
0.4025	0.5000	0.5975	0.6913	0.7778	0.8536	0.9157

0.9619　0.9904　1.0000　0.9904　0.9619　0.9157　0.8536

0.7778　0.6913　0.5975　0.5000　0.4025　0.3087　0.2222

0.1464　0.0843　0.0381　0.0096

$h(n)$ =

−0.0002　0.0000　0.0021　−0.0000　−0.0064　0.0000

0.0142　−0.0000　−0.0272　0.0000　0.0495　−0.0000　−0.0972

0.0000　0.3153　0.5000　0.3153　0.0000　−0.0972　−0.0000

0.0495　0.0000　−0.0272　−0.0000　0.0142　0.0000　−0.0064

−0.0000　0.0021　0.0000　−0.0002

所实现滤波器的冲激响应与幅频特性如图 5.29 所示。

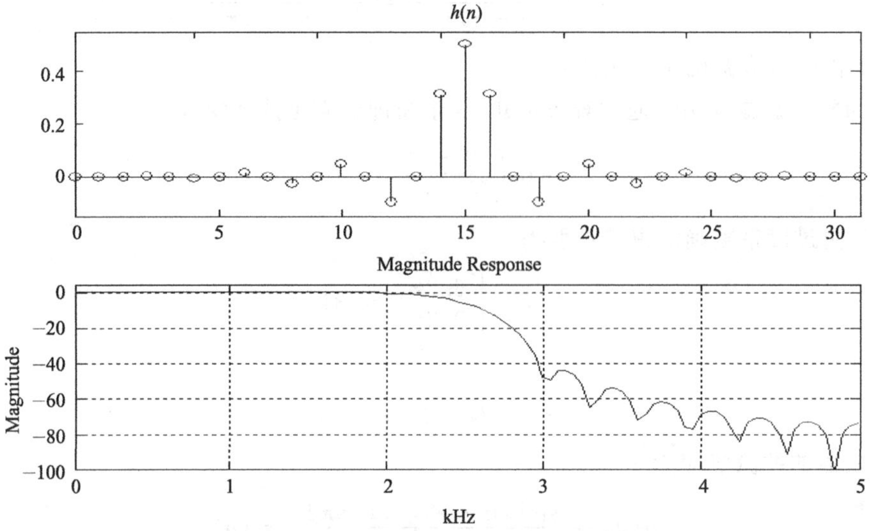

图 5.29　例 5.2 设计实现的滤波器冲激响应和幅频特性

例 5.3　一段乐曲中夹杂着高频噪声，严重影响收听质量。图 5.30 给出了噪声污染后的信号及其频谱。系统的取样频率为 16kHz。设计一个滤波器来提高声音质量。

解　从图 5.30 中频谱可以看出，噪声从 2kHz 的频率点开始占据支配地位，因为这个频率很低，因此消除噪声的同时也会损失一部分有用的音乐信息。

可以用通带边缘频率为 2kHz 的低通滤波器对此段音乐进行滤波。由于没有特殊的阻带衰减要求，任何具有合理特性的窗函数均可被采用，在此选择汉明窗。

本例中，对过渡带宽也没有特殊要求。为了得到合理的陡峭滚降特性，选择窗函数的长度 $N = 101$，则过渡带宽为

$$\frac{6.6\pi}{101} \times \frac{16000}{2\pi} = 523\text{Hz}$$

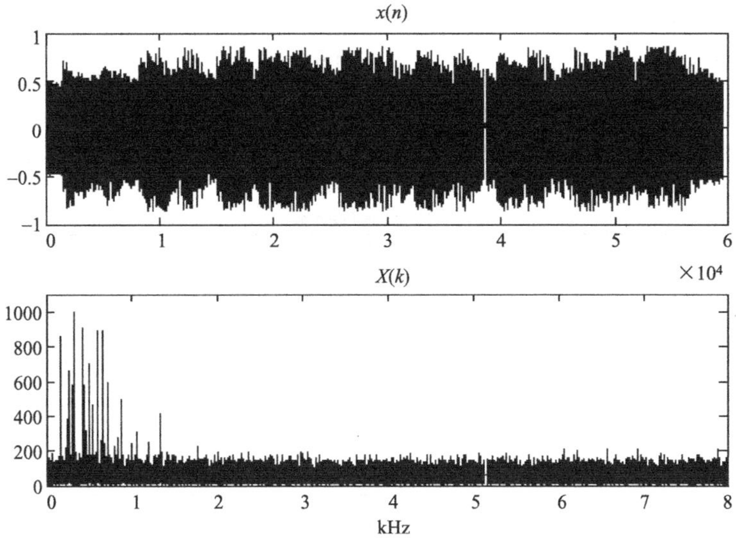

图 5.30　例 5.3 中噪声污染后的信号及其频谱

对低通滤波器的参数选择总结如下：

取样频率：　16kHz

通带边缘频率：　2kHz

过渡带宽：　523Hz

截止频率：　$f_c = 2000 + 523/2 = 2.262\text{kHz}$

数字截止频率：　$\omega_c = 2\pi \dfrac{f_c}{f_s} = 2\pi \dfrac{2.262}{16} = 0.283\pi$

窗函数：汉明窗，即

$$w(n) = 0.54 - 0.46\cos\left(\frac{2n\pi}{N-1}\right) \qquad n = 0,1,2,3,\cdots,N-1$$

窗口长度：$N=101$

其设计过程与例 5.2 类似，在此不再详述，所得滤波器的冲激响应为

$$h(n) = \frac{\sin[(n-50)\times 0.283\pi]}{(n-50)\pi} \times w(n)$$

冲激响应、幅频特性和零极点如图 5.31 所示。

伴有噪声的音乐经过上述滤波器后的输出信号及其频谱如图 5.32 所示。经过滤波后的信号几乎没有噪声，但音乐听起来有些压抑，这是由于音乐中的高频分量也随噪声一起被滤除的缘故。

可以想象，如果噪声存在于所有的频率分量上，则不可能在不降低信号质量的情况下滤除噪声。

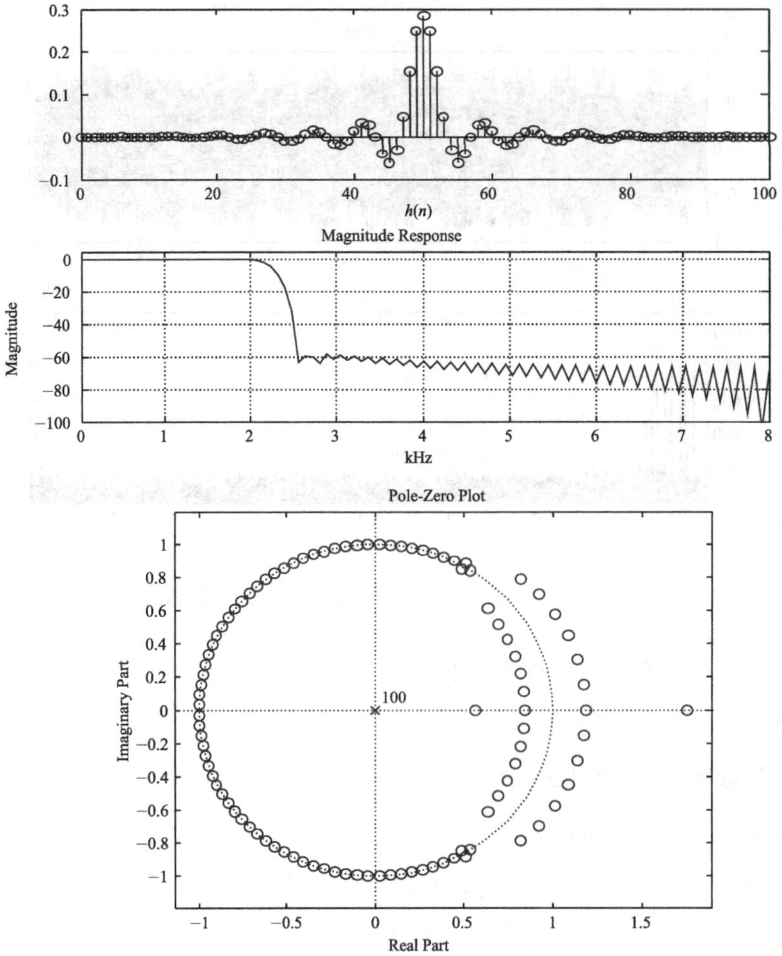

图 5.31　例 5.3 中滤波器冲激响应、幅频特性和零极点图

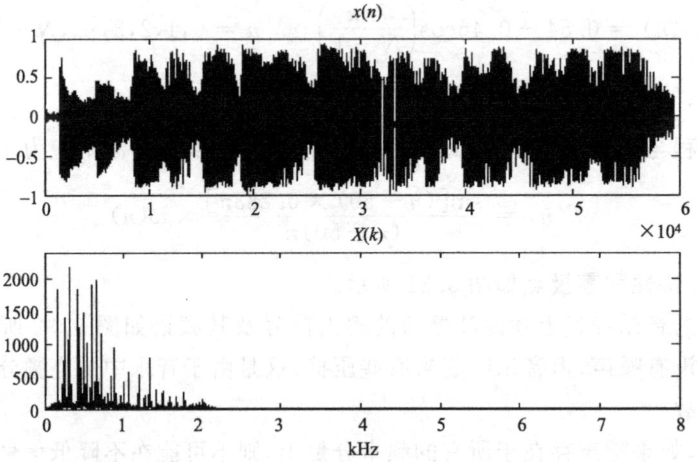

图 5.32　例 5.3 中滤除噪声后的信号及频谱

例 5.4　利用凯塞尔窗设计低通滤波器。设计指标要求为:通带边缘频率$\omega_p=0.4\pi$,阻带边缘频率$\omega_s=0.6\pi$,阻带衰减$A_s=60\text{dB}$。

解　首先确定基本理想低通滤波器的截止频率

$$\omega_c=\frac{\omega_p+\omega_s}{2}=0.5\pi$$

滤波器过渡带宽为

$$\Delta\omega=\omega_s-\omega_p=0.2\pi$$

将以上两个量分别代入式(5.61a)和式(5.61b),则可求出凯塞尔窗的β值和N值

$$\beta=0.1102(A_s-8.7)=5.653$$

$$N=\frac{A_s-7.95}{2.286\Delta\omega}+1\approx 37$$

计算滤波器的脉冲响应

$$h(n)=\begin{cases}\dfrac{\sin\omega_c(n-\alpha)}{\pi(n-\alpha)}\cdot\dfrac{I_0[\beta(1-[(n-\alpha)/\alpha]^2)^{1/2}]}{I_0(\beta)} & 0\leqslant n\leqslant N\\ 0 & \text{其他}\end{cases}$$

式中,$\alpha=N/2=37/2=18.5$。

因为$N=37$为奇数,因此所得线性相位系统为 1 型系统,该滤波器的响应特性示于图 5.32 中。图 5.33(a)为滤波器的脉冲响应,它具有偶对称特性;图 5.33(b)为滤波器的幅频响应,图中表明$H(e^{j\omega})$在$\omega=\pi$处为零,或等效的,系统函数$H(z)$在$z=-1$处有一个零点,正如 1 型 FIR 系统所要求的那样。

2. 数字高通、带通和带阻滤波器的设计

对于数字高通、带通和带阻等类型的 FIR 滤波器设计,与数字低通滤波器设计的主要区别在于对冲激响应$h_d(n)$的求解过程不同,只需改变求$h_d(n)$的傅里叶反变换式中积分区间即可,其他过程与低通滤波器设计类似。

1) 高通滤波器

令交通滤波器的幅频特性如图 5.34 所示,为

$$H_d(e^{j\omega})=\begin{cases}e^{-j\omega\tau} & \omega_c\leqslant|\omega|\leqslant\pi\\ 0 & 0\leqslant|\omega|<\omega_c\end{cases}$$

则冲激响应为

$$\begin{aligned}h_d(n)&=\frac{1}{2\pi}\int_{-\pi}^{-\omega_c}e^{j(n-\tau)\omega}d\omega+\frac{1}{2\pi}\int_{\omega_c}^{\pi}e^{j(n-\tau)\omega}d\omega\\&=\frac{1}{j2(n-\tau)\pi}[(e^{-j(n-\tau)\omega_c}-e^{-j(n-\tau)\pi})+(e^{j(n-\tau)\pi}-e^{j(n-\tau)\omega_c})]\end{aligned}$$

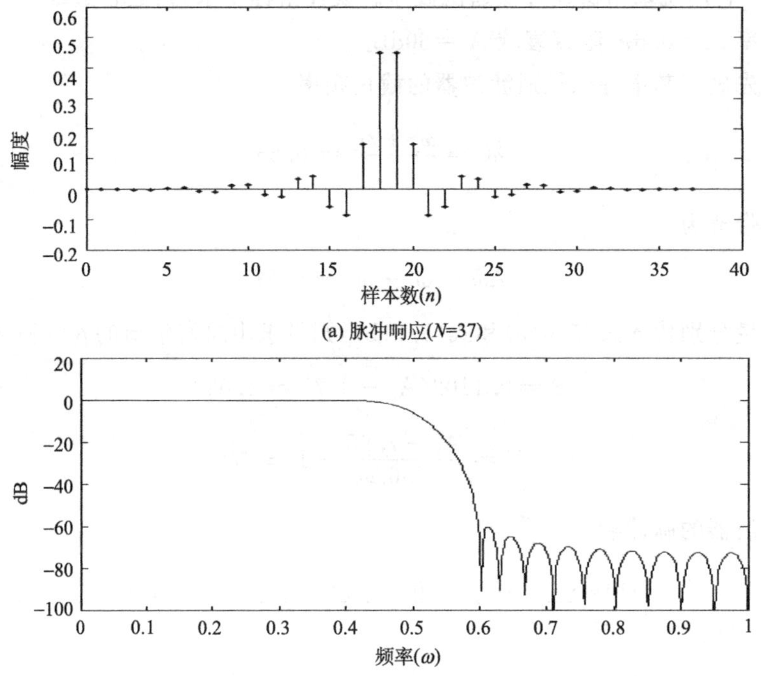

(a) 脉冲响应(N=37)

(b) 幅频响应

图 5.33　例 5.4 的响应函数

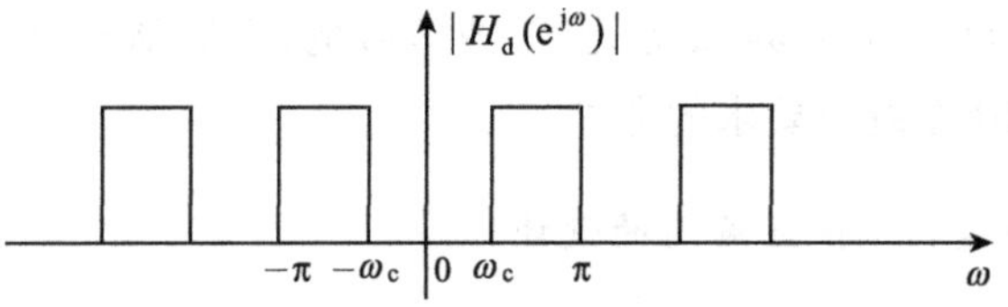

图 5.34　理想高通滤波器频谱

$$
\begin{aligned}
&=\frac{1}{\mathrm{j}2(n-\tau)\pi}[\cos(n-\tau)\omega_c-\mathrm{j}\sin(n-\tau)\omega_c-\cos(n-\tau)\pi+\mathrm{j}\sin(n-\tau)\pi\\
&\quad+\cos(n-\tau)\pi+\mathrm{j}\sin(n-\tau)\pi-\cos(n-\tau)\omega_c-\mathrm{j}\sin(n-\tau)\omega_c]
\end{aligned}
$$

简化上式得到理想高通滤波器的冲激响应为

$$
h_d(n)=\frac{\sin[(n-\tau)\pi]-\sin[(n-\tau)\omega_c]}{(n-\tau)\pi} \tag{5.62}
$$

从上述结果可以看出：一个高通滤波器相当于用一个全通滤波器(即 $\omega_c=\pi$ 时)减去一个低通滤波器，如图 5.35 所示。

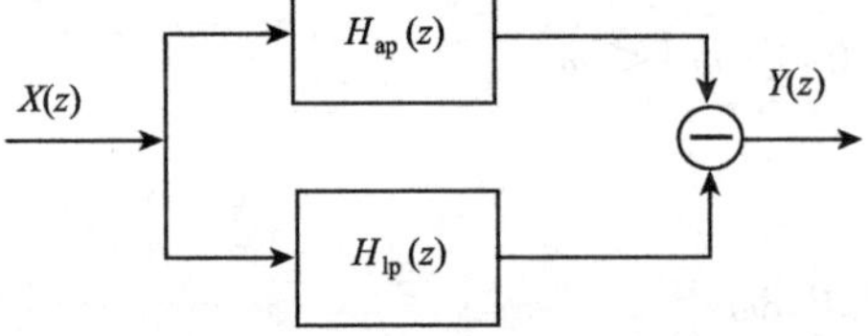

图 5.35　由全通和低通滤波器实现高通滤波器

传输函数为

$$H_{hp}(z)=H_{ap}(z)-H_{lp}(z)$$

冲激响应为

$$h_{hp}(n)=h_{ap}(n)-h_{lp}(n)$$

(2) 带通滤波器

令带通滤波器的幅频特性如图 5.36 所示，为

$$H_d(e^{j\omega})=\begin{cases}e^{-j\omega\tau} & \omega_l\leqslant|\omega|\leqslant\omega_h\\0 & 其他\end{cases}$$

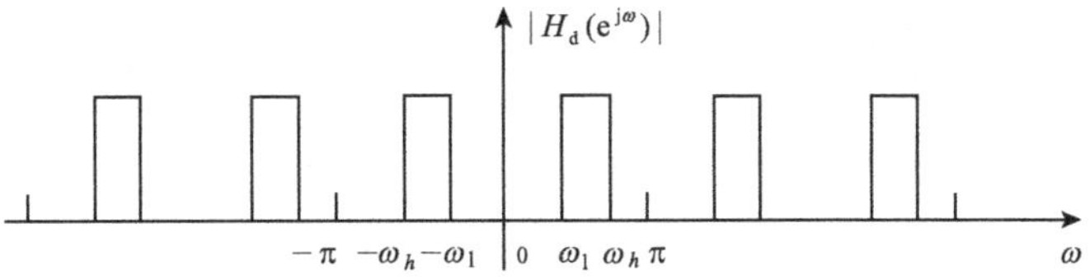

图 5.36 理想带通滤波器频谱

则

$$h_d(n)=\frac{1}{2\pi}\int_{-\omega_h}^{-\omega_l}e^{j(n-\tau)\omega}d\omega+\frac{1}{2\pi}\int_{\omega_l}^{\omega_h}e^{j(n-\tau)\omega}d\omega$$

求解上式得到理想带通滤波器的冲激响应为

$$h_d(n)=\frac{\sin[(n-\tau)\omega_h]-\sin[(n-\tau)\omega_l]}{(n-\tau)\pi}\tag{5.63}$$

同样地，从以上结果可以看到：一个带通滤波器相当于两个截止频率不同的低通滤波器相减，其中一个截止频率为 ω_h，另一个为 ω_l，如图 5.37 所示。

传输函数： $H_{bp}(z)=H_{lph}(z)-H_{lpl}(z)$

冲激响应： $h_{bp}(n)=h_{lph}(n)-h_{lpl}(n)$

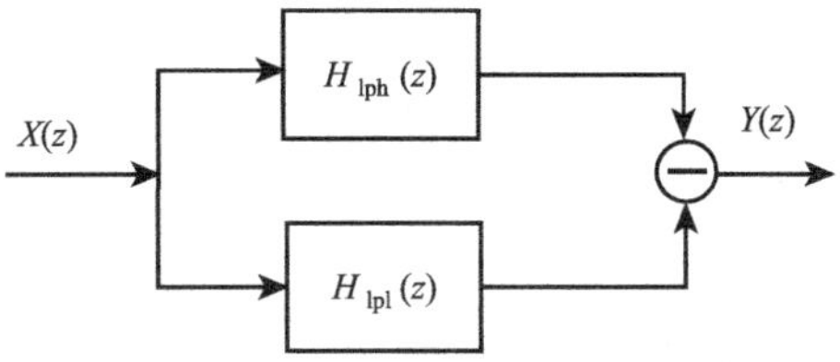

图 5.37 由两个低通滤波器实现带通滤波器

或者一个带通滤波器相当于一个低通滤波器和一个高通滤波器级联，即先经过一个 LP DF，再经过一个 HP DF，如图 5.38 所示。

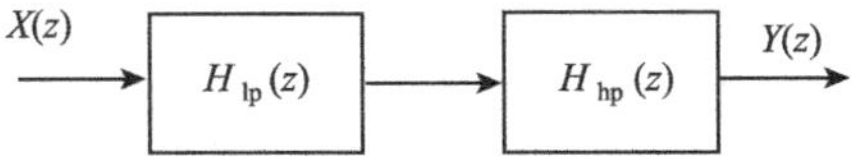

图 5.38 由低通和高通滤波器相乘实现带通滤波器

传输函数： $H_{bp}(z)=H_{lp}(z)H_{hp}(z)$

冲激响应： $h_{bp}(n)=h_{lp}(n)*h_{hp}(n)$

(频域相乘，时域卷积)

(3) 带阻滤波器

令滤波器的幅频特性如图 5.39 所示，为

$$H_d(e^{j\omega})=\begin{cases}e^{-j\omega\tau} & |\omega|\leqslant\omega_l,\ |\omega|\geqslant\omega_h\\0 & 其他\end{cases}$$

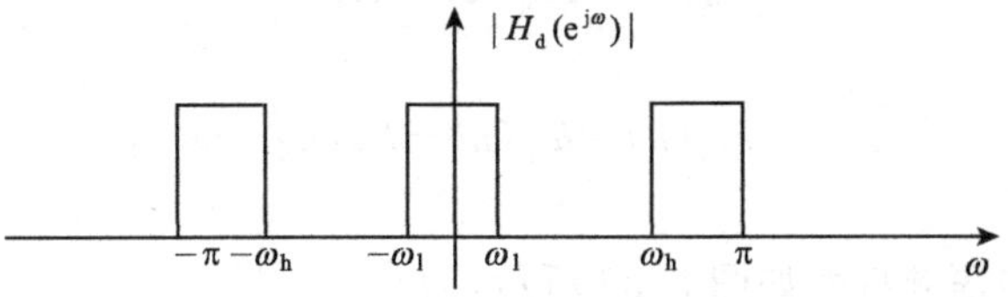

图 5.39　理想带阻滤波器频谱

则

$$h_d(n) = \frac{1}{2\pi}\int_{-\pi}^{-\omega_h} e^{j(n-\tau)\omega} d\omega + \frac{1}{2\pi}\int_{-\omega_l}^{\omega_l} e^{j(n-\tau)\omega} d\omega + \frac{1}{2\pi}\int_{\omega_h}^{\pi} e^{j(n-\tau)\omega} d\omega$$

求解上式得带阻滤波器的冲激响应为

$$h_d(n) = \frac{\sin[(n-\tau)\omega_l] + \sin[(n-\tau)\pi] - \sin[(n-\tau)\omega_h]}{(n-\tau)\pi} \tag{5.64}$$

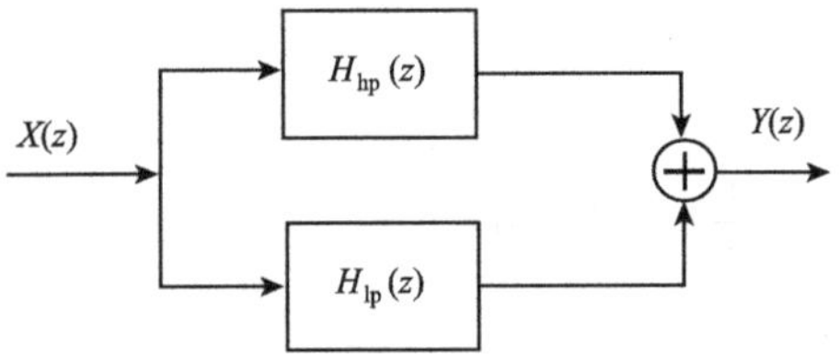

图 5.40　由低通和高通滤波器实现带阻滤波器

由此看出,一个带阻滤波器相当于一个低通滤波器加上一个高通滤波器,低通滤波器的截止频率为 ω_l,高通为 ω_h,如图 5.40 所示。

传输函数：　$H_{bs}(z) = H_{lp}(z) + H_{hp}(z)$

冲激响应：　$h_{bs}(n) = h_{lp}(n) + h_{hp}(n)$

例 5.5　用凯塞尔窗设计高通滤波器,且满足技术指标:通带截止频率 $\omega_p = 0.5\pi$,阻带截止频率 $\omega_s = 0.35\pi$,阻带最小衰减 $A_s = 33\text{dB}$。

解　理想高通滤波器的截止频率为

$$\omega_c = \frac{(0.35\pi + 0.5\pi)}{2} = 0.425\pi$$

滤波器的过渡带宽为

$$\Delta\omega = \omega_s - \omega_p = 0.5\pi - 0.35\pi = 0.15\pi$$

则可求出对应凯塞尔窗的 β 值和 N 值

$$\beta = 0.5842(A_s - 21)^{0.4} + 0.07886(A_s - 21) = 2.6$$

$$N = \frac{A_s - 7.95}{2.286\Delta\omega} + 1 \approx 24$$

图 5.41 中给出了将以上参数所确定的凯塞尔窗函数用于高通滤波器设计所得到的响应函数特性。因为冲激响应 $h(n)$ 的长度 N 为偶数,所以一次实现的滤波器是线性相位的Ⅱ型 FIR 系统。由于Ⅱ型 FIR 系统函数 $H(z)$在 $z=-1(\omega=\pi)$处有零点,所以其高通性能无法得到很好的满足,即线性相位Ⅱ型不适宜用来实现高通系统。如果将 N 增大至 25 而保持 β 不变,可以使过渡带变窄。这时系统变成图 5.42 所示的Ⅰ型线性相位系统,从图 5.42 中可看出,所实现的系统能够满足设计指标要求。

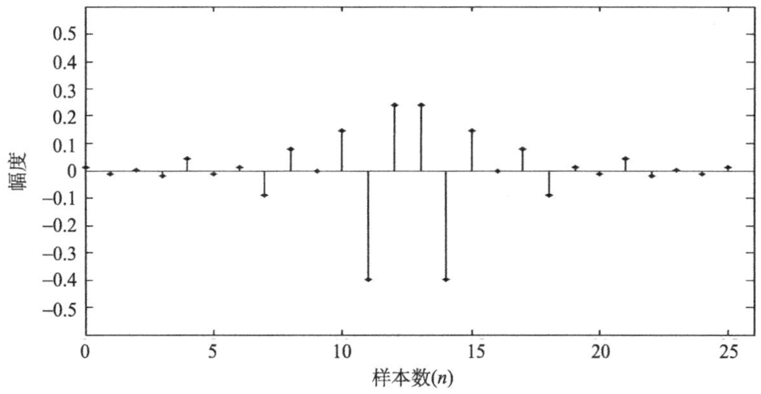

(a) 脉冲响应(M=24)

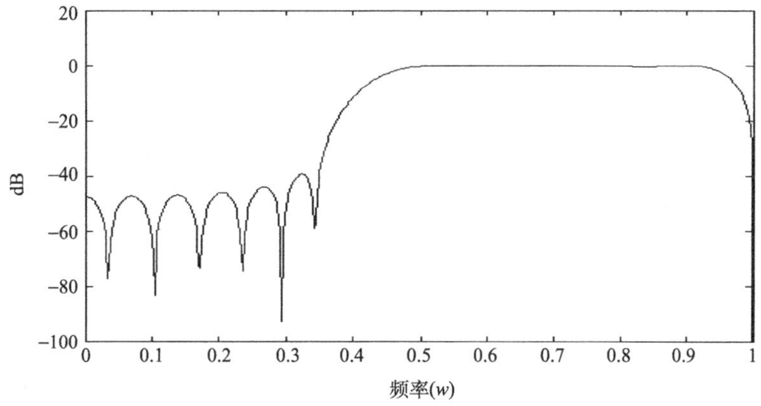

(b) 对数幅度

图 5.41　Ⅱ型 FIR 高通滤波器的响应函数

例 5.6　给取样频率为 22kHz 的系统设计一个 FIR 带通滤波器，中心频率为 4kHz，通带边缘在 3.5kHz 和 4.5kHz，过渡带宽为 500Hz，阻带衰减 50dB。

解　过渡带宽：500Hz，转换为数字频率 $2\pi\frac{\Delta f}{f_s}=\frac{2\pi\times 0.5}{22}=0.0455\pi$

截止频率 $f_l=f_{lc}-0.5/2=3.5-0.25=3.25\text{kHz}$

$f_h=f_{hc}+0.5/2=4.5+0.25=4.75\text{kHz}$

数字截止频率

$$\omega_l=2\pi\frac{f_l}{f_s}=0.3045\pi\qquad \omega_h=2\pi\frac{f_h}{f_s}=0.4318\pi$$

由式(5.63)有带通滤波器的冲激响应为

$$h_d(n)=\frac{\sin[(n-M)\omega_h]-\sin[(n-M)\omega_l]}{(n-M)\pi}$$

其中，$M=(N-1)/2$。下面确定窗函数类型及其长度 N。

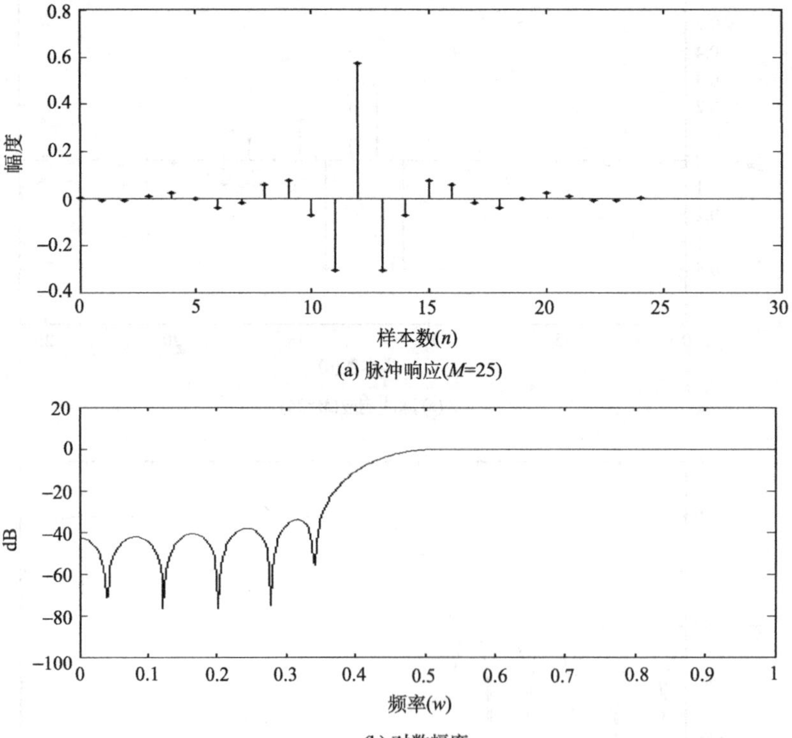

(a) 脉冲响应(M=25)

(b) 对数幅度

图 5.42　Ⅰ型 FIR 高通滤波器的响应函数

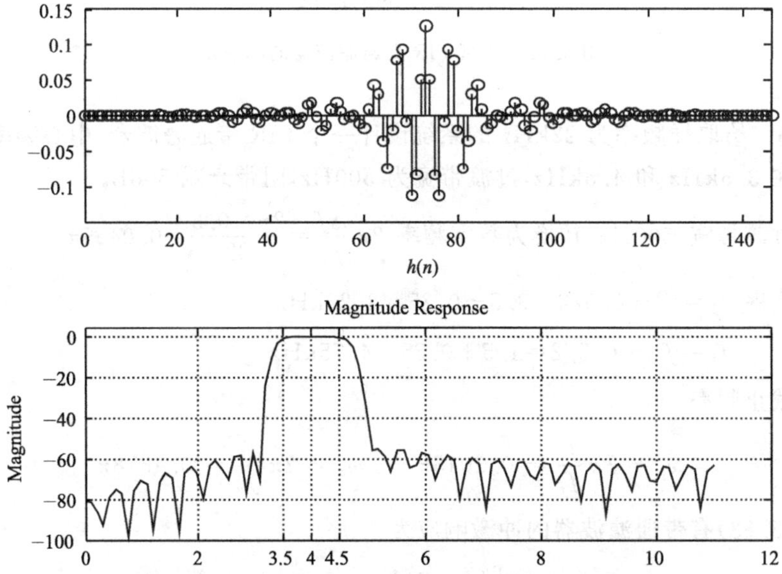

图 5.43　例 5.6 的带通滤波器冲激响应和幅频响应

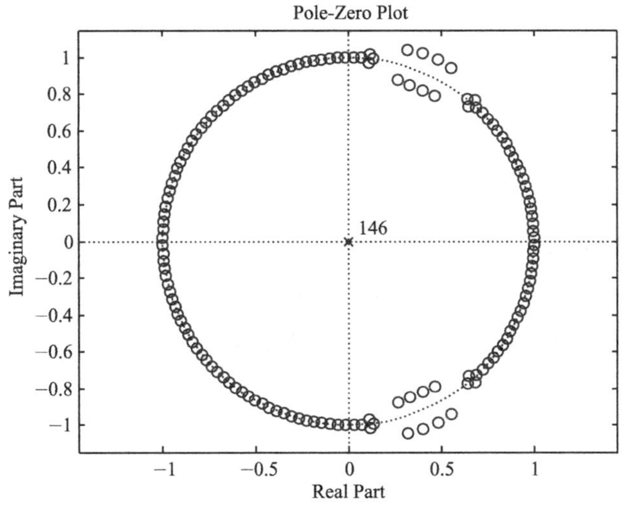

图 5.44　例 5.6 的带通滤波器零-极点图

窗函数：因为阻带衰减为 50dB，因此选择汉明窗不满足要求。

$$w(n)=0.54-0.46\cos\left(\frac{2n\pi}{N-1}\right)\qquad n=0,1,2,\cdots,N-1$$

窗口长度为 $N=\left\lceil\frac{6.6\pi}{0.0455\pi}\right\rceil=146$，希望 N 为奇数，因此取 $N=147$，则$M=73$。

此滤波器的冲激响应为

$$h(n)=\frac{\sin[(n-73)\times0.4318\pi]-\sin[(n-73)\times0.3045\pi]}{(n-73)\pi}\times w(n)$$

它的冲激响应和幅频响应如图 5.43 所示，它的零-极点图如图 5.44 所示。

5.4　频率取样法

上节讨论的窗函数设计法是在时域内，以有限长冲激响应 $h(n)$ 去逼近无限长冲激响应，从而实现 FIR 滤波器的设计。而本节所要讨论的 FIR 滤波器频率取样设计法则是在频域内，以有限个频率响应的取样，去逼近所期望的理想频率响应函数。

5.4.1　$H(e^{j\omega})$对 $H_d(e^{j\omega})$的逼近

由以前的内容可知，FIR 数字滤波器的传输函数 $H(z)$和频率响应可以用其冲激响应 $h(n)$ 的 DFT 值 $H(k)$，通过内插公式来得到，即

$$H(z)=\frac{1-z^{-N}}{N}\sum_{k=0}^{N-1}\frac{H(k)}{1-W_N^{-k}z^{-1}}=\frac{1}{N}\sum_{k=0}^{N-1}H(k)\,\frac{1-z^{-N}}{1-W_N^{-k}z^{-1}}\tag{5.65}$$

$$H(e^{j\omega})=e^{-j\frac{N-1}{2}\omega}\sum_{k=0}^{N-1}H(k)e^{j(N-1)k\pi/N}\,\frac{\sin[N(\omega-2\pi k/N)/2]}{N\sin[(\omega-2\pi k/N)/2]}\tag{5.66}$$

定义内插函数为

$$S(\omega,k)=\mathrm{e}^{\mathrm{j}(N-1)k\pi/N}\frac{\sin[N(\omega-2\pi k/N)/2]}{N\sin[(\omega-2\pi k/N)/2]} \tag{5.67}$$

则频率响应为

$$H(\mathrm{e}^{\mathrm{j}\omega})=\mathrm{e}^{-\mathrm{j}\frac{N-1}{2}\omega}\sum_{k=0}^{N-1}H(k)S(\omega,k)$$

而 $H(k)$ 又是对频率响应取样得到的序列，即有

$$H(k)=H(z)\mid_{z=W_N^{-k}}=H(\mathrm{e}^{\mathrm{j}\omega})\mid_{\omega=\frac{2\pi}{N}k}=H(\mathrm{e}^{\mathrm{j}\frac{2\pi}{N}k})$$

由此，先对期望的频率响应函数 $H_d(\mathrm{e}^{\mathrm{j}\omega})$进行 N 点取样，确定 $H(k)$ 的值。即令

$$H(k)=H_d(\mathrm{e}^{\mathrm{j}\frac{2\pi}{N}k})\qquad k=0,1,2,\cdots,N-1$$

然后根据式(5.65)和式(5.66)，由 $H(k)$ 经过内插即可得到滤波器的传输函数$H(z)$及频率响应函数 $H(\mathrm{e}^{\mathrm{j}\omega})$。这时的 $H(z)$ 就是对理想传输函数 $H_d(z)$ 的逼近，而$H(\mathrm{e}^{\mathrm{j}\omega})$即为对理想频率响应 $H_d(\mathrm{e}^{\mathrm{j}\omega})$的逼近。并且在 $H(k)$所对应的取样频率点上，二者具有相同的频率响应，即

$$H(\mathrm{e}^{\mathrm{j}\frac{2\pi}{N}k})=H(k)=H_d(k)=H_d(\mathrm{e}^{\mathrm{j}\frac{2\pi}{N}k})$$

但在两个频率取样点之间，频率响应值则是由各取样点间内插函数的加权确定。因此，存在着逼近误差，并且误差的大小取决于理想频率响应 $H_d(\mathrm{e}^{\mathrm{j}\omega})$的曲线形状和取样点数 N 的大小。$H_d(\mathrm{e}^{\mathrm{j}\omega})$的特性曲线变化越平坦，取样点数 N 越大，则由内插所引入的误差越小；反之，则内插值与理想值之间的误差就越大。因此，在$H_d(\mathrm{e}^{\mathrm{j}\omega})$函数的不连续点附近会产生肩峰和波动。如图 5.45(b) 中所示，理想特性是一梯形响应，变化很缓和，因而取样后逼近较好。图 5.45(a) 是一个矩形的理想特性，它在取样后出现的肩峰和起伏就比梯形特性时要大得多。

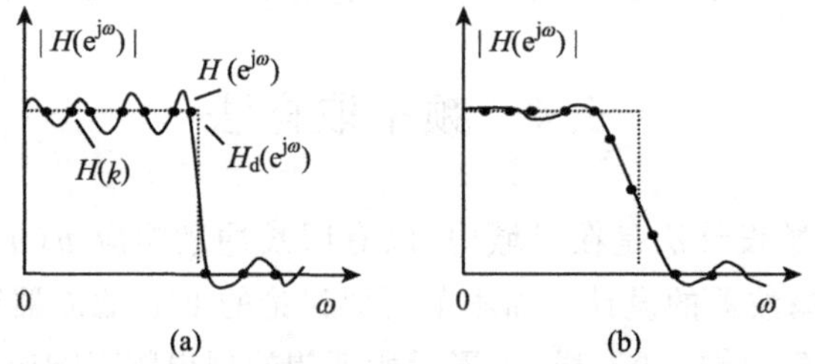

图 5.45 低通滤波器频率响应的固定取样

为了减小逼近误差，即减小通带边缘处由于取样点的突然变化而引起的滤波器特性的振荡起伏，可以在理想滤波器频响的不连续点边缘增加一定的过渡取样点，增加过渡带宽，来减小频带边缘的起伏振荡，进而增大阻带衰减。这些取样点上的取值不同，产生的效果也将不同。一般过渡带取 1～3 点取样值即可得到满意的结果。在低通滤波器设计中，不加过渡取样点时，阻带最小衰减为 －20dB；增加 1 个过渡取样点，阻带最小衰减将增为 －44dB～－54dB；增加 2 个过渡取样点，则阻带最小衰减增为－65dB～－75dB；增

加 3 个点时，阻带最小衰减就增为 −85dB～−95dB。在实际应用中，存在着一种最优化方法，能够很好地克服振荡起伏问题，这一优化设计方法将在 5.4.2 节中介绍。

5.4.2 线性相位的约束条件

如果要保证所设计的 FIR 数字滤波器具有线性相位，就必须对频域取样值 $H(k)$ 提出相应的约束条件，而不能任意指定。

由 5.2.2 节可知，当线性相位 FIR DF 的冲激响应 $h(n)$ 为偶对称、长度 N 为奇数时，其频率响应为

$$H(e^{j\omega}) = H(\omega)e^{-j\frac{N-1}{2}\omega}$$

其中，幅度函数

$$H(\omega) = \sum_{n=0}^{\frac{N-1}{2}} a(n)\cos n\omega$$

可知 $H(\omega)$ 是 ω 的偶函数，并且以 2π 为周期，即

$$H(\omega) = H(-\omega) = H(2\pi-\omega)$$

令

$$H(k) = H_k e^{j\theta_k}$$

又有

$$H(k) = H(e^{j\omega})\big|_{\omega=\frac{2\pi}{N}k} = H(\omega)e^{-j\frac{N-1}{2}\omega}\big|_{\omega=\frac{2\pi}{N}k} = H\left(\frac{2\pi}{N}\right)e^{-j\frac{N-1}{2}\frac{2\pi}{N}k} = H_k e^{j\theta_k}$$

所以有

$$\begin{cases} H_k = H\left(\dfrac{2\pi}{N}k\right) \\ \theta_k = -\dfrac{N-1}{2}\cdot\dfrac{2\pi}{N}k = -k\pi\left(1-\dfrac{1}{N}\right) \end{cases}$$

因为 $\omega=\frac{2\pi}{N}k$，所以当 $k=0$ 时，$\omega=0$；当 $k=N$ 时，$\omega=2\pi$。

又因为幅度函数是偶对称的，即

$$H\left(\frac{2\pi}{N}k\right) = H\left(2\pi-\frac{2\pi}{N}k\right)$$

所以

$$H_k = H_{N-k}$$

因此，得到如下线性相位 FIR DF 的 $H(k)$ 约束关系：

$$\begin{cases} h(n)\text{ 偶对称} \\ N\text{ 为奇数} \end{cases} \xrightarrow{\text{约束条件}} \begin{cases} \theta_k = -k\pi\left(1-\dfrac{1}{N}\right) = -k\pi\dfrac{N-1}{N} & (5.68a) \\ H_k = H_{N-k} & (5.68b) \end{cases}$$

同样可以分析得到其他三类线性相位滤波器对 $H(k)$ 的约束条件

$h(n)$ 偶对称，N 为偶数时

$$H_k = -H_{N-k} \qquad \theta_k = -\frac{N-1}{N}k\pi \tag{5.69}$$

$h(n)$奇对称,N为奇数时

$$H_k = -H_{N-k} \qquad \theta_k = \frac{\pi}{2} - \frac{N-1}{N}k\pi \tag{5.70}$$

$h(n)$奇对称,N为偶数时

$$H_k = H_{N-k} \qquad \theta_k = \frac{\pi}{2} - \frac{N-1}{N}k\pi \tag{5.71}$$

例 5.7 利用频率取样法,设计一个低通 FIR 数字滤波器,其理想频率特性是矩形

$$|H_d(e^{j\omega})| = \begin{cases} 1 & 0 \leqslant \omega \leqslant \omega_c \\ 0 & \text{其他} \end{cases}$$

已知通带截止频率 $\omega_c = 0.4\pi$,取样点数为奇数 $N = 41$,要求滤波器具有线性相位。

解 由设计指标,可画出频率取样后的 $H(k)$ 序列,如图 5.46(a)所示。由于$|H(k)|$的对称性,此处只画出了 $0 \leqslant \omega \leqslant \pi$ 即 $0 \leqslant k \leqslant 20$ 区间的情况。

$N=41$,则

$$H(k) = \begin{cases} 1 & 0 \leqslant k \leqslant \text{Int}\left(\dfrac{N\omega_c}{2\pi}\right) = 8 \\ 0 & \text{Int}\left(\dfrac{N\omega_c}{2\pi}\right) + 1 \leqslant k \leqslant 20 \end{cases}$$

此处 Int[.]表示取整,将这些取样值带入 $H(e^{j\omega})$ 的表达式中,得

$$H(e^{j\omega}) = e^{-j16\omega}\left\{\frac{\sin\left(\frac{41}{2}\omega\right)}{41\sin\left(\frac{\omega}{2}\right)} + \sum_{k=1}^{8}\left[\frac{\sin\left[41\left(\frac{\omega}{2} - \frac{k\pi}{41}\right)\right]}{41\sin\left(\frac{\omega}{2} - \frac{k\pi}{41}\right)} + \frac{\sin\left[41\left(\frac{\omega}{2} + \frac{k\pi}{41}\right)\right]}{41\sin\left(\frac{\omega}{2} + \frac{k\pi}{41}\right)}\right]\right\}$$

按此式计算 $20\lg|H(e^{j\omega})|$,得到幅频特性如图 5.46(b)所示,其过渡带宽为 $2\pi/41$,而最小阻带衰减则约为 -18dB,性能不理想。

为了改善性能,可以在通带和阻带交界处安排一个或多个取值不等于 0 也不等于 1 的过渡取样点。在本例中,若在 $k=9$ 处取 $|H(9)|=0.4$,如图 5.46(c) 所示,得到的滤波器幅频特性如图 5.46(d)所示,这时滤波器过渡带宽变为 $2\times 2\pi/41$,最小阻带衰减则约为 -40dB,性能得到改善,但付出的代价是过渡带加宽一倍。

如果希望进一步增加阻带衰减,则可再添加一个或多个过渡取样点,这样过渡带继续加宽。如果不允许增加过渡带宽,又希望增加阻带衰减,则可增加取样点数 N,如取 $N=81$,并在 $k=17$、$k=18$ 处增加两个优化的取样值 $H(17)=0.5786$,$H(18)=0.1065$,如图 5.46(e) 所示,这时滤波器的频率响应如图 5.46(f) 所示,过渡带变为 $7.9\pi/81$,没有增加,但阻带最小衰减可达 -61dB 以上。所付出的代价是滤波器的阶次提高了,从而增加了运算量。

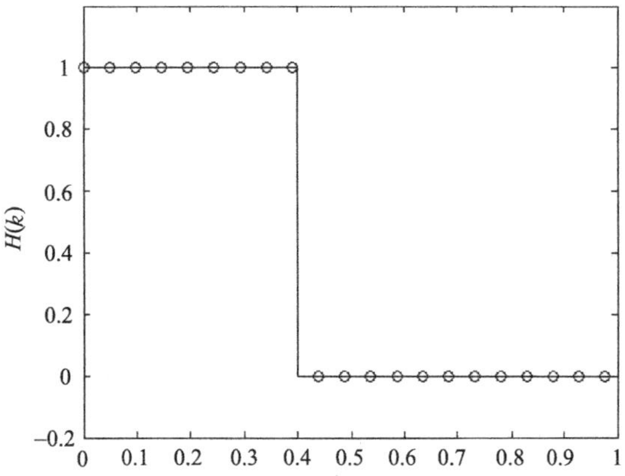

(a) 频率取样后的 $H(k)$ 序列(N=41)

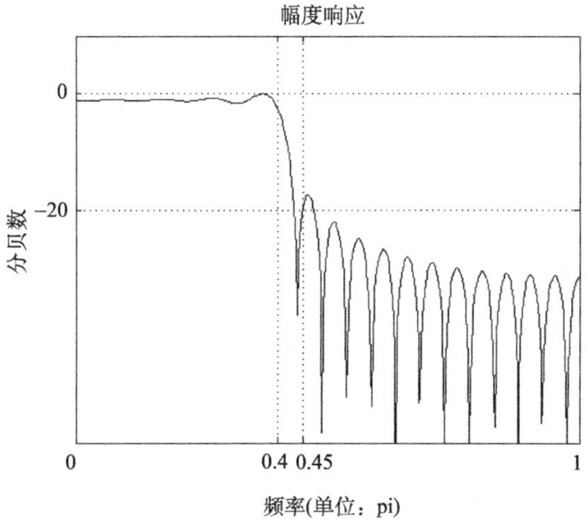

(b) 滤波器的幅频特性(N=41)

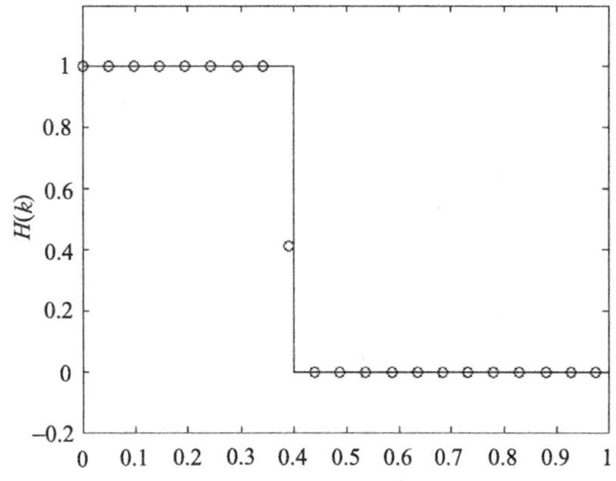

(c) 增加1个过渡带取样点后的频率取样序列 $H(k)$ (N=41)

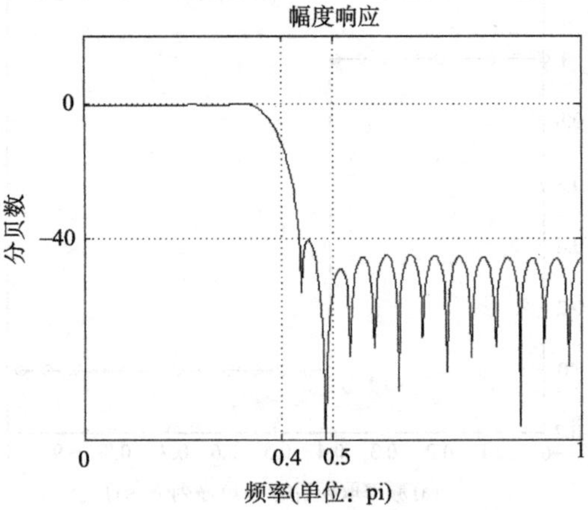

(d) 滤波器的幅频特性(N=41)

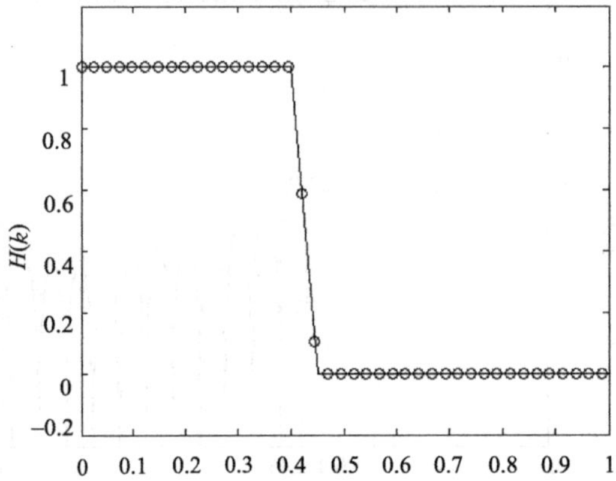

(e) 增加阶数N和过渡带取样点后的频率取样序列 $H(k)$ (N=81)

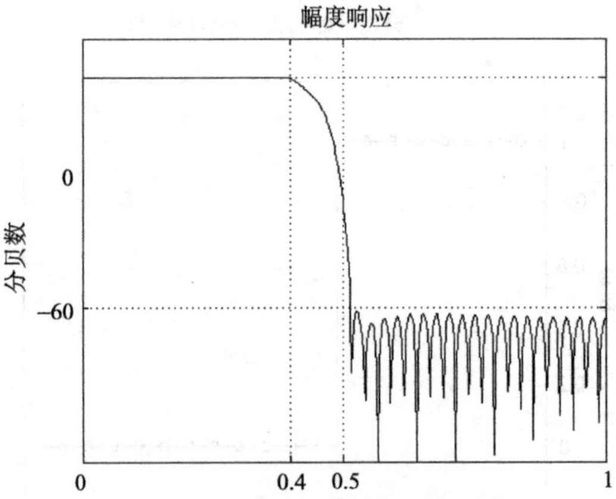

(f) 滤波器的幅频特性(N=81)

图 5.46　例 5.7 的滤波器系统特性

例 5.8　用频率抽样法设计一个低通 FIR DF，其截止频率是抽样频率的1/10，取 $N=20$。

解　此处 N 为偶数，且在通带内对 $H_d(e^{j\omega})$抽样时，仅得两个点。
由于

$$H(k)=H_d(e^{j\frac{2\pi}{N}k})\qquad k=0,1,2,\cdots,N-1$$

因此有

$$H_d(0)=1$$
$$H_d(1)=e^{-j19\pi/20}$$
$$H_d(k)=H_d(N-k)=0\qquad k=2,3,\cdots,10$$
$$H_d(19)=H_d(20-1)=-e^{-j19(20-1)\pi/20}=e^{j19\pi/20}=H_d^*(1)$$

基于 $H_d(k)$通过 DFT 反变换则可求得 $h(n)$

$$h(0)=h(19)=-0.04877\qquad h(1)=h(18)=-0.0391$$
$$h(2)=h(17)=-0.0207\qquad h(3)=h(16)=0.0046$$
$$h(4)=h(15)=0.03436\qquad h(5)=h(14)=0.0656$$
$$h(6)=h(13)=0.0954\qquad h(7)=h(12)=0.12071$$
$$h(8)=h(11)=0.1391\qquad h(9)=h(10)=0.14877$$

由 $h(n)$可求出系统的 $H(e^{j\omega})$，其幅频响应如图 5.47 中曲线①所示。由该曲线可看出，滤波器的通带内和阻带内都有较大的波纹，这是由于 $H_d(e^{j\omega})$在通带截止频率出 ω_c 处的突跳所造成。减小波纹的方法是使 $H_d(e^{j\omega})$在 ω_c 处不产生跳变，人为地增加一个过渡带。例如，可令

$$H_d(2)=0.5e^{-j19\times2\pi/20}$$
$$H_d(18)=0.5e^{j19\times2\pi/20}$$

这时所得的 $H(e^{j\omega})$的幅频曲线如图 5.47 中曲线②所示。由该曲线可看出，增加 $H_d(2)$后，通带内和阻带内波纹都有明显减小，滤波器的性能得到改善。

上面是任意指定的 $H_d(2)$的取值，它对滤波器通阻带性能的改善不一定是最优的。现令 $H_d(2)$的取值分别等于 0.1，0.2，…，0.9，并分别求出对应的 $H(e^{j\omega})$，可以发现在幅值接近于 0.4 时效果最好。至于在 0.3～0.5 之间取何值为最好，还需进一步搜索。如果要想在阻带内获得更大的衰减，可进一步增加过渡点，即把$H_d(3)$和 $H_d(17)$再赋给一个小于 0.4 而大于 0 的幅值。对于过渡带内 $H_d(k)$的选择，可以基于使通带和阻带内绝对误差为最小的最优化方法。但这样做求解麻烦，一般可凭经验，将幅值取在 0.3～0.5 之间，并反复计算即可达到所需的技术要求。

例 5.9　用频率抽样法设计一个带通数字滤波器，其通带频率是 500Hz～700Hz，取样频率 $f_s=3300$Hz，使用阶次 $N=33$。

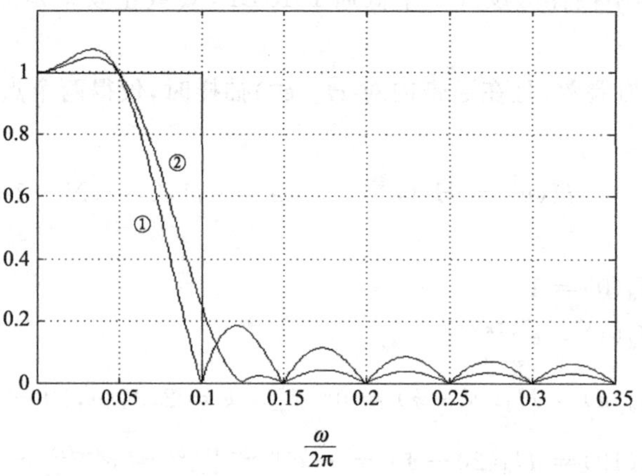

图 5.47　例 5.8 的 $|H(e^{j\omega})|$ 曲线

解　此时 N 为奇数，按照设计要求，可指定 $H_d(k)$ 为

$$H_d(k)=\begin{cases}e^{-j32k\pi/33} & k=5,6,7,26,27,28\\ 0 & k=0\sim4,8\sim25,29\sim32\end{cases}$$

由此可求得系统冲激响应为

$$h(0)=h(32)=-0.0505 \qquad h(1)=h(31)=0.00793$$

$$\vdots \qquad\qquad \vdots$$

$$h(14)=h(18)=-0.1134 \qquad h(15)=h(17)=0.0746$$

$$h(16)=0.181819$$

如图 5.48 中曲线①给出了 $H(e^{j\omega})$ 的幅频特性，可以看到其通带及阻带内都有较大

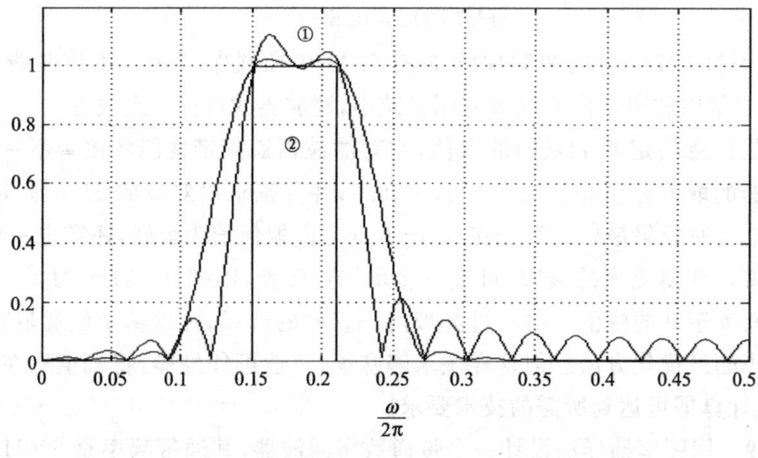

图 5.48　例 5.9 的 $|H(e^{j\omega})|$ 曲线

的上冲。如果在 $H_d(4)$ 和 $H_d(8)$ 处各增加一个过渡点，令其幅值为 0.5，重新求出 $H(e^{j\omega})$，相应的幅频特性如图 5.48 中曲线②所示。显然，特性有了很大的改善。

由以上的讨论可知，频率抽样法的实现原理很简单，计算时可以借用 DFT，若阶数 N 为 2 的幂，则可利用 FFT 来完成计算。通过改变阶数 N 和设置过渡点能够最终得到满意的结果。但是和窗函数设计法一样，其主要缺点是不易精确地确定滤波器通带和阻带的截止频率。

5.5　FIR 数字滤波器的优化设计

在前面两节 5.3 节和 5.4 节内容中，我们介绍了 FIR 数字滤波器设计的两种方法：时域中的窗函数法和频域中的频率取样法。这两种方法的实现都相对比较简单，得到的结果虽然很接近最优，但却不是最优化的设计方法，都存在无法克服的缺点，其中最主要的问题就是不能精确地控制通带和阻带边缘等关键点的频率值。在本节中将介绍一种频域中的最优化设计方法 —— 等波纹切比雪夫逼近法。

对于滤波器的设计问题，从数学的角度来看，就是一个函数逼近的问题，即用一个可实现的滤波器传输函数，去逼近一个期望得到的理想滤波器传输函数。由数值逼近的理论可知，对某个函数 $f(x)$ 的逼近一般有下述几种主要方法。

1）插值法

这种方法通过寻找一个 n 阶多项式（或三角多项式）$p(x)$，使它在 $n+1$ 个点 x_0，x_1，… ，x_n处满足：

$$p(x_k) = f(x_k) \qquad k = 0,1,2,\cdots,n$$

而在 $n+1$ 以外的其他点上，$p(x)$ 是 $f(x_k)$ 的某种组合，因此，在这些点处就存在着一定的误差。5.4 节介绍的频率取样法就是一种数值逼近的插值法。

2）最小均方误差逼近法

这种数值逼近方法是在所研究的范围内，如区间 $[a,\ b]$ 内，使积分 $\int_a^b [p(x) - f(x)]^2 \mathrm{d}x$ 为最小值，由此可见，这种方法所追求的目标在于使区间 $[a,\ b]$ 内的误差功率最小，但不能保证在每个局部点的误差都最小，因此，有可能在 $f(x)$ 的间断点上造成不好的特性，产生较大的逼近误差。前面所介绍的窗函数法，就是一种在最小均方误差意义上的逼近方法，该方法在间断点处就出现较大的过冲（Gibbs 现象）误差。

3）一致逼近法 —— 切比雪夫逼近法

这种数值逼近方法力求使所感兴趣的区间 $[a,\ b]$ 内误差函数：$E(x) = |\ p(x) - f(x)\ |$ 均匀一致，并且通过合理地选择 $p(x)$ 使 $E(x)$ 的最大值 E_m达到最小，即

$$\min\{\max_{\omega \in A} |\ p(x) - f(x)\ |\}$$

切比雪夫逼近理论解决了 $p(x)$ 的存在性、唯一性及如何构造等一系列问题，因此，这种方法被称为最佳一致逼近法或切比雪夫等波纹逼近法。应用到滤波器设计中，就是通过选择滤波器的 5 个设计参数，即通带边界频率 ω_p、阻带边界频率 ω_s、通带容许偏差 δ_1、阻带容许偏差 δ_2以及滤波器阶数 N 来确定 $H(e^{j\omega})$以使误差函数的最大值为最小，即

$$\min\{\max_{\omega\in A} | H_d(e^{j\omega}) - H(e^{j\omega}) |\}$$

由于在滤波器设计中对通带与阻带内误差性能的要求是不同的,为了统一使用最大误差最小化准则,通常采用误差函数加权的方法来使不同频带(如通带和阻带)内的加权误差最大值是相等的,并且为最小,即

$$\min\{\max_{\omega\in A} | W(e^{j\omega})[H_d(e^{j\omega}) - H(e^{j\omega})] |\} \tag{5.72}$$

切比雪夫等波纹逼近法是一种最优化的滤波器设计方法,它在最大误差最小化的优化准则下,能准确地指定通带和阻带的边缘,通过计算机进行迭代运算,最终实现对理想滤波器频率响应的最佳逼近。

通过研究 FIR 滤波器的传输函数,我们知道,其传输函数的极点全部位于 Z 平面的原点,而零点则任意分布在整个 Z 平面上,不同的分布情况对应于不同的频率响应,即对应着不同的滤波器,因此,本节所讨论的最佳设计方法,实质上就是通过调节传输函数的零点分布,使实际频率响应 $H(e^{j\omega})$ 与所期望的频率响应 $H_d(e^{j\omega})$ 之间的最大绝对误差为最小。

5.5.1 加权切比雪夫逼近

1. 加权切比雪夫逼近误差

由本章前部分的讨论可知,FIR 滤波器按其冲激响应 $h(n)$ 的对称性和长度 N 为奇、偶数不同,可以构成 4 种类型的线性相位滤波器,其频率响应的统一形式可写成

$$H(e^{j\omega}) = e^{-j\frac{N-1}{2}\omega} e^{jL\frac{\pi}{2}} H(\omega) \tag{5.73}$$

式中,幅度函数 $H(\omega)$ 是可正可负的实函数,4 种线性相位滤波器对应的 L 和 $H(\omega)$ 的值如表 5.4 所示。

表 5.4 FIR 滤波器的 4 种类型

条件	L	$H(\omega)$
偶对称,N 为奇数	0	$\sum_{n=0}^{\frac{N-1}{2}} a(n)\cos n\omega$
偶对称,N 为偶数	0	$\sum_{n=1}^{\frac{N}{2}} b(n)\cos\left[\left(n-\frac{1}{2}\right)\omega\right]$
奇对称,N 为奇数	1	$\sum_{n=1}^{\frac{N-1}{2}} a(n)\sin n\omega$
奇对称,N 为偶数	1	$\sum_{n=1}^{\frac{N}{2}} b(n)\sin\left[\left(n-\frac{1}{2}\right)\omega\right]$

定义加权切比雪夫误差公式为

$$E(\omega) = W(\omega)[H_d(\omega) - H(\omega)] \tag{5.74}$$

假定 $H(\omega)$ 可以分解为

$$H(\omega) = Q(\omega) \cdot P(\omega) \tag{5.75}$$

式中,$Q(\omega)$ 为 ω 的固定函数,$P(\omega)$ 为 M 个余弦函数的线性组合,则

$$E(\omega) = W(\omega)Q(\omega)\left[\frac{H_d(\omega)}{Q(\omega)} - P(\omega)\right] \tag{5.76}$$

令

$$\hat{W}(\omega) = W(\omega) \cdot Q(\omega) \tag{5.77}$$

$$\hat{H}_d(\omega) = H_d(\omega)/Q(\omega) \tag{5.78}$$

则改写式 (5.76) 为

$$E(\omega) = \hat{W}(\omega)[\hat{H}_d(\omega) - P(\omega)] \tag{5.79}$$

因此,可以这样叙述切比雪夫逼近问题:求系数组,在要实现逼近的频带范围 A 内使$E(\omega)$ 的极大绝对值为极小,用符号 $\|E(\omega)\|$ 表示此极小值 ($E(\omega)$ 的 L_∞范数)。

$$\|E(\omega)\| = \min[\max_{\omega\in A} |E(\omega)|] \tag{5.80}$$

对式(5.80)的求解可借助切比雪夫逼近问题的一个重要性质 —— 交替定理。

2. 交替定理

设 $P(\omega)$ 为 M 个余弦函数的线性组合,有

$$P(\omega) = \sum_{n=0}^{M-1} a(n)\cos n\omega \tag{5.81}$$

令 A 为区间 $0\leqslant\omega\leqslant\pi$ 内任一闭子集,则 $P(\omega)$ 是 $H_d(\omega)$在 A 内最佳切比雪夫逼近的充分必要条件是:加权误差函数 $E(\omega)$ 在 A 内至少含有 $M+1$ 个极值频率点;即在 A 内必须存在 $(M+1)$ 个频率点 ω_i,并且有 $\omega_1<\omega_2<\cdots<\omega_{M+1}$,使

$$E(\omega_i) = -E(\omega_{i+1}) = \pm\|E(\omega_i)\| \qquad i = 1,2,\cdots,M \tag{5.82}$$

和

$$|E(\omega)| = \max_{\omega\in A}[E(\omega)]$$

交替定理为最优化设计提供了一组很有用的充要条件,即如果 $P(\omega)$ 为 M 个余弦函数的线性组合,则满足式 (5.80) 的充要条件是 $E(\omega)$ 在频率集 A 内至少有 $M+1$ 个最大值。下面要讨论的问题是对应于线性相位 FIR 滤波器的 4 种形式,幅频函数 $H(\omega)$ 是否可分为解为式(5.75)的形式,其中 $P(\omega)$ 满足

$$P(\omega) = \sum_{n=0}^{M-1} a(n)\cos n\omega \tag{5.83}$$

3. 线性相位 FIR 滤波器的频率响应

(1) 对于线性相位Ⅰ型,即 N 为奇数、$h(n)$偶对称时,有

$$H(\omega) = \sum_{n=0}^{\frac{N-1}{2}} a(n)\cos n\omega \tag{5.84}$$

显然有

$$Q(\omega) = 1$$

$$P(\omega)=\sum_{n=0}^{\frac{N-1}{2}}a(n)\cos n\omega$$

满足式 (5.75) 。

(2) 对于线性相位Ⅱ型,即 N 为偶数、$h(n)$偶对称时,利用三角公式 $\cos\alpha+\cos\beta=2\cos\frac{\alpha+\beta}{2}\cos\frac{\alpha-\beta}{2}$,有

$$\begin{aligned}
H(\omega)=&\sum_{n=1}^{\frac{N}{2}}b(n)\cos\left[\left(n-\frac{1}{2}\right)\omega\right]\\
=&b\left(\frac{N}{2}\right)\cos\left(\frac{N-1}{2}\omega\right)+b\left(\frac{N}{2}-1\right)\cos\left(\frac{N-3}{2}\omega\right)+\sum_{n=1}^{\frac{N}{2}-2}b(n)\cos\left[\left(n-\frac{1}{2}\right)\omega\right]\\
&+b\left(\frac{N}{2}\right)\cos\left(\frac{N-3}{2}\omega\right)-b\left(\frac{N}{2}\right)\cos\left(\frac{N-3}{2}\omega\right)\\
=&2b\left(\frac{N}{2}\right)\cos\left(\frac{N-2}{2}\omega\right)\cos\frac{\omega}{2}+\left[b\left(\frac{N}{2}-1\right)-b\left(\frac{N}{2}\right)\right]\cos\left(\frac{N-3}{2}\omega\right)\\
&+b\left(\frac{N}{2}-2\right)\cos\left(\frac{N-5}{2}\omega\right)+\sum_{n=1}^{\frac{N}{2}-3}b(n)\cos\left[\left(n-\frac{1}{2}\right)\omega\right]\\
&+\left[b\left(\frac{N}{2}-1\right)-b\left(\frac{N}{2}\right)\right]\cos\left(\frac{N-5}{2}\omega\right)-\left[b\left(\frac{N}{2}-1\right)-b\left(\frac{N}{2}\right)\right]\cos\left(\frac{N-5}{2}\omega\right)\\
=&\cdots \qquad (5.85)\\
=&\bar{b}\left(\frac{N}{2}-1\right)\cos\frac{\omega}{2}\cos\left[\left(\frac{N}{2}-1\right)\omega\right]+\bar{b}\left(\frac{N}{2}-2\right)\cos\frac{\omega}{2}\cos\left[\left(\frac{N}{2}-2\right)\omega\right]+\cdots\\
&+\bar{b}(1)\cos\frac{\omega}{2}\cos\omega+\bar{b}(0)\cos\frac{\omega}{2}\\
=&\cos\frac{\omega}{2}\sum_{n=0}^{\frac{N}{2}-1}\bar{b}(n)\cos n\omega
\end{aligned}$$

其中

$$\bar{b}\left(\frac{N}{2}-1\right)=2b\left(\frac{N}{2}\right)$$

$$\bar{b}(k-1)=2b(k)-\bar{b}(k)\qquad k=\frac{N}{2}-1,\frac{N}{2}-2,\cdots,3,2$$

$$\bar{b}(0)=b(1)-2\bar{b}(1)$$

故有

$$Q(\omega)=\cos\frac{\omega}{2}$$

$$P(\omega)=\sum_{n=0}^{\frac{N}{2}-1}\bar{b}(n)\cos n\omega$$

（3）对于线性相位Ⅲ型，即 N 为奇数、$h(n)$ 奇对称时，有

$$H(\omega)=\sum_{n=1}^{\frac{N-1}{2}}c(n)\sin n\omega$$

利用三角公式

$$\sin\alpha-\sin\beta=2\sin\frac{\alpha-\beta}{2}\cos\frac{\alpha+\beta}{2}$$

可以与上面类似地推导得到

$$H(\omega)=\sin\omega\sum_{n=0}^{\frac{N-1}{2}-1}\bar{c}(n)\cos n\omega \tag{5.86}$$

其中

$$\bar{c}\left(\frac{N-1}{2}-1\right)=2c\left(\frac{N-2}{2}\right)$$

$$\bar{c}\left(\frac{N-1}{2}-2\right)=2c\left(\frac{N-2}{2}-1\right)$$

$$\bar{c}(k-1)=2c(k)+\bar{c}(k+1)\qquad k=\frac{N-1}{2}-2,\frac{N-1}{2}-3,\cdots,3,2$$

$$\bar{c}(0)=c(1)+\frac{1}{2}\bar{c}(2)$$

故有

$$Q(\omega)=\sin\omega$$

$$P(\omega)=\sum_{n=0}^{\frac{N-1}{2}-1}\bar{c}(n)\cos n\omega$$

（4）对于线性相位Ⅳ型，即 N 为偶数、$h(n)$ 奇对称时，有

$$H(\omega)=\sum_{n=1}^{\frac{N}{2}}d(n)\sin\left[\left(n-\frac{1}{2}\right)\omega\right]$$

利用三角公式

$$\sin\alpha-\sin\beta=2\sin\frac{\alpha-\beta}{2}\cos\frac{\alpha+\beta}{2}$$

可以类似地得到

$$H(\omega)=\sin\frac{\omega}{2}\sum_{n=0}^{\frac{N}{2}-1}\bar{d}(n)\cos n\omega \tag{5.87}$$

其中

$$\bar{d}\left(\frac{N}{2}-1\right)=2d\left(\frac{N}{2}\right)$$

$$\bar{d}(k-1)=2d(k)+\bar{d}(k)\qquad k=\frac{N}{2}-1,\frac{N}{2}-2,\cdots,3,2$$

$$\bar{d}(0) = d(1) + \frac{1}{2}\bar{d}(1)$$

故有

$$Q(\omega) = \sin\frac{\omega}{2}$$

$$P(\omega) = \sum_{n=0}^{\frac{N}{2}-1}\bar{d}(n)\cos n\omega$$

可见,以上4种类型的线性相位FIR滤波器的幅度函数求和式,可统一表示为余弦函数的线性组合,列于表5.5中。因此,在求解切比雪夫逼近问题时,可以利用交替定理所提供的一组充要条件。对于第2、3、4种情况,函数 $Q(\omega)$ 或在 $\omega=0$ 与 $\omega=\pi$ 处均为零,或只在其中一处为零。

表 5.5　线性相位 FIR 滤波器的频率响应

线性相位条件	$Q(\omega)$	$P(\omega)$
偶对称,N 为奇数	1	$\sum_{n=0}^{\frac{N-1}{2}}a(n)\cos n\omega$
偶对称,N 为偶数	$\cos\frac{\omega}{2}$	$\sum_{n=0}^{\frac{N}{2}-1}\bar{b}(n)\cos n\omega$
奇对称,N 为奇数	$\sin\omega$	$\sum_{n=0}^{\frac{N-1}{2}-1}\bar{c}(n)\cos n\omega$
奇对称,N 为偶数	$\sin\frac{\omega}{2}$	$\sum_{n=0}^{\frac{N}{2}-1}\bar{d}(n)\cos n\omega$

4. 线性相位FIR滤波器频率响应的极值频率数目限制

在多数情况下,当$\frac{\mathrm{d}H(\omega)}{\mathrm{d}\omega}=0$时,有$\frac{\mathrm{d}W(\omega)}{\mathrm{d}\omega}=0$,$\frac{\mathrm{d}H_{\mathrm{d}}(\omega)}{\mathrm{d}\omega}=0$,即 $H(\omega)$ 的极值点也是 $E(\omega)$ 的极值频率。因此,为求解式(5.80)要先找出 $H(\omega)$的最大极值数。

例如,对于线性相位Ⅰ型

$$H(\omega) = \sum_{n=0}^{\frac{N-1}{2}}a(n)\cos n\omega \tag{5.88}$$

为便于求解 $H(\omega)$的极值点,将式(5.88)中各余弦分量化为 $\cos\omega$ 的多项式,即

$$\cos n\omega = \sum_{m=0}^{n}a_{mn}\cos^{m}\omega \qquad 0\leqslant\omega\leqslant\pi \tag{5.89}$$

则

$$H(\omega) = \sum_{n=0}^{\frac{N-1}{2}}a(n)\left(\sum_{m=0}^{n}a_{mn}\cos^{m}\omega\right) = \sum_{k=0}^{\frac{N-1}{2}}\bar{a}(k)\cos^{k}\omega \tag{5.90}$$

其中，$\bar{a}(k)$是通过合并 $\cos^k\omega$ 的同幂次项系数得到。下面我们通过对式 (5.90) 求导来研究各极值点。

$$\frac{\mathrm{d}}{\mathrm{d}\omega}H(\omega)=\sum_{k=0}^{\frac{N-1}{2}}k\bar{a}(n)(\cos\omega)^{k-1}(-\sin\omega)=\sin\omega\sum_{m=0}^{\frac{N-3}{2}}\bar{b}(m)\cos^m\omega \tag{5.91}$$

其中

$$m=k-1$$

$$\bar{b}(m)=-(m+1)\bar{a}(m+1)$$

现令 $x=\cos\omega$，有 $\sin\omega=\sqrt{1-x^2}$，则式 (5.91) 变成

$$G(x)=\frac{\mathrm{d}}{\mathrm{d}\omega}H(\omega)=\sqrt{1-x^2}\sum_{m=0}^{\frac{N-3}{2}}\bar{b}(m)x^m \tag{5.92}$$

在式 (5.92) 中，当 $x=\pm1$ 时，$\sqrt{1-x^2}$ 为零，是 $G(x)$ 的零点，$\sum_{m=0}^{\frac{N-3}{2}}\bar{b}(m)x^m$ 在开区间 $-1<x<1$ 内至多有$\frac{N-3}{2}$个零点，因此，$H(\omega)$ 在闭区间 $-1\leqslant x\leqslant1$ 内至多有$\frac{N-3}{2}+2=\frac{N+1}{2}$ 个零点，即对于线性Ⅰ型的线性 FIR 滤波器来说，$H(\omega)$的极值点数 N_e的约束条件为

$$N_e\leqslant\frac{N+1}{2}$$

同理可以求出

对于线性相位Ⅱ型有约束条件

$$N_e\leqslant\frac{N}{2}$$

对于线性相位 Ⅲ 型有约束条件

$$N_e\leqslant\frac{N-1}{2}$$

对于线性相位 Ⅳ 型有约束条件

$$N_e\leqslant\frac{N}{2}$$

在不相连的频带上求解逼近问题时，误差函数在每一频带的边界会有一个极值，而这些极值点一般并不是 $H(\omega)$的极值点。因此，在设计滤波器时，这些点也要作为附加极值点计入。对于二频带(一个通带，一个阻带)的逼近问题，当设计线性Ⅰ型时，考虑到 $H(\omega)$有$\frac{N+1}{2}$个极值点，两个频带边界各有一个极值点，因此，最多共有$\frac{N+1}{2}+2=\frac{N+5}{2}$个极值点，同理，如果求带通滤波器的逼近（一个通带，两个阻带）问题，当设计线性Ⅰ型时最多有$\frac{N+1}{2}+4=\frac{N+9}{2}$个极值点。

5.5.2 Remez 交换算法

Remez 交换算法是利用交替定理来求解式（5.80）的一种最优化算法，可用来设计任何最优的线性相位 FIR 滤波器。这种方法的实现流图如图5.49所示，给定长度 N，通带截止频率和阻带截止频率，分三步求逼近问题的解。

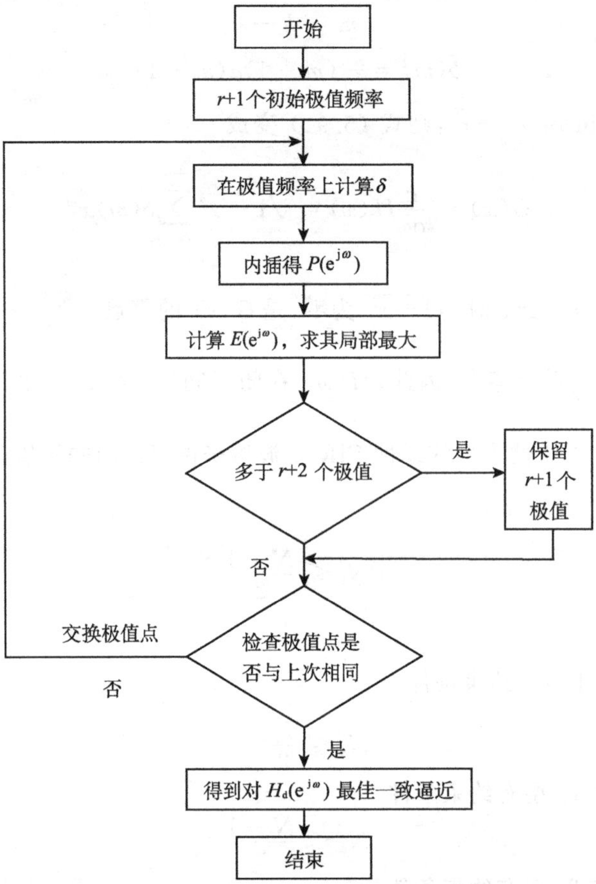

图 5.49　Remez 算法框图

第一步，对于给定的一组频率（$\omega_k, 0 \leqslant \omega_k \leqslant \omega_p$ 或 $\omega_p \leqslant \omega_k \leqslant \pi, k=0,1,\cdots,r$），求解满足下式的 δ 值，即

$$\hat{W}(\omega)[\hat{H}_d(\omega) - P(\omega)] = (-1)^k \delta \qquad k = 0,1,\cdots,r \tag{5.93}$$

式中，$P(\omega)$ 是待求值，我们并不知道其具体值，只能假定 $P(\omega) = \sum_{n=0}^{r-1} a(n)\cos n\omega$，这样，式(5.93) 可写成矩阵形式，即

$$\begin{bmatrix} 1 & \cos\omega_0 & \cos2\omega_0 & \cos(r-1)\omega_0 & \dfrac{1}{\hat{W}(\omega)} \\ 1 & \cos\omega_1 & \cos2\omega_1 & \cos(r-1)\omega_1 & \dfrac{-1}{\hat{W}(\omega)} \\ \vdots & \vdots & \vdots & \vdots & \vdots \\ 1 & \cos\omega_{r-1} & \cos2\omega_{r-1} & \cos(r-1)\omega_{r-1} & \dfrac{(-1)^{r-1}}{\hat{W}(\omega)} \\ 1 & \cos\omega_r & \cos2\omega_r & \cos(r-1)\omega_r & \dfrac{(-1)^r}{\hat{W}(\omega)} \end{bmatrix} \begin{bmatrix} a(0) \\ a(1) \\ \vdots \\ a(r-1) \\ \delta \end{bmatrix} = \begin{bmatrix} \hat{H}_d(\omega) \\ \hat{H}_d(\omega) \\ \vdots \\ \hat{H}_d(\omega) \\ \hat{H}_d(\omega) \end{bmatrix} \tag{5.94}$$

通过求解式 (5.94) 可得到 δ 和所有 $a(k), k=0,1,\cdots,r-1$,但这样做既困难效率又低,因此一般用解析式

$$\delta = \frac{b_0\hat{H}_d(\omega) + b_1\hat{H}_d(\omega) + \cdots + b_r\hat{H}_d(\omega)}{b_0/\hat{W}(\omega) - b_1/\hat{W}(\omega) + \cdots + (-1)^r b_r/\hat{W}(\omega)} \tag{5.95}$$

求解 δ。其中

$$b_k = \prod_{\substack{i=0\\ i\neq k}}^{r} \frac{1}{x_k - x_i} \tag{5.96}$$

且 $x_k = \cos\omega_k$, $x_i = \cos\omega_i$。

第二步,利用已求出的 δ 和给定的 r 个频率点,求解 $P(\omega)$。

首先,由于已求出 δ,因此,式(5.93) 可改写为

$$P(\omega) = \hat{H}_d(\omega) - (-1)^k \frac{\delta}{W(\omega)} \qquad k = 0,1,2,\cdots,r-1 \tag{5.97}$$

可求出 $P(\omega)$ 在 $\omega_k, k=0,1,\cdots,r-1$ 处的值。然后,利用拉格朗日插值公式,求出

$$P(\omega) = \frac{\sum_{k=0}^{r-1}\left[\dfrac{\beta_k}{x-x_k}\right]P(\omega)}{\sum_{k=0}^{r-1}\left[\dfrac{\beta_k}{x-x_k}\right]} \tag{5.98}$$

其中

$$\beta_k = \prod_{\substack{i=0\\ i\neq k}}^{r-1} \frac{1}{x_k - x_i} \qquad x_i = \cos\omega_i,\ x_k = \cos\omega_k,\ x = \cos\omega$$

第三步,由于已求出 $P(\omega)$,因此就可计算

$$E(\omega) = \hat{W}(\omega)[\hat{H}_d(\omega) - P(\omega)]$$

并检查是否满足 $|E(\omega)| \leqslant \delta$。如果满足,则说明已达到最优解。如果在某些频率上 $|E(\omega)| > \delta$,则寻找此时得出的 $|E(\omega)|$ 的 $r+1$ 个峰值作为新的 $\omega_k, k=0,1,\cdots,r$,重新计算 δ、$P(\omega)$和$|E(\omega)|$。经过反复迭代,直到满足 $|E(\omega)| \leqslant \delta$ 为止,此时的 δ 就是所要求的 δ 的最小值,达到了最优逼近。

现在通过图 5.50 所示的 LPF 优化设计例子来对上述算法加以说明,为了设计通带

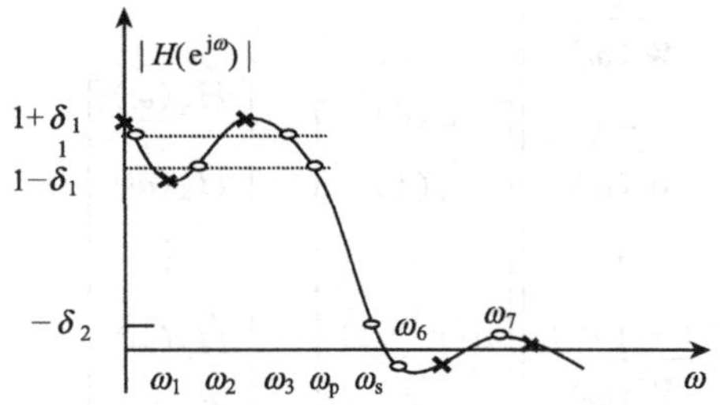

图 5.50 一个逼近的例子

截止频率为 ω_p、阻带截止频率为 ω_s 的滤波器，首先选 ω_1、ω_2、ω_3、ω_p、ω_s、ω_6、ω_7 为初始极值点（即图 5.50 中空心圆所处的频率点)，算出 δ 值，然后用内插法算出 $P(\omega)$，如图 5.50 中实线所示。可以看出"×"处误差峰值点大于 δ，因此，这条 $P(\omega)$ 曲线不是最佳设计结果，要重新取"×"处频率和 ω_p、ω_s 作为新的极值频率，重新计算 δ 值，用这样的办法逐步逼近最佳值。

LPF 的优化设计涉及到 5 个参数：ω_p、ω_s、δ_1、δ_2 和阶数 N。不可能独立地把这 5 个参数全部确定，而只能先设定其中几个，其余的在迭代中确定。上述算法中是固定了 N、ω_p 和 ω_s，通过变动 δ_1、δ_2 来求最佳，称为 Parks-McClellan 算法，对于预先给定的过渡带（$\omega_s-\omega_p$)来说，这样得到的滤波器 δ_2 最小（$\delta_1=k\delta_2$）。如果预先给定 N、δ_1 和 δ_2，通过变化 ω_p、ω_s，反复迭代来求最佳，称为 Herrmann 和 Hofstetter 算法。

另外，上述算法的结果仅得到 $P(\omega)$，还要经过傅里叶反变换，才能得到冲激响应 $h(n)$。因此，根据交替定理，最优化滤波器设计程序有以下几个步骤：

(1) 规定所需频率响应 $H_d(e^{j\omega})$ 加权函数 $W(\omega)$ 和滤波器的响应长度 N；

(2) 形成 $\hat{H}_d(\omega)$、$\hat{W}(\omega)$、$P(\omega)$；

(3) 用 Remez 算法求解逼近问题；

(4) 计算滤波器的冲激响应。

5.6 FIR 数字滤波器的实现结构

对于 FIR 滤波器的传输函数，对应有多种不同的系统实现结构，并且所有结构都一定是稳定的。相比 IIR 滤波器的结构来说，FIR 滤波器的实现结构要简单些，下面将讨论实现 FIR 数字滤波器的几种常用结构。

5.6.1 直接型结构

由线性系统输入输出间的卷积关系，有

$$y(n)=\sum_{i=0}^{N-1}h(i)x(n-i)=h(n)*x(n) \tag{5.99}$$

可以直接得到 FIR 数字滤波器的直接型结构，如图 5.51 所示。由于此结构实际上直接表达了 $h(n)$ 与 $x(n)$ 之间的卷积和关系，因此也被叫作 FIR 滤波器的卷积型结构，另外

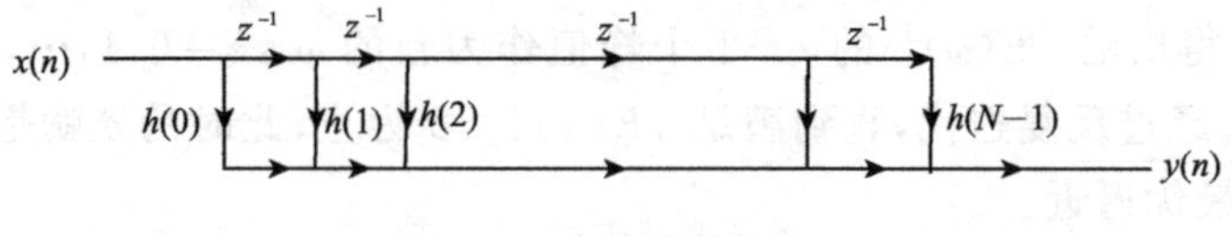

图 5.51 直接型结构(一)

又可称之为 FIR 滤波器的横截型结构。

利用转置定理，可以得到图 5.51 的另一种等效结构，如图 5.52 所示。

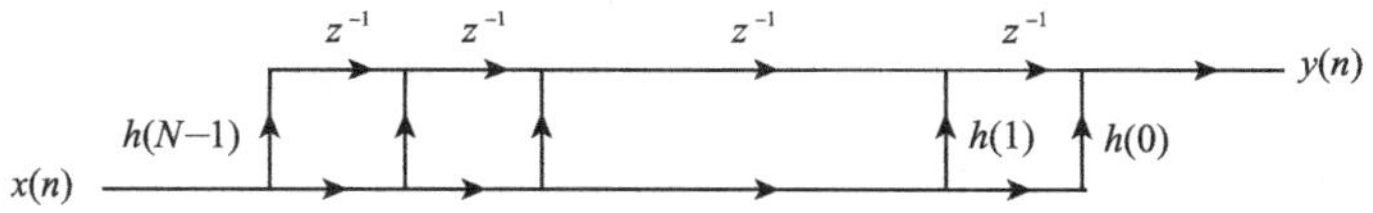

图 5.52　直接型结构(二)

5.6.2　级联型结构

现将 FIR 数字滤波器的传输函数 $H(z)$ 写成二阶因式乘积的形式，即

$$H(z)=\sum_{n=0}^{N-1}h(n)z^{-n}=\prod_{i=0}^{K}(\alpha_{0i}+\alpha_{1i}z^{-1}+\alpha_{2i}z^{-2})\tag{5.100}$$

若只含有一阶因式，则相当于系数 $\alpha_{2i}=0$。这里 K 表示 $(N-1)/2$ 到 $N-1$ 范围内的某一整数，根据式 (5.100) 可以得到 FIR 数字滤波器的级联型结构，它是由一系列二阶滤波器串联而成，如图 5.53 所示。

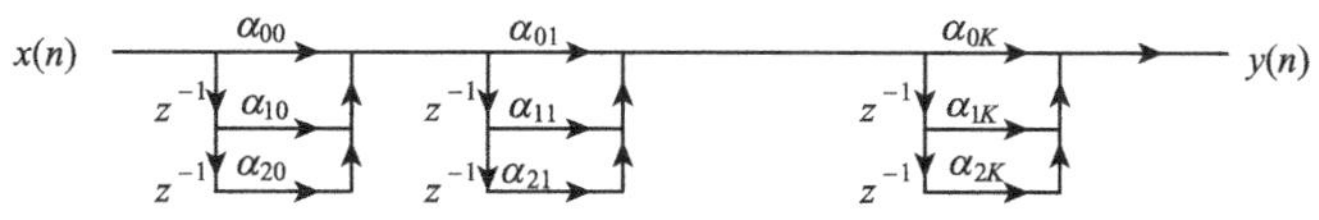

图 5.53　级联型结构

在这种形式的结构中，每一个子网络控制一对零点，即零点可以独立调整，且系统特性随零点位置变化的灵敏度优于横截型结构。但此结构所需的乘法运算量比直接型多。

例 5.10　FIR 滤波器由下列传输函数给定

$$H(z)=1+16z^{-4}+z^{-8}$$

求出并画出其直接型和级联型结构。

解　直接型：由传输函数可写出其对应的系统差分方程：$y(n)=x(n)+16x(n-4)+x(n-8)$

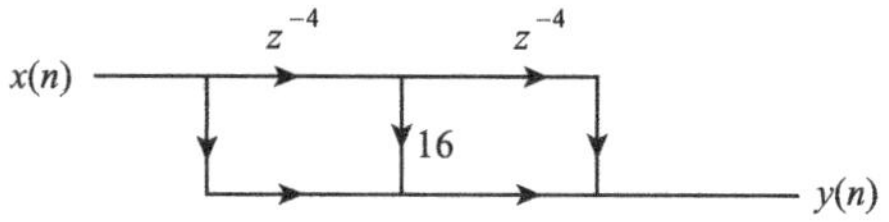

图 5.54　FIR DF 直接型结构

级联型：

$$H(z)=1+16z^{-4}+z^{-8}$$
$$=(0.1279+0.3614Z^{-1}+0.5106Z^{-2})(0.4616-1.3042Z^{-1}+1.8427Z^{-2})$$
$$\cdot(0.5107-0.3614Z^{-1}+0.1279Z^{-2})(33.1673+23.4758Z^{-1}+8.3081Z^{-2})$$

由上式则可得到级联型结构如下：

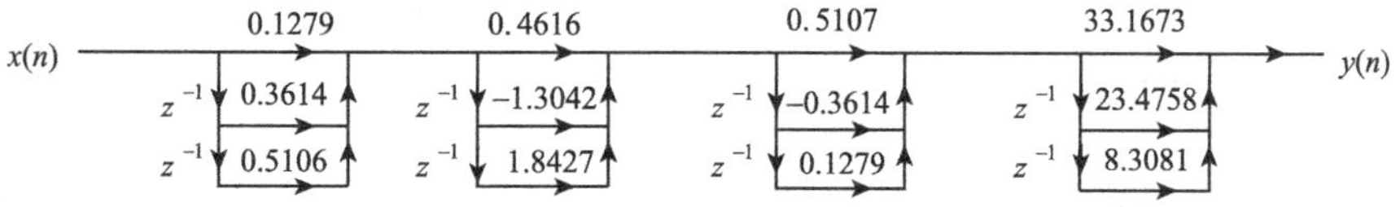

图 5.55　FIR DF 级联型结构

5.6.3 频率取样型结构

FIR 数字滤波器的差分方程是非递归型的,上面讲的几种结构也都是非递归型,但 FIR 滤波器也可以用递归算法来实现,对应得到的递归型结构称为频率取样型结构。

在第三章中讲过,一个 N 点序列的 Z 变换可以用它在 Z 平面单位圆上的 N 个等间隔取样,也即此序列的 DFT 来重建。因此,对于 FIR 滤波器的传输函数$H(z)$,就可以用其 N 点冲激响应序列 $h(n)$ 的 DFT $H(k)$ 来表示,即

$$H(z)=\frac{1}{N}\sum_{k=0}^{N-1}H(k)\frac{1-z^{-N}}{1-W_N^{-k}z^{-1}}=\frac{1-z^{-N}}{N}\sum_{k=0}^{N-1}\frac{H(k)}{1-W_N^{-k}z^{-1}} \tag{5.101}$$

$H(k)$ 其实是对滤波器频率响应 $H(e^{j\omega})$ 进行取样所得序列,因此由上式所得到的结构就称为频率取样型结构。式(5.101)中既包含零点也包含极点,因此其描述的 FIR 滤波器具有与 IIR 滤波器类似的递归形式。由于其极点 W_N^{-k} 被 $1-z^{-N}=0$ 的根,即系统的零点所抵消,因此所得滤波器仍是一个稳定的 FIR 滤波器,而非 IIR 滤波器。

设

$$H_e(z)=1-z^{-N} \tag{5.102}$$

$$H_k(z)=\frac{H(k)}{1-W_N^{-K}z^{-1}} \tag{5.103}$$

则 $H(z)$ 又可以写成

$$H(z)=\frac{1}{N}H_e(z)\left[\sum_{k=0}^{N-1}H_k(z)\right] \tag{5.104}$$

式(5.104)表明,此系统由 $H_e(z)$和 $\sum_{k=0}^{N-1}H_k(z)$ 两个子网络级联而成。

第一个子网络为 $H_e(z)=1-z^{-N}=\frac{z^N-1}{z^N}$,网络结构如图 5.56 所示。它在$z=0$有 N 阶极点,它的 N 个零点为 1 的 N 次方根,$z_k=e^{j\frac{2\pi}{N}k}$,$k=0,1,\cdots,N-1$,这些零点均匀地分布在单位圆上。

子网络 $H_e(z)$ 的频率响应为

$$H_e(e^{j\omega})=1-e^{-jN\omega} \tag{5.105}$$

故其幅频响应为

$$|H(e^{j\omega})|=|1-\cos N\omega+j\sin N\omega|=2\left|\sin\left(\frac{N}{2}\omega\right)\right| \tag{5.106}$$

如图 5.57 所示。具有这种幅频特性的滤波器通常被称为梳状滤波器。

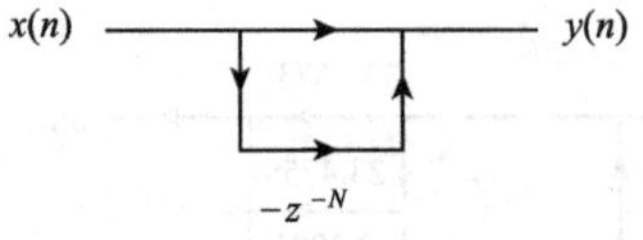

图 5.56 梳状滤波器

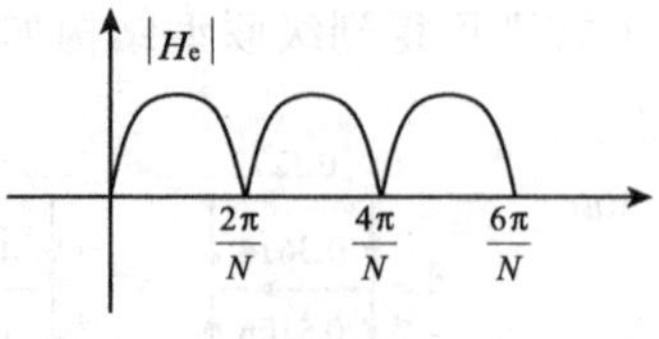

图 5.57 梳状滤波器的幅频响应

第二个子网络 $\sum_{k=0}^{N-1} H_k(z)$ 是由 N 个一阶网络并联构成，如图 5.58 所示。由于每个一阶并联分支都有一个极点，为 W_N^{-k}，因此整个并联网络结构共有 N 个极点，即

$$z_k = W_N^{-k} = e^{j\frac{2\pi}{N}k} \qquad k = 0,1,\cdots,N-1$$

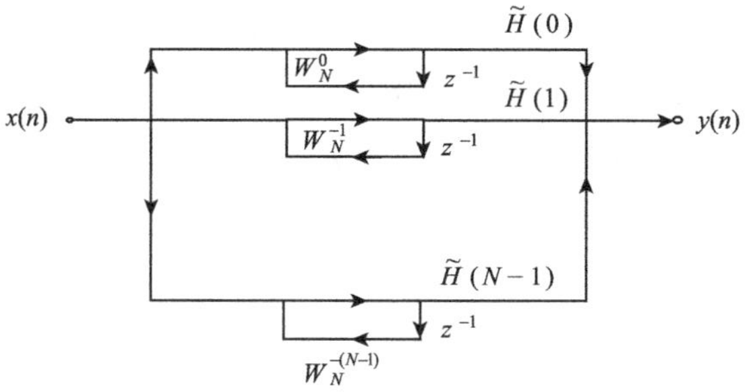

图 5.58　无耗并联谐振器

并且这 N 个极点也是均匀地分布在单位圆上。另外，由于

$$\sum_{k=0}^{N-1} H_k(z) = \sum_{k=0}^{N-1} \frac{H(k)}{1 - W_N^{-k} z^{-1}} = \sum_{k=0}^{N-1} \frac{z \cdot H(k)}{z - W_N^{-k}} \tag{5.107}$$

若对式(5.107)进行通分求和，化为有理分式形式，可知分子含有因子 z 和 z 的 $N-1$ 次多项式，因此该并联网络在 $z=0$ 有一阶零点，在有限 z 平面上有 $N-1$ 个零点。此并联网络是一个无耗并联谐振器，其谐振频率为 $w=\frac{2\pi}{N}k$，$k=0,1,\cdots,N-1$。

由以上分析可以看到，梳状滤波器在单位圆上均匀分布的 N 个零点正是并联谐振器的 N 个极点，因此，当这两个网络前后级联时，零极点正好相互抵消。另外，级联结构还使得梳状滤波器在 $z=0$ 处的极点抵消了并联谐振器在 $z=0$ 处的一阶零点。因此，最终的结果是保留了滤波器原有的零极点，即在 $z=0$ 的 $N-1$ 阶极点和有限 z 平面上的 $N-1$ 个零点。

理论上此系统的零极点在单位圆上可相互抵消，但在实际中，往往无法实现这种完全抵消。这是因为，梳状滤波器 $H_c(z)$ 的零点 $z_k=e^{j\frac{2\pi}{N}k}$ 是靠延时来实现的，因此能准确得到；而并联谐振器在单位圆上的极点 $z_k=W_N^{-k}=e^{j\frac{2\pi}{N}k}$ 是靠复数乘法来得到，故不能准确实现。这样单位圆上的极点不能被零点完全抵消，滤波器就会出现不稳定现象，因此，实际应用中需对上述网络结构进行修正。修正的方法是将单位圆上的零点和极点都移到半径 r 约小于 1 的圆上，即在半径为 r($r<1$，且 $r\approx1$)的圆上进行频率取样，如图 5.59 所示。这样一来，即使这些极点不能完全被零点抵消，由于其处于单位圆以内，因此也就不会对系统的稳定性产生影响。为此，我们用 rz^{-1} 来代替式 (5.101) 中的 z^{-1}，即有

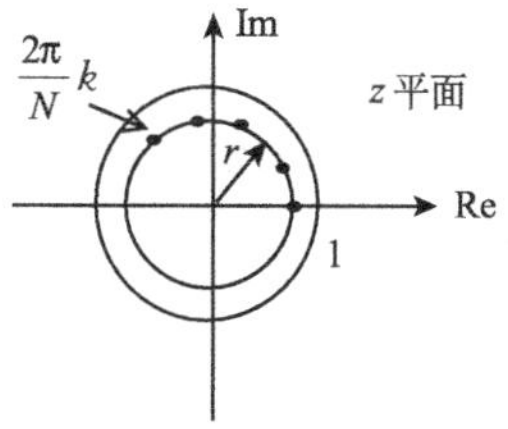

图 5.59　在半径为 r 的圆上频率取样

$$H(z)=\frac{(1-r^{N}z^{-N})}{N}\sum_{k=0}^{N-1}\frac{H(k)}{1-rW_{N}^{-k}z^{-1}}=\frac{1}{N}H_{\mathrm{e}}(z)\sum_{k=0}^{N-1}\frac{H(k)}{1-rW_{N}^{-k}z^{-1}} \quad (5.108)$$

其中

$$H_{\mathrm{e}}(z)=(1-r^{N}z^{-N})$$

这样梳状滤波器的零点移到了半径为 r 的圆上,有

$$z_k = r\mathrm{e}^{\mathrm{j}\frac{2\pi}{N}k} \qquad k=0,1,\cdots,N-1$$

而并联谐振器的极点也移到了半径为 r 的圆上,有

$$z_k = rW_N^{-k} = r\mathrm{e}^{\mathrm{j}\frac{2\pi}{N}k} \qquad k=0,1,\cdots,N-1$$

实际应用中,$h(n)$ 都为实序列,这样我们可以将并联谐振器所含的运算都化为实数运算。为此利用周期性:$W_N^{-(N-k)}=W_N^k$, $\widetilde{H}(-k)=\widetilde{H}(N-k)$,可以得到

$$\widetilde{H}^*(k)=\left[\sum_{n=0}^{N-1}h(n)W_N^{nk}\right]^*=\sum_{n=0}^{N-1}h(n)W_N^{-nk}=\widetilde{H}(-k)=\widetilde{H}(N-k) \quad (5.109)$$

设 $0<k\leqslant N-1$,则有 $0<N-k\leqslant N-1$,此时有

$$H^*(k)=H(N-k) \quad (5.110)$$

现在将并联谐振器 $\sum_{k=0}^{N-1}H_k(z)$ 中第 k 项及第 $N-k$ 项合并为一个二阶网络,则有

$$\begin{aligned}
&\frac{H(k)}{1-rW_N^{-k}z^{-1}}+\frac{H(N-k)}{1-rW_N^{-(N-k)}z^{-1}}\\
&=\frac{H(k)}{1-rW_N^{-k}z^{-1}}+\frac{H^*(k)}{1-rW_N^{k}z^{-1}}\\
&=\frac{|H(k)|\mathrm{e}^{\mathrm{j}\theta(k)}}{1-r\mathrm{e}^{\mathrm{j}\frac{2\pi}{N}k}z^{-1}}+\frac{|H(k)|\mathrm{e}^{-\mathrm{j}\theta(k)}}{1-r\mathrm{e}^{-\mathrm{j}\frac{2\pi}{N}k}z^{-1}}\\
&=\frac{(1-r\mathrm{e}^{-\mathrm{j}\frac{2\pi}{N}k}z^{-1})|H(k)|\mathrm{e}^{\mathrm{j}\theta(k)}+(1-r\mathrm{e}^{\mathrm{j}\frac{2\pi}{N}k}z^{-1})|H(k)|\mathrm{e}^{-\mathrm{j}\theta(k)}}{(1-r\mathrm{e}^{\mathrm{j}\frac{2\pi}{N}k}z^{-1})(1-r\mathrm{e}^{-\mathrm{j}\frac{2\pi}{N}k}z^{-1})}\\
&=\frac{|H(k)|\left\{2\cos[\theta(k)]-2rz^{-1}\cos\left[\theta(k)-\frac{2\pi}{N}k\right]\right\}}{1-2rz^{-1}\cos\left(\frac{2\pi}{N}k\right)+r^2z^{-2}}\\
&=2|H(k)|H_k(z)
\end{aligned} \quad (5.111)$$

这里

$$H_k(z)=\frac{\cos[\theta(k)]-r\cos\left[\theta(k)-\frac{2\pi}{N}k\right]z^{-1}}{1-2rz^{-1}\cos\left(\frac{2\pi}{N}k\right)+r^2z^{-2}} \quad (5.112)$$

由于滤波器的阶数 N 可为偶数也可为奇数,现分不同情况来对式(5.111)进行分析讨论。

当 N 为偶数时,式(5.111)和式(5.112)中 k 的取值为 $k=1,2,\cdots,N/2-1$,故 $N-k=N-1,N-2,\cdots,N/2+1$,因此 $\sum_{k=0}^{N-1}H_k(z)$ 中共可构成 $(N/2-1)*2=N-2$ 个二阶

网络，还剩下 $k=0$ 与 $k=N/2$ 两个子项，现在对其进行单独分析。

对于 $k=0$ 有

$$H_0(z)=\frac{H(0)}{1-rW_N^0z^{-1}}=\frac{H(0)}{1-rz^{-1}} \tag{5.113}$$

对于 $k=N/2$ 有

$$H_{\frac{N}{2}}(z)=\frac{H\left(\frac{N}{2}\right)}{1-rW_N^{-N/2}z^{-1}}=\frac{H\left(\frac{N}{2}\right)}{1+rz^{-1}} \tag{5.114}$$

当 N 为奇数时，式(5.111)和式(5.112)中 k 的取值为 $k=1,2,\cdots,(N-1)/2$，故 $N-k=N-1,N-2,\cdots,(N+1)/2$，此时 $\sum_{k=0}^{N-1}H_k(z)$ 中共包括了$[(N-1)/2]*2=N-1$ 个谐振器，还剩下 $k=0$ 时的 $H_0(z)$一项，此时 $H_0(z)$如式(5.113)所示。

因此，由式(5.101)，有

当 N 为偶数时

$$H(z)=\frac{1}{N}H_e(z)\left[\sum_{k=1}^{\frac{N}{2}-1}2\mid H(k)\mid H_k(z)+H_0(z)+H_{\frac{N}{2}}(z)\right] \tag{5.115}$$

当 N 为奇数时

$$H(z)=\frac{1}{N}H_e(z)\left[\sum_{k=1}^{\frac{N-1}{2}}2\mid H(k)\mid H_k(z)+H_0(z)\right] \tag{5.116}$$

其中，$H_e(z)$、$H_k(z)$、$H_0(z)$、$H_{N/2}(z)$ 的网络结构分别如图 5.60～图 5.63 所示。

由于

$$H(0)=H(k)\mid_{k=0}=\sum_{n=0}^{N-1}h(n)W_N^{nk}\mid_{k=0}=\sum_{n=0}^{N-1}h(n) \tag{5.117}$$

$$H\left(\frac{N}{2}\right)=H(k)\mid_{k=\frac{N}{2}}=\sum_{n=0}^{N-1}h(n)W_N^{nk}\mid_{k=\frac{N}{2}}=\sum_{n=0}^{N-1}(-1)^nh(n) \tag{5.118}$$

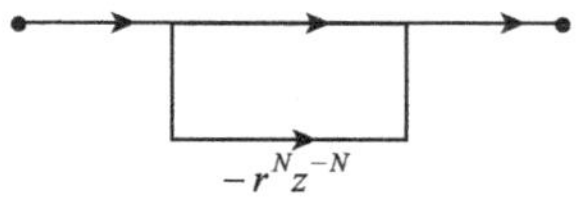

图 5.60 $H_e(z)$的网络结构

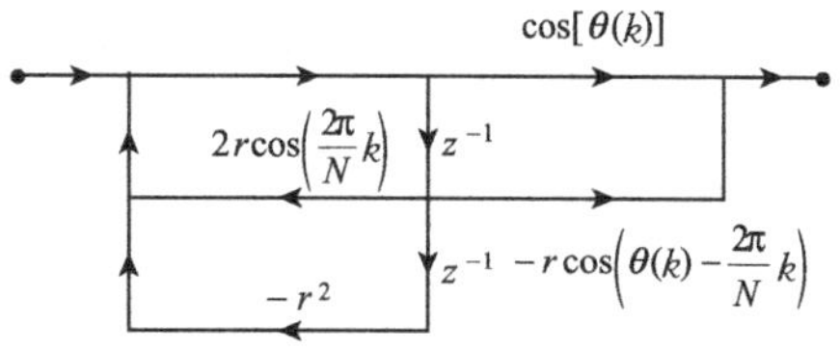

图 5.61 $H_k(z)$的网络结构

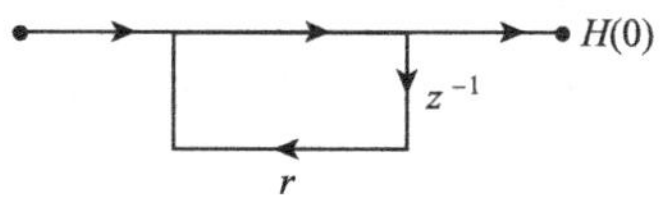

图 5.62 $H_0(z)$的网络结构

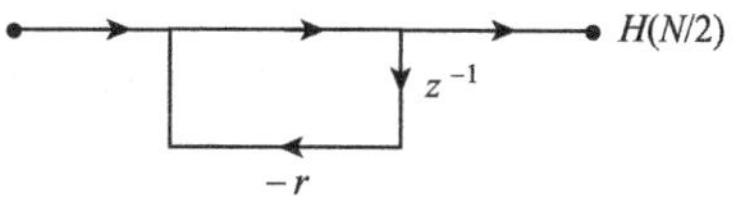

图 5.63 $H_{\frac{N}{2}}(z)$的网络结构

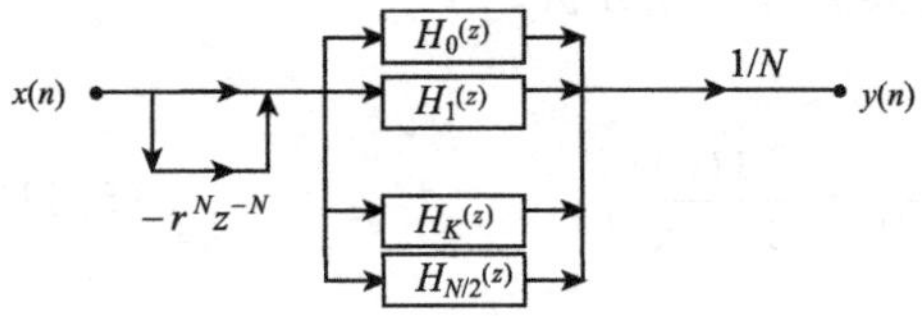

图 5.64 频率取样型的网络结构(N 为偶数)

在 $h(n)$为实序列的前提下,$H(0)$和 $H(N/2)$必为实数。因此,在图 5.64 所给出的结构中,梳状滤波器的 N 个零点也即并联谐振器的 N 个级点都移到了半径为 $r(r<1,\ r\approx 1)$的圆上,而且所有的运算都是实数运算。图 5.64 给出的是当 N 为偶数时,FIR 滤波器的频率取样型网络结构。

5.6.4 格型结构

在数字信号处理中,格型(lattice)网络起着重要的作用。尤其是在实时性要求较高的应用中,格型滤波器比其他滤波器结构更具有优越性。由于这种格型的模块化结构便于实现高速并行处理,其一个 m 阶格型滤波器可以获得从 1 阶到 m 阶的 m 个横向滤波器的输出性能,并且对有限字长的舍入误差不敏感,因此广泛应用于现代谱估计、数字语音处理、自适应滤波、线性预测和逆滤波等方面。FIR 滤波器的格型结构描述的是全零点格型,下面本书对这种全零点格型结构进行讨论。

我们知道,输入、输出分别为 $x(n)$和 $y'(n)$,单位取样响应为 $h_N(n)$ 的 N 阶 FIR 滤波器可用差分方程描述为

$$y'(n)=\sum_{k=0}^{N}h_N(k)x(n-k) \tag{5.119}$$

对上式进行变形

$$\begin{aligned}y'(n)&=\sum_{k=0}^{N}h_N(k)x(n-k)\\&=h_N(0)x(n)+\sum_{k=1}^{N}h_N(k)x(n-k)\\&=h_N(0)\left(x(n)+\sum_{k=1}^{N}\frac{h_N(k)}{h_N(0)}x(n-k)\right)\\&=h_N(0)\left(x(n)+\sum_{k=1}^{N}p_N(k)x(n-k)\right)=h_N(0)y(n)\end{aligned}$$

其中

$$p_N(n)=\frac{h_N(n)}{h_N(0)}\quad y(n)=x(n)+\sum_{k=1}^{N}p_N(k)x(n-k) \tag{5.120}$$

可见 $y(n)$与 $y'(n)$只相差系数 $h_N(0)$。为讨论的方便,下面分析由式(5.120)定义得到 N 阶 FIR 系统的格型实现结构,可知系数 $p_N(n)$ 就是此系统的冲激响应。基于式(5.120)定义的系统所讨论得到的结论,可以直接用于由式(5.119)所定义的一般系统,只需在系统的输入或输出端加入系数为 $h_N(0)$的乘法器即可。式(5.120)所定义的系统的传输函数为

$$H(z)=1+\sum_{n=1}^{N}p_N(n)z^{-n} \tag{5.121}$$

我们首先来分析 1 阶 FIR 滤波器的格型结构。由式(5.120)有输入与输出间关系

$$y(n) = x(n) + p_1(1)x(n-1) \tag{5.122}$$

该一阶系统可由图 5.65 所示的单级格型滤波器结构来实现。其中，系数 $k_1 = p_1(1)$，并且

$$f_1(n) = f_0(n) + k_1 g_0(n-1) = x(n) + k_1 x(n-1) = y(n) \tag{5.123a}$$

$$g_1(n) = k_1 f_0(n) + g_0(n-1) = k_1 x(n) + x(n-1) \tag{5.123b}$$

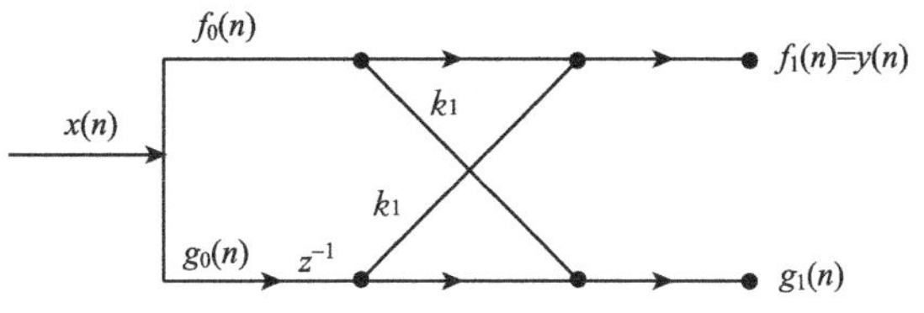

图 5.65　单级格型滤波器结构

同样，对于 2 阶 FIR 滤波器，由式(5.120)有系统输入与输出间的关系

$$y(n) = x(n) + p_2(1)x(n-1) + p_2(2)x(n-2) \tag{5.124}$$

如果用两个图 5.65 中所示的单级格型滤波器的级联来实现此二阶系统，如图 5.66 所示，这时有

$$f_2(n) = f_1(n) + k_2 g_1(n-1) \tag{5.125a}$$

$$g_2(n) = k_2 f_1(n) + g_1(n-1) \tag{5.125b}$$

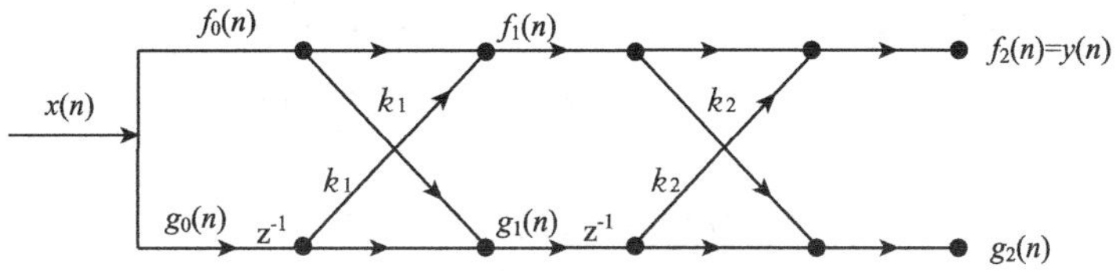

图 5.66　二级格型滤波器结构

将式(5.123a)和式(5.123b)带入式(5.125a)中，可以得到此 2 阶系统的输出为

$$\begin{aligned} f_2(n) &= f_1(n) + k_2 g_1(n-1) \\ &= x(n) + k_1 x(n-1) + k_2[k_1 x(n-1) + x(n-2)] \\ &= x(n) + k_1(1+k_2)x(n-1) + k_2 x(n-2) \end{aligned} \tag{5.126}$$

比较式(5.124)和式(5.126)可知，当 $k_1(1+k_2)=p_2(1)$，$k_2=p_2(2)$时，即系数

$$k_1 = \frac{p_2(1)}{1+p_2(2)} \qquad k_2 = p_2(2) \tag{5.127}$$

图 5.66 所示二级格型滤波器结构可以完全实现此二阶 FIR 滤波器系统。

采用同样的方法对 3 阶、4 阶、…、N 阶 FIR 滤波器的格型结构进行分析，通过归纳法可以总结证明出 N 阶 FIR 滤波器的 N 级格型结构中，各级之间输入与输出信号的递归

关系

$$f_0(n) = g_0(n) = x(n)$$

$$f_m(n) = f_{m-1}(n) + k_m g_{m-1}(n-1) \quad m = 1,2,\cdots,N$$

$$g_m(n) = k_m f_{m-1}(n) + g_{m-1}(n-1) \quad m = 1,2,\cdots,N$$

$$f_N(n) = y(n) \tag{5.128}$$

以及各级反射系数 k_m 与冲激响应 $p_m(n)$之间的递归关系

$$p_m(0) = 1 \tag{5.129a}$$

$$p_m(m) = k_m \tag{5.129b}$$

$$p_m(n) = k_m p_m(m-n) + (1-k_m^2)p_{m-1}(n) \quad 2 \leqslant m \leqslant N,\ 1 \leqslant n \leqslant m-1 \tag{5.129c}$$

或可将上述关系表示为如下形式：

$$k_m = p_m(m) \tag{5.130a}$$

$$p_{m-1}(n) = \frac{p_m(n) - k_m p_m(m-n)}{1-k_m^2} \quad 2 \leqslant m \leqslant N, 1 \leqslant n \leqslant m-1 \tag{5.130b}$$

式中 $f_m(n)$和 $g_m(n)$为第 m 级格型滤波器的输出，参数 k_m 通常称为格型滤波器的反射系数。由此我们得到 N 阶 FIR 滤波器的 N 级格型结构，如图 5.67 所示。

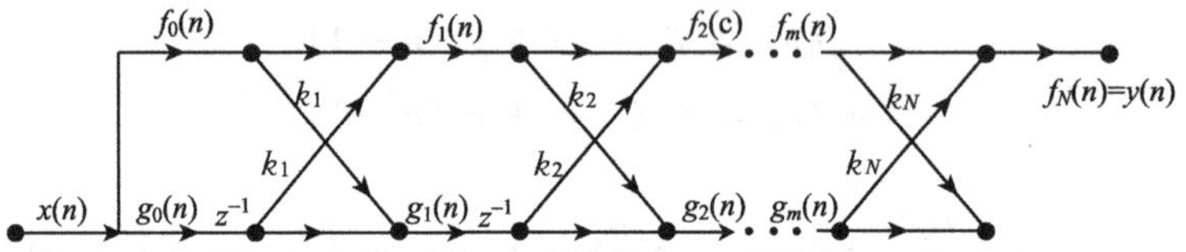

图 5.67　N 阶 FIR 滤波器的格型结构

有了上述格型结构与 FIR 滤波器间对应的递归关系，可以通过给定的格型滤波器反射系数来确定其对应的 FIR 滤波器系统（这时采用递归关系式(5.129a)、式(5.129b)和式(5.129c))，也可以基于给定的 FIR 滤波器系统来设计实现其相应的格型结构（这时采用递归式(5.130a)和式(5.130b))，下面通过具体的例子来加以说明。

例 5.11　给定反射系数 $k_1=\frac{1}{4}, k_2=\frac{1}{2}, k_3=\frac{1}{3}$的三级格型滤波器，求此格型结构的所对应的 FIR 滤波器系统。

解　从单级系统开始递推求解。根据式(5.129)，对于单级格型 $m=1$，有冲激响应

$$p_1(0)=1 \quad p_1(1)=k_1=\frac{1}{4}$$

对于二级格型 $m=2$，有冲激响应

$$p_2(0)=1 \quad p_2(2)=k_2=\frac{1}{2}$$

由式(5.129)有

$$p_2(1) = k_2 p_2(1) + (1-k_2^2)p_1(1)$$

求解得到

$$p_2(1) = \frac{3}{8}$$

对于三级格型 $m=3$，有冲激响应

$$p_3(0) = 1 \quad p_3(3) = k_3 = \frac{1}{3}$$

由式(5.129c)有

$$p_3(1) = k_3 p_3(2) + (1 - k_3^2) p_2(1)$$
$$p_3(2) = k_3 p_3(1) + (1 - k_3^2) p_2(2)$$

求解以上方程组可得

$$p_3(1) = \frac{13}{24} \qquad p_3(2) = \frac{5}{8}$$

因此，此三阶 FIR 滤波器的系统函数为

$$H(z) = 1 + \frac{13}{24}z^{-1} + \frac{5}{8}z^{-2} + \frac{1}{3}z^{-3}$$

例 5.12　已知 FIR 滤波器的系统函数为

$$H(z) = 1 + \frac{13}{24}z^{-1} + \frac{5}{8}z^{-2} + \frac{1}{3}z^{-3}$$

求其对应的格型滤波器各级反射系数并画出其格型结构图。

解　由系统函数可以得到此三阶滤波器的冲激响应为

$$p_3(0) = 1 \quad p_3(1) = \frac{13}{24} \quad p_3(2) = \frac{5}{8} \quad p_3(3) = \frac{1}{3}$$

根据式(5.130a)有

$$k_3 = p_3(3) = \frac{1}{3}$$

由于 $k_2 = p_2(2)$，因此需先求出 $p_2(2)$。根据式(5.130b)，当 $m=3$，$n=2$ 时有

$$p_2(2) = \frac{p_3(2) - k_3 p_3(1)}{1 - k_3^2} = \frac{\frac{5}{8} - \frac{1}{3} \cdot \frac{13}{24}}{1 - \left(\frac{1}{3}\right)^2} = \frac{1}{2}$$

因此

$$k_2 = p_2(2) = \frac{1}{2}$$

因 $k_1 = p_1(1)$，由递归关系式(5.130b)可知，需先求出 $p_2(1)$后才能计算出$p_1(1)$。根据式(5.130b)，当 $m = 3$，$n = 1$ 时有

$$p_2(1) = \frac{p_3(1) - k_3 p_3(2)}{1 - k_3^2} = \frac{\frac{13}{24} - \frac{1}{3} \cdot \frac{5}{8}}{1 - \left(\frac{1}{3}\right)^2} = \frac{3}{8}$$

因此,根据式(5.130b),当 $m=2,n=1$ 时有

$$p_1(1)=\frac{p_2(1)-k_2p_2(1)}{1-k_2^2}=\frac{\frac{3}{8}-\frac{1}{2}\cdot\frac{3}{8}}{1-\left(\frac{1}{2}\right)^2}=\frac{1}{4}$$

则

$$k_1=p_1(1)=\frac{1}{4}$$

因此 FIR 滤波器的格型结构如图 5.68 所示。

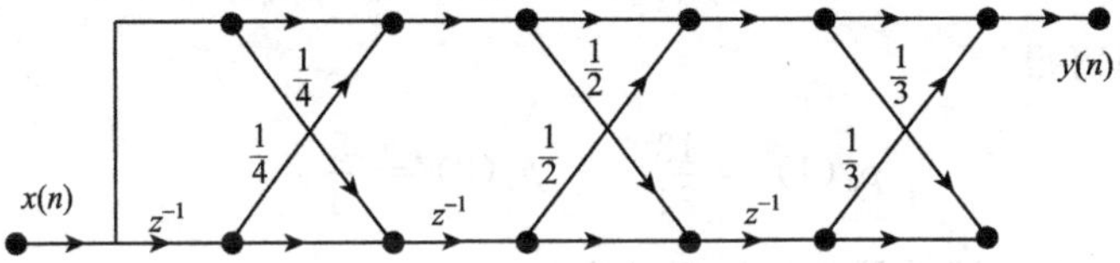

图 5.68 例 5.12 中三阶 FIR 滤波器的格型结构

5.6.5 线性相位 FIR 数字滤波器的系统结构

我们知道,当 $h(n)$ 为奇对称或偶对称序列时,FIR 数字滤波器具有线性相位特性,因此利用 $h(n)$ 的对称条件可以将线性相位 FIR 数字滤波器的网络结构进行简化。下面分四种情况来进行讨论。

1) 偶对称:$h(n)=h[N-1-n]$

(1) N 为偶数。此时传输函数可进行如下分解:

$$\begin{aligned}H(z)&=\sum_{n=0}^{N-1}h(n)z^{-n}=\sum_{n=0}^{N/2-1}h(n)z^{-n}+\sum_{n=N/2}^{N-1}h(n)z^{-n}\\&=\sum_{n=0}^{N/2-1}h(n)z^{-n}+\sum_{n=0}^{N/2-1}h(N-1-n)z^{-(N-1-n)}\\&=\sum_{n=0}^{N/2-1}h(n)[z^{-n}+z^{-(N-1-n)}]\end{aligned}\tag{5.131}$$

其结构如图 5.69 所示。

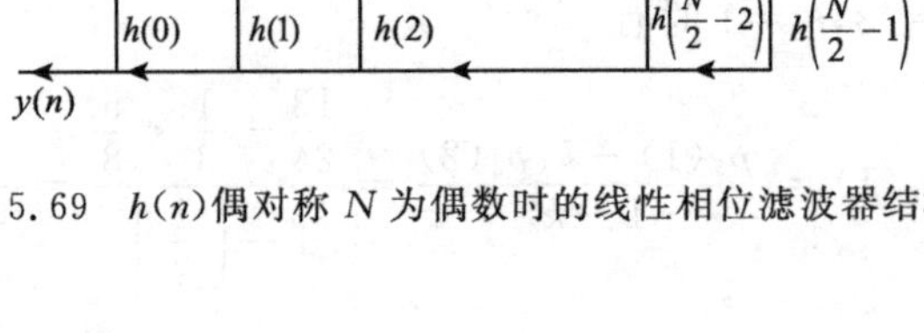

图 5.69 $h(n)$ 偶对称 N 为偶数时的线性相位滤波器结构

与直接型结构相比,乘法器少了一半(原来是 $h(n)\cdot z^{-n}+h(n)\cdot z^{-(N-1-n)}$ 先乘后加,现在是先加后乘,$h(n)\cdot(z^{-n}+z^{-(N-1-n)})$)。

(2) N 为奇数。这时传输函数可进行如下分解:

$$H(z)=\sum_{n=0}^{N-1}h(n)z^{-n}=\sum_{n=0}^{\frac{N-1}{2}-1}h(n)z^{-n}+\sum_{n=\frac{N-1}{2}+1}^{N-1}h(n)z^{-n}+h\left(\frac{N-1}{2}\right)z^{-\frac{N-1}{2}}$$

$$=\sum_{n=0}^{\frac{N-1}{2}-1}h(n)\left[z^{-n}+z^{-(N-1-n)}\right]+h\left(\frac{N-1}{2}\right)z^{-\frac{N-1}{2}} \tag{5.132}$$

其对应的网络结构如图 5.70 所示。

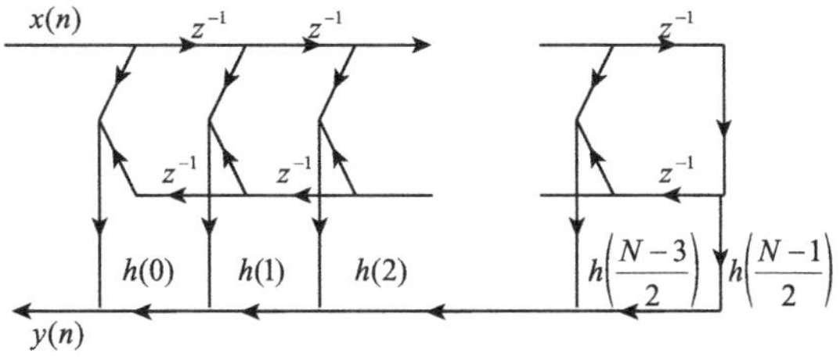

图 5.70　$h(n)$偶对称 N 为奇数时的线性相位滤波器结构

2) 奇对称:$h(n)=-h[N-1-n]$

(1) N 为偶数。此时有

$$H(z)=\sum_{n=0}^{N/2-1}h(n)\left[z^{-n}-z^{-(N-1-n)}\right] \tag{5.133}$$

其对应的网络结构如图 5.71 所示。

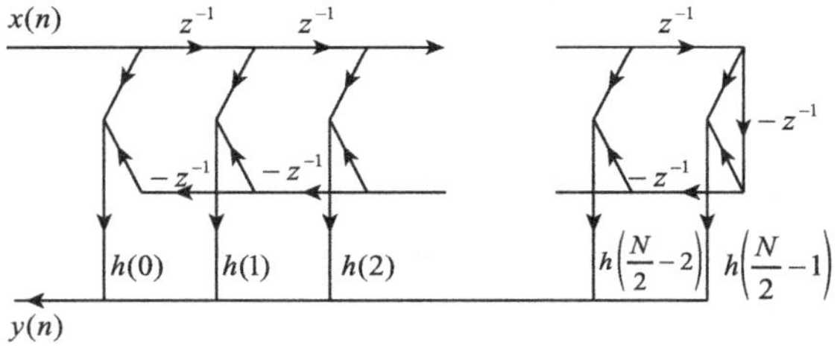

图 5.71　$h(n)$奇对称 N 为偶数时的线性相位滤波器结构

(2) N 为奇数。此时有

$$H(z)=\sum_{n=0}^{\frac{N-1}{2}-1}h(n)\left[z^{-n}-z^{-(N-1-n)}\right] \tag{5.134}$$

其结构流图是将图 5.70 下面一排延迟支路变为减号,同时去掉 $h\left(\frac{N-1}{2}\right)$ 支路,如图 5.72 所示。

可见,上面所得到的各种线性相位滤波器结构都比直接型结构中的乘法器数量减少近一倍。

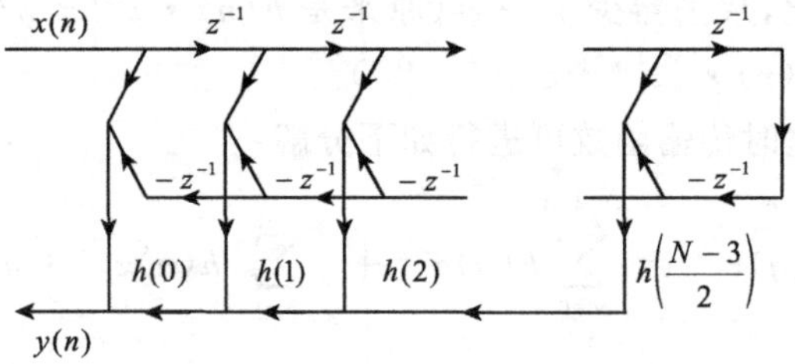

图 5.72　$h(n)$奇对称 N 为奇数时的线性相位滤波器结构

5.7　本章涉及的 Matlab 函数

5.7.1　窗函数设计法

- 矩形窗的函数：w = boxcarr (N)
  输入参数:窗的长度 N
  输出参数:窗序列向量 w
- 汉宁窗的函数:w = hanning (N)
  输入参数:窗的长度 N
  输出参数:窗序列向量 w
- 汉明窗的函数:w = hamming (N)
  输入参数:窗的长度 N
  输出参数:窗序列向量 w
- 布莱克曼窗的函数:w = Blackman (N)
  输入参数:窗的长度 N
  输出参数:窗序列向量 w
- 凯塞尔窗的函数 w = 凯塞尔 (N，beta)
  输入参数:窗的长度 N,辅助参量 beta。
  输出参数:窗序列向量 w

在 Matlab 信号处理工具箱中,除了上面的窗函数外,同时还提供了两个基于窗函数法的 FIR 数字滤波器设计函数,两者可以设计实现低通、高通、带通、带阻和通用多带 FIR 滤波器：

- b=fir1(n,wn,options) 用于单带 FIR 滤波器的实现
  输入参数:滤波器阶数 n,截止频率 wn,选择参数 options
  输出参数:n 阶滤波器系数向量 b
- b = fir2(n,f,m,options) 用于多带 FIR 滤波器的实现

fir1 具有以下多种形式：

```
b = fir1(n,Wn)
b = fir1(n,Wn,'ftype')
```

```
b = fir1(n,Wn,window)
b = fir1(n,Wn,'ftype',window)
b = fir1(...,'noscale')
```

返回的向量 b 包括 n 阶 FIR 滤波器的系数，这是一个截止频率为 Wn 线性相位 FIR 数字滤波器，Wn 是从 0 到 1 之间的数，1 对应着奈氏频率。对于高通滤波器，在输入参数 ftype 中附加“high”字串即可。对于带通或带阻滤波器，可将 Wn 定义为包含通频带边带频率的一个二元素向量，对于阻带滤波器在“ftype”中附加“stop”字串。

向量“window”表示设计 FIR 滤波器所采用的窗函数类型，以列向量形式表示。向量 window 的长度必须为 n+1，若 window 缺省，则 fir1 使用汉明窗。

注意，由于 II 型（偶对称、偶数）滤波器在高频段的频率响应为零，所以 fir1 函数在高通和带阻情况下不设计 II 型滤波器，因此，如果 n 为偶数时，fir1 将阶次加 1 并返回 I 型滤波器。

函数 b = fir2(n,f,m) 也设计加窗 FIR 滤波器，但它针对任意形状的 piece-wise 线性频率响应。向量 f 由从 0 到 1 的频率点组成，其中 1 表示奈氏频率，第一个点必须是 0，最后一个点必须是 1，频率点必须是递增的。m 是对应于频率点 f 处的期望的频率幅值响应。f 和 m 的长度必须相等。

另外，在 Matlab 中提供了一个 freqz 函数，利用这个函数可以得到数字滤波器的频率响应。

例 5.13　根据以下技术指标，设计一个数字 FIR 低通滤波器，要求采用汉明窗，确定脉冲响应，并给出所设计滤波器的频率响应图。

$$\omega_p = 0.2\pi \quad R_p = 0.25\text{dB}$$
$$\omega_s = 0.3\pi \quad A_s = 50\text{dB}$$

解　在具体设计中，没有使用通带波动值 $R_p = 0.25$dB，但在设计完成后必须检查实际波动，验证是否满足所给容限要求。

```
% Lowpass filter design - Hamming window
wp = 0.2 * pi; ws = 0.3 * pi;
tr_width = ws - wp
N = ceil(6.6 * pi/tr_width) + 1
n=[0:1:N];
wc = (ws + wp)/2
h = fir1(N,wc/pi);
[db,mag,pha,grd,w] = freqz_m(h,[1]);
delta_w = 2 * pi/1000;
Rp = -(min(db(1:1:wp/delta_w + 1)))           % Passband Ripple
As = -round(max(db(ws/delta_w + 1:1:501)))    % Min Stopband attenuation
```

运行结果如下：

```
tr_width = 0.3142 (过渡带宽)
```

N = 67(滤波器的阶数,长度为 68)

wc = 0.7854(理想 LPF 截止频率)

Rp = 0.0364(实际通带波动)

As = 53(最小阻带衰减)

从结果看,67 阶汉明窗 FIR 数字滤波器的实际阻带衰减为 53dB,通带波动为 0.0364dB,显然满足技术要求,其时域和频域响应曲线图 5.73 所示。

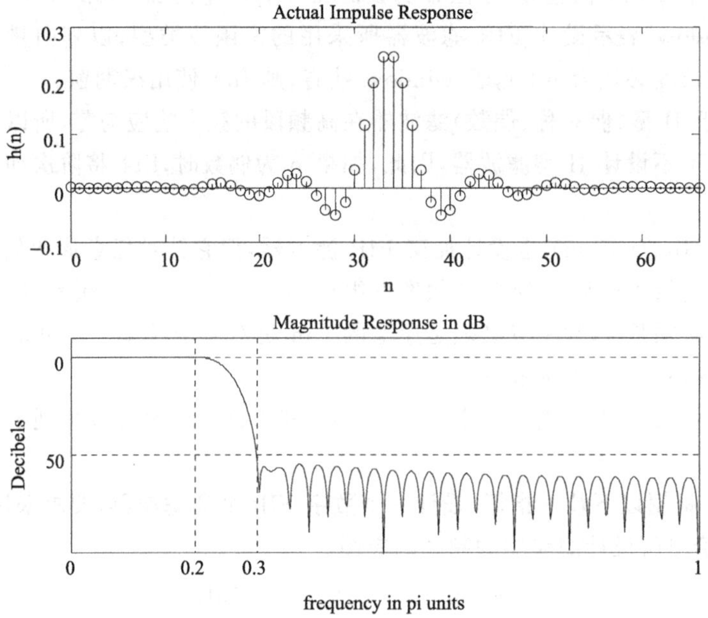

图 5.73 例 5.13 中所实现 FIR 滤波器的脉冲响应与幅频响应

例 5.14 利用例 5.13 中给出的技术指标,采用凯塞尔窗设计所需的低通滤波器。

解

```
% Lowpass filter design - Kaiser window
wp = 0.2 * pi; ws = 0.3 * pi; As = 50;
tr_width = ws - wp;
N = ceil((As - 7.95)/(14.36 * tr_width/(2 * pi)) + 1) + 1
n = [0:1:N];
beta = 0.1102 * (As - 8.7)
wc = (ws + wp)/2;
h = fir1(N,wc/pi,Kaiser(N + 1,beta));
[db,mag,pha,grd,w] = freqz_m(h,[1]);
delta_w = 2 * pi/1000;
As = - round(max(db(ws/delta_w + 1:1:501)))   % Min Stopband Attenuation
```

运行结果如下:

N = 61(滤波器阶数)

beta = 4.5513

As = 51(实际的阻带衰减)

时域和频域响应曲线图 5.74 所示。

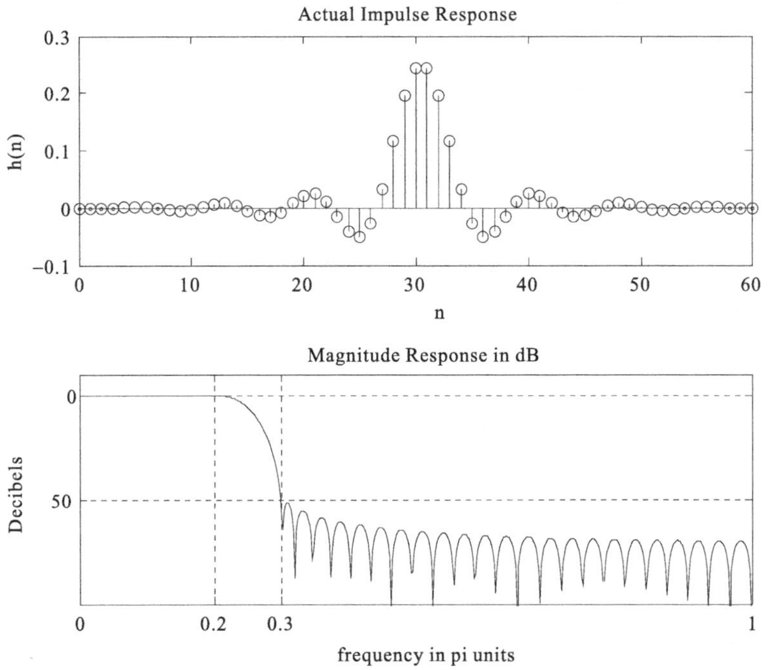

图 5.74　例 5.14 中所设计 FIR 滤波器的脉冲响应与幅频响应

例 5.15　用布莱克曼窗设计满足下列技术指标的数字带通滤波器。

阻带：$\omega_{s1}=0.2\pi, A_{s1}=60\text{dB}; \omega_{s2}=0.8\pi, A_{s2}=60\text{dB}$

通带：$\omega_{p1}=0.35\pi, R_{p1}=1\text{dB}; \omega_{p2}=0.65\pi, R_{p2}=1\text{dB}$

解

```
% Bandpass filter design - Blackman window
ws1 = 0.2 * pi; wp1 = 0.35 * pi;
wp2 = 0.65 * pi; ws2 = 0.8 * pi;
As = 60;
tr_width = min((wp1 - ws1),(ws2 - wp2))
N = ceil(11 * pi/tr_width) + 1 %;    N = 75
n = [0:1:N];
wc1 = (ws1 + wp1)/2; wc2 = (wp2 + ws2)/2;
wn = [wc1/pi,wc2/pi];
h = fir1(N,wn,blackman(N + 1));
[db,mag,pha,grd,w] = freqz_m(h,[1]);
```

```
delta_w = 2 * pi/1000;
Rp = - min(db(wp1/delta_w + 1:1:wp2/delta_w)) % Actua; Passband Ripple
As = - round(max(db(ws2/delta_w + 1:1:501))) % Min Stopband Attenuation
```

运行结果如下:

N = 75(滤波器的阶数)

Rp = 0.0028(实际的通带波动)

As = 75(实际的阻带衰减)

所设计滤波器的时域与频域响应如图 5.75 所示。

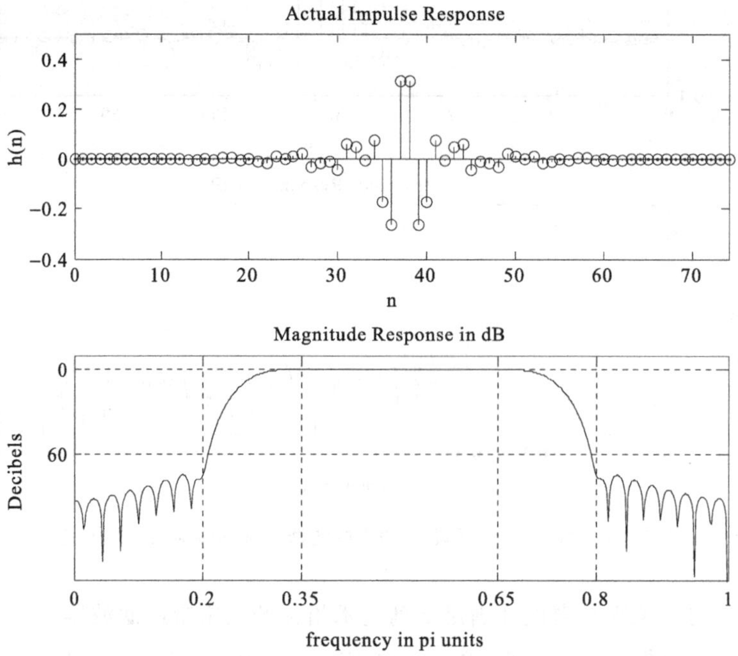

图 5.75 例 5.15 中所设计 FIR 滤波器的脉冲响应与幅频响应

例 5.16 理想带阻滤波器的频率响应为

$$H(e^{j\omega}) = \begin{cases} 1 & 0 \leqslant |\omega| \leqslant \pi/3 \\ 0 & \pi/3 \leqslant |\omega| \leqslant 2\pi/3 \\ 1 & 2\pi/3 \leqslant |\omega| \leqslant \pi \end{cases}$$

用凯塞尔窗设计一个长度为 N 的带阻滤波器,要求阻带衰减不小于 60dB。

解

```
% Bandstop filter design - Kaiser window
N = 46; As = 60; n = [0:1:N];
beta = 0.1102 * (As - 8.7) + 0.3
wc1 = pi/3; wc2 = 2 * pi/3;
wn = [wc1/pi,wc2/pi];
```

```
h = fir1(N,wn,'stop',kaiser(N+1,beta));
[db,mag,pha,grd,w] = freqz_m(h,[1]);
```

所设计滤波器的时域与频域响应如图 5.76 所示。

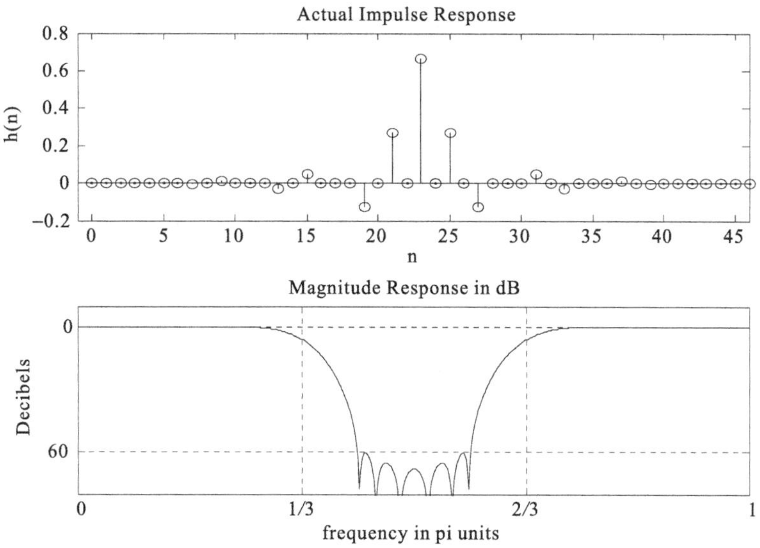

图 5.76　例 5.16 中所设计 FIR 滤波器的脉冲响应与幅频响应

例 5.17　理想数字微分器的频率响应为

$$H_d(e^{j\omega}) = \begin{cases} j\omega & 0 < \omega \leqslant \pi \\ -j\omega & -\pi < \omega < 0 \end{cases}$$

用长度为 21 的汉明窗，设计一个数字 FIR 微分器，画出时域和频域响应图。

解　具有线性相位的数字微分器的理想脉冲响应为

$$\begin{aligned} h_d(n) &= F[H_d(e^{j\omega})e^{j\tau\omega}] = \frac{1}{2\pi}\int_{-\pi}^{\pi} H_d(e^{j\omega})e^{-j\tau\omega}e^{jn\omega}d\omega \\ &= \frac{1}{2\pi}\int_{-\pi}^{0}(-j\omega)e^{-j\tau\omega}e^{jn\omega}d\omega + \frac{1}{2\pi}\int_{0}^{\pi}(j\omega)e^{-j\tau\omega}e^{jn\omega}d\omega \\ &= \begin{cases} \dfrac{\cos\pi(n-\tau)}{(n-\tau)} \\ 0 \end{cases} = \begin{cases} \dfrac{(-1)^n}{n} & n \neq \tau \\ 0 & n = \tau \end{cases} \end{aligned}$$

由于 N 为奇数，因此这是一个 Ⅲ 型的线性相位 FIR 滤波器。由于Ⅲ 型滤波器的 $H_r(\pi)=0$，因此，此滤波器不是一个全通的微分器。

```
% Differentiator design - Hamming window
N = 21; alpha = (N-1)/2;
n = 0:N-1;
hd = (cos(pi*(n-alpha)))./(n-alpha);
hd(alpha+1) = 0;
w_ham = (hamming(N))';
```

```
h = hd .* w_ham;
%[Hr,w,P,L] = Hr_Type3(h);
%[Hr,w] = freqz(h,1,1000,'whole');
[db,mag,pha,grd,w] = freqz_m(h,[1]);
```

所设计滤波器的时域与频域响应如图 5.77 所示。

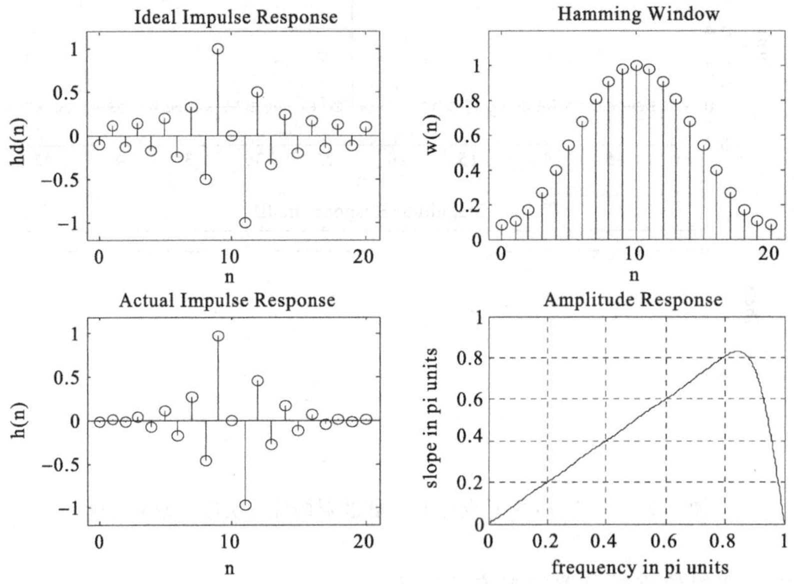

图 5.77　例 5.17 中所设计 FIR 滤波器的脉冲响应与幅频响应

例 5.18　用长度为 21 的汉宁窗设计一个数字希尔伯特变换器。线性相位希尔伯特变换器的理想频率响应为

$$H_d(e^{j\omega})=\begin{cases}-je^{-j\alpha\omega} & 0<\omega<\pi\\ je^{-j\alpha\omega} & -\pi<\omega<0\end{cases}$$

解　希尔伯特变换器的理想脉冲响应为

$$h_d(n)=\begin{cases}\dfrac{2}{\pi}\dfrac{\sin^2\pi(n-\alpha)/2}{n-\alpha} & n\neq\alpha\\ 0 & n=\alpha\end{cases}$$

由于 N=21,因此所设计的是Ⅲ型滤波器。

```
% Hilbert filter design - Hamming window
N = 21; alpha = (N-1)/2;
n = 0:N-1;
hd = (sin(pi*(n-alpha)/2)).^2./(n-alpha).*(2/pi); hd(alpha+1) = 0;
w_ham = (hamming(N))';
h = hd .* w_ham;
[db,mag,pha,grd,w] = freqz_m(h,[1]);
```

所设计滤波器的时域与频域响应如图 5.78 所示。

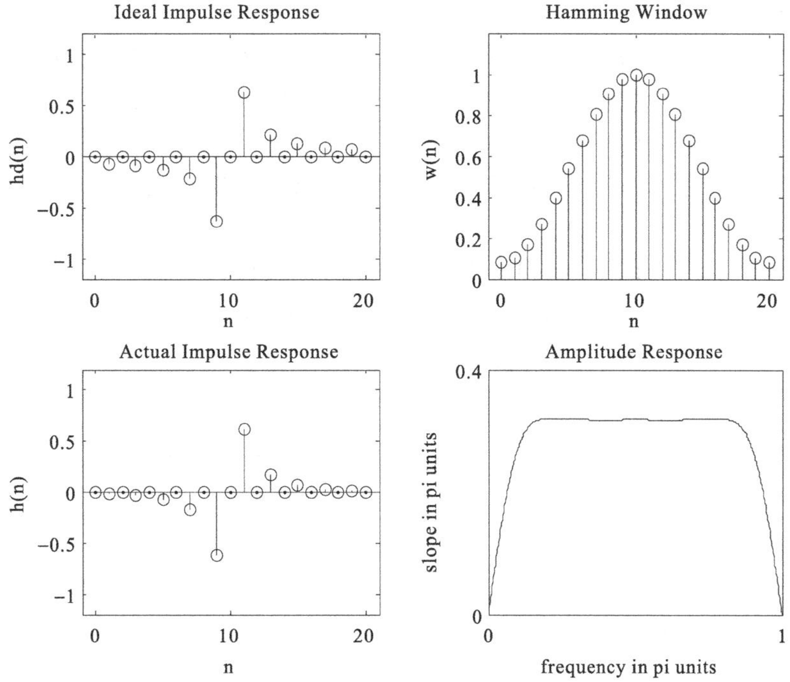

图 5.78　例 5.18 中所设计 FIR 滤波器的脉冲响应与幅频响应

5.7.2　等波纹逼近法

- b = remez(n,f,a,w,'ftype')

它有几种调用形式：

b = remez(n,f,a) 设计一个 n 阶 FIR 滤波器(滤波器的长度为 n+1)FIR 数字滤波器，它的频率响应在数组 f 和 a 中给定。数组 b 返回滤波器的系数(或冲激响应)。数组 f 中包含频率点，其单位为 π，范围为 0≤ f ≤1，这些频率是顺序递增的。数组 a 中为各指定频率上预期的幅度响应。f 和 a 的长度必须相等，且为偶数，每个频率带中所用的权函数等于 1，这说明在每个频率带中的容限(δ_i)是相同的。

b = remez(n,f,a,w) 与上述情形相似，数组 w 是每个频率带的权函数。

b = remez(n,f,a,'ftype') 与上述情形相似，当 ftype 是字符串"hilbert"或"differentiator"时，它相应地设计数字希尔伯特变换器或数字微分器。对于数字希尔伯特变换起来说，数组 f 中的频率最低不能为 0，最高不能为 1。对于数字微分器，矢量 a 不给出每个频率带中预期的斜率，而是给出预期的幅度。

- [n,fo,ao,w] = remezord(f,a,dev)

用于 Parks-McClelan FIR 优化滤波器的阶数估算、归一化频率带边界、频率带幅度以及加权系数。输入参量 f 是频率带边缘频率，范围为 0 到 Fs/2(取样频率的一半)；a 是所期望的幅度值，f 的长度是 a 的长度的 2 倍减 2。参数 dev 是每个频率带允许的最大波动或误差。

另外一个用法是 [n,fo,ao,w] = remezord(f,a,dev,Fs) ,Fs 为取样频率,其缺省值为 2Hz,意味着奈奎斯特频率为 1Hz。

在某些情况下,remezord 可能高估或低估滤波器的阶数 n,因此,得到滤波器的系数 b 后,必须检查最小阻带衰减,并与给定的 As 比较,如果滤波器不能满足技术指标要求,提高滤波器的阶数,例如 n+1、n+2 等。

remezord 函数得到的结果可用于设计等波纹逼近的 FIR 滤波器 b = remez(n,fo,ao,w)。

例 5.19 利用 Parks-MaClellan 算法设计满足下列技术指标的低通滤波器:

$$\omega_p = 0.2\pi \quad R_p = 0.25\text{dB}$$
$$\omega_s = 0.3\pi \quad A_s = 50\text{dB}$$

解

```
% Lowpass filter design using Parks - McClellan algorithm
wp = 0.2 * pi; ws = 0.3 * pi; Rp = 0.25; As = 50;
delta1 = (10^(Rp/20) - 1)/(10^(Rp/20) + 1)
delta2 = (1 + delta1) * (10^( - As/20))
f = [wp/pi ws/pi]
m = [1 0];
dev = [delta1 delta2];
[N,fo,ao,weights] = remezord(f,m,dev)
h = remez(N,fo,ao,weights);
[db,mag,pha,grd,w] = freqz_m(h,[1]);
Asd = - max(db(wsi:1:501))
N = N + 4
h = remez(N,fo,ao,weights);
[db,mag,pha,grd,w] = freqz_m(h,[1]);
delta_w = 2 * pi/1000; wsi = ws/delta_w + 1; wpi = wp/delta_w;
Asd = - max(db(wsi:1:501))  % Min Stopband attenuation
Rpd = - (min(db(1:1:wp/delta_w + 1)))  % Passband Ripple
```

运行结果如下:

```
N = 42
weights =
             1.0000
             4.4860
fo =
         0
    0.2000
    0.3000
```

```
    1.0000
ao =
     1
     1
     0
     0

Asd = 47.8404

N = 46
Asd = 51.0857
Rpd = 0.2197
```

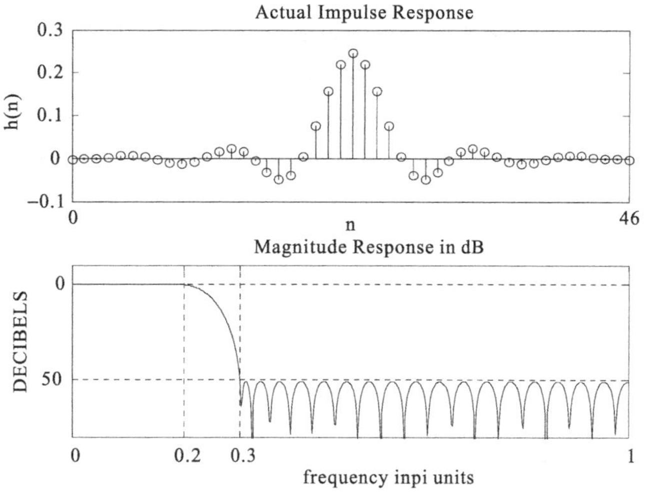

图 5.79　例 5.19 中所设计 FIR 滤波器的脉冲响应与幅频响应

从上面的计算结果可以看出，由函数 remezord 求出的滤波器阶数 $N=42$ 并不能满足所要求滤波器的阻带衰减 50dB。因此需要增加 N，直到满足指标，当 N 增加为 46 时，通带内的最大波动变为 0.2197，阻带内最小衰减为 51.08dB，满足设计要求。由此可见，等波纹逼近法所设计滤波器的阶数要比窗口设计法（凯塞尔窗 61 阶）或频率取样法（60 阶）要低得多。所设计滤波器的时域与频域响应如图 5.79 所示。

例 5.20　利用 Parks-MaClellan 算法设计满足下列技术要求的带通滤波器：

$$\text{阻带}: \omega_{s1}=0.2\pi, A_{s1}=60\text{dB}; \omega_{s2}=0.8\pi, A_{s2}=60\text{dB}$$

$$\text{通带}: \omega_{p1}=0.35\pi, R_{p1}=1\text{dB}; \omega_{p1}=0.65\pi, R_{p2}=1\text{dB}$$

解

```
% Bandpass filter design using Parks - McClellan algorithm
ws1 = 0.2 * pi; wp1 = 0.35 * pi; wp2 = 0.65 * pi; ws2 = 0.8 * pi;
Rp = 1.0; As = 60;
delta1 = (10^(Rp/20) - 1)/(10^(Rp/20) + 1);
delta2 = (1 + delta1) * (10^( - As/20));
f = [ws1/pi wp1/pi wp2/pi ws2/pi];
m = [0 1 0 ];
dev = [delta2 delta1,delta2];
[N,fo,ao,weights] = remezord(f,m,dev)
h = remez(N,fo,ao,weights);
[db,mag,pha,grd,w] = freqz_m(h,[1]);
delta_w = 2 * pi/1000;
ws1i = floor(ws1/delta_w) + 1; wp1i = floor(wp1/delta_w) + 1;
ws2i = floor(ws2/delta_w) + 1; wp2i = floor(wp2/delta_w) + 1;
Asd = - max(db(1:1:ws1i))
```

```
N = N+4
h = remez(N,fo,ao,weights);
[db,mag,pha,grd,w] = freqz_m(h,[1]);
Asd = -max(db(1:1:ws1i))    % Min Stopband attenuation
Rpd = -(min(db(wp1i:1:wp2i)))   % Passband Ripple
```

运行结果如下：

```
ao =
     0
     0
     1
     1
     0
     0
fo =
         0
    0.2000
    0.3500
    0.6500
    0.8000
    1.0000
weights =
   54.3745
    1.0000
   54.3745

N =26
Asd =54.7756
N =30
Asd =61.3081
Rpd =0.8524
```

从上面结果可以看出，由函数 remezord 给出的滤波器节点数 $N = 26$ 并不能满足滤波器阻带衰减的要求 60dB。因此需要增加 N，当 N 为 30 时滤波器通带内的最大波动为 0.8524，阻带内最小衰减 为 61.3081dB，符合指标。图 5.80 是此滤波器时域中实际的脉冲响应曲线和频域中幅度响应曲线。

例 5.21　设计一个满足下列技术指标的高通滤波器：

$$\omega_s = 0.6\pi \quad A_s = 50\text{dB}$$
$$\omega_p = 0.75\pi \quad R_p = 0.5\text{dB}$$

解　由于这是一个高通滤波器，必须保证 N 为奇数。

```
%  Highpass filter design using PM algorithm
ws = 0.6 * pi; wp = 0.75 * pi; Rp = 0.5; As = 50;
delta1 = (10^(Rp/20) - 1)/(10^(Rp/20) + 1);
delta2 = (1 + delta1) * (10^( - As/20));
f = [ws/pi wp/pi];
m = [0 1];
dev = [delta2,delta1];
[N,fo,ao,weights] = remezord(f,m,dev)
N = 2 * floor(N/2)      % N must be odd
h = remez(N,fo,ao,weights);
[db,mag,pha,grd,w] = freqz_m(h,[1]);
delta_w = 2 * pi/1000;
wsi = floor(ws/delta_w) + 1; wpi = floor(wp/delta_w) + 1;
Asd = - max(db(1:1:wsi))
N = n + 2
h = remez(N,fo,ao,weights);
[db,mag,pha,grd,w] = freqz_m(h,[1]);
Asd = - max(db(1:1:wsi))  % Min Stopband attenuation
Rpd = - (min(db(wpi:1:501)))  % Passband Ripple
```

运行结果如下：

```
fo =
         0
    0.6000
    0.7500
    1.0000
weights =
    8.8448
    1.0000
ao =
     0
     0
     1
     1
N = 26
Asd = 49.5918
N = 28
Asd = 50.2253
Rpd = 0.4852
```

从上面结果可以看到,由函数 remezord 给出的滤波器节点数 $N=26$ 并不能满足给定的滤波器阻带衰减要求 50dB。因此需要增加 N,当 N 为 28 时,此时通带内的最大波动为 0.4852,阻带内最小衰减 50.2253dB,符合设计指标要求。图 5.81 是此滤波器时域中实际的脉冲响应曲线和频域中幅度响应曲线。

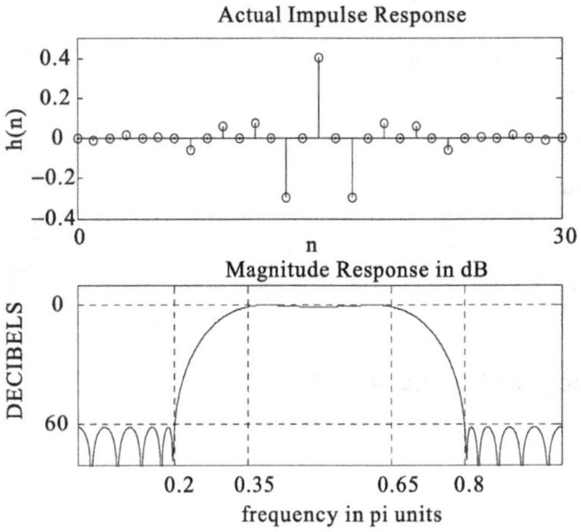

图 5.80　例 5.20 中所设计 FIR 滤波器的脉冲响应与幅频响应

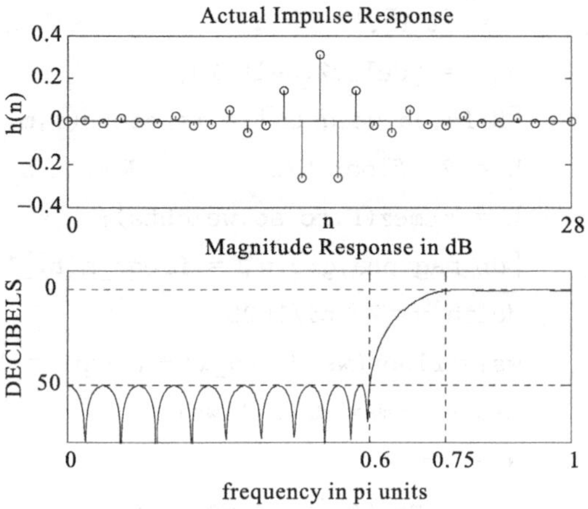

图 5.81　例 5.21 中所设计 FIR 滤波器的脉冲响应与幅频响应

例 5.22　这个例子设计一个"阶梯"滤波器,它分为三段,每段有不同的理想响应和容限,设计指标为:

第一段:$0\leqslant\omega\leqslant0.3\pi$,理想增益=1,容限 $\delta_1=0.01$

第二段:$0.4\leqslant\omega\leqslant0.7\pi$,理想增益=0.5,容限 $\delta_1=0.005$

第三段:$0.8\leqslant\omega\leqslant\pi$,理想增益=0,容限 $\delta_1=0.001$

解

```
% Staircase filter design using Parks_McClelan algorithm
w1 = 0; w2 = 0.3 * pi; delta1 = 0.01;
w3 = 0.4 * pi; w4 = 0.7 * pi; delta2 = 0.005;
w5 = 0.8 * pi; w6 = pi; delta3 = 0.001;
f = [w2/pi w3/pi w4/pi w5/pi];
m = [1 0.5 0 ];
dev = [delta1,delta2,delta3];
[N,fo,ao,weights] = remezord(f,m,dev)
h = remez(N,fo,ao,weights);
[db,mag,pha,grd,w] = freqz_m(h,[1]);
delta_w = 2 * pi/1000;
w1i = floor(w1/delta_w) + 1; w2i = floor(w2/delta_w) + 1;
w3i = floor(w3/delta_w) + 1; w4i = floor(w4/delta_w) + 1;
w5i = floor(w5/delta_w) + 1; w6i = floor(w6/delta_w) + 1;
```

```
Asd = - max(db(w5i:w6i))
```

运算结果：

```
weights =
     1
     1
    10
ao =
    1.0000
    1.0000
    0.5000
    0.5000
         0
         0
fo =
         0
    0.3000
    0.4000
    0.7000
    0.8000
    1.0000

N = 51
Asd = 66.9573
```

所设计滤波器的时域与频域响应如图 5.82 所示。

例 5.23　设计一个数字微分器，它在每段上具有不同的斜率。技术指标为：

第一段：$0\leqslant\omega\leqslant 0.2\pi$　　　斜率 = 1 个样本/周期

第二段：$0.4\pi\leqslant\omega\leqslant 0.6\pi$　　斜率 = 2 个样本/周期

第三段：$0.8\pi\leqslant\omega\leqslant\pi$　　　斜率 = 3 个样本/周期

解　每段上的幅度响应值，可由频率带边缘频率乘以斜率得到：

第一段：$0\leqslant f\leqslant 0.1$　　斜率 = 1 个样本/周期　→ $0\leqslant|H|\leqslant 0.1$

第二段：$0.2\leqslant f\leqslant 0.3$　　斜率 = 1 个样本/周期　→ $0.4\leqslant|H|\leqslant 0.6$

第三段：$0.4\leqslant f\leqslant 0.5$　　斜率 = 1 个样本/周期　→ $1.2\leqslant|H|\leqslant 1.5$

```
% Differentiator design using PM algorithm %
f = [0 0.2 0.4 0.6 0.8 1];             % in w/pi unis
%m = [1 1 2 2 3 3];                     % in sam/cycle (old version)
m = [0,0.1,0.4,0.6,1.2,1.5];           % new Student Edition
h = remez(25,f,m,'differentiator');
[db,mag,pha,grd,w] = freqz_m(h,[1]);
```

所设计滤波器的时域与频域响应如图 5.83 所示。

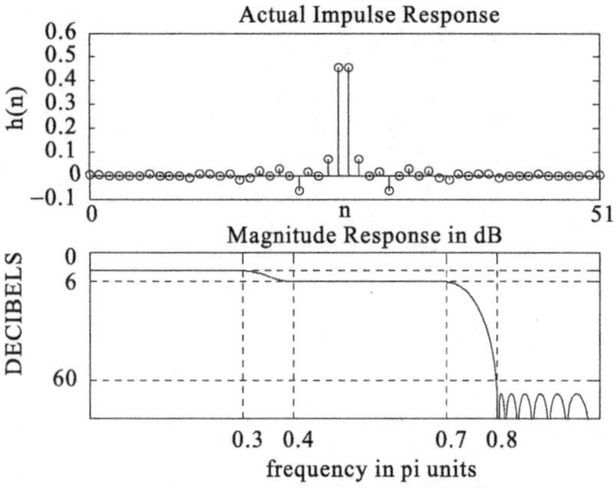

图 5.82　例 5.22 中所设计 FIR 滤波器的脉冲响应与幅频响应

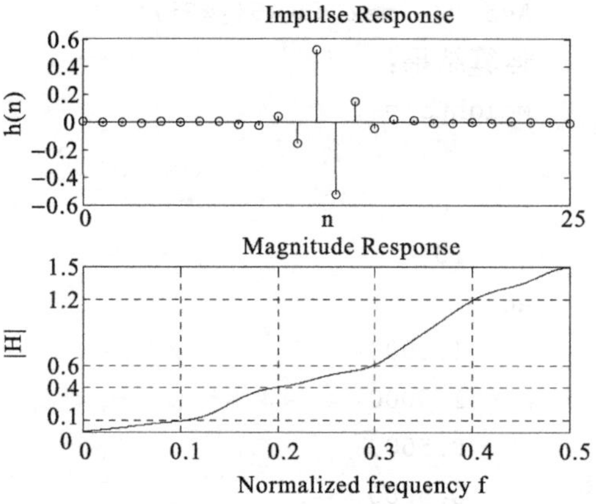

图 5.83　例 5.23 中所设计 FIR 滤波器的脉冲响应与幅频响应

例 5.24　在频段 $0.05\pi\leqslant\omega\leqslant0.95\pi$ 上设计一个希尔伯特变换器。

解　这是一个宽带希尔伯特变换器,应当选择奇数长度(即Ⅲ型滤波器),取 $N=51$。所设计滤波器的时域与频域响应如图 5.84 所示。

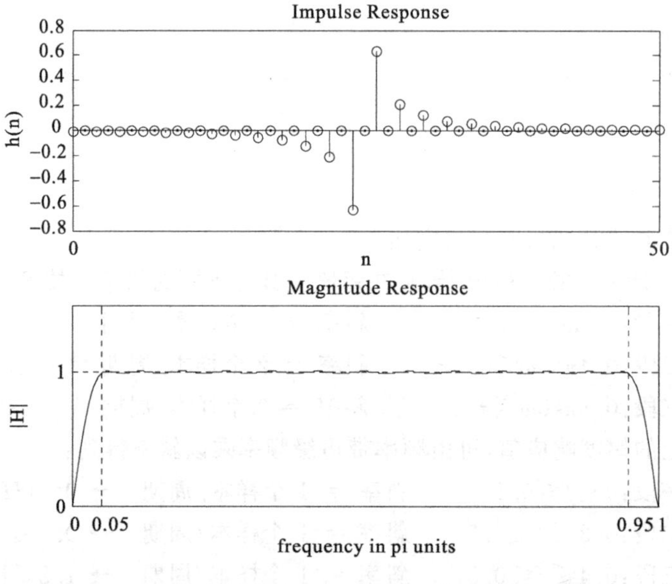

图 5.84　例 5.24 中所设计 FIR 滤波器的脉冲响应与幅频响应

```
% Hilbert transformer design using PM algorithm
f = [0.05,0.95]; m = [1 1]; M = 51; N = M-1;
h = remez(N,f,m,'hilbert');
[db,mag,pha,grd,w] = freqz_m(h,[1]);
figure(1); subplot(1,1,1)
```

```
subplot(2,1,1); stem([0:N],h); title('Impulse Response');
xlabel('n'); ylabel('h(n)'); axis([0,N, - 0.8,0.8])
set(gca,'XTickMode','manual','XTick',[0,N])
set(gca,'YTickMode','manual','YTick',[ - 0.8:0.2:0.8]);
subplot(2,1,2); plot(w/pi,mag); title('Magnitude Response')
xlabel('frequency in pi units'); ylabel('|H|')
set(gca,'XTickMode','manual','XTick',[0,f,1])
set(gca,'YTickMode','manual','YTick',[0,1]);grid
```

5.7.3　滤波器网络结构

实现 FIR 级联型结构的 Matlab 函数与 IIR 滤波器的相同。

- [z,p,k] = tf2zp(num,den)
- sos = zp2sos(z,p,k)

把分母矢量 den 置为 1,但需要注意一点,函数 tf2zp(num,den) 要求分母 den 的长度要大于等于分子 num 的长度,且第一个系数不能为 0,因此,如果分子 num 的长度为 N 的话,则分母 den 需要在 1 后面补上 N−1 个零,即 num = [1,0,0,…,0]。类似地,用函数 sos2tf 可从级联型得到直接型的表达式。den 需要在 1 后面补上 N−1 个零,即 num = [1,0,0,…,0]。

FIR 滤波器函数仍然采用 filter 函数:

- y = filter(b,a,x)

由此函数得到输入信号 x 经过 FIR 滤波器后的输出 y 信号,滤波器系数 $\{b_n\}$ 由行向量 b 描述,矢量 a 为 1。

例 5.25　FIR 滤波器系统函数为 $H(z)=1+16.0625z^{-4}+z^{-8}$,求出并画出系统的直接型和级联型结构。

解　由系统函数可知滤波器对应的差分方程为

$$y(n) = x(n) + 16.0625x(n-4) + x(n-8)$$

则直接型结构如图 5.85 所示。

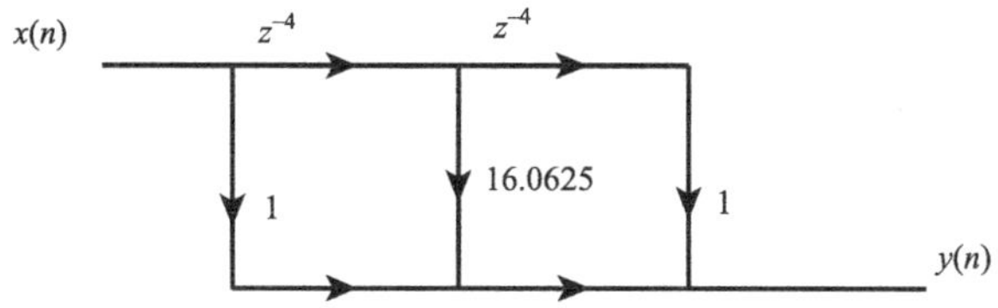

图 5.85　例 5.25 滤波器的直接型结构

下面求级联型结构:

```
% FIR Cascade form conversion
b = [1,0,0,0,16.0625,0,0,0,1];
```

```
a = [1,0,0,0,0,0,0,0,0];
[z,p,k] = tf2zp(b,a);         % 传输函数转换为零极点形式
format short;
sos = zp2sos(z,p,k)           %零极点转换为二次因式
format long;
delta = impseq(0,0,7);
hcas = casfilt(sos,delta) ;      % 级联滤波器的输出计算,为了验证变换结果
                                   正确与否
hdir = filter(b,a,delta) ;       % 直接计算滤波器的输出
```

运行结果如下:

```
sos =
    0.1277   -0.3613    0.5110    1.0000         0         0
    0.4605    1.3025    1.8420    1.0000         0         0
    0.5110    0.3613    0.1277    1.0000         0         0
   33.2708  -23.5260    8.3177    1.0000         0         0
```

由此得到级联型结构如图 5.86 所示。

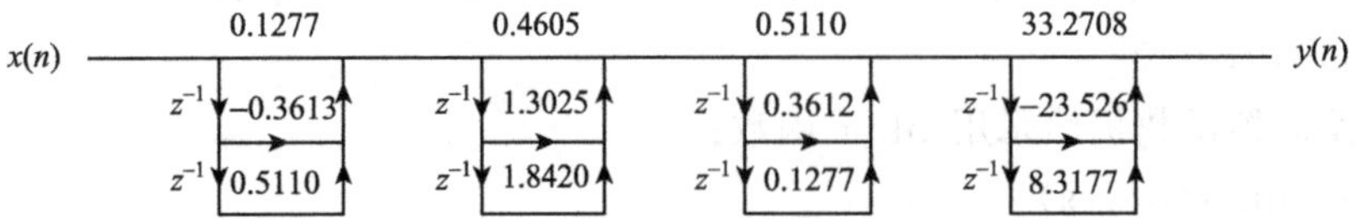

图 5.86　例 5.25 滤波器的级联型结构

例 5.26　设滤波器的冲激响应为 $h(n)=\frac{1}{9}\{1,2,3,2,1\}$,求出并画出此 FIR 滤波器的频率取样型结构。

解　Matlab 程序如下:

```
% FIR Frequency Sampling Form
%given h(n)
format short;
h = [1,2,3,2,1]/9;
[C,B,A] = dir2fs(h)
```

运行结果如下:

```
C =
    0.5818
    0.0849
    1.0000
B =
   -0.8090    0.8090
```

```
    0.3090   -0.3090
A =
    1.0000   -0.6180    1.0000
    1.0000    1.6180    1.0000
    1.0000   -1.0000         0
```

由于 $N=5$ 是奇数，因此，只有一个一阶网络。从而有

$$H(z)=\frac{1-z^{-5}}{5}\left[0.5818\frac{-0.809+0.809z^{-1}}{1-0.618z^{-1}+z^{-2}}+0.0849\frac{0.309-0.309z^{-1}}{1+0.618z^{-1}+z^{-2}}+\frac{1}{1-z^{-1}}\right]$$

因此滤波器的频率取样型结构如图 5.87 所示。

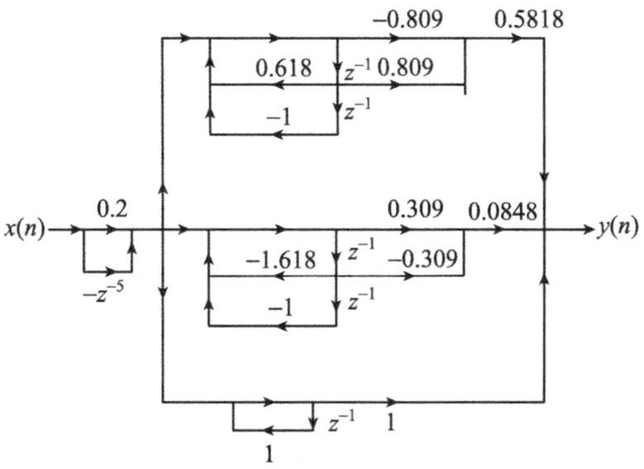

图 5.87　例 5.26 中滤波器的频率取样型结构

习　　题

5.1　已知图 5.88(a)中的 $h_1(n)$是偶对称序列 $N=8$，图 5.88(b)中的 $h_2(n)$是 $h_1(n)$圆周移位$\left(移\frac{N}{2}=4位\right)$后的序列。设 $H_1(k)=\text{DFT}[h_1(n)]$，$H_2(k)=\text{DFT}[h_2(n)]$

(1) 问 $H_1(k)=H_2(k)$成立否？$\theta_1(k)$与 $\theta_2(k)$有什么关系？

(2) $h_2(n)$，$h_1(n)$各构成一个低通滤波器，试问它们是否是线性相位的？延时是多少？

(3) 这两个滤波器性能是否相同？为什么？若不同，谁优谁劣？

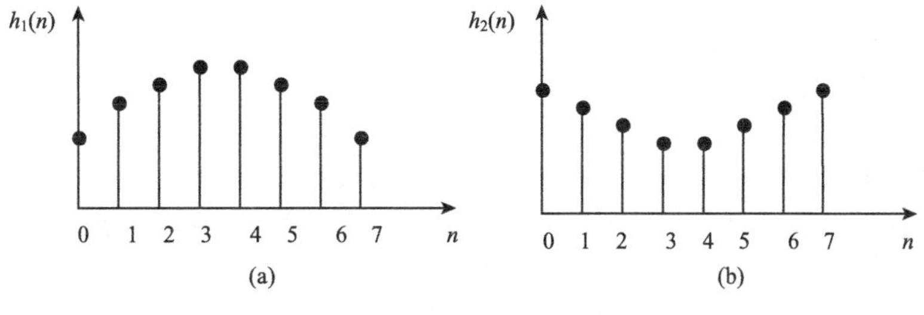

图 5.88

5.2 用矩形窗设计一个 FIR 线性相位低通滤波器。已知：$\omega_c = 0.5\pi, N=21$。求出 $h(n)$并画出 $20\lg|H(e^{j\omega})|$的曲线。

5.3 用汉宁窗设计一个线性相位高通滤波器：

$$H_d(e^{j\omega}) = \begin{cases} e^{-j(\omega-\pi)\alpha} & \pi-\omega_c \leqslant \omega \leqslant \pi \\ 0 & 0 \leqslant \omega < \pi-\omega_c \end{cases}$$

求出 $h(n)$的表达式，确定 α 与 N 的关系，并画出 $20\lg|H(e^{j\omega})|$的曲线。(设 $\omega_c=0.5\pi, N=51$)。

5.4 用汉明窗设计一个线性相位带通滤波器：

$$H_d(e^{j\omega}) = \begin{cases} e^{-j\omega\alpha} & \omega_0-\omega_c \leqslant \omega \leqslant \omega_0+\omega_c \\ 0 & 0 \leqslant \omega < \omega_0-\omega_c, \omega_0+\omega_c < \omega \leqslant \pi \end{cases}$$

求出 $h(n)$的表达式并画出 $20\lg|H(e^{j\omega})|$的曲线。(设 $\omega_c = 0.2\pi, \omega_0=0.5\pi, N=51$)

5.5 设计满足下列指标的低通 FIR 滤波器。指标为：阻带衰减 40 dB、通带边缘频率 3 kHz、阻带边缘频率 3.5 kHz、取样频率 12 kHz。

5.6 用 25 项矩形窗设计低通 FIR 滤波器，要求通带边缘位于 2 kHz，取样频率 20 kHz ：

(1) 确定过渡带宽度(Hz)；(2) 画出滤波器的幅频特性图；(3) 求出并画出具有下列指标的滤波器的冲激响应：低通、通带线性相位、取样频率 16 kHz、通带边缘频率 4.5 kHz、阻带边缘频率 6 kHz、阻带衰减 75 dB。

5.7 有 79 项的低通滤波器用 $\beta=6$ 的凯塞尔窗实现，通带边缘频率为 6 kHz，如果取样频率为 11.025 kHz：

(1) 过渡带宽度是多少？(2) 阻带边缘频率是多少？(3) 阻带边缘增益是多少？

5.8 对 10 kHz 取样信号设计低通 FIR 滤波器，通带边缘在 2 kHz，阻带边缘在 3 kHz，阻带衰减 20 dB，求滤波器的冲激响应和差分方程。

5.9 布莱克曼窗设计一个理想线性相位 90°移相带通滤波器：

$$H_d(e^{j\omega}) = \begin{cases} je^{-j\omega\alpha} & \omega_0-\omega_c \leqslant \omega_0+\omega_c \\ 0 & 0 \leqslant \omega < \omega_0-\omega_c, \omega_0+\omega_c < \omega \leqslant \pi \end{cases}$$

求出 $h(n)$的表达式并画出 $20\lg|H(e^{j\omega})|$的曲线。(设 $\omega_c= 0.2\pi, \omega_0=0.6\pi, N=51$)

5.10 如果一个线性相位带通滤波器的频率响应为 $H_{BP}(e^{j\omega}) = H_{BP}(\omega)e^{j\varphi(\omega)}$。

(1) 试证明一个线性相位带阻滤波器可以表示成 $H_{BR}(e^{j\omega}) = [1-H_{BP}(\omega)] \cdot e^{j\varphi(\omega)}, 0 \leqslant \omega \leqslant \pi$；

(2) 试用带通滤波器的冲激响应 $h_{BP}(n)$来表达带阻滤波器的冲激响应 $h_{BR}(n)$。

5.11 FIR 滤波器具有如下指标：阻带衰减 50 dB、通带边缘 1.75 kHz、过渡带宽度 1.5 kHz、取样频率 8 kHz。

(1) 写出滤波器的差分方程；(2) 画出滤波器的幅度响应(dB 对 Hz)的曲线，验证它满足指标。

5.12 为了评测平滑 10Hz 取样系统中应变仪的动态质量，必须将大于 1Hz 的所有频率滤除，设计适当的滤波器来实现这一目标。

5.13 设计 FIR 带通滤波器满足下列指标：取样频率 16 kHz、中心频率 4 kHz、通带边缘在 3 kHz 和 5 kHz、过渡带宽度 900 Hz、阻带衰减 40 dB。求出并画出滤波器的冲激响应。

5.14 在 24 kHz 取样系统里，要从传感器信号中提取 2 kHz～8 kHz 信号，所需滤波器至少要有 50 dB 的阻带衰减，过渡带宽度不大于 500 Hz。计算确定滤波器的冲激响应。

5.15 以 8 kHz 进行取样的声音信号，在编码传输前要滤除 300～3400 Hz 以外的分量，设计滤波器。

5.16 如果取样频率为 24 kHz，则用低通滤波器和高通滤波器设计带通滤波器，通过 7～8 kHz 之间的频率，阻带衰减至少为 70 dB，过渡带宽度不能超过 500 Hz。

5.17 请选择合适的窗函数及 N 来设计一个线性相位低通滤波器：

$$H_d(e^{j\omega}) = \begin{cases} e^{-j\omega\alpha} & 0 \leqslant \omega \leqslant \omega_c \\ 0 & \omega_c \leqslant \omega \leqslant \pi \end{cases}$$

要求其最小阻带衰减为 -45 dB，过渡带宽为 $\frac{8}{51}\pi$。

(1) 求出 $h(n)$ 并画出 $20\lg|H(e^{j\omega})|$ 曲线（设 $\omega_c = 0.5\pi$）；

(2) 保留原有轨迹，画出用满足所给条件的其他几种窗函数设计的 $20\lg|H(e^{j\omega})|$ 曲线。

5.18　试证明用窗函数法设计 FIR 滤波器时，对于所求的频率响应，矩形窗能提供一种最小均方误差意义下的最好的逼近。

5.19　要设计一个理想线性相位带通滤波器：

$$H_d(e^{j\omega}) = \begin{cases} e^{-j\omega\alpha} & \omega_0 - \omega_c \leqslant \omega \leqslant \omega_0 + \omega_c \\ 0 & 0 \leqslant \omega \leqslant \omega_0 - \omega_c, \omega_0 + \omega_c < \omega \leqslant \pi \end{cases}$$

若需阻带衰减大于(1)50 dB；(2)60 dB。试用窗函数法设计这两个滤波器（取 $\omega_0 = 0.5\pi, \omega_c = 0.1\pi$）。

5.20　已知滤波器冲激响应如下，求横截型结构。

$$h(n) = \begin{cases} 0.2^n & 0 \leqslant n \leqslant 5 \\ 0 & \text{其他} \end{cases}$$

5.21　用横截型和级联型网络实现传递函数 $H(z) = (1 - 1.4142z^{-1} + z^{-2})(1 + z^{-1})$。

5.22　试求图 5.89 所示网络的转置网络，且证明原网络与转置网络的传递函数相同。

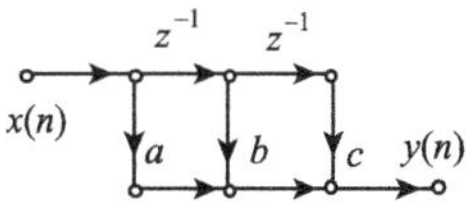

图 5.89

5.23　试问用什么结构可以实现以下冲激响应：$h(n) = \delta(n) - 3\delta(n-3) + 5\delta(n-7)$。

5.24　FIR 数字滤波器的 $h(n)$ 是圆周偶对称的，即

$N = 6$　　$h(0) = h(5) = 1.5$；

$h(1) = h(4) = 2$；

$h(2) = h(3) = 3$。

求滤波器的卷积结构。

5.25　FIR 数字滤波器的 $h(n)$ 是圆周奇对称的，即

$N = 7$　　$h(0) = -h(6) = 3$

$h(1) = -h(5) = -2$

$h(2) = -h(4) = 3$

$h(3) = 0$

求滤波器的卷积结构，试问此结构能否少用乘法器？

5.26　用频率取样结构实现传递函数，$H(z) = \dfrac{5 - 2z^{-3} - 3z^{-6}}{1 - z^{-1}}$，取样点 $N = 6$，修正半径 $r = 0.9$。

5.27　FIR 数字滤波器 $N = 5$，$h(n) = \delta(n) - \delta(n-1) + \delta(n-4)$，计算一个 $N = 5$ 的频率取样结构，修正半径 $r = 0.9$。

5.28　求由格型滤波器反射系数 $k_1 = \frac{1}{2}, k_2 = 0.6, k_3 = -0.7, k_4 = \frac{1}{3}$ 确定的所有可能的 FIR 滤波器。

5.29　求如下 FIR 滤波器所对应的格型滤波器反射系数，并画出结构图。

$$H(z) = 1 + 2z^{-1} + z^{-2}$$

5.30　已知 FIR 滤波器系统函数 $H(z) = 1 - 0.4z^{-1} - 0.8z^{-2} + 0.86z^{-3}$，求此滤波器的格型结构系数，并画出流图。

第 6 章 数字信号处理中的有限字长效应

在上述各章讨论中，一般都假定信号值和系统的系数是无限精度的。但是，实际上无论是采用专用硬件还是用计算机软件来实现，数字信号处理系统的有关参数及运算过程中的结果都是存储在有限字长的存储单元中，因而都是有限精度的，这相对于原设计系统就产生了偏差，由此带来了数字信号处理中的有限字长效应问题。

在数字信号处理中，因有限字长的影响而引起误差的因素有：

(1) A/D 变换中的量化；

(2) 系数的量化；

(3) 运算过程中的尾数处理。

将上面三种因素综合起来分析是困难的，本章将单独分析它们的影响。

6.1 数的表示及其对量化的影响

6.1.1 二进制表示

一般地说，任何一个数 x 可以表示为

$$x = \sum b_i \gamma^i \tag{6.1}$$

式中，$0 \leqslant b_i \leqslant \gamma - 1$。

如果给定 b_i 的符号位，则数 x 可表示为

$$x = (b_n b_{n-1} \cdots b_0 \,{}_\triangle\, b_{-1} b_{-2} \cdots b_{-m})_\gamma \tag{6.2}$$

式中，γ 叫做基数，把 x 分割成两部分的符号“$_\triangle$”叫做基数点。

如果 $\gamma=10$，式(6.2)就变成 x 的十进制表示，而且基数点就是小数点。类似地，如果 $\gamma=2$，式(6.2)就变成 x 的二进制表示，基数点叫做二进制点。本书十进制小数点用“·”表示，其他进制的基数点用“$_\triangle$”表示。

一个十进制数通过如下步骤可以转换为二进制数：

(1) 用 2 反复去除整数部分，并将所得余数以逆序排列；

(2) 用 2 去乘小数部分，并舍去所得的整数部分，这样重复若干次，然后将所得的整数(0 或 1)用正序排列。

利用式(6.1)可以将一个二进制数转换为十进制数。

例 6.1 (1) $x=18.375$ 用二进制表示；

(2) 将 $x=11_\triangle 101_2$ 用十进制表示。

解 (1)

2 | 18		$2\times 0.375=0.75$	→ 0
2 | 9	→ 0	$2\times 0.75=1.5$	→ 1

2⌊4 → 1　　$2\times0.5=1.0$　　→ 1

2⌊2 → 0　　$2\times0=0$　　→ 0

2⌊1 → 0

0　　→ 1

因此

$$18.375_{10}=10010_{\triangle}011_2$$

(2) 由式(6.1)得

$$11_{\triangle}101_2=1\cdot(2^1)+1\cdot(2^0)+1\cdot(2^{-1})+0\cdot(2^{-2})+1\cdot(2^{-3})=3.625$$

最基本的寄存器是触发器,它或者处于低电位状态,或者处于高电位状态。给低电位状态赋以 0,给高电位状态赋以 1,就可存储一位二进制数。并行排列几个触发器,如图 6.1(a)所示就可以构成储存 n 位二进制数的寄存器。

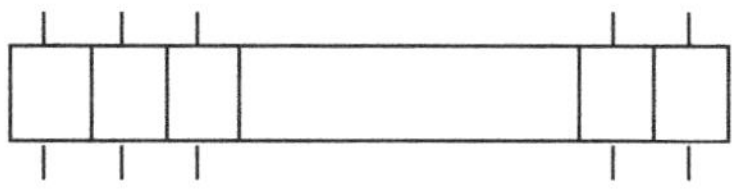

(a) 寄存器

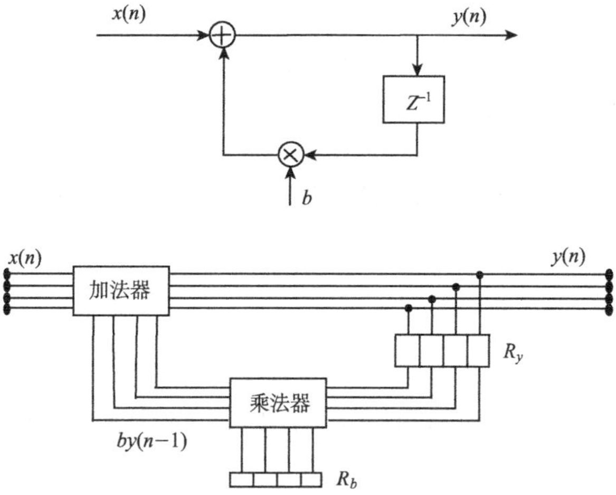

(b) 滤波器的实现

图 6.1　寄存器和滤波器的实现

作为例子,四位二进制滤波器用图 6.1(b)实现。寄存器 R_y 和 R_b 分别用来储存输出的过去值 $y(n-1)$ 和乘法器系数 b,于是乘法器输出为 $by(n-1)$。一旦接收新的输入采样值时,加法器就形成新的输出 $y(n)$,而 $y(n)$ 又经寄存器 R_y 延时,接着乘法器进行运算形成乘积 $by(n-1)$。当接收更新的输入采样值时,将重复以上过程。

6.1.2 定点表示

1. 定义

在整个运算中,小数点在数码中的位置是固定不变的,称为定点制。

通常定点值把数限制在±1之间,把小数点规定在符号位与数据位之间,而把整数位作为"符号位",分别用0、1代表数的正负,数的本身只有小数部分,称为"尾数"。于是给定一分数 x 用定点表示为

$$x = b_0 \quad \triangle \quad b_1 b_2 \cdots b_L$$

$\uparrow$ 符号位　$\uparrow$ 二进制点　$\uparrow$ 数据位

其中

$$b_0 = \begin{cases} 0 & \text{当 } x \geqslant 0 \text{ 时} \\ 1 & \text{当 } x < 0 \text{ 时} \end{cases}$$

L 是数据的位数,它表示寄存器长度为 $L+1$ 位(或字长是 $L+1$ 位)。定点制在整个运算过程中,所有运算结果的绝对值都不得超过1。但实际问题中数可能很大,这时应对运算过程的各数乘以某一比例因子,使整个运算中数的最大绝对值不超过1,运算完毕后再除以比例因子,从而还原为真值输出。在定点值运算中,数通常化为小数,避免带分数或整数的原因是:①带分数难于进行乘法运算;②表示一个整数的二进制数的位数不可以用舍入或截尾的方法进行缩减。

2. 定点值的原码、补码和反码表示

以上讨论定点值的一般表示方法,具体地讲有三种表示方法,即原码表示法(符号加绝对值)、反码表示法(符号加反码)和补码表示法(符号加补码),下面分别加以讨论。

1) 原码表示法

原码也称"符号-幅度码",它的尾数部分代表数的绝对值(幅度大小),符号位代表数的正负号,与上述统一,用0代表正数,用1代表负数。将数 x 先化成小数表示,然后将十进制数转换为二进制数,由此可得到数据位中第 i 位二进制码 b_i,b_i 可取0或1。例如,$(x)_2 = 0_\triangle 110$ 表示的是 $+0.75$,而$(x)_2 = 1_\triangle 110$ 表示的是 -0.75。如已知原码的形式,它代表的十进制数可表示为

$$x = (-1)^{b_0} \sum_{i=1}^{L} b_i 2^{-i} \tag{6.3}$$

2) 反码和补码表示法

给定一个十进制的小数$(x)_{10}$,若是正数,反码和补码的表示和原码一样;若是负数,原码、反码和补码表示都不同。现在来分析补码和反码的负数表示。

补码:实现定点表示有两步:

① 取负数的绝对值 $|(x)_{10}|$,按原码表示为 $\hat{x}$;

② 从 $\hat{x}$ 的最右位(最低位),向左找出“1”的第 1 位,从第 1 位(不含)向左将余下的位数取其补可得补码。

例 6.2　$(x)_{10}=-0.625$,取 $|x_{10}|=0.625$,按下述方法将十进制数变为二进制数。

$$\begin{array}{rr} & 0.625 \\ & \times 2 \\ \hline b_1 \rightarrow & 1.250 \\ & \times 2 \\ \hline b_2 \rightarrow & 0.500 \\ & \times 2 \\ \hline b_3 \rightarrow & 1.000 \\ & \times 2 \\ \hline b_4 \rightarrow & 0.000 \end{array}$$

得 $\hat{x}=0_{\triangle}1010$ (设字长为 5 位)。由第 2 步得到补码

$$x = 1_{\triangle}011\underset{\uparrow}{0}$$

符号↑表示 $\hat{x}$ 中从最右位开始向左出现“1”的第 1 位,向左其余的位(连同符号位)取补,即得到 $(x)_{10}$ 的补码。

补码代表的十进制数值可表示为

$$x=-b_0+\sum_{n=1}^{L}b_n2^{-n} \tag{6.4}$$

补码一般又称为“2”的补。

反码:

负数的反码表示就是将该数绝对值的原码表示形式中的所有 0 改为 1,所有 1 改为 0,即得反码表示。

例如,$(x)_{10}=-0.625$,取 $|(x)_{10}|=0.625$,得 $\hat{x}=0_{\triangle}1010$(设字长为 5 位)。对 $\hat{x}$ 取反得反码表示为 $1_{\triangle}0101$。

负数的反码和补码表示之间有一简单关系,即补码等于反码在最低位上加 1。例如,$x=-0.625$,反码表示为 $1_{\triangle}0101$ (设字长为 5 位),在其最低位上加 1 得 $1_{\triangle}0110$。这个加 1,代表加一个 2^{-L},因此,反码的数值可以由以下公式表示为

$$x=-b_0(1-2^{-L})+\sum_{n=1}^{L}b_n2^{-n}$$

反码又称“1”的补。

原码的优点是乘除运算方便,不论正负数,乘除运算都一样,并以符号位简单的决定结果的正负号。但加减运算则不方便,因而作加法,首先要判断两数符号是否相同,若作减法,还要判断两数绝对值的大小,以便大者减小者。采用补码后,加法运算方便,不论数

的正负都可直接相加，而符号位同样参加运算。如符号位发生进位，把进位的 1 去掉，余下的即为结果。

6.1.3 浮点表示

定点运算有两个缺点：①可处理的数动态范围小，例如，在补码表示中，最小的数是 -1，最大的数是 $1-2^{-L}$；②由截尾舍入产生的百分比误差随着数的绝对值的减小而增加，例如，假若 $0_{\triangle}11011010$ 和 $0_{\triangle}000110101$ 都被截尾成只保留二进制点以右的四位数，则各自的误差将为 4.59% 和 39.6%。这个问题用浮点制可以大大改善。

浮点制用下列二进制序列表示为

$$x = \pm M \times 2^{\pm c} \tag{6.5}$$

它用两个子序列 M 和 c 来表示。M 称作尾数，是小数，它是左边定位的带有正负号的定点数，常用补码表示。c 称为指数，是整数，它是 2 的幂指数。通常 M 处于以下不等式范围内：

$$\frac{1}{2} \leqslant M < 1$$

叫做规格化的尾数。若不规格化，还需进行规格化处理，即二进制点左移或右移处理。尾数右移一位代表除 2，左移一位代表乘 2，因此，对于同一个数而言，尾数右移时，指数应增加，尾数左移时，指数应减少。例如，数 $0_{\triangle}00110101$ 规格化后为 $0_{\triangle}110101 \times 2^{-2}$。

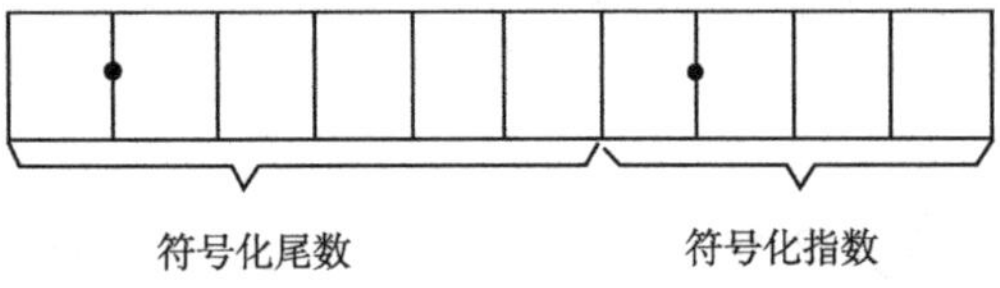

图 6.2 浮点数的存储

于是，对于浮点制代表的数，例如，$x = 0_{\triangle}101 \times 2^{101}$，其十进制数为 $x = 0.625 \times 2^5 = 20$。浮点数寄存在寄存器中，如图 6.2 所示。寄存器分成两段，一段用于带有符号的尾数，另一段用于带有符号的指数。

两个浮点数相加是这样进行的，即先将较小的一个数的尾数右移几位，直到两数的指数相同，然后再将尾数相加。例如，求二数 F_1 和 F_2 之和，$F_1 = 4$，$F_2 = 5/4$。利用浮点表示，$F_1 = 2^{c_1} M_1$，$F_2 = 2^{c_2} M_2$，其中

$$c_1 = 11_{\triangle}（十进制的 3）$$

$$M_1 = {}_{\triangle}10000（十进制的 1/2）$$

$$c_2 = 01_{\triangle}（十进制的 1）$$

$$M_2 = {}_{\triangle}10100（十进制的 5/8）$$

加法运算时，必须改变 c_2 使之等于 c_1，并且相应地调整 M_2，这样，先将 F_2 的表示式变为 $F_2 = 2^{\hat{c}_2} \hat{M}_2$，其中

$$\hat{c}_2 = 11 \qquad \hat{M}_2 = {}_{\triangle}00101$$

这时尾数就可以相加了，得到的和为 $2^c M$，$c = 11$，$M = {}_{\triangle}10101$。因 M_1 和 M_2 之和是处于 1/2 到 1 之间的一个小数，已经是规格化了，所以没有必要调整 c。

浮点制的乘法运算是：尾数相乘，指数相加。

从上述可见，浮点制的尾数字长决定它的运算精度，而指数的字长决定了它的动态范围。因此，浮点制运算可以增加动态范围和提高处理精度。但在运算时它的尾数和指数都要使用，结果硬件实现时成本增加，处理速度减慢，因而它常用在数字计算机上软件的非实时实现。

6.1.4　定点制数的量化

一旦定点制实现中的寄存器长度给定，寄存器可表示的数就被固定。如字长为 $L+1$（含符号位），它可表示的最小正数是寄存器最低位上的 1，对应的整数是 2^{-L}，这个值称为量化间距。由 $M+1$ 位（含符号位）代表的数（$M>L$）要存储在寄存器中，必须进行量化。其方法是：①将寄存器中容纳不下的所有位截断；②将数舍入成寄存器可表示的数。

显然，如果数 x 被量化，则将引入误差 e，它由下式给出：

$$e = Q[x] - x \tag{6.6}$$

式中，$Q[x]$代表 x 的量化值，它代表 x 经截尾或舍入后的值。e 的范围取决于数的表示形式以及量化方法。

下面将分析定点制截尾的处理。对于正数、原码、反码和补码的形式都相同，即一个 $M+1$ 位（含符号位）的正数 x，二进制表示为 $(x)_2=b_{0\triangle}b_1b_2\cdots b_M$（其中$b_0=0$），其十进制表示为

$$x = \sum_{i=1}^{M} b_i 2^{-i}$$

因此，当截尾到 L 位后，可表示为 $Q[x]$，即

$$Q[x] = \sum_{i=1}^{L} b_i 2^{-i}$$

截尾误差 e_t 为

$$e_t = Q[x] - x = -\sum_{i=L+1}^{M} b_i 2^{-i}$$

上式表明截尾误差总是负的，在 b_i 全部为 1 时，具有最大截尾误差为

$$e_T = -\sum_{i=L+1}^{M} 2^{-i} = -(2^{-L} - 2^{-M})$$

即

$$-(2^{-L} - 2^{-M}) \leqslant e_t \leqslant 0$$

一般 $2^{-M}\leqslant 2^{-L}$，并以 q 表示 2^{-L}。这个值称为量化间距，各个数都是按 2^{-L}间距量化的。因此，正数的截尾误差 e_t为

$$-q < e_t \leqslant 0 \qquad x \geqslant 0 \tag{6.7}$$

对于负数，由于三种码表达方式不同，误差也不同，对于一串二进制码 $1_\triangle b_1b_2\cdots b_M$ 表示的原码数为

$$x=-\sum_{i=1}^{M}b_i2^{-i}$$

将码长截尾到 L 位(不含符号位)为

$$Q[x]=-\sum_{i=1}^{L}b_i2^{-i}$$

误差为

$$e_t=\sum_{i=L+1}^{M}b_i2^{-i}$$

因此,误差是正的,即

$$0\leqslant e_t<q \qquad x<0 \tag{6.8}$$

补码的负数可表示为($b_0=1$)

$$x=-1+\sum_{i=1}^{M}b_i2^{-i}$$

截尾后可表示为

$$Q[x]=-1+\sum_{i=1}^{L}b_i2^{-i}$$

因此

$$e_t=Q[x]-x=-\sum_{i=L+1}^{M}b_i2^{-i}$$

这个误差与正数时一样,仍是负的

$$-q<e_t\leqslant 0 \qquad x<0 \tag{6.9}$$

例如,$x=1_{\triangle}1001$(十进制的-0.4375);

$Q(x)=1_{\triangle}10$(十进制的-0.5);

$e_t=Q[x]-x=(-0.5)-(-0.4375)=-0.0625<0$。

反码的负数可表示为($b_0=1$)

$$x=-1+\sum_{i=1}^{M}b_i2^{-i}+2^{-M}$$

截尾后可表示为

$$Q[x]=-1+\sum_{i=1}^{L}b_i2^{-i}+2^{-L}$$

因此

$$e_t=Q[x]-x=-\sum_{i=L+1}^{M}b_i2^{-i}+2^{-L}-2^{-M}$$

可以看出,当被弃位全为1时误差最小,全为零时误差最大,即

$$0\leqslant e_t\leqslant 2^{-L}-2^{-M}$$

因此,误差是正的,它与原码负数时相同,即

$$0 \leqslant e_t < q \qquad x < 0$$

总而言之，补码的截尾误差全是负值，其量化处理的非线性特性如图 6.3(a)。原码和反码的截尾误差与数的正负有关，正数时为负，负数时为正，其量化的非线性特性如图 6.3(b)所示。

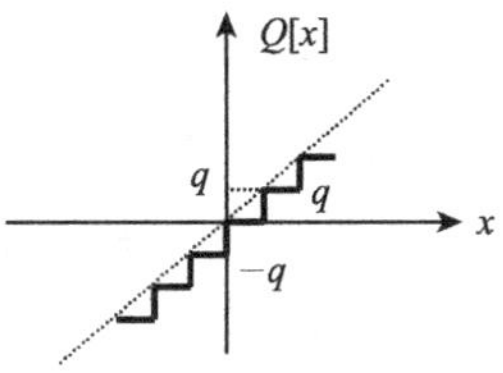

(a) 补码

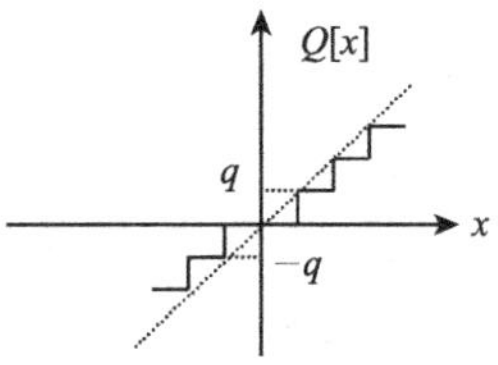

(b) 原码、反码

图 6.3　定点制截尾处理的量化特性

对定点数 x 作舍入处理时数据位为 L 位，是通过数据的第 $L+1$ 位加 1，然后截断数据到 L 位实现。仍令 L 表示舍入后小数点右边留下的位数。舍入之后，各数值按 2^{-L} 的间距被量化，即两数间的最小非零差是 2^{-L}，舍入相当于选择靠得最近的量化层标准值为舍入后的数。因此，最大误差的绝对值是 $\frac{1}{2}\cdot 2^{-L}$。由于舍入是根据数的绝对值进行的，所以误差与负数的表示方法无关，即不论是正数、负数，也不论是原码、补码、反码，其误差总是在 $\pm\frac{1}{2}\cdot 2^{-L}$ 之间。有时被舍入的数，可能恰好处在两个量化层标准值的正中间，一般可按四舍五入的规则，“逢五进一”。我们以 $Q[x]_r$ 表示舍入处理，用负数的补码为例进行舍入处理。二进制码可表示为 $x=1_\triangle b_1 b_2 \cdots b_M$，若舍入后保留 L 位，则

$$x = -b_0 + \sum_{i=1}^{M} b_i 2^{-i}$$

$$Q[x]_r = -b_0 + \sum_{i=1}^{L} b_i 2^{-i} + b_{L+1} 2^{-L}$$

最后一项表示“逢五进一”，这样就得到舍入误差为

$$e_r = Q[x]_r - x \tag{6.10}$$

$$-\frac{q}{2} < e_r \leqslant \frac{q}{2} \tag{6.11}$$

其量化非线性特性示于图 6.4 中。例如，一数用二进制表示为 $x=0_\triangle 11010111$，需要舍入成 7 位(不含符号位)得，$Q[x]_r=0_\triangle 1101100$。若用十进制表示为 $x=0.83984375$，舍入后 $Q[x]_r=0.84375$，后者是接近前者的舍入成 7 位的数。

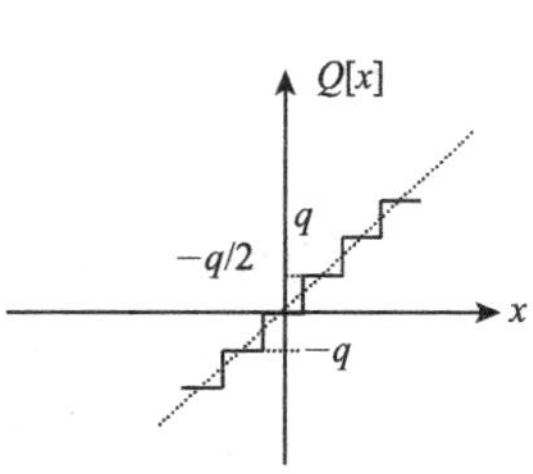

图 6.4　定点制舍入处理的量化特性

6.2　A/D 变换的字长效应

一个 A/D 变换器从功能上讲一般可分为取样和量化编码,如图 6.5(a)所示。$x_a(t)$ 表示一个限带模拟信号,它经取样器后,变换为在时间上离散的信号 $x(n)=x_a(nT)$,它仍然是一种模拟信号,因为表示每一个取样值所需要的位数从理论上说是无限的。为了变换成数字信号 $x(n)$,还必须经过量化器(编码器),它对每个取样值进行截尾或舍入处理,以便同有限长度的寄存器相适应。因为 $\hat{x}(n)$ 是有限字长的数字信号,如前节所讲,不可避免地要产生量化误差。量化误差与取样值的表示方法有关,与采用舍入还是截尾有关。因为 A/D 变换总是采用定点制表示数,且常用补码来表示取样信号,则截尾和舍入的字长效应将如前所述,这里不再赘述。

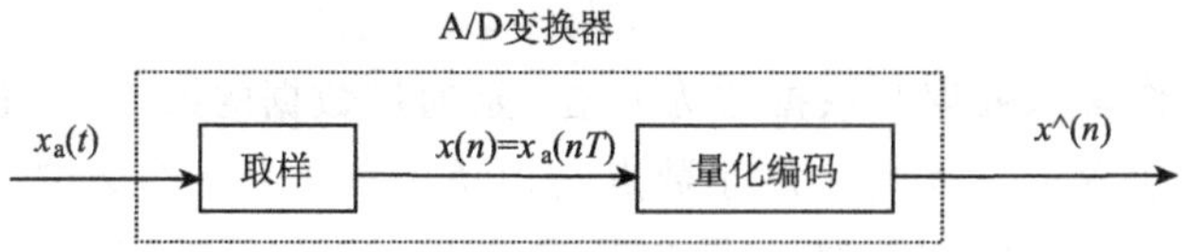

(a) 非线性模型

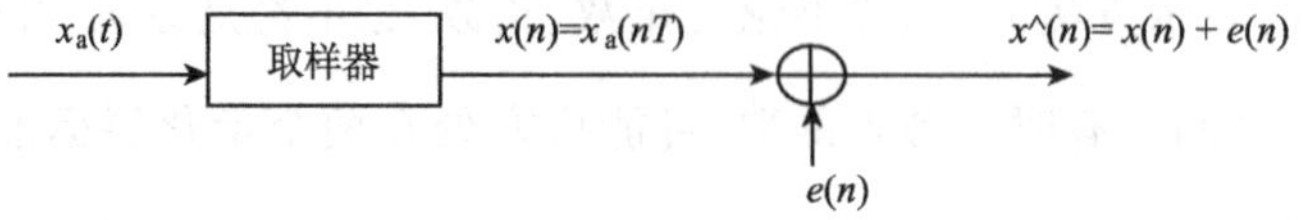

(b) 统计模型

图 6.5　A/D 变换器的模型

6.2.1　量化误差的统计分析

量化作用可等效为输入信号样值被有限字长的数字信号所代替,图 6.5(b)画出了量化过程的等价表示,就是说,我们可把量化的取样值表示为

$$\hat{x}(n) = Q[x(n)] = x(n) + e(n) \tag{6.12}$$

式中,$x(n)$为精确取样值(未量化取样值),$e(n)$称作量化误差。图 6.5(b)表示量化过程的统计模型,对于分析量化误差是十分有用的,但是,它是基于以下一些假设:

(1) $e(n)$是一个平稳的随机取样序列;

(2) $e(n)$与信号 $x(n)$是不相关的;

(3) $e(n)$序列本身样值间不相关,即它是白噪声过程;

(4) $e(n)$具有等概率分布。

Bennet 证实了大多数实际遇到的信号都符合这些假设,因此,这个统计模型对于量化误差分析有很大的实际意义。根据这些假设,量化误差就是一个与信号序列完全不相关的白色噪声序列,因此也称为量化噪声。但是,若输入 $x_a(t)$ 是直流或者周期性方波这

一类规则信号，上述假设就不符合，显然量化误差就不能认为是线性独立的和白色的，因而应用上述统计模型来分析 A/D 变换器的量化误差将失去意义。

由上述 $e(n)$ 的第 4 条假定，舍入时误差的概率分布如图 6.6(a)所示，补码截尾时误差的概率分布如图 6.6(b) 所示。

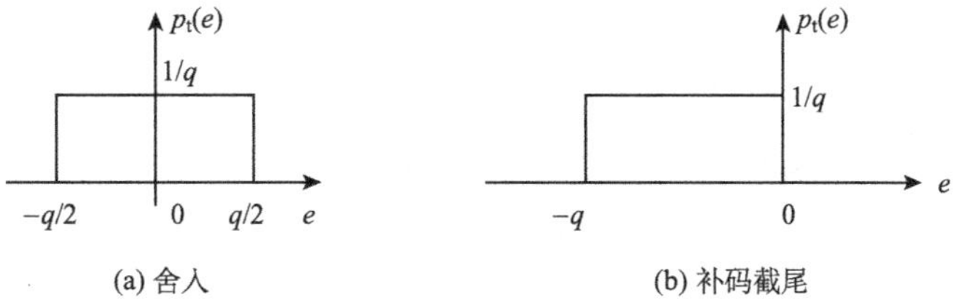

图 6.6　量化噪声的概率密度函数

用这些概率密度函数易于计算误差信号的均值和方差。

舍入时

$$m_e = 0 \quad \sigma_e^2 = q^2/12 \tag{6.13}$$

补码截尾时

$$m_e = -q/2 \qquad \sigma_e^2 = q^2/12 \tag{6.14}$$

从以上讨论得出，量化过程可等效为无限精度信号上叠加一噪声，它的均值和方差由式(6.13)和式(6.14)确定，舍入和补码截尾时的量化误差除均值不同外，二者的方差相等。另外，量化误差可看成是加性噪声信号，信号功率与噪声功率之比是衡量信号与噪声相对强度的一个很有用的量。舍入时信噪比为

$$\frac{\sigma_x^2}{\sigma_e^2} = \frac{\sigma_x^2}{2^{-2L}/12} = 12 \times 2^{2L}\sigma_x^2$$

用对数表示，则为

$$\mathrm{SNR} = 10\lg\left(\frac{\sigma_x^2}{\sigma_e^2}\right) = 6.02L + 10.79 + 10\lg(\sigma_x^2) \tag{6.15}$$

显然，寄存器字长每增加一位，信噪比近似提高 6dB。

6.2.2　量化噪声通过线性系统

当量化的信号通过一线性系统时，输入的误差(或噪声)也会在最后的输出中，以误差(或噪声)的形式表现出来。例如，在一个线性非移变系统的输入端，加上一个量化序列 $\hat{x}(n) = x(n) + e(n)$，则输出可以表示为 $\hat{y}(n) = y(n) + f(n)$，其中，$y(n)$ 是线性系统对 $x(n)$ 的响应，$f(n)$ 是系统对 $e(n)$ 的响应。因为 $x(n)$ 和 $e(n)$ 相互独立无关，所以计算输出噪声功率时，可以不管 $x(n)$。若 $h(n)$ 是线性系统的脉冲响应，则当输入为误差序列 $e(n)$ 时，则它的输出为

$$f(n) = \sum_{m=0}^{\infty} h(m)e(n-m)$$

$f(n)$的自相关函数$\phi_f(n)$可写成为

$$\begin{aligned}\phi_f(n) &= E\left\{\left[\sum_{m=0}^{\infty}h(m)e(k-m)\right]\left[\sum_{l=0}^{\infty}h(l)e(k-n-l)\right]\right\}\\ &= \sum_m h(m)\sum_l h(l)E\{e(k-m)e(k-n-l)\}\\ &= \sum_m h(m)\sum_l h(l)\phi_e(n+l-m)\end{aligned}$$

其中,输入噪声的自相关函数$\phi_e(n)$,假设为白噪声,除$n=0$外,其他n值$\phi_e(n)$为零:

$$\phi_e(0) = \sigma_e^2$$

其中,σ_e^2是输入噪声的方差。所以

$$\phi_f(n) = \sigma_e^2\sum_l h(l)h(n+l)$$

输出噪声的方差为

$$\sigma_f^2 = \phi_f(0) = \sigma_e^2\sum_l h^2(l) \tag{6.16}$$

利用帕维尔定理

$$\sum_{l=0}^{\infty}h^2(l) = \frac{1}{2\pi j}\oint_c z^{-1}H(z)H(z^{-1})dz$$

$H(z)$的全部极点在单位圆内,$\oint_c$是沿单位圆逆时针的积分,将它带入式(6.16)得

$$\sigma_f^2 = \sigma_e^2\cdot\frac{1}{2\pi j}\oint_c z^{-1}H(z)H(z^{-1})dz \tag{6.17}$$

或

$$\sigma_f^2 = \frac{\sigma_e^2}{\pi}\int_0^{\pi}|H(e^{j\omega})|^2 d\omega \tag{6.18}$$

如果$e(n)$是补码截尾白噪声,经过分析可知,输出噪声的方差仍为式(6.17)或式(6.18),但还有一个直流分量为

$$m_f = E\left[\sum_{m=0}^{\infty}h(m)e(n-m)\right] = \sum_{m=0}^{\infty}h(m)E[e(n-m)] = m_e\sum_{m=0}^{\infty}h(m) = m_e H(e^{j0})$$

例 6.3　设有一个 8bit($L=7$)的 A/D 变换器,它的输出$\hat{x}(n)$经下列传输函数的一阶 IIR 滤波器,有

$$H(z) = \frac{z}{z-0.999}$$

求此滤波器输出端的量化噪声功率。

解　由于 A/D 变换器的量化效应,输入此滤波器的噪声功率σ_e^2为

$$\sigma_e^2 = \frac{q^2}{12} = \frac{2^{-16}}{3}$$

而滤波器输出的噪声功率σ_f^2由式(6.17)确定,即

$$\sigma_f^2 = \sigma_e^2 \cdot I$$

其中

$$I = \frac{1}{2\pi j}\oint_c \frac{z^{-1}dz}{(z-0.999)(z^{-1}-0.999)}$$

经过运算后得

$$\sigma_f^2 = \frac{2^{-16}}{3} \times 500.25 = 0.00254$$

6.3　系数量化误差

到目前为止，我们所研究的离散系统的传输函数，都是假定它的分子、分母多项式的系数具有无限精度。如果我们选择在通用计算机中用程序来实现该系统，则系数的精度可能受到计算机存储器字长的限制。在用硬件实现时，希望最大限度地减少用来存放系数的寄存器长度。所以必须对理想的系数值取量化，这样就使实际系数存在误差，使传输函数零、极点位置发生偏差，结果使频率响应和要求的频率响应有了差别。如果系数量化误差很大，在无限冲击响应滤波器情况下，一个或几个极点可能移出单位圆，结果使系统不稳定而不能正常使用。

系数量化对滤波器特性的影响，固然与字长有关，同时也和滤波器的结构有密切的关系，不管哪种直接型网络结构，都比同阶级联型和并联型结构影响大。另外，凯塞尔还证明了：数字网络函数的极点（或零点）若是聚集在一起，则很小的系数误差有可能使极点（或零点）产生很大的移动，因此，系数量化对极点（或零点）位置的影响，与极点（或零点）的个数和密集程度有密切关系。

6.3.1　系数量化对极点位置的影响

为了对系数量化对极点位置的影响有一个感性认识，我们先以一个 2 阶 IIR 滤波器为例，研究系数量化对不同网络结构极点位置的影响。设滤波器传输函数为

$$H(z) = \frac{1}{(1-0.5z^{-1})(1-0.4z^{-1})}$$

其极点位于 $z=0.5$，$z=0.4$。

$H(z)$至少有两种方法实现，即用直接型或级联型结构实现。直接型结构实现如图 6.7(a)所示，其传输函数为

$$H(z) = \frac{1}{1+b_1 z^{-1}+b_2 z^{-2}}$$

其中，$b_1 = -0.9$，$b_2 = 0.2$。

级联型结构实现如图 6.7(b)所示，其传输函数可表示为

$$H(z) = \frac{1}{1-a_1 z^{-1}} \cdot \frac{1}{1-a_2 z^{-1}}$$

其中，$a_1=0.5$，$a_2=0.4$。

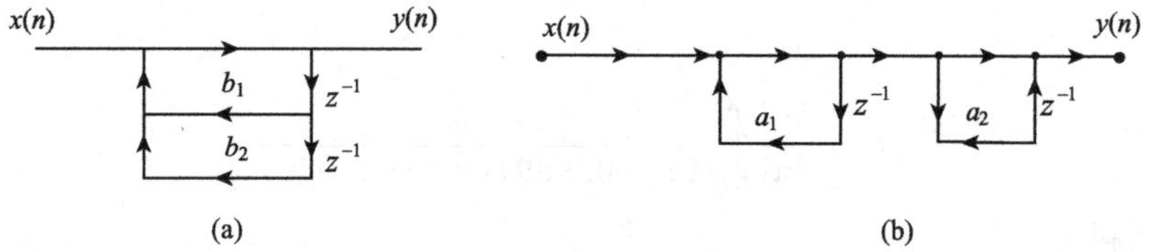

图 6.7　$H(z)$两种不同网络结构实现

为了看出不同网络结构系数量化后，它们的极点位置变化。设系数 a_1、a_2、b_1、b_2 用四位字长(其中一符号位和三数据位)量化，然后对已量化后的 $H^Q(z)$系数截尾处理，得直接型网络传输函数 $H^Q(z)_1$ 为

$$H^Q(z)_1 = \frac{1}{1-0.875z^{-1}+0.125z^{-2}}$$

级联型网络传输函数 $H^Q(z)_2$ 为

$$H^Q(z)_2 = \frac{1}{1-0.5z^{-1}} \cdot \frac{1}{1-0.375z^{-1}}$$

表 6.1

传输函数	极点位置
$H(z)$	$z_1=0.5$, $z_2=0.4$
$H^Q(z)_1$	$z_1=0.695$, $z_2=0.18$
$H^Q(z)_2$	$z_1=0.5$, $z_2=0.375$

为了比较列出表 6.1。

由表明显看出，$H^Q(z)_2$的极点更接近于 $H(z)$，它意味着级联型实现对滤波器系数量化不敏感。因此，级联型实现比直接型实现更有价值。

6.3.2　极点位置灵敏度

极点位置灵敏度是指每个极点位置对各系数偏差的敏感程度。这个概念和全部分析方法同样可适用于零点，只是因为极点位置的变化会影响到系统的稳定性，因此，一般更为人们所注意。

现在分析一个 N 阶直接型结构的 IIR 滤波器的传输函数为

$$H(z) = \frac{\sum_{i=0}^{N} a_i z^{-i}}{1-\sum_{i=1}^{N} b_i z^{-i}} = \frac{A(z)}{B(z)} \tag{6.19}$$

当系数量化以后，其实际传输函数为

$$H^Q(z) = \frac{\sum_{i=0}^{N} a_i^Q z^{-i}}{1-\sum_{i=1}^{N} b_i^Q z^{-i}} \tag{6.20}$$

式中，a_i^Q、b_i^Q分别是量化后的系数为

$$a_i^Q = a_i + \Delta a_i \qquad b_i^Q = b_i + \Delta b_i \tag{6.21}$$

其中，Δa_i、Δb_i 是系数的偏差值，这些系数的偏差将造成零、极点位置的偏差。

先分析极点的情况，设 $H(z)$ 的理想极点为 $z_i, i=1,2,\cdots,N$，则分母多项式为

$$B(z)=1-\sum_{i=1}^{N}b_iz^{-i} \tag{6.22}$$

或

$$B(z)=\prod_{i=1}^{N}(1-z_iz^{-1}) \tag{6.23}$$

设位置偏离以后的极点为

$$z_i+\Delta z_i \qquad i=1,2,\cdots,N$$

Δz_i 为极点位置偏差量，它是由于系数偏差 Δb_i 引起的，因此

$$\Delta z_i=\sum_{k=1}^{N}\frac{\partial z_i}{\partial b_k}\Delta b_k \qquad i=1,2,\cdots,N \tag{6.24}$$

此时清楚表明，$\frac{\partial z_i}{\partial b_k}$值的大小决定着系数 b_k 的偏差 Δb_k 对极点偏差 Δz_i 的影响程度。$\frac{\partial z_i}{\partial b_k}$越大，$\Delta b_k$ 对 Δz_i 的影响也越大；$\frac{\partial z_i}{\partial b_k}$越小，$\Delta b_k$ 对 Δz_i 的影响也越小。$\frac{\partial z_i}{\partial b_k}$就是极点 z_i 对系数 b_k 变化的灵敏度。

下面根据多项式 $B(z)$ 来求这个极点位置灵敏度的表达式，利用偏微分关系，由

$$\frac{\partial B(z)}{\partial b_k}=\frac{\partial B(z)}{\partial z_i}\cdot\frac{\partial z_i}{\partial b_k}$$

可以得到

$$\frac{\partial z_i}{\partial b_k}=\left.\frac{\partial B(z)/\partial b_k}{\partial B(z)/\partial z_i}\right|_{z=z_i} \tag{6.25}$$

根据式(6.22)可以求出

$$\frac{\partial B(z)}{\partial b_k}=-z^{-k} \tag{6.26}$$

根据式(6.23)，可以求出(假定 z_i 全部是单根)

$$\frac{\partial B(z)}{\partial z_i}=-z^{-1}\prod_{\substack{k=1\\k\neq i}}^{N}(1-z_kz^{-1})=-z^{-N}\prod_{\substack{k=1\\k\neq i}}^{N}(z-z_k) \tag{6.27}$$

将式(6.26)和式(6.27)代入式(6.25)，就得到极点位置灵敏度为

$$\frac{\partial z_i}{\partial b_k}=\frac{z_i^{N-k}}{\prod\limits_{\substack{k=1\\k\neq i}}^{N}(z_i-z_k)} \tag{6.28}$$

式(6.28)是第 i 个极点对 $H(z)$ 分母多项式中的 k 个系数变化(误差)的灵敏度的一个量度。根据式(6.23)，这个结果仅对单阶极点才成立，但不难推广到多阶极点的情况。

这个公式具有重要意义。它的分母中每一个因子(z_i-z_k)是一个由极点 z_k 指向极点 z_i 的矢量，而整个分母正是所有极点指向该极点 z_i 的矢量长度的乘积。因此，如果极点

如图 6.8(a)所示(相当于窄带带通滤波器)或图 6.8(b) 所示(相当于窄带低通滤波器)那样聚集在一起,则我们可以预料,直接形式结构的极点对于系数的量化误差非常敏感。此外,多项式的根越多,显然敏感度也就越大。

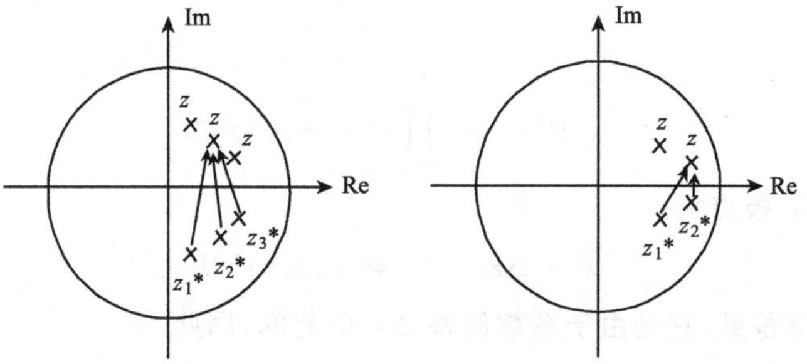

(a) 窄带带通滤波器　　(b) 窄带低通滤波器

图 6.8　式(6.27)中的因式表示成 Z 平面上的矢量

另一方面,级联和并联形式不同于直接形式,它分别实现每一对复共轭极点。因此,一个已知极点的位置误差与它到系统其他极点的距离是无关的。从系数量化的观点看,可以说一般级联和并联形式比直接形式优越。对于极点聚集在一起的窄带滤波器来说,这种优越性表现得尤其突出。例如,一个三对共轭极点的滤波器,其直接型传输函数为

$$H(z)=\frac{A(z)}{B(z)}=\frac{a_0+a_1z^{-1}+\cdots+a_6z^{-6}}{1-b_1z^{-1}-\cdots-b_6z^{-6}}$$

其极点间距离分布如图 6.9(a)所示。

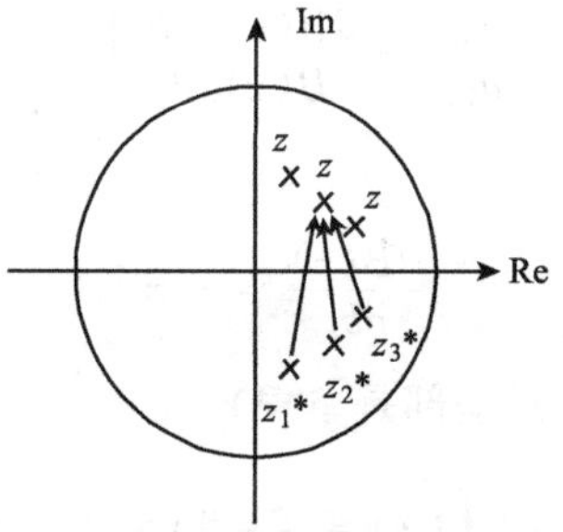

(a) 直接型$H(z)$的极点

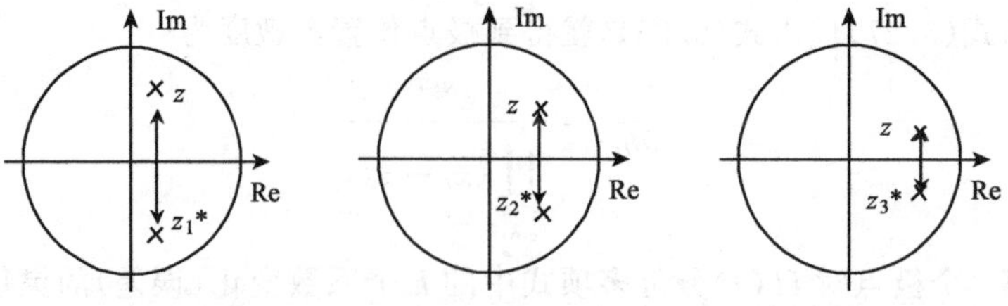

$H_1(z), H'_1(z)$　　$H_2(z), H'_2(z)$　　$H_3(z), H'_3(z)$

(b) 级联型、并联型的极点

图 6.9　直接型、级联型和并联型的极点

如果将其分解三个二阶因子,则

$$B(z) = 1 - b_1 z^{-1} - \cdots - b_6 z^{-6} = B_1(z) \cdot B_2(z) \cdot B_3(z)$$

其中,$B_i(z)=1-b_{1i}z^{-1}-b_{2i}z^{-2}$,$i=1,2,3$。那么 $H(z)$可以用三个二阶网络级联结构实现,即

$$H(z) = \frac{A_1(z)}{B_1(z)} \cdot \frac{A_2(z)}{B_2(z)} \cdot \frac{A_3(z)}{B_3(z)} = H_1(z) \cdot H_2(z) \cdot H_3(z) = \prod_{i=1}^{3} H_i(z)$$

其中

$$H_i(z) = \frac{A_i(z)}{1 - b_{1i}z^{-1} - b_{2i}z^{-2}} = \frac{A_i(z)}{(1 - z_i z^{-1})(1 - z_i{}^{*} z^{-1})} \qquad i = 1,2,3$$

这种每一个级联网络都是一个独立网络,它只有一对共轭极点 z_i、$z_i{}^{*}$,这一对共轭极点只有两个系数 b_{1i}和 b_{2i}决定,而与其他的系数无关。因此,式(6.28)的分母对于每个极点 z_i 来说都只有一个因子($z_i-z_i{}^{*}$),即

$$\frac{\partial z_i}{\partial b_{1i}} = \frac{z_i}{z_i - z_i{}^{*}}$$

$$\frac{\partial z_i}{\partial b_{2i}} = \frac{1}{z_i - z_i{}^{*}}$$

所以采用级联型结构后,每个单元网络的极点密集度就要比直接型网络稀疏得多了,因而极大地改善了极点位置对系数的灵敏度,如图 6.9(b) 所示。

同样,采用三个并联二阶网络实现时,有

$$H(z) = \frac{A'_1(z)}{B'_1(z)} + \frac{A'_2(z)}{B'_2(z)} + \frac{A'_3(z)}{B'_3(z)} = H'_1(z) + H'_2(z) + H'_3(z)$$

并联二阶网络 $H'_i(z)$,$i=1,2,3$ 与级联型网络一样,每个网络也只有一对共轭极点,因此,也将具有与级联型结构同等的极点位置灵敏度。如图 6.9 所示。

由此可见,系数量化对极(零)点位置的影响与极(零)点本身的分布以及与滤波器的结构都有密切关系。对于高阶滤波器来说,应该避免采用直接型结构,而应尽量分解为最低阶网络的级联或并联型结构。这样在给定字长的条件下,可以使系数量化的影响最小。

6.3.3　系数量化对 FIR 滤波器的影响

对极点的敏感度分析可以直接套用 FIR 滤波器的零点,得到类似式(6.28)给出的表达式。通过级联二阶或一阶滤波器得到具有大量零点的 FIR 滤波器,从而使系统对系数量化的敏感度最小。

在实践中,实现线性相位滤波器特别有意义。对线性相位 FIR 滤波器直接型实现,即使在系数被量化的情况下也能保持线性相位,所以,系数量化主要影响幅频特性。假设直接型 FIR 滤波器系数被舍入到 b+1 位,则系数值中的最大误差是有界的,即

$$-2^{-(b+1)} < e_h(n) < 2^{-(b+1)}$$

其中,$e_h(n)=\hat{h}(n)-h(n)$,所以频率响应中的误差是

$$E_M(\omega)=\sum_{n=0}^{M-1}e_h(n)\mathrm{e}^{-\mathrm{j}\omega n}$$

因为$e_h(n)$是零均值,所以$E_M(\omega)$同样是零均值。假设系数误差序列$e_h(n)$,$0\leqslant n\leqslant M-1$是无关的,频率响应中的误差$E_M(\omega)$的方差是$M$项的方差之和。所以有

$$\sigma_E^2=\frac{2^{-2(b+1)}}{12}M=\frac{4^{-b}}{48}M$$

从而,对于M每增长4倍,滤波器的精度必须增长一位来保持方差不变。如果处理器字长有限,而滤波器阶数较高,则必须采用级联低阶系统的形式,以降低精度需求。

在级联型实现中

$$H(z)=G\prod_{k=1}^{K}H_k(z)$$

其中,二阶节为

$$H_k(z)=1+b_{k1}z^{-1}+b_{k2}z^{-2}$$

当二阶节采用直接型实现时,其系数b_{k1}、b_{k2}可以用复值零点$r_k\mathrm{e}^{\pm\mathrm{j}\theta_k}$表示为

$$b_{k1}=-2r_k\cos\theta_k,\quad b_{k2}=r_k^2$$

在无限精度的情况下,滤波器零点可以具有无限多种可能,但在有限精度下,可能的零点个数也只能是有限的,实际上,在用b位表示b_{k1}、b_{k2}的幅度时,最多有$(2^b-1)^2$个可能的零点位置。并且在保持线性相位时也会出现问题,因为$(1/r_k)\mathrm{e}^{\pm\mathrm{j}\theta_k}$处的量化零点对可能不是$r_k\mathrm{e}^{\pm\mathrm{j}\theta_k}$的量化零点的镜像。这个问题可以通过重新排列与镜像零点相应的因式来解决。

$$\left(1-\frac{2}{r_k}\cos\theta_k z^{-1}+\frac{1}{r_k^2}z^{-2}\right)$$

$$=\frac{1}{r_k^2}(r_k^2-2r_k\cos\theta_k z^{-1}+z^{-2})$$

$$=\frac{1}{r_k^2}(b_{k2}+b_{k1}z^{-1}+z^{-2})$$

从上式可以看出,即使参数被量化,零点仍然会出现在镜像对中。

通过以上描述,可以看到为了使量化误差效应最小化,一个高阶FIR滤波器应尽可能分解为低阶级联的形式实现。

6.4 运算中的有限字长效应

6.4.1 乘积的舍入误差

在实现数字滤波时,将遇到相乘与求和运算。对于典型的相乘可表示为

$$y(n)=ax(n)$$

其中,$y(n)$是乘积,a是滤波器系数,$x(n)$是数据值。在有限字长情况下,若a和$x(n)$的

字长分别是 C 和 B 位，结果乘积 $y(n)$ 就为 $(B+C)$ 位。常需要将此乘积寄存在 B 位字长的寄存器中，必须对此乘积作舍入(或截尾)处理。研究定点实现的相乘运算的流图如图 6.10 所示，图 6.10(a) 表示无限精度乘积 $y(n)$；图 6.10(b) 表示有限精度乘积 $\hat{y}(n)$，Q[]表示舍入运算；图 6.10(c)表示对统一乘积的等效统计模型，$e(n)$是舍入量化误差，即

$$\hat{y}(n) = Q[y(n)] = y(n) + e(n) = ax(n) + e(n) \tag{6.29}$$

同样，图 6.10(c) 乘积的等效统计模型是基于以下的假设：

(1) 误差序列是白色噪声序列；

(2) 误差序列在一个量化间隔上呈均匀分布；

(3) 误差序列 $e(n)$ 与输入序列 $x(n)$ 不相关。

这些假设与把模拟信号取样量化时所作的假设相同，它们成立的条件也大致相同。

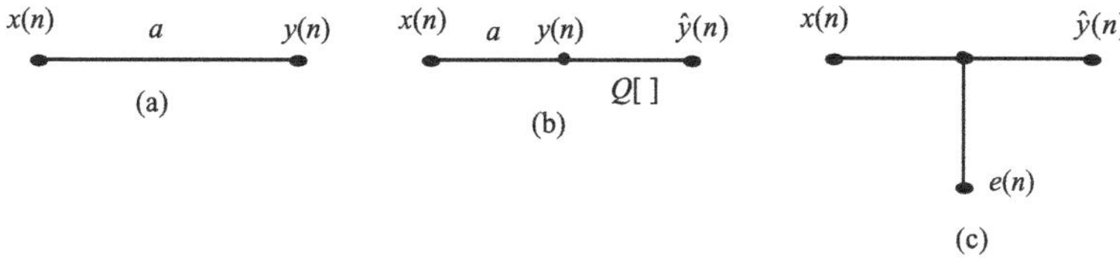

图 6.10　定点制相乘运算的流图

如果寄存器长度是 $(L+1)$ 位，则舍入误差为

$$-\frac{1}{2}\times 2^{-L} < e(n) \leqslant \frac{1}{2}\times 2^{-L} \tag{6.30}$$

假设 $e(n)$在这个范围内均匀分布，则 $e(n)$的平均值为零，方差为

$$\sigma_e^2 = \frac{1}{12}\times 2^{-2L} = \frac{1}{3}\times 2^{-2(L+1)} \tag{6.31}$$

如果 $y(n)$表示没有量化误差时由 $x(n)$激励的输出响应，则实际输出可表示为

$$\hat{y}(n) = y(n) + e(n) \tag{6.32}$$

式中，$e(n)$是噪声源在输出端造成的误差。

先分析 IIR 滤波器运算中的乘积舍入误差。

有一阶 IIR 滤波器，其差分方程为

$$y(n) = ay(n-1) + x(n) \qquad n \geqslant 0$$

其中，$|a|<1$。它含有乘积项 $ay(n-1)$，它的等效统计模型如图 6.11 所示。

如果 $y(n)$是没有量化误差时由 $x(n)$产生的输出，则实际的输出可表示为

$$\hat{y}(n) = y(n) + f(n) \tag{6.33}$$

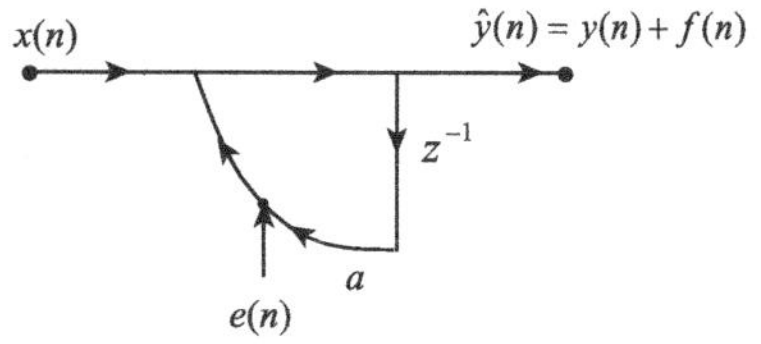

图 6.11　一阶冲击响应系统流图

式中，$f(n)$是噪声源 $e(n)$造成的输出误差。假设 $ay(n-1)$乘积舍入处理后字长为 $L+1$ 位，现在来研究量化误差 $f(n)$，由式(6.17)给出

$$\sigma_f^2 = \sigma_e^2 \frac{1}{2\pi \mathrm{j}}\oint_c z^{-1}H(z)H(z^{-1})\mathrm{d}z \tag{6.34}$$

式中,$H(z)$是噪声源 $e(n)$和输出端的传输函数,由图 6.11 可得出

$$H(z)=\frac{z}{z-a}\qquad |a|<1$$

为了计算 σ_f^2,令积分 $I=\frac{1}{2\pi j}\oint_c z^{-1}H(z)H(z^{-1})dz$,可用留数定理计算$z^{-1}H(z)H(z^{-1})$在单位圆内极点上留数的和,于是

$$z^{-1}H(z)H(z^{-1})=\frac{z^{-1}}{(z-a)(z^{-1}-a)}$$

它有二极点:$z_1=a,z_2=1/a$。极点 $1/a$ 位于单位圆外,只计算单位圆内的极点$z=a$。

$$R_{z=a}=\text{Res}[z^{-1}H(z)H(z^{-1}),z=a]=\left.\frac{z^{-1}}{z^{-1}-a}\right|_{z=a}=\frac{1}{1-a^2}$$

所以

$$I=\frac{1}{2\pi j}\oint_c\frac{z^{-1}dz}{(z-a)(z^{-1}-a)}=\frac{1}{1-a^2}$$

最后得

$$\sigma_f^2=\sigma_e^2\cdot\frac{1}{1-a^2}=\frac{1}{12}\times2^{-2L}\cdot\frac{1}{1-a^2}=\frac{2^{-2(L+1)}}{3(1-a^2)}$$

例 6.4　有一 IIR 滤波器 $H(z)=H_1(z)H_2(z)$,其中

$$H_1(z)=\frac{1}{1-a_1z^{-1}}\qquad |a_1|<1$$

$$H_2(z)=\frac{1}{1-a_2z^{-1}}\qquad |a_2|<1$$

如图 6.12 所示,研究它的乘积舍入误差。

解　从图 6.12(a)可见有两个乘积项:$a_1y_1(n-1)$和 $a_2y_2(n-1)$,这些乘积的舍入噪声 $e_1(n)$和 $e_2(n)$的方差$\frac{2^{-2(L+1)}}{3}$,输出端噪声 σ_f^2 由噪声源 $e_1(n)$ 和 $e_2(n)$ 组成,从噪声源 $e_2(n)$ 看去的传输函数是 $H_2(z)$,而从噪声源 $e_1(n)$ 看去的是$H(z)=H_1(z)\cdot H_2(z)$,此系统是线性的,且二噪声源是互不相关的。因此,σ_f^2 是 $e_1(n)$ 和 $e_2(n)$ 在输出端产生噪声的线性叠加,即

$$\sigma_f^2=\frac{2^{-2(L+1)}}{3}(I_1+I_2)$$

其中

$$I_2=\frac{1}{2\pi j}\oint_c\left[\frac{1}{1-a_2z^{-1}}\right]\left[\frac{1}{1-a_2z}\right]z^{-1}dz$$

$$I_1=\frac{1}{2\pi j}\oint_c\left[\frac{1}{1-a_1z^{-1}}\right]\left[\frac{1}{1-a_1z}\right]\left[\frac{1}{1-a_2z^{-1}}\right]\left[\frac{1}{1-a_2z}\right]z^{-1}dz$$

利用留数定理可算出 I_1 和 I_2,即

$$I_2 = \frac{1}{1-a_2^2}$$

$$I_1 = \frac{a_1}{(1-a_1^2)(a_1-a_2)(1-a_1a_2)} + \frac{a_2}{(1-a_2^2)(a_2-a_1)(1-a_1a_2)}$$

最后结果为

$$\sigma_f^2 = \frac{2^{-2(L+1)}}{3}\left[\frac{1}{1-a_2^2} + \frac{a_1}{(1-a_1^2)(a_1-a_2)(1-a_1a_2)} + \frac{a_2}{(1-a_2^2)(a_2-a_1)(1-a_1a_2)}\right]$$

下面我们通过实例证实一个重要结论:IIR 滤波器乘积项的有限字长效应,与它的结构有密切关系。在采用定点制算法,尾数作舍入处理下,我们来分析计算其直接型、级联型、并联型三种结构的舍入误差。

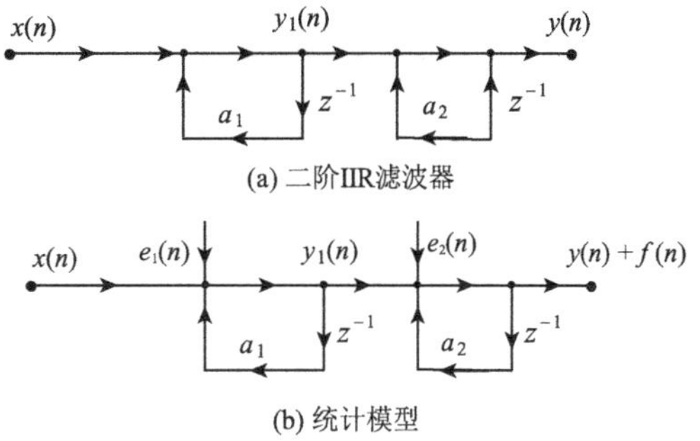

图 6.12　二阶 IIR 滤波器及其统计模型

1. 直接型结构

$$H(z) = \frac{0.4}{(1-0.9z^{-1})(1-0.8z^{-1})} = \frac{0.4}{1-1.7z^{-1}+0.72z^{-2}} = \frac{0.4}{B(z)}$$

$B(z)$表示分母多项式。直接型的流图示于图 6.13,图中 $e_0(n)$,$e_1(n)$,$e_2(n)$分别是系数 0.4,1.7,−0.72 相乘后舍入噪声。它们都经过相同的传输网络 $H(z)=1/B(z)$,因而等效的噪声网络如图 6.13(b) 所示。因此,输出噪声功率为

$$\sigma_f^2 = 3\sigma_e^2 \frac{1}{2\pi j}\oint_c \frac{z^{-1}}{B(z)B(z^{-1})}dz = 3\sigma_e^2 I$$

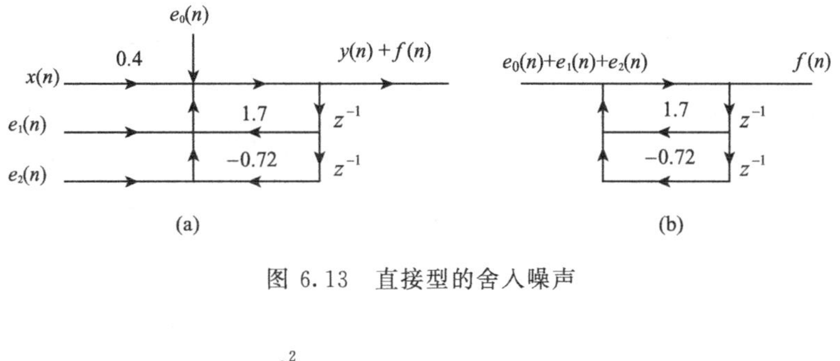

图 6.13　直接型的舍入噪声

其中,σ_e^2 是舍入噪声的方差,$\sigma_e^2 = \frac{q^2}{12}$,将 $B(z)=(1-0.9z^{-1})(1-0.8z^{-1})$代入,利用留数定理,就能得出

$$\sigma_f^2 = 22.4q^2 \quad (其中\ q = 2^{-L})$$

2. 级联型结构

将 $H(z)$分解为

$$H(z)=\frac{0.4}{(1-0.9z^{-1})}\cdot\frac{1}{(1-0.8z^{-1})}=\frac{0.4}{B_1(z)}\cdot\frac{1}{B_2(z)}$$

其信号流图如图 6.14 所示。

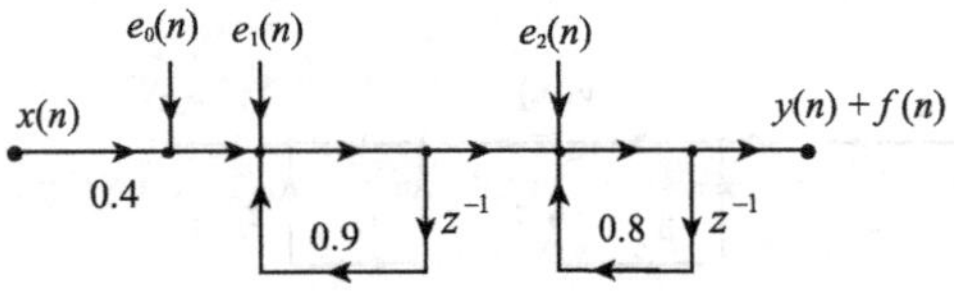

图 6.14 级联型的舍入噪声

从图 6.14 中可看出噪声 $e_0(n)$、$e_1(n)$通过 $H_1(z)$网络,即

$$H_1(z)=\frac{1}{B_1(z)B_2(z)}$$

而噪声 $e_2(n)$只通过 $H_2(z)=\dfrac{1}{B_2(z)}$网络,因此

$$\sigma_f^2=2\sigma_e^2\,\frac{1}{2\pi j}\oint_c\frac{z^{-1}}{B_1(z)B_2(z)B_1(z^{-1})B_2(z^{-1})}dz+\sigma_e^2\,\frac{1}{2\pi j}\oint_c\frac{z^{-1}}{B_2(z)B_2(z^{-1})}dz$$

$$=2\sigma_e^2I_1+\sigma_e^2I_2$$

将 $B_1(z)=1-0.9z^{-1}$,$B_2(z)=1-0.8z^{-1}$,$\sigma_e^2=\dfrac{q^2}{12}$代入,得

$$\sigma_f^2=15.2q^2\qquad(其中\ q=2^{-L})$$

3. 并联型结构

将 $H(z)$分解为部分分式,即

$$H(z)=\frac{0.36}{1-0.9z^{-1}}+\frac{-0.32}{1-0.8z^{-1}}$$

$$=\frac{0.36}{B_1(z)}+\frac{-0.32}{B_2(z)}$$

其信号流图如图 6.15 所示。

并联型结构需要 4 个系数,因此共有 4 个舍入噪声,$e_0(n)+e_1(n)$只通过网络 $1/B_1(z)$,$e_2(n)+e_3(n)$只通过网络 $1/B_2(z)$。因此,输出的方差为

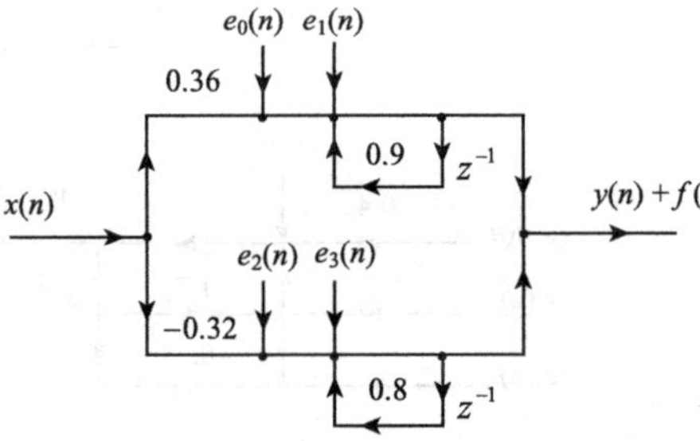

图 6.15 并联型舍入噪声的统计模型

$$\sigma_f^2=2\sigma_e^2\cdot\frac{1}{2\pi j}\oint_c\frac{z^{-1}}{B_1(z)B_1(z^{-1})}dz+2\sigma_e^2\cdot\frac{1}{2\pi j}\oint_c\frac{z^{-1}}{B_2(z)B_2(z^{-1})}dz$$

代入 $B_1(z)$、$B_2(z)$ 及 σ_e^2值后就可得到

$$\sigma_f^2=1.34q^2\qquad(q=2^{-L})$$

比较这三种结构的误差大小,可以看到:

直接型误差 > 级联型误差 > 并联型误差

这是因为直接型的结构中所有舍入误差都要经过全部网络的反馈环节,因此,使这些误差

在反馈过程中积累起来，致使误差很大。在级联型结构中，每个舍入误差只通过其后面的反馈环节，而不通过它前面的反馈环节，因而误差要比直接型小。在并联型结构中，每个并联网络的舍入误差仅仅通过本通路的反馈环节，与其他并联网络无关，因此积累作用最小，误差最小。这个结论对 IIR 滤波器具有普遍意义。所以从乘积项有限字长效应看，不论是哪一种形式的直接型结构都是最差，运算误差最大，特别在高阶时应避免采用。级联型结构较好，而并联型结构最好，具有最小的运算误差。

例 6.5　当传输函数为 $H(z)=H_1(z)H_2(z)$，其中

$$H_1(z)=\frac{0.4z^{-1}}{1-0.8z^{-1}}$$

$$H_2(z)=\frac{z^{-1}}{1-0.9z^{-1}}$$

用 $H(z)=H_1(z)H_2(z)$ 和 $H(z)=H_2(z)H_1(z)$ 级联实现，如图 6.16 所示，求相应的输出噪声功率 $\sigma^2_{\Sigma a}$ 和 $\sigma^2_{\Sigma b}$。

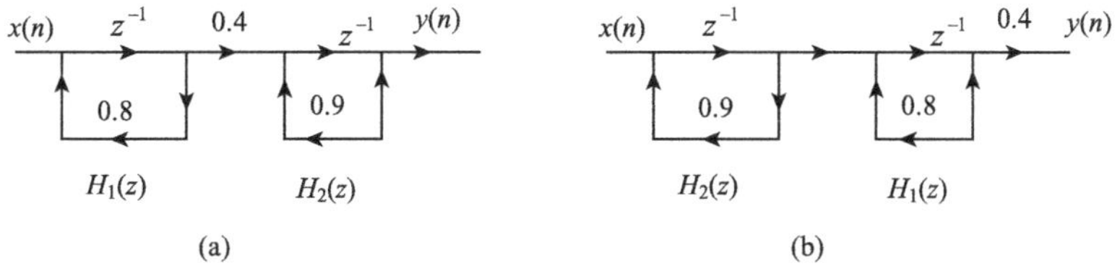

图 6.16　IIR 系统的两种不同级联方式

解　图 6.16 中相乘项引起的舍入误差如图 6.17 所示，两种级联方式在输出端产生的相乘舍入噪声分别为 $\sigma^2_{\Sigma a}$ 和 $\sigma^2_{\Sigma b}$，由图 6.17(a) 对噪声 $e_1(n)$ 的传输函数 $H_1(z)H_2(z)$，而对噪声 $e_2(n)$ 和 $e_3(n)$ 的传输函数是 $H_2(z)$。由式(6.17)

$$\sigma^2_{\Sigma a}=\left[\frac{2^{-2(L+1)}}{3}\right]I_1+2\left[\frac{2^{-2(L+1)}}{3}\right]I_2$$

式中

$$I_1=\frac{1}{2\pi \mathrm{j}}\oint_c z^{-1}H_1(z)H_2(z^{-1})H_1(z^{-1})H_2(z^{-1})\mathrm{d}z$$

$$I_2=\frac{1}{2\pi \mathrm{j}}\oint_c z^{-1}H_2(z)H_2(z^{-1})\mathrm{d}z$$

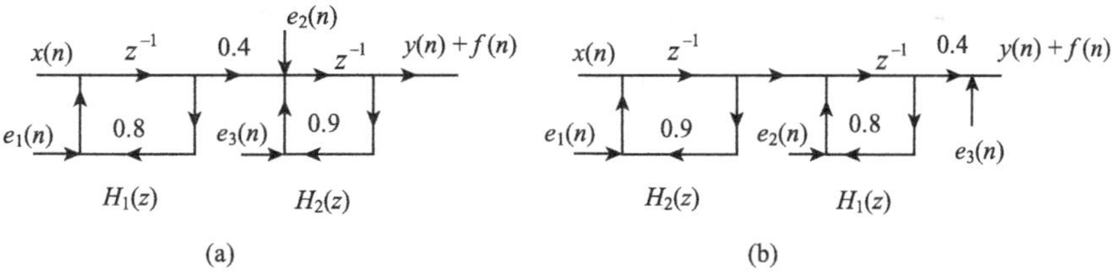

图 6.17　不同级联的噪声表示

利用留数定理可得出

$$I_1 = 14.45$$

$$I_2 = 5.28$$

结果得

$$\sigma_{\Sigma a}^2 = 25.01\left[\frac{2^{-2(L+1)}}{3}\right]$$

同样由图 6.17(b) 有

$$\sigma_{\Sigma b}^2 = \left[\frac{2^{-2(L+1)}}{3}\right]I_1 + \left[\frac{2^{-2(L+1)}}{3}\right]I_3 + \frac{2^{-2(L+1)}}{3}$$

其中，I_1 与图 6.17(a)中的相同，而 I_3 为

$$I_3 = \frac{1}{2\pi j}\oint_c z^{-1}H_1(z)H_1(z^{-1})dz$$

利用留数定理，得

$$I_3 = 0.44$$

将 I_1 和 I_3 代入 $\sigma_{\Sigma b}^2$ 得

$$\sigma_{\Sigma b}^2 = 15.89\left[\frac{2^{-2(L+1)}}{3}\right]$$

从所得的 $\sigma_{\Sigma a}^2$ 和 $\sigma_{\Sigma b}^2$，可见 $\sigma_{\Sigma a}^2$ 远大于 $\sigma_{\Sigma b}^2$，这说明级联的次序将影响输出舍入噪声功率的大小。

由于 FIR 滤波器中舍入噪声没有反馈环节的积累，其舍入噪声的影响也将比同阶的 IIR 滤波器小。下面我们以横截结构为例，分析 FIR 滤波器中的乘积项的舍入噪声。

一个 N 阶 FIR 滤波器的传递函数可表示为

$$H(z) = \sum_{m=0}^{N-1} h(m)z^{-m}$$

其直接型结构的差分方程在无限精度下为

$$y(n) = \sum_{m=0}^{N-1} h(m)x(n-m)$$

有限精度运算时为

$$\hat{y}(n) = y(n) + f(n) = \sum_{m=0}^{N-1}[h(m)x(n-m)]_Q \tag{6.35}$$

其中$[\ ]_Q$ 表示舍入运算。每一次运算以后产生一个舍入噪声，即

$$[h(m)x(n-m)]_Q = h(m)x(n-m) + e_m(n)$$

因此

$$\begin{aligned} y(n) + f(n) &= \sum_{m=0}^{N-1}[h(m)x(n-m)]_Q \\ &= \sum_{m=0}^{N-1} h(m)x(n-m) + \sum_{m=0}^{N-1} e_m(n) \end{aligned}$$

$$= y(n) + \sum_{m=0}^{N-1} e_m(n)$$

这样就得到输出噪声为

$$f(n) = \sum_{m=0}^{N-1} e_m(n) \tag{6.36}$$

这个结果从图 6.18 的信号流图中看得非常清楚，所有的舍入噪声都直接加在输出端，因而输出噪声就是这些噪声的简单和。这样就可以直接得出输出噪声的方差为

$$\sigma_f^2 = N\sigma_e^2 = \frac{1}{12}q^2 N = \frac{N}{3} \cdot 2^{-2(L+1)} \tag{6.37}$$

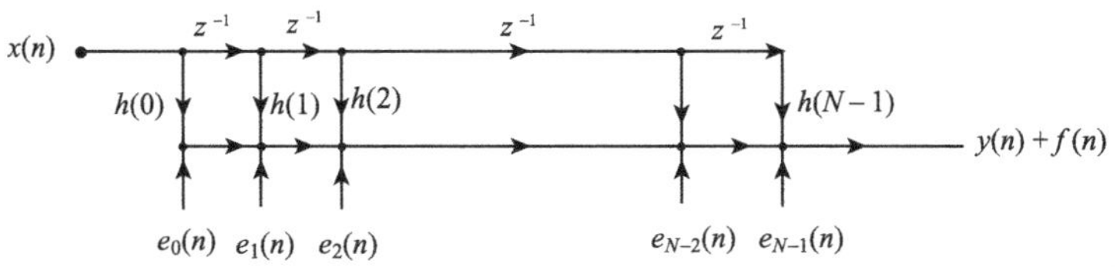

图 6.18　横截型结构 FIR 滤波器的舍入噪声的统计模型

输出的方差与字长有关，也与阶数有关，很明显，滤波器的阶数越高，字长越短，量化噪声也越大。

离散傅里叶变换计算中最重要的误差是舍入误差，分析舍入误差的模型与图 6.10 所示结构相同。

一个长度为 N 的复序列的 N 点离散傅里叶变换为

$$X(k) = \sum_{n=0}^{N-1} x(n) W_N^{nk} \qquad k = 0, 1, \cdots, N-1$$

对直接计算离散傅里叶变换，可采用图 6.19 所示的统计模型来分析。

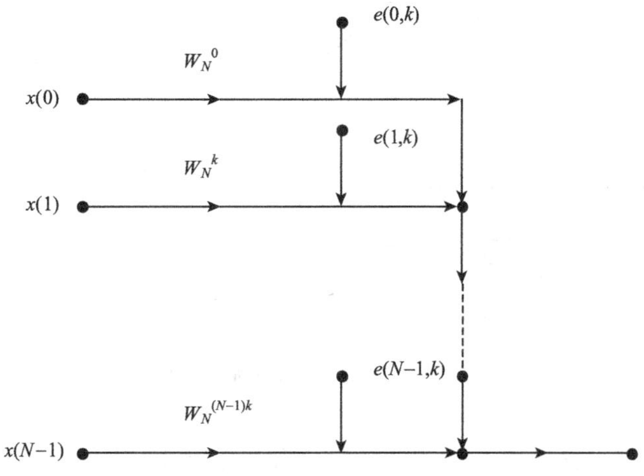

图 6.19　DFT 计算中定点舍入的统计模型

在傅里叶变换计算中,乘法器系数和信号通常都是复数,因此应进行复数乘法。其中每个复数乘法需要 4 个实数乘法,每次乘法有 4 个量化误差。如果离散傅里叶变换运算需要 K 次复数乘法,就有 $4K$ 个量化误差源。对噪声(误差)源统计特性可做一般假设:

(1) 所有的 $4K$ 个误差彼此不相关且与输入序列无关;

(2) 量化误差是方差为 $\sigma_0^2=2^{-2b}/12$ 的均匀分布的随机变量,假定为一个有符号的 b 位定点小数。

一个单离散傅里叶变换样本的计算需要 N 个复数相乘,对单离散傅里叶变换计算的实数乘法的总数为 $4N$,即有 $4N$ 个量化误差源。因而,一个离散傅里叶变换样本计算的误差的方差为

$$\sigma_\gamma^2 = 4N\sigma_0^2 = \frac{2^{-2b}N}{3} \tag{6.38}$$

表明输出舍入误差正比于离散傅里叶变换的长度。但是按式(6.38)估计的误差是偏大的,因为与某些系数相乘时,并不出现舍入误差。

下面讨论 FFT 算法中的舍入误差。以按时间抽取的基 2 快速傅里叶变换算法为例来加以分析,所得结果可以很容易地推广到其他快速傅里叶变换算法中。

离散傅里叶变换样本通过一系列蝶形运算来计算,其中每个蝶形模块是一个单复数相乘。考虑如图 6.20 所示的单个离散傅里叶变换样本的计算,从图中可见,单个离散傅里叶变换样本计算涉及 $m=\ln N$ 步。在某一特定步中,蝶形的个数依赖于该步在计算中的位置,其中,第 r 步有 $N/2^r=2^{m-r}$ 个蝶形,其中 $r=1,2,\cdots,m$。因此,每个傅里叶变换样本需要的总蝶形个数为

$$1+2+2^2+\cdots+2^{m-2}+2^{m-1}=2^m-1=N-1$$

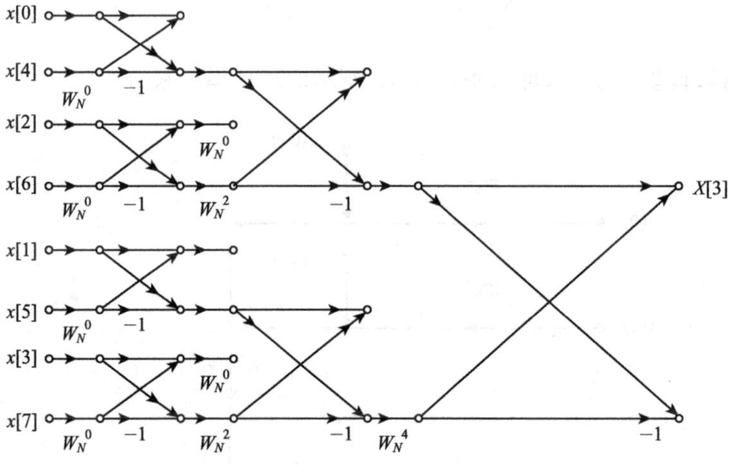

图 6.20 计算 $X[3]$ 的简化流图

从图 6.20 中可以看出,第 r 步引入的量化误差在传过 $(r-1)$ 个部分之后会在输出端出现,而在每一个后续步中都乘以一个旋转因子。由于旋转因子的幅度常常是 1,因此传播到输出时量化误差功率不变。产生输出舍入误差的误差源总数是 $4(N-1)$。假定每

个蝶形引入的量化误差和其他蝶形产生的不相关，输出舍入误差的方差为

$$\sigma_\gamma^2 = 4(N-1)\frac{2^{-2b}}{12} \approx \frac{2^{-2b}N}{3}$$

需注意的是，上面的 σ_γ^2 同式(6.38)给出的直接离散傅里叶变换计算得到的相同。这是由于快速傅里叶变换算法并不改变计算一个单离散傅里叶样本的复数乘法的总数，而是更有效地组织计算，利用旋转因子的周期性等，相应地减少了所有 N 个离散傅里叶变换样本的总的相乘数目。

最后需要说明，前面介绍的乘积项引起的量化误差，主要是舍入误差的分析。但以上所讨论的结果经过适当修改后，就可用于分析补码截尾所引入的误差或截尾误差。因为补码截尾误差的幅度范围是 $-2^{-L} < e_t \leqslant 0$ ，附加噪声源 $e(n)$可看作幅度密度在-2^{-L}与零之间是均匀分布。所以它不再具有零均值，然而它的方差却与舍入噪声的方差相等。因此，补码截尾的输出噪声方差，可以用前面舍入情况下的分析方法进行计算，但输出噪声不再具有零均值。

6.4.2　极限环振荡

迄今为止，我们用系统的一个线性模型来分析有限字长效应。但由于运算过程中的量化，实际上滤波器是一个非线性系统。这种非线性会引起在无限精度下稳定的一个 IIR 滤波器，在有限精度的情况下对特定输入信号呈现不稳定行为，这种不稳定性常常产生两种极限环振荡。

1. 颗粒型极限环振荡

这种振荡发生在 IIR 数字滤波器系统中。现设有一个稳定的 IIR 数字滤波器，其算术运算精度无限，若当 $n>n_0$ 时输入停止，则滤波器的输出当 $n>n_0$ 时，将逐渐衰减趋向于零。而同一滤波器，若以有限字长运算来实现，则滤波器的输出当 $n>n_0$ 以后，可能衰减到某一非零的幅度范围，尔后呈现振荡特性。这种振荡叫零输入极限环振荡。

下面用一阶 IIR 滤波器为例来说明这一现象。

例如，IIR 滤波器的差分方程表达式如下：

$$y(n) = ay(n-1) + x(n)$$

式中

$$a = \frac{1}{2}(= 0_\triangle 100) \qquad x(n) = \begin{cases} \frac{7}{8}(= 0_\triangle 111) & n = 0 \\ 0 & n \neq 0 \end{cases}$$

在无限精度运算情况下，可以预计，当 $n\to\infty$时，$y(n)\to 0$，该系数是稳定的。

现假设存储系数 a、输入数据 $x(n)$和滤波器节点变量 $y(n-1)$的寄存长度为 4 位(小数点左边 1 位是符号位，小数点右边有 3 位)。由于用的是有限长度寄存器，乘积 $ay(n-1)$与 $x(n)$相加之前必须舍入或截尾成 4 位，图 6.21 表示乘积量化造成的非线性系统。此时，对乘积作舍入处理，实际输出 $\hat{y}(n)$满足非线性差分方程

$$\hat{y}(n) = Q[a\hat{y}(n-1)] + x(n)$$

现将非线性差分方程的每一步运算结果列成表 6.2,这样可以清楚地看到整个运算过程。从表 6.2 可见,输出 $\hat{y}(n)$最后达到恒值 1/8。如果 $a=-1/2$,经过上述相同计算,此时最后输出在 +1/8 和−1/8 之间做周期性稳态振荡。这个周期性输出同在 $z=\pm1$(而不是在$\pm a$)处有一个极点的一阶滤波器输出类似。$a=\pm1/2$ 时,振荡周期为 1;$a=-1/2$ 时,振荡周期为 2,这种稳态的周期性输出称作极限环。

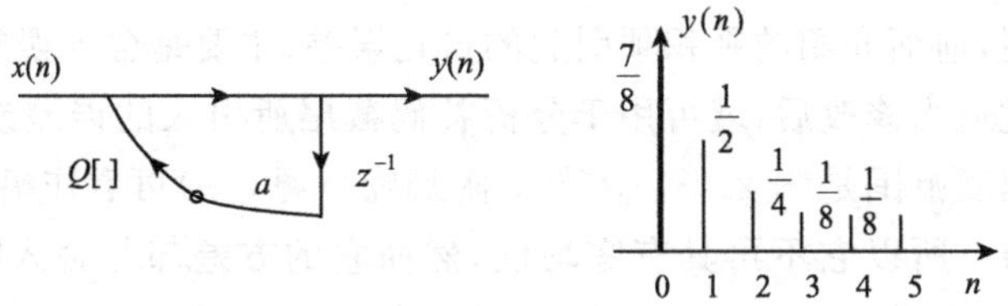

(a) 乘积量化产生的非线性系统　(b) 该非线性系统当a=1/2时对单位取样的响应

图 6.21　乘积量化产生的非线性系统

表 6.2　一阶 IIR 滤波器的有限精度运算过程($a=0_\triangle100$)

N	$y(n)$	$\hat{y}(n-1)$	$a\hat{y}(n-1)$	$Q[a\hat{y}(n-1)]$	$\hat{y}(n)=Q[a\hat{y}(n-1)]+x(n)$
0	$0_\triangle111$	$0_\triangle000$	$0_\triangle000000$	$0_\triangle000$	$0_\triangle111=7/8$
1	$0_\triangle000$	$0_\triangle111$	$0_\triangle011100$	$0_\triangle100$	$0_\triangle100=1/2$
2	$0_\triangle000$	$0_\triangle100$	$0_\triangle010000$	$0_\triangle010$	$0_\triangle010=1/4$
3	$0_\triangle000$	$0_\triangle010$	$0_\triangle001000$	$0_\triangle001$	$0_\triangle001=1/8$
4	$0_\triangle000$	$0_\triangle010$	$0_\triangle001000$	$0_\triangle001$	$0_\triangle001=1/8$

我们还进一步分析极限环的振荡幅度与字长的关系,根据舍入的定义,有

$$|Q[a\hat{y}(n-1)] - a\hat{y}(n-1)| \leqslant \frac{1}{2}\times 2^{-L}$$

此外,对于极限环内的 n 值有

$$|Q[a\hat{y}(n-1)]| = |\hat{y}(n-1)|$$

即 a 的有效值是 1,它相当于滤波器的极点位于单位圆上。满足这个条件的数值范围是

$$|\hat{y}(n-1)| - |a\hat{y}(n-1)| \leqslant \frac{1}{2}\times 2^{-L}$$

解出$|\hat{y}(n-1)|$得

$$|\hat{y}(n-1)| \leqslant \frac{\frac{1}{2}\times 2^{-L}}{1-|a|} \tag{6.39}$$

它定义了一阶滤波器的死区。由于舍入,死区内的数值被量化,量化间隔是 2^{-L}。当 $|a|$

$=1/2$ 时，式(6.39)给出死区值是等于 1/8。每当输入为零时，节点变量 $\hat{y}(n-1)$ 落入死区之内时，滤波器进入极限环状态，并且一直保持着这种工作模式，到再加上输入时，使输出脱离死区为止。式(6.39)还表明，极限环振荡的幅度与量化间距成正比。因此，增加字长将使极限环振荡减弱。

在高阶 IIR 网络中，同样有这种极限环振荡现象，但是振荡的形式更多更复杂，我们这里就不一一讨论了。

最后要强调指出，当输入不是零时，量化效应还与输入信号有关，本节的分析方法，只适用于简单输入，如单位取样、单位阶跃或正弦波等，除此外，就全然不适用了。

2. 溢出振荡

另一种极限环振荡是由于滤波器中加法器的溢出引起的，当采用定点制补码形式时，加法器的传输特性可表示为图 6.22 所示，其中 v 表示加法器的输入，$g[v]$表示它的输出。若 x_1 和 x_2 作补码加法，它的输出将是 $g[x_1+x_2]$，这一结论将留给读者自证。

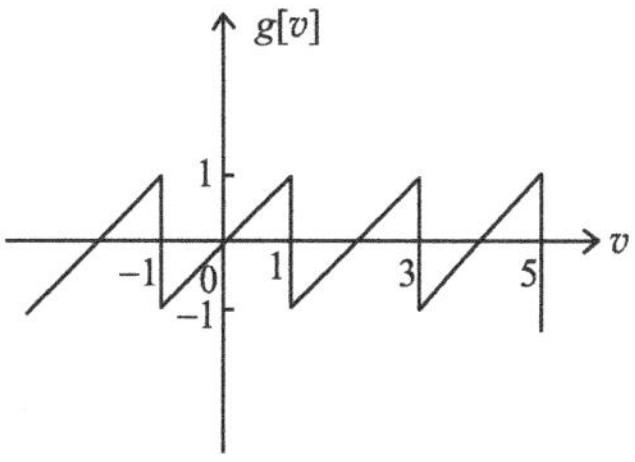

图 6.22　加法器的传输特性

现来考虑二正数 x_1 和 x_2，而$|x_i|<1, i=1,2$，因此，它的二进制码的符号位将是零，现假设 x_1 和 x_2 的和大于 1(即溢出发生)，结果和的符号位将是 1，它代表不正确的负数。埃伯特(Ebert)等进行了详细研究，结果表明由于溢出可能产生更严重的极限环，溢出效应在输出中插入很大的误差。某些情况下，它是滤波器输出在最大幅度界限之间振荡，这种极限环振荡称作溢出振荡，它的持续与否与其后输入的序列无关。

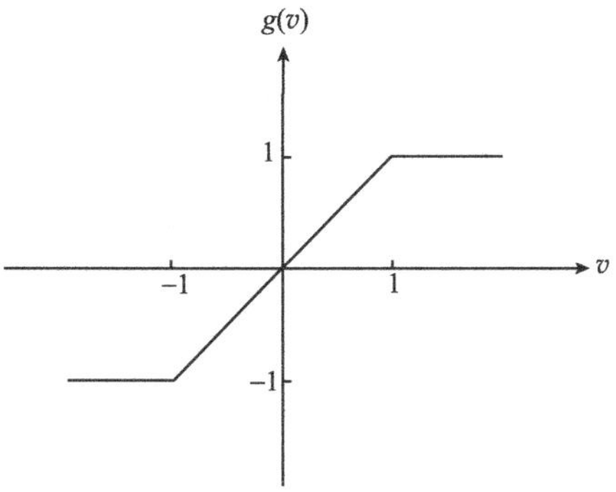

图 6.23　饱和运算的传输特性

消除或减弱这种振荡的一种简单有效的办法是用带有饱和特性的加法器(其输入输出特性相似于大信号工作下的运算放大器特性)，代替一般的补码加法器。如图 6.23 所示，使它进行饱和运算。当上溢和下溢产生时，加法器输出将是满度值±1。倘若饱和出现次数不频繁，加法器的非线性导致的失真通常很小。

许多数字滤波器硬件都采用这种加法器以避免溢出。另一种消除或减弱加法溢出振荡的有效办法是增加寄存器的字长。

为了减少非线性失真，需要对输入信号和系统中输入信号与任何内部加法节点间的单位取样响应进行尺度变换，使溢出的发生减少到最小。对于定点运算，考虑在系统的任何节点都不允许溢出的极端情形。设 $y_k(n)$ 表示系统在输入为 $x(n)$时第 k 个节点的响应，其对应的单位取样响应为 $h_k(n)$，则

$$|y_k(n)| = \left|\sum_{m=-\infty}^{\infty} h_k(m)x(n-m)\right| \leqslant \sum_{m=-\infty}^{\infty} |h_k(m)|\,|x(n-m)|$$

若输入 $x(n)$的上界为 A_x，计算机动态范围是$(-1,1)$，那么

$$|y_k(n)| \leqslant A_x \sum_{m=-\infty}^{\infty} |h_k(m)| \leqslant 1$$

可以通过将输入 $x(n)$进行如下尺度变换：

$$A_x < \frac{1}{\sum_{m=-\infty}^{\infty} |h_k(m)|} \tag{6.40}$$

对于系统中所有可能的节点，式(6.40)是用于防止溢出的充要条件。但该条件过于保守，可能导致 $x(n)$被过渡缩放。另外一些尺度变换规则如下，更通用的缩放规则此处不再详述。

$$A_x < \frac{1}{\max\limits_{0\leqslant\omega\leqslant\pi} |H_k(\omega)|}$$

$$A_x < \frac{1}{\left[\sum_{m=-\infty}^{\infty} |h_k(m)|^2\right]^{1/2}}$$

6.5　本章涉及的 Matlab 函数

1. 数的表示

```
str = dec2bin(d,n)
C = bitcmp(A,n)
```

函数 dec2bin 将一个十进制正整数 d 转换为一个 n 位字符代码表示，它是一种符号表示而不是一个数，所以不能用于计算。

内置函数 bitcmp(A,n)可以求得采用 n 位的一个正整数 A 的 1 的补数，结果是位于 0 到 2^{n-1}之间的一个十进制数，可用 dec2bin 求得二进制码。

例 6.6　求数 165 的二进制原码及反码表示。

```
x = 165;
x_o = dec2bin(x,8)
x_v = dec2bin(bitcmp(x, 8),8)

x_o  = 10100101
x_v  = 01011010
```

2. 量化过程与误差特性

```
B = fix(A)
Y = round(X)
```

函数 fix(A)将 A 的元素向零取整为一整数。为得到一个数 x 的 B 位的截断表示，可先将这个数向上用 2^B 加权，然后应用 fix 函数，最后将这个结果向下加权 2^{-B}。语句 fix (x * 2^B)/2^B 可实现这种处理。

函数 round(X) 将 X 的元素取整为与之最接近的一个整数。为得到一个数 x 的 B 位的舍入近似，可先将这个数向上用 2^B 加权，然后应用 round 函数，最后将这个结果用 2^{-B} 向下加权。语句 round(x * 2^B)/2^B 可实现这种处理。

例 6.7　令 $-1<x<1$ 和 $B=2$，利用 MATLAB 验证原码截尾与舍入误差特性。

```
x = [ - 1 + 2^( - 10):2^( - 10):1 - 2^( - 10)];B = 2;
x_t = fix(x * 2^B)/2^B;
x_r = round(x * 2^B)/2^B;
subplot(2,2,1);
plot(x,x,'g',x,x_t,'r','linewidth',1);
xlabel('x');ylabel('x - truncation');
subplot(2,2,2);
plot(x,x,'g',x,x_r,'r','linewidth',1);
xlabel('x');ylabel('x - rounding');
```

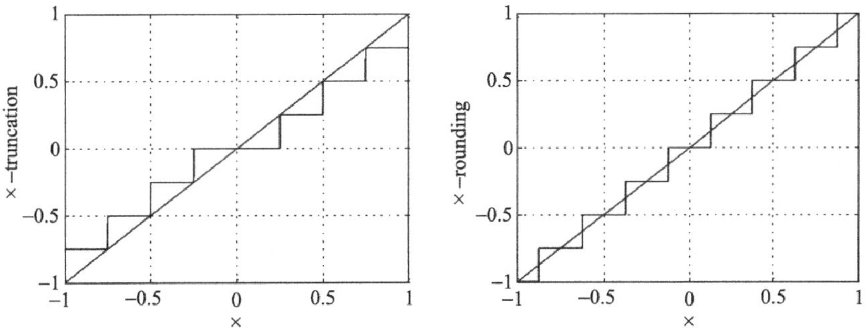

图 6.24　原码截尾与舍入误差特性

3. 滤波器系数的量化

利用前面的函数，可以求得量化后的系数，然后研究诸如零极点偏移、频率响应误差等方面的问题。由于要将全部滤波器系数用相同数量的整数和小数位表示，可建立如下函数 QCoeff 对系数量化。这个函数采用舍入处理对原码格式实现量化，对于截尾处理以及其他表示格式也能建立类似的函数。

```
function[y,L,B] = QCoeff(x,N)
% [y,L,B] = QCoeff(x,N)
%   Coefficient Quantization using N = 1 + L + B bit Representation
%     with Rounding operation
%   y: quantized array (same dim as x)
%   L: number of integer bits
%   B: number of fractional bits
```

```
%   x: a scalar,vector,or matrix
%   N: total number of bits

xm = abs(x);
L = max(max(0,fix(log2(xm(:) + eps) + 1))); % Integer bits
if (L>N)
    errmsg = ['* * * N must be at least',num2str(L),'* * *'];
    error(errmsg);
end
B = N - L;                              % Fractional bits
y = xm./(2^L);y = round(y.*(2^N));      % Rounding to N bits
y = sign(x).*y*(2^(-B));                % L + B + 1 bit representation
```

例 6.8 考虑下列 IIR 滤波器。它共有 10 个极点,分布在半径为 $r=0.9$,以 $\pm 45°$为中心,相隔 5°的点上。由于极点数多,分母系数有一些值要求 6 位的整数部分,小数部分用 9 位,总共为 16 位表示。计算并画出这些极点位置。

```
r = 0.9;theta = (pi/180)*[-55:5:-35,35:5:55]';
p = r*exp(j*theta);a = poly(p);b = 1;

% Direct form: quantized coefficients
N = 15;[ahat,L,B] = QCoeff(a,N);
TITLE = sprintf('%i-bit(1+%i+%i)Precision',N+1,L,B);

% Comparison of Pole-Zero Plots
subplot(1,2,1);[HZ,HP,H1] = zplane(1,a);
set(HZ,'color','g','linewidth',1);set(HP,'color','r','linewidth',1);
set(H1,'color','b');axis([-1.1,1.1,-1.1,1.1]);
title('Infinite Precision','fontsize',10,'fontweight','bold');

subplot(1,2,2);[HZhat,HPhat,H1hat] = zplane(1,ahat);
set(HZhat,'color','g','linewidth',1);set(HPhat,'color','r','linewidth',1);
set(H1hat,'color','b');axis([-1.1,1.1,-1.1,1.1]);
title(TITLE,'fontsize',10,'fontweight','bold');
```

图 6.25 示出了无限精度和 16 位有限精度滤波器的零极点图。可以清楚看到,这个 16 位字长的滤波器是完全不同于原滤波器的,而且是不稳定的。为了研究有限字长效应对级联型结构的影响,可先利用 dir2cas 函数将直接型系数转换成为级联型系数,将对所得结果进行量化,然后再转换回到直接型对零极点作图。图 6.26展示了两种不同字长的结果,可以看到,不仅 16 位的表示,而且 11 位的表示,所得滤波器基本上与原滤波器无异,而且是稳定的,显然,级联型结构比直接型结构有更优越的有限字长性质。

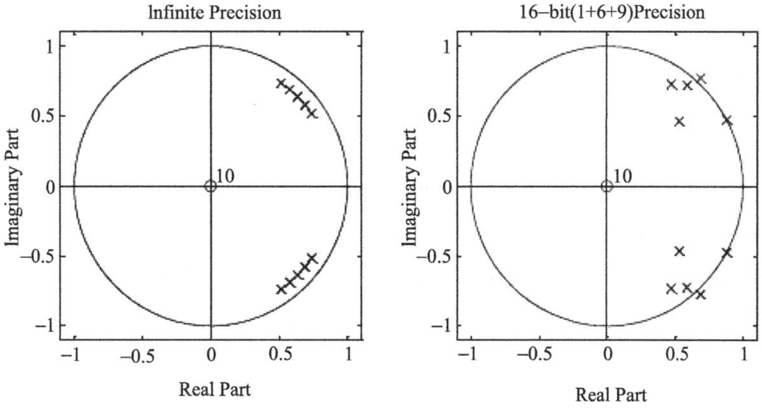

图 6.25　直接型结构的零极点图

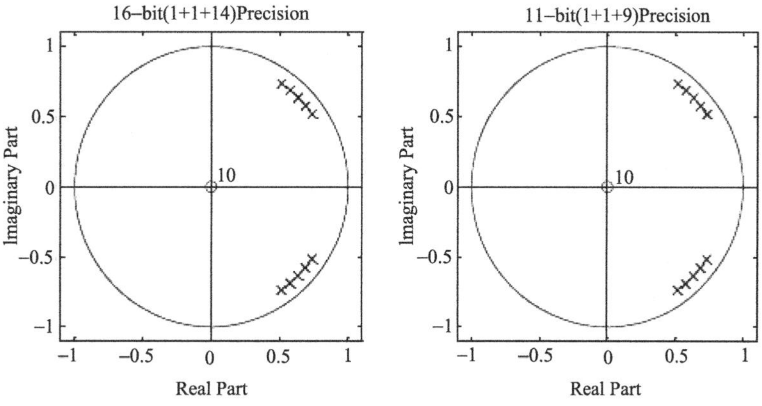

图 6.26　级联型结构的零极点图

```
% Cascade form: quantized coefficients: Same N
[b0,B0,A0] = dir2cas(b,a);[BAhat1,L1,B1] = QCoeff([B0,A0],N);
TITLE1 = sprintf('%i-bit(1+%i+%i)Precision',N+1,L1,B1);
Bhat1 = BAhat1(:,1:3);Ahat1 = BAhat1(:,4:6);
[bhat1,ahat1] = cas2dir(b0,Bhat1,Ahat1);

subplot(1,2,1);[HZhat1,HPhat1,H1hat1] = zplane(bhat1,ahat1);
set(HZhat1,'color','g','linewidth',1);set(HPhat1,'color','r','linewidth',1);
set(H1hat1,'color','b');axis([-1.1,1.1,-1.1,1.1]);
title(TITLE1,'fontsize',10,'fontweight','bold');

% Cascade form: quantized coefficients: Same B(N = L1 + B)
```

```
N1 = L1 + B;[BAhat2,L2,B2] = QCoeff([B0,A0],N1);
TITLE2 = sprintf('%i-bit(1+%i+%i)Precision',N1+1,L2,B2);
Bhat2 = BAhat2(:,1:3);Ahat2 = BAhat2(:,4:6);
[bhat2,ahat2] = cas2dir(b0,Bhat2,Ahat2);

subplot(1,2,2);[HZhat2,HPhat2,H1hat2] = zplane(bhat2,ahat2);
set(HZhat2,'color','g','linewidth',1);set(HPhat2,'color','r','linewidth',1);
set(H1hat2,'color','b');axis([-1.1,1.1,-1.1,1.1]);
title(TITLE2,'fontsize',10,'fontweight','bold');
```

4. 舍入误差与极限环

数字滤波器实现要求乘法和加法算术运算,如果两个 B 位小数相乘,结果是一个 $2B$ 位的小数,这就必须将它量化为 B 位,类似的,如果两个 B 位小数相加,其和可能大于 1,这就会造成溢出,这就是一个非线性特性,若用饱和策略给以校正,也是非线性的。

下面提供的函数 Qfix 可以对不同量化特性的滤波器的极限环行为进行分析。这个函数利用 $B+1$ 位表示完成一种定点的补码格式量化,量化模式 Qmode 可以是舍入处理,也可以是截尾处理。在 Omode 中提供溢出特性,可以是 2 的补数溢出,也可以是饱和溢出。

```
function [y] = QFix(x,B,Qmode,Omode)
% Fixed-point Arithmetic using (B+1)-bit Representation
% ---------------------------------
%   [y] = QFix(x,B,Qmode,Omode)
%       y: Decimal equivalent of quantized x with values in [-1,1)
%       x: a real number array
%       B: Number of fractional bits
%   Qmode: Quantizer mode
%          'round': two's-complement rounding characteristics
%          'trunc': Two's complement truncation characteristics
%   Omode: Overflow mode
%          'satur': Saturation limiter
%          'twosc': Two's-complement overflow
%

% Quantization operation
if strcmp(lower(Qmode),'round');
    y = round(x.*(2^B));
elseif strcmp(lower(Qmode),'trunc');
    y = floor(x.*(2^B));
else
```

```
    error('Use Qmode = "round" or "trunc"');
end;
y = y*(2^(-B)); % (B+1)-bit representation

% Overflow operation
if strcmp(lower(Omode),'satur');
    y = min(y,1-2^(-B)); y = max(-1,y); % Saturation
elseif strcmp(lower(Omode),'twosc');
    y = 2*(mod(y/2-0.5,1)-0.5);          % Overflow
else error('Use Omode = "satur" or "twosc"');
end;
```

例 6.9　考虑下面的二阶递归滤波器

$$y(n) = 0.875y(n-1) - 0.75y(n-2) + x(n)$$

初始条件为零。设输入是 $x(n)=0.375\delta(n)$，试用 3 位量化器分析极限环行为。

```
% Bandpass filter
a1 = 0.875;a2 = -0.75;

% Rounding operation in multipliers
yn1 = 0;yn2 = 0;
m = 0:20;y = [yn2,yn1,zeros(1,length(m))];
x = 0.375*impseq(m(1),m(1)-2,m(end));
for n = m+3
    yn1 = y(n-1);yn2 = y(n-2);

y(n) = QFix(a1*yn1,3,'round','satur') + QFix(a2*yn2,3,'round','satur') + x
(n);
end

subplot(2,1,1);
plot([-1,20],[0,0],'w');axis([-1,20,-0.5,0.5]);hold on;
Hs_1 = stem([-2,-1,m],y,'filled');set(Hs_1,'markersize',3,'color',[0,1,
0]);
set(gca,'ytick',[-0.5:0.25:0.5],'fontsize',6);ylabel('Amplitude','fontsize',8);
title('Rounding Operation','fontsize',10);
xlabel('Sample index n','fontsize',8);

% Truncation operation in multipliers
yn1 = 0;yn2 = 0;
```

```
m = 0:20;y = [yn2,yn1,zeros(1,length(m))];
x = 0.375 * impseq(m(1),m(1) - 2,m(end));
for n = m + 3
    yn1 = y(n - 1);yn2 = y(n - 2);
    y(n) = QFix(a1 * yn1,3,'trunc','satur') + QFix(a2 * yn2,3,'trunc','satur')
+ x(n);
end

subplot(2,1,2);
plot([ - 1,20],[0,0],'w');axis([ - 1,20, - 0.5,0.5]);hold on;
Hs_1 = stem([ - 2, - 1,m],y,'filled');set(Hs_1,'markersize',3,'color',[0,1,0]);
set(gca,'ytick',[ - 0.5:0.25:0.5],'fontsize',6);ylabel('Amplitude',
'fontsize',8);
title('Truncation Operation','fontsize',10);
xlabel('Sample index n','fontsize',8);
```

如图 6.27 所示,舍入极限环有一个 6 个样本的周期,幅度为 0.25,在采用截尾处理时,二阶滤波器仍存在极限环。

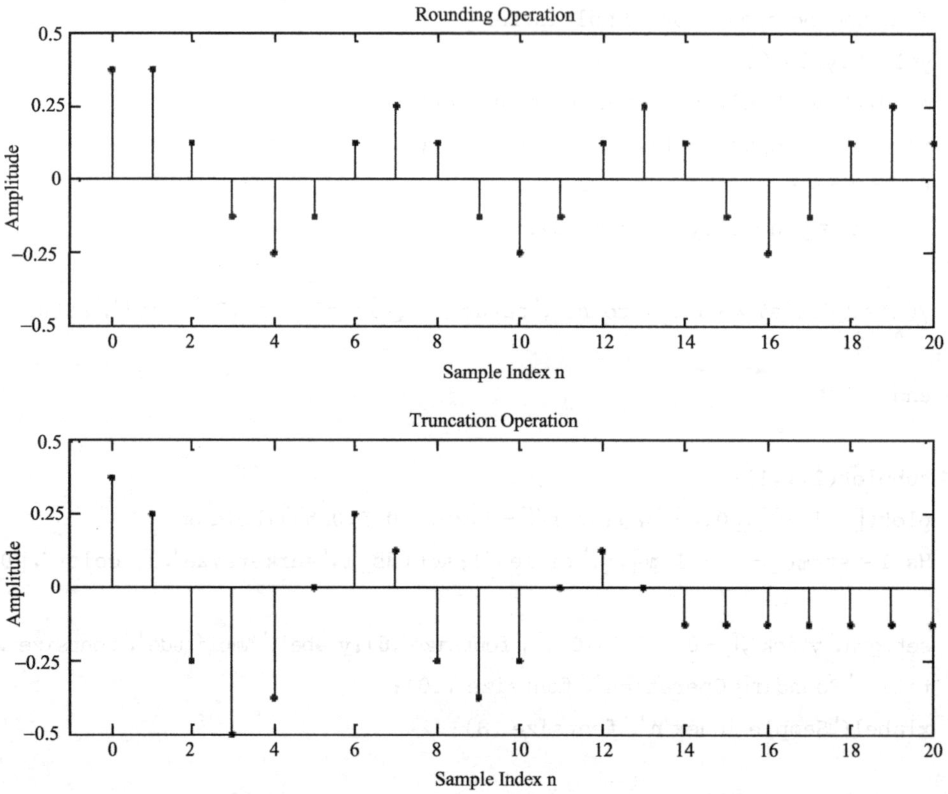

图 6.27 舍入和截尾处理的颗粒型极限环

习　题

6.1　数的表示

(1) 将下列十进制数分别用 8 位(其中数据 7 位符号 1 位)的原码、补码、反码定点表示；

$$x_1=0.4375,\ x_2=-0.4375,\ x_3=0.8515625,x_4=-0.8515625$$

(2) 若以下二进制数分别是原码、补码、反码时，请算出其所表示的十进制数

$$x_1=0_\triangle 1001,\ x_2=0_\triangle 1101,\ x_3=1_\triangle 1000,\ x_4=1_\triangle 1011$$

6.2　负分数的补码可表示为：$(x)_2=1_\triangle b_1b_2\cdots b_L$

(1) 证明：$(x)_{10}=-1+\sum\limits_{n=0}^{L}b_n2^{-n}$；

(2) 证明负分数的补码代表的十进制数 $(x)_{10}$ 的动态范围为：$-1\sim(1-2^{-L})$。

6.3　(1) 十进制数 143 和 −143，应用 2 的补 16 位(包括符号位)定点数表示；

(2) 16 位(包括符号位) 2 补定点数所能代表的十进制数的范围是多少？

6.4　用 32 位浮点制表示数，其中 16 位存储指数，24 位存储尾数，尾数和指数的符号位分别用 1 位表示。若尾数和指数分别用原码、补码、反码表示，它们能代表的十进制数的范围是多少？

6.5　一个十进制数 x，若 $|x|<1$ 经下列处理

$$x_0=\begin{cases}|x| & x\geqslant 1\\ 2-|x| & x<0\end{cases}$$

并用$(L+1)$位(其中 L 位表数据)原码表 x_0，就可得到 x 的补码表示，补码加法按如下步骤进行：

① 所有的数都当作$(L+1)$位不带符号位的二进制数看待；

② 加法只是简单的二进制加法；

③ 符号位的进位丢掉，即若和值大于 2，丢掉进行。因此它是按模 2 加法作加法的；

(1) 试利用上面的方法，写出两个数 x_1 和 x_2 作补码加法的完整表示式，这里 $|x_1|<1$，$|x_2|<1$。研究所有可能的情况，即 x_1 和 x_2 各都可正可负，$|x_1|$ 可比 $|x_2|$ 大，也可比 $|x_2|$ 小。

(2) 试证明 x_1 和 x_2 作补码加法，等价于函数 $f[x_1+x_2]$。$f[\,]$如图 6.28 所示。

(3) 假设 $x_1=5/8$，$x_2=3/4$ 和 $x_3=-1/2$，求各个数的补码表示，按$(x_1+x_2)+x_3$ 的顺序将它们的补码数加起来。注意加法(x_1+x_2)中出现溢出，但最后结果仍是正确的。试证明，一般说来三个或三个以上的补码数累加求和过程中，可能多次出现益处，但如果正确和值的绝对值小于 1，最后的结果就是对的。

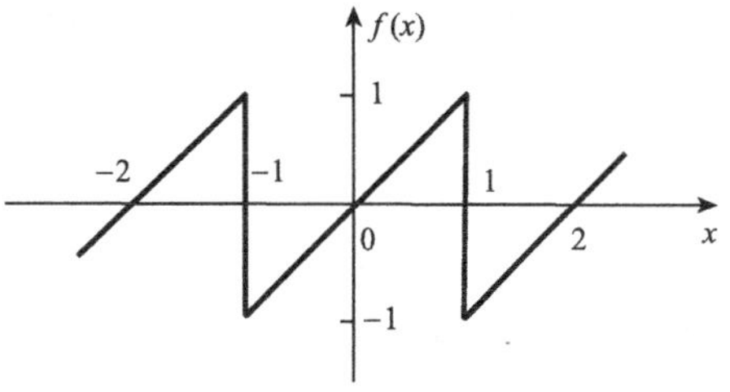

图 6.28

6.6　(1) 对问题 6.1(1) 中的定点数用 4 位数据截尾和舍入表示;(2) 计算它们相应的截尾和舍入误差。

6.7　设输入序列 $x(n)$通过一量化器 $Q[\cdot]$的输入输出关系如图 6.29 所示,设量化器输出 $\hat{x}(n)$的形式为$\hat{x}(n)=x(n)+e(n)$。

其中 $e(n)$是一平稳随机过程,它在$\left[-\frac{\Delta}{2},\frac{\Delta}{2}\right]$之间有均匀分布的一阶概率密度,它的各取样间互不相关,它与 $x(n)$也独立无关。令 $x(n)$是均值为零,方差为 σ_x^2 的平稳白色噪声过程。

(1) 求 $e(n)$的平均值、方差和自相关序列;(2) 求信号量化噪声比 σ_x^2/σ_e^2;(3)把量化的信号 $\hat{x}(n)$,用一个单位取样响应 $h(n)=\frac{1}{2}[a^n+(-a)^n]u(n)$的数字滤波器滤波,试确定输出端上量化噪声产生的噪声方差和输出端的信噪比。

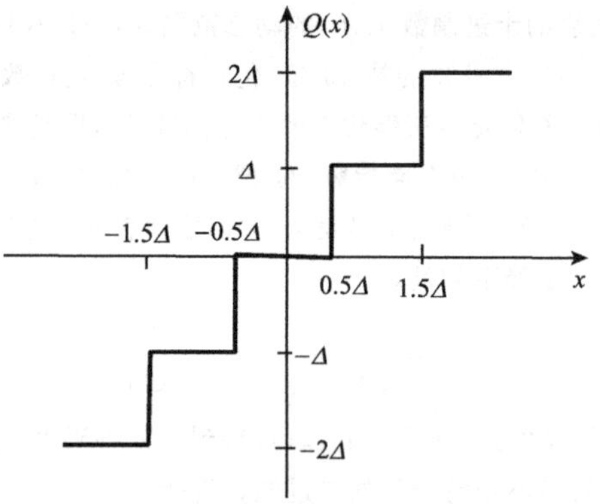

图 6.29

6.8　一输入序列$\{x(k)\}$,对于一切 $k|x(k)|<1$,被编码为 4 位(其中一位为符号位)补码。此已量化序列经过下列传输函数表示的数字滤波器

$$H(z)=\frac{1-0.4z^{-1}}{1-0.9z^{-1}+0.18z^{-2}}$$

(1) 求输入量化产生的稳态输出噪声功率;(2) 若在 (1)间中需要减少输出功率 50%,求必要的量化位数;(3) 若量化用 16 位,计算输出噪声功率。

6.9　研究传输函数如下:

$$H(z)=\frac{1-0.4z^{-1}}{1-0.9z^{-1}+0.18z^{-2}}$$

(1) 画出 $H(z)$的幅频特性;(2) 若系数舍入成 4 位的定点表示,计算传输函数系数量化后的极点和它的幅频特性。

6.10　一个二阶 IIR 网络的传输函数如下:

$$H(z)=\frac{0.4-0.34z^{-1}}{(1-0.9z^{-1})(1-0.7z^{-1})}$$

用 6 位字长的定点制运算,尾数作舍入处理。

(1) 分别计算直接型、级联型和并联型结构的输出舍入噪声;

(2) 比较以上不同结构,哪一种运算精度高,哪一种最差?

6.11　一个数字滤波器其传输函数如下:

$$H(z)=\frac{z^2+2z+1}{z^2+b_1z+b_2}\qquad b_1=-r\sqrt{2},b_2=r^2$$

(1) 用典型的级联型结构实现，求灵敏度 $S_{b1}(z)$ 和 $S_{b2}(z)$；

(2) 假设它是用定点运算实现，而且系数采用舍入量化方式。试计算量化台阶为 0.05，$0.7\ll r\ll 0.95$ 时的统计字长 $L(w)$，假定 $\triangle M_{\max}(w)=0.02zx_1=2$。

6.12 设有一数字均衡器的传输函数为 $H(z)=\prod_{i=1}^{8}\frac{a_{0i}z^2+a_{1i}z+1}{z^2+a_{1i}z+a_{0i}}$，其中，$a_{0i}$ 和 a_{1i} 给在下表中。

i	a_{0i}	a_{1i}
1	0.973061	−1.323711
2	0.979157	−1.316309
3	0.981551	−1.345605

(1) 用三个典型的级联节实现；(2) 确定最佳信噪比时的衰减系数，假定节的顺序按照上表中的网络系数安排的。

6.13 研究一个如下形式的一阶系统：

$$y(n)=ay(n-1)+x(n)$$

设所有变量和系数都表示成原码形式，乘法的结果作截尾，因此实际的差分方程是

$$\hat{y}(n)=Q[a\hat{y}(n-1)]+x(n)$$

其中，Q[]表示原码截尾。试研究对于所有的 n，能否存在形式为 $|\hat{y}(n)|=|\hat{y}(n-1)|$ 的零输入极限环。证明若理想系统是稳定的，则不存在零输入极限环，该结果对补码截尾是否正确？

6.14 研究图 6.30 的二阶系统

$$y(n)=f[x(n)+ay(n-1)+by(n-2)]$$

其中，支路传输比 $f[]$，该函数表示补码加法。

(1) 试确定在不发生溢出的条件下，使系统稳定的 a 值和 b 值的范围。并在 $a-b$ 平面上画出在线性条件下的稳定区域；

(2) 假定 $x(n)=0$，a 和 b 满足什么条件下能保证不出现溢出(即 $y(n)<1$)？在 $a-b$ 平面上将相应的不溢出区画上影线。

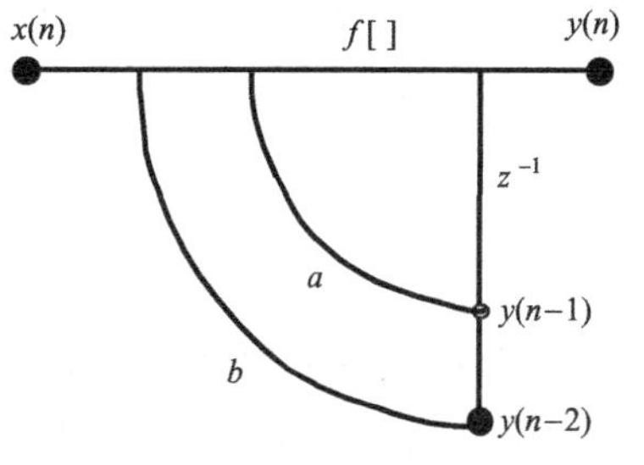

图 6.30

第7章　多抽样率数字信号处理

7.1　概　　述

在前面章节内容的讨论中，数字系统中抽样频率均被假设为固定值，即抽样频率在信号处理的各个环节具有相同的取值。但是在数字信号处理的很多实际应用中，会面临着许多需要改变系统抽样频率，使系统工作在多抽样率状态下的问题。例如，在多媒体系统中，需要对数字、语音、视频等具有不同频谱特性的媒体信息，分别采用不同的抽样频率进行处理；又如，在通信系统中，根据信道带宽的不同要求，需要对所传输的信息进行码率转换，以求最大限度地保证通信效率和通信质量。这种将信号由原给定码率转换为新的码率的过程称为抽样率转换，相应地，能够以多种抽样率实现数字信号处理的系统则称为多抽样率数字信号处理系统，简称为多率系统。

对信号进行抽样率转换，等同于对原模拟信号进行重新采样，从而获得具有新抽样频率的信号。使信号的抽样率由高到低的转换称为对信号的"抽取"(decimation)，是一个下采样的过程；使信号的抽样率由低到高的转换称为对信号的"内插"(interpolation)，是一个上采样的过程。通常，实现抽样率转换的方法有两种：模拟域方法和数字域方法。模拟域方法是最直观的抽样率转换方法，首先，将数字信号通过 D/A 转换器还原为带限的模拟信号，然后再对此模拟信号按所要求的抽样率进行 A/D 转换，得到所需码率的信号。这种方法的优点是可以实现任意采样率的转换，因为转换的新抽样频率与原抽样频率无任何关系。模拟域方法的主要缺点是，由于 D/A 和 A/D 环节会引入信号重构误差和量化噪声，因此使信号产生失真。数字域方法是本章将要讨论的方法，它直接在数字域中，完全用数字信号处理的方法实现信号抽样率的转换，而无须将信号在数字域和模拟域之间进行转换，因此能够避免引入信号失真，这也是实际应用中最常用的方法。

本章将首先介绍多抽样率数字信号处理的基本环节：抽取和内插，在讨论整数倍抽取和内插理论的基础上，介绍两者结合的分数因子抽样率转换方法，并阐述多抽样率系统的高效实现方法，包括高效多相实现和高效直接实现，同时还将介绍滤波器组的基本知识，最后将给出抽样率转换处理的应用实例。

7.2　以整数因子 D 抽取

对信号进行抽取操作是一个使信号抽样率由高到低转换的下采样过程，在信号传输和处理的实际应用中，为了减小数据量，常常需要对信号作这样的抽样率降低处理。如果目标抽样频率 f_D 比原信号抽样频率 f_S 小整数倍 D，即 $f_D=\frac{1}{D}f_s$，则称此抽样率转换过程为 D 倍抽取，D 为抽取因子。对信号进行 D 倍抽取，可以通过对原信号每隔 $D-1$ 个样点抽取一个的方式来实现，如图 7.1 中所示，以 $D=3$ 对 $x(n)$ 进行抽取后得到序列 $y_D(n)$。相应地，实现这一下采样过程的器件称为抽取器，通常用符号"$\boxed{\downarrow}$"表示，D 倍抽取器如图 7.2 所示。可以看出，如果原抽样频率 f_S 远大于信号的奈奎斯特频率，且抽取后的目标频率 f_D 能够满足条件 $f_D \geqslant 2f_H$（f_H 为信号 $x(n)$ 的最高频率），即符合抽样定理的条件要求，这时对信号进行 D 倍抽取不会引入失真。但是，如果不满足上述频率条件限制，这种直接的抽取操作将会造成信号的混叠失真，后面将会对此做进一步的分析。在这种情况下，为避免失真，就需要在抽取操作之前对信号进行限带处理，这一点可以从下面例子中以不同频率抽样后序列之间的频谱关系来看清。

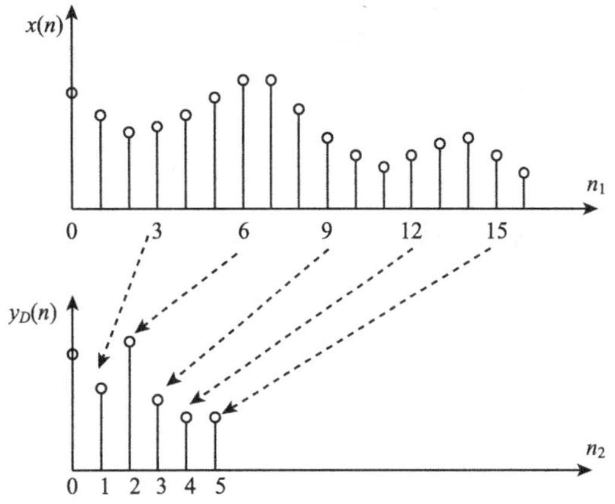

图 7.1　D 倍抽取过程（$D=3$）

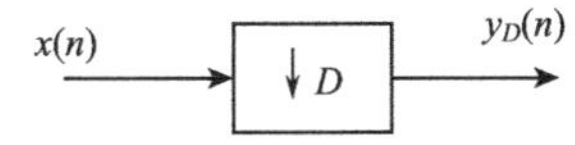

图 7.2　D 倍抽取器流图表示

假设有模拟信号 $x(t)$，其频谱为 $X(\Omega)$，如图 7.3(d)所示，其中 Ω_h 为信号的最高模拟角频率。现在分别以频率 f_S

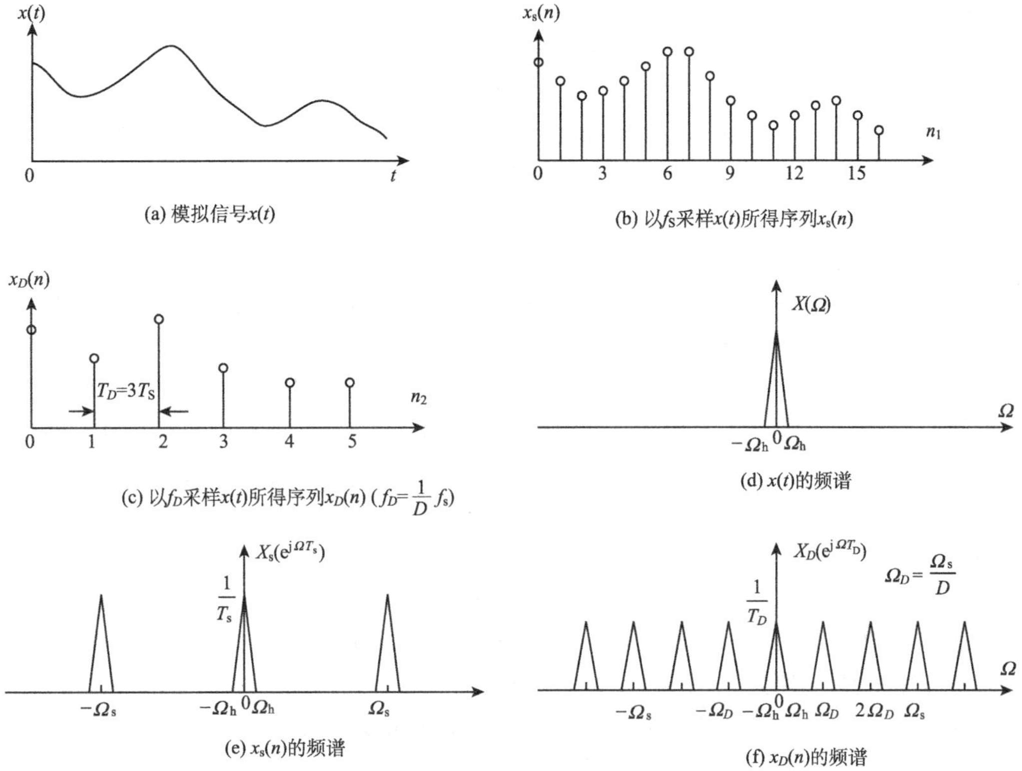

图 7.3　不同抽样频率序列与其频谱特性

和 f_D 对其进行抽样，抽样时间间隔分别为 $T_s=1/f_s$，$T_D=1/f_D$，设抽样所得序列 $x_s(n)$ 和 $x_D(n)$ 的频谱分别为 $X_s(e^{j\Omega T_s})$ 和 $X_D(e^{j\Omega T_D})$；若抽样频率之间满足关系 $f_s=Df_D$，则抽样间隔之间有关系

$$T_s=\frac{1}{f_s}=\frac{1}{Df_D}=\frac{T_D}{D} \tag{7.1}$$

由抽样前后信号频谱间的周期延拓关系可知，序列 $x_s(n)$ 和 $x_D(n)$ 的频谱分别为

$$X_s(e^{j\omega})=X_s(e^{j\Omega T_s})=\frac{1}{T_s}\sum_{n=-\infty}^{\infty}X(\Omega-n\Omega_s)=\frac{1}{T_s}\sum_{n=-\infty}^{\infty}X\left(\frac{\omega-2\pi n}{T_s}\right) \tag{7.2}$$

其中

$$\Omega_s=\frac{2\pi}{T_s}\quad \omega=\Omega T_s$$

$$\begin{aligned}X_D(e^{j\omega})=X_D(e^{j\Omega T_D})&=\frac{1}{T_D}\sum_{n=-\infty}^{\infty}X(\Omega-n\Omega_D)=\frac{1}{DT_s}\sum_{n=-\infty}^{\infty}X\left(\Omega-\frac{1}{D}n\Omega_s\right)\\&=\frac{1}{DT_s}\sum_{n=-\infty}^{\infty}X\left(\frac{\omega-2\pi n}{DT_s}\right)\end{aligned} \tag{7.3}$$

其中

$$\Omega_D=\frac{2\pi}{T_D}=\frac{2\pi}{DT_s},\omega=\Omega T_D=\Omega DT_s$$

图 7.3 中给出了各个信号及其频谱与采样间隔之间的关系。可以看出，抽样频率越小，序列的周期谱中谱瓣之间的距离就越小。如果 f_S 和 f_D 分别为对序列 $x_s(n)$ 进行抽取前后的采样频率，当抽取因子 D 增加到使抽样频率 $f_D=f_s/D<2\Omega_h$ 时(这时不满足抽样定理的条件)，序列 $x_D(n)$ 的频谱中相邻谱瓣将会出现混叠现象，使信号产生失真。在实现抽样率转换时，允许信号中有高频的损失，但不允许有信号的失真产生，为了避免引入混叠失真，一方面可以通过减小抽取因子 D 来实现，另一方面可以对信号先进行滤波限带处理，即减小信号最高频率 Ω_h，这也是最常用的方法。

本书先在频域中讨论抽取前后信号之间的关系，分析抽取操作对信号造成的影响，然后给出实现无失真信号抽取的条件和方法。

设序列 $x(n)$ 的取样频率为 f_x，频谱为 $X(e^{j\omega})$，对其进行每隔 $D-1$ 个样点抽取一个样点的 D 倍抽取处理，所得序列 $y_D(n)$ 的抽样频率为 f_y，频谱为 $Y_D(e^{j\omega})$，可知有关系

$$f_y=\frac{f_x}{D}\quad T_y=\frac{1}{f_y}=\frac{D}{f_x}=DT_x\quad \omega_y=\Omega T_y=\Omega DT_x=D\omega_x \tag{7.4}$$

则抽取前后序列之间有关系式

$$y_D(nT_y)=x(nDT_x) \tag{7.5}$$

上述 D 倍抽取过程可以看成是，序列 $x(n)$ 先与一个只在 D 的整数倍样点上取值为非零的周期脉冲序列(周期为 D)相乘，得到中间序列 $x'(n)$，然后去除 $x'(n)$ 中取值为零的点即得到取样频率为 f_y 的序列 $y_D(n)$。$x(n)$ 与 $x'(n)$ 的关系可表示为

$$x'(n)=x(n)\sum_{m=\infty}^{\infty}\delta(n-mD)=\begin{cases}x(n) & n=mD,m\in z\\0 & \text{其他}\end{cases} \tag{7.6}$$

则 $y_D(n)$与 $x'(n)$的关系为

$$y_D(n) = x'(Dn) \tag{7.7}$$

下面分析序列 $y_D(n)$的频谱 $Y_D(\mathrm{e}^{\mathrm{j}\omega})$，对 $y_D(n)$求傅里叶变换有

$$\begin{aligned}
Y_D(\mathrm{e}^{\mathrm{j}\omega_y}) &= \sum_{m=-\infty}^{\infty} y_D(m)\mathrm{e}^{-\mathrm{j}\omega_y m} = \sum_{m=-\infty}^{\infty} x'(Dm)\mathrm{e}^{-\mathrm{j}\omega_y m} \\
&= \sum_{m=-\infty}^{\infty} \left[x(Dm)\sum_{k=-\infty}^{\infty}\delta(Dm-kD)\right]\mathrm{e}^{-\mathrm{j}\omega_y m} \\
&\underline{\underline{\text{令 } l = Dm}} \sum_{l=-\infty}^{\infty}\left[x(l)\sum_{k=-\infty}^{\infty}\delta(l-kD)\right]\mathrm{e}^{-\mathrm{j}\frac{\omega_y}{D}l}
\end{aligned} \tag{7.8}$$

式(7.8) 中的周期序列 $\sum\limits_{k=-\infty}^{\infty}\delta(l-k\mathrm{D})$ 可以表示成傅里叶级数的形式，即

$$\sum_{k=-\infty}^{\infty}\delta(l-kD) = \frac{1}{D}\sum_{i=0}^{D-1}\mathrm{e}^{\mathrm{j}\frac{2\pi li}{D}} \tag{7.9}$$

将式(7.9)代入式(7.8)中，就可得到抽取前后序列间的频谱关系

$$\begin{aligned}
Y_D(\mathrm{e}^{\mathrm{j}\omega_y}) &= \sum_{l=-\infty}^{\infty}\left[x(l)\frac{1}{D}\sum_{i=0}^{D-1}\mathrm{e}^{\mathrm{j}\frac{2\pi li}{D}}\right]\mathrm{e}^{-\mathrm{j}\frac{\omega_y}{D}l} \\
&= \frac{1}{D}\sum_{i=-0}^{D-1}\left[\sum_{l=-\infty}^{\infty}x(l)\mathrm{e}^{-\mathrm{j}\left(\frac{\omega_y-2\pi i}{D}\right)l}\right] \\
&= \frac{1}{D}\sum_{i=-0}^{D-1}X\left(\mathrm{e}^{\mathrm{j}\frac{\omega_y-2\pi i}{D}}\right)
\end{aligned} \tag{7.10}$$

将式(7.4)中 ω_y 与 ω_x 间的关系式带入式(7.10)，则得到以抽取前频率 ω_x 为变量的频谱关系式

$$Y_D(\mathrm{e}^{\mathrm{j}\omega_y}) = \frac{1}{D}\sum_{i=0}^{D-1}X(\mathrm{e}^{\mathrm{j}(\omega_x-\frac{2\pi}{D}i)}) \tag{7.11}$$

分别以 $z_y=\mathrm{e}^{\mathrm{j}\omega_y}$ 和 $z_x=\mathrm{e}^{\mathrm{j}\omega_x}$ 代入式(7.10)和式(7.11)中，可得到抽取前后序列的 Z 域关系式

$$Y_D(z_y) = \frac{1}{D}\sum_{i=0}^{D-1}X(z_y^{\frac{1}{D}}\mathrm{e}^{-\mathrm{j}\frac{2\pi}{D}i}) = \frac{1}{D}\sum_{i=0}^{D-1}X(z_x\mathrm{e}^{-\mathrm{j}\frac{2\pi}{D}i}) = \frac{1}{D}\sum_{i=0}^{D-1}X(z_xW_D^i) \tag{7.12}$$

这里 $W_D=\mathrm{e}^{-\mathrm{j}\frac{2\pi}{D}}$，并且有 $z_y=z_x^D$。

下面对以上推导结果进行分析讨论。从式(7.10)中可以看出，序列 $y_D(n)$的频谱 $Y_D(\mathrm{e}^{\mathrm{j}\omega})$是先将原序列 $x(n)$的频谱 $X(\mathrm{e}^{\mathrm{j}\omega})$进行 D 倍扩展，幅度减小 D 倍，然后再按 2π 的整数倍移位叠加。图 7.4 中给出了这种频谱间的关系。由图中可看出，抽取操作使频谱的分布范围展宽，相邻谱瓣间距离随着抽取因子 D 的增大而减小，当 D 增大到一定程度时(图中为当 $D>3$ 时)将使谱瓣间产生重叠，造成信号失真，如图 7.4(e)中所示。因此，对于具有带宽$[-\omega_\mathrm{h},\omega_\mathrm{h}]$($\omega_\mathrm{h}$ 为原信号的最高数字角频率)的信号 $x(n)$，在保证不引入混叠失真的前提下，对其进行抽取的最大因子为 $D_m=\dfrac{\pi}{\omega_\mathrm{h}}$，这时信号频谱正好被展宽为满

带,如图 7.4(d)所示,称这样的抽取为信号 $x(n)$的最大抽取。

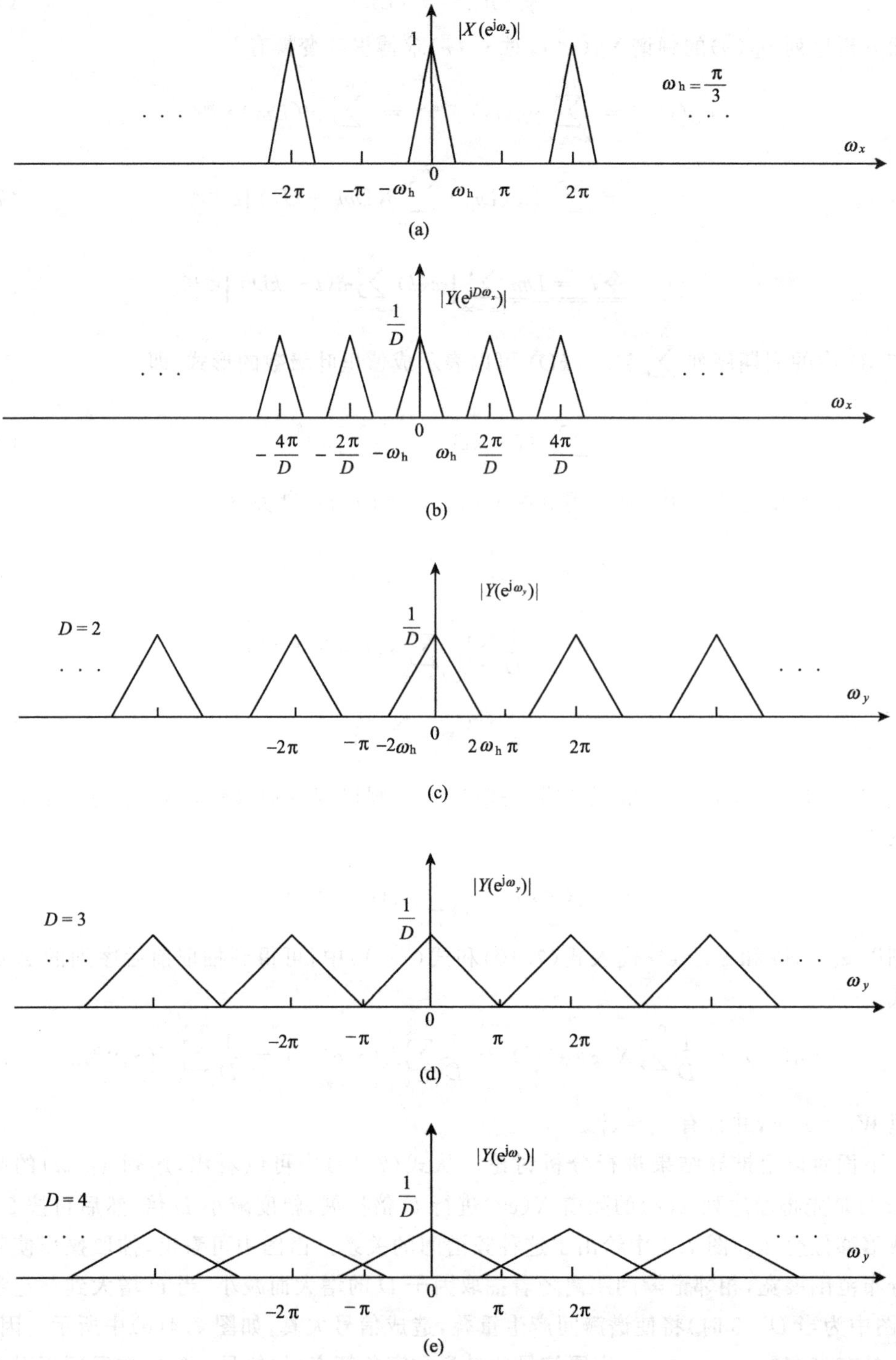

图 7.4　不同抽取后信号频谱的变化

从另一方面来看，对于原始信号 $x(n)$，当抽取因子 D 一定时，所对应的不产生混叠失真的信号最高频率则为 $\omega_h \leqslant \pi/D$。这就是说，要保证抽取后不产生混叠失真，原信号 $x(n)$ 的带宽必须限制在 $\left[-\frac{\pi}{D},\frac{\pi}{D}\right]$ 内。因此，当不满足这个限定条件时，为避免产生信号的失真，通常在抽取前要先对原信号 $x(n)$ 进行抗混叠的低通滤波处理，滤除有可能产生混叠的高频部分，使信号带宽限制在 $\left[-\frac{\pi}{D},\frac{\pi}{D}\right]$ 内，以保证抽取过程中不引入信号失真，但这时信号中的部分高频信息会丢失。显然，抗混叠滤波器的频带范围应为 $|\omega| \leqslant \frac{\pi}{D}$，理想抗混叠滤波器的频率响应为

$$H_D(e^{j\omega}) = \begin{cases} 1 & |\omega| \leqslant \dfrac{\pi}{D} \\ 0 & \text{其他} \end{cases} \tag{7.13}$$

图 7.5 为带抗混叠滤波器的抽取器系统框图。图 7.6 中说明了抗混叠滤波器在抽取系统中的作用。下面本书通过例子来说明信号的最大抽取以及抗混叠滤波器的作用。

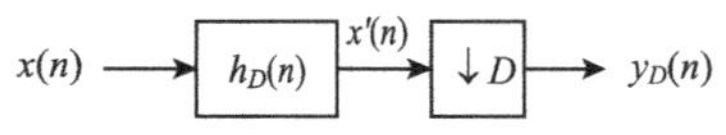

图 7.5　带抗混叠滤波器的抽取器系统框图

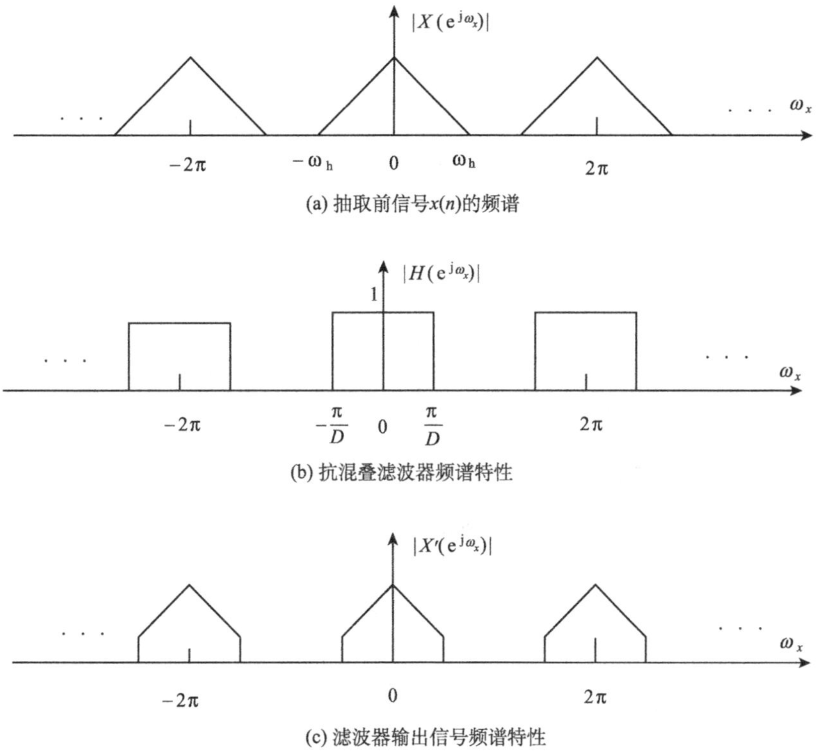

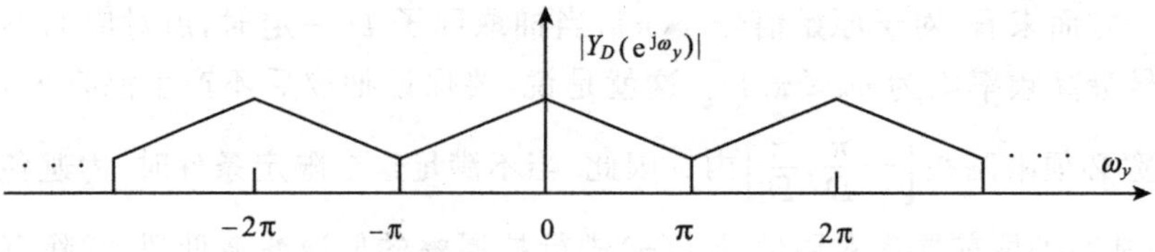

(d) 抽取后信号的频谱

图 7.6　抗混叠滤波器在抽取系统中的作用

例 7.1　设信号 $x(n)$的频谱如图 7.7(a)所示，现对其进行抽取处理，求(1)信号的最大抽取因子及抽取后信号的频谱。(2)若对 $x(n)$进行 $D=5$ 的抽取，设抽取后信号为 $y(n)$，求信号 $y(n)$的谱分布；若要使信号 $y(n)$无失真，求抗混叠滤波器的截止频率。

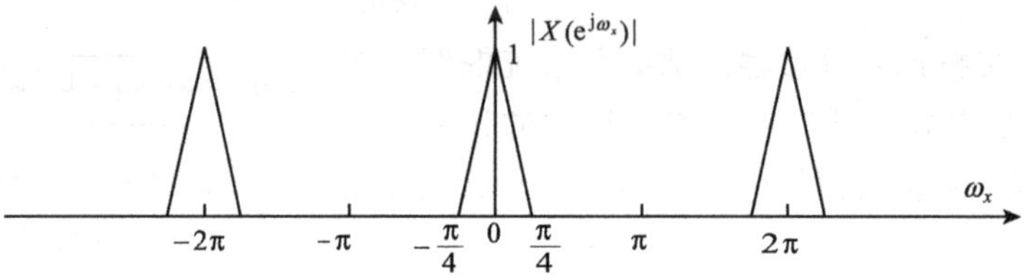

(a) 原信号$x(n)$的频谱

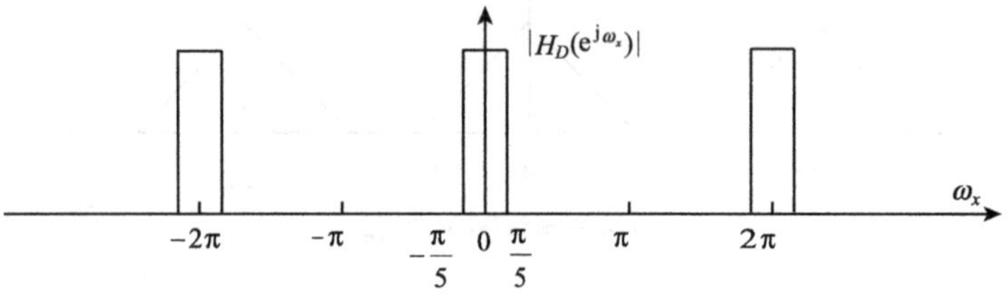

(b) 混叠滤波器

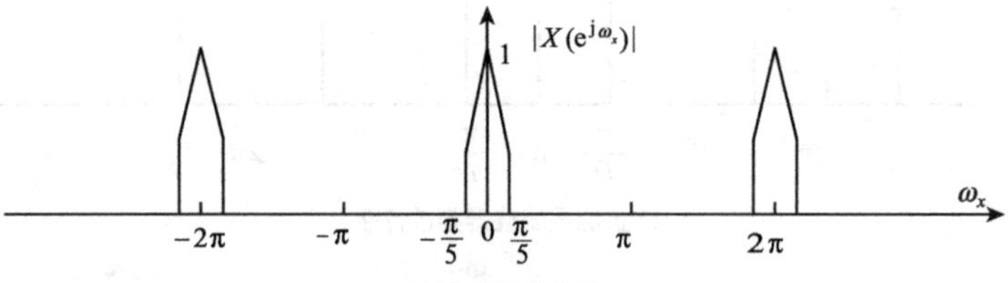

(c) 滤波后信号频谱

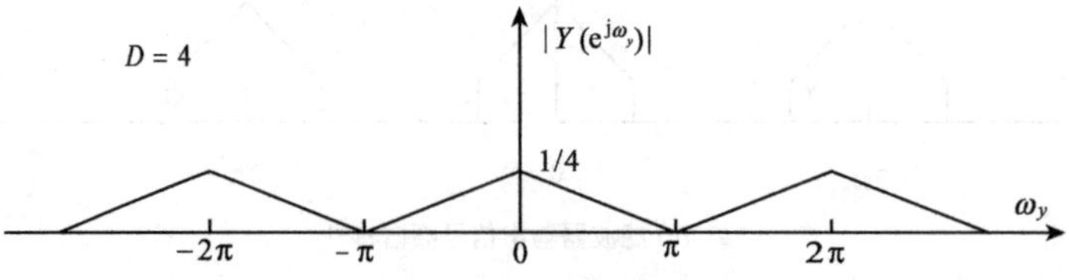

(d) 最大因子抽取后信号频谱

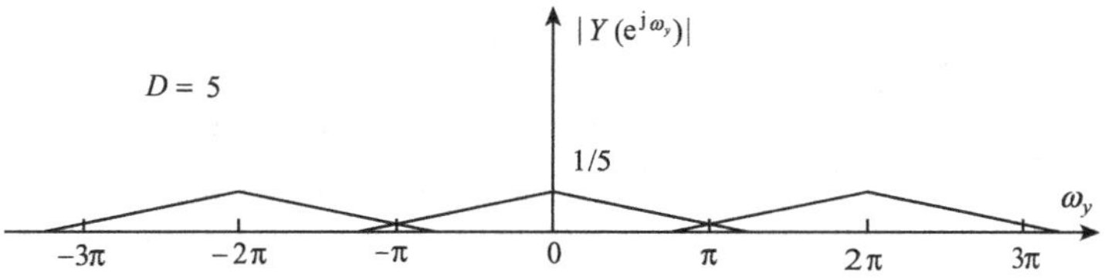

(e) 5倍抽取后信号频谱

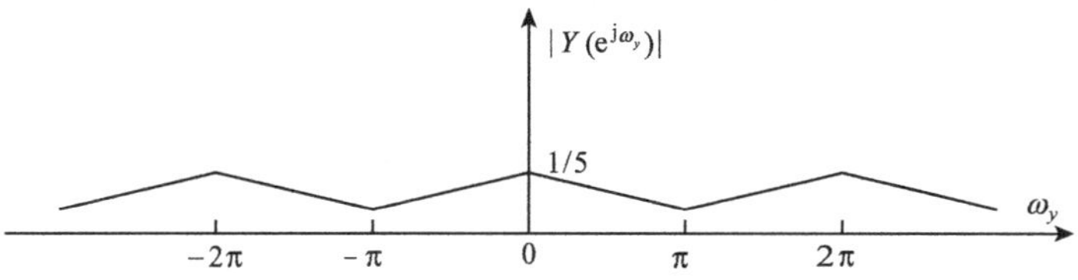

(f) 经抗混叠滤波器后5倍抽取信号频谱

图 7.7　例 7.1 中信号频谱特性

解　(1) 由图 7.7(a)可知信号 $x(n)$的最高频率 $\omega_h=\pi/4$，因此，对其进行最大抽取的抽取因子为 $D_m=\pi/\omega_h=4$。抽取后信号的频谱为图 7.7(d)所示，由图中可以看到，这时信号的频谱正好填满一个周期。

(2) 由于 $D=5>D_m$，因此，抽取将使信号产生混叠，造成失真，如图 7.7(e)中所示。为使信号不产生失真，需要在抽取前对信号进行限带处理，使其最高频率 $\omega_h\leqslant\pi/D=\pi/5$，因此，抗混叠滤波器的通带截止频率为 $\pi/5$。如图 7.7(b)中所示，图 7.7(c) 中为低通滤波后的信号频谱，这时再进行 5 倍抽取，抽取后信号的频谱如图 7.7(f)所示。

需要说明的是，如果只对信号 $x(n)$的 $[-\omega_p,\omega_p]$ （其中 $\omega_p<\pi/D$）频率范围感兴趣，此范围之外的频谱部分允许有混叠产生，这时则可以放宽对滤波器的限制。如在例 7.1 中，如果我们只对信号$[-\pi/5,\pi/5]$频域内的信息感兴趣，此时就可以不加抗混叠滤波处理。

7.3　以整数因子 I 内插

内插是一个上采样的过程，通过在两个样点间插入若干零值样点来实现，常用符号“$\boxed{\uparrow}$”表示，如图 7.8 所示。I 倍因子内插就是在两个样点间插入 $I-1$ 个零值点，使抽样频率提高为原来的 I 倍，因此也称为 I 倍零值内插。设内插前后序列分别为 $x(n)$ 和 $y_I(n)$，抽样频率分别为 f_x 和 f_y，抽样时间间隔分别为 T_x 和 T_y，数字角频率分别为 ω_x 和 ω_y，所对应的原模拟信号角频率为 Ω，则有 $f_y=I\cdot f_x$，$\omega_y=\omega_x/I=\Omega T_x/I$，$T_y=T_x/I$，显然 $x(n)$和 $y_I(n)$之间有关系

$$y_I(n)=\begin{cases}x(n/I) & n=0,\pm1,\pm2,\cdots\\0 & \text{其他}\end{cases}\tag{7.14}$$

由于内插过程中在原信号相邻样点间插入的是零值点，而非真正的抽样值点，这虽然

得到了一个抽样率提高 I 倍的信号,但却是一个存在镜像失真的信号。因此,在插零操作之后还需要一个低通滤波器来滤除镜像谱部分,从而得到所需的内插信号。从时域来看,这一低通滤波过程就是一个平滑插值的过程,通过插值来得到零值点处对应的抽样值,因此我们把采样率提高的过程称为内插。下面给出对此详细的分析。图 7.8 为包含低通滤波器的 I 倍内插器系统框图。

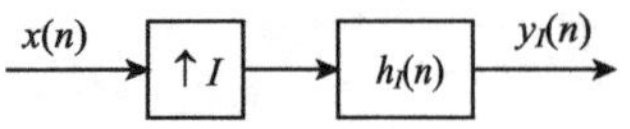

图 7.8 I 倍内插系统框图

首先推导出内插前后信号在频域中的关系。基于式(7.14),求序列 $y_I(n)$ 的频谱 $Y_I(e^{j\omega})$ 有

$$
\begin{aligned}
Y_I(e^{j\omega_y}) &= \sum_{n=-\infty}^{\infty} y(nT_y)e^{-jn\omega_y} = \sum_{n=-\infty}^{\infty} x(nT_x/I)e^{-jn\omega_y} \\
&\xlongequal{(m=n/I)} \sum_{m=-\infty}^{\infty} x(mT_x)e^{-jmI\omega_y} \\
&= \sum_{m=-\infty}^{\infty} x(mT_x)e^{-jm\omega_x} = X(e^{j\omega_x}) = X(e^{j\omega_y I})
\end{aligned} \tag{7.15}
$$

类似的有 z 变换域中内插前后信号的关系

$$
\begin{aligned}
Y_I(z) &= \sum_{n=-\infty}^{\infty} y_I(n)z^{-n} = \sum_{n=mI} y_I(n)z^{-n} \\
&= \sum_{n=mI} x\left(\frac{n}{I}\right)z^{-n} = \sum_{m=-\infty}^{\infty} x(m)z^{-mI} = X(z^I)
\end{aligned} \tag{7.16}
$$

上述结果说明频谱 $Y_I(e^{j\omega})$ 是通过对频谱 $X(e^{j\omega})$ 做 I 倍压缩后得到的。图 7.9 中给出了 I 倍内插过程中各级信号及频谱的特性。从图中可看到,由于原始信号频谱 $X(e^{j\omega})$ 的周期为 2π,这样经过 I 倍压缩后频谱 $Y_I(e^{j\omega})$ 的周期就变成了 $2\pi/I$,因此,在$[0,2\pi]$的一个周期内就出现了 $I-1$ 个 $X(e^{j\omega})$ 的重复谱瓣,称为镜像,如图 7.9(e)所示。这些镜像谱对于最终信号来说是一种上采样产生的折叠现象,它造成了内插信号的谱与原信号的谱形状不同,因此需要通过低通滤波器来进行滤除,如图 7.9(f)中所示。用于滤除镜像的理想低通滤波器的频率响应为

$$
H_I(e^{j\omega}) = \begin{cases} I & |\omega| \leqslant \dfrac{\pi}{I} \\ 0 & \text{其他} \end{cases} \tag{7.17}
$$

式(7.17)中增益 I 的设定是为了弥补滤波后信号能量的损失。因为插零后的信号通过滤波器后,一个周期$[0,2\pi]$内只保留了一个谱瓣,而滤除了 $I-1$ 个镜像谱瓣,平均能量减少为滤波前的 $1/I^2$,因此,为保证滤波后信号幅度不变,滤波器的增益必须为 I(具体证明可参见相关资料),以补偿损失的能量。可以看出系统中低通滤波器的作用有两个,其一是通过对滤波器频带的设置,实现对镜像谱的滤除;其二就是通过卷积运算实现了对所插入零值点的插值运算,得到平滑的内插信号。

由以上述分析可知,时域零值内插后使原信号的谱 $X(e^{j\omega})$ 在频域中产生了 I 倍的内插,致使在 $X(e^{j\omega})$ 的每个周期内又插入了 $I-1$ 个压缩了 I 倍的 $X(e^{j\omega})$ 频谱,造成了

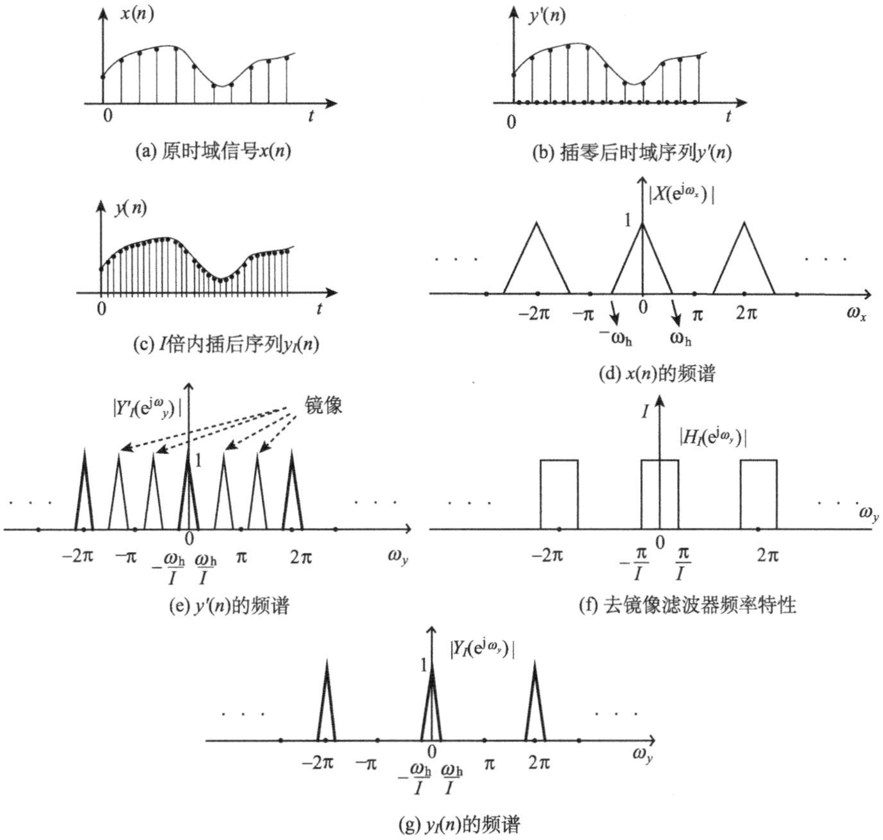

图 7.9　I 倍插值系统中各信号时域和频域特性

信号的镜像失真。但是与抽样产生的混叠失真不同，镜像并不会造成信号的信息损失。

7.4　以有理因子 I/D 转换抽样频率

前面本书讨论了按整数因子 D 抽取和按整数因子 I 内插的抽样率变换方法，在这一节中将介绍如何按有理因子 I/D 来实现信号抽样率的转换（这里 I 和 D 为互质的正整数）。因为在实际应用中，整数因子的抽样率转换有时并不能很好地满足需求。

基于前面介绍的内容，有理因子 I/D 的抽样率转换，可以通过 I 倍内插器系统与 D 倍抽器系统取相结合的方法来实现。由于降低抽样频率的抽取操作，使原信号的样点数减少，在有些情况下可能会造成信号的信息损失，因此，合理的做法是先进行信号的 I 倍内插，然后再进行 D 倍抽取。将图 7.8 中的 I 倍内插器与图 7.5 中的 D 倍抽取器相级联就得到如图 7.10(a)所示的有理因子 I/D 抽样率转换系统。由于系统中内插和抽取单元中的低通滤波器 $h_I(n)$ 和 $h_D(n)$ 是级联关系，并且都工作在相同的采样频率 If_x 上，信号通过这两个滤波器的效果等同于通过其中通带截止频率最低的一个，因此，可以将这两个

低通滤波器合并为一个来实现,如图 7.10(b)中 $h(n)$所示,并且其理想频响特性应满足

$$H(e^{j\omega}) = \begin{cases} I & |\omega| \leqslant \min\left(\dfrac{\pi}{I}, \dfrac{\pi}{D}\right) \\ 0 & \text{其他} \end{cases} \tag{7.18}$$

这样此滤波器既满足了内插器中滤除镜像谱的要求,又保证了在抽取器中不存在混叠失真。

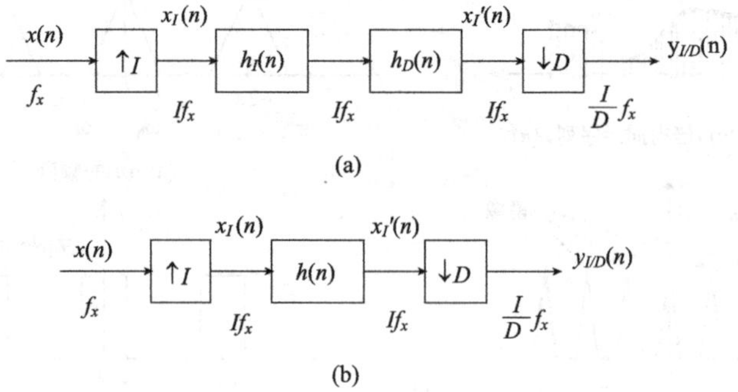

图 7.10　有利因子 I/D 频率转换系统

对于有理因子 I/D 的抽样率转换,当因子$\dfrac{I}{D}>1$ 时,即内插因子 I 大于抽取因子 D,这时转换后的抽样频率大于原抽样频率,因此,不会造成信号的信息损失。但是,如果当因子$\dfrac{I}{D}<1$ 时,即内插因子 I 小于抽取因子 D,这时转换后的抽样频率小于转换前,因此将使原信号中部分高频信息产生丢失,这是由防混叠滤波造成的。下面通过例子来进一步说明。

例 7.2　设信号 $x(n)$的抽样频率为 $f_x=12\text{kHz}$,分别按如下两种情况对其进行抽样率转换:(1)抽样频率转换为 $f_y=26\text{kHz}$;(2)抽样频率转换为 $f_y=10\text{kHz}$。

解　(1) 由于

$$\frac{f_y}{f_x} = \frac{26}{12} = \frac{13}{6} = \frac{I}{D}$$

因此,可以先按 $I=13$ 进行内插,然后按 $D=6$ 进行抽取,从而实现所需的抽样频率转换。

又由于

$$\min\left(\frac{\pi}{I}, \frac{\pi}{D}\right) = \frac{\pi}{I} = \frac{\pi}{13}$$

所以系统中低通滤波器的通带截至频率应为 $\omega=\pi/13$。图 7.11 中给出了系统框图及抽样率变换前后信号的频谱情况。从图中可以看出,由于抽样率变换因子 $I/D=13/6>1$,因此,变换没有使信号产生信息的损失。

(2) 由于

$$\frac{f_y}{f_x} = \frac{10}{12} = \frac{5}{6} = \frac{I}{D}$$

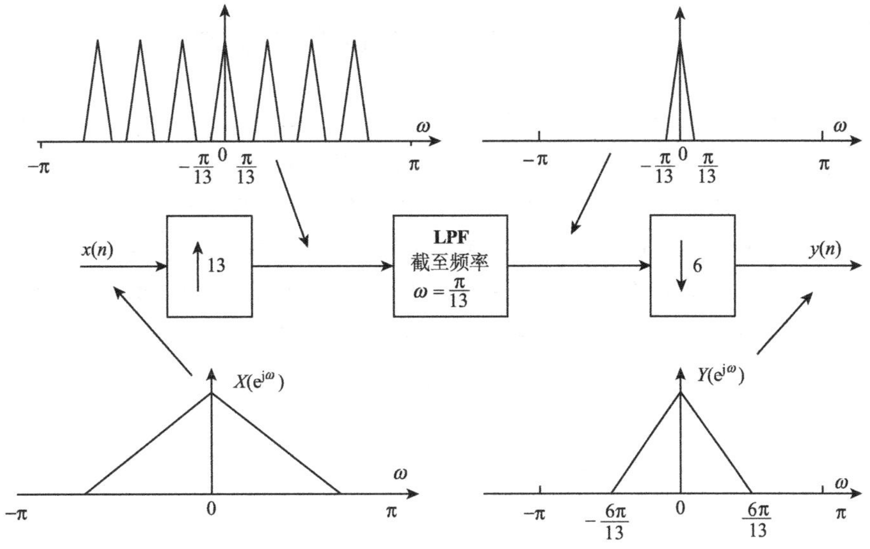

图 7.11　转换因子大于 1 时系统中信号的频谱分布

说明变换系统需要先进行 $I=5$ 的内插，然后再进行 $D=6$ 的抽取，并且，由于 $\min\left(\frac{\pi}{I},\frac{\pi}{D}\right)=\frac{\pi}{D}=\frac{\pi}{6}$，因此，系统中低通滤波器的通带截至频率应为 $\omega=\pi/6$。由于抽样率变换因子 $I/D=5/6<1$，因此，变换后将产生信号的信息损失，如图 7.12 中频谱图所示。

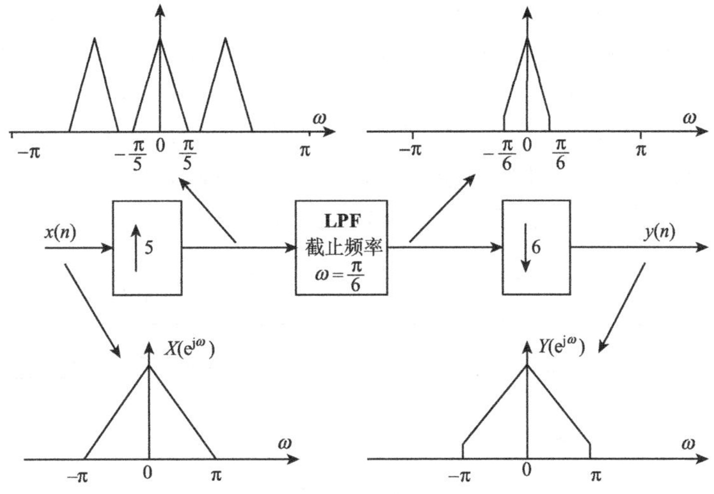

图 7.12　转换因子小于 1 时系统中信号频谱的分布

7.5　多抽样率系统的高效实现

前面内容中介绍了对数字信号进行抽取和内插的抽样率变换方法,从中可知,滤波器是系统中重要的处理单元,因此,滤波器的实现效率将直接影响到多抽样率系统的总体性能。在图 7.5 和图 7.7 所示的系统中,由于滤波器都工作在系统的最高频率上(如抽取前的频率和内插后的频率),致使系统的运算量很大,并且其中包含有许多无用的计算过程,因此使系统的运算效率降低。如果将滤波器的具体运算与信号抽取和内插的实现特点相结合,对系统结构进行整合与优化,将滤波器运算单元放在系统中的低抽样率上进行,舍去处理过程中的无用运算,就能充分减少系统运算量,大大提高抽样率转换的效率,获得多抽样率系统的高效实现。

对于多抽样率系统中的低通滤波器来说,既可以用 FIR 型来实现也可以用 IIR 来实现,但相比较来看,FIR 滤波器的实现效率比 IIR 滤波器要高,因此多抽样率系统中的滤波器单元常选用 FIR 型来实现。下面本书将首先讨论高效多抽样率系统的实现基础:网络级联的恒等变换和信号的多相分解,然后介绍多抽样率系统的高效 FIR 多相实现和高效 FIR 直接型实现。

7.5.1　网络级联的恒等变换

从前面内容的阐述中可知,多抽样率系统一般是由抽样率变换单元和数字滤波器单元级联构成,如图 7.5 和图 7.8 中所示。在级联系统中,级联顺序的改变常常会使整个系统的计算更有效,对于我们所讨论的多抽样率系统更是如此。前面也已提到,如果将系统中的滤波器单元调整在低抽样率处实现,将会使系统运算效率大大提高。但是,由于多抽样率系统中的抽取和内插变换是一个线性时变处理单元,不能与线性时不变的滤波器单元直接进行级联顺序的互换,否则,系统的传输函数将发生改变。因此,需要对滤波器进行修改,这样才能保证级联顺序的调整不会影响到系统的原有输出。

图 7.13 中给出了 D 倍抽取系统(图(a))和网络级联顺序调整后的等效系统(图(b)),设原信号抽样频率为 f_x,下面对其等效性进行证明。

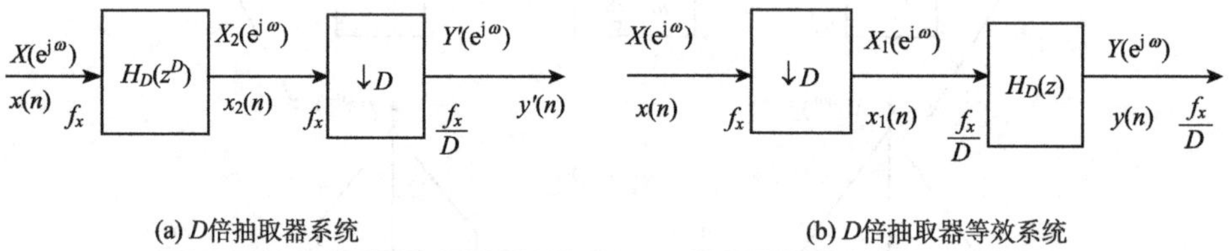

图 7.13　D 倍抽取系统的网络等效系统

在图 7.13(b)所示系统中,根据式(7.10)有抽取前后的频域关系

$$X_1(e^{j\omega}) = \frac{1}{D}\sum_{i=0}^{D-1} X(e^{j\frac{\omega-2\pi i}{D}}) \tag{7.19}$$

相应的系统输出为

$$Y(e^{j\omega}) = H_D(e^{j\omega})X_1(e^{j\omega}) \tag{7.20}$$

又，在图 7.13(a)所示系统中有关系

$$X_2(e^{j\omega}) = H_D(e^{j\omega D})X(e^{j\omega}) \tag{7.21}$$

于是图 7.13(a)中系统的输出为

$$\begin{aligned} Y'(e^{j\omega}) &= \frac{1}{D}\sum_{i=0}^{D-1} X_2(e^{j\frac{\omega-2\pi i}{D}}) = \frac{1}{D}\sum_{i=0}^{D-1} H_D(e^{j(\omega-2\pi i)})X(e^{j\frac{\omega-2\pi i}{D}}) \\ &= \frac{1}{D}\sum_{i=0}^{D-1} H_D(e^{j\omega})X(e^{j\frac{\omega-2\pi i}{D}}) \\ &= H_D(e^{j\omega})\frac{1}{D}\sum_{i=0}^{D-1} X(e^{j\frac{\omega-2\pi i}{D}}) \\ &= H_D(e^{j\omega})X_1(e^{j\omega}) = Y(e^{j\omega}) \end{aligned} \tag{7.22}$$

式(7.22)说明了图 7.13 中两个系统的等效性。

对于内插器同样有对应的网络等效系统，如图 7.14 中所示，对其等效性同样可以直接证明如下。在图 7.14 中，根据式(7.15)可以分别得到图 7.14(b)、图 7.14(a)中内插前后频域关系

$$Y(e^{j\omega}) = X_1(e^{j\omega I}) = X(e^{j\omega I})H_I(e^{j\omega I}) \tag{7.23}$$

$$X_2(e^{j\omega}) = X(e^{j\omega I}) \tag{7.24}$$

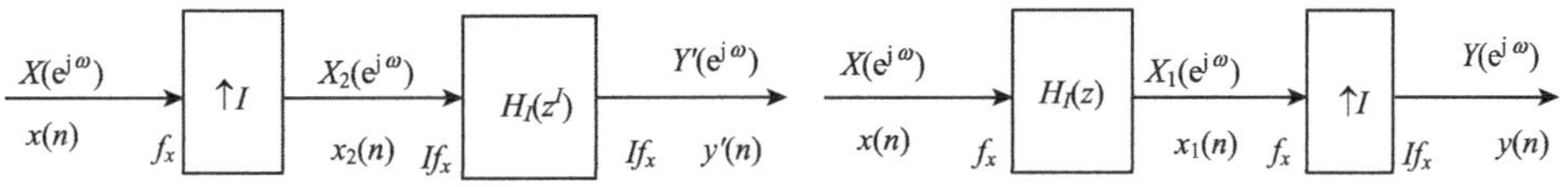

(a) I 倍内插器系统　　(b) I 倍内插器等效系统

图 7.14　I 倍内插系统的网络等效系统

这样图 7.14(a)中系统的输出为

$$Y'(e^{j\omega}) = H_I(e^{j\omega I})X_2(e^{j\omega}) = H_I(e^{j\omega I})X(e^{j\omega I}) = Y(e^{j\omega}) \tag{7.25}$$

这样就证明了图 7.14 中两个系统的等效性。

以上讨论的结果说明，多抽样率系统中处理单元级联顺序的改变对应着滤波器频谱的压缩与扩展，以此来保证系统具有一致的传输特性。

7.5.2　FIR 滤波器的多相分解表示

多相分解是信号的一种分解表示形式，它把信号按不同相位进行分组表示，也称为信号的多相表示。分解时，将一个序列表示成 M 组子序列的叠加，其中每一组子序列都是由原序列中连续的 L 个样点构成。在多抽样率系统中，对滤波器的传输函数进行多相分

解表示,目的是为了更有效地利用上一节所介绍的网络恒等关系,将系统中的滤波器单元与抽样率变换单元进行级联顺序的交换,从而获得更高效的系统实现。

对于 FIR 滤波器有

$$H(z) = \sum_{n=0}^{N-1} h(n) z^{-n} \tag{7.26}$$

滤波器的长度为 N,假设可以将滤波器冲激响应 $h(n)$分成 M 组,每组长度为 L,即 $N=ML$,其中 M 和 L 均为正整数,则对式(7.26)进行多相分解后有

$$\begin{aligned}
H(z) &= \sum_{n=0}^{N-1} h(n) z^{-n} = h(0)z^{-0} + h(1)z^{-1} + h(2)z^{-2} + \cdots + h(L-1)z^{-(L-1)} \\
&\quad + h(L)z^{-L} + h(L+1)z^{-(L+1)} + h(L+2)z^{-(L+2)} + \cdots \\
&\quad + h(2L-1)z^{-(2L-1)} + h(2L)z^{-2L} + h(2L+1)z^{-(2L+1)} \\
&\quad + h(2L+2)z^{-(2L+2)} + \cdots + h(3L-1)z^{-(3L-1)} + \cdots + h((M-1)L)z^{-(M-1)L} \\
&\quad + h((M-1)L+1)z^{-((M-1)L+1)} + h((M-1)L+2)z^{-((M-1)L+2)} + \cdots \\
&\quad + h(ML-1)z^{-(ML-1)} \\
&= \sum_{i=0}^{L-1} h(i)z^{-i} + \sum_{i=0}^{L-1} h(L+i)z^{-(L+i)} + \sum_{i=0}^{L-1} h(2L+i)z^{-(2L+i)} + \cdots \\
&\quad + \sum_{i=0}^{L-1} h((M-1)L+i)z^{-((M-1)L+i)} \\
&= \sum_{i=0}^{L-1} h(i)z^{-i} + z^{-L}\sum_{i=0}^{L-1} h(L+i)z^{-i} + z^{-2L}\sum_{i=0}^{L-1} h(2L+i)z^{-i} + \cdots \\
&\quad + z^{-(M-1)L}\sum_{i=0}^{L-1} h((M-1)L+i)z^{-i} \\
&= \sum_{j=0}^{M-1} z^{-jL} \sum_{i=0}^{L-1} h(jL+i)z^{-i} \\
&= \sum_{i=0}^{L-1} z^{-i} \sum_{j=0}^{M-1} z^{-jL} h(jL+i) \\
&= \sum_{i=0}^{L-1} z^{-i} \Big[\sum_{j=0}^{M-1} h(jL+i)(z^{L})^{-j} \Big]
\end{aligned} \tag{7.27}$$

设

$$E_i(z^L) = \sum_{j=0}^{M-1} h(jL+i)(z^L)^{-j} \quad i = 0,1,2,\cdots,L-1 \tag{7.28}$$

其中,$E_i(z^L)$是 $H(z)$的多相分量,可看成是序列 $h(jL+i)$以 z^L 为复变量所进行的 Z 变换,将式(7.28)代入式(7.27)则得到 $H(z)$的 L 元多相分解表示

$$H(z) = \sum_{i=0}^{L-1} E_i(z^L) z^{-i} \tag{7.29}$$

将 $z=e^{j\omega}$ 代入式(7.29)中得到

$$H(e^{j\omega})=\sum_{i=0}^{L-1}E_i(e^{j\omega L})e^{-j\omega i} \tag{7.30}$$

式(7.30)中 $e^{-j\omega i}$ 代表着不同的相位信息，这也是多相分解名称的由来。基于式(7.29)，可以得到如图 7.15 所示的滤波器的多相分解结构，这是一个由 L 个子网络并联构成的并联网络，其中每一个子网络的传输函数为式(7.28)所示，图 7.16 为子网络的直接型结构流图。

需要说明的是，对于滤波器冲激响应 $h(n)$ 采用不同的分组叠加方式，可以得到不同形式的多相分解结构，但其基本实现思想是相同的，只不过对应的数学表达形式不同，这里不再详细推导，若需要进一步了解可参看其他相关资料。

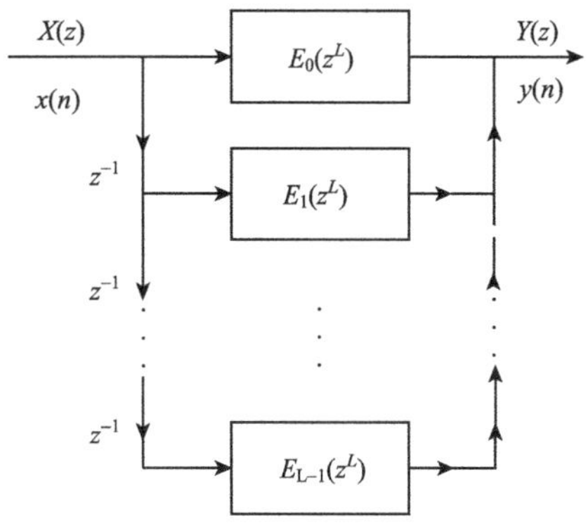

图 7.15　FIR 滤波器的多相分解结构

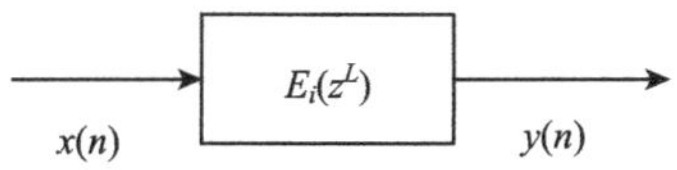

(a) 框图

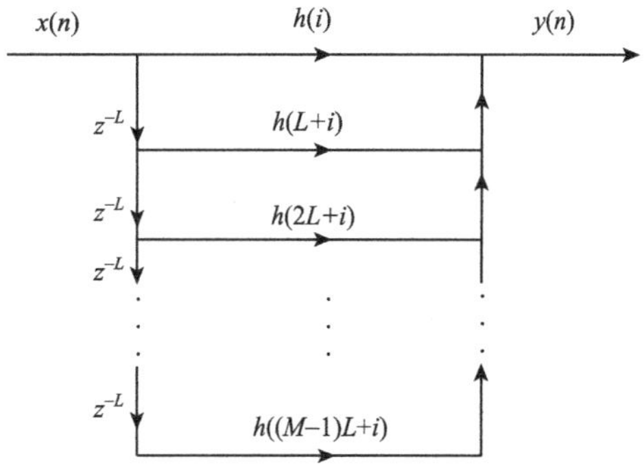

(b) 流图

图 7.16　并联子网络 $E_i(z^L)$ 的结构 $(i=0,1,\cdots,L-1)$

7.5.3　多抽样率系统的高效 FIR 多相实现

综合以上所介绍的级联恒等变换和 FIR 滤波器的多相分解表示，我们可以得到抽样率变换系统的高效 FIR 多相实现。

1. D 倍抽取器系统的高效 FIR 多相实现

图 7.17(a) 中给出的是 7.2 节所介绍的 D 倍抽取器系统，现在把其中的低通滤波器用 D 元多相分解结构来实现，得到如图 7.17(b)所示的结构框图。在这个结构中，由于滤波器工作于抽取前的高频率上，并且其中包含着许多对最终要被抽取操作丢弃的点的无用运算，因此系统的实现效率不高。现在利用前面所讨论的图 7.13 中级联恒等变换关系，交换图 7.17(b)中抽取与滤波单元的级联顺序，则得到如图 7.18 所示的 D 倍抽取器

的高效 FIR 多相实现。可以看到通过级联顺序的交换,滤波运算现在是在抽取操作后的低频率上进行,系统的计算效率会随着抽取因子 D 的增大而成倍地提高,因此,这是一个 D 倍抽取器系统的高效实现。设滤波器冲激响应 $h(n)$ 的长度为 N,一般都取 N 为 D 的整数倍,即 $M=N/D$ 为整数,由式(7.28)可知图 7.17 中并联子网络的系统函数为

$$E_i(z^D)=\sum_{j=0}^{M-1}h(jD+i)(z^D)^{-j}\quad i=0,1,2,\cdots,D-1 \tag{7.31}$$

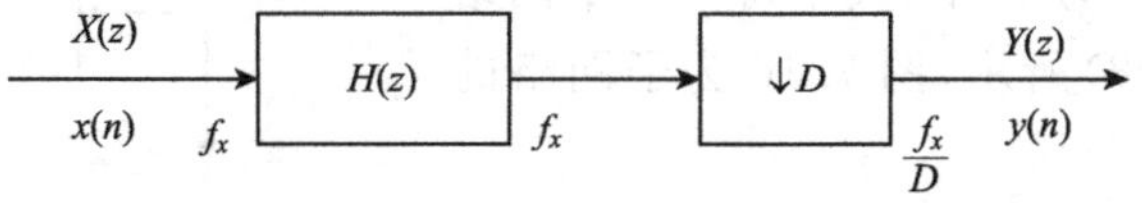

(a)

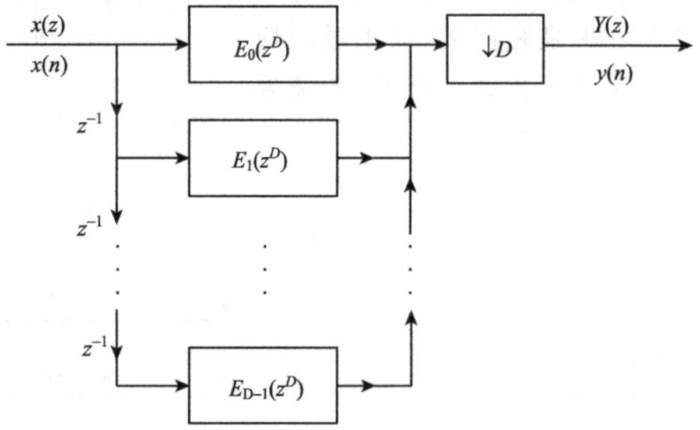

(b)

图 7.17　D 倍抽取器系统框图

相应的图 7.18 中并联子网络的系统函数为

$$E_i(z)=\sum_{j=0}^{M-1}h(jD+i)z^{-j}\quad i=0,1,2,\cdots,D-1 \tag{7.32}$$

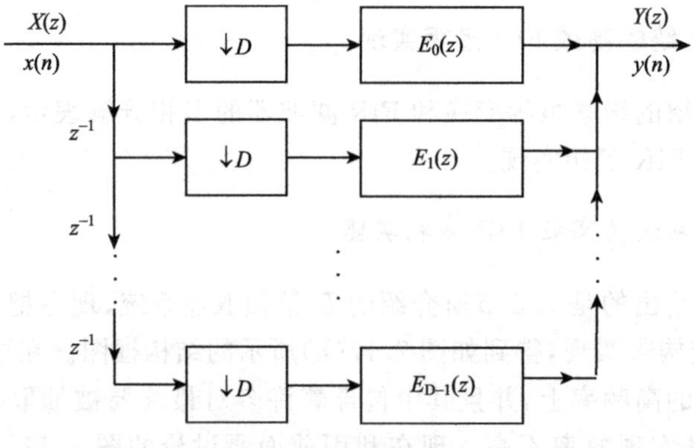

图 7.18　D 倍抽取器系统的高效 FIR 多相结构

例 7.3　对抽样频率为 f_s 的信号 $x(n)$ 进行 4 倍抽取，设滤波器冲激响应 $h(n)$ 的长度为 12，用高效 FIR 多相结构实现此抽取系统。

解　因为 $D=4,N=12$，所以 $M=N/D=3$。滤波器以 4 个 3 阶并联子网络实现，由式(7.32)可得并联子网络的系统函数分别为

$$E_0(z)=h(0)+h(4)z^{-1}+h(8)z^{-2}$$

$$E_1(z)=h(1)+h(5)z^{-1}+h(9)z^{-2}$$

$$E_2(z)=h(2)+h(6)z^{-1}+h(10)z^{-2}$$

$$E_3(z)=h(3)+h(7)z^{-1}+h(11)z^{-2}$$

由此可得到图 7.19 中的高效 FIR 多相结构。

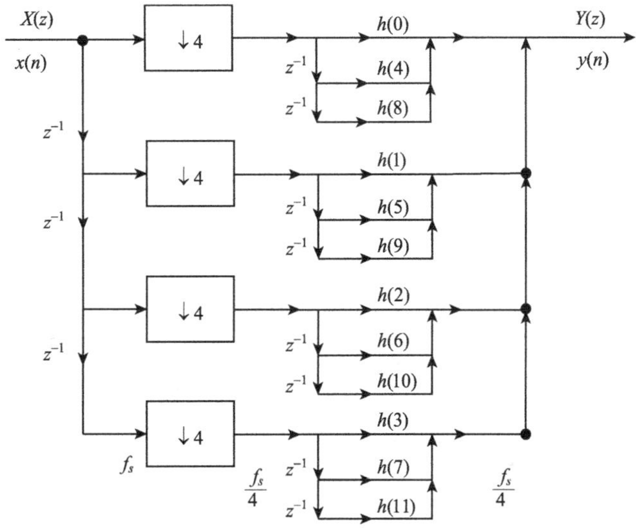

图 7.19　例 7.3 中抽取器的高效 FIR 多相结构

2. I 倍内插器系统的高效 FIR 多相实现

类似于上面对抽取器所作的讨论，将滤波器的多相分解形式用于 I 倍内插器系统，同样可以得到系统的高效实现。图 7.20(a) 为 7.3 节中所介绍的 I 倍内插器系统框图，把其中的低通滤波器用 I 元多相分解结构来实现，则得到图 7.20(b)所示的结构框图。与 D 倍抽取器系统的情况相同，在这个结构中，由于滤波器工作于内插后的高频率上，并且其中包含有许多跟插入的零值相乘的无用运算，因此系统的实现效率不高。现在同样利用前面所讨论的图 7.14 中级联恒等变换关系，交换图 7.20(b)中抽取与滤波单元的级联顺序，这样就得到了如图 7.21 所示的 I 倍内插器系统的高效 FIR 多相实现。设滤波器冲激响应 $h(n)$ 的长度为 N，且有 $M=N/I$ 为整数，由式(7.28)得到图 7.20 中并联子网络的系统函数为

$$E_i(z^I)=\sum_{j=0}^{M-1}h(jI+i)(z^I)^{-j}\quad i=0,1,2,\cdots,I-1 \tag{7.33}$$

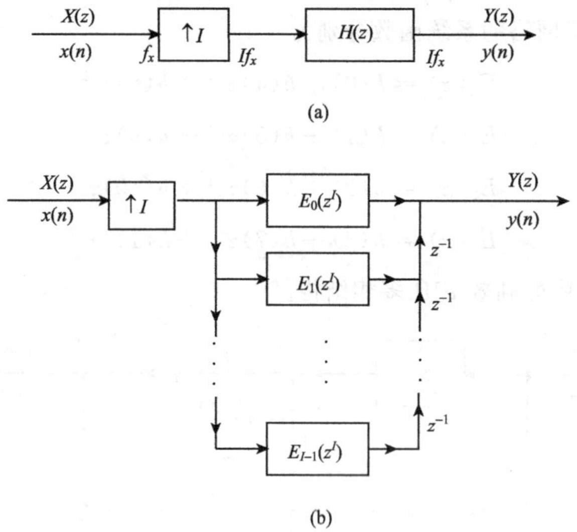

图 7.20　I 倍内插器系统框图

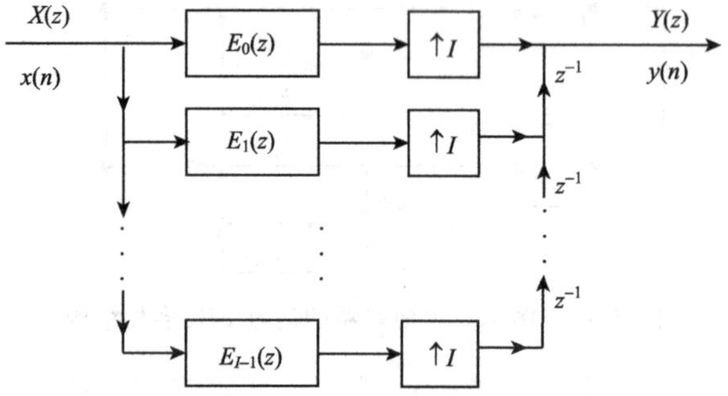

图 7.21　I 倍内插器系统的高效 FIR 多相结构

相应的图 7.21 中并联子网络的系统函数为

$$E_i(z)=\sum_{j=0}^{M-1}h(jI+i)z^{-j}\quad i=0,1,2,\cdots,I-1 \tag{7.34}$$

例 7.4　对抽样频率为 f_s 的信号 $x(n)$ 进行 4 倍内插处理,设滤波器冲激响应 $h(n)$ 的长度为 12,用高效 FIR 多相结构实现此内插系统。

解　因为 $I=4,N=12$,所以 $M=N/I=3$。滤波器以 4 个 3 阶并联子网络实现,由式(7.34)同样可得并联子网络的系统函数

$$E_0(z)=h(0)+h(4)z^{-1}+h(8)z^{-2}$$

$$E_1(z)=h(1)+h(5)z^{-1}+h(9)z^{-2}$$

$$E_2(z) = h(2) + h(6)z^{-1} + h(10)z^{-2}$$

$$E_3(z) = h(3) + h(7)z^{-1} + h(11)z^{-2}$$

此内插系统的高效 FIR 多相结构如图 7.22 所示，此结构图与例 7.3 中图 7.19 互为转置关系。

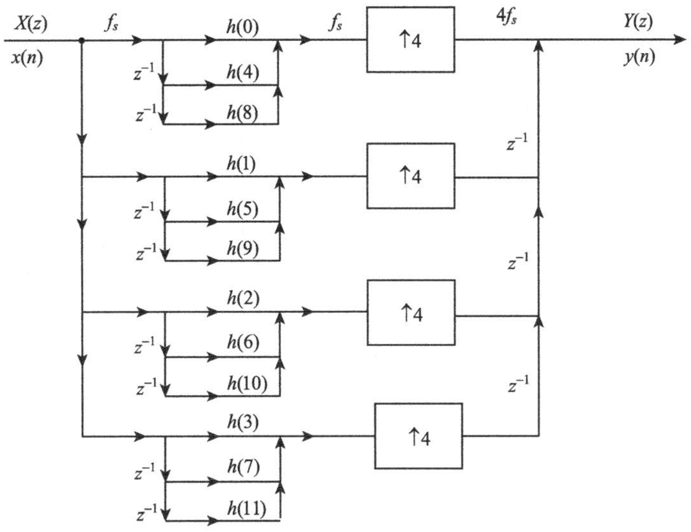

图 7.22　例 7.4 中内插器的高效 FIR 多相结构

比较上面所讨论结果中的内插和抽取系统高效结构，可以看出，当 $D=I$ 时，图 7.18 中抽取器的高效 FIR 多相结构与图 7.21 中内插器的高效 FIR 多相结构互为转置关系。

7.5.4　多抽样率系统的高效 FIR 直接实现

在 7.5.2 节中的 FIR 滤波器多相分解讨论中，如果令对 $h(n)$ 的分组数 $M=1$，则分组长度 L 就等于 $h(n)$ 的长度 N，这时多相分解表示式(7.28)和式(7.29)就退化为滤波器的直接表达形式，对应的 FIR 直接型结构流图如图 7.23 所示。

将 $M=1$ 和 $L=N$ 代入式(7.28)中有

$$\begin{aligned} E_i(z^N) &= \sum_{j=0}^{1-1} h(jN+i)(z^N)^{-j} \\ &= \sum_{j=0}^{1-1} h(jN+i)(z)^{-j} = E_i(z) \\ &= h(i), \quad i = 0,1,2,\cdots,N-1 \end{aligned} \tag{7.35}$$

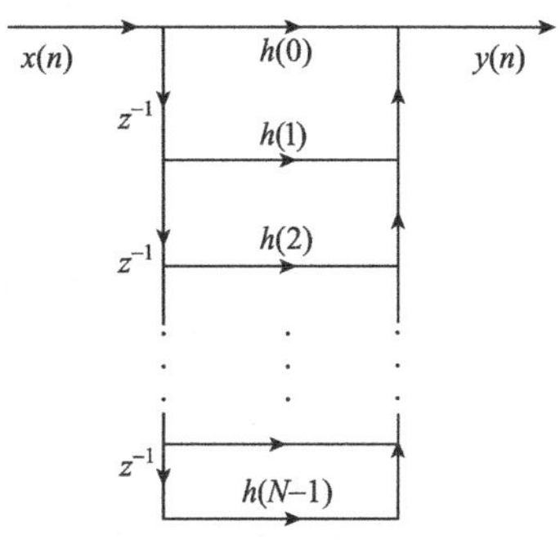

图 7.23　FIR 直接型结构流图

这时式(7.29)变为

$$H(z)=\sum_{i=0}^{N-1}E_i(z^N)z^{-i}=\sum_{i=0}^{N-1}E_i(z)z^{-i}=\sum_{i=0}^{N-1}h(i)z^{-i} \tag{7.36}$$

将以上分析结果分别应用到图 7.18 和图 7.21 所示的高效 FIR 多相结构中，就得到如图 7.24 所示的 D 倍抽取器系统的高效 FIR 直接实现和如图 7.25 所示的 I 倍内插器系统的高效 FIR 直接实现。很显然，当 $D=I$ 时，图 7.24 中的抽取器高效 FIR 直接结构与图 7.25 中的内插器高效 FIR 直接结构也是互为转置关系。

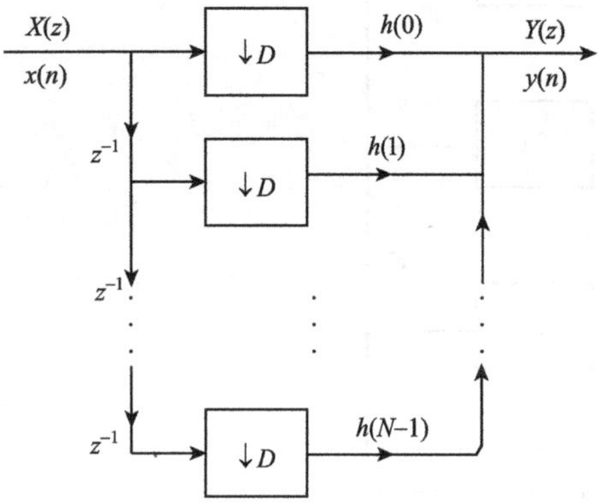

图 7.24　D 倍抽取器系统的高效 FIR 直接实现

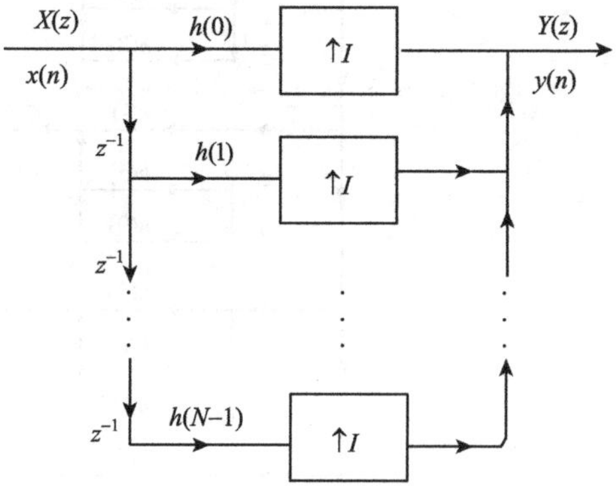

图 7.25　I 倍内插器系统的高效 FIR 直接实现

通常情况下，系统中的 FIR 滤波器都设计成具有线性相位特性，因此，利用 $h(n)$ 的奇偶对称性，可以使图 7.24 和图 7.25 中的运算量再次降低，这样抽样率变换系统的效率将进一步得到提高。图 7.26 和图 7.27 中分别为抽取器的线性相位 FIR 高效结构流图和内插器的线性相位 FIR 高效结构流图。

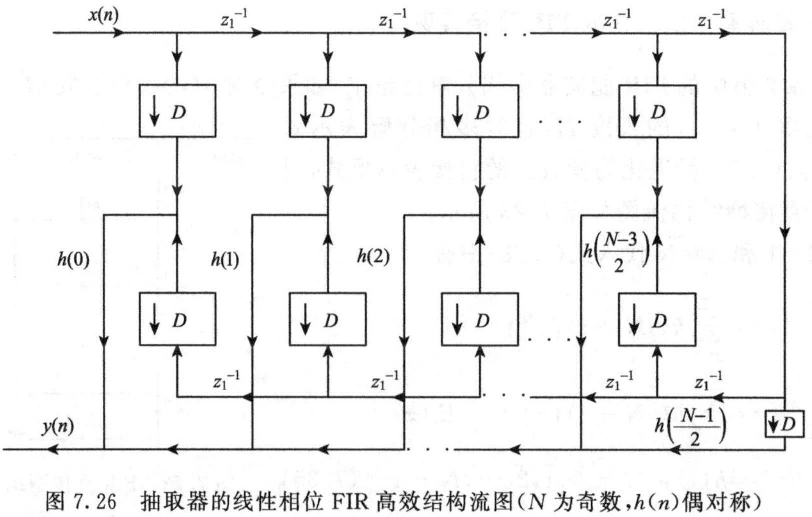

图 7.26　抽取器的线性相位 FIR 高效结构流图(N 为奇数，$h(n)$ 偶对称)

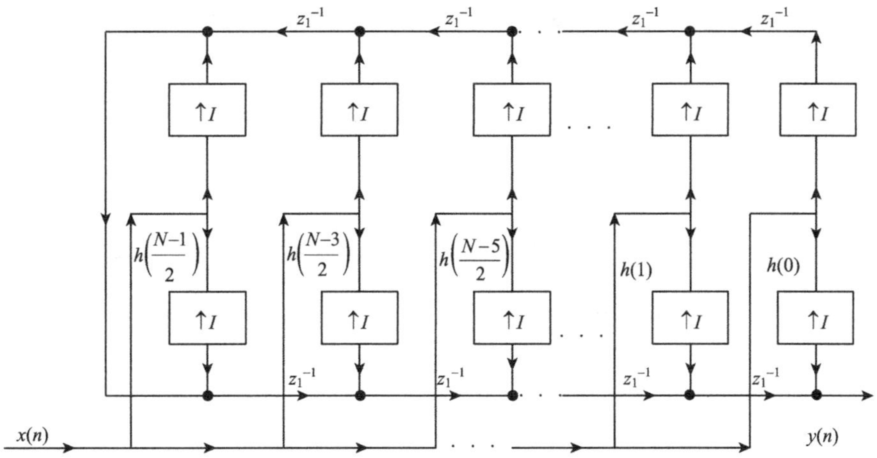

图 7.27　内插器的线性相位 FIR 高效结构流图(N 为奇数,$h(n)$偶对称)

7.6　数字滤波器组

在前面章节中,我们所研究的都是单输入单输出系统的信号滤波问题,其主要目的是为了滤除信号中的噪声或者根据不同采样率对信号进行重采样处理。但在实际应用中,有时需要对单一信号进行分解或对多个信号进行合成,典型的应用如:频谱分析仪,将输入信号分解成若干个子带信号,进而对信号的频谱特性进行更有效的分析;频谱综合仪,将多个频带分布不同的窄带子信号合成为一个宽频带信号。这类对信号的子带分解与合成处理是通过数字滤波器组来实现的。

7.6.1　滤波器组概述

滤波器组是指一组带通滤波器,它们具有共同的输入或共同相加后的输出,如图 7.28 所示。在图 7.28(a)所示系统中,M 个通道具有共同的输入信号 $x(n)$,但具有不同的滤波特性 $H_{Am}(z)$,$m=0,1,\cdots,M-1$,如图 7.28 所示,最终产生 M 个频谱基本不重叠的窄带子信号 $y_m(n)$,称这种具有共同输入的滤波器组为分析滤波器组(analysis filter bank),它实现由单信号到多信号的转换。在图 7.28(b)所示系统中,M 个窄带输入子信号 $x_m(n)$,$m=0,1,\cdots,M-1$,通过具有不同滤波特性的滤波器 $H_{Sm}(z)$,$m=0,1,\cdots,M-1$,最终由 M 个子信号综合相加,产生单一的信号输出 $y(n)$,称这种具有共同相加输出的滤波器组为综合滤波器组(synthesis filter bank),它实现由多信号到单信号的转换。在实际应用中分析滤波器组与综合滤波器组可以联合应用以实现更有效的信号处理,如子带编码滤波器(SBC)系统,其包含一个分析滤波器组和一个综合滤波器组,首先通过分析滤波器组将信号分解到不同的子带,接着对不同子带的信号进行更为有效的编码与传输,最后通过综合滤波器组将解码后的子带信号进行合成并重建原信号。分析滤波器组的频率特性如图 7.29 所示。

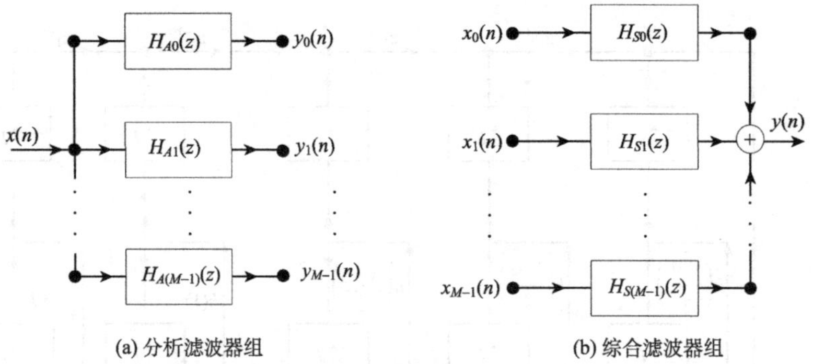

图 7.28 滤波器组

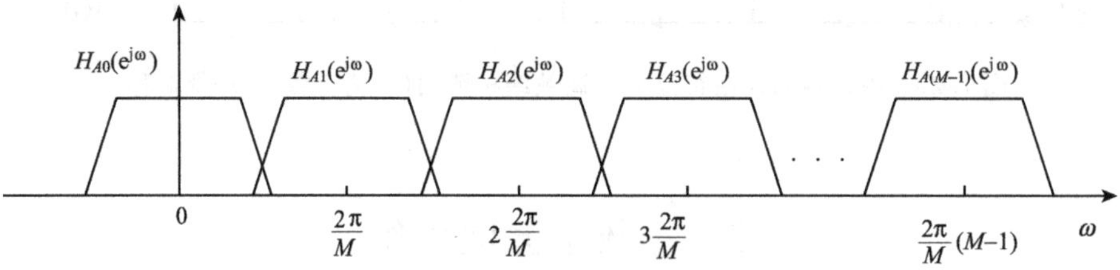

图 7.29 分析滤波器组的频率特性

若分析滤波器将信号 $x(n)$ 按频带均匀分解成 M 个子带信号，这时每个子带信号的带宽将是原信号带宽的 $1/M$，因此，可以将每个窄带子信号的抽样率降低 M 倍而不损失信息，很明显，这里进行的是最大抽取，这样做可以减少数据量，并更有利于后续对信号的处理(如编码)。因此，在分析滤波器组的每个通道之后分别加上一个 M 倍抽取器，就得到图 7.30 所示的更为有效的分析滤波器组。

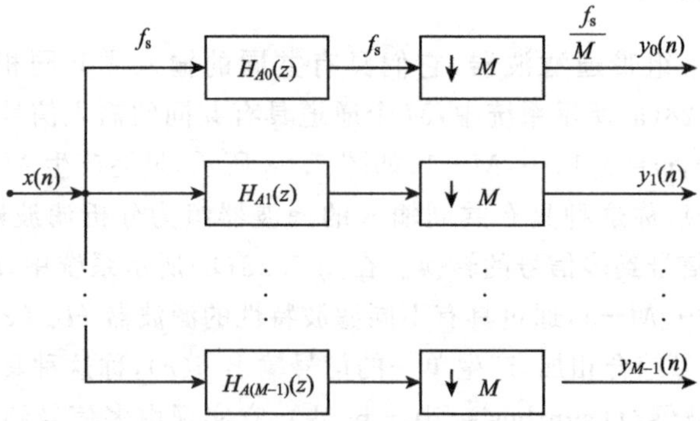

图 7.30 带抽取器的分析滤波器组

对于综合滤波器组来说，将 M 个低抽样率的窄带子信号综合相加后形成一个宽频带的信号，同样希望所得到的宽带信号具有与子带分解前信号相同的抽样频率，因此，为达到这样的目的就需要在综合滤波器组前增加一个 M 倍的内插器，这样就得到图 7.31 所示的更为有效的综合滤波器组。

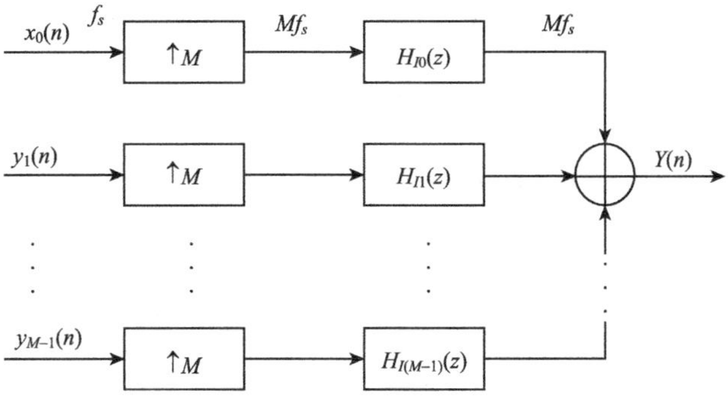

图 7.31　带内插器的综合滤波器组

7.6.2　均匀 DFT 滤波器组

设滤波器组的频响特性如图 7.29 所示，每个滤波器的带宽均为 $2\pi/M$。其中，除第 0 通道为低通滤波器外，其余 $M-1$ 个滤波器均为带通滤波器，并且其频响特性都是由第 0 通道的频响 $H_{A0}(e^{j\omega})$经过均匀频域移位(每次平移 $2\pi/M$)后得到，即

$$H_{Am}(e^{j\omega}) = H_{A0}(e^{j(\omega-\frac{2\pi}{M}m)}) \quad m = 0,1,\cdots,M-1 \tag{7.37}$$

由这样一组滤波器构成的滤波器组称为均匀 DFT 滤波器组，它既可用于实现分析滤波器组，也可用于实现综合滤波器组。对应到时域中，可得到 $M-1$ 个带通滤波器与低通滤波器之间的冲击响应关系

$$h_{Am}(n) = e^{j\frac{2\pi}{M}mn}h_{A0}(n) \quad m = 0,1,\cdots,M-1 \tag{7.38}$$

在式(7.37)中，令 $e^{j\omega}=z$，则得到这 M 个滤波器的传输函数间的关系

$$H_{Am}(z) = H_{A0}(e^{-j\frac{2\pi}{M}m}z) \quad m = 0,1,\cdots,M-1 \tag{7.39}$$

用与 DFT 分析中相同的方法，令 $W_M=e^{-j\frac{2\pi}{M}}$，则有表示式

$$H_{Am}(z) = H_{A0}(zW_M^m) \quad m = 0,1,\cdots,M-1 \tag{7.40}$$

由以上分析可知，M 个滤波器的通带中心频率分别为：$0,\frac{2\pi}{M},2\frac{2\pi}{M},\cdots,(M-1)\frac{2\pi}{M}$，这 M 个频率点均匀分布在频域的一个周期内，在 Z 域则等分单位圆。对于这样一组特性密切相关的滤波器的设计，只需设计出第 0 通道的低通滤波器，然后基于式(7.37)，则可得到其他 $M-1$ 个带通滤波器的设计结果。

滤波器组中的每一个滤波器可以用任何结构实现，如果用 FIR 多相结构来实现，我们就可以得到均匀 DFT 滤波器组的高效 FIR 多相结构。根据式(7.29)得到低通滤波器 $H_{A0}(z)$的 M 元多相结构表示

$$H_{A0}(z) = \sum_{n=0}^{M-1}E_{An}(z^M)z^{-n} \tag{7.41}$$

其中,$E_{An}(z^M)$是$H_{A0}(z)$的第n个多相分量

$$E_{An}(z^M)=\sum_{j=0}^{M-1}h_{A0}(jM+n)(z^M)^{-j},\quad n=0,1,2,\cdots,M-1 \tag{7.42}$$

因此,由式(7.40)可以得到$M-1$个带通滤波器的M元多相表示

$$H_{Am}(z)=H_{A0}(zW_M^m)=\sum_{n=0}^{M-1}E_{An}(z^M\underbrace{W_M^{mM}}_{=1})z^{-n}W_M^{-mn}$$

$$=\sum_{n=0}^{M-1}E_{An}(z^M)z^{-n}W_M^{-mn}\quad m=0,1,\cdots,M-1 \tag{7.43}$$

比较式(7.41)与式(7.43)不难发现,这$M-1$个带通滤波器除了多了一个指数缩放因子W_M^{-mn}外,都具有与低通滤器$H_{A0}(z)$相同的多项分解结构。现在用矩阵形式来表示每一个滤波器

$$H_{Am}(z)=\begin{bmatrix}1 & W_M^{-m} & W_M^{-2m} & \cdots & W_M^{-(M-1)m}\end{bmatrix}\begin{bmatrix}E_{A0}(z^M)\\ z^{-1}E_{A1}(z^M)\\ \vdots\\ z^{-(M-1)}E_{A(M-1)}(z^M)\end{bmatrix}$$

$$m=0,1,\cdots,M-1 \tag{7.44}$$

将这M个滤波器构成一个向量

$$\begin{bmatrix}H_{A0}(z)\\ H_{A1}(z)\\ \vdots\\ H_{A(M-1)}(z)\end{bmatrix}=\begin{bmatrix}1 & 1 & \cdots & 1\\ 1 & W_M^{-1} & \cdots & W_M^{-(M-1)}\\ \vdots & \vdots & \vdots & \vdots\\ 1 & W_M^{-(M-1)} & \cdots & W_M^{-(M-1)^2}\end{bmatrix}\begin{bmatrix}E_{A0}(z^M)\\ z^{-1}E_{A1}(z^M)\\ \vdots\\ z^{-(M-1)}E_{A(M-1)}(z^M)\end{bmatrix} \tag{7.45}$$

比较式(7.45)与IDFT的矩阵定义式可以看到,上式其实就是一个不含常系数$1/M$的IDFT变换式,其时域与频域序号均由脚标给出,因此,这组滤波器可以用IDFT的快速算法IFFT来求解,这使得滤波器组的运算效率得到很大提高。

将式(7.45)分析结果分别应用于抽取器和内插器的高效FIR多相结构,就得到图7.32和图7.33所示的均匀DFT分析滤波器组的高效FIR多相结构和均匀DFT综合滤波器组的高效FIR多相结构。其中综合滤波器组的系统函数间关系为

$$H_{sm}(z)=H_{s0}(e^{-j\frac{2\pi}{M}m}z)\quad m=0,1,\cdots,M-1 \tag{7.46}$$

滤波器组的多相结构矩阵为

$$\begin{bmatrix}H_{s0}(z)\\ H_{s1}(z)\\ \vdots\\ H_{s(M-1)}(z)\end{bmatrix}=\begin{bmatrix}1 & 1 & \cdots & 1\\ 1 & W_M^{-1} & \cdots & W_M^{-(M-1)}\\ \vdots & \vdots & \vdots & \vdots\\ 1 & W_M^{-(m-1)} & \cdots & W_M^{-(M-1)^2}\end{bmatrix}\begin{bmatrix}E_{s0}(z^M)\\ z^{-1}E_{s1}(z^M)\\ \vdots\\ z^{-(M-1)}E_{s(M-1)}(z^M)\end{bmatrix} \tag{7.47}$$

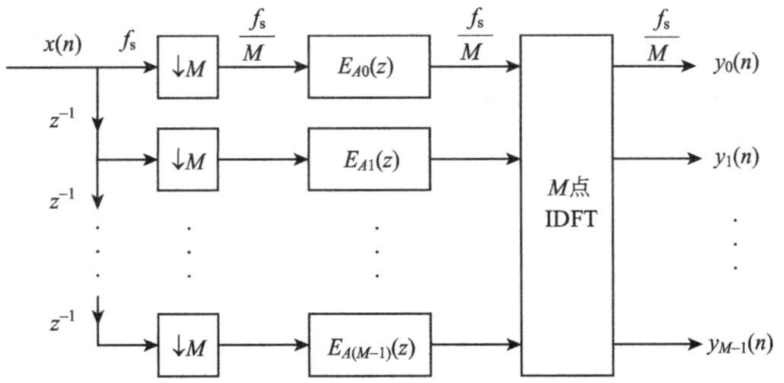

图 7.32　均匀 DFT 分析滤波器组的高效 FIR 多相结构

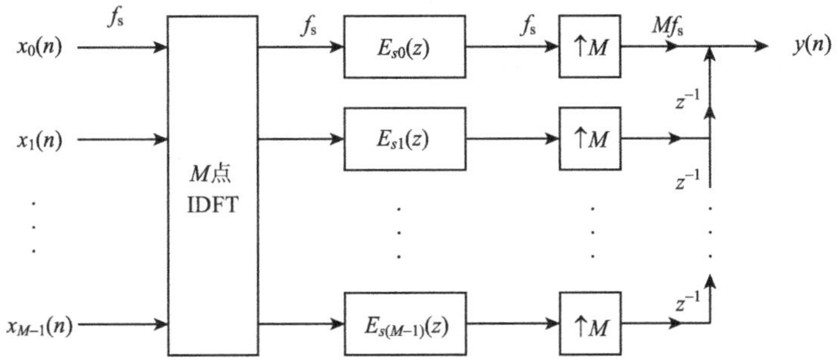

图 7.33　均匀 DFT 综合滤波器组的高效 FIR 多相结构

7.7　多抽样率数字信号处理的应用

多抽样率数字信号处理作为现代信号处理的重要技术之一，在音视频信号编码、数模变换、数字通信等诸多方面都有着广泛的应用。下面进行简单的举例说明。

7.7.1　语音信号子带编码

大家都知道，音频信号的频谱一般都分布在 20Hz～20KHz 之间，其中，人们说话时的语音信号，其能量主要集中在较低频率上，因此，在对语音信号进行编码处理时，我们希望将更多的比特数用于对音频中较低频带内信息的表示，而减少用于高频带音频信息表示的比特位数。子带编码是实现这一思想的很好方法，它将音频信号分解成多个子带信号，然后对每个子带信号进行独立的编码处理。一般情况下，当信号的能量主要集中在频带的某一特殊区域时，就可以利用子带编码的方法在信号的数字表示中实现对信号带宽的压缩。多抽样率信号处理技术则为子带编码提供了有效的实现方法。

图 7.34 中给出了一个 4 子带分解的语音信号子带编码器系统框图。设语音信号 $x(n)$ 的原始采样频率为 F_s，第一次分解时，将信号按频带等分为低通子信号 $x_{l1}(n)$，频带范围为 $0\leqslant F\leqslant F_s/4$，和高通子信号 $x_{h1}(n)$，频带范围为 $F_s/4\leqslant F\leqslant F_s/2$；第二次分解时，

对由第一次分解得到的低通子信号 $x_{l1}(n)$ 进行同样的频带等分处理，得到对应的低通分量 $x_{l2}(n)$ 和高通分量 $x_{h2}(n)$，频带范围分别为 $0 \leqslant F \leqslant F_s/8$ 和 $F_s/8 \leqslant F \leqslant F_s/4$；第三次分解时，将第二次分解得到的低通信号 $x_{l2}(n)$ 再划分成两个频带等宽的子信号 $x_{l3}(n)(0 \leqslant F \leqslant 16)$ 和 $x_{h3}(n)(F_s/16 \leqslant F \leqslant F_s/8)$。

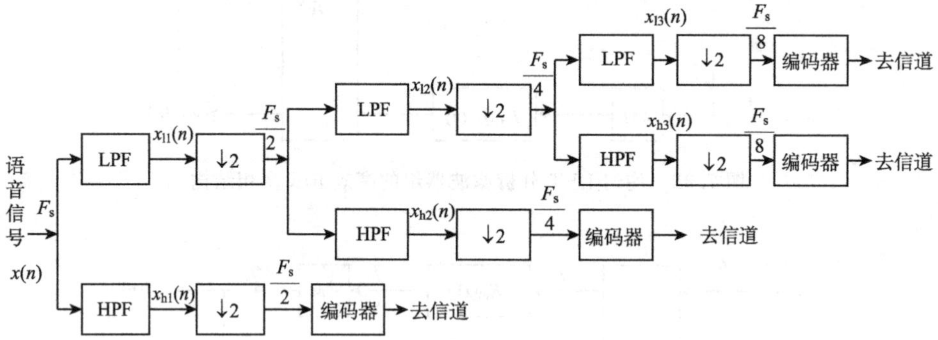

图 7.34 语音信号子带编码器系统框图(4 子带)

在每次分解后，由于信号带宽减半，采样率也可以减半，因此在每一级滤波器之后都进行两倍抽取，这样做使信号在保证不失真的前提下数据率减小。信号 $x(n)$ 最终被分解为 4 个子带信号，分别为：包含了所有低频信息、采样频率为 $F_s/8$ 的轮廓分量信号 $x_{l3}(n)$；采样频率分别为 $F_s/8$、$F_s/4$、$F_s/2$ 的包含高频细节信息的细节分量信号 $x_{h3}(n)$、$x_{h2}(n)$ 和 $x_{h1}(n)$，其频谱分布如图 7.35 所示。由于这 4 个子带信号具有不同的频谱特性，包含着不同的信息，因此，在具体压缩或其他应用中，可以对不同子带中的信号样本分配不同的比特位数，并采用不同的编码方法处理，最终达到降低语音信号比特率的目的。

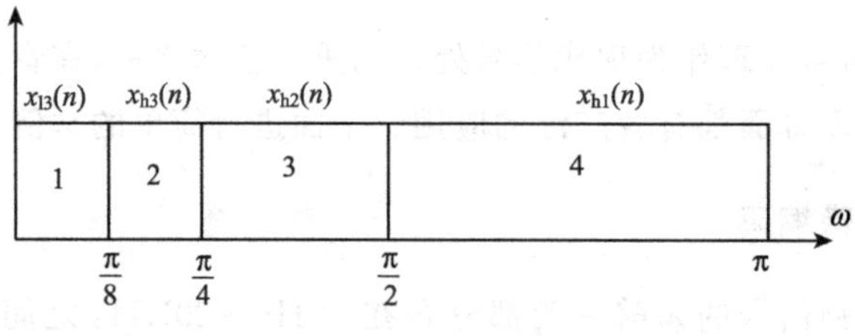

图 7.35 4 子带编码器输出信号频谱特性

对子带编码语音信号的综合处理实质上是子带编码的逆过程，在相邻的低通和高通频带内对信号进行内插、滤波和组合，经过这样的逐级处理，最后综合得到全频带的语音信号，如图 7.36 所示。

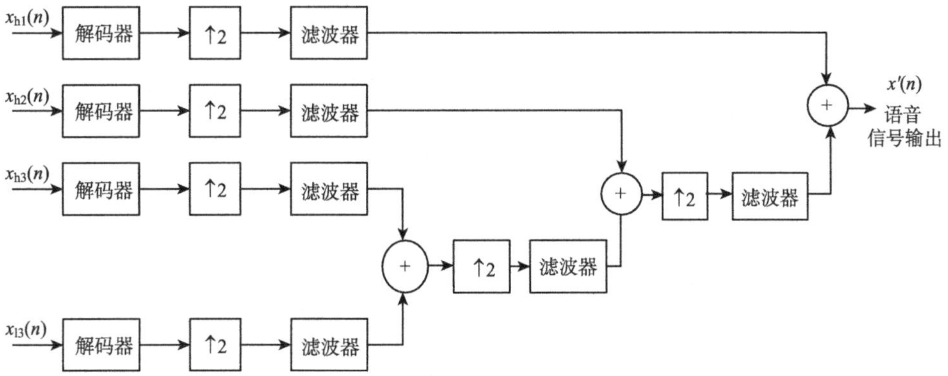

图 7.36　语音信号子带编码综合系统框图(4 子带)

7.7.2　图像信号子带编码

在图像信号处理中利用子带编码方法同样能够实现对数据的有效压缩。对于一个实际的图像来说,其能量不会在空间频率$[0,2\pi]\times[0,2\pi]$范围内均匀分布,因此,在进行图像处理时,可以通过滤波器组先将信号分解成一个个占据不同频带范围的子带信号,并对每一子带信号进行单独编码和量化,由于这些子带信号具有不同的能量分布,携带不同的图像信息,因此,可以按其所包含信息重要性不同而用不同的字长来表示,从而达到高效编码的目的。通过对图像信号进行子带分解,可以实现以平均 0.5 个比特来编码一个像素,而不是原来的 8 个比特。

下面通过举例来说明图像的子带编码。假设用两通道滤波器组对图 7.38(a)所示的 256×256 图像进行 2 个子带分解的子带编码处理,处理系统的框图如图 7.37(a)所示,滤波器组的频率特性 $H_0(e^{j\omega})$和 $H_1(e^{j\omega})$分别如图 7.37(b)所示。图 7.38(b)中给出了原图像的频谱特性。首先让图像的每一列分别通过两个滤波器(高通、低通),并对每个通道的滤波输出进行 2 倍抽取,然后将抽取后的低频和高频图像分别置于图的上半部和下半部;将以上分解得到的两个子图像信号再按行分别用 $H_0(e^{j\omega})$和 $H_1(e^{j\omega})$进行滤波处理,并对输出进行 2 倍抽取,然后将抽取后的低频和高频子图像分别置于图的左右两边,如图 7.38(c)所示,这样就将图7.38(a)所示图像分解成 4 个子图像,分别为 LL、LH、HL 和 HH,并分别位于图 7.38(c)中的左上角、右上角、左下角和右下角。从图中可看出子图像 LL 中包含了原图像的大部分信息,而子图像 LH、HL 和 HH 中只包含原图像的细节信息,因此,在后续处理中可根据四个子图像所包含信息特性的不同,分别采用不同的编码字长,从而实现高效图像编码的目的。

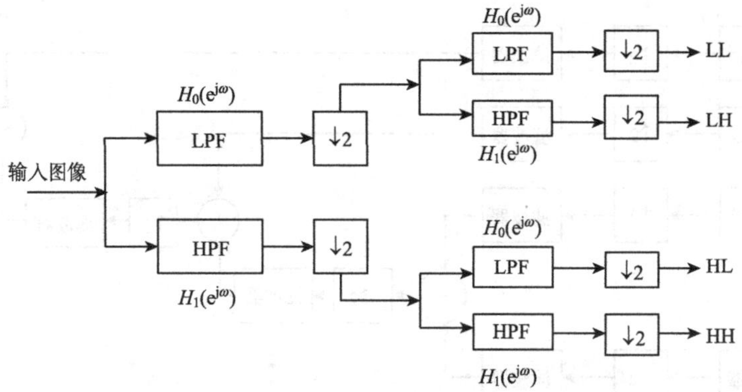

(a) 系统框图

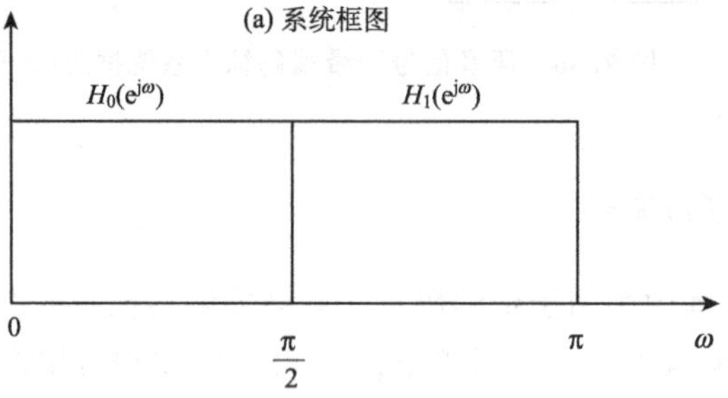

(b) 滤波器频谱特性

图 7.37　2 子带图像分解的子带编码系统

(a)　(b)　(c)

图 7.38　2 个子带分解的图像子带编码图

7.8　本章涉及的 Matlab 函数

1. 抽取函数 decimate

抽取函数 decimate 可以实现对信号矢量的整数倍抽取,共具有 4 种调用形式:

(1) y=decimate(x,D)

(2) y=decimate(x,D,N)

(3) y=decimate(x,D,'FIR')

(4) y=decimate(x,D,N,'FIR')

上式中 x 为待抽取的信号矢量；y 为抽取后的信号矢量；D 为抽取倍数，N 为滤波器阶数，D 倍抽取后信号 y 的长度变成信号 x 长度的 $1/D$。函数 decimate 中已包含反混叠滤波器，因此无需另行设计。对于第(1)种调用形式，函数中使用的反混叠滤波器是 8 阶的切比雪夫滤波器；对于第(2)种调用形式，函数中使用的反混叠滤波器是 N 阶切比雪夫滤波器，N 由使用者指定；对于第(3)种调用形式，函数中采用的是 31 阶 FIR 滤波器；对于第(4)种调用形式，函数中使用的是 N 阶 FIR 滤波器，N 由使用者指定。

例 7.5　设两个正弦序列的归一化频率分别为 $f_1=0.043$ 和 $f_2=0.031$，其和构成长度为 N 的序列 $x(n)$。用 Matlab 实现对 $x(n)$ 的任意整数因子 D 抽取，给出抽取前后的信号序列波形。

解

```
clf;
N = input('Length of input signal =');
D = input('Down - sampling factor =');
f1 = input('Frequency of first sinusoid =');
f2 = input('Frequency of second sinusoid =');
n = 0:N - 1;
% Generate the input segence
x = sin(2 * pi * f1 * n) + sin(2 * pi * f2 * n);
% Generate the decimated output segence
y = decimate(x,2);
% Plot the input and the output sequence
subplot(2,1,1)
stem(n,x(1:N));
```

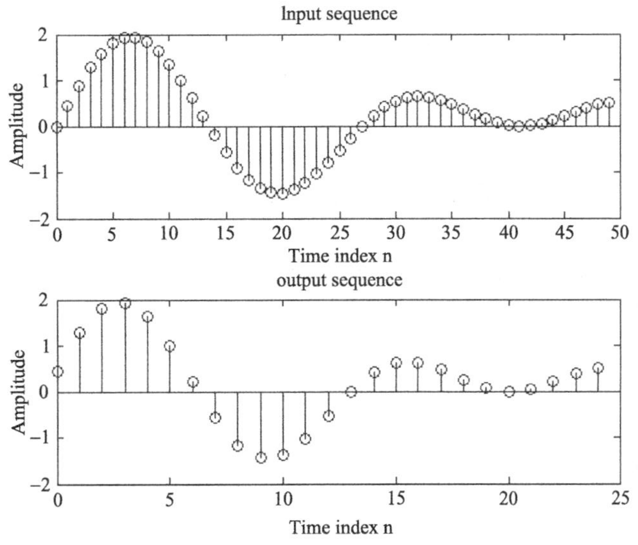

图 7.39　例 7.5 中抽取前后的 $x(n)$序列

```
title('Input sequence');
xlable('Time index n');
ylable('Amplitude');
subplot(2,1,2)
m = 0:N/D - 1;
stem(m,y(1:N/D));
title('output sequence');
xlable('Time index n');
ylable('Amplitude');
```

抽取前后的 $x(n)$ 序列如图 7.39 所示。

2. 内插函数 interp

内插函数 interp 可实现对信号矢量的整数倍内插，共有 3 种调用形式：

(1) y=interp(x,I)

(2) y=interp(x,I,N,alpha)

(3) [y,h]=interp(x,I,N,alpha)

上式中 x 为待内插的信号矢量；y 为内插后的信号矢量；I 为内插倍数，N 为滤波器阶数，I 倍内插后信号 y 的长度变成信号 x 长度的 I 倍。函数 interp 中已包含有去镜像滤波器，因此无需另行设计。

例 7.6 对例 7.5 中的 $x(n)$ 序列进行任意整数因子 I 内插，求出内插后的信号序列波形。

解

```
% 取 N = 25,I = 2, f1 = 0.043,f2 = 0.031
clf;
N = input('Length of input signal  =');
I = input('up - sampling factor  =');
f1 = input('Frequency of first sinusoid  =');
f2 = input('Frequency of second sinusoid  =');
n = 0:N - 1;
% Generate the input segence
x = sin(2 * pi * f1 * n) + sin(2 * pi * f2 * n);
% Generate the interpolated output segence
y  =  interp(x,I);
% Plot the input and the output sequence
subplot(2,1,1)
stem(n,x(1:N));
title('Input sequence');
xlabel('Time index n');
ylabel('Amplitude');
subplot(2,1,2)
m = 0:N * I - 1;
stem(m,y(1:N * I));
```

```
title('output sequence');
xlabel('Time index n');
ylabel('Amplitude');
```

内插前后的 $x(n)$序列如图 7.40 所示。

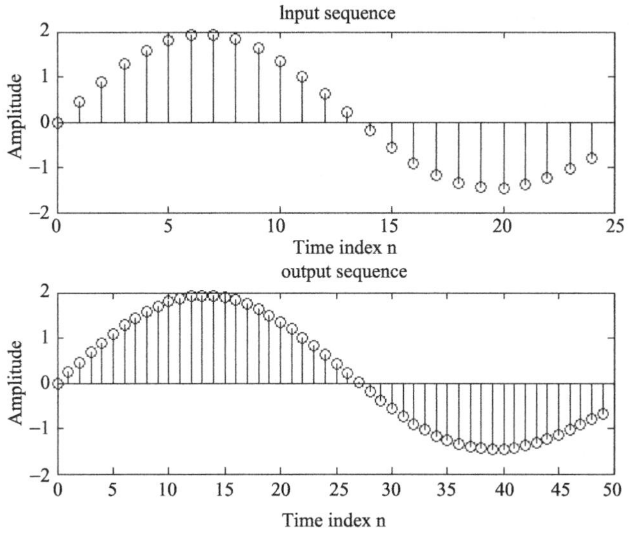

图 7.40　例 7.6 中内插前后的 $x(n)$序列

3. 有理数因子 I/D 抽样率转换函数 resample

函数 resample 可用来实现 I/D 倍有理因子的信号抽样率转换，共有 5 种函数调用形式

(1) y=resample(x,I,D)

(2) y=resample(x,I,D,N)

(3) y=resample(x,I,D,N,beta)

(4) y=resample(x,I,D,h)

(5) [y,h]=resample(x,I,D)

式中 x 为待转换的信号矢量；y 为抽样率转换后的信号矢量；I 为内插倍数，D 为抽取倍数，I 和 D 为互质的整数；N 为滤波器阶数；beta 为凯塞尔窗参数，其缺省值为 5。抽样率转换后信号 y 的长度变成信号 x 长度的 I/D 倍。函数中可采用自己设计的抗混叠滤波器 h，也可使用函数内部已有得的默认滤波器，其内部的抗混叠滤波器是由函数 firls 实现的凯塞尔型 FIR 滤波器，滤波器的基本长度为 $2\times N\times \max(I,D)+1$，$N$ 缺省时，函数内部指定为 10，同时要求信号 x 的长度要大于滤波器长度的两倍。

例 7.7　对例 7.5 中的 $x(n)$序列进行有理因子 I/D 的抽样率转换，求出转换后的信号序列波形。

解

```
%取 N = 50,D = 2,I = 3,f1 = 0.043,f2 = 0.031
```

```
clf;
N = input('Length of input signal  =');
D = input('down - sampling factor  =');
I = input('up - sampling factor  =');
f1 = input('Frequency of first sinusoid  =');
f2 = input('Frequency of second sinusoid  =');
n = 0:N - 1;
 % Generate the input segence
x = sin(2 * pi * f1 * n) + sin(2 * pi * f2 * n);
 % Generate the resampled output segence
y  =  resample(x,I,D);
 % Plot the input and the output sequence
subplot(2,1,1)
stem(n,x(1:N));
title('Input sequence');
xlabel('Time index n');
ylabel('Amplitude');
subplot(2,1,2)
m = 0:N * I/D - 1;
stem(m,y(1:N * I/D));
title('output sequence');
xlabel('Time index n');
ylabel('Amplitude');
```

抽样率变换后的 $x(n)$ 序列如图 7.41 所示。

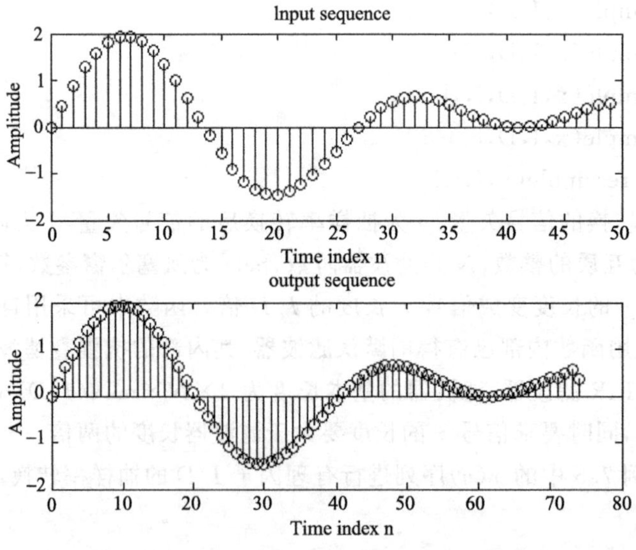

图 7.41　例 7.7 中抽样率变换后的 $x(n)$ 序列

4. 有理数因子 I/D 抽样率转换函数 upfirdn

此函数先对信号进行内插，再经过一个指定的滤波器，然后进行信号抽取。函数调用形式为

```
y=upfirdn(x,h,I,D)
```

式中 x 为待转换的信号矢量；y 为抽样率转换后的信号矢量；I 为内插倍数；D 为抽取倍数，I 和 D 为互质的整数；h 为内插后的滤波器。

例如，对信号进行 3 倍抽取

```
x=rand(100,1); h=[1]; p=1; q=3;
y=upfirdn(x,h,p,q);
```

用滤波器 h 实现 5/4 分数因子抽样率转换

```
x=rand(100,1);h=[1 2 3 4 5 4 3 2 1]/5;  p=5;  q=4;
y=upfirdn(x, h, p, q);
```

5. 内插和抽取 FIR 滤波器设计函数 intfilt

此函数实现内插或抽取 FIR 滤波器的设计。函数调用形式为

```
y=intfilt(r,k,alpha)
```

式中 r 为内插或抽取因子；当 n 为滤波器阶数时，因子 $k=(n+2)/r$；参数 alpha 是滤波器带宽与取样频率的比值；y 为滤波器系数向量。当做拉格朗日内插时，分别用滤波器阶数 n 和'lagrange'代替式中的 k 和 alpha。

如

```
r=2; l=3; alpha=0.4;
b=intfilt(r, l, alpha);
```

5 阶拉格朗日内插器，在两个非零值之间插入两个零

```
r=3; n=5;
b=intfilt(r,n, 'lagrange');
```

习　　题

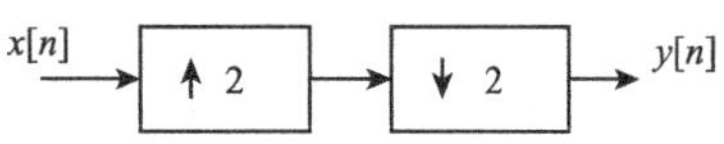

图 7.42

7.1　试利用 z 变换或 DTFT 证明图 7.42 所示系统中有关系式：

$$y[n]=x[n]$$

7.2　对于一个抽取系统，假设输入信号 $x(n)$ 的频谱如图 7.43 所示，试分别画出当 $D=2$、$D=3$、$D=4$ 时输出信号的频谱，并确定系统的最大抽取。

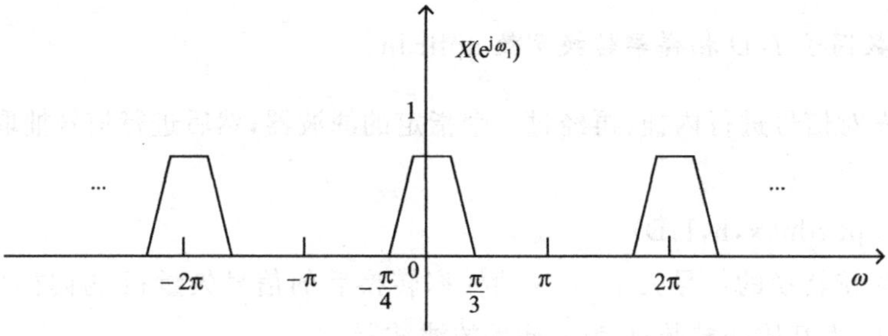

图 7.43

7.3 由序列 $x(n)$形成两个新的序列 $x_1(n)$、$x_2(n)$，其中 $x_1(n)$是以 2 为抽样周期对 $x(n)$抽样后得到，而$x_2(n)$是以 2 对 $x(n)$进行抽取后得到，即

$$x_1(n) = \begin{cases} x(n) & n = 0, \pm 2, \pm 4, \cdots \\ 0 & n = 0, \pm 2, \pm 4, \cdots \end{cases}$$

$$x_2(n) = x(2n)$$

(1) 若 $x(n)$如图 7.44(a)所示，试画出 $x_1(n)$、$x_2(n)$；

(2) 若 $x(n)$的频谱 $X(e^{j\omega})$如图 7.44(b)所示，试画出 $x_1(n)$、$x_2(n)$的频谱 $X_1(e^{j\omega})$和 $X_2(e^{j\omega})$。

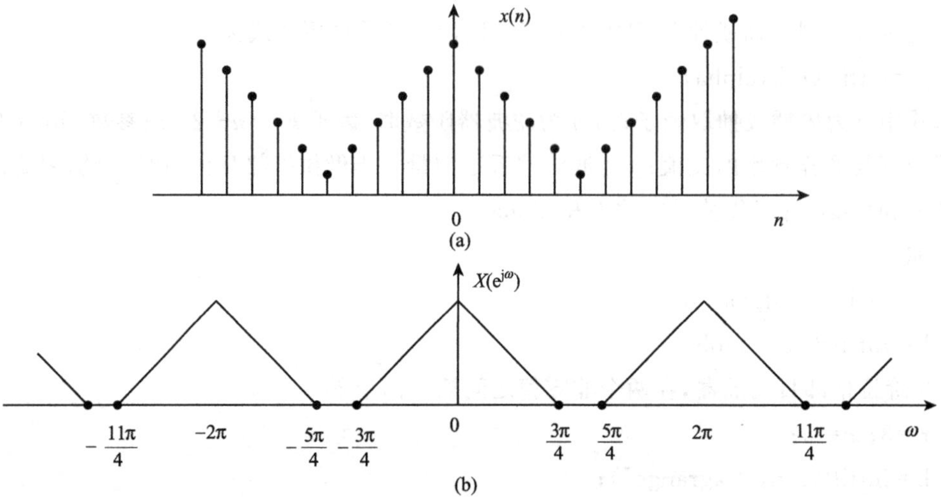

图 7.44

7.4 一个模拟信号 $x_a(t)$的频带限制为 $900\text{Hz} \leqslant F \leqslant 1100\text{Hz}$，其作为图 7.45 所示系统的输入。在系统中，$H(\omega)$是截止频率为 $F_c = 125\text{Hz}$ 的理想低通滤波器。

(1) 确定并画出信号 $x(n)$、$w(n)$、$v(n)$和 $y(n)$的谱；

(2) 说明可以通过以周期 $T = 4\text{ms}$ 对 $x_a(t)$采样得到 $y(n)$。

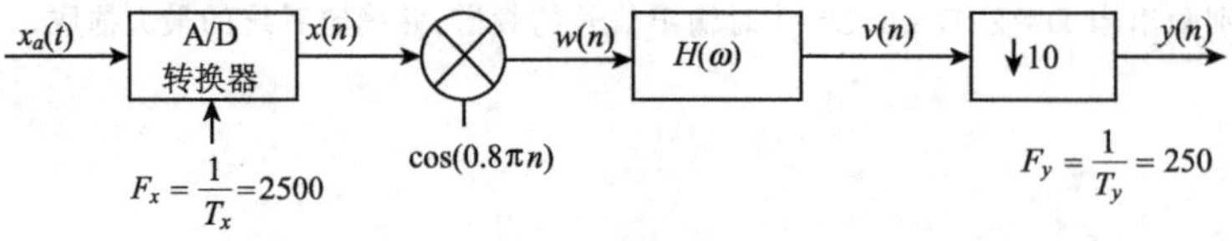

图 7.45

7.5　设输入信号 $x(n)$ 的谱覆盖整个区间 $-\pi \leqslant \omega_x \leqslant \pi$，画出以下有理采样率转换的信号及其相应频谱：(1) $I/D=5/3$；(2) $I/D=3/5$。

7.6　有信号 $x(n)=a^n u(n)$，$|a|<1$。

(1) 求信号的频谱 $X(\omega)$；(2) 对信号 $x(n)$ 按因子 2 进行抽取，求抽取后信号的频谱；(3) 试说明(2)中得到的频谱就是 $x(2n)$ 的傅里叶变换。

7.7　图 7.46 给出了两种不同的内插器和抽取器的级联方法。

(1) 当 $D=I$ 时，试证明两种系统结构的输出是不同的；(2) 证明当且仅当 D 和 I 互素时，两个系统才是相同的。

7.8　在图 7.47(a)所示系统中，若输入信号 $x[n]$ 的频谱如图 7.47(b)所示，用信号 $s[n]=\cos(\omega_0 n)$ 先对 $x[n]$ 进行调制，然后按因子 2 做内插，对于如下各种调制频率，试画出输出信号的频谱。

(1) $\omega_0=\pi/4$；(2) $\omega_1=\pi/2$；(3) $\omega_2=\pi$。

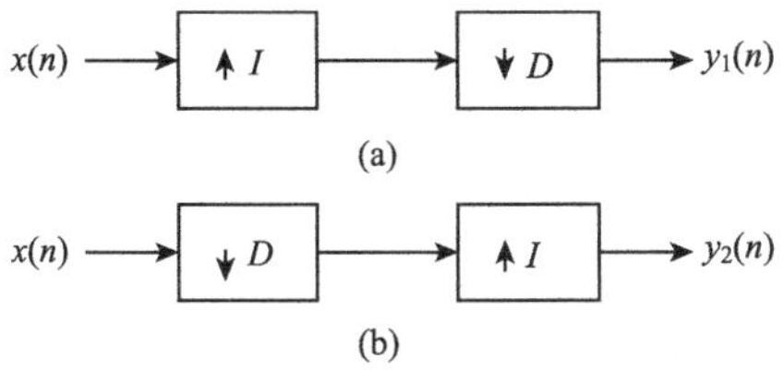

图 7.46

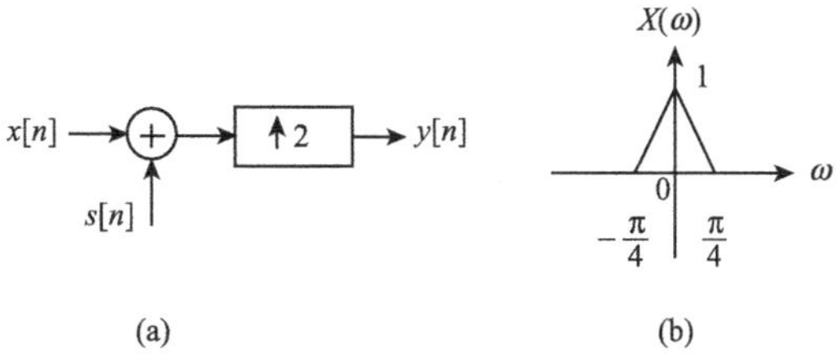

图 7.47

7.9　若信号 $x[n]$ 是以 $F_s=8\text{kHz}$ 采样得到，希望在声卡中以采样频率 $F_s=12\text{kHz}$ 播放此信号。假设拥有理想的滤波器，试设计一个采样率变换系统来实现上述想法。

7.10　设内插器的输入和输出序列分别为 $x(n)$ 和 $y(n)$，并有关系

$$y(n)=T[x(n)]=\begin{cases} x(n/I) & n=0,\pm I,\pm 2I,\cdots \\ 0 & \text{其他} \end{cases}$$

试证明此内插器为线性时变系统。

7.11　试求下面的 FIR 滤波器的多相分解：

(1) $H(z)=2-3z^{-1}+2z^{-2}-4z^{-3}-5z^{-4}+2z^{-5}-6z^{-6}+2z^{-7}, M=3$；

(2) $H(z)=2z^2-z+1-3z^{-1}+2z^{-2}-4z^{-3}-5z^{-4}+2z^{-5}-6z^{-6}+2z^{-7}, M=2$；

(3) $h[n]=0.5^n u[n], M=2$；

(4) $H(z)=\dfrac{z}{z-0.8}, M=2$；

7.12　根据多相分解原理，给出图 7.48 中系统的更有效实现方式。其中，

$$H(z)=1+z^{-1}+2z^{-2}-z^{-3}+z^{-4}-z^{-5}+z^{-6}$$

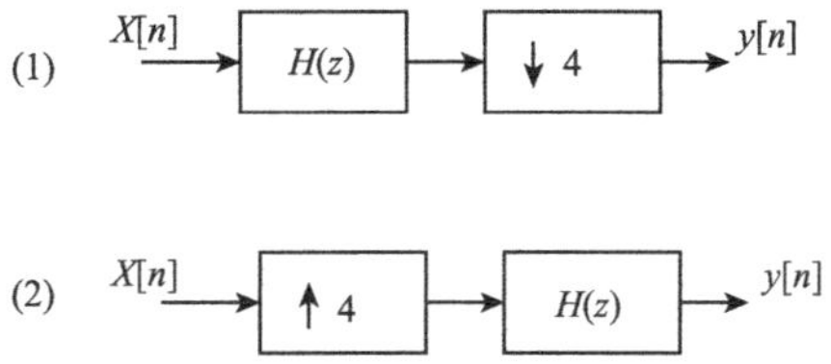

图 7.48

7.13　已知两个窄带信号 $x(t)$、$y(t)$，其幅频响应分别如图 7.49 所示。

(1) 求对其进行抽样时的最小抽样频率。

(2) 以抽样频率 $f_s=8000\text{Hz}$ 对信号进行抽样后分别得到序列 $x(n)$、$y(n)$，求对这两个序列进行抽取时的最大抽取值。

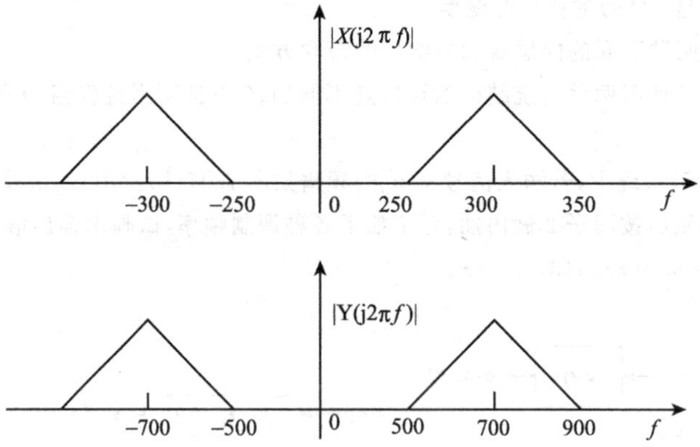

图 7.49

7.14　一个两通道滤波器组如图 7.50 所示，其中 H_0、G_0 为低通滤波器，H_1、G_1 为高通滤波器；H_0、H_1 实现对输入信号的分解，G_0、G_1 实现对输出信号的重建。

(1) 试写出图中各信号之间的相互关系；

(2) 若 $X'(z)=az^{-k}X(z)$，则该滤波器组就能够实现对输出信号的重建。试分析说明为实现准确重建，四个滤波器应具有的相互关系(注：关系可能不唯一)。

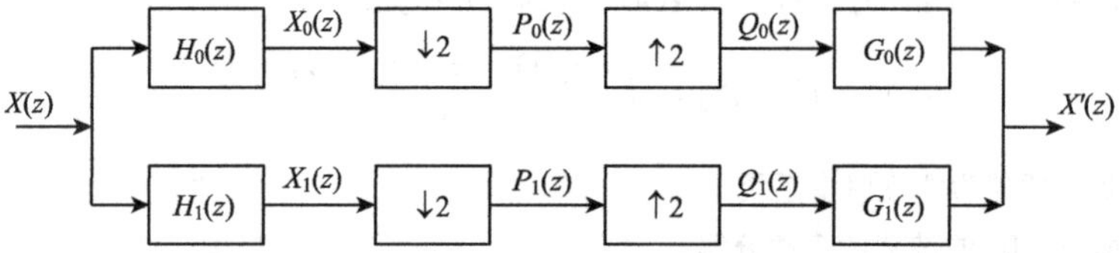

图 7.50　两通道滤波器组框图

部分习题答案

第1章

1.4　$F(\omega)=\pi\sum_{n=-\infty}^{\infty}\mathrm{sinc}\left(\frac{n\omega_1 T}{4\pi}\right)\delta(\omega-n\omega_1)$

第2章

2.1　$x(t)=2\cos(4000\pi t/3)$

2.2　$x(n)=6\cos(0.3\pi n)+3\sin(1.5\pi n)+2\cos(1.7\pi n)+4\cos(2.5\pi n)+10\sin(3.3\pi n)$

2.3　(1) 非线性、非移变；(2) 非线性、非移变；(3) 线性、非移变。

2.4　(1)因果、稳定；(2) 因果、非稳定；(3) 非因果、稳定；(4) 因果、非稳定；(5) 因果、稳定。

2.5　(1) $y(n)=u(n-1)+2u(n)+u(n+1)$

(2) $y(n)=2\delta(n-4)+\delta(n-3)+\delta(n-2)+2\delta(n-1)+\delta(n)$

(3) $y(n)=-\delta(n-3)+5\delta(n-1)-2\delta(n)$

2.6　当 $n<0$ 时，k 无可取值区间

$$y(n)=0$$

当 $0\leqslant n<N$ 时，$0\leqslant k<n$

$$y(n)=\alpha^n\beta^{-n_0}\sum_{k=0}^{n-1}\left(\frac{\beta}{\alpha}\right)^k=\begin{cases}\alpha^n\beta^{-n_0}n & \alpha=\beta\\ \alpha^n\beta^{-n_0}\dfrac{1-(\beta/\alpha)^n}{1-(\beta/\alpha)} & \alpha\neq\beta\end{cases}$$

当 $N\leqslant n<2N$ 时，$n-N\leqslant k<N$

$$y(n)=\alpha^n\beta^{-n_0}\sum_{k=n-N}^{N-1}\left(\frac{\beta}{\alpha}\right)^k=\begin{cases}\alpha^n\beta^{-n_0}n & \alpha=\beta\\ \alpha^n\beta^{-n_0}\dfrac{(\beta/\alpha)^{n-N}[1-(\beta/\alpha)^n]}{1-(\beta/\alpha)} & \alpha\neq\beta\end{cases}$$

当 $n\geqslant 2N$ 时，k 无可取值区间

$$y(n)=0$$

2.7　(1) $y(n)=2x(n)+\frac{1}{4}x(n-1)+\frac{1}{4}y(n-1)+\frac{3}{8}y(n-2)$

$$H(z)=\frac{2+\frac{1}{4}z^{-1}}{1-\frac{1}{4}z^{-1}-\frac{3}{8}z^{-2}}$$

(2) $y(n)=x(n)+\frac{5}{4}x(n-1)-0.2y(n-1)+0.1x(n-2)-0.4y(n-2)$

$$H(z)=\frac{1+\frac{5}{4}z^{-1}+0.1z^{-2}}{1+0.2z^{-1}+0.4z^{-2}}$$

(3) $y(n)=3x(n)+2.13x(n-1)+0.22x(n-2)-0.11x(n-3)-0.04x(n-4)$
$+0.1y(n-1)+0.32y(n-2)+0.08y(n-3)+0.1y(n-4)$

$$H(z)=\frac{3+2.13z^{-1}+0.22z^{-2}-0.11z^{-3}-0.04z^{-4}}{1-0.1z^{-1}-0.32z^{-2}-0.08z^{-3}-0.1z^{-4}}$$

2.8　(1) $X(\mathrm{e}^{\mathrm{j}\omega})=\frac{1}{2}\mathrm{e}^{\mathrm{j}\omega}+\frac{1}{2}\mathrm{e}^{-\mathrm{j}\omega}=\cos\omega$；(2) $X(\mathrm{e}^{\mathrm{j}\omega})=\sum_{0}^{\infty}a^n\mathrm{e}^{-\mathrm{j}\omega n}=\frac{1}{1-a\mathrm{e}^{-\mathrm{j}\omega}}$

(3) $X(e^{j\omega}) = \sum_{-\infty}^{\infty}[u(n+3)-u(n-4)]e^{-j\omega n} = \sum_{n=-3}^{3} e^{-j\omega n} = \sum_{n=0}^{3} e^{-j\omega n} + \sum_{n=1}^{3} e^{j\omega n}$

2.9 (1) $kX(e^{j\omega})$;(2) $e^{-jn_0\omega}X(e^{j\omega})$;

(3) $\frac{1}{2}[X(e^{j\frac{1}{2}\omega})+X(e^{j(\frac{\omega}{2}-\pi)})]$;(4) $\frac{1}{2\pi}\int_{-\pi}^{\pi} X(e^{j\omega'})X(e^{j(\omega-\omega')})d\omega'$

2.10 $H(e^{j\omega})=\frac{1}{1-0.5e^{-j\omega}}$;$h'(n)=\delta(n)-0.5\delta(n-1)$

2.11 $h(n)=a^n u(n)$;$H(e^{j\omega})=\frac{1}{1-ae^{-j\omega}}$

2.13 (1) 1;(2) $\frac{1}{1-\frac{1}{2}z^{-1}}$, $|z|>\frac{1}{2}$;(3) z^{-1}, $z\neq 0$

(4) $z+\ln|z-1|$, $z<0$ 或 $z\geqslant 2$;(5) $\frac{1}{1-2^{-1}z^{-1}}$, $|z|<\frac{1}{2}$

(6) $\frac{1-2^{-10}z^{-10}}{1-2^{-1}z^{-1}}$, $0<|z|\leqslant\infty$;(7) $\frac{1}{1-\frac{1}{2}z^{-1}}+\frac{1}{1-\frac{1}{3}z^{-1}}$, $|z|>\frac{1}{2}$

2.14 (1) $x(n)=8\delta(n)+7\left(\frac{1}{4}\right)^n u(-n-1)$;(2) $x(n)=-a\delta(n)+\left(a-\frac{1}{a}\right)\left(\frac{1}{a}\right)^n u(n)$

2.15 $$x(n)=\begin{cases}\left[3\cdot\left(\frac{1}{2}\right)^n+2\cdot 2^n\right]u(n) & |z|>2\\ (-2\cdot 2^n)u(-n-1)+\left(3\cdot\left(\frac{1}{2}\right)^n\right)u(n) & 0.5\leqslant|z|\leqslant 2\\ \left[-3\cdot\left(\frac{1}{2}\right)^n-2\cdot 2^n\right]u(-n-1) & |z|<0.5\end{cases}$$

2.16 $y(n)=\frac{4}{3}2^n u(-n-1)-2\left(\frac{1}{3}\right)^n u(n)+\frac{10}{3}\left(\frac{1}{2}\right)^n u(n)$

2.17 (1) $y(n)=(-0.5\times 0.9^{n+1}+0.5)u(n)$

(2) $y(n)=(0.45\times 0.9^n+0.5)u(n)+\sigma(n+1)$

2.19 (1) $e^{-jn_0\omega}$;(2) $\frac{1}{1-e^{-a-j\omega}}$

(3) $\frac{0.5}{1-e^{-a-j(\omega_0+\omega)}}+\frac{0.5}{1-e^{-a+j(\omega_0-\omega)}}$

2.22 $Z[n^2x(n)]=z^2\frac{d^2X(z)}{dz^2}+z\frac{dX(z)}{dz}$

2.23 (1) $H(z)=\frac{z^{-1}}{1-z^{-1}-z^{-2}}$

由于限定系统是因果的,收敛域需选包含∞点在内的收敛域,即$|z|>\frac{1+\sqrt{5}}{2}$。

(2) $h(n)=\frac{1}{\sqrt{5}}\left[\left(\frac{1+\sqrt{5}}{2}\right)^n-\left(\frac{1-\sqrt{5}}{2}\right)^n\right]u(n)$

(3) $h(n)=-\frac{1}{\sqrt{5}}\left(\frac{1-\sqrt{5}}{2}\right)^n u(n)-\frac{1}{\sqrt{5}}\left(\frac{1+\sqrt{5}}{2}\right)^n u(-n-1)$

第3章

3.1 (1) $\widetilde{X}(k)R_4(k)=\{14,-2+2j,-2,-2-2j\}$

(2) $\widetilde{X}(k)R_6(k)=\{25,3.4641j,-2+6.9282j,-9,-2-6.9282j,-3.4641j\}$

(3) $\widetilde{X}(k)R_8(k)=\{28,0,-4+4j,0,-4,0,-4-4j,0\}$

3.2 (1) $\widetilde{X}(k)R_4(k)=\{10,-2+2\mathrm{j},-2,-2-2\mathrm{j}\}$;(2) $\widetilde{X}_1(k)=W_4^{-4k}\widetilde{X}(k)=\widetilde{X}(k)$

3.7 当 k 为偶数时,$\widetilde{X}_1(k)=2\widetilde{X}\left(\frac{k}{2}\right)$;

当 k 为奇数时,$\widetilde{X}_1(k)=0$

3.8 当 $k=lM$(其中 l 为正整数)时,$\widetilde{X}_1(k)=M\widetilde{X}\left(\frac{k}{M}\right)$;

当 $k\neq lM$(其中 l 为正整数)时,$\widetilde{X}_1(k)=0$

3.9 (1) $X(k)=1$;(2) $X(k)=W_N^{n_0k}$;(3) $X(k)=\dfrac{1-a^N}{1-aW_N^k}$

3.11 $x_1(n)\otimes x_2(n)=\{5,6,1,2,3,4\}$

3.15 $\mathrm{IDFT}\{X(k)\}=\dfrac{a^nR_N(n)}{1-a^N}$

3.16 $Y(k)=\begin{cases}2X\left(\frac{k}{2}\right) & k\text{ 为偶数}\\ 0 & k\text{ 为奇数}\end{cases}\quad 0\leqslant k\leqslant 2N-1$

3.17 (1) 选图 3.49(c);(2) 选图 3.49(b);(3) 图 3.49(f)

3.18 $x_1(n)=\sum\limits_{l}x(n+lN)\quad 0\leqslant n\leqslant(N-1)\wedge N_1\leqslant n+lN\leqslant N_2$

3.19 (1) 7~19 点(从 0 点开始);(2) 27 个点(详见 3.5 节)

3.20 (1) $v=50-1=49$;(2) 各段长度为 100,所以 $M=100-49=51$;

(3) 输出的 51 个点在卷积结果的 49~99 之间(从 0 点算起)。

3.21 $y(n)=\{8,22,17,69,65,10,72,10,29,65,29,37,36,68,32,-5,21,0\}$

3.22 $y(n)=\{8,22,17,69,65,10,72,10,29,65,29,37,36,68,32,-5,21,0\}$

3.23 (1) 最大的采样间隔为 0.25ms;(2) 窗函数的最小长度为 0.125s;(3) DFT 点数为 512。

3.24 直接计算 1024 点的 DFT 需要 125.8s;利用基 2 DIT-FFT 需要约 0.72s;利用基 4 DIT-FFT 需要约 0.69s。

3.25 $X(0)=36$;$X(1)=1.8284+12.0711\mathrm{j}$;$X(2)=0$;$X(3)=-3.8284+2.0711\mathrm{j}$;

$X(4)=0$;$X(5)=-3.8284+2.0711\mathrm{j}$;$X(6)=0$;$X(7)=1.8284-12.0711\mathrm{j}$

3.26 同 3.25 题。

3.27 同 3.25 题。

3.31 (1) 可用 CZT 求 $X(z_k)$;(2) 不可。

第 4 章

4.1 (1) $H_a(s)=\dfrac{1}{8(s+0.5)(s^2+0.5s+0.25)}$;(2) $H_a(s)=\dfrac{4s^2+100}{s^2+13s+42}$

4.2 $H(p)=\dfrac{1}{(p+1)(p^2+0.445p+1)(p^2+1.247p+1)(p^2+1.802p+1)}$

$$H(s)=H(p)\big|_{p=\frac{s}{\Omega_p}}$$

$$=\frac{3.02\times10^{24}}{(s+3141.59)(s^2+1398.009s+9.87\times10^6)(s^2+3917.566s+9.87\times10^6)(s^2+5661.150s+9.87\times10^6)}$$

4.3 $H(p)=\dfrac{1}{8.1408(p+0.2975)(p^2+0.1838p+0.9931)(p^2+0.4814p+0.4341)}$

$$H(s)=H(p)\big|_{p=\frac{s}{\Omega_p}}$$

$$=\frac{3.759\times10^{16}}{(s+934.624)(s^2+577.425s+9801504.131)(s^2+1512.363s+4284395.271)}$$

4.4 (1) 采用巴特沃思逼近的归一化低通滤波器传输函数为

$$H_{\mathrm{LP}}(p)=\frac{1}{(p^2+0.76536686p+1)(p^2+1.84775907p+1)}$$

转换成相应的带通滤波器传输函数为

$$H_{\mathrm{BP}}(s)=H_{\mathrm{LP}}(p)\Big|_{p=\frac{s^2+\Omega_{\mathrm{p}_1}\Omega_{\mathrm{p}_2}}{s(\Omega_{\mathrm{p}_2}-\Omega_{\mathrm{p}_1})}}=H_{\mathrm{LP}}(p)\Big|_{p=\frac{s^2+1510\times1570\pi^2}{s\times60\pi}}$$

(2) 采用切比雪夫逼近的归一化低通滤波器传输函数为

$$H_{\mathrm{LP}}(p)=\frac{0.4913}{(p^2+0.49417060p+0.99420459)(p+0.49417060)}$$

转换成相应的带通滤波器传输函数为

$$H_{\mathrm{BP}}(s)=H_{\mathrm{LP}}(p)\Big|_{p=\frac{s^2+\Omega_{\mathrm{p}_1}\Omega_{\mathrm{p}_2}}{s(\Omega_{\mathrm{p}_2}-\Omega_{\mathrm{p}_1})}}=H_{\mathrm{LP}}(p)\Big|_{p=\frac{s^2+1510\times1570\pi^2}{s\times60\pi}}$$

4.5 (1) 100Hz;(2) 500Hz;(3) 20kHz。

4.6 (1) $H(z)=T_0\dfrac{1-z^{-1}\mathrm{e}^{-aT_0}\cos(bT_0)}{1-2\mathrm{e}^{-aT_0}\cos(bT_0)z^{-1}+\mathrm{e}^{-2aT_0}z^{-2}}$;

(2) $H(z)=\dfrac{AT_0^2\mathrm{e}^{s_0T_0}z^{-1}}{(1-\mathrm{e}^{s_0T_0}z^{-1})^2}$;(3) $H(z)=\sum\limits_{n=0}^{\infty}\dfrac{AT_0^m}{(m-1)!}n^{m-1}(\mathrm{e}^{s_0T_0}z^{-1})^n$

4.7 (1)冲激响应不变法 $H(z)=\dfrac{0.1917z^{-1}}{1-0.82966z^{-1}+0.135335z^{-2}}$

双线性变换法 $H(z)=\dfrac{2(z^{-1}+1)^2}{3z^{-2}-26z^{-1}+35}$

(2)冲激响应不变法 $H(z)=\dfrac{0.75-0.395235z^{-1}}{1-0.97441z^{-1}+0.22313z^{-2}}$

双线性变换法 $H(z)=\dfrac{-10z^{-2}+4z^{-1}+14}{21z^{-2}-62z^{-1}+45}$

4.8 当 $T=1.0$ 时,$|H(\mathrm{e}^{\mathrm{j}\omega})|=\dfrac{1}{\sqrt{1-2\mathrm{e}^{-2}\cos\omega+\mathrm{e}^{-4}}}$

当 $T=0.5$ 时,$|H(\mathrm{e}^{\mathrm{j}\omega})|=\dfrac{1}{2\sqrt{1-2\mathrm{e}^{-1}\cos\omega+\mathrm{e}^{-2}}}$

4.9 模拟滤波器的幅度响应特性为 $|H_a(\mathrm{j}\Omega)|=\dfrac{1}{\sqrt{(1-\Omega^2)^2+\Omega^2}}$

数字滤波器的幅度响应特性为

$$|H(\mathrm{e}^{\mathrm{j}\omega})|=\frac{2\mathrm{e}^{-\frac{5}{16}}\cos\frac{5\sqrt{3}}{16}}{\sqrt{1+\mathrm{e}^{-\frac{5}{4}}+2\mathrm{e}^{-\frac{5}{8}}\cos(2\omega)+4\mathrm{e}^{-\frac{5}{8}}\cos\frac{5\sqrt{3}}{16}\left(\cos\frac{5\sqrt{3}}{16}-\mathrm{e}^{\frac{5}{16}}\cos\omega-\mathrm{e}^{-\frac{5}{16}}\cos\omega\right)}}$$

4.10

$$H(z)=\frac{0.0016z^{-5}+0.0621z^{-4}+0.2444z^{-3}+0.1529z^{-2}+0.0096z^{-1}}{z^{-6}-8.6365z^{-5}+31.8830z^{-4}-64.7144z^{-3}+76.7103z^{-2}-50.9073z^{-1}+15.1354}$$

4.11

滤波器的差分方程为 $y[n]=0.7757y[n-1]+0.1122x[n]+0.1122x[n-1]$

滤波器的幅度响应为 $|H(\mathrm{e}^{\mathrm{j}\omega})|=\dfrac{0.1122\sqrt{2+2\cos\omega}}{\sqrt{1.6017-1.5514\cos\omega}}$

4.12 $H(z)=\dfrac{0.09763+0.19526z^{-1}+0.09763z^{-2}}{1-0.9428z^{-1}+0.3333z^{-2}}$

4.13 $H(z)=\dfrac{0.0555(1+z^{-1})^4}{(1-0.7379z^{-1}+0.3101z^{-2})(1-0.0119z^{-1}+0.7536z^{-2})}$

4.14 $H(z)=\dfrac{1-3z^{-2}+3z^{-4}-z^{-6}}{3.012-2.912z^{-2}+1.756z^{-4}+0.32z^{-6}}$

4.15 $H_{HP}(z)=\dfrac{0.2929(1-z^{-1})^2}{1+0.1716z^{-2}}$

4.16 $H(z)=\dfrac{0.0675(1-z^{-2})^2}{(1+0.3769z^{-1}+0.6425z^{-2})(1-0.3769z^{-1}+0.6425z^{-2})}$

4.17 $H(z)=\dfrac{0.0675(1+z^{-2})^2}{(1+1.5582z^{-1}+0.6425z^{-2})(1-1.5582z^{-1}+0.6425z^{-2})}$

第 5 章

5.1 (1) $|H_2(k)|=|H_1(k)|,\theta_2(k)=\theta_1(k)-\dfrac{2\pi}{8}\cdot 4k=\theta_1(k)-k\pi$;

(2) $h_1(n)$及$h_2(n)$构成的两个低通滤波器都是线性相位的，延迟为

$$\tau=\frac{N-1}{2}=\frac{7}{2}=3.5$$

(3) 要知两个滤波器的性能，必须求出它们各自的频率响应的幅度函数，根据它们的通带起伏以及阻带衰减的情况，加以比较。这两个滤波器的性能不同，从阻带看，$H_1(w)$阻带衰减大，而$H_2(w)$的阻带衰减小，这一点$H_1(w)$优于$H_2(w)$；从带通看，它们都是平滑衰减，但$H_1(w)$的通带较之$H_2(w)$的通带要宽一些。

5.3 $h(n)=\begin{cases}\dfrac{1}{2}\left[1-\cos\left(\dfrac{\pi n}{25}\right)\right](-1)^n\dfrac{\sin[0.5(n-25)\pi]}{\pi(n-25)} & 0\leqslant n\leqslant 50\\ 0 & n\text{ 为其他值}\end{cases}$

5.4 $h(n)=\begin{cases}\left[0.54-0.46\cos\left(\dfrac{\pi n}{25}\right)\right]\dfrac{2}{\pi(n-25)}\sin\left[(n-25)\dfrac{\pi}{5}\right]\cos\left[(n-25)\dfrac{\pi}{2}\right] & 0\leqslant n\leqslant 50\\ 0 & n\text{ 为其他值}\end{cases}$

5.5 选择汉明窗函数

$$N=\left[\frac{6.2\pi}{\Delta w}\right]=79$$

$$w(n)=0.5-0.5\cos\left(\frac{2\pi n}{N-1}\right)=0.5-0.5\cos\left(\frac{\pi n}{39}\right)$$

$$h(n)=\begin{cases}\dfrac{\sin[0.54\pi(n-39)]}{(n-39)\pi}w(n) & 0\leqslant n\leqslant 78\\ 0 & \text{其他}\end{cases}$$

5.6 (1) 过渡带宽 0.72kHz;

(3) 选用布莱克曼窗

$$N=63$$

$$w(n)=0.42-0.5\cos\left(\frac{2\pi n}{N-1}\right)+0.08\cos\left(\frac{4\pi n}{N-1}\right)$$

$$h(n)=\begin{cases}\dfrac{\sin[0.66\pi(n-31)]}{(n-31)\pi}w(n) & 0\leqslant n\leqslant 62\\ 0 & \text{其他}\end{cases}$$

5.7 (1) 过渡带宽度是 0.6kHz;(2) 阻带边缘频率是 6.3kHz;(3) 阻带边缘增益是 −63dB。

5.8 采用矩形窗函数

$$h(n)=\begin{cases}\dfrac{\sin[0.5\pi(n-4)]}{(n-4)\pi}w(n) & 0\leqslant n\leqslant 8\\ 0 & \text{其他}\end{cases}$$

$$y(n)=0.5+0.318x(n-1)-0.106x(n-3)+0.064x(n-5)+0.5x(n-7)$$

5.9　采用布莱克曼窗($N=51$)

$$w(n)=0.42-0.5\cos\left(\frac{\pi n}{25}\right)+0.08\cos\left(\frac{2\pi n}{25}\right)$$

$$h(n)=\begin{cases}\dfrac{2\mathrm{j}}{\pi(n-25)}\sin\left[(n-25)\dfrac{\pi}{5}\right]\times\cos[0.4(n-25)\pi]\times w(n) & 0\leqslant n\leqslant N-1\\ 0 & \text{其他}\end{cases}$$

5.11　采用汉明窗设计

$$h(n)=\begin{cases}\left[0.54-0.46\cos\left(\dfrac{\pi n}{9}\right)\right]\dfrac{\sin[0.625\pi(n-9)]}{(n-9)\pi} & 0\leqslant n\leqslant 18\\ 0 & \text{其他}\end{cases}$$

$$y(n)=0.625+0.2859x(n-1)+\cdots+(-0.0125)x(n-18)$$

5.12　选用汉明窗函数

$$h(n)=\begin{cases}\left[0.54-0.46\cos\left(\dfrac{\pi n}{165}\right)\right]\dfrac{\sin[0.2\pi(n-165)]}{(n-165)\pi} & 0\leqslant n\leqslant 330\\ 0 & \text{其他}\end{cases}$$

5.13　选择汉明窗,此时有

$$N=\left[\frac{6.2\pi}{\Delta w}\right]=55$$

$$w(n)=0.5-0.5\cos\left(\frac{\pi n}{27}\right)$$

$$h(n)=\begin{cases}\dfrac{\sin[0.625\pi(n-27)]-\sin[0.375\pi(n-27)]}{\pi(n-27)}w(n) & 0\leqslant n\leqslant 54\\ 0 & \text{其他}\end{cases}$$

5.14　选择汉明窗,此时有

$$N=\left[\frac{6.6\pi}{\Delta w}\right]=159$$

$$w(n)=0.54-0.46\cos\left(\frac{\pi n}{79}\right)$$

$$h(n)=\begin{cases}\dfrac{\sin[0.667\pi(n-79)]-\sin[0.167\pi(n-79)]}{\pi(n-79)}w(n) & 0\leqslant n\leqslant 158\\ 0 & \text{其他}\end{cases}$$

5.15　选择$\beta=6$的凯塞尔窗

$$N=\left[\frac{8.64\pi}{\Delta w}\right]=87$$

$$w(n)=\frac{I_0\left(6\sqrt{1-\left(1-\dfrac{n}{43}\right)^2}\right)}{I_0(6)}$$

$$h(n)=\begin{cases}\dfrac{\sin[0.4375\pi(n-43)]}{\pi(n-43)}\cdot w(n)\cdot\cos(0.3875\pi n) & 0\leqslant n\leqslant 86\\ 0 & \text{其他}\end{cases}$$

5.16 选择布莱克曼窗

$$N=\left[\frac{11\pi}{\Delta w}\right]=287$$

$$w(n)=0.42-0.5\cos\left(\frac{\pi n}{143}\right)+0.08\cos\left(\frac{2\pi n}{143}\right)$$

$$h(n)=\begin{cases}\dfrac{\sin[0.0625\pi(n-143)]}{\pi(n-143)}\cdot\cos(0.625\pi n)\cdot w(n) & 0\leqslant n\leqslant 286\\ 0 & \text{其他}\end{cases}$$

5.17 采用汉明窗，选择 $N=43$

$$h(n)=\begin{cases}\left[0.54-0.46\cos\left(\dfrac{\pi n}{21}\right)\right]\dfrac{\sin[0.5\pi(n-21)]}{(n-21)\pi} & 0\leqslant n\leqslant 42\\ 0 & \text{其他}\end{cases}$$

5.19 (1) 选择汉明窗，$N=67$

$$w(n)=0.54-0.46\cos\left(\frac{\pi n}{33}\right)$$

$$h(n)=\begin{cases}\dfrac{2}{\pi(n-33)}\sin[0.5\pi(n-33)]\cdot\cos[0.5\pi(n-33)]\cdot w(n) & 0\leqslant n\leqslant 66\\ 0 & \text{其他}\end{cases}$$

(2) 选择凯塞尔窗($\beta=5.658$)，$N=73$

$$w(n)=\frac{I_0\left(5.658\sqrt{1-\left(1-\dfrac{n}{36}\right)^2}\right)}{I_0(5.658)}$$

$$h(n)=\begin{cases}\dfrac{2}{\pi(n-33)}\sin[0.5\pi(n-33)]\cdot\cos(0.5\pi(n-33))\cdot w(n) & 0\leqslant n\leqslant 72\\ 0 & \text{其他}\end{cases}$$

第 6 章

6.1 (1)

	原码	补码	反码
$x_1=0.4375$	0Δ0111000	0Δ0111000	0Δ0111000
$x_2=-0.4375$	1Δ0111000	1Δ1001000	1Δ1000111
$x_3=0.8515625$	0Δ1101101	0Δ1101101	0Δ1101101
$x_4=-0.8515625$	1Δ0010011	1Δ0010010	1Δ0010010

(2)

$x_1=0\Delta1001$	0.5625	0.5625	0.5625
$x_2=0\Delta1101$	0.8125	0.8125	0.8125
$x_3=1\Delta1000$	−0.5	−0.5	−0.5
$x_4=1\Delta1011$	−0.6875	−0.6875	−0.6875

6.3 (1) 143:0000000001001111Δ

−143:1111111110110001Δ

(2) $[-2^{-15},2^{15}-1]$

6.4 它们能代表的十进制数的范围分别是

原码：$2^{-(2^{16}-1)}\cdot 2^{-1}\leqslant|X|_{10}\leqslant 2^{(2^{16}-1)}(1-2^{-24})$

补码：$2^{-2^{16}}\cdot 2^{-1}\leqslant|X|_{10}\leqslant 2^{(2^{16}-1)}(1-2^{-24})$

反码:$2^{-(2^{16}-1)}\cdot 2^{-1}\leqslant|X|_{10}\leqslant 2^{(2^{16}-1)}(1-2^{-24})$

6.7 (1) 平均值为 $\mu_e=0$;方差为 $\sigma_e^2=\dfrac{\Delta^2}{12}$;自相关序列为 $\varphi(n)=\sigma_e^2\delta(n)$

(2) $\dfrac{\sigma_x^2}{\sigma_e^2}=\dfrac{\sigma_x^2}{\Delta^2/12}=12\dfrac{\sigma_x^2}{\Delta^2}$

(3) 噪声方差为 $\sigma_f^2=\sigma_e^2\cdot\dfrac{1}{1-a^4}=\dfrac{\Delta^2}{12}\cdot\dfrac{1}{1-a^4}$;信噪比为 $\dfrac{\sigma_w^2}{\sigma_f^2}=\dfrac{\sigma_x^2}{\sigma_e^2}=12\dfrac{\sigma_x^2}{\Delta^2}$

6.8 (1) $\sigma_f^2=2^{-8}$;(3) $\sigma_f^2=2^{-32}$

6.10 (1) 各种结构的输出舍入噪声见下表:

直接型		级联型						并联型
Ⅰ型	Ⅱ型	*abc*	*acb*	*bac*	*bca*	*cab*	*cba*	
$15.15q^2$	$0.23q^2$	$11.53q^2$	$11.80q^2$	$0.52q^2$	$0.21q^2$	$1.35q^2$	$0.21q^2$	$1.20q^2$

注:a) $q=2^{-6}$;

b) 仅用一阶系统级联,有 6 种级联结构。

记 $a=0.4-0.34z^{-1}$ $b=\dfrac{1}{1-0.9z^{-1}}$ $c=\dfrac{1}{1-0.7z^{-1}}$

6 种结构可记为:*abc*、*acb*、*bac*、*bca*、*cab*、*cba*。

(2)可见,直接Ⅰ型精度最差,并联型精度较高,级联型根据不同级联顺序,精度有所不同,本题中 *cba* 级联结构精度最高。

6.11 灵敏度 $S_{b1}(z)$和 $S_{b2}(z)$分别为

$$\frac{\partial H(z)}{\partial b_1}=\frac{(1+2z^{-1}+z^{-2})z^{-1}}{(1-r\sqrt{2}z^{-1}+r^2z^{-2})^2}$$

$$\frac{\partial H(z)}{\partial b_2}=\frac{(1+2z^{-1}+z^{-2})z^{-2}}{(1-r\sqrt{2}z^{-1}+r^2z^{-2})^2}$$

第 7 章

7.2 系统的最大抽取为 3。

7.6 (1)$X(\omega)=\dfrac{1}{1-a\mathrm{e}^{-\mathrm{j}\omega}}$;(2)$X_2(\omega)=\dfrac{1}{1-a^2\mathrm{e}^{-\mathrm{j}\omega}}$

7.13 (1)$x(t)$的最小抽样频率为 233Hz,$y(t)$的最小抽样频率为 900Hz;

(2)$D_x=34$;$D_y=8$

7.14 (1) $X_0(z)=X(z)H_0(z)$

$$P_0(z)=\frac{1}{2}\sum_{i=0}^{1}X_0(z^{\frac{1}{2}}\mathrm{e}^{-\mathrm{j}\frac{2\pi}{2}i})=\frac{1}{2}[X_0(z^{\frac{1}{2}})+X_0(-z^{\frac{1}{2}})]$$

$Q_0(z)=P_0(z^2)$

$X_1(z)=X(z)H_1(z)$

$$P_1(z)=\frac{1}{2}\sum_{i=0}^{1}X_1(z^{\frac{1}{2}}\mathrm{e}^{-\mathrm{j}\frac{2\pi}{2}i})=\frac{1}{2}[X_1(z^{\frac{1}{2}})+X_1(-z^{\frac{1}{2}})]$$

$Q_1(z)=P_1(z^2)$

(2) $X'(z)=Q_0(z)G_0(z)+Q_1(z)G_1(z)$

参考文献

Ackenhusen J G. 2002. 实时信号处理——信号处理系统的设计与实现. 李玉柏,杨乐,李征等译. 北京:电子工业出版社

陈后金,薛健,胡健. 2004. 数字信号处理. 北京:高等教育出版社

程佩青. 1995. 数字信号处理教程. 2版. 北京:清华大学出版社

Cristi R. 2005. 现代数字信号处理. 综盛等译. 北京:机械工业出版社

de Vegte J V. 2003. 数字信号处理基础. 侯正信,王国安等译. 北京:电子工业出版社

胡广书. 1997. 数字信号处理——理论、算法和实现. 北京:清华大学出版社

Ingle V K, Proakis J G. 1998. 数字信号处理及其 Matlab 实现. 陈怀琛,王朝英,高西全等译. 北京:电子工业出版社

Lutovac M D 等. 2004. 信号处理滤波器设计——基于 Matlab 和 Mathematica 的设计方法. 朱义胜,董辉等译. 北京:电子工业出版社

Proakis J G, Manolakis D G. 2004. 数字信号处理:原理、算法与应用. 张晓林译 . 北京:电子工业出版社

全子一,周利清,门爱东. 2002. 数字信号处理基础. 北京:北京邮电大学出版社

全子一. 数字信号处理. 1988. 北京:人民邮电出版社

陶然,张惠云,王越. 2007. 多抽样率数字信号处理理论及其应用. 北京:清华大学出版社

吴镇扬. 2004. 数字信号处理. 北京:高等教育出版社

宗孔德,胡广书. 1988. 数字信号处理. 北京:清华大学出版社

Cristi R. 2003. Modern Digital Signal Processing. 北京:机械工业出版社

Diniz P S R, da Silva E A B, Netto S L. 2002. Digital Signal Processing——System Analysis and Design. Cambridge: Cambridge University Press

Ifeachor E C, Jervis B W. 2003. Digital Signal Processing——A Practical Approach. 2nd ed. 北京:电子工业出版社

Mitra S K. 2001. Digital Signal Processing——A Computer-Based Approach . 2nd ed. 北京:清华大学出版社

Orfanidis S J. 1999. Introduction to Signal Processing. Prentice Hall,北京:清华大学出版社